EXPLOITATION MINIÈRE ET DROITS FONDAMENTAUX EN DROIT CAMEROUNAIS

Logiques Juridiques

Fondée par Gérard Marcou
Dirigée par Jean-Claude Némery et Thomas Perroud

Le droit n'est pas seulement un savoir, il est d'abord un ensemble de rapports et pratiques que l'on rencontre dans presque toutes les formes de sociétés. C'est pourquoi il a toujours donné lieu à la fois à une littérature de juristes professionnels, produisant le savoir juridique, et à une littérature sur le droit, produite par des philosophes, des sociologues ou des économistes notamment.

Parce que le domaine du droit s'étend sans cesse et rend de plus en plus souvent nécessaire le recours au savoir juridique spécialisé, même dans des matières où il n'avait jadis qu'une importance secondaire, les ouvrages juridiques à caractère professionnel ou pédagogique dominent l'édition, et ils tendent à réduire la recherche en droit à sa seule dimension positive. À l'inverse de cette tendance, la collection « Logiques juridiques » des éditions L'Harmattan est ouverte à toutes les approches du droit. Tout en publiant aussi des ouvrages à vocation professionnelle ou pédagogique, elle se fixe avant tout pour but de contribuer à la publication et à la diffusion des recherches en droit, ainsi qu'au dialogue scientifique sur le droit. Comme son nom l'indique, elle se veut plurielle.

Dernières parutions

Clemmy FRIEDRICH, *Les contrats de l'administration mis en discours, Une histoire doctrinale du droit administratif (1800-1960)*, Tome 2.
Clemmy FRIEDRICH, *Les contrats de l'administration mis en discours, Une histoire doctrinale du droit administratif (1800-1960)*, Tome 1.
Eric GILARDEAU, *L'empire du matérialisme juridique sur le contrat. La réforme du contrat dans les codes civils allemand et français*, 2022.
Ivanne-Mara KOUM DISSAKE, *Le financement des actifs de la propriété intellectuelle en Afrique (espace OAPI)*, 2022.

Maturin Petsoko

EXPLOITATION MINIÈRE ET DROITS FONDAMENTAUX EN DROIT CAMEROUNAIS

Concilier développement économique et droit à la santé et à la vie

Préface de Pierre Etienne Kenfack

L'Harmattan

***

5-7, rue de l'École-Polytechnique – 75005 Paris
www.editions-harmattan.fr
ISBN : 978-2-343-25415-9
EAN : 9782343254159

À mes parents

À ma famille

REMERCIEMENTS

La préparation de cette thèse a été une tâche exaltante de laquelle j'ai beaucoup appris. Son aboutissement n'aurait pas été possible sans l'apport de certaines personnes clés.

Mes remerciements vont d'abord à mes directeurs de thèse et je tiens à remercier très chaleureusement le Professeur Philippe BILLET pour sa disponibilité, sa rigueur scientifique et son soutien indéfectible. Au bout de ces années de compagnonnage intellectuel, je voudrais lui témoigner ma profonde gratitude de m'avoir accompagné et orienté tout au long de cette recherche passionnante. Ses conseils pertinents, sa grande connaissance des problématiques juridiques et environnementales spécifiques au sous-sol et sa motivation à toute épreuve m'ont été indispensables dans l'écriture de cette thèse. Je voudrais également exprimer ma profonde reconnaissance à mon Co-directeur, le Professeur Pierre Etienne KENFACK qui m'a inspiré ce sujet. Son expertise, sa disponibilité, ses observations positives et constructives ont été indispensables. Que ces quelques mots soient destinés à lui exprimer notre profonde gratitude.

Mes remerciements vont ensuite à l'endroit de mes amis Koffi Dodzi NOUDJO et Komi AKAKPO pour leurs soutiens indéfectibles. Je tiens particulièrement à remercier Mme Luidor NONO NDJEPANG. Plus qu'une amie de longue date, cette « sœur » a été d'un soutien multiforme dans l'aboutissement de ce projet. Aux amis et collègues de l'IDE et de l'Université de Yaoundé II, je leur adresse mes sincères remerciements. Les uns pour leur soutien moral, les autres pour la lecture critique du document souvent assortie de remarques et suggestions pertinentes, parfois croisées ou concordantes. Cela m'a permis d'avoir un regard extérieur pour améliorer la qualité de ce travail.

Enfin, que tous, anonymes ou connus, qui, par leurs conseils, leurs encouragements ou leur relecture critique, ont contribué de près ou de loin à la réalisation de ce travail, trouvent ici l'expression de ma profonde gratitude.

Préface du professeur Pierre Etienne Kenfack

LISTE DES PRINCIPAUX SIGLES ET ABRÉVIATIONS

AIEA : Agence Internationale de l'Energie Atomique
Art. : Article

BRGM : Bureau de Recherches Géologiques et Minières

C&K Mining : Cameroon and Korea Mining
C. A. : Cour d'Appel
C. cass. : Cour de cassation
C. civ. : Code Civil
C.E. : Conseil d'Etat
CIE : Comité interministériel de l'environnement
CAM IRON : Cameroon Iron
CAMINCO : Cameroon Mining Company
CAPAM : Cadre d'Appui et de Promotion de l'Artisanat Minier
CARPA : Conseil d'appui à la réalisation des contrats de partenariat
CEDH : Cour Européenne des Droits de l'Homme
Ch. : Chambre
Chr. ou Chron. : Chronique
CIRDI : Centre international pour le règlement des différends relatifs aux investissements
Comp. : Comparer
COPEM : Commission permanente de l'énergie et des mines
COTCO : Cameroon oil transportation company
CPP : Code de Procédure Pénale

D.: Dalloz
D.H. : Dalloz Hebdomadaire
D.P. : Dalloz Périodique

DMA : Drainage Minier Acide
DMG : Direction des Mines et de la Géologie
DSCE : Document de Stratégie pour la Croissance et l'Emploi

éd. : édition (s)
EIES: Etude d'Impact Environnemental et Social
GES : Gaz à Effet de Serre
GICAMINEs : Groupement d'Initiative Commune des Artisans Miniers
GRI : Global Reporting Initiative

Ibid : Ibidem (au même endroit)
Infra : Ci-dessous
IRGM : Institut de Recherches Géologiques et Minières
ITIE : Initiative de Transparence dans les Industries Extractives.

J.O. : Journal Officiel
J.P. : Jurisprudence
L.G.D.J. : Librairie Générale de Droit et de Jurisprudence

MINDCAF : Ministère des Domaines, du Cadastre et des Affaires Foncières
MINEPDED : Ministère de l'Environnement, de la Protection de la Nature et du Développement Durable
MINFOF : ministère des Forêts et de la Faune
MINIMIDT : Ministère de l'Industrie, des Mines et du Développement Technologique
MINTSS : Ministère du Travail et de la Sécurité Sociale
MINSANTE : Ministère de la Santé publique

ODD : Objectifs de Développement Durable
O.I.T. : Organisation Internationale du Travail
O.N.U. : Organisation des Nations Unies
Obs. : Observations

PGES : Plan de Gestion Environnementale et Sociale
PNUE : Programme des Nations Unies pour l'Environnement
PUA. : Presses Universitaires d'Afrique
PUAM : Presses Universitaires d'Aix Marseille
RSE : Responsabilité Sociale des Entreprises
RTD civ. : Revue Trimestrielle de Droit Civil
RTD san. et soc. : Revue Trimestrielle de Droit Sanitaire et Social

S. : Recueil Sirey
SACAM Mining : South Africa and Cameroon Mining
SCDP : Société camerounaise des dépôts pétroliers
SGES : Système de Gestion Environnemental et Social
SNH : Société nationale des hydrocarbures
SNI : Société Nationale d'Investissement
Somm. Comm. : sommaire commenté
SONAMINES : Société nationale des mines
SONARA : Société Nationale de Raffinage
Spéc. : Voir spécialement

TGI : Tribunal de Grande Instance
TPI : Tribunal de Première Instance

V. : Voir
Vol. : Volume

SOMMAIRE

RÉSUMÉ

Bien que l'exploitation minière soit utile parce qu'elle rapporte des revenus, elle soulève également des difficultés en ce sens qu'elle porte atteinte à certains intérêts juridiquement protégés. C'est la raison pour laquelle, elle est critiquée pour ses nombreuses externalités négatives qui heurtent certains droits fondamentaux, parmi lesquels le droit à la santé et *in fine*, le droit à la vie. À la question est de savoir s'il faut y renoncer ou s'il faut la maintenir, la solution semble être le maintien, mais pour cela, il faut la concilier avec les considérations environnementales et sociales. La question de recherche est de savoir, comment organiser une exploitation minière qui assure la préservation du droit à la santé et du droit à la vie ? Organiser la conciliation entre ces impératifs est l'objet de cette thèse. Elle se justifie non seulement par l'utilité de l'exploitation minière, mais également par l'intérêt attaché à la protection des droits fondamentaux.

Confronté à cette difficulté, le législateur camerounais a pris un certain nombre de mesures importantes, mais insuffisantes qu'il a semblé nécessaire de compléter. L'analyse révèle que la réglementation ne donne pas les garanties nécessaires d'une sécurité juridique qui intégrerait à la fois la préservation de l'intérêt général face aux intérêts privés des exploitants, et les droits fondamentaux des citoyens. Ces incertitudes juridiques appellent une réflexion plus approfondie afin que les incertitudes techniques, scientifiques, sanitaires et environnementales soulevées par l'exploitation minière soient pleinement prises en compte et que toutes les parties prenantes trouvent leur compte. C'est la raison pour laquelle, plusieurs propositions ont été faites afin d'optimiser cette conciliation. À cet effet, le développement durable apparaît comme la martingale de la conciliation entre intérêts divergents.

La conciliation passe par l'évitement des atteintes d'une part, ainsi que par le traitement curatif des effets néfastes de l'exploitation minière sur la santé et sur la vie d'autre part. Bien que le champ d'expérimentation de la recherche soit le Cameroun, l'analyse reste mobilisable dans d'autres contextes.

Mots clés : exploitation minière, droits fondamentaux, droit à la santé, droit à un environnement sain, droit à la vie.

ABSTRACT

Although mining is useful because it generates revenues, it also raises difficulties because it undermines some legally protected interests. This is why it is criticized for its many negative externalities that hurt some fundamental rights, as the right to health, and finally, the right to life. The question is whether to give it up or whether to maintain it. The solution seems to be maintenance, but for that, it must be reconciled with environmental and social considerations. The research question is how to organize a mining operation that ensures the preservation of the right to health and the right to life ? To organize the conciliation between these imperatives is the object of this thesis. It is justified not only by the usefulness of mining, but also by the interests attached to the protection of fundamental rights.

Faced with this difficulty, the Cameroonian legislator has taken some important, but insufficient measures that need to be completed. The analysis reveals that the regulations do not give the necessary guarantees of a legal security that would integrate both the preservation of the general interest and the private interests of mining operators, and the fundamental rights of the citizens. These legal uncertainties call for further reflection so that the technical, scientific, health and environmental uncertainties raised by mining should fully be taken into account. This is the reason why several proposals have been made to optimize this conciliation. To this end, sustainable development appears as the martingale of the reconciliation of diverging interests.

Conciliation involves the avoidance of damages on the one hand and the curative treatment of the negatives effects of mining on health and life on the other. Although the field of experimentation of research is Cameroon, the analysis remains mobilizable in others contexts.

Key words : mining, fundamental rights, right to health, right to a healthy environment, right to life.

ÉPIGRAPHES

« Il n'y a rien de si extravagant que de faire périr un nombre innombrable d'hommes pour tirer du fond de la terre l'or et l'argent ; ces métaux d'eux-mêmes absolument inutiles, et qui ne sont des richesses que parce qu'on les a choisis pour en être les signes. »

Montesquieu, *Lettres persanes,* Lettre CXVIII

« Le développement économique est un bien pour tous si ses fruits sont équitablement partagés. Mais il ne peut se faire au détriment de la protection de la personne, de l'environnement, de la santé publique. »

Michel Sapin, Intervention lors de la discussion générale sur la proposition de loi relative au devoir de vigilance des sociétés mères et des entreprises donneuses d'ordre, Assemblée nationale, mardi 29 novembre 2016. Disponible à l'adresse : http://proxy-pubminefi.diffusion.finances.gouv.fr/pub/document/18/21788.pdf, consulté le 16 février 2017, p. 2.

« La liste est longue des catastrophes écologiques dues à l'industrie minière. Mais, en deçà de ces évènements qui font la une des médias, le problème renvoie au désastre environnemental "normal" produit par une telle exploitation »

Frédéric Thomas, « Exploitation minière au Sud : enjeux et conflits », *in Industries minières : extraire à tout prix ?,* Alternatives Sud, 2013, p. 18.

PRÉFACE

Malgré les dégâts qu'elle cause à de nombreux droits fondamentaux, parmi lesquels le droit à un environnement sain et ses corollaires le droit à la vie et à la santé, l'exploitation minière reste une activité prisée par les Etats qui pourtant ont adhéré à plusieurs processus, ou ratifié plusieurs conventions de protection de ces droits. C'est qu'en réalité elle est un mal nécessaire en tant que pourvoyeuse d'emplois et de ressources indispensables au développement des Etats à sous-sol riche en ressources minières. Face à une telle antinomie pratiquement irréductible, la tâche du juriste consiste à prendre acte et à rechercher les voies et moyens pour faire cohabiter les deux entités. C'est à cette tâche que s'est attelé Monsieur PETSOKO Maturin dans sa thèse intitulée *: Exploitation minière et droits fondamentaux en droit camerounais : Recherche d'une conciliation entre développement économique et droit à la santé et à la vie*, préparée et soutenue le 19 mai 2020 à l'Université Jean Moulin Lyon III, sous la Codirection du Professeur Philippe Billet de l'Université Lyon 3 et moi-même, Pierre Etienne KENFACK, Professeur à l'Université Yaoundé 2.

« Comment organiser une exploitation minière qui assure la préservation du droit à la santé et du droit à la vie ?», telle est la question à laquelle s'est proposé de répondre le Docteur Maturin PETSOKO tout au long de sa recherche. Question importante qui place son ouvrage au cœur des problématiques de transition écologique et de droits des personnes humaines. L'hypothèse de l'auteur est que le droit positif camerounais n'a pas fait de la conciliation entre l'exploitation minière et le droit à la vie et à la santé une priorité. Pour la démontrer, il a choisi de faire une évaluation de la recherche de la conciliation en droit camerounais par processus, en opérant une distinction entre l'évitement des atteintes et le traitement curatif des atteintes à la santé et à la vie. Il ressort de sa démonstration que le droit camerounais contient un ensemble de règles et mécanismes qui permettent d'éviter que des atteintes soient portées au droit à la vie et à la santé à l'occasion de l'installation de l'activité minière et de réparer les atteintes portées aux droits fondamentaux des salariés, des riverains et de tous les acteurs lorsqu'elles sont avérées.

Relativement à l'évitement des atteintes à la santé et à la vie, la thèse met en perspective l'idée que lors de l'installation du projet minier, la conciliation est recherchée par la mise en œuvre du principe prévention et de précaution via la réalisation d'une étude d'impact environnemental et social et par l'instauration de zones protégées pour les êtres humains et pour la faune et forêt, ou encore les zones d'interdiction des activités minières. Une fois le projet minier installé, la conciliation est recherchée par le biais de la police de l'activité minière, passant par la mise en œuvre du contrôle des prescriptions de fonctionnement. Des mécanismes incitatifs, négatifs ou positifs, sont également mobilisés par le biais notamment d'une fiscalité inspirée par le principe du pollueur-payeur. Enfin, des sanctions, tant administratives que pénales, permettent d'assurer le respect des exigences de prévention. L'abondance de ces mesures n'a pas empêché l'auteur de conclure que le droit camerounais reste en deçà des standards de protection du droit à la santé et à la vie par l'insuffisance des mesures préventives de protection de la vie et de la santé encadrant l'activité minière.

Relativement au traitement curatif des atteintes à la santé et à la vie, le Docteur PETSOKO met en perspective l'organisation de la prise en charge des maladies et des accidents miniers et dresse le constat d'une sécurité sociale minimaliste limitée aux seuls salariés, à l'exclusion des riverains. D'après ses constatations, si l'autorité administrative dispose d'importantes prérogatives pour intervenir dans la prévention et la gestion des situations de crise, la mise en œuvre de ces prérogatives s'avère limitée, pour insuffisance des moyens matériels et financiers. Il met également en exergue l'inaptitude de la responsabilité civile classique à assurer la réparation des dommages causés à la santé et à la vie des personnes, à cause des difficultés d'établissement du lien causal, de détermination du dommage réparable et des limites de l'idée de réparation par équivalent. Il suggère le recours aux mécanismes de la responsabilité pénale, aux actions de groupe ou actions collectives comme substituts.

Au final, la thèse suggère de considérer le droit minier, non plus comme un droit simplement économique, mais comme un droit d'arbitrage entre des intérêts potentiellement divergents, entre développement économique et protection de l'environnement, de la santé des travailleurs et des tiers. Là où jadis, il s'agissait d'exploiter le gisement aux fins de le conduire à son plus haut niveau de rentabilité, il s'agit désormais de l'inscrire dans la durabilité en tâchant d'équilibrer rentabilité, protection de l'environnement et des droits fondamentaux.

Le travail est sérieux, analytique, critique avec des propositions qui pourraient guider les futures réformes du droit minier camerounais. Au-delà de l'espace juridique camerounais qui a servi de champ de traitement du sujet, les résultats peuvent être utilement mobilisés dans d'autres contextes. L'effort du candidat a été unanimement apprécié par le jury qui l'a élevé à la dignité de Docteur en Droit de l'Université Jean Moulin Lyon III et en autorisant la publication de la thèse.

C'est une thèse qui mérite de figurer au rang des ouvrages de droit minier ou de droits fondamentaux et c'est pourquoi, j'ai un énorme plaisir à préfacer cet ouvrage qui en est issu.

Yaoundé février 2022

Professeur Pierre Etienne KENFACK

INTRODUCTION GÉNÉRALE

I- CONTEXTE DE L'ÉTUDE

1- Dénommé « *Afrique en miniature* »[1], le Cameroun est un pays qui dispose de beaucoup de ressources, avec près de 90% des écosystèmes africains représentés. Le pays est riche en ressources naturelles agricoles (cacao, café, banane, tabac, coton...), forestières (22 millions d'hectares de forêts avec plus de 70 variétés de bois), hydriques (2e potentiel hydroélectrique[2] d'Afrique après la République démocratique du Congo) et minières qui sont autant de viviers pour les stratégies de développement. Au vu de ce potentiel important et varié, certains l'assimilent à un « *scandale géologique* »[3], en raison de ses nombreuses richesses.

Mais entre le potentiel en ressources naturelles d'un pays et son développement grâce à leur mise en valeur, il faut que plusieurs facteurs soient réunis, dont les plus importants sont les *facteurs économiques* (il faut des moyens financiers conséquents ; que l'exploitation soit rentable à long terme, une minéralisation pouvant être économique un jour et ne plus l'être après...), *politiques* (il faut de la volonté politique) et *environnementaux* (il faut garantir une exploitation durable). A défaut d'intégrer la notion de « durabilité » dans l'exploitation minière, conformément aux objectifs du développement durable[4], il sera particulièrement difficile d'éviter le syndrome de la « malédiction des ressources »[1].

---

[1] Cette expression a été utilisée pour la première fois par le géographe camerounais Jean Felix Loung dans son ouvrage intitulé : *Géographie. Le Cameroun,* Paris, Hatier, 1973, 96 p. On y trouve en effet des climats variés allant des forêts tropicales du Sud à la savane du Nord en passant par les montagnes de l'Ouest. Ce surnom vaut aussi pour ses peuples puisqu'on ne compte pas moins de 366 ethnies et de 240 langues dans le pays.

[2] Le potentiel hydroélectrique du Cameroun est aujourd'hui estimé à environ 20 000 MW, soit plus de 115 milliards de KWh, essentiellement disponible dans le bassin de la Sanaga, que le pays pourrait produire chaque année si ces ressources étaient mises en valeur. Pourtant, selon les chiffres officiels, à peine 5 % de ces ressources sont actuellement mis en valeur. Voir ministère de l'économie, de la planification et de l'aménagement du territoire, *Cameroun vision 2035*, document de travail, février 2009, p. 39.

[3] On attribue généralement la paternité de la notion « *scandale géologique* » au géologue belge Jules Cornet, qui en 1892, lors d'une expédition dans ce qui est devenu la province du Katanga en RDC, se serait exclamé : « *Le Katanga ce scandale géologique !*», en raison de l'extraordinaire abondance et de la diversité de ses ressources minérales, qui avaient été perçus dès les premiers travaux d'exploration minière. Depuis lors, ce vocable est repris pour qualifier d'autres pays africains riches en ressources naturelles. Voir M. P. MBA TALLA, *Émergence, « fragmégration », et perpétuation des rébellions au Congo RDC (1990-2010): Une politologie des groupes armés*, Thèse, Université d'Ottawa, 2012, p. 47, note 54.

[4] Le 25 septembre 2015 à New York, lors du Sommet des Nations Unies sur le développement durable, les États ont adopté de façon solennelle, le nouveau programme de

Préoccupés par des objectifs de développement économique, l'État et les entreprises minières ne doivent pas poursuivre aveuglément l'exploitation des richesses naturelles pour alimenter la production industrielle, en faisant abstraction des considérations environnementales et sociales. Autrement dit, les choix politiques de l'Etat et les choix économiques des exploitants ne doivent pas se faire au détriment des conditions de vie et des droits fondamentaux des populations riveraines qui sont très souvent marginalisées. Parmi les principales conséquences d'une exploitation minière détachée des questions environnementales et humaines, figurent la fragilisation des écosystèmes, la destruction de l'environnement et des conditions de vie des populations qui payent ainsi le plus lourd tribut, au prix fort de leur santé et de leur vie.

2- Pendant longtemps, le Cameroun a privilégié l'exploitation de ses ressources forestières, pétrolières et agricoles..., reléguant de ce fait au second plan, l'exploitation de ses ressources minières. Contrairement à d'autres pays africains tels que le Ghana et l'Afrique du Sud où elle est très ancienne, l'activité minière industrielle est longtemps demeurée une activité secondaire au Cameroun, ce qui a plutôt permis à l'activité minière informelle de prospérer, avec cependant des résultats décevants pour l'économie nationale[2]. Les prémisses de l'exploitation minière au Cameroun remontent à 1964[3], contrairement à l'exploration pétrolière qui a démarré un peu plus tôt en 1947[4].

---

développement durable pour les 15 prochaines années. Ces ODD sont venus remplacer les objectifs du millénaire pour le développement (OMD), lancés dans les années 2000 et qui sont arrivés à échéance en 2015. Le programme des ODD, pour le moins ambitieux, présente 17 nouveaux Objectifs de développement durable (ODD) et 169 cibles visant à éradiquer la pauvreté, à lutter contre les inégalités et à promouvoir la prospérité tout en protégeant l'environnement d'ici à 2030.

[1] Sur la malédiction des ressources naturelles, Voir G. CARBONNIER, « Comment conjurer la malédiction des ressources naturelles ? », *Annuaire suisse de politique de développement,* 26-2, 2007, pp. 83-98 ; G. CARBONNIER, « La malédiction des ressources naturelles et ses antidotes », *Revue internationale et stratégique,* 2013/3 (n° 91), pp. 38-48.

[2] L'activité minière actuelle au Cameroun contribue à seulement 1% dans la formation du PIB du pays.

[3] Voir à ce sujet, la loi n° 64/LF/3 du 6 avril 1964 portant régime des substances minérales de la République fédérale du Cameroun. Cette loi a été suivie par la loi n° 78/24 du 29 décembre 1978 fixant l'assiette, les taux et le mode de recouvrement des droits fixes, redevances et taxes minières.

[4] Le Bureau français de recherches pétrolières a commencé l'exploration pétrolière au Cameroun en 1947 et le premier permis de recherche pour les hydrocarbures a été octroyé le 16 avril 1952 dans le bassin de Douala. Le Cameroun devient effectivement producteur de pétrole en 1977, à la suite de la mise en production du champ Kolé. V. les Dates clés de l'histoire pétrolière et gazière du Cameroun, disponibles sur le site de la SNH à l'adresse :
http://www.snh.cm/index.php?option=com_content&view=category&id=42&Itemid=69&lang=fr consulté le 18 avril 2017.

Mais face à la raréfaction des ressources pétrolières[1] (chute de la production pétrolière et épuisement des puits anciens) et forestières, à la chute des cours[2] des produits agricoles tels que le cacao et le café, conforté par l'envolée des prix des ressources minières, le Cameroun a résolument changé de cap en adoptant une politique visant à encourager l'exploitation de ses ressources minières. La (re)découverte de nouveaux gisements miniers au cours des dernières années a déclenché une nouvelle dynamique et une nouvelle politique de mise en valeur du territoire. L'année 2001 marque un tournant décisif pour le secteur minier camerounais, grâce à l'adoption de son tout premier Code minier[3]. Inspiré de l'économie concessionnaire coloniale, sa mise en œuvre a favorisé l'arrivée de nombreux investisseurs étrangers : coréens, chinois, américains, australiens... qui se rivalisent désormais pour l'« or » du Cameroun. Dans ce « *new scramble [for Cameroon]*»[4] déclenché depuis les années 2000, le Cameroun, qui ne disposait jusque là d'aucune « tradition » minière, est devenu en quelques années une destination intéressante pour les compagnies minières étrangères, et cela malgré un environnement des affaires particulièrement hostile[5].

3- Depuis la colonisation jusqu'à la fin des années 80, les travaux géologiques et les inventaires menés au Cameroun, et qui n'ont été réalisés que sur moins de 40% du territoire national, ont révélé plusieurs anomalies géochimiques, soit environ 105 indices minéraux et plus d'une cinquantaine de substances minérales identifiées. Entre 2014 et 2019, des opérations de levé géophysique aéroporté couvrant une superficie de 160 000 km2 répartie dans six régions du pays (Nord, Adamaoua, Ouest, Est, Littoral et Centre)

---

[1] Le Cameroun a connu son pique de production pétrolière en 1985, année où sa production a atteint le niveau record de 186 000 barils / jour. Depuis lors, sa production a considérablement diminué du fait de l'épuisement de ses réserves, du vieillissement des infrastructures, de l'annulation ou du report de certains investissements et projets de développement à la suite de la crise financière de la décennie 80. Lire à cet effet le *Rapport du Comité de Suivi de la mise en œuvre de l'Initiative pour la Transparence dans les Industries Extractives au Cameroun (ITIE Cameroun)*. Ce Rapport réalise une conciliation entre les flux financiers et les volumes relatifs à l'exploration et à l'exploitation des hydrocarbures et des mines solides au titre de l'année 2014. Il a été réalisé par le cabinet Moore Stephens en décembre 2016. Voir spéc. p. 29.

[2] Hormis certaines d'entre elles, le cycle des matières premières épouse un profil atypique composé de pointes fiévreuses, plutôt fugaces, qui contrastent avec des phases de repli généralement durables.

[3] V. la loi n°001-2001 du 16 avril 2001 portant Code minier camerounais.

[4] J. G. FRYNAS et M. PAULO, « A New Scramble for African oil ? Historical, Political and Business Perspectives », *African Affairs*, Vol. 106, n° 423, 2006, pp. 229-251 ; R. SOUTHALL, « Scrambling for Africa ? Continuities and Discontinuities With Formal Imperialism », *in* R. SOUTHALL et H. MELBER, *A New Scramble for Africa ? Imperialism, Investment and Development*, Scottville, University of KwaZulu-Natal Press, 2009, p. 1-35.

[5] V. les classements Doing Business de la Banque Mondiale sur http://doingbusiness.org/.

ont permis de mettre en évidence 300 nouveaux indices miniers[1]. Sur la base de ce potentiel, une centaine de titres miniers (permis de recherche[2] et d'exploitation[3] minière) ont été attribués à ce jour. Longtemps faite sous la forme artisanale, l'exploitation minière est désormais engagée dans la voie de l'industrialisation et de la modernité[4].

4- En effet, l'abondance des ressources naturelles à elle seule ne suffit pas à assurer le développement économique et social d'un pays comme en témoigne la littérature abondante sur « *la malédiction des ressources naturelles* »[5]. Ce « *paradoxe de l'abondance* »[6], plus connu sous le nom de « *syndrome hollandais* »[7] est caractérisé par la pauvreté ambiante malgré l'abondance des ressources naturelles, les conflits permanents occasionnés par le pillage des ressources, la captation et le détournement des revenus des ressources minières par les classes dirigeantes à des fins personnelles, etc.

Prenant conscience de cet état de choses, mais aussi et surtout de l'ampleur et de l'importance des gisements miniers sur son territoire dont certains sont de classe mondiale, le gouvernement camerounais a opéré un véritable changement de culture organisationnelle. La mise en œuvre du Document de Stratégie pour la Croissance et l'Emploi (DSCE) qui est le cadre de référence de l'action gouvernementale pour la période 2010-2020

---

[1] Ces travaux de prospection avaient été confiés à un groupement de cabinets constitué par le BRGM, la société camerounaise BEIG3 et le Finlandais GTK. Ils se déroulaient dans le cadre du Projet de renforcement des capacités dans le secteur minier (Precasem), financé par la Banque mondiale. Voir à ce sujet, la déclaration du ministre camerounais chargé des mines, faite en prélude au Cameroon International Mining Exposition (Cimec), conférence organisée du 2 au 4 septembre 2019 à Yaoundé, disponible à l'adresse http://cimec2019.com/accueil/, consultée le 28 septembre 2019.

[2] En 2011, on comptait 176 permis de recherches détenus par 71 sociétés minières.

[3] Le Cameroun comptait en 2011 cinq (5) permis d'exploitation minière pour 4 sociétés (deux pour le marbre à la société ROCAGLIA, un permis d'exploitation de calcaire pour la production de ciment à Figuil (Nord Cameroun) par la société CIMENCAM; Un permis d'exploitation du nickel, cobalt et manganèse attribué à la société GEOVIC à Lomié sur un gisement de classe mondiale dont les réserves ne sont pas totalement évaluées ; un pour le diamant et les substances connexes à Mobilong dans la région de l'Est par la société C&K Mining). A cela, il faut ajouter que 51 permis d'exploitation de carrières sont détenus par 38 sociétés. Pour la plupart de ces sociétés, l'activité extractive ne constitue qu'une activité secondaire qui leur permet de s'alimenter en matière première pour leur activité principale de travaux publics.

[4] U. N. EBANG MVE, *L'encadrement juridique de l'exploitation minière au Cameroun*, L'Harmattan, 2015, p.14.

[5] Lire S. NGUIFFO et al., « Une autre facette de la malédiction des ressources? Chevauchements entre usages différents de l'espace et conflits au Cameroun », *in Politique africaine*, octobre 2013, n° 131, p. 5.

[6] Cl. FISCHLER, « Le paradoxe de l'abondance », *Sciences Humaines,* n° 135, 2003/2, p. 24.

[7] Ce terme est apparu au cours des années soixante dix et fait référence aux difficultés rencontrées par l'économie hollandaise suite à la mise en exploitation dans les années soixante des réserves de gaz naturel. En effet, c'est avec la découverte des gisements de gaz hollandais de Groningue et les difficultés rencontrées alors par ce pays industriel qu'a été forgée la théorie du « syndrome hollandais ».

en est la preuve patente. Ce document a pour ambition de permettre au Cameroun de devenir à l'horizon 2035, « *un pays émergent, démocratique et uni dans la diversité* »[1]. Parmi les secteurs porteurs pouvant générer des recettes substantielles au budget de l'Etat, créer des emplois et favoriser la croissance, les pouvoirs publics ont clairement identifié le secteur minier. À cet effet, la « stratégie de croissance » qui découle de ce document prévoit qu'à l'horizon 2020, le Cameroun devrait se doter d'un appareil de production plus performant, notamment par la modernisation de l'appareil de production dans le secteur rural, celui de l'exploitation minière, celui de l'artisanat et de l'économie sociale, celui de l'industrie et des services[2].

Parvenu au terme de sa mise en œuvre avec un bilan mitigé, le DSCE a été remplacé par un nouveau document de cadrage appelé Stratégie Nationale de Développement 2020-2030, en abrégé SND30[3]. Comme orientations stratégiques en matière d'exploitation minière, ce document précise que « *Le domaine minier national représente un puissant catalyseur de développement infrastructurel et énergétique, un vecteur d'une industrialisation endogène cohérente et instrument d'orientation du processus d'aménagement du territoire* »[4]. Par conséquent, le développement de cette filière suppose « *la valorisation optimale des ressources minières du pays, dans une logique d'augmentation décisive de la production industrielle d'une part, et de création de bassins d'emplois stables et pérennes, d'autre part* »[5].

Parmi les nombreuses questions soulevées par l'activité minière contemporaine en Afrique en général et au Cameroun en particulier, la plus persistante reste celle de la stratégie de rentabilisation de leurs revenus, de manière à faire progresser et à accélérer la marche vers le développement et le bien-être des citoyens. Dans ce contexte, la gestion durable de l'exploitation minière au Cameroun constitue un important facteur pour sa croissance économique. La durabilité intègre le facteur humain et implique le respect d'un certain nombre de droits centrés sur l'humain et les droits fondamentaux.

Avant toute analyse de la mise en perspective de l'exploitation minière et des droits fondamentaux, il convient de fixer la terminologie de cette étude. Que signifie le terme « exploitation » ? Qu'est-ce qu'une « mine » ? Qu'entend-on par droits fondamentaux ? Bien que certains de ces termes soient d'un usage très courant, nombreux sont ceux qui sont entourés d'un halo d'incertitude. En effet, le vocabulaire employé dans différents textes et

---

[1] V. DSCE, p. 14.
[2] V. DSCE, pp : 16 et 17.
[3] Ministère de l'Économie, de la Planification et de l'Aménagement du Territoire (MINEPAT), *Stratégie Nationale de Développement 2020-2030. Pour la transformation structurelle et le développement inclusif*, janvier 2020, 243 p.
[4] V. SND30, p. 51 § 109.
[5] *Ibidem.*

même par la doctrine semble parfois très technique et presque hermétique pour les non-initiés.

II- ÉLUCIDATION CONCEPTUELLE ET DÉLIMITATION

5- Du latin « *minera* », le mot « mine » peut être défini de deux manières : du point de vue matériel et du point de vue physique.

6- Du point de vue *matériel*, la mine désigne le matériau ou le produit de l'exploitation minière. Il peut être liquide, solide ou gazeux. En d'autres termes, la mine ici désigne une roche ou un minerai contenant des éléments utiles en proportion suffisamment intéressante pour justifier l'exploitation en nécessitant une transformation pour être utilisé[1]. En effet, il existe six catégories de ressources minérales[2] : les substances minérales précieuses et semi-précieuses[3], les métaux de base[4], les substances énergétiques[5], les minéraux industriels[6], les matériaux de construction, de viabilisation et d'ornementation[7] (carrière)[8] et les ressources en eau[9].

De ce point de vue, la définition de la mine diffère selon les législations. L'article 9 du Code minier camerounais retient une approche purement matérielle ou qualitative de la mine en énumérant les substances minérales ou fossiles régies par le Code minier, les autres substances quant à elles relevant du régime des carrières[10]. Le Code minier français retient la même approche matérielle ou qualitative, en distinguant en son article L.111-1, les substances relevant du régime des mines de celles relevant du régime des carrières[11].

---

[1] Cf « Minerai », in GEOWIKI, *Encyclopédie de géologie, minéralogie, paléontologie et autres géosciences*, consulté le 10/10/2016.

[2] Voir le blog http://bentus.unblog.fr/2012/12/, consulté le 11 février 2018.

[3] Or, diamant, Gemmes (saphir), platine, Grenat, Olivine, Topaze…

[4] Cobalt, Nickel, Manganèse, Aluminium, Fer, Graphite, Titane, Etain, Colombo-tantalites, Cuivre, Plomb, Zinc, Wolfram, Molybdène, Chromite…

[5] Pétrole, Gaz naturel, Uranium, Terres rares, Lignite et schiste bitumineux…

[6] Syénite néphélinique, Disthène, Sel, Zircon, Mica, Baryum, Antimoine, Arsenic, Kaolin, Pyrochlore, Phosphate, Pyrite, Amiante, Talc, Vivianite, Gaz carbonique…

[7] Pierre, Argile, Marbre, Calcaire, Pouzzolane, Sable et gravier rivière…

[8] Une Carrière est un terrain d'où l'on extrait des roches propres à la construction, généralement à ciel ouvert. Un seul élément distingue les mines des carrières : la nature de la substance exploitée et non le caractère souterrain ou à ciel ouvert d'une exploitation. Toutes les exploitations souterraines ne sont pas des mines, loin de là.

[9] Il s'agit des ressources en eau superficielles, souterraines et thermo minérales.

[10] Cf. article 9 alinéas 1 et 2 du Code minier.

[11] Voir l'article L. 111-1 du Code minier français tel qu'issu de l'ordonnance n° 2011-91 du 20 janvier 2011, portant codification de la partie législative du code minier, *JORF* n°0020 du 25 janvier 2011, p. 1467.

Si l'on s'en tient aux dispositions sus évoquées, la mine se définit du point de vue matériel par exclusion, et désigne tout gîte de « *substances minérales non classées dans les carrières, à l'exception des hydrocarbures liquides ou gazeux* »[1]. Ainsi, après soustraction ou exclusion des substances de carrières et des hydrocarbures, les autres substances relèvent du régime des mines. Les hydrocarbures liquides et gazeux, bien que faisant partie des mines[2], en sont exclus par le législateur camerounais, en ce sens qu'ils font l'objet de dispositions spéciales prévues respectivement dans le Code pétrolier[3] et dans le Code gazier[4]. Le droit positif camerounais a donc opté pour un encadrement juridique différencié selon qu'il s'agit de la mine solide ou de la mine liquide. C'est ainsi qu'il s'est doté successivement d'un Code pétrolier, d'un Code gazier et d'un Code minier.

7- Du point de vue *physique*, la mine désigne le lieu d'exploitation des substances minérales. Il peut s'agir d'un gisement naturel[5] ou artificiel[6]. Ainsi, selon le *Vocabulaire juridique*, la mine désigne tout « *gite de substances minérales ou fossiles, renfermées dans le sein de la terre ou existant à la surface* »[7]. Le *Lexique des termes juridiques* pour sa part y voit des « *gisements de substances minérales ou fossiles que la loi, en raison de leur valeur, a déclarés distincts du sol quant au régime de propriété* »[8]. L'article 4 du Code minier définit la mine comme le « *lieu d'exploitation de substances minérales, à ciel ouvert ou souterrain, y compris les installations et le matériel mobilier ou immobilier affectés à l'exploitation* ». Dans le même sens, la Convention n°176 sur la sécurité et la santé dans les mines, adoptée en 1995 par l'OIT définit les mines comme des sites en surface ou souterrains servant à l'exploration, à l'extraction et à la préparation ainsi qu'au concassage, au broyage, à la concentration ou au lavage des matériaux

---

[1] Cf. art. 4 de la loi n°2016/17 du 14 décembre 2016 portant Code minier.

[2] Selon l'article L111-1 du Code minier français, « *Relèvent du régime légal des mines...des hydrocarbures et des combustibles fossiles...* »

[3] Voir la loi n°99/013 du 22 décembre 1999 portant Code pétrolier et son décret d'application n° 2000/465 du 30 juin 2000.

[4] Voir la loi n° 2012/006 du 19 avril 2012 portant Code gazier.

[5] Les gisements miniers naturels désignent toute concentration anormale et naturelle des substances minérales à la surface ou à la profondeur de l'écorce terrestre, exploitable de manière rentable dans les conditions économiques du moment. Voir R. AKONO MINLO, « Réflexions sur les droits de l'exploitant de mines en droit camerounais », *op. cit.*, p. 364.

[6] Le gisement artificiel s'entend comme toute concentration artificielle des substances minérales, à la surface provenant de l'exploitation des mines et/ou des rejets découlant du traitement minéralurgique et métallurgique, exploitable de manière rentable dans les conditions économiques du moment. Voir R. AKONO MINLO, «Réflexions sur les droits de l'exploitant de mines en droit camerounais », précité, p. 364.

[7] Voir G. CORNU, *Vocabulaire juridique*, op. cit., p. 654.

[8] Voir S. GUINCHARD et Th. DEBARD (dir.), *Lexique des termes juridiques*, 20e éd., Dalloz, 2012, p. 593.

extraits, pétrole et gaz exclus, impliquant des perturbations mécaniques du sol[1].

Dans cette acception, la mine ne se limite pas uniquement aux seuls gites naturels faisant l'objet du titre d'exploitation. Elle s'étend en dehors du volume délimité par le titre, et comprend également, toutes les poches naturelles de minerais situées à l'intérieur du périmètre minier, qu'elles soient attenantes ou séparées[2]. À cela, il faut ajouter les «dépendances », c'est-à-dire, les différentes installations et industries liées à l'exploitation minière. On distingue traditionnellement le « fonds »[3], les « jours de fosse »[4], les « dépendances légales »[5], et « les industries annexes »[6].

Dans le cadre de ce travail, il conviendra de retenir une conception extensive de la mine englobant à la fois les deux approches (matérielle et physique). Qu'elle soit « gîte » ou « substance », la mine fait l'objet d'exploitation.

---

[1] Cf. art. 1er de la Conv. n° 176 de l'OIT.

[2] J. RUSSO, *Le statut administratif des entreprises de recherche et d'exploitation minières,* LGDJ, Paris, 1959, p. 239.

[3] Le « *fonds* » comprend les installations situées au-dessus du sol.

[4] Le « *jour de fosse* » comprend les installations situées au-dessous et à proximité des puits, en rapport immédiat avec l'exploitation : chevalements et machines d'extraction, installations de lavage et de triage connexes aux fosses, lampisteries, douches du personnel et bureau de vote, etc. Voir P. AGUILLON, *De la déchéance du droit d'exploiter les mines*, Thèse, Paris, 1963, n° 22 b. ; J. PERSONNAZ, « Le droit des mines », *Jurisclasseur administratif, Fascicules*, n° 371 et s.

[5] Les « *dépendances légales* » quant à elles désignent les installations indispensables à l'exploitation de la mine, c'est-à-dire l'ensemble des ouvrages qui se rattachent à la mine par un lien nécessaire et indivisible. Ces ouvrages renvoient en réalité à ce que l'article 4 de la loi n°2016/17 du 14 décembre 2016 portant Code minier appelle « *usine d'exploitation* », et comprenant « *bâtiments, installations, appareils, équipements, outils ou autres biens de toute nature, fixés ou non sur la terre*». Ainsi, on entend par « dépendances légales », les engins d'extraction et les installations qui se rattachent à l'exploitation, en constituent techniquement la suite directe et indispensable, et dans lesquelles s'effectuent des opérations nécessaires pour amener le produit brut extrait, à ce premier état hors duquel il n'est pas encore marchand. Voir à ce sujet, J. RUSSO, *Le statut administratif des entreprises de recherche et d'exploitation minières, op. cit.*, p. 240.

[6] Les « *industries annexes* » correspondent aux « *installations qui sont indispensables* » à l'exploitation. C'est le cas par exemple des installations ayant pour objet de traiter un produit déjà utilisable en l'état. L'article 4 de la loi n°2016/17 du 14 décembre 2016 portant Code minier cite, à propos de l'exploitation artisanale semi-mécanisée, les machines de lavage de gravier minéralisé ou de concentration des produits miniers. L'article L153-3 du Code minier français ajoute entre autres, les installations destinées au stockage et à la mise en dépôt des produits et déchets qui résultent des activités minières, des canaux, routes, chemins de fer et tous ouvrages de surface destinés au transport des produits et déchets, des ateliers de préparation, de lavage et de concentration de combustibles et minerais extraits de la mine[6] etc. Ces opérations peuvent très bien être effectuées par des tiers, et dans ce cas, elles relèvent non pas de la législation minière, mais du droit commun industriel. Voir J. RUSSO, *Le statut administratif des entreprises de recherche et d'exploitation minières, op. cit.*, p. 240.

8- Le mot « *exploitation* » a plusieurs sens. Celui qui nous intéresse dans le cadre de cette étude est celui que retient le *Vocabulaire juridique*, à savoir, la « *mise en valeur d'une source de richesses* »[1]. Selon l'article 4 du Code minier, l'« exploitation » désigne l'«*ensemble des travaux préparatoires, d'extraction, de transport, d'analyse et de traitement effectués sur un gisement donné afin d'obtenir des produits commercialisables ou utilisables*». Au regard de cette définition, l'exploitation renvoie à tout un processus qui va des travaux préparatoires (analyses, exploration) jusqu'à la commercialisation des produits marchands en passant par l'extraction, le transport et le traitement. Cette définition est en adéquation avec une décision de la Cour d'appel de Lyon, selon laquelle, une mine peut être considérée comme étant en exploitation, avant même l'extraction des substances minérales. Cela est possible lorsque des travaux considérables ont été entrepris et l'intention d'exploiter incontestable[2].

L'exploitation minière est effectuée par des opérateurs ou exploitants miniers industriels ou artisanaux. Un exploitant peut être considéré comme « *toute personne physique ou morale, publique ou privée, qui exerce ou contrôle effectivement, à titre professionnel, une activité économique lucrative ou non lucrative* »[3]. Une brève présentation des différents types d'exploitation minière précèdera celle des différentes étapes du processus d'exploitation minière.

9- En principe, il existe deux grands modes d'exploitation minière : l'exploitation artisanale et l'exploitation industrielle. Au Cameroun, chacun de ces deux grands modes d'exploitation connaît une subdivision, ce qui est une innovation du Code minier de 2016.

La première (exploitation artisanale) ne s'en tient pas seulement à l'artisanat minier simple, mais également à *l'exploitation minière artisanale semi-mécanisée.* La section I du chapitre 2 du Titre II du Code minier est intitulée « De l'artisanat minier et de l'exploitation artisanale semi-mécanisée »[4]. Le législateur aurait dû, pour respecter le parallélisme des formes, l'intituler « De l'artisanat minier et de l'artisanat semi-mécanisée » ou encore « De l'exploitation artisanale minière et de l'exploitation semi-mécanisée »[5]. Le Professeur Philippe KEUBOU[1], dont nous partageons

---

[1] Voir G. CORNU, *Vocabulaire juridique*, publié par l'Association Henri Capitant, éd. Quadrige/PUF, 9e éd, juillet 2012, p. 435.

[2] V. CA de Lyon, 24 mai 1853, D.P. 1853-2-347.

[3] Cf. article L. 160-1, al. 2 du Code français de l'environnement.

[4] Voir l'article 22 et suivant du Code minier de 2016.

[5] Ces propositions sont faites par le Professeur Ph. KEUBOU, *in* « Lecture juridique du nouveau Code minier camerounais promulgué par le chef de l'Etat le 14 décembre 2016 : dispositions différentes de l'ancien Code minier, mécanismes de collecte des taxes et redistribution de la valeur ajoutée », Communication faite lors de la table ronde intitulée : *L'exploitation minière au Cameroun : état des savoirs, enjeux techniques et perspectives pour*

l'avis, estime qu'on peut penser à la lecture de ces expressions que l'exploitation minière semi-mécanisée n'est pas artisanale. Pourtant elle l'est bien. L'auteur pense que le législateur aurait dû utiliser l'expression « De l'artisanat minier *simple* et de l'artisanat minier semi-mécanisée »[2] ou alors « De l'exploitation minière artisanale *simple* et de l'exploitation minière artisanale semi-mécanisée »[3].

L'exploitation minière artisanale simple désigne toute « *exploitation dont les activités consistent à extraire et concentrer des substances minérales et à récupérer les produits marchands en utilisant des méthodes et des procédés traditionnels* »[4]. L'artisanat minier doit s'exercer à une profondeur maximale de dix mètres (10 m)[5].

L'exploitation minière artisanale semi-mécanisée désigne quant à elle, toute «*exploitation minière réalisée dans le cadre d'une autorisation d'exploitation artisanale semi-mécanisée des substances précieuses et semi-précieuses qui utilise au plus trois (03) excavateurs (pelles mécaniques), une pelle chargeuse et éventuellement d'autres équipements tels que la machine de lavage de gravier minéralisé ou de concentration des produits miniers…*»[6].

La conséquence de la distinction de ces deux formes d'exploitation minière artisanale se situe à deux niveaux : *d'une part*, les titres donnant lieu à l'exercice d'une telle activité sont différents. Pour l'exploitation minière artisanale simple, il s'agit de l'obtention préalable d'une carte individuelle de prospecteur, puis d'une carte individuelle d'artisan minier. Pour l'exploitation minière artisanale semi-mécanisée, seule l'obtention de l'autorisation d'exploitation artisanale reste requise. *D'autre part*, et c'est la conséquence fondamentale de cette distinction, pendant que l'artisanat minier simple est réservé exclusivement aux citoyens camerounais personnes physiques, l'artisanat minier semi-mécanisé est réservée exclusivement aux personnes morales de droit camerounais. C'est dire que ni les étrangers personnes physiques, ni les personnes morales de droit étranger ne peuvent faire l'exploitation minière artisanale au Cameroun.

La seconde (exploitation industrielle) se subdivise également en deux formes : la petite mine et la mine industrielle. Ici également, on peut déceler un problème de terminologie. Alors que la Section III du Chapitre 2 du Titre 2 du Code minier est intitulée « De l'exploitation minière industrielle », la

---

le développement des projets structurants, Université de Dschang, le 17 mai 2017, disponible au format power point à l'adresse : https://fr.slideshare.net/UnivDschang/pr-keubou-lecture-juridique-nouveau-code-minier-camerounais, consulté le 12 février 2017

[1] *Ibid.*

[2] *Ibid.*

[3] *Ibidem.*

[4] Cf. art. 4 de la loi n°2016/17 du 14 décembre 2016 portant Code minier.

[5] Cf. art. 4 de la loi n°2016/17 du 14 décembre 2016 portant Code minier.

[6] Cf. art. 4 de la loi n°2016/17 du 14 décembre 2016 portant Code minier.

première Sous-section est intitulée «Des dispositions communes à la petite mine et à la mine industrielle ». C'est un peu comme si la petite mine n'était pas industrielle, alors qu'elle l'est. Il aurait été mieux d'intituler la Sous-section « Des dispositions communes à la petite et à la *grande* mine industrielle »[1].

Aux termes de l'article 4 du Code minier, la petite mine désigne toute « *exploitation minière de petite taille, permanente, fondée sur la justification de l'existence d'un gisement, utilisant les règles de l'art, des procédés semi-industriels ou industriels et dont la production annuelle ne dépasse pas un certain tonnage du produit commercialisable sous forme de minerai, concentré ou métal, fixé pour chaque substance, par voie réglementaire* »[2]. Comme on le voit, la petite mine est moins importante en termes de volume et de production que les mines industrielles. Contrairement aux mines artisanales au sens strict, la petite mine est, depuis l'adoption du Code minier de 2016, une catégorie très prisée par les exploitants miniers.

La mine industrielle *stricto sensu* désigne quant à elle, toute « *exploitation dont les activités consistent à extraire et à concentrer des substances minérales en utilisant des méthodes mécanisées* »[3].

La conséquence de la distinction de ces deux grands modes d'exploitation industrielle est la délivrance de deux types de titres miniers aux exploitants. D'une part, pour ce qui est de la petite mine, le permis d'exploitation est accordé par le ministre chargé des Mines pour une durée initiale de cinq (5) ans, renouvelable par période de trois (3) ans. D'autre part, en ce qui concerne le permis d'exploitation de la grande mine industrielle, il est accordé par Décret du Président de la République pour une durée initiale de vingt (20) ans au plus. Il est renouvelable pour une ou plusieurs périodes n'excédant pas dix (10) ans chacune[4].

10- Si l'on s'en tient à la définition du terme « exploitation » donnée par l'article 4 du Code minier, il y a lieu de reconnaître que l'exploitation renvoie à tout le processus qui va des travaux préparatoires (analyses, exploration) jusqu'à la commercialisation des produits marchands en passant par l'extraction, le transport et le traitement.

---

[1] Voir Ph. KEUBOU, « Lecture juridique du nouveau Code minier camerounais promulgué par le chef de l'Etat le 14 décembre 2016 : dispositions différentes de l'ancien Code minier, mécanismes de collecte des taxes et redistribution de la valeur ajoutée », précité.

[2] Cf. art. 4 de la loi n°2016/17 du 14 décembre 2016 portant Code minier.

[3] Cf. art. 4 de la loi n°2016/17 du 14 décembre 2016 portant Code minier de 2016. Comme nous l'avons mentionné plus haut, ce type d'exploitation fait encore ses premiers pas au Cameroun. Seulement cinq permis d'exploitation minière industrielle ont déjà été délivrés à ce jour à quatre sociétés.

[4] Voir les articles 55 et suivants du Code minier.

Avant l'exploitation minière proprement dite, il faut au préalable procéder à *l'exploration*, notamment à la reconnaissance et à la recherche pour l'exploitation industrielle ou à la prospection pour ce qui est de l'exploitation artisanale. De façon générale, les activités minières peuvent se subdiviser en quatre grandes étapes : l'exploration, l'extraction du minerai, le traitement du minerai et la fermeture du site minier. Chacune de ces étapes comporte son lot d'enjeux et de risques sanitaires et environnementaux.

À l'étape de l'exploration[1], on procède à la recherche de dépôts minéralogiques au cours de laquelle on peut trouver des indices[2] de minerai qui pourraient éventuellement devenir un gisement, puis une mine. La probabilité pour qu'un indice trouvé devienne un gisement mine est d'environ 1 sur 10 000. A l'étape de l'exploration, les enjeux environnementaux sont généralement reconnus comme moins importants que ceux liés aux étapes subséquentes. Une fois le gisement délimité et les études de faisabilité économiques et environnementales terminées, c'est la construction des infrastructures qui permet à l'exploitation proprement dite de démarrer.

Après l'exploration et la construction de la mine, vient ensuite l'étape de *l'extraction*. L'extraction représente l'« *ensemble des travaux visant à retirer du sol et du sous-sol des substances minières ou de carrières* »[3]. Deux principaux types d'extraction sont généralement utilisés [4]: l'extraction dite « à ciel ouvert » et l'extraction « souterraine ». *La première* (mine à ciel ouvert) consiste à excaver une fosse dans le roc et à en extraire le gisement. Cette méthode est celle que les dirigeants d'entreprises préfèrent, parce qu'elle est moins coûteuse et, affirme-t-on, plus sécurisée. *La seconde* (mine souterraine) est quant à elle plus traditionnelle. Elle implique le creusage de puits (à la verticale) et de galeries (horizontales) pour extraire le minerai. Dans les deux cas, des explosifs et des équipements lourds sont utilisés pour l'extraction du minerai.

Les substances minérales extraites sont ensuite acheminées vers les installations de *traitement,* où les minéraux utiles extraits doivent d'abord

---

[1] Le terme exploration renvoie en langage médical à l'établissement d'un diagnostic. Voir *Le petit Larousse illustré*, 2007, p. 444.

[2] L'indice est un « *renseignement certain, contrôlé directement, de l'existence en un point donné d'une minéralisation* ». Cf. articl 4 de la loi n°2016/17 du 14 décembre 2016 portant Code minier.

[3] Cf. article 4 e la loi n°2016/17 du 14 décembre 2016 portant Code minier..

[4] Selon Hans HAMRIN, « Le choix de la méthode d'exploitation dépend des dimensions et de la configuration du gisement, de la valeur des minéraux qu'il renferme, de la composition, de la stabilité et de la résistance du massif rocheux et des impératifs de production et de sécurité (parfois conflictuels) ». Voir H. HAMRIN, « Les méthodes d'exploitation souterraine », *in* MAGER STELLMAN (J.) (dir.), *Encyclopédie de sécurité et de santé au travail*, Volume 3, BIT, Chapitre 74, p. 74.11.

être séparés de la gangue[1]. « Les opérations de traitement du minerai ont pour but d'enrichir les minéraux utiles avant d'en extraire les métaux ou de leur faire subir d'autres transformations »[2]. À cet effet, l'article 4 du Code minier définit le traitement comme tout « *procédé minéralurgique et/ou métallurgique ou activité de concentration et d'enrichissement qui aboutit à l'obtention d'une substance minérale commercialisable ou à améliorer la qualité à partir des minerais extraits* »[3]. Il s'agira le plus souvent de la concentration du minerai, du broyage, du concassage, du lavage, du criblage, de la pulvérisation, du nettoyage, du tamisage, de l'ensachage, etc., en fonction de la nature des minéraux extraits. Lors de ces procédés de traitement, on cherchera à concentrer ces minéraux pour éventuellement, en extraire le métal précieux. Ces opérations de traitement permettent la « valorisation »[4] des substances brutes extraites. Il convient à cet effet de préciser que l'utilisation des substances chimiques est interdite dans les opérations de traitement. « *L'usage des produits chimiques dans le traitement est strictement proscrit* », dit l'article 4 du Code minier, à propos de l'exploitation artisanale semi-mécanisée.

Enfin, vient la phase de *fermeture de la mine.* De manière générale, il est assez difficile de déterminer avec précision la durée moyenne de vie des mines, non seulement parce que leur exploitation est parfois intermittente, mais aussi et surtout parce qu'elles suivent les aléas du marché des produits miniers. Comme l'affirme un auteur, « Chaque mine est un cas particulier, mais toutes leurs exploitations ont en commun la recherche de la rentabilité et de la sécurité »[5]. En effet, « *après l'arrêt des activités minières ou de carrière, les bâtiments, dépendances, puits, galeries et d'une manière générale tous les ouvrages établis et demeurés pour l'exploitation sont remis en sécurité, conformément aux conditions prévues au Plan de Gestion Environnementale et Sociale ainsi qu'au programme de réhabilitation des sites exploités* »[6]. Quelle que soit la forme de l'exploitation, elle rapporte des revenus.

---

[1] La gangue désigne l'ensemble des roches et minéraux sans valeur marchande, qui entourent les minerais, ou les gemmes, dans leurs gisements.

[2] Voir S. ALLISON, « L'enrichissement du minerai », *in* MAGER STELLMAN (J.) (dir.), *Encyclopédie de sécurité et de santé au travail*, Volume 3, BIT, Chapitre 74, p. 74.25.

[3] Cf. art. 4 de la loi n°2016/17 du 14 décembre 2016 portant Code minier..

[4] La « valorisation » se définit comme l'« *ensemble des opérations de traitement, d'un tout-venant tel qu'il est extrait, pour fournir un produit appelé "concentré" répondant à des exigences autant de teneurs que de dimensions des éléments, d'impuretés contenues que de pourcentage d'humidité et d'autres critères* ». Cf. art. 4 de la loi n°2016/17 du 14 décembre 2016 portant Code minier.

[5] Voir H. HAMRIN, « Les méthodes d'exploitation souterraine », *in* MAGER STELLMAN (J.) (dir.), *Encyclopédie de sécurité et de santé au travail*, Volume 3, BIT, Chapitre 74, p. 74.11.

[6] Cf. article 140 du Code minier.

11- En principe, et en tout cas, ainsi qu'il est expressément mentionné dans le Document de stratégie pour la croissance et l'emploi, l'État s'engage à « *favoriser et à encourager la recherche, l'exploitation et la transformation des ressources minérales nécessaires au développement économique et social du pays* »[1]. Dans la même logique, le Code minier camerounais prévoit que l'exploitation des ressources minières doit contribuer à l'amélioration du « *développement économique et social du pays ainsi qu'à la lutte contre la pauvreté* »[2]. L'exploitation minière est ainsi porteuse de nombreux espoirs pour le développement du pays, ce qui laisse entrevoir la possibilité de créer des emplois et d'améliorer la situation des droits de l'Homme en général, et de par son effet d'entraînement, tous les autres secteurs de l'économie. En améliorant les ressources de l'État, l'exploitation minière devrait accroître la capacité de celui-ci à pourvoir aux besoins de sa population en assumant des dépenses dans les secteurs sociaux tels que la santé, l'éducation, les infrastructures ou encore à investir dans des secteurs créateurs de richesses et intégrés à l'économie locale. Cependant, il ne faut pas perdre de vue le fait que l'exploitation minière peut également heurter les droits fondamentaux.

12- Le développement de l'exploitation des mines est la cause de nombreux problèmes sanitaires et environnementaux récurrents et parfois interreliés, liés aux techniques d'extraction polluantes telles que l'exploitation à ciel ouvert et la mise en suspension des poussières. On peut également mentionner le traitement du minerai au mercure et au cyanure, le traitement et le stockage des déchets, notamment des « boues acides » qui laissent une empreinte globalement destructrice du milieu et des ressources (pollution de l'eau, des sols et de l'équilibre des écosystèmes, destruction ou perturbation d'habitats naturels, l'ouverture de nombreuses routes, des puits et des forages, etc.). Ces atteintes à l'environnement ont également des incidences sur la santé et la sécurité des travailleurs du secteur minier, ainsi que sur celles des populations riveraines des sites miniers. La logique de certaines compagnies minières est simple : produire toujours plus et à moindre coût. Pour cela, elles ne reculent devant rien et n'hésitent pas à recourir à des techniques certes bon marché, mais « criminelles »[3] ou

---

[1] Voir DSCE, § 3.2, p. 16.

[2] V. art. 1er du Code minier de 2001, repris par l'art. 2 du Code minier de 2016.

[3] La criminalité environnementale regroupe « l'ensemble des infractions qui menancent ou portent atteinte à l'environnement avec ou sans répercussion sur les personnes ». Voir M.-P. SMETS, « Exploitation minière et droits humains au Mali », *Commission Justice et Paix belge francophone, Analyses,* 2010, p. 1, disponible à http://www.justicepaix.be/IMG/pdf/2010_Analyse_exploitation_miniere_et_droits_humains_au_Mali.pdf, consulté le 23 septembre 2019.

« écocides »[1]. À titre d'illustration, la compagnie australo-canadienne Anvil Mining opérant à Kilwa en République démocratique du Congo, a été accusée d'offrir un appui logistique à l'armée nationale dont les soldats ont enfreint les droits humains dans la région tels que le kidnapping de femmes et de jeunes filles[2].

Quelques exemples au Cameroun, aussi bien qu'ailleurs, permettent d'illustrer ces risques. Le 30 janvier 2000, à la suite de la rupture d'une digue des bassins de décantation de la mine d'or et d'argent de Baia Mare en Roumanie, plus de 100 000 m^3 d'eau chargée de cyanure de sodium et de métaux lourds se sont déversés dans les rivières (notamment la rivière Tisza), jusqu'à la mer Noire en passant par le delta du Danube. En 1994, les dommages sociaux et environnementaux causés par le déversement de 80 millions de tonnes de déchets toxiques dans une rivière par la mine OK Tedi en Papouasie-Nouvelle-Guinée, constituent l'un des pires désastres du genre, avec des impacts sur 50 000 autochtones et 120 villages situés en aval de la rivière. En 1996, une situation similaire s'était produite en Guyane quand la société Cambior a déversé accidentellement 3.4 millions de m3 d'eau cyanurée à la mine d'Omai. L'accident de Samarco au Brésil en novembre 2015, où une rupture de digue a entraîné le décès de 19 personnes et engendré près de 40 milliards d'euros de dégâts, est également présenté comme l'un des plus emblématiques.

Du fait de tous ces précédents et de nombreux autres exemples, l'industrie minière s'est forgée une mauvaise réputation et doit faire face à une opposition sociale croissante[3].

---

[1] L'« écocide » est la transposition de la notion de génocide en droit de l'environnement. Elle vise tout acte intentionnel commis dans un cadre d'une action généralisée ou systématique et qui porte atteinte à la sûreté de la planète ». Lorsqu'on parle du crime d'écocide, on pense en premier lieu au cas le Vietnam qui avait été victime de l'épandage sur ses forêts, par l'armée américaine, d'un puissant défoliant, l'«agent orange». Outre le Vietnam en tant que pionnier dans ce domaine, une dizaine d'États, dont la Russie et plusieurs de ses anciens satellites, l'ont inscrit dans leur législation nationale (Voir D. LOCHACK, « Pénaliser les violations des droits de l'homme ? », *Communications,* n° 104, 2019/1, p. 199). Contrairement à ces « écocides » qui concernent les cas exceptionnels causant des dommages irréversibles, les « écocrimes » concernent les « crimes environnementaux quotidiens ». Voir N. RORET et M. PORRET-BLANC, « L'effectivité du droit pénal de l'environnement. Etat des lieux et perspectives », *Energie-Environnement-Infrastructures*, juillet 2016, pp. 16, § 19. Sur ces deux notions, voir NEYRET (L.) (dir.), *Des écocrimes à l'écocide : le droit pénal au secours de l'environnement*, éd. Bruylant, Bruxelles, 2015, 465 p.

[2] Voir M. BOURGY, « Le massacre de Kilwa : Anvil Mining et l'Agence multilatérale de garantie des investissements, complices de crimes de guerre », http://www.cadtm.org/Le-massacre-de-Kilwa-Anvil-Mining, consulté le 01/06/2019.

[3] CHAIRE EN ECO-CONSEIL, *L'industrie minière et le développement durable*, document de travail, Université du Québec à Chicoutimi, 2012, p. 17.

13- L'exploitation minière affecte certains droits fondamentaux. Il existe deux façons d'appréhender la fondamentalité d'un droit ou d'une liberté : l'approche normativiste et l'approche matérielle ou intrinsèque.

14- L'approche *normativiste* consiste à considérer comme fondamentaux, les droits et libertés qui ont reçu une consécration normative à un niveau juridique supra-légal. On parle à cet effet de la fondamentalité par la normativité supérieure. François Terré relève à ce sujet que les droits fondamentaux sont triplement garantis : « par la Loi, la Constitution et les Textes supranationaux »[1].

Toutefois, il convient de reconnaître que l'approche normativiste peu à certains égards apparaître réductionniste. En effet, comme le relève la doctrine, un droit n'est pas fondamental du simple fait qu'il est ainsi baptisé comme tel un texte[2]. Ainsi, pour Abdelfattah Amor, *« Ce n'est pas parce qu'un droit de l'homme est constitutionnellement protégé qu'il devient, substantiellement, plus fondamental que celui qui ne l'est pas »*[3]. En d'autres termes, la Constitution, même assortie de Déclarations fondamentales, ne suffit pas comme référent à la définition pertinente de la notion des droits fondamentaux[4]. Pour s'en convaincre, la doctrine prend l'hypothèse du droit positif d'un pays qui dénierait le caractère fondamental de la vie en permettant toutes sortes de pratiques pour y mettre un terme (sacrifices humains, euthanasie, criminalité, suicide, avortement, peine de mort…), avant de conclure que cela ne change absolument rien au caractère fondamental de la vie pour l'humanité[5]. Tout ce qui précède a amené certains auteurs tels que le Professeur Bernard Beignier, à relativiser la portée de la perception du positivisme normativiste kelsénien en matière de droits fondamentaux. Cet éminent auteur soutient que, *« tout ce qui est dans la Constitution n'est pas nécessairement du droit fondamental ; à l'inverse, tout le droit fondamental n'est pas dans la Constitution »*[6]. Il conclut par

---

[1] Voir F. TERRE, « Sur la Notion de libertés et droits fondamentaux », *in* R. CABRILLAC, A.-M. FRISON-ROCHE et Th. REVET (dir.), *Libertés et droits fondamentaux*, Paris, 18e éd., Dalloz, 2012, p. 6, n° 17.

[2] Voir E. MBANDJI MBÉNA, *Les droits fondamentaux de l'enfant en droit camerounais,* Thèse en Cotutelle entre l'Université de Douala et l'Université de Toulouse 1, 23 février 2013, p. 9.

[3] A. AMOR, « Rapport introductif », Actes des 1res Journées Scientifiques du Réseau Droits Fondamentaux de l'AUPELF -UREF tenues à Tunis du 9 au 12 octobre 1996, sous la direction de Jacques-Yvan MORIN, *Actualité Scientifique : Les droits fondamentaux,* Bruxelles, BRUYLANT, 1997, p. 32, cité par E. MBANDJI MBÉNA, *Les droits fondamentaux de l'enfant en droit camerounais,* Thèse précitée, p. 9.

[4] Voir E. MBANDJI MBÉNA, *Les droits fondamentaux de l'enfant en droit camerounais,* Thèse précitée, p. 9.

[5] *Ibid.*

[6] B. BEIGNIER et C. BLERY, *Introduction au droit,* Paris, 3e éd., Montchrestien, 2011, n° 33, cité par Voir E. MBANDJI MBÉNA, Thèse précitée, p. 9.

l'affirmation selon laquelle, «la valeur d'un droit est donc nettement distincte de la valeur de la norme qui le consacre »[1].

15- Au regard de ce qui précède, l'approche *matérielle* ou *intrinsèque* considère que le caractère fondamental d'un droit peut également être originel et consubstantiel. Ici, les droits sont considérés comme fondamentaux, non pas seulement parce qu'ils sont garantis par la loi fondamentale, mais aussi et surtout parce qu'ils concernent de par leur contenu, des droits qui seraient matériellement fondamentaux ou qui poursuivent une finalité essentielle de l'Etat telle que la liberté, l'Etat de droit, la démocratie, etc. On parle à cet effet de la fondamentalité intrinsèque. Cette approche est défendue par plusieurs courants de pensée : un premier courant dit *réaliste* indique qu'il convient de rechercher la fondamentalité d'un droit, non seulement dans les textes et la jurisprudence comme le fait le courant normativiste, mais également de la déduire de la protection effective dont jouit la valeur qui est objet de protection. Un deuxième courant dit *logique* pense pour sa part qu'il convient de rechercher la fondamentalité dans l'agencement logique qui consiste à considérer comme fondamental, un droit ou une liberté qui permet la réalisation des autres. Ainsi en est-il par exemple du droit à la vie puisque sans elle, la jouissance ou la réalisation des autres droits de l'homme existants tel que le droit à la santé n'est pas concevable[2]. Enfin, pour le troisième courant dit *jus naturaliste*, il convient de rechercher la fondamentalité d'un droit dans la philosophie de l'être, en rattachant les droits et libertés fondamentaux aux droits de l'homme et en les faisant dépendre de leur consubstantialité avec la dignité humaine.

16- En somme, s'il est difficile de trancher entre ces différents courants, les cinq indices ci-après se dégagent des démonstrations produites par la doctrine et caractérisent les droits fondamentaux : « *Premièrement,* les droits fondamentaux sont d'abord et surtout des droits humains, car comme l'a si bien souligné Madame Catherine Labrusse-Riou, ce sont principalement les personnes physiques qui en sont titulaires [...]. *Deuxièmement,* les droits fondamentaux sont encore qualifiés d'"inaliénables et intangibles", d'"innés", d'"intransgressibles", preuve de l'existence d'un champ lexical diversifié. Cette succession de qualificatifs sublimants traduit à suffisance la nature transcendantale, immanente voire métaphysique, du contenu de cette notion [...]. *Troisièmement,* les droits fondamentaux sont des droits déclarés

---

[1] *Ibid.*

[2] Dans le même sens, Voir K. MARTIN-CHENUT et C. PERRUSO, « La contribution des systèmes régionaux de protection des droits de l'homme à la pénalisation des atteintes à l'environnement », *in* L. NEYRET (dir.), *Des écocrimes à l'écocide. Le droit pénal au secours de l'environnement*, Bruylant, 2015, p. 56.

et consacrés, dont la protection juridique est assurée par un régime spécial. En France, cette protection est assurée par le Conseil Constitutionnel. À cet effet, Monsieur François Terré relève que ces droits sont triplement garantis : par la Loi, la Constitution et les Textes supranationaux [...]. *Quatrièmement,* les droits fondamentaux sont aussi des droits qui s'imposent à tous les pouvoirs constitués de l'Etat : Exécutif, Législatif et Judiciaire. Ceux-ci ne peuvent ni les comprimer, ni les supprimer, à cause de leur caractère basique et inaliénable, leur violation n'étant qu'une exception bien encadrée. C'est uniquement cette caractéristique qui constitue la trame de l'assertion selon laquelle "les droits fondamentaux sont souvent présentés comme des droits protégés contre le législateur". *Cinquièmement enfin,* les droits fondamentaux sont des droits d'application directe. Ils existent pour les humains et avec les humains, sont traduits dans les textes législatifs et règlementaires, avec garantie des juges et leur contribution à une meilleure interprétation des textes et à leur application effective. La justiciabilité du droit est un critère de sa fondamentalité selon Monsieur Etienne Picard. C'est le moyen par excellence qui renforce ladite fondamentalité »[1].

17- On l'aura compris, chercher un sens univoque à la définition des droits fondamentaux est peine perdue. À cet effet, il convient de considérer dans le cadre de cette étude, la définition suivante empruntée à Monsieur Etienne Mbandji-Mbéna : « les droits fondamentaux sont des droits intangibles, inviolables, inaliénables et sacrés, inhérents à la personne humaine, consacrés ou sous-entendus, qui fondent toute société et s'imposent à tous les organes constitués de l'Etat »[2].

Parmi les droits fondamentaux susceptibles d'être affectés par l'exploitation minière, il y a le droit à l'éducation, le droit à la participation aux décisions, le droit au dédommagement, le droit à l'information, le droit à la santé, le droit à la vie, le droit à la consultation ainsi que les droits du travail et de la libre association, etc. Dans le cadre de ce travail, nous insisterons particulièrement sur deux droits fondamentaux spécifiques que sont le droit à la santé et le droit à la vie. Ces droits sont si importants qu'il faut vérifier la capacité de l'exploitation minière à assurer leur respect.

18- Le droit à la vie fait partie de la catégorie des « droits civils et politiques » encorc appelés « droits de la première génération ». C'est un droit complexe, défini différemment selon les époques et selon les lieux. Catherine Puigelier déclare à cet effet que « Les nouvelles avancées de la

---

[1] Voir E. MBANDJI MBÉNA, *Les droits fondamentaux de l'enfant en droit..,* Thèse précitée, pp. 10-11.
[2] *Ibid.*, p. 11.

science bouleversent profondément les notions de vie et de fin de celle-ci »[1]. Plus loin, elle affirme que « Le droit à la vie d'un juge ne sera pas le droit à la vie d'un autre juge sur plusieurs décennies, voire sur quelques années [...] un droit à la vie est voué à une constante évolution ou indétermination parce que nourri de progrès scientifiques... »[2].

19- De manière prosaïque, le droit à la vie est le droit qu'a toute personne à ne pas être tuée. Historiquement, ce droit tire son origine du décalogue juif et chrétien qui déclare : « *Tu ne tueras point* ». C'est cette vision qui a été reprise par le droit, aussi bien au niveau interne qu'au niveau international. On peut y déceler un aspect positif et un aspect négatif dans la formulation du droit à la vie.

Dans son aspect négatif, le respect du droit à la vie suppose une abstention de la part de l'Etat ou des autres personnes (morales ou physiques), publiques ou privées. Selon cette acception, le droit à la vie apparaît *d'abord* comme synonyme de la réprobation de l'homicide. C'est le sens du décalogue sus évoqué : tu ne tueras point. Cependant, il existe des hypothèses très exceptionnelles dans lesquelles, la loi permet qu'il soit porté atteinte au droit à la vie. C'est le cas notamment de l'euthanasie ou de l'IVG lorsque celles-ci sont légalement consacrées. C'est le cas également en période de guerre, où il est permis de tuer l'ennemi[3], ou encore de la légitime défense[4]... Car comme le souligne un auteur, « Chaque vie étant égale à chaque autre vie, malgré les inégalités sociales, toute vie est fondée à se développer dans les limites mêmes qui l'installent comme vie »[5]. *Ensuite*, le droit à la vie dans son sens négatif peut également être synonyme de réprobation de toute violence illégitime pouvant entraîner le décès d'un individu. C'est ce qui justifie le fait que toute personne soit protégée dans son intégrité physique. Une étude menée dans la Région de l'Est Cameroun révèle que, « Les conflits entre employés et employeurs sont régulièrement enregistrés dans les entreprises minières localisées à Bétaré-Oya et Ngoura. Ces conflits entrainent parfois des bagarres et des bastonnades »[6]. En effet,

---

[1] Voir C. PUIGELIER, « Qu'est-ce qu'un droit à la vie ? », *Recueil Dalloz,* 2003, Chroniques p. 2781.

[2] *Ibid.*

[3] Certains pacifistes utilisent aujourd'hui le même raisonnement du droit à la vie pour combattre la guerre qui porte selon eux, au « *droit de ne tuer personne et de ne pas être tué* ».

[4] Une étude indique que la majorité des exploitants miniers étrangers présents dans les chantiers miniers de la région de l'Est Cameroun détiennent des armes à feu pour se défense en cas d'agression. Voir J. L. CHEKOUA et B. NGALIM YONGABI, *Conditions de travail dans les entreprises minières de la région de l'Est*, Foder, 2016, p. 15, disponible sur le site : http://forest4dev.org/, consulté le 17 février 2018.

[5] G. LE BLANC, « Le droit à la vie », *Raisons politiques* 2007/1, n° 25, p. 57.

[6] Cette étude révèle que « Durant la période de janvier 2012 à septembre 2015, l'hôpital de district de Bétaré-Oya a reçu 16 patients (employés nationaux) après avoir été bastonnés par

toute violence contre un individu doit être légalement justifiée. Car comme le disait si bien Max Webber, « l'Etat a le monopole de la contrainte légale et légitime». Cette justification sera de plus en plus difficile. C'est cette justification de la violence qui a conduit aux États-Unis à se demander si le 8e amendement de la Constitution qui prohibe les « châtiments cruels et inhumains » rendait la peine de mort inconstitutionnelle ? Face à cette interrogation, la Cour suprême suspendra la peine de mort dans tout le pays en 1972[1] avant de la rétablir en 1976[2]. *Enfin*, le droit à la vie dans son sens négatif est synonyme de la réprobation de la peine de mort. Si dans certains Etats, la peine de mort a été abolie en raison du respect du droit à la vie[3], tel n'est pas encore le cas dans de nombreux autres, au rang desquels figure le Cameroun[4]. Dans ces Etats toutefois, la peine de mort ne peut être exécutée que lorsqu'elle a été prononcée par une juridiction compétente.

20- *Dans son aspect positif* par contre, la protection du droit à la vie suppose une prestation positive de la part de l'Etat ou des autres personnes (morales ou physiques), publiques ou privées. Ainsi, le droit à la vie est *d'abord* utilisé comme synonyme du droit à naître. Lorsqu'on sait que les pathologies spécifiques aux femmes, liées à la mine, concernent en particulier la sphère reproductive[5], notamment les malformations congénitales chez les nouveau-nés et les avortements indésirés, ces êtres simplement conçus méritent d'être protégés *in utero*. Si pendant la conception le droit à la vie de l'enfant conçu vise à protéger une vie potentielle, celui-ci devient un droit confirmé à la naissance lorsque l'enfant naît vivant et viable. Catherine Puigelier affirme alors que « Lorsque la

---

leurs employés de nationalité chinoise ». Voir J. L. CHEKOUA et B. NGALIM YONGABI, *Conditions de travail dans les entreprises minières de la région de l'Est*, précité, p. 17.

[1] Voir C.S. des Etats-Unis, 29 juin 1972, *William Henry Furman v. State of Georgia.* Cet arrêt avait décidé de l'inconstitutionnalité de la peine de mort aux Etats-Unis dans la façon dont les juridictions l'appliquaient. Mais face à la persistance de certains États à vouloir l'appliquer, des révisions législatives ont abouti à *l'arrêt Greg v. Georgia* qui renverse le précédent arrêt en restaurant la peine de mort.

[2] Voir C.S. des Etats-Unis, 2 juillet 1976, *Troy Leon Gregg v. State of Georgia.* Cet arrêt reconnaît la constitutionnalité de la peine de mort en déclarant qu'elle ne s'oppose pas en tant que telle au concept de dignité humaine au cœur du VIIIe amendement.

[3] Le protocole n° 13 à la Convention européenne des droits de l'homme abolit complètement la peine de mort. À l'heure actuelle, dans la majorité des États européens (43 signataires) la peine de mort est donc abolie en raison du droit à la vie.

[4] Même si la peine de mort n'a pas été exécutée au Cameroun depuis 1997, elle subsiste bel et bien dans l'ordonnancement juridique. Cette consécration légale a été réaffirmée par la loi n° 2014/028 du 23 décembre 2014 portant répression des actes de terrorisme et même dans la loi n°2016/007 du 12 juillet 2016 portant Code pénal (art. 102, 103, 156, 236, 276, 320 al. 2, 350, 351, 354 al. 2, etc.).

[5] Voir J. RAINHORN, « Introduction », *in* J. RAINHORN (dir.), *Santé et travail à la mine : XIXe-XXIe siècle*, Presses universitaires du Septentrion, 2014, disponible en ligne à l'adresse : http://books.openedition.org.ezscd.univ-lyon3.fr/septentrion/1823, consulté le 17 février 2018.

naissance est là, le droit à la vie est un droit confirmé qui porte sur une personne physique. Il est alors un droit empirique et concret. Lorsqu'un enfant vient au monde, un droit à la vie s'ouvre à la conservation de la personne physique »[1]. Au Cameroun, la protection de l'enfant conçu commence dès la conception[2]. C'est ce qui justifie l'interdiction de l'avortement[3], et même de la répression des violences sur femme enceinte[4]. *Ensuite*, le droit à la vie dans son aspect positif est synonyme de droit à une vie décente. Ce droit a déjà été invoqué dans plusieurs pays pour demander un droit à mourir dans la dignité (euthanasie)[5]. À titre d'illustration, cette argumentation a été développée lors de *l'arrêt Diane Pretty* devant la Cour européenne des droits de l'homme le 29 avril 2002, même si elle a été refusée[6]. *Enfin*, le droit à la vie dans son aspect positif pourrait signifier la fin du génocide animal et des maltraitances perpétrées aux animaux. De manière très spécifique, le droit à la vie permet à certains de défendre les « droits des animaux » et lutter contre l'élevage dans le but de la consommation d'animaux. Les défenseurs de cette théorie considèrent que les animaux devraient avoir les mêmes droits fondamentaux que les êtres humains : on parle à cet effet d'antispécisme. Sans aller jusqu'à reconnaître un tel droit aux animaux, la loi française du 13 octobre 2014 d'avenir pour l'agriculture, l'alimentation et la forêt[7], vise non seulement à contribuer à la protection de la santé publique, mais aussi à « veiller au bien-être et à la santé des animaux »[8]. Cette préoccupation nouvelle a été prolongée par le législateur français qui a reconnu récemment que « les animaux sont des êtres vivants doués de sensibilité »[9], ce qui justifie que l'homme se soucie de leur bien-être[10]. Si déjà le bien-être des hommes pose des problèmes de définition et de délimitation, son extension aux animaux décuple la difficulté. Mais comme le relève un auteur, le bien-être des animaux ne sera que la projection de la conception humaine de celui-ci, à savoir l'absence de souffrance, une nourriture suffisante pour répondre à ses besoins vitaux, peut-être le respect de certains droits, dont l'existence est toutefois

---

[1] Voir C. PUIGELIER, « Qu'est-ce qu'un droit à la vie ? », *Recueil Dalloz,* 2003, Chroniques p. 2781.

[2] Les opposants à cette conception font valoir qu'un fœtus n'est pas encore une personne.

[3] Cf. article 337 du Code pénal.

[4] Cf. article 338 du Code pénal.

[5] Pour les opposants à l'euthanasie, sa légalisation reviendrait à légaliser l'eugénisme et le suicide assisté. Selon eux, l'on ne peut choisir de tuer quelqu'un.

[6] CEDH, 29 avril 2002, 4e section, Requête n°2346/02, *affaire Pretty c. Royaume-Uni.*

[7] Voir article L.1-I-5 du Code rural français.

[8] Cf. art. 1- 5° de la lOI n° 2014-1170 du 13 octobre 2014 d'avenir pour l'agriculture, l'alimentation et la forêt, JORF n°0238 du 14 oct. 2014 p. 16601.

[9] Voir la loi française n° 2015-177 du 16 février 2015.

[10] M. DEGUERGUE, « Préface », *in* M. TORRE-SCHAUB (dir.), *Le bien-être et le droit*, éd. Publications de la Sorbonne, Paris, 2016, p. 9.

conditionnée par la reconnaissance que les hommes accepteront de lui octroyer[1].

21- *Au plan international,* le droit à la vie a pour fondement l'article 3 de la Déclaration universelle des droits de l'homme de 1948 où il est clairement mentionné que *«Tout individu a droit à la vie, à la liberté et à la sécurité de sa personne »*[2]. Dans de nombreux textes, le droit à la vie « ouvre généralement la salve des droits consacrés. Ainsi en est-il du Pacte International relatif aux Droits Civils et Politiques de 1966 dont l'article 6 §1 stipule que "le droit à la vie est inhérent à la personne humaine. Ce droit doit être protégé par la loi. Nul ne peut être arbitrairement privé de la vie"[3], mais également [...] de la Charte africaine des droits de l'Homme et des peuples (article 4) »[4].

Au plan interne, le droit à la vie est un droit fondamental reconnu par la loi constitutionnelle du 18 janvier 1996. Selon le préambule de ce texte, *« Toute personne a droit à la vie et à l'intégrité physique et morale »*[5]. Bien que n'ayant pas encore aboli la peine de mort, le Cameroun a ratifié certains textes internationaux qui la répriment. C'est le cas notamment de la Convention internationale relative aux droits de l'enfant du 20 novembre 1989 qui prohibe la peine de mort pour les enfants et dispose en particulier dans son article 6 que « *Les États parties reconnaissent que tout enfant a un droit inhérent à la vie.* »[6]

En tant que tel, le droit à la vie est sans nul doute le droit fondamental le plus important, car c'est un droit sans lequel les autres droits ne sauraient se réaliser. Comme l'affirme Xavier Dupré de Boulois, le droit à la vie est un droit « indérogeable » en ce sens qu'il ne peut faire l'objet d'aucune restriction[7]. C'est sous cet angle qu'il faut appréhender la répression des atteintes à l'intégrité physique telles que le meurtre[8], l'assassinant[9],

---

[1] M. DEGUERGUE, « Préface », précitée, p. 46.

[2] Cf. art. 3 de la DUDH du 10 déc. 1948.

[3] Le Cameroun a ratifié ce texte le 27 juin 1984 et il est entré en vigueur le 27 septembre 1984.

[4] Voir T. GRÜNDLER, « Section 1. Le droit à la protection de la santé », *La Revue des droits de l'homme,* 30 juin 2012, URL : http://revdh.revues.org/135, consulté le 17 avril 2018, p. 220, note 375. À titre titre de droit comparé, la Convention européenne de sauvegarde des droits de l'Homme s'ouvre sur un article 2 consacré au droit à la vie. Il en est de même de la Convention américaine relative aux droits de l'Homme (article 4).

[5] Cf. préambule, 12e tiret de la loi constitutionnelle n° 96/06 du 18 janvier 1996.

[6] Cf. art. 6 de la Convention relative aux droits de l'enfant du 20 novembre 1989. Le Cameroun a ratifié cette Convention le 18 octobre 1991 et elle est entrée en vigueur le 11 janvier 1993.

[7] X. DUPRE DE BOULOIS, « Existe-t-il un droit fondamental à la sécurité ? », *RDLF* 2018 chron. n°13, www.revuedlf.com, consulté le 22 mai 2018.

[8] V. art. 275 du Code pénal.

[9] V. art. 276 du Code pénal.

l'avortement,[1] etc. C'est un droit qui doit être considéré comme un droit « supérieur »[2], car sans la vie, la réalisation des autres droits est impossible.

Pour sa mise en œuvre, il appartient en principe aux autorités publiques de prendre des mesures afin d'empêcher les violations du droit à la vie résultant d'activités dangereuses comme l'exploitation minière. Cela implique pour l'Etat, l'obligation de mettre en place un cadre législatif et administratif prévoyant[3]. Cela implique aussi la mise en place des règlements qui régissent l'exploitation, la sécurité et le contrôle afférents à de telles activités. Le cadre législatif et administratif doit fournir une dissuasion efficace contre les risques pouvant peser sur le droit à la vie. C'est ce qu'a réaffirmé la Cour EDH dans les *arrêts Öneryıldız c. Turquie et Boudaïeva et autres c. Russie*, dans lesquels elle a précisé que la réglementation des activités dangereuses doit contraindre non seulement les autorités publiques, mais aussi les entreprises et les donneurs d'ordre à prendre des mesures pratiques visant à protéger les individus dont la vie pourrait être menacée par ces risques[4].

22- Le droit à la vie peut donc être considéré comme un droit civil et politique au soutien du droit à la protection de la santé[5]. Dans sa mise en œuvre, les juges établissent fréquemment un lien entre le droit à la vie et le droit à la santé. Le droit à la vie devient ainsi «le noyau dur du droit à la protection de la santé [...]. Le droit à la protection de la santé est donc mieux garanti quand les atteintes qui lui sont portées constituent une menace pour la vie des personnes »[6]. Le « respect du droit à la vie peut être considéré (...) comme le stade ultime du droit à la santé. C'est en ces termes que Bertrand Mathieu formule le lien indiscutablement très étroit existant entre droit à la vie, archétype des droits civils et politiques et à ce titre inscrit solennellement dans les textes, et le droit à la protection de la santé »[7].

23- Le droit à la santé, contrairement aux droits civils et politiques ou «droits de la première génération », est un « droit social ». Les droits sociaux correspondent à la mise en œuvre des « droits fondamentaux de seconde

---

[1] V. art. 337 du Code pénal.

[2] Une approche critique conçoit les droits comme indivisibles, non hiérarchisés et interdépendants les uns des autres, qu'ils soient civils et politiques ou économiques, sociaux et culturels.

[3] *Öneryıldız c. Turquie*, §89; *Boudaïeva et autres c. Russie*, §129.

[4] CONSEIL DE L'EUROPE, *Manuel sur les droits de l'homme et l'environnement,* Editions du Conseil de l'Europe, Strasbourg, 2012, p. 38.

[5] Voir T. GRÜNDLER, « Section 1. Le droit à la protection de la santé », *La Revue des droits de l'homme,* 30 juin 2012, URL : http://revdh.revues.org/135, consulté le 17 avril 2018, p. 220.

[6] Voir T. GRÜNDLER (T.), « Section 1. Le droit à la protection de la santé », *op. cit.*, pp. 221-222.

[7] Voir T. GRÜNDLER, « Section 1. Le droit à la protection de la santé », *op. cit.*, p. 220.

génération »[1]. Sous cette dénomination peuvent à la fois être rassemblés les droits-créances et les droits subjectifs. La garantie des premiers nécessite l'intervention du législateur pour limiter l'exercice d'autres droits fondamentaux. Car comme le rappelle la doctrine, « La notion de droits fondamentaux est une question de vases communicants. Plus vous protégez un droit, moins vous protégez un autre droit »[2]. Bien qu'il incombe à l'État de les mettre en œuvre, celui-ci fait généralement peser la charge de ces objectifs sur l'entreprise, soit par l'intermédiaire d'une réglementation, soit par l'intermédiaire des charges sociales. Les seconds (droits subjectifs) sont « directement invocables dans les relations inter-individuelles »[3]. En tant que prérogative dont peuvent se prévaloir des individus au sein de la société, le droit à la santé présente fondamentalement la nature d'un droit-créance[4]. En tant que tel, ses principaux débiteurs sont l'Etat dans toutes ses composantes, les professionnels de santé, les entreprises et les individus[5] (soi-même ou autrui). C'est la raison pour laquelle le Professeur Lise Casaux-Labrunée estime que ce doit paraît bien relever d'une catégorie mixte[6].

Le droit à la santé est un droit fondamental de la personne humaine, reconnu aussi bien en droit interne[7] qu'en droit international, spécialement dans la Constitution de l'OMS de 1946[8]. Sa finalité est de préserver la vie par le rétablissement et l'amélioration de l'état de santé. Ce droit se justifie donc par la nécessité élémentaire de donner au droit à la vie un sens plus

---

[1] F. GAUDU, « Les droits sociaux », in R. CABRILLAC et al. (dir.), *Libertés et droits fondamentaux,* 23e éd. Dalloz, 2017, Section 6, mise à Jour de Raymonde Vatinet, p. 952 ; P. WACHSMANN, *Libertés publiques*, 7e éd., Dalloz, coll. Cours-Droit public, 2017, n° 71, p. 57 ; Ph. BILLET, « La constitutionnalisation du droit de l'homme à l'environnement. Regard critique sur le projet de loi constitutionnelle relatif à la Charte de l'environnement », *Rev. jur. env.* 2003, numéro spécial, p. 36.

[2] M. LAIGNEAU, J.-E. RAY et B. MATHIEU, « Entreprise, droits fondamentaux et droits sociaux », *Les Nouveaux Cahiers du Conseil constitutionnel*, 2011/2 (N ° 31), p. 197.

[3] M. LAIGNEAU et al. *op. cit.*, pp. 195-196.

[4] L. CASAUX-LABRUNEE, « Le droit à la santé », *in* R. CABRILLAC et al. (dir.), *Libertés et droits fondamentaux,*16e éd., Dalloz, Campus LMD, 2010, Section 7, n° 1230, p. 983.

[5] *Ibid.*, n° 1232, p. 984.

[6] *Ibid.*, n° 1230, p. 983.

[7] Le droit à la santé est reconnu dans de nombreuses Constitutions nationales depuis le milieu du XXème siècle. À titre d'illustration, la Constitution française de 1946 dans son préambule, a été l'une des premières à énoncer ce droit. Au Cameroun, le droit à la santé est indirectement consacré par le préambule de la loi constitutionnelle n°96/06 du 18 janvier 1996 qui affirme son attachement aux conventions internationales en la matière dûment ratifiées. De manière beaucoup plus précise, il énonce expressément que *« Toute personne a droit à un environnement sain. La protection de l'environnement est un devoir pour tous. L'État veille à la défense et la promotion de l'environnement ».*

[8] V. le Préambule de la Constitution de l'OMS adoptée par la Conférence internationale sur la Santé, New York, 19-22 juin 1946; signé le 22 juillet 1946 par les représentants de 61 Etats en 1946 (Actes officiels de l'OMS, n°. 2, p. 100) et entré en vigueur le 7 avril 1948, disponible à l'adresse : https://www.who.int/governance/eb/who_constitution_fr.pdf, consultée le 02/03/2020.

généreux que le simple fait de l'existence[1]. C'est un droit dont la jouissance est essentielle, car elle influence tous les aspects de la vie d'un individu et a un impact sur la réalisation des autres droits de l'Homme[2]. En ce sens, c'est un droit capital, un droit « carrefour » qui rassemble et regroupe de nombreux autres droits tels que le droit à la vie, le droit à une alimentation saine, le droit à un logement décent, le droit à l'éducation (information/éducation pour la santé) etc.

Comme le relève le Professeur Michel Bélanger, « Il est unanimement admis aujourd'hui que la notion de "santé" doit faire l'objet d'une définition large, concernant non seulement la santé de la personne humaine (aussi bien la santé publique, c'est-à-dire la santé collective, que la santé individuelle), mais aussi la santé animale (du fait de la consommation de chair animale par les humains, et des risques de propagation de maladies animales à l'homme), ainsi que ce que l'on peut appeler la santé environnementale (la défense des écosystèmes) »[3]. Cette définition large fait du droit à la santé ce que les juristes (qu'ils soient internistes ou internationalistes) appellent une norme-cadre, « c'est-à-dire une norme générale destinée à être précisée par des normes ordinaires (dénommées également normes fonctionnelles). Ce sont ces dernières qui constituent le "droit de la santé" qui réunit l'ensemble des règles juridiques (principes généraux de droit, règles juridiques proprement dites, et normes) relatives aux actions de protection de la santé »[4].

24- Selon Éric David, « Si l'on se réfère au deuxième principe énoncé par le préambule de la Constitution de l'OMS de 1946, selon lequel "*la possession du meilleur état de santé (...) constitue l'un des droits fondamentaux de tout être humain*", on constate que le droit à la santé fait partie des nombreux droits reconnus à l'individu en tant que tel »[5]. Cette

---

[1] V. notamment R. ROEMER, « The right to health care », in *The Right to Health in the Americas: A Comparative Constitutional Study*, Organisation panaméricaine de la santé, Washington, DC, Scientific Publication n° 509, 1989, p. 17 à 23; A. L. TAYLOR, « Making the Word Health Organisation work ; a legal framework for universal access to the conditions for health », *American Journal of Law & Medicine*, 1992, n° 18 (4), pp: 301-346. Voir aussi R. J. DUPUY, « The Right to Health as a Human Right », *Alphen aan den Rijn, Stijthoff and Noordhoff*, 1979, cités par P. A. MOLINARI, « Le droit à la santé : de la solennité des énoncés aux enjeux de l'exercice », *RILS*, 49, 1, p. 2, disponible à l'adresse : http://docplayer.fr/17049461-Le-droit-a-la-sante-de-la-solennite-des-enonces-aux-enjeux-de-l-exercice-patrick-a-molinari.html, consultée le 02/03/2020.

[2] CADHP, mai 2003, *Purohit et Moore c. Gambie*, n° 241/01, 16e Rapport d'activités de la Com. ADHP, (pp : 66-78), § 80.

[3] M. BELANGER, « Le droit à la santé, droit fondamental de la personne humaine », *Agence Universitaire de la Francophonie, Réseau des chercheurs « Droit de la Santé »*, Animation régionale de Dakar, 2005, disponible sur Internet à l'adresse : http://www.ds.auf.org/spip.php?article63, consulté le 13 mai 2017, p.1.

[4] *Ibid.*

[5] E. DAVID, « Le droit à la santé comme droit de la personne humaine », *Revue québécoise de droit international,* 1985, p. 63.

constatation se renforce selon l'auteur, de la solennité de l'affirmation du droit à la santé clairement observée à tous les niveaux des ordres juridiques. En effet, ce droit est contenu dans divers instruments classiques de protection des droits de l'homme tels que la Convention de l'OMS de 1946, la DUDH du 10 décembre 1948[1], ou encore le PIDESC de 1966. Deux ans après la Convention de l'OMS, la DUDH a jeté les bases du cadre juridique international du droit à la santé. L'art 25 (1) de ce texte dispose que « *toute personne a droit à un niveau de vie suffisant pour assurer sa santé, son bien-être et ceux de sa famille, notamment pour l'alimentation, l'habillement, le logement, les soins médicaux ainsi que pour les services sociaux nécessaires*»[2].

Toujours au niveau international, « les textes retenant une approche plus ciblée des droits de l'Homme, du point de vue de leur objet ou des catégories de bénéficiaires, consacrent également ce droit »[3]. C'est le cas notamment de la Convention internationale de lutte contre toutes les formes de discrimination raciale[4] ; de la CEDEF[5] ; ou encore la CIDE[6]... De nombreux sommets mondiaux onusiens se réfèrent également au droit à la santé[7].

Toutefois, le texte le plus important et le plus complet en la matière semble être le PIDESC. L'article 12 (1) de ce texte reconnaît « *le droit qu'a toute personne de jouir du meilleur état de santé physique et mentale qu'elle soit capable d'atteindre* »[8]. Mais il va plus loin que les autres textes, car il contient une énumération des mesures que les Etats doivent prendre afin d'assurer le plein exercice du droit à la santé. Pour le Comité des droits économiques, sociaux et culturels (CODESC), principal organe responsable de l'interprétation et de l'application du Pacte du même nom, qui contrôle le respect du droit à la santé au niveau international, la santé « *est un droit fondamental de l'être humain, indispensable à l'exercice des autres droits humains. Toute personne a le droit de jouir du meilleur état de santé*

---

[1] La DUDH a été adoptée par la Résolution 217 A (III), de l'AG de l'O.N.U. V. Doc. off., AG 3e session, p. 71, Doc. N.U., A/810 (1948), art. 22 et 25.

[2] Cf. article 25 de la DUDH du 10 décembre 1948.

[3] T. GRÜNDLER, « L'effectivité du droit à la protection de la santé », *Revue générale de droit médical*, n° 4, 2010, p. 212.

[4] Cf. article 5 § e-IV.

[5] Cf. articles 11 § 1-f et 12 de la Convention sur l'élimination de toutes les formes de discrimination à l'égard des femmes.

[6] Cf. art. 24 § 1 de la Convention internationale relative aux droits de l'enfant.

[7] Il est à noter que le droit à la santé figure dans plusieurs paragraphes de la Déclaration et du Programme d'action de Vienne. Le programme d'action de la Conférence internationale sur la population et le développement, et la Déclaration et le Programme d'action de la quatrième Conférence mondiale sur les femmes contiennent également des définitions concernant respectivement la santé génésique et la santé des femmes.

[8] Cf. art. 12 du Pacte international relatif aux droits économiques, sociaux et culturels du 16 déc. 1966.

susceptible d'être atteint, lui permettant de vivre dans la dignité »[1]. Outre les instruments internationaux cités ci-dessus, le droit à la santé est consacré dans plusieurs conventions et traités internationaux et régionaux.

Au niveau régional, européen, la charte sociale européenne déclare qu' « *en vue d'assurer l'exercice effectif du droit à la santé, les parties contractantes s'engagent à prendre, soit directement, soit en coopération avec les organisations publiques et privées, des mesures appropriées tendant notamment à éliminer, dans la mesure du possible, les causes d'une santé déficiente ; à prévoir, des services de consultation et d'éducation pour ce qui concerne l'amélioration de la santé et le développement du sens de la responsabilité individuelle en matière de santé ; à prévenir, dans la mesure du possible, les maladies épidémiques, endémiques et autres* »[2].

Au niveau du continent américain, le protocole de San Salvador du 17 novembre 1988 précise que « *Toute personne a droit à la santé qui est considérée comme le droit de jouir du meilleur état de santé physique, mentale et sociale* »[3].

Au niveau africain enfin, l'article 16 de la Charte africaine des droits de l'Homme et des peuples (CADHP) qui consacre des droits dits économiques, sociaux et culturels (DESC) stipule que « *toute personne a le droit de jouir du meilleur état de santé physique et mentale qu'elle soit capable d'atteindre. Les Etats parties à la présente charte s'engagent à prendre les mesures nécessaires en vue de protéger la santé de leurs populations et de leur assurer l'assistance médicale en cas de maladie* »[4].

25- Si l'on se réfère ensuite à la définition de la santé donnée par le premier principe du préambule de la Constitution de l'OMS selon lequel « *la santé est un état de complet bien-être physique, social et mental, et ne consiste pas seulement en une absence de maladie ou d'infirmité* »[5], on observe que le droit à la santé est compris comme « *un état de complet bien-être* ». Relativement à notre sujet, une telle définition amène à prendre également en considération la santé mentale dans l'exploitation minière. Un article médical du docteur Scott Allison attire l'attention sur les impacts moraux de l'exploitation minière dont les mineurs sont victimes. Il explique que les mineurs qu'il a examinés sont devenus « des bêtes de somme ou de

---

[1] Voir Comité des droits économiques, sociaux et culturels, Observation générale 14, U.N. Doc. E/C.12/2000/4 (2000), réimprimé en Récapitulation des observations générales ou recommandations générales adoptées par les organes créés en vertu d'instruments internationaux relatifs aux droits de l'homme, U.N. Doc. HRI/GEN/1/Rev.7 (2004), disponible à l'adresse http://hrlibrary.umn.edu/esc/french/general_comments/14_gc.html, consultée la 02/03/2020.

[2] Cf. art. 11 de la Charte Sociale Europeenne du 18 octobre 1961.

[3] Cf. art. 10 du Protocole de San Salvador, adopté à El Salvador le 17 novembre 1988.

[4] Cf. art. 16 de la CADHP adoptée le 27 juin 1981 à Nairobi au Kenya.

[5] Voir le premier Principe de la Constitution de l'OMS de 1946, disponible à l'adresse : http://www9.who.int/about/mission/fr/, consultée le 03 mars 2020.

mine plutôt que des êtres pensants – des machines plutôt que des créatures rationnelles »[1]. Avec la prise en compte du « *complet bien-être* » de l'être humain, le droit à la santé concerne non plus un seul droit, mais l'ensemble des droits de l'homme présents et sans doute, à venir[2]. En effet, la signification du droit à la santé fait depuis toujours l'objet d'un débat qui oppose les tenants de l'approche « réaliste » (restrictive) du droit à la santé aux partisans de l'approche « idéaliste », plus constructive.

26- Pour les partisans de l'approche réaliste (réductionniste), la définition du droit à la santé se réduit au droit d'accès aux soins de santé. À cet effet, deux orientations principales, mais complémentaires de l'accès aux soins doivent être appréhendées. *La première orientation* consiste dans l'accès à la matérialité des soins. Elle implique d'une part, l'accès aux soins de santé primaires. « Ces soins doivent être à la fois quantitatifs (structures et personnels en nombre suffisant[3], ainsi que des médicaments disponibles) et qualitatifs (personnels bien formés, accueil de qualité, médicaments fiables) »[4]. A cela, il faut ajouter la protection des droits du patient par la délivrance d'une information spécifique, l'équité dans l'accès aux soins et le respect de la dignité du patient en tant que personne humaine[5]. D'autre part, l'accès à la matérialité des soins implique également l'accès aux soins de santé plus sophistiqués tels que les soins palliatifs. *La seconde orientation* est constituée du financement des soins de santé. Il peut s'agir d'aides financières (de l'Etat et de ses démembrements, de la communauté internationale à travers les organisations intergouvernementales ou des ONG), mais également du système d'assurance-maladie.

Cette approche réaliste du droit à la santé est certes celle qui a le plus été mise en œuvre, mais elle se heurte à des difficultés multiples. Elle a été critiquée parce qu'elle correspond principalement à l'organisation des soins de santé curatifs considérés comme appropriés. Or, un accent devrait également être mis sur la prévention. C'est la raison d'être de l'approche idéaliste du droit à la santé, plus large et plus constructive.

---

[1] Cité par A. TURNER, « Corps meurtris. Genre et invalidité dans les mines de charbon d'Écosse au milieu du dix-neuvième siècle », *in* J. RAINHORN (dir.), *Santé et travail à la mine : XIXe-XXIe siècle,* Presses universitaires du Septentrion, 2014, disponible à l'adresse : http://books.openedition.org.ezscd.univlyon3.fr/septentrion/1824, consulté le 18 avril 2019.

[2] E. DAVID, « Le droit à la santé comme droit de la personne humaine », *Revue québécoise de droit international,* 1985, p. 63 et s.

[3] Les professionnels de santé ainsi que les équipements doivent être en nombre suffisant, soit 3 lits pour 1000 habitants. Voir F. EDIMO, « Regard sceptique sur le droit a la sante au Cameroun », *Juridical Tribune,* Vol. 3, Issue 2, Décembre 2013, p. 66 et s.

[4] J.-M. CROUZATIER, « L'accès aux soins des migrants au regard du droit international », *in* I. POIROT-MAZÈRES (dir.), *L'accès aux soins : Principes et réalités,* Presses de l'Université Toulouse 1 Capitole, 2010 pp. 141-152, disponible à l'adresse : https://books.openedition.org/putc/336, consultée le 02 mars 2020.

[5] *Ibid.*

27- L'approche idéaliste du droit à la santé (constructiviste) a pour fondement la notion de « *bien-être* », introduite par le premier considérant du préambule de la Constitution de l'OMS. Elle retient « une conception large du bien-être, qui n'est pas seulement considéré en tant que bien-être sanitaire (à travers ses deux composantes indissociables que sont le bien-être physique et le bien-être mental), mais aussi en tant que bien-être social. Cette définition n'est cependant pas aussi large qu'on pourrait le penser, car le bien-être présente d'autres dimensions (économique, politique et culturelle) »[1].

Les sociologues s'accordent relativement sur les éléments à prendre en considération pour mesurer le bien-être humain : il recouvre la santé, l'aisance matérielle, sinon la richesse, ou encore le respect des droits fondamentaux, et plus globalement le sentiment de justice que les hommes éprouvent au sein de la société dans laquelle ils vivent, autant pour eux-mêmes que pour la collectivité humaine dans son ensemble[2]. Comme on peut le constater, il existe des indicateurs objectifs et des indicateurs subjectifs du bien-être. Même si les recherches juridiques sur le bien-être semblent encore embryonnaires, il semble que la focale du juriste diffère quelque peu de celle du sociologue. En effet, le juriste aura une tendance naturelle à distinguer le bien-être collectif du bien-être individuel[3], même s'il faut reconnaître que les deux conceptions se rejoignent parfois[4]. « Il n'empêche que cette définition du droit à la santé a été - et est encore souvent - critiquée pour être (trop) extensive, et en tout cas, pour ne pas insister sur l'accès aux soins de santé. Autrement dit, elle était considérée comme idéaliste, et donc inadaptée aux besoins immédiats de nombreuses populations, notamment celles des pays du Sud »[5].

28- Cette présentation manichéenne doit être fortement nuancée, chacune des approches ayant ses avantages et ses faiblesses. Le mérite de l'approche restrictive (l'accès aux soins de santé) est de mettre l'accent sur la fonctionnalité immédiate du droit à la santé, alors que l'utilité de l'approche extensive (droit au bien-être) consiste à étendre sur le long terme les

---

[1] Voir J.-M. CROUZATIER, « L'accès aux soins des migrants au regard du droit international », précité.

[2] Voir le numéro spécial de *L'année sociologique*, Vol. 64/2, 2014, consacré à la sociologie du bien-être.

[3] En effet, « le bien-être concerne tout autant l'individu que la communauté au sein de laquelle il vie ». Voir M. FORSE et S. LANGLOIS, « Présentation », *L'année sociologique*, Vol. 64/2, 2014, p. 262.

[4] M. DEGUERGUE, « Préface », *in* M. TORRE-SCHAUB (dir.), *Le bien-être et le droit*, *op. cit.*, pp. 10-11.

[5] Voir J.-M. CROUZATIER, « L'accès aux soins des migrants au regard du droit international », précité.

applications du droit à la santé. Bien plus, il est unanimement admis aujourd'hui que la notion de « santé » doit faire l'objet d'une définition large, concernant non seulement la santé de la personne humaine (aussi bien la santé publique, c'est-à-dire la santé collective et la santé individuelle), mais aussi la santé animale (du fait de la consommation de la chair animale par les humains, et des risques de propagation de maladies animales à l'homme), ainsi que ce que l'on peut appeler la santé environnementale (la défense des écosystèmes)[1].

De nos jours, « il convient, en effet, non seulement de dépasser l'alternative conception étroite/conception extensive du droit à la santé [(qui sont en fait en situation de complémentarité)], mais également de prendre en compte l'ensemble des composantes de la protection de la santé »[2]. Il convient toutefois de souligner que le droit à la santé n'est pas, bien évidemment, le droit à la bonne santé, mais en quelque sorte, le droit à la meilleure santé possible, ainsi que le souligne par exemple le paragraphe 1 de l'article 12 du PIDESC. Par ailleurs, « si la notion de "droit" est actuellement privilégiée (surtout dans les pays du Nord), il ne faut pas oublier la notion de "devoir", que l'on peut (et même doit) appliquer à la santé. Il convient de reconnaître l'existence d'un véritable devoir de santé (un devoir de santé individuelle comme un devoir de santé collective), qui consiste à éviter à la fois les conduites ou actions à risque (par exemple, pour soi-même avec la pratique de sports violents, et aussi pour les autres avec, par exemple, les rapports sexuels non protégés). Tout cela renvoie au concept de "déterminants de la santé", qu'il s'agisse des déterminants positifs ou des déterminants négatifs [...]. La définition du droit à la santé est donc essentiellement évolutive»[3].

C'est ce qui a fait dire à certains auteurs que « le droit à la santé apparaît comme un kaléidoscope de droits »[4]. Car selon l'article 25 de la Déclaration Universelle des Droits de l'Homme, « *Toute personne a droit à un niveau de vie suffisant pour assurer sa santé, son bien-être et ceux de sa famille, notamment pour l'alimentation, l'habillement, le logement, les soins médicaux ainsi que pour les services sociaux nécessaires* »[5]. Au regard de cette définition, il y a lieu de reconnaître que le droit à la santé entretient des interactions avec d'autres disciplines. En effet, toute interférence avec

---

[1] M. BELANGER, « Le droit à la santé, droit fondamental de la personne humaine », article précité, p. 2.
[2] *Ibid.*
[3] Voir M. BELANGER, « Le droit à la santé, droit fondamental de la personne humaine », *Agence Universitaire de la Francophonie, Réseau des chercheurs « Droit de la Santé »*, Animation régionale de Dakar, 2005, disponible sur Internet à l'adresse : http://www.ds.auf.org/spip.php?article63, consulté le 13 mai 2017, pp.1 et 4.
[4] E. DAVID, « Le droit à la santé comme droit de la personne humaine », précité, p. 63 et s.
[5] Cf. art. 25 de la DUDH du 10 déc. 1948.

n'importe lequel des facteurs sous-jacents de la santé peut porter atteinte au droit à la santé.

29- Le droit à la santé a plusieurs composantes auxquelles l'exploitation minière peut porter atteinte. *Premièrement*, l'exploitation minière peut porter atteinte au *droit à l'alimentation* avec l'exigence du « droit à une alimentation saine » et en quantité suffisante qui a pour objectif de préserver la santé des populations. L'exploitation minière peut entraver la capacité de certains individus et de certaines communautés à se nourrir directement par le biais de terres agricoles[1]. En effet, l'accaparement des terres par de grands projets miniers (cas du projet de Mbalam) entre en concurrence directe avec l'agriculture paysanne. L'exploitation minière est également de nature à causer la pollution des sols, réduisant par la même occasion les capacités de production d'une alimentation appropriée. La sécurité et la souveraineté alimentaire des populations et celles des générations futures s'en trouvent d'autant menacées.

Plusieurs affaires comme celles de la « vache folle » ou maladie spongiforme bovine ont amené à mettre en place une nouvelle construction juridique axée sur la notion de sécurité sanitaire[2]. Ainsi, l'article 11 (2) du PIDESC affirme « *le droit fondamental qu'a toute personne d'être à l'abri de la faim* »[3]. De même, dans l'article 24(2)(c) de la Convention internationale relative aux droits de l'enfant (CIDE) du 20 novembre 1989[4] et dans l'article 12 (2) de Convention sur l'élimination de toutes formes de discriminations à l'égard des femmes (CEDEF)[5] respectivement, le droit à la l'alimentation est considéré comme faisant partie du droit à la santé des enfants comme des femmes. Le CODESC de l'ONU a clarifié le contenu normatif du droit à l'alimentation dans son Observation générale n° 12 dans laquelle il déclare que « *Le droit à une nourriture suffisante est réalisé lorsque chaque homme, chaque femme et chaque enfant, seul ou en communauté avec d'autres, a physiquement et économiquement accès à tout*

---

[1] Les activités agricoles de certaines communautés ainsi que les forêts, sources de ressources alimentaires sont en train d'être dévastées par l'exploitation minière.

[2] M. BELANGER, « Le droit à la santé, droit fondamental de la personne humaine », précité.

[3] D'après le PIDESC, le droit à l'alimentation recouvre deux aspects : le droit à une nourriture suffisante qui est une norme relative et le droit d'être à l'abri de la faim qui est une norme absolue. Voir dans ce sens S. NARULA, « The Right to Food : Holding Global Actors Accountable Under International Law », *Columbia Journal of Transnational Law*, vol. 44, 2006, pp. 691 et s., spéc. p. 706.

[4] La CIDE a été adoptée par l'Assemblée Générale des Nations-unies le 20 novembre 1989, signée à New-York par le Cameroun le 23 septembre 1990 et ratifiée par Décret n°91/413 du 18 octobre 1991. Elle est entrée en vigueur le 11 janvier 1993.

[5] Adoptée et ouverte à la signature, à la ratification et à l'adhésion par l'Assemblée générale de l'ONU dans sa résolution 34/180 du 18 décembre 1979, la CEDEF est entrée en vigueur le 3 septembre 1981.

moment à une nourriture suffisante ou aux moyens de se la procurer »[1]. Le Comité considère également que ce droit implique que la nourriture doit être exempte de substances nocives et ajoute que les pouvoirs publics doivent imposer des normes de sécurité des produits alimentaires et prendre une série de mesures de protection afin de s'assurer que la nourriture est sûre et de qualité suffisante[2].

30- *Deuxièmement*, l'exploitation minière peut aussi porter atteinte au *droit à l'eau* en tant que ressource limitée, vitale et insubstituable. Dans son observation générale n° 14 sur le droit à la santé[3], le CODESC établit une interdépendance entre le droit à la santé, le droit à la vie et le droit à l'eau potable et à l'assainissement. Selon le Comité, le droit à la santé et à la vie ne peuvent être mis en œuvre sans accès à l'eau potable et à l'assainissement. En 2002, le CODESC, responsable de l'interprétation et de l'application du Pacte du même nom a rendu publique l'Observation générale n° 15 explicitant les fondements du droit à l'eau ainsi que les obligations des Etats (ayant ratifié le PIDESC) qui en découlent[4]. Dans cette Observation, le CODESC souligne d'entrée de jeu qu'il *«…ne cesse de constater que l'exercice du droit à l'eau est largement dénié tant dans les pays en développement que dans les pays développés»*[5]. Or, même dans les cas où le droit à l'eau n'a pas été reconnu en tant que tel dans les systèmes de droits nationaux, des actions ont pu être menées sur la base du droit à la vie ou du droit à un environnement sain selon le cas[6].

Plus récemment (2010), le Conseil des droits de l'homme de l'ONU a adopté une résolution qui affirme en son article 3 que « *le droit fondamental à l'eau potable et à l'assainissement découle du droit à un niveau de vie suffisant et qu'il est inextricablement lié au droit au meilleur état de santé*

---

[1] Voir Observation générale n°12 : Le droit à une nourriture suffisante (article 11 du Pacte international relatif aux droits économiques, sociaux et culturels), UN Doc. E/C.12/1999/5, 12 mai 1999, § 6.

[2] Voir Conseil des droits de l'homme des Nations Unies, Rapport de la Rapporteuse spéciale sur le droit à l'alimentation, UN Doc. A/HRC/34/48, 24 janvier 2017.

[3] Voir CODESC, *Le droit au meilleur état de santé susceptible d'être atteint*, Observation générale n° 14, 22e session, 11/08/2000, E/C.12/2000/4, particulièrement aux paragraphes 4-11-15 et 34.

[4] Voir Conseil économique et social, 2003, Observation générale n° 15 du Comité des droits économiques, sociaux et culturels, Documents officiels du Conseil économique et social, supplément n° 2 (E/2003/22), annexe IV, Rendue publique par le comité en novembre 2002.

[5] Voir Observation générale n° 15 *op. cit.*, § 1.

[6] Voir J. RAZZAQUE, « Human Rights and Environment : the national experience in South Asia and Africa », *Joint UNEP-OHCHR Expert seminar on Human Rights and the Environment*, 14-16 January, Genève, 2002 : Background Paper n°4.

physique et mentale susceptible d'être atteint, ainsi qu'au droit à la vie et à la dignité »[1].

Qu'il s'agisse des mines, du pétrole ou du gaz, l'industrie extractive a de nombreuses conséquences sur la disponibilité ainsi que sur la qualité des ressources en eau. En effet, les activités minières affectent les ressources en eau à proximité et parfois à une distance importante des sites d'exploitation de plusieurs manières : par l'utilisation de l'eau pour le traitement du minerai[2] ; par la pollution produite lors des décharges d'effluents[3] des mines ; par la sédimentation des cours d'eaux[4] ; par des activités connexes nécessaires comme la construction des routes ou la construction même de la mine ; par l'accumulation de déchets dont il faut disposer... Bien plus, l'exploitation minière peut se faire sur le lit des rivières, des cours d'eau, des estuaires, des lacs ou des marécages[5]. La qualité et la quantité des eaux s'en trouvent ainsi affectés, la pollution causée par l'exploitation minière pouvant prendre des décennies, voire des siècles avant de se dépolluer après la fermeture de la mine. C'est sans doute la raison pour laquelle l'eau a été désignée par certains auteurs comme une « victime de l'exploitation minière »[6], ce qui en dit long sur le potentiel d'impacts négatifs de cette industrie sur la mise en œuvre du droit à l'eau[7].

---

[1] Voir Conseil des droits de l'homme, *Les droits de l'homme et l'accès à l'eau potable et à l'assainissement*, Résolution A/HRC/15/L.14 du CDH de l'ONU, 24 septembre 2010, adoptée le 30 septembre.

[2] Naturellement, l'extraction consomme beaucoup d'eau. Des quantités importantes d'eau sont en effet nécessaires à l'extraction et à la séparation des minerais de la roche, diminuant ainsi l'accès aux ressources en eau pour les communautés avoisinantes.

[3] On appelle « effluent », tout rejet liquide et gazeux d'origine domestique, agricole ou industrielle, traité ou non traité et déversé directement ou indirectement dans l'environnement. Voir art. 4 alinéa (i) de la loi-cadre du 5 août 1996 relative à la gestion de l'environnement.

[4] Le déversement excessif de sédiments peut bloquer des rivières, étouffer la végétation, détruire la faune, la flore et la vie aquatique.

[5] Ces éléments rentrent bel et bien dans la définition du « terrain » tel que prévu par l'art. 4 du C. min.

[6] Cette expression est de James Lyon, interview, Mineral Policy Center, Washington DC. Voir les références internet suivantes : https://www.safewater.org/french-fact-sheets/2017/3/9/exploitation-miniere-pollution ; https://docplayer.fr/6135804-Exploitation-miniere-et-la-pollution-de-l-eau.html, consultées le 03 mars 2020. Voir également J. LYON, interview, Mineral Policy Center, Washington DC, cité par S. PAQUEROT, « Exploitation des ressources naturelles et droit à l'eau et à l'assainissement », *in* M. AILINCAI et S. LAVOREL (dir.), *Exploitation des ressources naturelles et protection des droits de l'homme,* éd. A. PEDONE, Paris, 2013, p. 26.

[7] « Le droit à l'eau consiste en un approvisionnement suffisant, physiquement accessible et à un coût abordable, d'une eau salubre et de qualité acceptable pour les usages personnels et domestiques de chacun ». Voir S. PAQUEROT, *in Bulletin de la ligue des droits et libertés*, printemps 2006, p. 24. Voir également l'Observation générale n° 15 du CODESC, § 2.

31- *Troisièmement*, l'exploitation minière peut également porter atteinte au *droit au logement* qui a des interactions avec le droit à la santé, notamment avec l'exigence du « *droit à un logement adéquat* »[1] encore appelé droit à un logement convenable[2], ou droit à un logement suffisant[3]. « L'observation générale n° 4 du CODESC sur le droit à un logement adéquat établit des liens entre la disponibilité des services de base tels que l'eau potable, les conditions de logement qui protègent les individus des risques pour la santé, la disponibilité des services médicaux et l'environnement dépourvu de risques pour la santé comme éléments essentiels du droit. L'OMS a identifié les conditions de logement comme le facteur environnemental le plus souvent responsable de la fréquence des maladies épidémiologiques »[4].

Ainsi, l'obligation de respecter le droit au logement peut être enfreinte au cours d'une exploitation minière lorsque l'État fait primer les intérêts des entreprises sur le droit au logement sans que cela soit dûment justifié, notamment lorsqu'il mène des politiques qui ont des effets négatifs sur ce droit. Tel le cas par exemple, lorsque des expulsions et des déplacements forcés sont ordonnés dans le contexte des projets d'exploitation minière[5], avec parfois des indemnisations insuffisantes, tardives ou inexistantes. Parfois aussi, les nouvelles conditions de vie ne sont pas toujours équivalentes à celles qui prévalaient avant l'expropriation.

32- *Quatrièmement*, l'exploitation minière peut aussi porter atteinte au *droit de l'environnement* avec l'exigence du « droit à un environnement sain »[6]. En effet, l'environnement est consubstantiel au droit à la santé et à la vie. Comme le relève la doctrine, « L'environnement est nécessaire à l'homme et au plein respect de ses droits fondamentaux, sa dégradation affectant sévèrement la jouissance de la plupart des droits de l'homme

---

[1] Voir http://hrlibrary.umn.edu/edumat/IHRIP/frenchcircle/M-13.htm, consulté le 02 mars 2020.

[2] Voir https://www.ohchr.org/Documents/Publications/FS21_rev_1_Housing_fr.pdf, consulté le 02 mars 2020.

[3] Voir https://www.jurislogement.org/panorama-des-textes-reconnaissant-le-droit-au-logement/, consulté le 02 mars 2020.

[4] Voir http://hrlibrary.umn.edu/edumat/IHRIP/frenchcircle/M-14.htm consulté le 02 mars 2020. Voir également l'Observation générale n° 4 du CODESC sur le droit à un logement adéquat, § 8.

[5] Voir observation générale n° 7 (1997) du Comité des droits économiques, sociaux et culturels sur les expulsions forcées, par. 7 et 18 ; Haut-Commissariat des Nations Unies aux droits de l'homme (HCDH) et Programme des Nations Unies pour les établissements humains (ONU-Habitat), *Les expulsions forcées*, Fiche d'information n° 25/Rev.1 (2014), p. 28 et 29. Voir aussi, par exemple, A/HRC/25/54/Add.1, par. 55 et 59 à 63.

[6] Depuis la conférence de Stockholm, on assiste à une multiplication de lois liées à l'environnement, et le droit international en fait une mention spéciale depuis lors.

internationalement reconnus »[1]. Ainsi, selon le préambule de la Constitution camerounaise du 18 janvier 1996, *« Toute personne a droit à un environnement sain. La protection de l'environnement est un devoir pour tous. L'État veille à la défense et la promotion de l'environnement »*[2].

Le droit à un environnement sain est entouré d'incertitudes[3], en ce sens que la doctrine peine à en déterminer la nature, ce qui n'est guère surprenant puisque ce droit défie à plus d'un titre la classification classique des droits de l'homme : il oscille entre la catégorie des droits civils et politiques, celle des droits économiques et sociaux et celle des droits de solidarité, empruntant tour à tour les caractéristiques de chacune d'elles[4] ; il se pare à la fois des traits des droits individuels et de ceux des droits collectifs. Bref, ce droit est hybride et multidimensionnel. Il en résulte logiquement que le droit à un environnement sain est difficile à cerner par une définition consensuelle et objective[5]. Appréhender ce droit comme un droit de l'homme incite à une démarche anthropocentrique, qui conduit à considérer que le droit à un environnement sain protège les individus ou un groupe d'individus contre les effets néfastes provoqués sur l'homme par les dégradations de l'environnement.

Il s'agit en réalité d'un droit à un environnement d'une certaine qualité, qui se construit autour des impacts négatifs de la pollution sur les hommes et non pas sur l'environnement en tant que tel. En ce sens, le droit à un environnement sain est plus restreint que le droit de/à l'environnement, lequel *« comprend la protection de toutes les atteintes au milieu naturel telles la protection de la faune, de la flore, de la biodiversité, de la lutte contre la déforestation et la désertification, et même la protection du patrimoine architectural de l'Humanité »*. Conçu de la sorte, c'est-à-dire en tant que droit de l'homme à son bien-être environnemental, le droit à un environnement sain se présente comme un droit-gigogne, en ce sens qu'il referme plusieurs autres droits (droit à la santé, droit à l'alimentation, droit à l'eau, droit au respect du domicile, droit de propriété etc.) au travers

---

[1] Voir K. MARTIN-CHENUT et C. PERRUSO, « La contribution des systèmes régionaux de protection des droits de l'homme à la pénalisation des atteintes à l'environnement », *op. cit.*, p. 40.

[2] Voir préambule de loi constitutionnelle n° 96/06 du 18 janvier 1996, 21e tiret.

[3] M. AILINCAI, « Exploitation des ressources naturelles et droit à un environnement sain », précité, p. 83.

[4] Cf. entre autres A. BOYLE, « Human Rights or Environmental Rights ? A Reassessment », *Fordham Environmental Law Review*, 2007, Vol. 18, pp. 471-511 ; J. RAZZAQUE, « Right to a Healthy Environment in Human Rights Law », *in* M. A. BADERIN, spéc. pp. 122 et 133.

[5] V. notamment P. LAMBERT, « Le droit de l'homme à un environnement sain », Observations à propos de l'arrêt de Grande Chambre *Athanassoglou c. la Suisse* du 6 avril 2000, *RTDH*, 2000, n° 43, p. 578 ; K. S. A. EBEKU, « The right to a satisfactory environment and the African Commission », *African Human Rights Law Journal*, 2003, p. 150.

desquels il se concrétise et s'épanouit[1]. Le lien entre la nécessité de sauvegarder l'environnement et le droit à la santé a été établi à partir du début des années 1970.

« La question du droit à un environnement sain s'inscrit dans une double temporalité : internationale et nationale. La dimension internationale du droit à un environnement sain est marquée par les discussions en cours au sein des Nations unies, sur le projet de "pacte mondial pour l'environnement"[2]. Dans sa version actuelle, ce projet, qui se voudra contraignant à terme, rappelle les grands principes du droit de l'environnement, dont, ce qui nous intéresse plus particulièrement ici, le "droit à un environnement écologiquement sain" et le "devoir de prendre soin de l'environnement" »[3].

33- En l'état actuel *à l'échelle onusienne,* et contrairement aux avancées constatées tant aux niveaux régionaux que nationaux, aucun texte consacrant expressément le droit à un environnement sain (ou satisfaisant, sûr ou durable) n'a encore vu le jour. Le premier texte à s'en être le plus approché est la Déclaration de Stockholm du 16 juin 1972[4]. Sans aller jusqu'à proclamer l'existence d'un droit à un environnement sain, ce texte affirme implicitement que le droit à un environnement de qualité permet une vie de dignité et de bien-être[5]. Ce « droit à l'environnement », tout comme le droit au développement, font partie de ce que la doctrine appelle les droits de l'homme de la « troisième génération », un concept proposé pour caractériser des droits qui conditionnent l'existence de tous les autres : civils et politiques, économiques, sociaux et culturels[6].

---

[1] M. AILINCAI, « Exploitation des ressources naturelles et droit à un environnement sain », *op. cit.*, pp. 83-84.

[2] Ce Pacte a fait l'objet d'une discussion dans le cadre de l'Assemblée générale des Nations unies depuis septembre 2017.

[3] Voir Voir CNCDH, *Avis sur le droit à un environnement sain dans les outre-mer : la question des activités extractives en guyane et en nouvelle-calédonie*, 17 octobre 2017, 62 pages, disponible à l'adresse : https://www.cncdh.fr/fr/publications/avis-sur-le-droit-un-environnement-sain-dans-les-outre-mer, consulté le 1er septembre 2019, p. 9.

[4] Le préambule de la Déclaration de Stockholm proclame que *« ...les deux éléments de [l']environnement [de l'homme], l'élément naturel et celui qu'il a lui-même créé, sont indispensables à son bien-être et à la pleine jouissance de ses droits fondamentaux, y compris le droit à la vie même »*. Dans le corpus, le principe 1 de ce texte proclame que « *l'homme a un droit fondamental à la liberté, à l'égalité et à des conditions de vie satisfaisantes, dans un environnement dont la qualité lui permette de vivre dans la dignité et le bien-être. Il a le devoir solennel de protéger et d'améliorer l'environnement pour les générations présentes et futures... »*. Voir http://www.psccchaiti.org/IMG/pdf/declaration_finale_conference_stockholm_1972.pdf, consulté le 03/03/2020.

[5] V. Déclaration de la Conférence des Nations Unies sur l'environnement, Doc. N.U. A/CONF. 48/14 (1982)et corr. 1., Principe 1.

[6] D. LOCHACK, « Pénaliser les violations des droits de l'homme ? », *Communications,* n° 104, 2019/1, pp. 197-198.

Dans le préambule de sa résolution 2398 (XXIII) de 1968 portant convocation de la Conférence de Stockholm, l'Assemblée générale de l'ONU exprimait déjà sa préoccupation au sujet des effets de « *la détérioration continue et de plus en plus rapide de la qualité du milieu humain... sur la condition de l'homme, son bien-être physique, mental et social, sa dignité et ses possibilités de jouir des droits fondamentaux de l'homme, tant dans les pays en voie de développement que dans les pays développés* »[1].

Plus tard, le rapport Brundtland de 1987 de la Commission mondiale pour l'environnement et le développement (A/42/427), a proposé plusieurs principes juridiques dont le premier déclare que « *tout être humain a le droit fondamental à un environnement suffisant pour assurer sa santé et son bien-être* »[2]. Plutôt que de reprendre ce libellé, la Déclaration de Rio de 1992 affirme pour sa part que « *Les êtres humains sont au centre des préoccupations relatives au développement durable. Ils ont droit à une vie saine et productive en harmonie avec la nature.* »[3]

Les conférences sur le développement durable qui ont eu lieu ultérieurement, à Johannesburg en 2002 et à Rio de Janeiro en 2012, n'ont pas non plus proclamé de droit à un environnement sain.

34- *Au niveau africain*, la Charte africaine des droits de l'homme et des peuples (CADHP) dispose que *« Tous les peuples ont le droit à un environnement satisfaisant et global, propice à leur développement »*[4]. Il convient de remarquer d'emblée que ce droit est reconnu aux peuples en tant que groupe et non aux individus considérés isolément, ce qui lui donne le caractère d'un droit collectif ou d'un droit de solidarité, qui se distingue des droits subjectifs, dont la justiciabilité est plus aisément admise[5].

---

[1] Lire sur ce point F. OUGUERGOUZ, *La Charte africaine des droits de l'homme et des peuples : Une approche juridique des droits de l'homme entre tradition et modernité*, Genève, Graduate Institute Publications, 1993, Chapitre V, p. 178, disponible à l'adresse https://books.openedition.org/iheid/2199, consultée le 03/03/2020.

[2] En 1990, dans sa résolution 45/94, l'Assemblée générale a adopté une version plus modérée de cette affirmation : «*chacun a le droit de vivre dans un environnement propre à assurer sa santé et son bien-être*».

[3] Cf. Principe 1 de la Déclaration de Rio de 1992.

[4] Cf. art. 24 de la CADHP adoptée le 27 juin 1981 à Nairobi au Kenya.

[5] Dans la jurisprudence de la CEDH, c'est le « bien-être » individuel qui est mis en avant, tandis que la jurisprudence des autres organes de protection des droits de l'homme laisse apparaître une dimension plus collective des obligations environnementales. Voir M. AILINCAI, « Exploitation des ressources naturelles et droit à un environnement sain », *op. cit.*, p. 91.

Tout en faisant un lien avec l'article 24 de la CADHP qui consacre le « *droit à un environnement satisfaisant et global* »[1], la Commission africaine des droits de l'homme et des peuples a estimé dans la célèbre *affaire SERAC c. Nigeria* (*Social and Economic Rights Action Center, Centre for Economic and social Rights v. Nigeria* rendue le 13 octobre 2001)[2] que le droit de jouir du meilleur état de santé interdit toute action pouvant menacer la santé et l'environnement[3]. Cette affaire lui a donné l'occasion de clarifier le contenu de l'article 24 sus mentionné en précisant que les expressions « *droit à un environnement général satisfaisant* » et « *droit à un environnement global acceptable et favorable au développement* » sont des expressions qu'elle considère comme équivalentes à celle de « *droit à un environnement (propre et) sain* ». La Commission souligne par ailleurs que la nature collective du droit à l'environnement sain énoncé dans la Charte n'empêche pas la mise en œuvre de ce droit, ce qui peut être compris comme une affirmation de sa justiciabilité[4].

La Commission africaine ne s'est pas uniquement fondée sur le droit à un environnement sain inscrit à l'article 24 de la Charte ; elle l'a combiné avec l'article 16 relatif au droit à la santé pour amplifier ses effets en termes d'obligations étatiques.

En 2003, l'Union africaine a adopté le *Protocole à la Charte africaine des droits de l'homme et des peuples, relatif aux droits de la femme en Afrique*, plus connu sous le Protocole de Maputo[5], qui déclare que les femmes « *ont le droit de vivre dans un environnement sain et viable* »[6] et « *le droit de jouir pleinement de leur droit à un environnement durable* »[7].

---

[1] Il convient de noter que le droit énoncé demeure mystérieux, ou tout au moins très vague. La Charte se réfère non pas au « *droit à un environnement sain* », mais au « *droit à un environnement satisfaisant et global* » et ne précise pas quels sont les débiteurs de ce droit.

[2] En l'espèce, les entreprises privées qui exploitent le pétrole au Nigeria avaient pollué l'environnement entrainant des conséquences néfastes sur la santé de la population *Ogoni*. La Commission alléguait que le gouvernement militaire nigérian était directement impliqué dans l'exploitation du pétrole par le biais de la société d'Etat (*National Petroleum Company*), qui était l'actionnaire majoritaire dans un consortium avec *Shell Petroleum Development Corporation,* et que les activités de ce consortium avaient causé de graves dommages à l'environnement et des problèmes de santé parmi la population Ogoni du fait de la contamination de l'environnement.

[3] Voir CADHP, 13-27 octobre 2001, *Social and economic Rights Action Center, Centre for Economic and social Rights / Nigeria*, Communication n° 155/96, 30e Session ordinaire, 15e Rapport d'activités, pp : 29-41, v. note 11, § 1, 2 et 52.

[4] « En clair, les droits collectifs, environnementaux, économiques et sociaux sont des éléments essentiels des droits de l'homme en Afrique. La Commission Africaine appliquera n'importe lequel des droits contenus dans la Charte Africaine. La Commission saisit cette occasion pour clarifier qu'il n'y a pas de droit dans la Charte Africaine que l'on ne puisse mettre en œuvre ». Voir https://www.achpr.org/fr_mfoac, consulté le 02/03/2020.

[5] Voir https://au.int/fr/treaties/protocole-la-charte-africaine-des-droits-de-lhomme-et-des-peuples-relatif-aux-droits-des-femmes-en-afrique, consulté le 02/03/2020.

[6] Cf. art. 18 du Protocole à la CADHP, relatif aux droits de la femme en Afrique.

[7] Cf. art. 19 du Protocole de Maputo, *op.. cit.*

35- *Au sein de la doctrine,* plusieurs auteurs s'intéressent aux rapports entre l'environnement et la santé. Si Jean-Pierre Baud trouve « quelque chose d'Hippocrate à l'origine du droit de l'environnement »[1], Gérard Bertolini quant à lui fait appel à Hygie, la déesse de la santé, pour tenter d'établir un diagnostic d'un modèle socioculturel des rapports entre santé et environnement[2]. Marie-Angèle Hermitte quant à elle plaide pour une « deuxième révolution hygiéniste »[3]. Certains diraient même qu'il y a un certain pléonasme à considérer que le droit de l'environnement devient un droit anthropisé, puisque telle est la vocation du droit : celle de gérer les affaires humaines[4]. C'est ce que certains auteurs ont appelé *« la dimension anthropocentrique du droit de l'environnement »*[5], c'est-à-dire une conception de l'environnement centrée sur l'humain, au cœur de laquelle se trouvent la vie, la santé et dans une certaine mesure le bien-être de l'individu[6]. Certains auteurs s'interrogent sur le possible danger pour le droit de l'environnement, dans sa conception même, d'être réduit à une excroissance du droit de la santé[7].

Dans le cadre de ce travail, il est nécessaire d'appliquer au droit à la santé une approche fondée sur les droits humains. Cette démarche donne à la santé une importance sociale exceptionnelle et permet d'analyser chaque situation en tenant compte des principes de droits humains à savoir la dignité humaine, l'égalité, la non discrimination, la participation des individus aux problèmes de santé les affectant. Cette approche permet également de concevoir la santé comme un bien social et non pas seulement comme un problème médical, technique ou économique. Tel qu'il est posé par la

---

[1] BAUD (J.-P.), « Quelque chose d'Hippocrate à l'origine du droit de l'environnement », *in Genèse du droit de l'environnement,* vol. 1, p. 23 et s.

[2] G. BERTOLINI, « La santé ou l'environnement ? Essai de diagnostic d'un modèle socioculturel », *Le Courrier de l'INRA*, n° 49, juin 2003, p. 5 et s.

[3] M.-A. HERMITTE, « Santé, environnement, pour une deuxième révolution hygiéniste », *in Les hommes et l'environnement. Quels droits pour le XXIe siècle ?* en hommage à Alexandre KISS, éd. Frison-Roche, 1998, p. 23 et s.

[4] C. CANS, « Les mutations du droit de l'environnement sous l'effet des préoccupations sanitaires », *in* Ph. BILLET et al. (dir), *Droit de l'environnement et protection de la santé*, éd. L'Harmattan, collection Logiques Juridiques, 2009, p. 178.

[5] Voir J. MORAND-DEVILLER, *Le droit de l'environnement,* PUF, coll. Que-sais-je ? 2015, 128 p., V. spéc. p. 6. La conception *anthropocentrique* du droit de l'environnement s'oppose à la conception *allocentrique* ou désintéressée de l'environnement, à l'instar de la théorie de la *Deep ecology*, susceptible de conférer à d'autres êtres vivants que l'homme le statut de sujet de droit. Voir C. CANS, « Les mutations du droit de l'environnement sous l'effet des préoccupations sanitaires », *in* Ph. BILLET et al. (dir), *Droit de l'environnement et protection de la santé*, éd. L'Harmattan, collection Logiques Juridiques, 2009, p. 177.

[6] Y. WINISDOERFFER, « "Environnement et santé" dans la jurisprudence de la Convention européenne des Droits de l'Homme : un droit individuel à un environnement "salubre" », *in* Ph. BILLET et al. (dir), *Droit de l'environnement et protection de la santé*, éd. L'Harmattan, collection Logiques Juridiques, 2009, p. 132.

[7] Dans ce sens, Voir C. CANS, « Les mutations du droit de l'environnement… », précité, p. 172.

jurisprudence et la doctrine, le droit à la santé englobe la prévention des atteintes à la santé et l'amélioration de l'état de santé en cas d'atteinte.

36- *Cinquièmement* enfin, l'exploitation minière peut porter atteinte au *droit du travail.* « Le droit au travail est étroitement lié au droit à des conditions de vie adéquates, et ce dernier à son tour est essentiel à la santé »[1]. Ces rapports étroits entre le travail et la santé ressortent clairement du PIDESC. C'est le cas notamment de son article 12(2)(b) qui se rapporte à l'hygiène en milieu industriel qui exige l'adoption des mesures pour la prévention et le contrôle des conditions à risque sur le lieu de travail. C'est le cas également de l'article 12(2)(c) qui identifie la prophylaxie, le traitement des maladies professionnelles et autres ainsi que la lutte contre ces maladies. « Environ soixante-dix Conventions de l'organisation internationale du travail (OIT) s'occupent des problèmes de maladies du travail. Parmi elles, la Convention 155 (sur la Sécurité et la santé des travailleurs [1981]), la Convention 148 (sur les Services de santé au travail [1985]) et la Convention 148 sur le milieu de travail (pollution de l'air, bruit et vibrations [1977]) »[2].

S'agissant particulièrement du *travail dans les mines*, le Cameroun n'a ratifié aucune des Conventions de l'OIT dont le but est d'assurer la protection sociale des travailleurs ainsi que de sauvegarder les droits fondamentaux de l'homme dans le secteur de l'exploitation minière. Ce sont la Convention n° 31 limitant la durée du travail dans les mines (mines de charbon), la Convention n° 124 concernant l'examen médical d'aptitude des adolescents à l'emploi aux travaux souterrains dans les mines et la Convention n° 176 concernant la sécurité et la santé dans les mines.

Après l'élucidation du concept de « droit à la santé », le concept de « développement » et celui de « développement durable » méritent également d'être clarifiés.

37- Pour ce qui est du concept de « développement », Faouz Nakamboni le définit comme « un processus à travers lequel, une population organise sa production de manière à améliorer son mieux-être durablement... »[3]. Ainsi défini, le développement se distingue de la croissance qui mesure quant à elle, la richesse produite dans un pays en une année et son évolution d'une année à l'autre. La croissance peut contribuer au développement, mais tel n'est pas toujours le cas. C'est la raison pour laquelle, on parle souvent de «

---

1 Voir UNIVERSITY OF MINNESOTA, HUMAN RIGHTS RESOURCE CENTER, « Module 14 : Le droit à la santé », http://hrlibrary.umn.edu/edumat/IHRIP/frenchcircle/M-14.htm, consulté le 30/03/2020.

2 *Ibidem.*

3 Voir F. NAKAMBONI, « "*La problématique de l'identité culturelle africaine face au développement du continent* », article disponible à l'adresse : https://fr.linkedin.com/pulse/la-probl%C3%A9matique-de-lidentit%C3%A9-culturelle-africaine-face-nakamboni, consulté le 10 janvier 2019.

croissance sans développement »[1] pour désigner cette situation où la production de la richesse ne s'accompagne pas de l'amélioration des conditions de vie des populations. C'est souvent le cas dans les pays producteurs de ressources minérales. La croissance se mesure par l'évolution quantitative d'un indicateur qu'est le Produit Intérieur Brut (PIB)[2].

L'industrie minière a cette capacité de générer des bénéfices directs et des gains indirects, notamment à travers le développement du territoire. Mais l'implantation d'un projet minier a aussi des incidences sur l'environnement et les biotes associés par le biais de la suppression de la végétation et du sol de couverture, le déplacement de la faune, le dégagement de polluants et la génération de bruits. D'où la nécessité de mettre en place une exploitation minière en conformité avec les objectifs du développement durable.

38- S'agissant du concept de « développement durable », il convient de noter que de nos jours, la pertinence d'un choix économique est déterminée par la durabilité du mode de développement auquel il conduit[3]. Le concept d'« écodéveloppement »[4] est le précurseur du concept de « développement durable ». Ce dernier apparaît pour la première fois dans le Rapport de l'Union internationale de conservation de la nature (UICN) publié en 1980. Ce rapport déclare qu'« Aujourd'hui, ce dont nous avons besoin c'est une nouvelle ère de croissance économique, une croissance vigoureuse et, en même temps, socialement et environnementalement durable »[5]. Plus loin, le rapport affirme que « L'environnement c'est le lieu où chacun de nous vit et le développement est ce que nous essayons de faire pour améliorer notre sort à l'intérieur de ce même lieu. Les deux sont inséparables »[6]. On remarque

---

[1] J. K. FAIRBANK « Le paradoxe de la croissance sans développement », *Histoire de la Chine*, Chapitre VIII, 2013, pp. 249-276 ; S. A. DJELHI-YAHOT, *Croissance économique sans développement en afrique. La théorie de la croissance économique optimale*, L'Harmattan, 2019, 240 p.

[2] Voir le site Internet : https://www.superprof.fr/ressources/scolaire/eco-g/cours-04/tout-niveau-04/indicateurs-economiques.html, consulté le 20/03/2020.

[3] M. KAMTO, *Droit de l'environnement en Afrique*, Paris, Edicef-Aupelf, 1996, p. 202.

[4] Le concept d'écodéveloppement a été formulé pour la première fois par Maurice STRONG et popularisé plus tard par Ignacy SACHS. Selon ce dernier, l'écodéveloppement est un développement qui est à la fois socialement incluant et qui doit également être respectueux de l'environnement. Partant de cette définition, SACHS définit trois piliers sur lesquels repose ce concept d'écodéveloppement : la self-reliance, la prise en charge équitable des besoins essentiels de chacun et la prudence écologique. Sur le concept d'écodéveloppement, Voir É. BERR « Origine et histoire du concept d'écodéveloppement », *Cours dispensé dans le cadre du Mooc de l'Université Virtuelle Environnement et Développement durable* (UVED), https://www.fun-mooc.fr/c4x/uved/34005/asset/MOOC_UVED_EDD_Retranscriptions_Semaine_1_Ecodev_DD.pdf, consulté le 10 avril 2019.

[5] Voir É. BERR, *Cours dispensé dans le cadre du Mooc de l'Université Virtuelle Environnement et Développement durable* (UVED), disponible à http://e.20-bal.com/doc/18739/index.html, consulté le 03/03/2020.

[6] *Ibid.*

dans ces citations du rapport de l'UICN que l'on retrouve les trois piliers du développement durable.

La définition la plus commune, la plus répandue et la plus officielle du développement durable est celle mise en avant par le Rapport Brundtland de la Commission mondiale pour l'environnement et le développement (1987) qui est partie d'une vision intergénérationnelle pour caractériser le développement durable comme « un développement qui répond aux besoins du présent sans compromettre la capacité des générations futures de répondre aux leurs »[1]. Dans la même logique, la Déclaration de Johannesburg exprime la volonté de faire avancer « le développement économique, le développement social et la protection de l'environnement, piliers interdépendants et complémentaires du développement durable ». Dès lors, apparaît une question essentielle : le développement durable serait-il alors la poursuite du développement, mais avec la condition supplémentaire d'une compatibilité avec le respect de l'environnement et des préoccupations sociales ?[2] Tel semble bien être le cas, puisque la doctrine affirme que « le développement durable peut être perçu comme de la croissance économique sous contrainte écologique »[3] et sociale. Force est donc de constater que le développement durable repose sur ces trois piliers. Il doit être à la fois économiquement efficace, socialement équitable et écologiquement tolérable[4]. Comme l'a écrit un auteur, « Le social doit être un objectif, l'économie un moyen et l'environnement une condition »[5].

Le développement durable est aujourd'hui considéré comme le standard ou le modèle de référence du développement international depuis le sommet de Rio de 1992. Le Professeur Doumbé-Billé parle d'un « partenariat mondial dans le domaine de l'utilisation économique de la nature »[6]. Ce partenariat permet l'élaboration des politiques sur la base du critère de la satisfaction des besoins des générations présentes sans compromission de la capacité des générations futures à satisfaire aussi les leurs. Il place donc l'Homme au centre du processus en ce sens que l'objectif visé est de

---

[1] Voir Rapport Brundtland, Chapitre 2, intitulé « Vers un développement soutenable ».

[2] E. ZACCAI, « Qu'est-ce que le développement durable ? », Intervention lors du cycle de conférences « Rio, le développement durable 10 ans après » à la Cité des Sciences, Paris, mai 2002, disponible à l'adresse : http://www.quinoa.be/wp-content/uploads/2012/06/zaccai_DD-definition.pdf, consulté le 09 avril 2018, p. 2.

[3] J.-J. GOUGUET, « Développement durable et décroissance. Deux paradigmes incommensurables », *in Pour un droit commun de l'environnement, Mélanges en l'honneur de Michel PRIEUR*, éd. Dalloz, 2007, p. 133.

[4] Voir https://www.exceliso.fr/les-pilers/les-trois-piliers-du-developpement-durable, consulté le 03/03/2020.

[5] G. VIRASSAMY, « La biodiversité: entre protection et exploitation », *Vertigo*, Vol. 17, n° 3, disponible en ligne à l'adresse: http://journals.openedition.org/vertigo/18986, consulté le 10 avril 2018.

[6] S. DOUMBE-BILLE, « Droit international et développement durable », *in Les hommes et l'*environnement, *Mélanges en l'honneur de Alexandre KISS*, p. 245.

préserver et d'améliorer la qualité de sa vie[1]. Comme le relève le Professeur François-Guy Trébulle, « la plus marquante des évolutions est peut-être là, dans le constat que passée l'ère de la confrontation, [...], s'ouvre l'ère d'une prise en compte que l'on voudrait nommer coopération, dans laquelle l'industrie s'attache à préserver ce qui est aussi sa principale matière première... Ce n'est pas un virage, mais l'un des visages du développement durable »[2].

Le Programme de développement durable à l'horizon 2030, adopté en 2015, souligne dans son objectif de développement durable (ODD) n° 3, l'importance de la santé en général. La cible 3.9 correspondante vise à réduire nettement le nombre de décès et de maladies dus à des substances chimiques dangereuses et à la pollution et à la contamination de l'air, de l'eau et du sol. De même, l'ODD n° 8 fait du travail décent un facteur essentiel du développement durable. Appliqué à l'industrie extractive, le développement durable devrait conduire à la mise en œuvre d'une exploitation minière conforme à ce qu'on appelle en anglais « *Green mining* », c'est-à-dire des « mines vertes », ou encore des « mines propres »[3]. Les esprits sceptiques ou critiques préfèrent plutôt parler de mines « moins sales », car les mines sont par essence tristement réputées pour leurs pratiques écologiques et humaines désastreuses et destructrices. Dans un tel contexte, il serait inapproprié de les considérer comme « propres ».

Néanmoins, des questions se posent de savoir comment intégrer le concept de « durabilité » dans le management des ressources naturelles en vue d'une gestion responsable des ressources minières ? Comment développer des technologies d'efficacité énergétique novatrices, moins énergivores et à but écologique ? Comment mettre sur pied de nouvelles techniques de traitement de l'or à la maïzena plutôt qu'au cyanure (solution apparemment révolutionnaire et formidablement économique découverte en 2013 mais, semble-t-il, toujours pas utilisée à ce jour...) ? Comment faire pour améliorer la stabilité des terrains et des remblais miniers, l'utilisation des terres de résidus miniers, y compris pour la culture ? etc. Un tel changement de paradigme suppose l'appropriation du concept de développement durable par l'Etat et par les entreprises minières, pour une

---

[1] Voir J. OUMA ELOMA, « Loi d'orientation pour l'aménagement et le développement durable du territoire », *Exposé fait lors de la conférence annuelle des responsables des services centraux et déconcentrés du MINEPAT*, Palais des Congrès de Yaoundé, 30 janvier 2012, disponible à l'adresse Internet : https://docplayer.fr/27814395-Theme-loi-d-orientation-pour-l-amenagement-et-le-developpement-durable-du-territoire.html, consultée le 04/07/2018.

[2] F.-G. TREBULLE, « A propos de l'environnement industriel et son évolution », *Dr. envir.*, 2012, n° 200, p. 117, cité par A. TOMADINI, *La liberté d'entreprendre et la protection de l'environnement. Contribution à l'étude des mécanismes de conciliation*, thèse, LGDJ, 2016, n° 15, pp. 16-17.

[3] Voir http://alternatives-projetsminiers.org/wp-content/uploads/docs/documentation_per_loc-envel/tract-avril2016/pages_mines-prop.pdf, consulté le 12 avril 2018.

mutation vers ce qu'on pourrait appeler les « mines du futur » ou plus simplement, les « mines responsables »[1]. Ne s'agit-il pas là de conciliation ?

39- Selon le dictionnaire Littré, concilier signifie « accorder des choses qui semblent contraires »[2] mais qui en réalité ne le sont pas. Le développement économique par l'exploitation minière et la protection des droits fondamentaux semble *a priori* antinomiques. Comme le relève Madame Aurélie Tomadini, « Aucun chemin ne serait en mesure de les réunir sans provoquer une confrontation. Pourtant, le droit s'y essaye et tente de les réunir… il est permis de se demander si le droit est en mesure les concilier »[3] ? Face à ce questionnement, il existe au sein de la doctrine, deux tendances diamétralement opposées, l'une pessimiste, l'autre plutôt optimiste.

Pour les uns (pessimistes, minoritaires), la conciliation n'existe pas. Selon Léo Hamon, « on ne peut parler d'un accord entre deux exigences qui permettraient de satisfaire l'une et l'autre exigence à la fois ; en réalité, des sacrifices sont imposés à l'un et à l'autre »[4]. L'auteur conclut en disant qu'il s'agirait finalement « d'une impropriété de langage »[5].

Pour les autres par contre (optimistes, majoritaires), la conciliation est possible et se traduit par une recherche d'équilibre entre intérêts divergents. Hauriou indiquait déjà à ce propos que « tout dans la vie sociale est affaire d'équilibre entre éléments contradictoires »[6]. Pour le Professeur Eric Naim-

---

[1] « En avril 2015, loin d'abandonner la volonté de reprise de l'activité minière après l'échec de la création de la Compagnie nationale des mines de France, le gouvernement alors en place engagea une réflexion autour du concept de "mine responsable", en formant un groupe de travail chargé de définir un tel concept au XXIe siècle ». Voir : Communiqué de Presse, Emmanuel MACRON préside l'installation du groupe de travail chargé de définir la « Mine responsable » du XXIe siècle, Paris, 1er avril 2015, n° 518, disponible à l'adresse : http://proxy-pubminefi.diffusion.finances.gouv.fr/pub/document/18/18990.pdf, consulté le 1er septembre 2019. Voir également CNCDH, *Avis sur le droit à un environnement sain dans les outre-mer : la question des activités extractives en guyane et en nouvelle-calédonie*, 17 octobre 2017, 62 pages, disponible à l'adresse : https://www.cncdh.fr/fr/publications/avis-sur-le-droit-un-environnement-sain-dans-les-outre-mer, consulté le 1er septembre 2019, p. 9, note 7. Voir enfin, *L'Avis sur le droit à un environnement sain dans les Outre-mer : la question des activités extractives en Guyane et en Nouvelle-Calédonie. Partie 2 : L'exploitation et l'extraction du nickel en Nouvelle-Calédonie*, disponible en ligne sur légifrance à l'adresse : https://www.legifrance.gouv.fr/affichTexteArticle.do?idArticle=JORFARTI000036085867&cidTexte=JORFTEXT000036085852&categorieLien=id, consulté le 4 mars 2020.

[2] Voir https://www.littre.org/definition/concilier, consulté le 05 juillet 2018. Bien que le renouveau extractif tente de s'insérer dans une réflexion gouvernementale autour du concept de « *mine responsable* », l'inquiétude n'en demeure pas moins omniprésente.

[3] A. TOMADINI, *La liberté d'entreprendre et la protection de l'environnement…*, Thèse précitée, n° 12, p. 14.

[4] L. HAMON, *Les juges de la loi. Naissance et rôle d'un contre-pouvoir : le Conseil Constitutionnel,* éd. Fayard, Paris, 1987, p. 216.

[5] *Ibid.*

[6] M. HAURIOU, *Cours de science sociale,* éd. Larose, 1896, p. 385, cité par A. TOMADINI, Thèse précitée, n° 16, p. 17.

Gesbert, « concilier signifie harmoniser, arrondir les angles, faire des compromis… concilier suppose une ligne directrice claire »[1]. En la matière, cette ligne directrice se nomme « développement durable »[2]. Comme l'a écrit Georges Virassamy, « Les dirigeants nationaux et internationaux ont cru trouver la martingale de la conciliation des intérêts divergents, exploitation et protection de la biodiversité, au travers de la notion de développement durable, et parfois dans celle de croissance ou d'économie verte »[3].

Apparue durant les années 80 et montée en puissance durant la décennie suivante, « la figure du développement durable s'est avérée une excellente candidate réconciliatrice »[4]. Selon la définition du développement durable ou des politiques de développement durable retenue, « on dira par exemple qu'il s'agit d'un développement qui *intègre* les aspects économiques, sociaux, et environnementaux, d'autres formulations disent, qui *équilibre* ces aspects économiques, sociaux, environnementaux, ou des aspects institutionnels aussi, ou encore culturels »[5].

Qu'il s'agisse des organisations internationales à vocation économique ou non, des organisations politiques ou juridictionnelles, tous mettent en avant la nécessité de concilier les enjeux économiques et les considérations sociales et environnementales[6]. Ainsi, la Cour internationale de justice considère que « le concept de développement durable traduit bien cette nécessité de concilier développement économique et protection de l'environnement »[7].

De même, au plan interne, qu'il s'agisse du législateur, ou en dernier ressort, du juge, tous deux semblent œuvrer en ce sens. La recherche d'un équilibre entre des éléments par nature opposés semble donc être l'un des objectifs fondamentaux du droit. Comme le relève le Professeur Jacqueline Morand-Deviller, « Aucune matière n'échappe à cette recherche d'équilibre entre des intérêts divers… Le droit est à la recherche d'une harmonie, laquelle, par une sorte de fatalité, est destinée à être perturbée et le rôle des

---

[1] É. NAIM-GESBERT, *Droit général de l'environnement,* 2e éd., LexisNexis, Coll. Objectif droit, 2014, p. 130.

[2] A. TOMADINI, *La liberté d'entreprendre et la protection de l'environnement…*, Thèse précitée, n° 14, p. 15.

[3] G. VIRASSAMY, « La biodiversité: entre protection et exploitation », précité.

[4] E. ZACCAI, « Qu'est-ce que le développement durable ? », Intervention lors du cycle de conférences « Rio, le développement durable 10 ans après » à la Cité des Sciences, Paris, mai 2002, disponible à l'adresse : http://www.quinoa.be/wp-content/uploads/2012/06/zaccai_DD-definition.pdf, consulté le 09 avril 2018, p. 2.

[5] *Ibid.*, pp. 1-2.

[6] A. TOMADINI, *La liberté d'entreprendre et la protection de l'environnement…*, thèse précitée, n° 15, p. 16.

[7] Voir CIJ, 25 sept. 1997, *Projet Gabcikovo-Nagymaros* (Hongrie c/ Slovaquie), § 140, *Rec. CIJ* 1997, p. 7.

juristes, en particulier des juges, est de la rétablir. Mieux vaut la balance de glaive »[1].

III- PROBLÉMATIQUE ET INTÉRÊT DE L'ÉTUDE

40- L'exploitation minière a des incidences environnementales que la législation demande de réduire, de traiter et de compenser au fur et à mesure de l'exploitation ou dans le cadre de « l'après-mine » où un véritable plan de réhabilitation doit être mis en place à la fermeture de la mine[2]. L'un des principaux défis du monde actuel est donc d'arriver à concilier l'activité économique avec les préoccupations sociales. On peut donc légitimement se demander comment la question des droits fondamentaux influence-t-elle celle de l'exploitation minière et partant, celle du développement durable et vice-versa ? Peut-on soutenir le développement des industries minières et en même temps défendre les droits fondamentaux ? Ou alors, ces deux impératifs sont-ils antinomiques ?

Compte tenu de son utilité pour l'homme, l'exploitation minière est aujourd'hui inévitable. Créatrice d'emplois, source de revenus pour les États, l'exploitation minière est incontournable pour le développement. Toutefois, une exploitation anarchique et incontrôlée des ressources minières entraîne inéluctablement la destruction de l'environnement et constitue une menace pour la santé, voire pour la vie des hommes et des autres êtres vivant dans ces écosystèmes. Or, le droit à la santé et le droit à la vie sont des droits fondamentaux, des préoccupations mondiales qui ne doivent être perturbées par aucun autre intérêt.

L'étude sur l'exploitation minière aux prises avec les droits fondamentaux, constitue donc un cadre propice à la confrontation entre le droit à un environnement sain et les intérêts économiques d'un Etat désireux de favoriser le développement économique du pays ou d'en assurer le bien-être économique en accueillant des investisseurs étrangers ou simplement en protégeant l'industrie nationale. Il apparaît ainsi que dans le cadre de l'exploitation minière, le respect des droits fondamentaux soulève la question de l'équilibre délicat à rechercher entre les intérêts économiques et sociaux d'une part, et d'autre part, la protection d'un cadre environnemental propice à la jouissance effective des droits humains. C'est précisément à un tel équilibre que les organes (nationaux et internationaux) de protection des droits humains doivent parvenir. D'où la question de recherche qui est celle

---

[1] J. MORAND-DEVILLER, « Le juste et l'utile en droit de l'environnement », *in Pour un droit commun de l'environnement, Mélanges en l'honneur de Michel Prieur*, Dalloz, Paris, 2007, p. 335.

[2] B. KONE, *Les aspects environnementaux de la fermeture d'une mine en exploitation. Cas de la mine d'or de Morila au Mali,* Mémoire pour l'obtention du diplôme de Master spécialisé en gestion durable des mines, Institut International d'Ingénierie de l'Eau et de l'Environnement (2IE), Burkina-Faso, 2012.

de savoir, comment concilier le développement économique par l'exploitation minière avec les droits fondamentaux que sont le droit à la santé et le droit à la vie ? Autrement dit, comment organiser une exploitation minière qui assure la préservation du droit à la santé et du droit à la vie ?

41- L'intérêt de cette question est triple : *sur le plan juridique*, il s'agit d'articuler le souci de développement et le souci de protection des droits fondamentaux. En effet, la protection du droit à la santé et à la vie entre bien souvent en conflit avec d'autres droits tels que la liberté du commerce et de l'industrie, et heurte des intérêts économiques. Cela est particulièrement vrai en présence d'activités liées à l'exploitation des ressources naturelles, dont le caractère particulièrement polluant n'a plus besoin d'être démontré. Pour s'en convaincre, il suffit de penser par exemple aux dommages sanitaires et environnementaux causés par l'industrie métallurgique, l'industrie charbonnière ou encore par l'extraction du minerai d'or à l'aide du cyanure de sodium[1]. Dans toutes ces hypothèses, l'on est en présence de deux intérêts en conflit : un intérêt économique lié au développement de l'exploitation minière d'un côté et un intérêt social lié à la protection des droits fondamentaux que sont le droit à la santé et le droit à la vie de l'autre. Certes, l'exploitation minière procure d'énormes revenus à l'État, mais en même temps, elle est susceptible de nuire à la santé, voire à la vie des populations. L'une des pistes de solution aurait consisté à sacrifier l'un au profit de l'autre, mais l'idéal serait d'articuler les deux pour les faire cohabiter. Il s'agit donc dans ce travail d'analyser un système qui, tout en favorisant l'exploitation minière, n'entrave pas le droit à la santé et à la vie. À cet effet, l'analyse permet d'anticiper en proposant quelques pistes de solution en vue d'une meilleure protection du droit à la santé et à la vie des populations en matière d'exploitation minière.

Sur le plan social, il s'agit de mesurer la compatibilité entre la recherche des revenus et la protection de l'environnement. En tant que patrimoine de l'humanité actuelle et future, l'environnement est le support de nombreux enjeux écologiques et socioculturels. À cet effet, l'exploitation minière doit tenir compte de la stabilité, de la sécurité et de la cohésion sociale. Le développement durable ne peut être imaginé sans prise en compte de l'environnement et de la santé des êtres humains. Cela suppose l'intégration du concept de « *Green Mining* » ou de « *mine responsable* »[2] dans le management en vue d'une gestion durable des ressources minières.

---

[1] M. AILINCAI et S. LAVOREL (dir.), *Exploitation des ressources naturelles et protection des droits de l'homme,* éd. A. Pedone, 2013, p. 89.

[2] « En avril 2015, loin d'abandonner la volonté de reprise de l'activité minière après l'échec de la création de la Compagnie nationale des mines de France, le gouvernement alors en place engagea une réflexion autour du concept de “mine responsable”, en formant un groupe de travail chargé de définir un tel concept au XXIème siècle ». Voir : Communiqué de Presse, Emmanuel MACRON préside l'installation du groupe de travail chargé de définir la « Mine

Sur le plan économique, il existe une interaction entre la santé et le développement. Il est bien clair que le développement durable, objectif proclamé de la communauté internationale depuis la Conférence de Rio de 1992, est étroitement lié à la protection de la santé[1]. En effet, l'absence de prise en compte de la santé dans l'exploitation minière pourrait diminuer les revenus du fait des dépenses de santé. À l'inverse, la santé joue un rôle important sur la croissance économique par le biais de l'augmentation des capacités de production nationale. À cet effet, l'amélioration de l'état sanitaire représente un objectif important pour le développement et vice versa.

IV- HYPOTHÈSE, MÉTHODOLOGIE ET PLAN

42- Notre hypothèse de recherche part du principe que l'exploitation minière est nécessaire parce qu'elle rapporte des revenus. Cepenpant, elle tient compte du présupposé qu'il y aurait des contradictions entre l'exploitation minière d'un côté et la protection des droits fondamentaux (le droit à la santé et à la vie) de l'autre. Construire un schéma de préservation des droits fondamentaux dans l'exploitation minière est donc l'objectif de cette thèse. Pour atteindre ce résultat, nous avons mobilisé plusieurs méthodes de l'investigation juridique qui ont été d'une précieuse contribution dans la conduite de cette recherche[2]. L'option pour la diversité des méthodes se justifie par le fait que, comme l'a écrit Michel Boudot, « la diversité des méthodes fait la science du droit »[3].

---

responsable » du XXIème siècle, Paris, 1er avril 2015, n°518, disponible à l'adresse : http://proxy-pubminefi.diffusion.finances.gouv.fr/pub/document/18/18990.pdf, consulté le 1er septembre 2019. Voir également CNCDH, *Avis sur le droit à un environnement sain dans les outre-mer : la question des activités extractives en guyane et en nouvelle-calédonie*, 17 octobre 2017, 62 pages, disponible à l'adresse : https://www.cncdh.fr/fr/publications/avis-sur-le-droit-un-environnement-sain-dans-les-outre-mer, consulté le 1er septembre 2019, p. 9, note 7.

[1] Le programme appelé Action 21 adopté à la Conférence de Rio consacre son chapitre 6 à la protection et à la promotion de la santé et désigne à ce sujet cinq domaine d'activité : satisfaction des besoins en matière de soins de santé primaire, en particulier dans les zones rurales ; lutte contre les maladies transmissibles ; protection des groupes vulnérables ; santé des populations urbaines ; réduction des risques pour la santé dus à la pollution et aux menaces écologiques.

[2] Voir M. CABRILLAC, « Un domaine à explorer par les chercheurs : les démarches de l'investigation juridique », *in Mélanges F. TERRE*, D., Paris, 1999, pp. 211 et s.

[3] M. BOUDOT, *Le dogme de la solution unique. Contribution à une théorie de la doctrine en droit privé*, Thèse, Aix-Marseille 3, 1999, p. 49 ; Chr. ATIAS, « Réflexions sur les méthodes de la science du droit », *D.* 1983, chr. XXVI, n°1.

43- D'une manière générale, *la méthode exégétique*[1] qui est commandée par la nature du sujet, a permis d'analyser et de comprendre le dispositif légal et jurisprudentiel de protection des droits fondamentaux dans l'exploitation minière. D'une part, le constat est que les textes juridiques camerounais en rapport avec l'exploitation minière (le Code minier du 14 décembre 2016, la loi-cadre de 1996 sur la protection de l'environnement, la loi sur la promotion des investissements, le Code du travail, les textes sur la propriété...) contiennent des dispositions qui permettent de préserver le droit à la santé et à la vie des populations dans le cadre de l'exploitation minière. Cependant, s'agissant de leur pertinence, l'analyse révèle que ce dispositif est insuffisant. Au besoin, il convient de le corriger pour l'améliorer et le faire évoluer. D'autre part, *la casuistique* a permis sur le fondement d'une recherche de la jurisprudence pertinente, d'évaluer l'interprétation qui est donnée des textes par les juges. Cette démarche n'a alors été que plus éclairante pour les juges camerounais, désireux de puiser leurs sources d'inspiration dans les cas litigieux d'atteintes aux droits fondamentaux liés à l'exploitation minière, ayant été examinés au Cameroun ou à l'étranger. En effet, la place non négligeable de la jurisprudence dans notre système juridique, surtout dans les régions anglophones du Nord-Ouest et du Sud-Ouest, rendrait incomplète toute étude qui ne la prendrait pas en compte[2].

Le *recours au droit comparé* qui a consisté à confronter la législation et la jurisprudence camerounaises aux autres législations et jurisprudences des pays ayant une longue tradition minière (Canada, France[3], Australie...), a permis de profiter des avantages comparatifs et de formuler des critiques et des pistes d'amélioration qui s'imposent. Une telle approche est toujours féconde, dans la mesure où elle permet, par la confrontation des systèmes juridiques, un enrichissement réciproque des législations nationales[4]. Le droit minier camerounais étant relativement jeune, il sera plus réceptif aux enseignements des expériences étrangères des pays de grande tradition minière.

---

[1] Sur cette méthode, V. notamment Ph. REMY, « Le rôle de l'exégèse dans l'enseignement du droit au XIXe siècle », *AHFD* 1985, n°2, p.91-105 ; ATIAS (C.), *Épistémologie du droit, Paris, PUF, Que sais-je ?*, 1994 p.96.

[2] Malgré le vaste mouvement d'unification législative réalisée par le législateur camerounais depuis l'accession du pays à l'indépendance, le système juridique reste en effet construit sur une double combinaison, d'une part entre le système juridique anglo-saxon et romano-germanique, d'autre part entre le droit moderne et la coutume.

[3] En raison des liens historiques qui unissent la France et le Cameroun, le législateur camerounais et même les juges ont souvent tendance à se référer aux textes ou à la jurisprudence française afin d'édifier le droit, même si à certains moments, cette attitude peut être contestable pour des raisons de mimétisme irréfléchi.

[4] M. A. MEKOUAR, *Impact sur l'environnement des incitations économiques à la production agricole : étude de droit comparé*, FAO, Rome, 1985, p. 9, disponible en ligne à l'adresse Internet : http://www.fao.org/3/T0072F/T0072F.pdf, consultée le 5 mars 2020.

44- La méthode de *la libre recherche scientifique* a également été d'un grand apport dans l'atteinte des résultats escomptés, en ce sens qu'elle a permis d'évaluer les solutions positives pour rechercher les éléments d'amélioration. Ainsi, la méthode critique a été d'un grand apport dans nos analyses. La pensée critique est « celle qui ne se satisfait pas de la seule contemplation du réel tel qu'il se donne à voir, mais qui postule que la réalité est plus que l'expérience immédiate que nous pouvons en avoir... Une pensée critique révèle donc une structure profonde, cachée mais expressive de la réalité, au-delà de ce qui est visible »[1]. Les textes juridiques régissant l'activité extractive n'étant pas des dogmes établis, leur analyse a permis de mener une critique à la fois théorique et pratique. C'est en ce sens que l'étude permet d'anticiper des solutions pour une meilleure cohabitation entre le régime de l'exploitation minière et le droit à la santé et à la vie. L'approche critique utilisée a été à la fois positiviste et prospective.

L'option pour cette diversité de méthodes d'investigation s'explique par le fait que chacune d'elles a des avantages et des inconvénients, et dans une certaine mesure, elles se complètent. Toutes ces différentes méthodes ont permis de construire un schéma de présentation.

45- Du point de vue du progrès humain, il est impossible de dissocier la question du développement et celle des droits de l'homme, tant elles sont imbriquées[2]. Les droits fondamentaux sont depuis des décennies considérés – à juste titre – comme des piliers du développement, ceci tout à la fois comme condition nécessaire au développement et comme finalité. La prise en compte des droits fondamentaux doit donc se situer d'amont en aval de la chaîne de l'exploitation minière. Le « droit à la santé » comporte bien ces deux aspects : l'un lié à la conservation du capital santé dont chacun a pu hériter (approche préventive) et l'autre lié à l'accès aux ressources curatives en vue du rétablissement de cet état en cas d'atteinte (approche curative)[3]. Transposé dans le domaine de l'exploitation minière, la protection des droits fondamentaux (droit à la santé et à la vie), revêt également ces deux aspects : l'un lié à la protection contre les dommages potentiels ou éventuels (approche prudentielle) et l'autre lié à la réparation des atteintes (approche conséquentielle). À cet effet, la résolution 17/4 du Conseil des droits de l'homme de l'ONU du 6 juillet 2011[4] a approuvé les Principes directeurs relatifs aux entreprises et aux droits de l'homme, en établissant un cadre de

---

[1] M. MIAILLE, « Critique du droit », *Droit et société,* n°20-21, 1992, intitulé : Une science sociale pour la pratique juridique ? pp. 73- 87, spéc. pp. 73 et 74.

[2] I.F.I. SHIHATA, « La Banque Mondiale et les droits de l'homme », *Revue belge de droit international,* 1999/1, éd. Bruylant, Bruxelles, p. 87 et s.

[3] L. CASAUX-LABRUNEE, « Le droit à la santé », *in* R. CABRILLAC et al. (dir.), *Libertés et droits fondamentaux,* 16ᵉ éd., Dalloz, Campus LMD, 2010, Section 7, n° 1046, p. 812.

[4] Voir ONU, Conseil des droits de l'homme, Résolution n° 17/4 du 6 juillet 2011, intitulée *Les droits de l'homme et les sociétés transnationales et autres entreprises,* A/HRC/RES/17/4.

référence pour prévenir les conséquences néfastes des activités des entreprises pour les droits de l'homme et y remédier, en se fondant sur les trois piliers « Protéger, respecter et réparer » du cadre des Nations Unies.

En se basant sur le schéma de présentation esquissé ci-dessus, la présente étude est structurée autour de deux grands axes :

PREMIERE PARTIE : La conciliation par l'évitement des atteintes à la santé et à la vie

SECONDE PARTIE : La conciliation par le traitement curatif des atteintes à la santé et à la vie

PREMIÈRE PARTIE

LA CONCILIATION PAR L'ÉVITEMENT DES ATTEINTES À LA SANTÉ ET À LA VIE

> « Le développement qui implique la protection de la santé et du bien-être exige le respect de l'environnement parmi bien sûr beaucoup d'autres conditions, alors qu'un développement qui ignorerait l'environnement conduirait fatalement à porter atteinte à la santé de l'homme ».
>
> Commission « Santé et Environnement » de l'OMS, Conférence de Rio, juin 1992.

46- Au début des politiques de « protection de l'environnement », dans les années 50-60, l'approche principale consistait à agir de manière réparatrice, en aval, en traitant la pollution par des mesures prises en bout de chaîne de l'exploitation des établissements classés dangereux. C'est ce qu'on a appelé l'approche « *end of pipe* », ou approche en « *fin de processus* »[1]. Le reproche qui était généralement fait à cette approche était qu'elle abordait les questions d'environnement de manière parcellaire, en se concentrant uniquement sur le traitement des conséquences, sans intervenir à l'échelle systémique. Les principaux inconvénients de cette façon de faire sont l'absence de vision globale et des coûts de plus en plus élevés.

À l'inverse de cette approche « *end of pipe* », l'écologie industrielle a institué une approche préventive, c'est-à-dire en amont. La prise en compte des préoccupations sanitaires et environnementales en amont du projet minier passe par la mise en place d'une politique efficace de prévention, définie comme l'ensemble des mesures prises en vue d'éviter la réalisation des risques. Cette dimension préventive des effets néfastes de l'exploitation minière a souvent été négligée par les analyses[2], surtout par les juristes. Malafosse n'a-t-il pas dénoncé « *le peu d'intérêt des juristes pour tout ce qui*

---

[1] Voir S. ERKMAN, *Vers une écologie industrielle,* 2e éd. Charles Léopold Mayer, Genève, 2004.

[2] L. CASAUX-LABRUNEE, « Le droit à la santé », précité, n° 1224, p. 980.

touche à l'utilisation des ressources naturelles »[1] ? Pourtant, comme le dit si bien l'adage, « *Pimum non nocere* », c'est-à-dire, d'abord ne pas nuire. C'est cette philosophie qui a guidé la rédaction de loi-cadre du 04 janvier 1996 dans le domaine de la santé au Cameroun[2], qui dispose que la politique nationale de santé s'appuie sur des grands principes, notamment «*...la mise en œuvre d'une politique de médecine préventive par la promotion de l'hygiène, l'assainissement de l'environnement…* ».

47- Le mot « évitement » est emprunté à la science de la gestion des risques et renvoie à l'action d'empêcher un dommage ou un risque[3]. Puisque l'idée de risque est au cœur de l'analyse des problèmes sanitaires et environnementaux, la science et le droit doivent adopter une position qui permette d'éviter les dommages, au lieu d'essayer seulement de les réparer[4]. L'approche de nature réactive a donc progressivement fait place à ses côtés à une approche qualifiée de préventive ou « proactive »[5]. Celle-ci consiste à éviter la réalisation des dommages, à cause du caractère parfois irréversible de certains d'entre eux[6]. Désormais, le droit fait face à une autre temporalité : celle du futur. C'est dans ce sillage que se formule et se cristallise peu à peu le principe d'anticipation[7].

Il convient à cet effet de souligner l'importance de l'action de prévention des dommages miniers, car celle-ci est souvent mal perçue, les intéressés voyant les contraintes qui en découlent pour eux et ignorant les dommages qui sont évités. Or, il est évident qu'il est toujours préférable de prévenir que de guérir. Le précepte est aussi ancien que la médecine et le serment d'Hippocrate le rappelle : le droit à la santé n'est pas seulement un droit à prestations ou un droit « curatif ». Il a fondamentalement une dimension préventive. « Protéger » c'est préserver, sauvegarder, mettre à l'abri du

---

[1] MALAFOSSE (J. de), *Le droit à la nature. Aménagement et protection*, Monschrestien, 1973, p. 8.

[2] Voir l'article 4 de la Loi n°96/03 du 4 janvier 1996 portant loi-cadre dans le domaine de la santé.

[3] La notion de risque a plusieurs sens selon qu'on l'appréhende en droit administratif, en droit civil, en droit commercial ou en droit de la sécurité sociale. Il renvoie généralement à un danger éventuel plus ou moins prévisible.

[4] L. ESTRELA BORGES, *Les obligations de prévention dans le droit international de l'environnement,* éd. Logiques Juridiques, L'Harmattan, Paris, 2016, p. 30.

[5] Le proactif renvoie à une action, une démarche ou un acte « *qui anticipe les problèmes et prend les mesures pour y faire face de manière positive et provoquer le changement souhaité* » ou « *qui exerce un effet sur des faits ou processus à venir* ». Voir *Le Grand dictionnaire terminologique*, Office québécois de la langue française, 2006, disponible sur : http://www.granddictionnaire.com/btml/fra/r_motclef/index1024_1.asp.

[6] Voir M. MBENGUE MAKANE, *Essai sur une théorie du risque en droit international public : l'anticipation du risque environnemental et sanitaire*, éd. A. Pedone, 2009, préface, p. V.

[7] *Ibid.*

danger, de ce qui peut nuire. Protéger la santé et la vie, c'est d'abord et avant tout faire en sorte au plus possible qu'il n'y soit pas porté atteinte[1].

48- En amont de la chaîne de l'exploitation minière, le respect des droits fondamentaux des communautés (professionnelles, résidentielles ou autochtones) se fait grâce au principe de prévention et au principe de précaution. Il ne s'agit nullement ici d'analyser le bien-fondé de ces principes, qui ont une pleine valeur juridique, mais de leur mise en œuvre dans l'objectif d'éviter les atteintes qui pourraient être portées à l'environnement, à la santé et à la vie au cours d'une exploitation minière. En effet, si l'on rapproche les notions d'environnement et de santé humaine dans une même formulation, l'on se rend compte que les deux ne jouissent pas du même niveau de protection. Alors qu'une mise en danger ou un risque suffisent pour justifier la prise de mesures étatiques dans le domaine de la protection de la santé humaine, il faut une nuisance ou un dommage potentiel pour déclencher de telles mesures dans le domaine de l'environnement[2].

La prévention est l'outil juridique de base dans la lutte contre les nuisances à leur source, à la lumière des connaissances scientifiques acquises au moment de l'action. Si rien n'est fait en amont, les chantiers relatifs à l'exploration et même à l'exploitation de sites miniers auront de graves conséquences, tant sur l'environnement que sur la santé et sur la vie des travailleurs miniers et des populations riveraines. Ces externalités méritent d'être évaluées avec précision avant le début de tout projet minier. L'approche préventive apparaît certes également dans d'autres branches du droit (tel que le droit à la santé[3], les droits de l'homme[4], le droit international humanitaire, le droit de la paix et de la sécurité internationale[5] etc.), mais c'est en droit de l'environnement qu'il prend tout son relief. Soit à cause du caractère souvent irréversible du dommage écologique, soit à cause du fait que l'obligation de prévenir peut être considérée comme « *le principe phare du droit de l'environnement* »[6]. Comme l'a souligné la Commission du droit

---

[1] L. CASAUX-LABRUNEE, « Le droit à la santé », précité, n° 1044, p. 812.

[2] J. SOHNLE, « Les relations entre environnement et santé en droit international : coexistence problématique ou cohabitation symbiotique ? », *in* Ph. BILLET et al. (dir), *Droit de l'environnement ..., op. cit.*, p. 157.

[3] C'est le cas notamment lorsque l'on parle de prévention et de contrôle des maladies ou du développement d'un nouveau médicament.

[4] C'est le cas des mesures visant à empêcher les atteintes à la vie ou à la dignité humaine.

[5] Ces deux branches du droit ont respectivement pour but d'éviter une catastrophe humaine à cause des hostilités armées, et d'éviter une situation de conflit entre les Etats.

[6] Voir V. Y. AMEGANKPOE et K. AVODE, « La force contraignante et le degré d'efficacité variable du droit international matériel et de ses principes naissants. Intensité de la règle selon les secteurs. Les sanctions non juridictionnelles. Cas de l'Afrique », *in* M. PAQUES et M. FAURE (dir.), *La protection de l'environnement au cœur du système juridique international et du droit interne. Acteurs, valeurs et efficacité*, Bruxelles, Bruylant, 2003, p. 342.

international des Nations Unies, « *dans le monde moderne, ne pas prévenir les dommages environnementaux pouvait avoir de graves conséquences* »[1]. Qualifié par le Professeur Nicolas De Sadeleer comme un « *principe directeur* »[2], le principe de prévention participe de la construction de « *l'ordre public écologique* »[3]. À cet effet, Nadia Belaïdi explique que dès le moment où le concept d'ordre public désigne les valeurs les plus importantes pour la société, et qu'on peut ainsi désigner « celles que définissent un projet d'harmonie sociale inspiré en grande partie par la recherche d'équilibres (...) on pourrait facilement faire le lien entre ce droit à l'environnement et ordre public et en conclure que la protection de l'environnement est d'ordre public »[4]. L'ordre public écologique met en relief, non seulement l'importance des principes juridiques pour la protection de l'environnement, mais également la nécessité de sauvegarder les ressources naturelles et de protéger l'environnement et la sécurité des personnes contre les risques naturels ou technologiques, une idée totalement liée à l'obligation de prévention[5].

49- Mais à partir du moment où la technologie existante pour maîtriser tous les risques est mise en doute, et que l'incertitude scientifique commence à caractériser toutes les questions environnementales et sanitaires, le défi majeur du processus législatif devient la mise en œuvre du principe de précaution[6]. À cet effet, seul l'évitement des effets néfastes de l'exploitation minière permet de limiter *ex ante*, les dégradations majeures de la nature, de

---

[1] Voir le premier *Rapport de la Commission du droit international des Nations Unies sur la prévention des dommages transfrontières résultant d'activités dangereuses*, par S. Rao, Rapporteur spécial, ONU, Doc., A/CN.4/487, p. 6.

[2] N. DE SADELEER, *Environmental Principles : From Political Slogans to Legal Rules,* Oxford University Press, 2002, p. 367.

[3] L'ordre public écologique est défini comme « *un ensemble de principes élaborés dans l'intérêt général de l'humanité et fondés sur la justice environnementale qui permet de sauvegarder les ressources naturelles et leurs équilibres entre elles et par rapport aux humains ainsi que d'assurer l'accès équitable à ces ressources à toute personne et à toute autre espèce vivante* ». Voir N. BELAÏDI, *La lutte contre les atteintes globales à l'environnement : vers un ordre public écologique ?,* Bruxelles, Bruylant, 2008 ; M. BOUTELET et J.-C. FRITZ (dir.), *L'Ordre public Ecologique*, Bruxelles, Bruylant, 2005, p. 58.

[4] Voir N. BELAÏDI, *La lutte contre les atteintes globales à l'environnement. Vers un ordre public écologique ?,* Thèse, Dijon, 2004 ; N. BELAÏDI, « Droits de l'homme, environnement et ordre public : la garantie du bien-être », *in* M. BOUTELET et J.-C. FRITZ (dir.), *L'Ordre public Ecologique*, Bruxelles, Bruylant, 2005 ; N. BELAÏDI, « Identité et perspectives d'un ordre public écologique », *Droit et cultures*, n° 68, 2014, pp. 15-49, disponible à l'adresse : https://journals.openedition.org/droitcultures/3401, consultée le 03/03/2020.

[5] M. BOUTELET BLOCAILLE, « Les limites des moyens traditionnels de l'ordre public : propriété et ordre public écologique », *in* M. BOUTELET et J.-C. FRITZ (dir.), *L'Ordre Public Ecologique, op. cit.*, p. 204.

[6] L. ESTRELA BORGES, *Les obligations de prévention dans le droit international..., op. cit.*, p. 30.

la santé et de la vie humaine. Tout acteur de la chaîne de valeur[1] de l'exploitation doit prévenir ou limiter les atteintes que l'exploitation minière est susceptible de porter tant à l'environnement qu'à la vie et à la santé des travailleurs et des populations.

50- Cette obligation de prévention des effets néfastes de l'exploitation minière repose en premier lieu sur l'Etat. Selon la Résolution n° 32/10 du Conseil des droits de l'homme, adoptée le 30 juin 2016[2], c'est à l'État qu'incombent la responsabilité première et le devoir de promouvoir et de protéger les droits de l'homme et les libertés fondamentales[3]. Le préambule de la Constitution camerounaise du 18 janvier 1996 le rappelle en citant, au titre de l'énumération des droits et libertés fondamentales, le droit à un environnement sain[4]. *Ensuite*, l'obligation de prévention des externalités négatives de l'exploitation minière repose également sur les entreprises minières, qu'elles soient sociétés mères, donneuses d'ordre, filiales ou sous-traitantes. Nous reviendrons plus loin sur ces différentes obligations qui pèsent sur l'Etat et sur les entreprises minières. *Enfin*, l'obligation de prévention des externalités négatives de l'exploitation minière repose également sur tous les autres acteurs du secteur minier : travailleurs miniers, citoyens, ONG etc. Cela est d'autant plus vrai que l'environnement constitue

---

[1] « La chaîne de valeur de l'industrie extractive est une approche qui permet de planifier une gestion efficace des ressources naturelles. Elle est constituée par un ensemble de sept (7) exigences. De la décision d'extraire à l'utilisation des revenus, la chaîne de valeur est un ensemble de leviers sur lesquels il faut travailler pour un impact au niveau du développement et du bien être des populations. Pour plus de détails, voir la norme ITIE de 2016 publiée par le Secrétariat international de l'ITIE le 15 février 2016 ». Voir LITHO (A.), « Chaines de valeur dans les secteurs minier et pétrolier au Congo », Contribution à la Conférence des Nations Unies sur le commerce et le développement intitulée : *Améliorer les effets structurants du secteur des ressources minérales dans les pays de la Communauté économique d'Afrique centrale*, Atelier national Brazzaville, République du Congo 26 et 27 septembre 2016, disponible à l'adresse : http://unctad.org/meetings/en/Presentation/Congo_26092016_N1_Ali_Litho.pdf, consulté le 25 septembre 2017.

[2] La résolution onusienne n° 32/10 du 30 juin 2016 est intitulée : *Les entreprises et les droits de l'homme : améliorer la responsabilisation des entreprises et l'accès à des voies de recours.*

[3] Voir la Résolution 32/10 du Conseil des droits de l'homme, adoptée le 30 juin 2016, intitulée : *Les entreprises et les droits de l'homme : améliorer la responsabilisation des entreprises et l'accès à des voies de recours.*

[4] Le préambule de la loi constitutionnelle n° 96/06 du 18 janvier 1996 dispose clairement que « *toute personne a droit à un environnement sain. La protection de l'environnement est un devoir pour tous. L'Etat veille à la défense et à la promotion de l'environnement* » (Voir préambule, 21e tiret). Le constituant adopte ainsi une position dynamique qui fait du droit à un environnement sain, un droit fondamental de l'homme. Mais il ne se limite pas à énoncer ce droit fondamental ; il pose aussi la problématique de l'environnement en termes de devoir pour tout citoyen de concourir à sa protection.

en République du Cameroun le patrimoine commun de la nation[1]. La préservation de l'environnement est donc présentée non seulement comme un droit, mais aussi comme un devoir des citoyens. Le constituant camerounais a compris que la protection de l'environnement commence au niveau du citoyen, c'est-à-dire à la base, ouvrant ainsi la voie à une approche participative, intégrant à la fois l'Etat, la société et toutes les autres communautés[2].

En amont de l'exploitation minière, l'évitement des externalités négatives de l'exploitation minière sur la santé et sur la vie grâce au principe de prévention et au principe de précaution nécessite d'une part, la recherche d'un équilibre entre les différents intérêts divergents lors de l'installation du projet minier (*Titre I*) et la mise en place des garanties nécessaires pour la conciliation des intérêts en présence dans un projet minier installé d'autre part (*Titre II*).

---

[1] Selon la loi-cadre relative à la gestion de l'environnement, « *l'environnement constitue en République du Cameroun le patrimoine commun de la nation. Il est une partie intégrante du patrimoine universel* ». Voir art. 2 al. 1 de la loi n° 96/12 du 5 août 1996 portant loi-cadre relative à la gestion de l'environnement.

[2] Un tel devoir a d'ailleurs été repris par la Charte constitutionnelle de l'environnement adoptée en France en 2005 (art. 2). Sur la question, voir TROUILLY (P.), «Le devoir de prendre part à la préservation et à l'amélioration de l'environnement : obligation morale ou juridique ?», *Environnement*, avril 2005, pp. 21-23.

TITRE I

L'ÉVITEMENT PAR LA RECHERCHE DE L'ÉQUILIBRE ENTRE INTÉRÊTS DIVERGENTS LORS DE L'INSTALLATION DU PROJET MINIER

51- L'exploitation minière est au centre de plusieurs enjeux dont les plus évidents sont l'enjeu économique, l'enjeu environnemental et l'enjeu social. Très souvent l'enjeu économique semble prendre le pas sur les deux autres, parce que l'Etat et les entreprises minières sont très souvent préoccupés par la rentabilité des projets miniers, au détriment les considérations environnementales et sociales.

Pourtant, les enjeux environnementaux et sociaux sont de plus en plus prégnants dans nos sociétés, ce qui appelle à une nécessaire conciliation entre ces différents intérêts divergents. Comme l'a écrit le Professeur Agathe Van Lang, « il semble en effet peu douteux que la croissance économique et la protection de l'environnement sont des objectifs contradictoires »[1]. Dans le même sens, René Passet affirme qu'il s'agit « d'un conflit entre les logiques qui assurent respectivement le développement économique et la reproduction de la biosphère »[2]. L'Etat a donc la tâche ardue de trouver un juste équilibre entre ces objectifs conflictuels : ceux des sociétés minières d'une part, qui cherchent à réduire leurs coûts[3], à faire un retour sur investissement et à réaliser des bénéfices, et ceux des travailleurs et des populations d'autre part, qui désirent conserver leur emploi pour les uns et préserver leur environnement, leur santé et leur vie pour les autres. En fait, même dans l'attrait économique, la finalité de toute exploitation minière devrait être l'amélioration des conditions de vie des populations, les effets d'une exploitation non contrôlée pouvant être désastreux tant sur la santé que

---

[1] A. VAN LANG, *Droit de l'environnement*, 4e éd., PUF, Coll. Thémis, Paris 2016, n° 221, p. 202.

[2] Voir R. PASSET, « Une économie respectueuse de la biosphère », in *La planète mise à sac*, éd. Le Monde diplomatique, 1990, p. 86.

[3] N. S. JENNINGS, « Les mines et les carrières: un aperçu. Généralités sur les industries extractives », *in* MAGER STELLMAN (J.) (dir.), *Encyclopédie de sécurité et de santé au travail*, Volume 3, BIT, Chapitre 74.

sur la vie des populations. L'homme n'est-il pas la mesure de toutes choses comme le disait Protagoras ?[1]

En effet, l'aménagement des conditions d'exploitation d'une mine constitue la deuxième étape[2] du cycle minier. Cette étape est importante, car lors de cette phase, les activités qui sont sources d'impacts sont entre autres, la construction des infrastructures de base (bâtiments, mine et infrastructures routières...), le déboisement, le défrichage, le dynamitage, le détournement des cours d'eau, le déplacement des populations, l'implantation des infrastructures hydrauliques et énergétiques, le transport des équipements et des hommes etc. La réalisation de toutes ces opérations appelle une conciliation des préoccupations économiques du moyen ou du long terme (25 ans et plus) avec d'autres intérêts antagonistes que la mise en valeur de ces ressources peut susciter. L'arbitrage entre ces objectifs simultanés ne peut être réalisé qu'après un recensement préalable de tous les intérêts qui se manifestent autour de ces ressources, un équilibre entre eux ne pouvant être recherché qu'après un examen de la disponibilité de ces dernières[3]. Toute protection nécessite donc au préalable d'identifier les causes d'atteintes. Une fois clairement identifiées, des mesures de prévention doivent être mise en place pour les prévenir. Quand bien même il serait scientifiquement difficile d'identifier avec certitude toutes les causes d'atteintes, des mesures de précaution doivent être mises en place par les pouvoirs publics. L'évitement des atteintes en amont de l'exploitation minière doit donc être guidé par deux principes fondamentaux du droit de l'environnement à savoir, le principe de précaution et d'action préventive[4].

52- D'une part, le principe de précaution doit prévaloir dans les stratégies de promotion et d'exploitation des ressources minières. Comme l'affirme la doctrine, « le principe de précaution définit l'attitude que doit observer toute personne qui prend une décision concernant une activité dont on peut raisonnablement supposer qu'elle comporte un danger grave pour la santé ou la sécurité des générations actuelles ou futures, ou pour l'environnement. Il s'impose spécialement aux pouvoirs publics qui doivent faire prévaloir les impératifs de santé et sécurité sur la liberté des échanges entre particuliers et

---

[1] Voir PROTAGORAS (Vème siècle avant J.C.) dans *La Vérité ou Discours destructifs*. Dans le même sens, Jean Bodin affirmait qu'« il n'y a de richesses que d'hommes ».

[2] L'exploration est la première étape du cycle minier. Elle consiste à rechercher de nouveaux gîtes de minéraux exploitables et à déterminer leur valeur potentielle. Bien qu'elle soit à l'origine de tout projet minier, l'exploration ne mène que rarement à l'ouverture d'une mine. L'incidence de cette phase sur l'environnement et sur les droits humains découle des études géologiques, sismique, hydrogéologique, de la création des voies d'accès aux sites d'exploration, de la réalisation des forages et des tranchées de prospection, de la construction de la base vie, des laboratoires et des activités connexes.

[3] Ph. BILLET, *La protection juridique du sous-sol en droit français,* Thèse, Université Jean Moulin Lyon 3, 1994, p. 286.

[4] Cf. art. 9 de la loi-cadre du 5 août 1996 relative à la gestion de l'environnement.

entre Etats »[1]. Chantal CANS affirme pour sa part que « le principe de précaution, principe éminemment environnemental, ne trouve à s'appliquer qu'en matière de santé humaine »[2]. Santé et environnement représentent ainsi deux des composantes fondamentales (sociale et environnementale) du développement durable.

53- D'autre part, le principe de prévention, l'une des clés de voûte du droit de l'environnement, intervient également en amont du processus extractif pour réduire autant que faire se peut, les probabilités de dommages et donc de réparation. Madame Aurélie Tomadini affirme que « Si, par ses modalités de mise en application, il peut être perçu comme une charge supplémentaire pour les entreprises, il leur permet avant tout de prendre connaissance des risques qu'elles font peser sur l'environnement. Par son intermédiaire, les opérateurs économiques disposent ainsi des informations nécessaires pour définir une politique entrepreneuriale préventive capable de limiter l'impact de leurs activités sur le milieu et, par conséquent, de se prémunir en cas de recours contentieux »[3].

54- La protection de la santé et de la vie implique donc de façon évidente un ensemble de mesures tournées vers la surveillance et l'anticipation des risques. L'épidémiologie, les actions d'« écovigilance » (analyses de l'environnement, variations de l'écologie, surveillance des pollutions...) s'inscrivent dans cette logique préventive[4].

Parce que les études d'impact environnemental et social (EIES) permettent d'éviter les atteintes à la santé et à la vie, leur réalisation est imposée comme une obligation préalable à l'installation des projets miniers (Chapitre 1). L'évitement des atteintes à la santé et à la vie passe aussi par la préservation de certains espaces considérés comme critiques pour la santé et la vie des populations en particulier et de la planète en général, notamment avec la problématique des changements climatiques liés à l'exploitation minière et des déplacés environnementaux (chapitre 2).

---

[1] P. KOURILSKY et G. VINEY, *Le principe de précaution*, Rapport au Premier ministre, La Documentation française, 2000, cités par P. FEILLET, *Le bon vivant. Une alimentation sans peur et sans reproche,* éd. INRA, Paris, 2002, p. 174 ; J. COUTURE et S. COURTOIS (dir.), *Regards philosophiques sur la mondialisation,* Presses de l'Université du Québec 2005, p. 65. O. GODARD (dir.), *La question de la précaution en milieu professionnel*, éd. INRS, 2006, p. 223.

[2] C. CANS, « Les mutations du droit de l'environnement sous l'effet des préoccupations sanitaires », précité, p. 199.

[3] A. TOMADINI, *La liberté d'entreprendre et la protection de l'environnement. Contribution à l'étude des mécanismes de conciliation*, thèse, LGDJ, 2016, n° 95, pp. 95-96.

[4] L. CASAUX-LABRUNEE, « Le droit à la santé », précité, n° 1046, p. 812.

Chapitre 1

L'évitement des atteintes à la santé et à la vie par l'exigence d'une étude d'impact environnemental et social préalable

55- Partout dans le monde, l'exploitation minière a longtemps revêtu un caractère prédateur et dévastateur pour l'environnement et pour la santé. C'est la raison pour laquelle, avant l'implantation de tout projet minier, une étude d'impact environnemental et social (EIES) doit être réalisée et validée. L'EIES doit être préalable à toute demande d'obtention du titre minier[1]. De ce fait, elle doit être réalisée au stade de l'étude de faisabilité, de manière participative et prendre en compte les préoccupations des différentes parties prenantes au projet à travers des consultations et des audiences publiques. L'étude d'impact figure parmi des outils les plus fiables pour l'analyse et la gestion des risques, à côté notamment de la planification environnementale. Elle permet d'identifier de manière participative tous les impacts potentiels d'un projet et de proposer de manière planifiée des mesures correctives (contenues dans un plan de gestion environnementale et sociale)[2].

La notion d'« impact » ne doit pas être entendue comme n'importe quel effet mineur de l'exploitation minière. Bien au contraire, il convient d'entendre par là, « une influence décisive, une incidence importante, une conséquence majeure »[3]. Ainsi compris, l'impact d'un projet minier peut être positif ou négatif, bénéfique ou préjudiciable à l'environnement, à la santé et à la vie. S'il est positif, il ne soulève pas de difficulté, dans la mesure où il est profitable à l'homme. Par contre, s'il est négatif, il pose un problème, en

---

[1] Selon le Code minier, « *A l'exception de l'autorisation d'exploitation artisanale, du permis de recherche et de l'autorisation d'exploitation des carrières artisanales à des fins domestiques, l'octroi des titres miniers, des autorisations et permis d'exploitation des carrières est subordonné à la conduite préalable d'une étude d'impact environnemental et social, à la production d'une étude des dangers et des risques et à la fourniture d'un plan de gestion environnemental...* ». Cf. article 135 alinéa 2 de la loi n° 2016/17 du 14 déc. 2016 portant Code minier.

[2] P. E. KENFACK, S. NGUIFFO et T. NKUINTCHUA, *Investissements fonciers, redevabilité et cadre légal : Leçons du Cameroun*, disponible à l'adresse : iied.org/land-acquisitions-rights, consulté le 28 août 2017, p. 15.

[3] Voir D. ALHERITIERE, « Evaluation des impacts sur l'environnement et le développement agricole.

Etude de droit comparé », *Cahiers FAO: Environnement 2*, Rome, 1981, note 2, p. 4.

ce sens qu'il crée un conflit entre les besoins à moyen terme de l'exploitation minière (bénéfices économiques) et les objectifs à long terme de l'environnement et de la santé humaine. En raison de sa nature conflictuelle, seul l'impact négatif sera réellement pris en ligne de compte dans la présente étude. En outre, seuls les impacts économique, écologique et social retiendront l'attention (à l'exclusion de l'impact politique), l'objectif en fin de compte étant la conciliation entre ces intérêts en présence.

56- L'étude d'impact environnemental et social peut être définie comme un processus d'identification des conséquences potentielles sur l'environnement, d'activités envisagées afin d'améliorer la conception et la gestion du projet, de minimiser ses impacts négatifs et d'optimiser ses impacts positifs[1]. L'étude d'impact est donc l'une des applications concrètes du principe de prévention. Elle constitue aujourd'hui une exigence affirmée par tous les organes de protection des droits de l'homme[2], qui s'applique à une grande diversité d'objets : projets miniers ou pétroliers, grands projets agricoles, projets d'infrastructures, de routes, de barrages, d'énergie et autres.

En matière d'exploitation minière, comme dans bien d'autres domaines, elle doit être « préalable »[3] à la délivrance par l'autorité administrative du permis d'exploitation. C'est sans doute la raison pour laquelle les bailleurs de fonds qui financent les projets d'exploitation de ressources naturelles en font une conditionnalité[4] *ex ante*[1] à l'octroi de leurs financements. Cette

---

[1] Selon l'article 2 du décret n°2013/0171/PM du 14 février 2013 fixant les modalités de réalisation des EIES, l'étude d'impact est un « *Examen systématique visant à déterminer les effets favorables et défavorables susceptibles d'être causés, par un projet sur l'environnement. Elle permet d'atténuer, d'éviter, d'éliminer ou de compenser les effets néfastes sur l'Environnement* ».

[2] L'obligation de réalisation d'une étude d'impact est affirmée par tous les organes de protection des droits humains, même si les contours de cette obligation sont définis avec plus ou moins de précision selon l'organe considéré.

[3] Selon le *Vocabulaire du développement durable*, l'étude d'impact est une « Étude préalable à la mise en œuvre de programmes ou de plans et à la réalisation d'équipements, qui permet d'estimer leurs effets probables sur l'environnement… ». Voir Commission d'enrichissement de la langue française, *Vocabulaire du développement durable : termes, expressions et définitions publiés au Journal officiel*, éd. Tous ensembles pour le climat, 2015, n° 101, p. 52, disponible sur les sites Internet : http://www.cop21.gouv.fr
et http://www.mediaterre.org/actu,20151202113542,1.html, consultés le 4 mars 2020. Voir également le Vocabulaire de l'environnement (liste de termes, expressions et définitions adoptés), disponible sur le site
https://aida.ineris.fr/consultation_document/10223, consulté le 3 mars 2020.

[4] Le terme « conditionnalité » est souvent utilisé dans le domaine de l'aide internationale et désigne l'ensemble des conditions exigées par les grandes organisations économiques internationales en échange de prêts aux pays en développement. Par extension, le terme « conditionnalité » désigne l'ensemble des conditions nécessaires pour obtenir quelque chose. On distingue généralement deux types de conditionnalités : la conditionnalité *ex ante* (en

évaluation préalable[2] permet l'optimisation de la gestion environnementale en guidant la prise de décisions. Elle est essentielle pour la performance réussie et durable des projets auxquels elle s'applique. À cet effet, l'étude d'impact s'impose aujourd'hui comme un préalable à la possibilité de mener une exploitation minière, mais aussi comme un impératif à respecter avant la phase de démarrage de l'exploitation.

57- Historiquement, l'étude d'impact a d'abord été développée au niveau international où elle a été mise en avant comme l'instrument privilégié de mise en œuvre du principe de prévention des atteintes à l'environnement. C'est le cas notamment de la Convention d'Alger de 1968 dont l'article XIV prescrit des études d'impact nécessaires pour éviter que les activités et les projets de développement ne portent atteinte aux ressources naturelles et à l'environnement en général, et ainsi maintenir un équilibre optimum entre la conservation et le développement. Dans le même sens, le plan d'action adopté à la conférence de Stockholm sur l'environnement le 16 juin 1972 fait état à plusieurs reprises de la nécessité de l'« *environmental assessment* » et plusieurs recommandations accompagnant ce plan d'action insistent sur l'évaluation de l'impact environnemental[3]. Une résolution de l'Assemblée générale des Nations Unies du 29 novembre 1972 évoque également ce nouvel instrument[4]. Dès 1986, la Commission mondiale sur l'environnement et le développement dans la formulation de ses principes juridiques considérait à l'article 5 que l'étude d'impact était un principe émergent de droit international[5].

Le rôle préventif de l'étude d'impact a également été formellement reconnu par la Déclaration de Rio de 1992 sur l'environnement et le développement. Selon son Principe 17, « *Une étude d'impact sur l'environnement, en tant qu'instrument national, doit être entreprise dans le cas des activités envisagées qui risquent d'avoir des effets nocifs importants sur l'environnement et dépendent de la décision d'une autorité nationale compétente* »[6]. Cette déclaration reconnaît un lien évident entre

---

amont) et la conditionnalité *ex post fact* (en aval ou après les faits) ; le référentiel dans le cadre de ce travail étant la mise en œuvre de l'exploitation minière.

[1] *Ex ante* est une locution latine signifiant « au préalable ». Elle s'oppose à la locution ***ex post*** signifiant « *après les faits* ». Sur l'utilisation de ces deux locutions en rapport avec le terme conditionnalité, voir l'adresse internet https://www.imf.org/external/np/exr/facts/fre/conditiof.htm, consulté le 14 décembre 2016.

[2] Voir CourADH, 12 août 2008, *Saramaka People v. Suriname*, § 41.

[3] Par exemple, les recommandations 29, 30, 54, 55, 56, 57, 63.

[4] Résolution 2995 (XXVII) du 29 novembre 1972 sur la coopération entre Etats dans le domaine de l'environnement.

[5] Voir R. D. MUNRO et J. G. LAMMERS (eds), *Legal principles and recommendations for environmental protection and sustainable development*, Graham and Trotman, London, 1987.

[6] Cf. Pricipe 17 de la Déclaration de Rio de juin 1992.

l'environnement et la santé[1]. Depuis lors, les instruments internationaux de protection de l'environnement intègrent systématiquement les considérations environnementales et sociales (santé humaine). La Convention d'Espoo[2] est assez explicite à ce sujet. Selon ce texte, *« le terme "impact" désigne tout effet d'une activité proposée sur l'environnement, notamment sur la santé et la sécurité, la flore, la faune, le sol, l'air, l'eau, le climat, le paysage et les monuments historiques ou autres constructions, ou l'interaction de ces facteurs… »*[3]. Ce lien entre santé et environnement a été reconnu par la Cour Internationale de Justice (CIJ) en 1996, lorsqu'elle constate que *« La Cour (…) a également conscience que l'environnement n'est pas une abstraction, mais bien l'espace où vivent les êtres humains et dont dépendent la qualité de leur vie et leur santé, y compris pour les générations à venir »*[4].

De manière spécifique, il convient de citer le Protocole à la Convention sur l'évaluation de l'impact sur l'environnement dans un contexte transfrontière relatif à l'évaluation stratégique environnementale[5] qui adopte cette formulation standard : « *environnement, y compris de la santé* »[6]. L'article 1er de ce texte dispose que *« Le présent protocole a pour objet d'assurer un degré élevé de protection de l'environnement, y compris de la santé : a) En veillant à ce que les considérations d'environnement, y compris de santé, soient entièrement prises en compte dans l'élaboration des plans et programmes ; b) En contribuant à la prise en considération des préoccupations d'environnement, y compris de la santé, dans l'élaboration des politiques et des textes de loi ».* Plus récemment, on peut citer la Déclaration de Johannesburg de 2002[7].

---

[1] Cf. Principe 14 de la Déclaration de Rio de juin 1992.

[2] Voir la Convention sur l'évaluation de l'impact sur l'environnement dans un contexte transfrontière, Espoo, 25 février 1991.

[3] Cf. article 1, § vii de la Convention sur l'évaluation de l'impact sur l'environnement dans un contexte transfrontière (Convention d'Espoo) adoptée à Espoo le 25 février 1991.

[4] Voir CIJ, arrêt rendu le 25 septembre 1997 dans l'*affaire du projet de Gabcikovo-Nagymaros* opposant la Slovaquie et la Hongrie (§112 al. 4 ; obs. S. MALJEAN-DUBOIS, *AFDI*, volume 43, 1997. pp. 286-332) et CIJ, *Avis consultatif sur la licéité de la menace ou de l'emploi d'armes nucléaires*, 8 juillet 1996, § 29, p. 241, disponible à l'adresse : https://www.icj-cij.org/files/case-related/95/095-19960708-ADV-01-00-FR.pdf, consultée le 4 mars 2020.

[5] Voir le Protocole relatif à l'évaluation stratégique environnementale, Kiev, 21 mai 2003.

[6] Selon la définition 7 du protocole relatif à l'évaluation stratégique environnementale, *« l'expression "effet sur l'environnement, y compris sur la santé" désigne tout effet sur l'environnement, y compris sur la santé de l'homme, la flore, la faune, la diversité biologique, les sols, le climat, l'air, l'eau, les paysages, les sites naturels, les biens matériels, le patrimoine culturel et l'interaction de ces facteurs ».* Voir le Protocole de Kiev du 21 mai 2003, relatif à l'évaluation stratégique environnementale, disponible à l'adresse : Internet https://www.unece.org/fileadmin/DAM/env/eia/documents/legaltexts/protocolfrench.pdf, consultée le 4/03/2020.

[7] Point 18 : *« Nous nous félicitons que le sommet de Johannesburg ait été axé sur l'universalité de la dignité humaine et nous sommes résolus (…) à faire en sorte que des*

58- D'un point de vue matériel et pratique, l'étude d'impact a ensuite percolé à l'échelon national. La CIJ rappelle à cet effet qu'il revient à chaque Etat de déterminer dans le cadre de sa législation nationale, la teneur exacte de l'étude d'impact[1]. De la même façon, la Commission de droit international a également laissé cette question au droit interne[2]. Dès leur origine, les évaluations environnementales nationales ont pris en compte ce que l'on appelait « les impacts sur la nature ». Cela a d'abord été le cas aux Etats-Unis avec le *National Environmental Policy Act de* 1969. On peut également évoquer la loi française de 1976 sur les incidences sur le milieu naturel, ou encore la loi du Québec de 1978 sur la qualité de l'environnement.

Au Cameroun, l'étude d'impact est régie par le décret n° 2013/0171 du 14 février 2013 fixant les modalités de réalisation des études d'impact environnemental et social. Le suivi de la mise en œuvre du plan de gestion environnementale relève de la responsabilité du ministère chargé de l'Environnement qui rend fréquemment publique la liste des contrevenants et des sanctions applicables[3]. En fonction de la nature et de l'importance du projet, le décret de 2013 distingue trois types d'études d'impact : l'étude d'impact environnemental et social, la notice d'impact environnemental et l'évaluation environnementale stratégique ou étude d'impact environnementale stratégique.

L'étude d'impact contribue de manière significative à l'évitement des atteintes à la santé et à la vie au cours du processus d'exploitation minière. En tant qu'outil d'aide à la décision de l'administration, elle permet à cette dernière de fonder sa décision et de soumettre le projet minier à des prescriptions particulières, permettant de prendre en compte les préoccupations relatives à la protection de l'environnement, de la santé et de la vie telle qu'elles ont été mises en évidence dans l'étude. En effet, l'étude d'impact concerne non seulement les changements potentiels de l'environnement physique, naturel ou culturel, mais aussi et surtout l'incidence du projet sur les communautés environnantes et sur les travailleurs.

Ainsi, toutes les activités ayant une incidence sur l'environnement et par ricochet sur la santé sont conditionnées par la réalisation préalable d'une

---

populations de plus en plus nombreuses bénéficient de biens ou de services aussi élémentaires que l'eau salubre, les systèmes d'assainissement, un logement convenable, l'énergie, les soins de sante, la sécurité alimentaire et la protection de la diversité biologique ».

[1] CIJ, *Affaire des Usines de pâte à papier sur le fleuve Uruguay, Argentine c. Uruguay*, arrêt du 20 avril 2010, § 205.

[2] Voir l'art. 7 du projet d'articles sur la prévention des dommages transfrontières résultant d'activités dangereuses et commentaires y relatifs, ONU, Doc. A/56/10, pp. 433-437.

[3] P. E. KENFACK et al., *Investissements fonciers, redevabilité et cadre légal: Leçons du Cameroun*, disponible sur internet à l'adresse : iied.org/land-acquisitions-rights, consulté le 28 août 2017, p. 15.

étude d'impact environnemental et social. Elle peut être sommaire ou détaillée. Selon l'article 8 (1) du Décret de 2013, *« La liste des activités soumises à l'étude d'impact environnemental et social, à l'évaluation environnementale stratégique est fixée par Arrêté du ministre en charge de l'environnement »*. Faisant écho à cette disposition, le ministre en question a pris l'arrêté n°00001/MINEPDED du 08 février 2016 fixant les catégories d'opérations dont la réalisation est soumise à une évaluation environnementale stratégique ou à une étude d'impact environnemental et social[1]. Parmi les activités énumérées, figure bel et bien l'exploitation minière qui doit faire l'objet d'une étude d'impact « détaillée »[2]. Par contre, l'exploitation artisanale des substances minérales et des carrières (dont la production journalière est supérieure à 250 tonnes) ainsi que « l'exploration des substances minières impliquant des opérations ayant des impacts physiques sur le terrain » sont soumis à l'étude d'impact environnemental sommaire[3]. Fondamentalement, l'étude d'impact environnemental sommaire se distingue de l'étude d'impact environnemental détaillée par son contenu[4].

Dans le cadre de ce chapitre, il convient de présenter la contribution significative des EIES des projets miniers à l'évitement des atteintes à la santé et à la vie (Section I). S'il ressort de ces études que les risques de l'activité projetée sont très élevés, l'administration peut rendre une décision défavorable qui emporte interdiction de la mise en œuvre du projet. En cas de laxisme ou d'erreurs de la part de cette dernière, les populations peuvent elles-mêmes contribuer au blocage du projet minier projeté. La réalisation et la mise en œuvre de l'étude d'impact sont donc doublement contrôlées : par l'administration et par le public (Section II).

Section I : La contribution de l'étude d'impact environnemental et social à l'évitement des atteintes à la santé et à la vie

59- Concentrées initialement sur la dimension strictement environnementale de l'impact des projets, les EIES ont intégré progressivement la dimension sociale. Quel que soit le terme utilisé, les EIES ont pour objet aujourd'hui, la gestion de l'ensemble des risques d'un projet pour les milieux hôtes, les risques à la fois écologiques et sociaux. L'utilisation de l'étude d'impact s'est généralisée depuis les années 1990, y compris dans la plupart des pays africains comme pour les principales institutions financières internationales.

---

[1] Cet arrêté a succédé à l'arrêté n°0070/MINEP du 22 avril 2005 fixant les catégories d'opérations dont la réalisation est soumise à une étude d'impact environnemental et social.

[2] Cf. article 4 IV F de l'arrêté du 08 février 2016 ci-dessus cité.

[3] Cf. article 5 IV F de l'arrêté du 08 février 2016 ci-dessus cité.

[4] Sur le contenu de l'étude d'impact environnemental sommaire et de l'étude d'impact environnemental détaillée, voir l'article 2 alinéas 3 et 4 de l'arrêté n°0070/MINEP du 22 avril 2005 *op. cit.*

Dans plusieurs affaires, la Cour européenne des droits de l'homme (CEDH) a eu à affirmer contribution de l'étude d'impact à l'évitement des atteintes à la santé et à la vie. Dans l'affaire *Hatton et autres contre le Royaume-Uni,* elle affirme à cet effet que « *lorsqu'il s'agit pour un Etat de traiter... des questions complexes de politique environnementale et économique, le processus décisionnel doit nécessairement comporter la réalisation d'enquêtes et d'études appropriées* »[1]. Dans l'affaire *Taskin et autres contre la Turquie*, elle déclare que les études doivent être réalisées « *de manière à prévoir et évaluer à l'avance les effets d'une activité qui peut porter atteinte à l'environnement et aux droits des individus* »[2]. Dans l'affaire *Tatar contre Roumanie*, elle déclare que les études d'impact doit « *permettre ainsi l'établissement d'un juste équilibre entre les divers intérêts concurrents en jeu* »[3].

Le champ d'application couvert par l'étude d'impact est très vaste, puisqu'il concerne l'eau, l'air, la biodiversité, les sols, les risques naturels et technologiques, la santé humaine, le patrimoine culturel, les paysages... et les interactions entre ces facteurs !

Sous l'angle procédural, l'Etat doit s'assurer que le processus décisionnel aboutissant à l'autorisation d'exploitation des ressources naturelles prend dûment en compte l'intérêt des individus à la protection de leur environnement. Pour aboutir à ce résultat, les Etats sont soumis à une série d'obligations cumulatives : une obligation d'information du public concerné et une obligation de permettre la participation du public au processus décisionnel.

L'étude d'impact environnemental et social poursuit donc des objectifs nobles : identifier les causes potentielles d'atteinte à la santé et à la vie et proposer des méthodes de correction par l'imposition des conditions supplémentaires avant le démarrage de l'exploitation minière (I). Cependant, son organisation et son fonctionnement actuels en droit camerounais présentent des limites qui méritent d'être corrigées (II).

---

[1] Voir CourEDH, 8 juillet 2003, GC, *Hatton et al. c. Royaume-Uni*, § 128, disponible à l'adresse :
https://hudoc.echr.coe.int/eng-press#{%22itemid%22:[%22003-789973-806926%22]}, consultée le 4/03/2020.

[2] CourEDH, 10 novembre 2004, *Taskin et al. c. Turquie*, Requête n° 46117/99, § 119, disponible à l'adresse :
https://hudoc.echr.coe.int/fre-press#{%22itemid%22:[%22003-1179984-1224914%22]}, consultée le 4 mars 2020 ; Obs. N. DEFFAINS, *Europe,* 01/03/2005, p. 31 ; P. TAVERNIER, *Journal du droit international (Clunet),* 01/04/2005, pp. 525-527 ; F. G. TREBULLE, « A propos de quelques développements récents des droits environnementaux de l'homme », *RDI*, 2005 p. 98.

[3] CourEDH, 27 janvier 2009, *Tătar c. Roumanie*, § 88, disponible à l'adresse : https://hudoc.echr.coe.int/fre-press#{%22itemid%22:[%22003-2614940-2848779%22]}, consultée le 4 mars 2020 ; Obs. VIAL (Cl.), « Arrêt Tătar c/ Roumanie : une décision à prendre avec précaution », *Environnement* n° 5, Mai 2009, comm. 65.

I- L'apport du contenu de l'étude d'impact à l'anticipation des atteintes à la santé et à la vie

60- L'étude d'impact environnemental est à la fois un ensemble de documents et un processus de dialogue qui a conduit à la production de ces documents. Les documents comprennent une analyse des risques environnementaux et sociaux (c'est le document d'étude d'impact environnemental à proprement parler) et un plan de gestion de l'environnement (PGE) qui propose des réponses face aux différents risques identifiés. Ces réponses peuvent relever de la prévention, de la mitigation ou de la compensation. Selon l'importance des projets, ces documents peuvent être très détaillés. Par exemple, l'étude d'impact environnemental et le PGE du projet pétrolier Tchad-Cameroun représentaient une trentaine de volumes. Que l'on intervienne dans un projet pendant la réalisation de l'EIES ou que l'on consulte les documents de l'EIES qui sont déjà réalisés, cette étude constitue un élément fondamental pour comprendre les enjeux d'un projet et pour agir sur lui.

En droit camerounais, les articles 9, 10 et 11 du décret n°2013/0171/PM du 14 février 2013 fixant les modalités de réalisation des études d'impact environnemental et social fixent les différentes rubriques qu'on doit retrouver dans une EIES. Outre ces dispositions, l'administration a développé un guide administratif[1] permettant d'éclairer les maîtres d'ouvrages sur les obligations qui sont les leurs quant au contenu de l'EIES. Les études d'impact font en général l'objet de multiples engagements du maître d'ouvrage, notamment en matière d'évitement, de réduction ou de compensation des impacts négatifs du projet.

L'article 3 (3) du décret fixant les modalités de réalisation des EIES prévoit que « *La mise en œuvre d'un projet ne peut démarrer avant l'approbation de l'étude d'impact environnemental et social y relative* »[2]. Le chapitre II du titre VI de la Loi-cadre du 5 août 1996 qui traite des sanctions pénales punit « *d'une amende de deux millions (2.000.000) à cinq millions (5.000.000) de FCFA et d'une peine d'emprisonnement de six (6) mois à deux (2) ans ou de l'une de ces deux peines seulement, toute personne ayant réalisé, sans étude d'impact, un projet nécessitant une étude d'impact ; réalisé un projet non conforme aux critères, normes et mesures énoncés pour l'étude d'impact...* »[3].

---

[1] Voir RAINBOW ENVIRONMENT CONSULT, *Guide de réalisation et d'évaluation des études d'impact environnemental au Cameroun*, octobre 2008.

[2] Cf. art. 3 alinéa 3 du décret n°2013/0171/PM du 14 février 2013 fixant les modalités de réalisation des EIES.

[3] Cf. art. 79 de la loi n° 96/12 du 05 août 1996 portant loi-cadre relative à la gestion de l'environnement.

Le Décret de 2013 sus évoqué a généralisé l'obligation[1] de réalisation d'une étude d'impact préalable à toutes les activités qui risquent d'avoir des effets nocifs importants sur l'environnement et par ricochet sur la santé et sur la vie des populations. C'est la raison pour laquelle, l'article 7 de ce texte précise que : *« Tout promoteur d'un projet, d'un établissement, d'un programme ou d'une politique est tenu de réaliser une étude d'impact environnemental et social, une notice d'impact environnemental ou une évaluation environnementale stratégique, sous peine de sanctions prévues par les lois et règlements en vigueur »*. En matière d'exploitation minière, il convient de distinguer les travaux d'exploration qui ne sont pas soumis à la réalisation préalable d'une EIES détaillée, des travaux d'exploitation qui sont conditionnés par l'octroi d'un permis reposant sur une EIES détaillée préalable. En dépit des atteintes certaines à l'environnement et à la santé que peuvent causer les travaux d'exploration, on ne comprend pas pourquoi une EIES détaillée n'est pas exigée. Dans la pratique, il arrive très souvent que des permis d'exploitation minière soient octroyés sans étude d'impact préalable. C'est ce qui s'est passé dans le cadre du projet d'exploitation du Cobalt, Nickel et Manganèse dans la localité de Nkamouna par la société Geovic Cameroon SA qui avait obtenu son permis de recherche en 1995. Sept années plus tard, la Convention minière a été signée entre l'Etat et la société Geovic (précisément le 31 juillet 2002), et le permis d'exploitation accordé le 11 avril 2003[2] sur une superficie de 1250 km^2. L'étude d'impact quant à elle n'avait été réalisée que postérieurement à l'octroi du permis d'exploitation (en mars 2007), soit quatre ans plus tard. Des exemples comme celui de Geovic Cameroon SA sont légion, qu'il s'agisse de l'exploitation des mines ou des carrières.

En fonction de la nature et de l'importance du projet, le Décret de 2013 distingue l'étude d'impact environnemental et social[3], la notice d'impact environnemental[4] et l'évaluation environnementale stratégique ou étude

---

[1] Le principe est bien l'obligation d'étude d'impact et la dispense constitue l'exception. Cette interprétation a été admise par les conclusions de M ; Pinault sous C.E., 5 février 1982, Association de défense de la qualité de la vie du Val de Loire, *AJDA*, 1982, p. 471.

[2] Voir Décret présidentiel n° 2003/077 du 11 avril 2003 portant institution d'un permis d'exploitation valable pour Cobalt, Nickel et substances connexes

[3] Aux termes de l'article 2 du décret n°2013/0171/PM du 14 février 2013 fixant les modalités de réalisation des EIES, l'étude d'impact environnemental et social désigne l'*« examen systématique visant à déterminer les effets favorables et défavorables susceptibles d'être causés par un projet sur l'environnement. Elle permet d'atténuer, d'éviter, d'éliminer ou de compenser les effets néfastes sur l'environnement »*.

[4] Aux termes de l'article 2 du décret n°2013/0171/PM du 14 février 2013 fixant les modalités de réalisation des EIES, la notice d'impact environnemental est un « *rapport établi au sujet des projets ou établissements/installations de faible envergure qui ne sont pas assujettis à une étude d'impact environnemental et social ou à un audit environnemental et social, mais qui pourraient avoir des effets non négligeables sur l'environnement* ».

d'impact environnemental stratégique[1]. Si la compréhension des autres notions est relativement aisée, il n'en est pas de même en ce qui concerne l'évaluation environnementale stratégique.

61- *L'évaluation environnementale stratégique* est un autre outil qui a été diffusé par la Banque mondiale dans les années 2000. Son application se situe en amont de la décision d'exploiter une ressource. Il s'agit d'organiser un débat informé, à l'échelle nationale, pour réaliser un choix ayant des implications à long terme. Par exemple, si le problème est de savoir comment garantir l'accès de la population d'un pays à l'énergie dans les décennies à venir, il s'agit de mettre sur la table toutes les options disponibles, à partir d'une identification des besoins actuels et futurs et des ressources du pays pour identifier les différentes options disponibles pour satisfaire ces besoins, de manière réaliste. En combinant éventuellement de l'hydroélectricité, du solaire, l'exploitation du charbon, du gaz, du pétrole etc. Il s'agit donc de peser les avantages et les inconvénients de chacune de ces options, éventuellement de les combiner à partir de la meilleure information scientifique disponible, et donc, de favoriser un choix informé au terme d'un débat citoyen, le plus large possible. La logique est donc très différente de celle de l'étude d'impact environnemental qui vise à gérer les risques à partir d'une décision d'investissement qui a déjà été prise.

C'est un outil intéressant du point de vue de la réflexion, mais qui est complexe à mettre en œuvre et pas toujours en phase avec des manières autoritaires de gouverner, ce qui explique sans doute la relative rareté de son utilisation. Quoi qu'il en soit, le rôle principal de l'EIES dans un projet est d'identifier les causes potentielles d'atteinte à la santé et à la vie (A) d'une part, et l'anticipation des atteintes par la proposition des mesures correctives d'autre part (B).

A- L'identification des causes potentielles d'atteinte à la santé et à vie

62- L'analyse préliminaire des risques est une méthode qui permet de répertorier l'ensemble des risques liés à une activité. Elle doit décrire les différents éléments pouvant affecter l'environnement et la santé des travailleurs et des populations tels que les émissions dans l'atmosphère et les odeurs ; les bruits et vibrations ; le déversement de polluants dans les eaux superficielles et souterraines (quantité et caractéristiques physico-chimiques et biologiques, modes de traitement et de gestion, localisation précise de

[1] L'évaluation environnementale stratégique ou étude d'impact environnementale stratégique pour sa part renvoie au « *processus systématique, formel et exhaustif permettant d'évaluer les effets environnementaux d'une politique, d'un plan, d'un programme ou d'un projet à composantes multiples* ». Cf. article 2 du Décret de 2013 *op. cit.*

leurs points de rejet) ; l'introduction ou l'injection de substances dans le sol ; les résidus, déchets et eaux usées produits (quantité et nature), leur mode de gestion et de traitement, la destination finale des déblais et décombres, etc.[1]

Pour mieux identifier les causes potentielles d'atteinte à la santé et à vie l'étude d'impact doit établir un état initial de référence de l'environnement (1). De même, elle doit identifier avec précision toutes les sources potentielles d'atteintes (2).

1- L'établissement d'un état initial de référence de l'environnement

63- Toutes les études d'impact doivent décrire les conditions environnementales de référence. Cette information sert de base pour évaluer les changements futurs et les besoins de remise en état du site. Cette section de l'étude d'impact comprend la délimitation d'une zone d'étude et la description des composantes des milieux biophysique, socio-économique et humain pertinentes au projet, telles qu'elles se présentent avant l'implantation du projet[2].

S'agissant de la délimitation de la zone d'étude, il convient de relever que la zone d'influence du projet doit être composée de l'ensemble des aires délimitées selon les impacts étudiés. Elle doit circonscrire l'ensemble des effets directs et indirects du projet sur les milieux biophysique et humain. Elle doit aussi inclure toutes les portions du territoire qui peuvent être touchées par le projet et ses activités connexes à l'instar des routes d'accès au site, des sites d'approvisionnement en matériaux, des lignes de transport d'énergie, etc. Ces limites doivent, dans la mesure du possible, être cartographiées dans le but de faciliter leur perception.

S'agissant ensuite de la description des composantes pertinentes de l'environnement, l'étude d'impact doit décrire l'état initial de l'environnement, c'est-à-dire l'environnement de la zone d'étude tel qu'il se présente avant la réalisation du projet. A l'aide d'une analyse documentaire[3] et des études de terrain[4], elle doit décrire de la façon la plus factuelle

[1] Voir RAINBOW ENVIRONMENT CONSULT, *Guide de réalisation et d'évaluation des études d'impact environnemental au Cameroun,* octobre 2008, p.19.

[2] *Ibid.*, p.20.

[3] La collecte des informations utiles sur le milieu récepteur doit s'appuyer sur des études antérieures menées dans la zone et les études de base disponibles auprès des institutions gouvernementales, des structures de recherche ou d'archivage, des organisations non gouvernementales ou privées, des organismes internationaux, etc.

[4] Des enquêtes, des observations de terrain ou des inventaires tant qualitatifs que quantitatifs sont requis afin de combler les lacunes de connaissances sur ces composantes pertinentes du milieu. Ces descentes de terrain nécessitent « l'intervention d'une équipe multidisciplinaire (…) [et] les méthodes utilisées devront faire appel à des techniques ou approches reconnues scientifiquement dans les domaines concernés (ex. : choix des paramètres, des méthodes d'échantillonnage, des méthodes d'analyse et des périodes d'échantillonnage, etc.) ». Voir à ce sujet en Madagascar, Ministère de l'éducation de base, *Rapport d'appui à l'enseignement*

possible, les composantes des milieux biophysique et humain susceptibles d'être impactées par la réalisation du projet. Cette description de l'état initial de l'environnement est essentielle à l'analyse environnementale, car elle permet d'avoir une connaissance adéquate des composantes du milieu d'insertion du projet.

L'établissement de l'état initial du site et de son environnement permet de mieux appréhender les modifications que le projet minier y engendrerait. En effet, « l'évaluation des incidences sur l'environnement identifie, décrit et évalue de manière appropriée, en fonction de chaque cas particulier (...), les effets directs et indirects d'un projet sur les facteurs suivants : I'homme, la faune et la flore, le sol, I'eau, l'air, le climat et le paysage, les biens matériels et le patrimoine culturel, I'interaction entre [c]es facteurs »[1]. « La description du milieu doit autant que possible exposer les relations et interactions entre les différentes composantes du milieu, de façon à permettre de délimiter les écosystèmes sensibles, à potentiel élevé ou présentant un intérêt particulier »[2] pour la nature ou pour l'être humain.

L'être humain et les considérations sanitaires sont assez présents dans la Déclaration de principes non juridiquement contraignants mais faisant autorité, pour un consensus mondial sur la gestion, la conservation et l'exploitation écologiquement viable de tous les types de forêts du 14 juin 1992. L'étude d'impact doit décrire de manière exhaustive les produits forestiers appelés à disparaître ou à diminuer du fait de l'exploitation minière, et qui étaient très utiles à l'homme tels que le bois, l'eau et les plantes médicinales[3]. Outre le défrichement et la recherche du bois de

de base (PAEB). Cadre de gestion environnentale et sociale, disponible à l'adresse : http://documents.worldbank.org/curated/en/770671510069402690/pdf/SFG3790-EA-FRENCH-P160442-Box405309B-PUBLIC-Disclosed-11-7-2017.pdf, consulté le 4 mars 2020, p. 60.

[1] À titre de droit cmparé, voir en France, le Projet de loi adopté par le Sénat, portant engagement national pour l'environnement (1965), http://www.assemblee-nationale.fr/13/pdf/amendements_commissions/cloi/1965-01.pdf, consulté le 4/03/2020. Au niveau européen, Cf. art. 3 de la Directive n° 85/337/CEE du 27/06/85 concernant l'évaluation des incidences de certains projets publics et privés sur l'environnement, abrogée par l'article 14 de la Directive n° 2011/92/UE du Parlement Européen et du Conseil du 13 décembre 2011, JOUE n° L 26 du 28 janvier 2012.

[2] Voir E. M. YOUANDEU DJIEUGOUE, *Projet structurant et impacts environnementaux et sociaux. Cas du projet d'énergie de Kribi/ Centrale à gaz de 216MW et ligne de transport de 225Kv*, Mémoire de Master II professionnel en gouvernance et développement économique, option analyse et évaluation des projets, 2011, disponible sur le site : https://www.memoireonline.com/11/13/7855/m_Projet-structurant-et-impacts-environnementaux-et-sociaux-Cas-du-projet-d-energie-de-Kribi-Centra19.html, consulté le 4 mars 2020.

[3] Voir Principe 2b de la Déclaration de principes non juridiquement contraignants mais faisant autorité, pour un consensus mondial sur la gestion, la conservation et l'exploitation écologiquement viable de tous les types de forêts.

chauffe par les employés de la mine, le prélèvement du bois pour le soutènement des puits détruit également les espèces les plus recherchées.

La conservation de la diversité biologique peut donc être justifiée par son utilité pour l'homme, notamment parce qu'elle est un réservoir de médicaments potentiels[1]. A la réflexion et même à l'expérience, les apports des espèces vivantes, notamment de la flore, sources de médication, ne sont pas encore entièrement explorés. Il en est de même, au moins indirectement, des écosystèmes qui permettent à ces espèces de survivre[2]. « La collecte de toutes les informations utiles sur le milieu récepteur doit s'appuyer sur les études antérieures menées dans la zone et les études de base disponibles auprès des institutions gouvernementales, des structures de recherche ou d'archivage, des organisations non gouvernementales ou privées, des organismes internationaux, etc. Des enquêtes, des observations de terrain ou des inventaires tant qualitatifs que quantitatifs sont requis afin de combler les lacunes des connaissances sur ces composantes pertinentes du milieu »[3].

Les analyses de terrain nécessitent l'intervention d'une équipe multidisciplinaire et les méthodes utilisées doivent faire appel à des techniques ou approches reconnues scientifiquement dans les domaines concernés (ex. : choix des paramètres, des méthodes d'échantillonnage, des méthodes d'analyse et des périodes d'échantillonnage, etc.). Compte tenu du fait que chacune des méthodes connait des limites, le choix des méthodes peut être sujet à caution. C'est la raison pour laquelle le maître d'ouvrage doit exposer le choix et les limites de la méthode retenue.

2- L'identification des sources d'atteintes

64- Le mot « environnement » étant une notion générique et englobante[4] qui intègre dans son contenu, l'eau, l'air, la faune, la flore, le sol, le sous-sol,

---

[1] C. CANS, « Les mutations du droit de l'environnement sous l'effet des préoccupations sanitaires », précité, p. 188.

[2] A. KISS, « Développement durable et santé », *in* Ph. BILLET et al. (dir.), *op. cit.*, p. 33.

[3] Voir E. M. YOUANDEU DJIEUGOUE, *Projet structurant et impacts environnementaux et sociaux. Cas du projet d'énergie de Kribi/ Centrale à gaz de 216MW et ligne de transport de 225Kv*, Mémoire précité.

[4] L'ambiguïté du terme *environnement* vient du fait qu'il désigne à la fois une réalité physique et son contexte social. *Les écologistes* retiennent la première définition, plus étroite, mais parlent alors d'« écosystème », pour désigner l'ensemble formé par l'association d'une communauté biologique (biocénose) et du milieu physique dans lequel et grâce auquel elle vit (biotope). Les sociologues, les urbanistes, les architectes parlent à l'inverse de *l'environnement* pour désigner beaucoup plus largement le cadre de vie de l'homme, en pensant alors non plus seulement aux relations qu'il entretient avec la nature, mais à son univers social. On parlera ainsi d'environnement urbain, mais aussi de « milieu » de travail, de loisirs, etc. *Le juriste* enfin, empirique, s'appuie tour à tour sur l'une et l'autre acception du terme. Il n'y a pas en effet de définition juridique de l'environnement, les délégations ayant renoncé à y parvenir lors de l'élaboration de la Déclaration de Stockholm sur

l'atmosphère etc.[1], les risques pour la santé et la vie dans les mines et les carrières peuvent émaner de plusieurs sources de *nuisance* ou de *pollution*[2]. Les sources d'atteintes à la santé et à la vie dans les opérations minières sont nombreuses et variées. Les plus importantes sont les sources mobiles, les sources fixes, les sources fugitives, les bruits et vibrations[3].

65- *Les sources mobiles* « incluent les véhicules lourds utilisés dans les opérations d'excavation, les pelleteuses, les voitures de transport du personnel sur le site minier et les camions de transport les matériels miniers »[4]. Les dispositifs liés au transport du minerai tels que les véhicules,

---

l'environnement (1972). Voir L. B. SOHN, « The Stockholm Declaration on the Human Environment », *Harvard International Law Journal,* vol. 14, pp. 423 ss.; A.-Ch. KISS et J.-D. SICAULT, « La Conférence des Nations Unies sur l'environnement », *AFDI,* 1972, pp. 603-608. Dans un document du PNUE, intitulé « Santé de l'homme et hygiène du milieu », Rapport n° 2 du Directeur exécutif 1977 (janvier 1978), on peut lire la définition suivante *de l'environnement* (p. 71): « L'environnement est constitué des éléments du milieu où vit l'homme, qui exercent une action sur lui ou subissent les effets de ses activités ». Dans la présente étude, on prendra pour origine référentielle *la définition écologique, car les dégradations de l'environnement qui portent atteinte à la santé humaine sont d'abord celles qui affectent son écosystème naturel.* Dans le même sens, Voir P.-M. DUPUY, « Le droit à la santé et la protection de l'environnement »,in *Colloque de l'Académie de droit international de la Haye sur « Le droit à la santé en tant que droit de l'homme »*, La Haye, 27-29 juin 1978, Leyde, A.W Sijthoff et Noordhoff, 1979, p. 347.

[1] La Convention de Lugano pose clairement que l'environnement comprend « *les ressources naturelles abiotiques et biotiques telles que l'eau, l'air, le sol, la flore, la faune et l'interaction entre ces mêmes facteurs ; les biens qui composent l'héritage culturel, et les aspects caractéristiques du paysage* ». Voir l'artcile 2 (10) de la Convention de Lugano de 1993 sur la responsabilité civile des dommages résultant d'activités dangereuses pour l'environnement. La définition la plus élaborée est donnée par la CIJ dans un avis du 8 juillet 1996. Elle affirme en effet que « *l'environnement n'est pas une abstraction, mais bien l'espace où vivent les êtres humains et dont dépendent la qualité de leur vie et leur santé, y compris pour des générations à venir* ». Voir CIJ, *Avis consultatif sur la licéité de la menace ou de l'emploi d'armes nucléaires*, 8 juillet 1996, § 29, p. 241, disponible à l'adresse : https://www.icj-cij.org/files/case-related/95/095-19960708-ADV-01-00-FR.pdf, consultée le 4 mars 2020. V. aussi CIJ, arrêt du 25 septembre 1997, affaire relative au projet Gabcikovo-Nagymaros (Hongrie c/ Slovaquie), § 53. Cette définition est reprise *mutatis mutandis* par le G 8 dans le cadre du Plan d'action adopté à Evian le 2 juin 2003 et portant sur la science au service du développement durable, Documents d'actualité internationale, n° 15, août 2003, pp. 597-598.

[2] Sur la distinction entre nuisance et pollution, Voir F. CABALLERO, *Essai sur la notion juridique de nuisance*, LGDJ, Paris, 1981, p. 6. Voir également A. MEYNIER, *Réflexions sur les concepts en droit de l'environnement*, Thèse, Université Jean Moulin Lyon 3, 2017, p. 270 et s.

[3] Sur la catégorisation de ces différentes sources, Voir CHAIRE EN ECO-CONSEIL, *L'industrie minière et le développement durable*, document de travail, Université du Québec à Chicoutimi, 2012, p. 9 et s.

[4] CORPORATION DE PROTECTION DE L'ENVIRONNEMENT DE SEPT-ÎLES, *Mémoire dans le cadre de la Commission de l'agriculture, des pêcheries, de l'énergie et des ressources naturelles. Consultation particulière et audition publique sur le projet de loi n° 43,*

les bulldozers, les engins de traction… utilisent généralement du diesel. Tout déplacement d'engin est donc une source de danger pour les travailleurs miniers et de pollution pour ces travailleurs miniers et les populations avoisinantes.

En effet, « les sources mobiles sont une source importante de particules, de monoxyde de carbone et des composés organiques volatils qui contribuent à la formation d'ozone troposphérique dans des conditions propices (chaleur, ensoleillement et absence de vent) »[1]. Le niveau d'émissions de polluants provenant de ces sources dépend du carburant et de l'état de fonctionnement des moteurs. Bien que les émissions individuelles puissent être relativement faibles, ces émissions peuvent collectivement constituer de réelles préoccupations sanitaires et environnementales. Il y a également des risques d'usure des machines, des véhicules et des engins et donc de défaillances pouvant avoir des conséquences dramatiques sur la santé et sur la vie. Les sources d'usure peuvent provenir de la corrosion ou de toute autre réaction chimique ainsi que de différents chocs sur le matériel.

66- *Les sources fixes* quant à elles concernent les installations fixes de production électrique, des opérations de séchage, de grillage et de fusion. De nombreux producteurs de métaux précieux fondent le métal sur place avant de l'expédier vers les raffineries hors site. En général, l'or et l'argent sont produits dans les fours de fusion qui peuvent produire des niveaux élevés de mercure dans l'air, d'arsenic, de dioxyde de soufre et d'autres métaux.

67- *Les sources fugitives* ou « émissions fugitives » sont définies par l'Agence de Protection Environnementale (EPA) des États-Unis comme « *ces émissions qui ne pourraient pas raisonnablement passer par une tuyauterie, une cheminée, un orifice ou d'autres ouvertures à fonction équivalente* »[2]. « Les sources courantes d'émissions fugitives comprennent : le stockage et la manutention de matériaux; le traitement de mine ; la poussière fugitive, l'abattage, les activités de construction et les galeries associées aux activités minières; les coussins de lixiviation, les tas de résidus de minerais, les bassins de décantations et les tas de déchets rocheux. Les sources et les caractéristiques des émissions de poussières fugitives dans les

---

Loi sur les mines, 2013, p.9, disponible à l'adresse : http://ville.sept-iles.qc.ca/CLIENTS/1-villesi/docs/upload/sys_docs/MemoirePL43_%20CPESI.pdf, consultée le 4 mars 2020.

[1] CORPORATION DE PROTECTION DE L'ENVIRONNEMENT DE SEPT-ÎLES, *Mémoire* précité, p. 10 ; CHAIRE EN ECO-CONSEIL, *L'industrie minière et le développement durable*, document de travail, Université du Québec à Chicoutimi, 2012, p. 10, disponible à l'adresse : https://archives.bape.gouv.qc.ca/sections/mandats/mine_apatite_sept-iles/documents/DC3.pdf, consultée le 3 mars 2020, p. 9.

[2] Voir CHAIRE EN ECO-CONSEIL, *L'industrie minière et le développement durable*, *op. cit.*, p. 10, CORPORATION DE PROTECTION DE L'ENVIRONNEMENT DE SEPT-ÎLES, *Mémoire* précité, p. 10.

opérations minières varient dans chaque cas. Il en est de même pour leurs impacts. Ces impacts sont difficiles à prévoir et à calculer, ce qui rend plus difficile leur prise en compte par l'étude d'impact, alors même qu'ils constituent une source importante de polluants atmosphériques »[1].

Toutes ces sources de pollution ont des conséquences significatives sur la santé des travailleurs et des populations riveraines telles que la multiplication des maladies graves, irréversibles ou incapacitantes telles que les maladies respiratoires causées par la présence des poussières cancérigènes dans l'air (tuberculose, asthme, bronchite chronique…), les avortements spontanés, les malformations congénitales, les décès de nouveau-nés, les maladies cutanées et les démangeaisons, les concentrations dangereuses d'arsenic, de zinc, de cuivre et de mercure dans le sang…

68- La pollution par *les bruits et vibrations,* « associé à l'exploitation minière peut inclure les bruits en provenance des moteurs de véhicules, le chargement et le déchargement de roches dans des tombereaux en acier, les toboggans, la production électrique, et d'autres sources. Les impacts cumulatifs des pelles mécaniques, du recarrage, du forage, de l'abattage par explosion, du transport, du concassage, du broyage et du stockage en grandes quantités peuvent affecter de manière significative la faune et les proches résidents »[2] tels que les travailleurs du secteur minier.

Deux études menées au Canada révèlent que « Les vibrations sont associées à de nombreux types d'équipements utilisés dans l'exploitation minière, mais l'abattage par explosion est considéré comme la source la plus importante. Les vibrations affectent la stabilité des infrastructures, voire la destruction des bâtiments et des maisons des personnes vivant à proximité des opérations des grandes mines à ciel ouvert »[3].

Les bruits et vibrations occasionnent également le déplacement de villages locaux en raison de l'étendue de la superficie des zones minières.

Une fois l'état initial de référence de l'environnement établi et les sources d'atteintes identifiées avec précision par l'étude d'impact, la conciliation ou la recherche d'un équilibre entre les différents intérêts divergents voudrait que l'étude d'impact anticipe sur les atteintes par la proposition des mesures correctives ou des mesures en vue de la mitigation de ces atteintes.

B- L'anticipation des atteintes par la proposition des mesures correctives ou de mitigation

69- Pour l'évitement des dommages à l'environnement, à la santé et à la vie, il est nécessaire que le droit prenne en compte les retours d'expérience.

---

[1] *Ibid.*

[2] *Ibidem.*

[3] *Ibidem.*

En effet, l'anticipation des atteintes peut reposer sur des situations qui se sont déjà produites antérieurement dans l'exploitation minière. Ces retours d'expérience peuvent valablement être prises en compte par l'étude d'impact et transposées aux exploitations minières actuelles ou à venir. Cela n'est rien d'autre que la mise en œuvre du principe de prévention. Par contre, lorsqu'il s'agit des situations qui n'ont pas encore vu le jour, c'est le principe de précaution qui permettra d'avoir des spéculations sur les risques potentiels[1]. Ainsi, en plus de régler les situations et les activités actuelles, le droit doit également essayer de poser des règles pour les situations futures. Car comme l'affirme un auteur, outre la gestion du présent, le droit doit également régler l'avenir[2].

C'est en effet ce que l'on doit retrouver dans le contenu d'une étude d'impact environnemental et social. Celle-ci doit, dans la mesure du possible, anticiper sur les atteintes par la proposition des mesures d'atténuation ou de mitigation des impacts négatifs (1). De l'autre côté, elle doit également proposer des mesures de bonification des impacts positifs (2).

1- La proposition des mesures d'atténuation des impacts négatifs

70- L'un des leviers sur lesquels il faut agir pour éviter les atteintes liées à l'exploitation minière consiste à influencer le processus extractif pour qu'il ait le moins d'impacts négatifs possibles. Selon les Principes directeurs de l'ONU relatifs aux entreprises et aux droits de l'homme, une incidence potentielle ou un risque pour les droits de l'homme requiert de prendre des mesures pour éviter qu'elle ne se concrétise ou, à tout le moins, d'atténuer (réduire) autant que possible son étendue[3].

La proposition des mesures d'atténuation des atteintes à la santé et à la vie peut consister en la proposition des mesures de compensation *ex-ante*. En effet, la compensation peut être envisagée avant même la survenance du dommage. Dans ce cas, elle prend le nom de compensation par anticipation[4]. La compensation *ex-ante* vise à réparer les effets prévisibles du projet proposé. Elle est alors prévue en amont de la réalisation du projet pour que les mesures puissent être mises en œuvre en parallèle de sa réalisation. Dans

---

[1] Sur la nécessité de l'adaptation du droit aux défis actuels de protection de l'environnement, Voir T. EVANS, « International Environmental Law and the Challenge of Globalization », *in* T. JEWELL & J. STEELE (dir.), *Law in Environmental Decision Making*, Oxford, Clarendon, 1998, pp. 207-227.

[2] L. ESTRELA BORGES, *Les obligations de prévention dans le droit..., op. cit.*, p. 30.

[3] Voir les principes 17-21 des Principes directeurs portant sur la diligence raisonnable en matière de droits de l'homme.

[4] C. OLIVEIRA, A. POMADE et B. STEINMETZ, « La réparation de l'atteinte au milieu naturel », *in* K. MARTIN-CHENUTet R. QUENAUDON (dir.), *La RSE saisie par le droit. Perspectives interne et international*; Editions A. Pedone, Paris, 2016, p. 392.

ce cas, la qualité des mesures compensatoires proposées conditionne l'autorisation du projet minier par l'administration.

71- Contrairement à la compensation ex-ante, la compensation *ex-post fact* quant à elle est mise en œuvre à titre de réparation. Ainsi, un dispositif de suivi de l'exécution et d'évaluation des résultats du projet minier doit être mis en place, permettant la révision périodique des objectifs afin de progresser régulièrement dans l'amélioration de la santé des populations, en harmonie avec leur environnement. Par exemple, pour limiter la diffusion de la poussière chargée en amiante naturel lors du concassage du minerai, l'entreprise canadienne MCM a installé à Akjoujt en Mauritanie, une bulle anti-poussière.

En droit minier camerounais, les sociétés minières doivent fournir un plan de gestion de l'environnement préalablement à toute exploitation, ainsi qu'un règlement relatif à la sécurité et à l'hygiène pour les travaux envisagés. Le plan de gestion environnemental (PGE) est un outil pratique qui décrit les actions requises pour réduire les effets environnementaux avant, pendant et après la mise en œuvre d'un projet. Le plan peut fournir des précisions concernant la mise en œuvre des mesures d'atténuation proposées dans l'évaluation environnementale, par exemple préciser qui est responsable de sa mise en œuvre, où les mesures doivent être appliquées et selon quel échéancier.

Le but de l'EIES est non seulement d'identifier les principaux risques et de proposer des mesures d'atténuation pour les minimiser, mais aussi et surtout d'optimiser les effets bénéfiques.

2- La proposition des mesures de bonification des impacts positifs

72- Très souvent, seuls les aspects négatifs et les risques d'un projet sont présentés, tandis que les impacts positifs sont écartés ou minimisés. L'étude d'impact ne doit pas seulement proposer des mesures d'atténuation des impacts négatifs d'un projet. Elle doit également encourager ou bonifier les bonnes pratiques qui contribuent à la préservation de la santé et de la vie des travailleurs du secteur minier et des populations. A ce sujet, le Rapport du Sommet mondial pour le développement durable tenu à Johannesburg en 2002, dont le paragraphe 46 est consacré aux industries extractives, propose d'« *examiner l'impact, négatif aussi bien que positif, des activités extractives et de l'exploitation des minerais et des métaux, pendant toute la durée de l'exploitation des mines, sur l'environnement, l'économie, la santé et la société...* »[1].

---

[1] Voir le Rapport du Sommet mondial pour le développement durable tenu à Johannesburg (Afrique du Sud), du 26 août au 4 septembre 2002, disponible à l'adresse Internet

L'impact positif du projet minier que l'on appelle encore « additionnalité écologique », est également prévu par le Protocole de Kyoto dans le cadre du Mécanisme de Développement Propre (MDP). Selon les articles 12.5 (b) et 12.5 (c) de ce texte, pour être éligible aux mécanismes de flexibilité, un projet doit apporter des « *bénéfices réels, mesurables et à long terme concernant l'atténuation du changement climatique, et qui sont additionnels à ceux qui seraient réalisés en l'absence de projet* ». Au regard de cette définition, l'additionnalité peut être définie comme l'ensemble des facteurs qui s'opposent à la mise en place de projets séquestrant le carbone. En d'autres termes, un projet du MDP doit démontrer qu'il génère une baisse des émissions de gaz à effet de serre par rapport à celles qui auraient de toute façon eu lieu sans projet[1]. Quoi qu'il en soit, l'additionnalité écologique vise à vérifier que le projet engendre un gain écologique au moins équivalent aux pertes réalisées. L'additionnalité écologique du projet doit être distingué des deux notions voisines que sont l'additionnalité projet (ou additionnalité programme) et l'additionnalité financière[2].

En droit français, l'additionnalité écologique est prévue par la loi française du 8 août 2016, dite loi pour la reconquête de la biodiversité, de la nature et des paysages[3]. Les études d'impact des projets réalisés au Cameroun gagneraient à s'inspirer de ces textes, en encourageant les bonnes pratiques qui contribuent à la préservation de la santé et de la vie des travailleurs du secteur minier et des populations.

73- Au terme de ce paragraphe, on constate que grâce aux études d'impact fiables, les atteintes aux droits fondamentaux que sont le droit à la santé et le droit à la vie, peuvent être empêchées ou limitées par une intervention à la source des nuisances, ou leurs dommages en amont compensés. Mais la question s'est souvent posée de savoir quel comportement l'autorité publique doit adopter lorsque de telles études font défaut ou lorsqu'elles ont été mal réalisées ? Ainsi se trouve posée la question de la contribution des études d'impact à l'évitement des atteintes à la santé et à la vie, pour autant que leurs contenus permettent de réellement appréhender toutes les incidences de l'exploitation et surtout qu'elles permettent des contrôles.

---

https://www.francophonie.org/IMG/pdf/Johannesburg.pdf, consulté le 28 mars 2019, n° 46 (a), p. 20.

[1] Voir G. MILLE et D. LOUPPE (dir.), *Mémento du forestier tropical*, éd. Quae, 2015, p. 124.

[2] *Ibid.*, p. 125.

[3] Voir JORF n°0184 du 9 août 2016.

II- Les limites à l'anticipation des atteintes

74- A l'observation, la gouvernance minière dans plusieurs pays, notamment africains, semble faire l'impasse sur le respect de l'environnement et par ricochet sur la protection de la santé et de la vie des populations. En effet, la quête effrénée de la croissance économique pourrait empêcher une application appropriée des règles sociales et environnementales par les ministères ou les fonctionnaires chargés de les faire respecter, du fait de leur peur d'être accusés d'entraver l'avancement d'importants projets de développement. Comme on peut le noter, la protection de l'environnement, de la santé et de la vie des populations peut sembler ne pas être une priorité pour l'État.

Au Cameroun, on relève sur le terrain, plusieurs insuffisances dans la réalisation des études d'impact. L'arsenal juridique régissant l'évaluation et la gestion environnementale des projets miniers au Cameroun est limité par un ensemble de contraintes à sa mise en œuvre. Certaines sont d'ordre textuel (A) tandis que d'autres sont d'ordre technique (B).

A- Les limites textuelles à l'existence et à la réalisation des études d'impact

75- Comme limites textuelles au niveau national, on a l'incohérence entre les différents textes et politiques sectoriels (1), en particulier dans le secteur des forêts et des mines, l'insuffisance des textes d'application, ainsi que l'impossibilité pour l'étude d'impact de bloquer le démarrage de l'activité minière (2). De même, il convient d'évoquer certaines insuffisances juridiques tels que l'absence d'étude d'impact détaillée pour certaines activités extractives, notamment à la phase d'exploration et pour l'exploitation minière artisanale ou des carrières artisanales (3).

1- Les incohérences entre les différents textes et politiques sectoriels

76- La réalisation des études d'impact au Cameroun est encadrée par le ministère de l'Environnement, de la Protection de la nature et du Développement Durable (MINEPDED). Selon l'article 20 de la loi-cadre relative à la gestion de l'environnement, « *Toute étude d'impact donne lieu à une décision motivée de l'Administration compétente, après avis préalable du Comité Interministériel prévu par la présente loi, sous peine de nullité absolue de cette décision* »[1]. Ce Comité Interministériel de l'Environnement (CIE) rassemble entre 17 et 20 représentants ministériels (forêts, mines,

---

[1] Cf. art. 20 de la loi n° 96/12 du 5 août 1996 portant loi-cadre relative à la gestion de l'environnement.

environnement, économie, géologie, etc.)[1]. Selon l'article 24 du Décret n° 2013/0171/PM du 14 février 2013 fixant les modalités de réalisation des études d'impact environnemental et social, c'est l'Administration en charge de l'environnement qui est compétente pour transmettre au Comité Interministériel de l'Environnement, les dossiers jugés recevables.

Dans la pratique, les représentants des différents ministères ont chacun tendance à défendre leur propre politique sectorielle. En effet, relativement à l'objet de l'étude d'impact, chaque ministère revendique le droit de valider lui-même les projets relevant de sa propre compétence (par exemple, ministère de la santé pour les hôpitaux, ministère des mines pour les projets miniers...), à la rigueur après l'avoir soumis à un comité interministériel unique et commun à tous les ministères.

77- En dehors des notices d'impact environnemental qui sont validées au niveau communal (après avis du délégué départemental du MINEPDED)[2], le fait que le service de validation des études d'impact environnemental et social soit centralisé au niveau de Yaoundé est une sérieuse lacune qui n'est pas toujours de nature à faciliter la tâche des exploitants dont les projets seraient situés dans l'arrière-pays. Qui plus est, le coût actuel d'approbation des études d'impact semble trop élevé, au regard de la somme qui doit être déposée par l'exploitant[3], en même temps que le dossier pour être évalué par le ministère.

Il apparaît en outre « indispensable de renforcer les capacités de pilotage de l'Etat sur les différents domaines techniques nécessaires à la prise de décision et à l'instauration d'un équilibre d'information sur les ressources objets de concession »[4]. À cet effet, l'« Etat peut faire appel à des experts internationaux pour le conseiller »[5], et à ce titre, un de ces aspects peut être

---

[1] Voir art. 3 alinéa 2 du décret n° 2001-718-PM du 03 septembre 2001 portant organisation et fonctionnement du Comité Interministériel de l'Environnement.

[2] Cf. art. 19 alinéa 1 du décret n° 2013/0171/PM du 14 février 2013 fixant les modalités de réalisation des études d'impact environnemental et social.

[3] Les coûts applicables sont actuellement d'un million cinq cents mille (1 500 000) de francs CFA pour les Termes De Référence (TDR) des études d'impact environnemental et social sommaires et de deux millions (2 000 000) de francs CFA pour les Termes De Référence (TDR) des études d'impact environnemental et social détaillée ou d'une évaluation environnementale stratégique ; de trois millions (3 000 000) de francs CFA pour une étude d'impact environnemental et social sommaire ; et de cinq millions (5 000 000) de francs CFA pour une étude d'impact environnemental et social détaillée ou une évaluation environnementale stratégique. Cf. art. 17 alinéa 1 du Décret n°2013/0171/PM du 14 février 2013 fixant les modalités de réalisation des études d'impact environnemental et social.

[4] COMITE INTERMINISTERIEL POUR LA COOPERATION INTERNATIONAL ET LE DEVELOPPEMENT (CICID), *Ressources minérales et développement en Afrique. Document d'orientation stratégique*, mai 2008, p. 11, https://www.diplomatie.gouv.fr/IMG/pdf/ressources_minerales_DOS_fr2010.pdf, consultée le 4 mars 2020.

[5] *Ibid.*

le renforcement du contrôle de la réalisation des études avec une garantie de leur pertinence. Mais pour ce faire, il n'en demeure pas moins qu'il doit disposer des moyens de ses compétences en maîtrisant l'information géologique, minière, foncière et environnementale, afin d'être en mesure de contrôler de façon pertinente le contenu des études d'impact.

2- L'impossibilité pour l'étude d'impact de remettre en cause le démarrage du projet minier

78- Dans les faits, il semble exister deux régimes de consentement libre, préalable et éclairé (CLPE), l'un fondé sur l'exigence de la consultation (défendue par les États, les entreprises extractives et les institutions financières) et l'autre fondé sur la nécessité d'un consentement (défendue par les populations, les peuples autochtones et les organisations de la société civile)[1].

Alors que l'*Examen des industries extractives* par la Banque mondiale avait reconnu en 2003 l'importance du droit au *consentement* des populations comme devant fonder la décision d'aller de l'avant avec un projet minier, la politique officielle qui s'en est suivie en 2005 évoquait plutôt un droit à la consultation préalable, libre et éclairée[2]. Ce glissement sémantique, survenu à la suite des pressions de l'industrie et des gouvernements, n'est pas sans conséquence. En effet, une obligation de consulter n'oblige pas nécessairement que la décision d'une communauté soit respectée. Il y a là une dilution importante du droit au consentement, qui tend à être reproduite dans les discours et les pratiques dominantes[3]. Selon le Rapport du Comité tripartite de l'OIT chargé d'examiner la réclamation alléguant l'inexécution par l'Equateur de la Convention n° 169, le critère pour apprécier le respect de la Convention n° 169 n'est pas l'obtention d'un accord en soi, mais le fait que les communautés consultées aient effectivement pu participer à la prise de décision (y compris une participation dans l'élaboration des études d'impacts ou la possibilité de présenter des propositions alternatives). Ainsi, une « simple réunion d'information n'est pas conforme aux dispositions de la convention » qui

---

[1] D. SZABLOWSKI, « Re-empaquetando el CLPI: las conexiones globales y el debate sobre el consentimiento indígena para la extracción industrial de recursos », *Antropol gica*, vol. 28, 2010, pp. 217-238.

[2] Catholic Agency for Overseas Development (CAFOD), *Unearth Justice. Counting the Cost of*
Gold, London, 2006, p. 29.

[3] Voir Fondation Lelio et Lisli Basso, Requête formelle au Tribunal Permanent des Peuples, intitulée : *Pour instaurer au Canada une session du Tribunal permanent des peuples sur l'industrie minière canadienne*, Session canadienne, Rome, Italie, avril 2014, p. 20.

exige « un véritable dialogue fondé sur la communication, la compréhension, le respect mutuel, la bonne foi et le désir sincère de parvenir à un accord »[1].

79- Bien que les termes de l'article 3 (3) du Décret de 2013 fixant les modalités de réalisation des études d'impact environnemental et social soient sans équivoques, à savoir que « *La mise en œuvre d'un projet ne peut démarrer avant l'approbation de l'étude d'impact environnemental et social y relative* », il est arrivé pour certains gros projets que l'exploration ait lieu alors même que l'étude d'impact est en cours de rédaction, ou que l'étude d'impact soit réalisée même après le démarrage des travaux d'exploitation. Dans de telles hypothèses, on aurait pu imaginer que l'absence d'étude d'impact soit considérée comme une illégalité formelle telle qu'elle entrainerait sinon l'annulation de l'autorisation, en tout cas la suspension des travaux en cours. Tel n'est pourtant pas le cas, contrairement à ce qu'a pu en décider le Conseil d'Etat français dans l'*affaire de la société des ciments français* à propos de l'absence d'EIES jointe à la demande d'autorisation[2].

80- Au Cameroun, le Décret n°2013/0171/PM du 14 février 2013 fixant les modalités de réalisation des études d'impact environnemental et social est moins exigeant en ce qui concerne la notice d'impact environnemental qui peut être réalisée au cours du fonctionnement du projet, établissement ou installation[3]. De fait, l'étude d'impact apparait généralement comme étant en contradiction avec l'intérêt immédiat du gouvernement, à savoir l'essor économique. Elle semble plutôt parfois soulever des questions sur le long terme, en ouvrant la voie à un débat sur le développement durable et le droit des générations futures. Aujourd'hui, le constat qui se dégage est celui selon lequel, la mine a pris le pas sur l'environnement et les préoccupations sanitaires. Pourtant, si les projets miniers contribuent de manière indéniable à l'industrialisation du Cameroun et génèrent des revenus importants, leur exploitation doit être planifiée en tenant compte des pertes environnementales potentielles et sociales, et exécutée d'une manière coordonnée, afin d'éviter les conflits liés à l'utilisation des ressources naturelles qui pourraient compromettre gravement leur réussite[4].

---

[1] Cf. *Rapport du Comité tripartite chargé d'examiner la réclamation alléguant l'inexécution par l'Equateur de la Convention n° 169 de l'OIT,* présentée en vertu de l'article 24 de la Constitution de l'OIT par la Confédération équatorienne des syndicats libres (CEOSL), au nom du peuple Shuar.

[2] V. CE, 23 novembre 1984, Société des ciments français, Rec., p. 390. ; *AJDA*, 1985, p. 164.

[3] Cf. art. 5 du Décret n°2013/0171/PM du 14 février 2013 fixant les modalités de réalisation des études d'impact environnemental et social

[4] B. SCHWARTZ, D. HOYLE et S. NGUIFFO, *Tendances émergentes dans les conflits liés à l'utilisation des terres au Cameroun. Chevauchements des permis des ressources naturelles et menaces sur les aires protégées et les investissements directs étrangers*, Rapport WWF en collaboration avec le CED et RELUFA, 2012, p. 4.

3- L'imprécision sur le champ d'application de l'étude d'impact

81- En droit positif camerounais, il convient de relever pour le déplorer, l'incertitude sur le champ d'application de l'étude d'impact relativement à certaines activités minières. Alors que l'article 5-IV-F de l'arrêté n°00001/MINEPDED du 08 février 2016 fixant les catégories d'opérations dont la réalisation est soumise à une évaluation environnementale stratégique ou à une étude d'impact environnemental et social[1], soumet « *l'exploitation semi-industrielle de substances minérales et de carrières (production supérieure à 250 tonnes par jour)* » ainsi que « *l'exploration des substances minières impliquant des opérations ayant des impacts physiques sur le terrain » à la réalisation préalable d'une « étude d'impact environnemental sommaire* », le Code minier de 2016 semble plutôt les exclure totalement de la réalisation d'une quelconque étude d'impact.

En effet, le Code minier de 2016 dispose clairement qu'« *à l'exception de l'autorisation d'exploitation artisanale, du permis de recherche et de l'autorisation d'exploitation des carrières artisanales à des fins domestiques, l'octroi des titres miniers, des autorisations et permis d'exploitation des carrières est subordonné à la conduite préalable d'une étude d'impact environnemental et social, à la production d'une étude des dangers et des risques et à la fourniture d'un plan de gestion environnemental dans les conditions prévues par la législation et la réglementation en vigueur en matière de protection et de gestion durable de l'environnement* »[2].

On aurait pu s'attendre à ce que le Code minier excluat l'exploitation artisanale de substances minérales et de carrières de « l'étude d'impact détaillée » seulement, mais le Code minier semble plutôt les exclure de toute étude d'impact, ce qui serait une aberration. Cette exclusion du législateur serait-elle due à l'envergure peu considérable de ces projets ? Fort heureusement, on pourrait faire appel aux dispositions de l'article 135 (1) du Code minier pour régler cette apparente contradiction. Selon ce texte, outre les dispositions du Code minier, « *toute activité minière et des carrières entreprises doit respecter la législation et la réglementation en vigueur en matière de protection et de gestion de l'environnement* ». Ce qui permet d'invoquer les dispositions de l'arrêté n°00001/MINEPDED du 08 février 2016 sus évoqué. Sur ce fondement, l'administration doit donc demander à l'exploitant minier artisanal ou à l'exploitant des carrières artisanales d'apporter des garanties et de s'engager avant le démarrage des travaux, à

---

[1] Cet arrêté a succédé à l'arrêté n° 0070/MINEP du 22 avril 2005 fixant les catégories d'opérations dont la réalisation est soumise à une étude d'impact environnemental et social (article 3-IV-D).

[2] Cf. article 135 alinéa 2 de la loi n° 2016/17 du 14 déc. 2016 portant Code minier.

préserver l'environnement et la santé des populations, notamment en produisant une étude d'impact environnemental sommaire.

En réalité, entre l'industrie extractive artisanale et l'industrie extractive industrielle, il y a moins une différence de quantité que de nature. En effet, elles ont toutes les deux des effets impactant et on comprend mal, si ce n'est pour des raisons économiques, qu'on exige d'un petit artisan qu'il ait une étude d'impact moins détaillée. Quoi qu'il en soit, les effets environnementaux sont les mêmes et parfois même, une petite exploitation minière peut avoir plus d'effets environnementaux négatifs qu'une grande exploitation minière, ce d'autant plus que les grands exploitants miniers ont plus de moyens pour préserver l'environnement. Concrètement, on ne voit pas pourquoi on ferait une distinction dans l'étude d'impact.

82- En outre, la recherche des substances minérales (qui est la première étape du cycle minier et qui consiste à chercher de nouveaux gîtes de substances minérales), n'est pas soumise à la réalisation préalable d'une étude d'impact. Pourtant, l'incidence de cette phase sur l'environnement et par ricochet sur la santé et la vie humaine est non négligeable. Elle découle des études géologiques, sismique, hydrogéologiques, de la création des voies d'accès aux sites d'exploration, de la réalisation des forages et des tranchées de prospection, de la construction de la base vie, des laboratoires et des activités connexes. Comme on le voit, les impacts environnementaux et sociaux sont déjà perceptibles dès la phase d'exploration.

Généralement, les premiers travaux de reconnaissance sur le terrain se font par de petites équipes et nécessitent l'établissement d'un camp de taille modeste. Compte tenu du fait que certains prospecteurs en sont souvent à leur première expérience de reconnaissance sur le terrain, les problèmes de sécurité doivent revêtir une importance particulière. Bien plus, les travaux de défrichement sont susceptibles d'altérer gravement le régime d'infiltration des eaux, et partant, l'alimentation des nappes phréatiques souterraines[1]. Par ailleurs, au fur et à mesure de la progression des travaux de recherche conduits dans le cadre des travaux d'exploration, la nature des travaux est modifié tant en termes d'environnement, de sécurité et de santé.

83- Très souvent, les prospecteurs adoptent une attitude cavalière face à la santé et à la sécurité. Pourtant, « Les travaux de prospection impliquent des efforts physiques intenses, le personnel devant souvent évoluer en terrain accidenté, soulever de lourdes charges et utiliser des équipements potentiellement dangereux. Il peut être exposé à la chaleur, au froid, aux intempéries et travailler parfois à des altitudes élevées (…). Il est donc impératif qu'il soit en bonne santé et en forme physique satisfaisante lorsqu'il part en reconnaissance sur le terrain. Il devrait avoir été vacciné et

[1] Ph. BILLET, *La protection juridique du sous-sol en droit français,* Thèse précitée, p. 317.

ne pas être atteint de maladies contagieuses (par exemple, hépatite ou tuberculose) qui risqueraient de se propager rapidement. Idéalement, l'ensemble du personnel d'exploration devrait être formé en secourisme élémentaire et en secourisme en milieu sauvage. Dans les camps ou chantiers importants, une personne au moins devrait détenir un brevet de secourisme avancé ou de secourisme en milieu de travail »[1].

Comme on le voit, certaines activités extractives échappent encore aux études d'impact alors qu'elles sont grandement préjudiciables à la santé et à la vie humaine, ainsi qu'à la biodiversité. Il faudrait en faire l'inventaire et convaincre les pouvoirs publics de contraindre les exploitants au respect de la loi, relativement au champ d'application des études d'impact. Le fait que les pouvoirs publics soient laxistes vis-à-vis de certains opérateurs, peut s'apparenter à une violation de la loi n° 96/12 du 05 août 1996 portant loi-cadre relative à la gestion de l'environnement qui dispose que toute activité susceptible de générer des impacts sur l'environnement doit être précédée d'une étude d'impact environnemental et social[2].

84- Outre toutes les limites tant textuelles que matérielles qui viennent d'être évoquées, on peut également relever de nombreuses limites scientifiques et techniques de l'étude d'impact quant à l'évitement des atteintes à la santé et à la vie au cours de l'exploitation minière.

B- Les limites scientifiques et techniques dans la réalisation des études d'impact

85- Selon la doctrine, « l'étude d'impact étant une démarche scientifique, il y aura toujours des incertitudes sur les écosystèmes et leurs réactions. Selon des experts, l'impact sur les écosystèmes peut être considéré comme certain seulement dans un peu plus que 50 % des cas. C'est pourquoi on a pu considérer que l'évaluation environnementale était, non seulement un

---

[1] Voir W. S. MITCHELL et C. S. MITCHELL, « La recherche minière », disponible à l'adresse : https://geologie-miniere.blogspot.com/2018/01/la-recherche-miniere.html, consultée le 4 mars 2020.

[2] Selon la loi-cadre relative à la gestion de l'environnement, « *Le promoteur ou le maître d'ouvrage de tout projet d'aménagement, d'ouvrage, d'équipement ou d'installation qui risque, en raison de sa dimension, de sa nature ou des incidences des activités qui y sont exercées sur le milieu naturel, de porter atteinte à l'environnement est tenu de réaliser, selon les prescriptions du cahier des charges, une étude d'impact permettant d'évaluer les incidences directes ou indirectes dudit projet sur l'équilibre écologique de la zone d'implantation ou de toute autre région, le cadre et la qualité de vie des populations et des incidences sur l'environnement en général...* ». Cf. article 17 al. 1 de la loi n° 96/12 du 5 août 1996 portant loi-cadre relative à la gestion de l'environnement.

instrument de mise en œuvre du principe de prévention, mais aussi et surtout du principe de précaution »[1].

Il convient de relever que ces incertitudes purement scientifiques, notamment la difficulté pour le droit d'appréhender le long terme, sont parfois accentuées par l'absence de sérieux et de rigueur dans la réalisation des études d'impact (1) et l'insuffisance des capacités techniques des bureaux agréés pour la réalisation de ces études (2).

1- La difficulté pour le droit d'appréhender le long terme

86- L'un des principaux reproches qui peut être fait aux études d'impact réalisées au Cameroun est l'absence d'évaluation des impacts cumulatifs (« effets cocktails »[2]) de l'exploitation minière avec d'autres projets passés, en cours ou à venir. Les effets cumulés sont à la fois des effets additionnels dans le temps ou dans l'espace. Les effets cumulatifs se produisent lorsque des projets miniers sont mis en place dans des environnements influencés par d'autres projets, miniers ou non miniers. Les effets cumulés à long terme font référence à l'effet qu'aurait l'accumulation ou la succession d'exploitations sur la santé humaine et l'environnement, notamment sur la flore et la faune, la fertilité du sol, la dégradation de matériaux organiques par le sol, la chaîne alimentaire humaine, la diversité biologique[3] etc.

Cette question est une préoccupation émergente dans le domaine minier et pétrolier (exemple des produits chimiques qui s'accumulent le long de la chaîne alimentaire). Cette démarche consiste à examiner l'incidence des effets liés au projet faisant l'objet de l'étude environnementale, en combinaison avec les effets des projets passés, en cours ou raisonnablement prévisibles. Les effets environnementaux cumulatifs peuvent être définis comme les changements subis par l'environnement en raison d'une action combinée avec d'autres actions humaines passées, présentes et futures.

En effet, la temporalité des phénomènes tels que la bioaccumulation des métaux lourds tout au long de la chaîne alimentaire, la problématique des polluants organiques persistants (POPs) s'accumulant dans le sol, relargués dans les nappes d'eau souterraines… ne manifestent leur toxicité qu'à long

---

[1] Voir M. PRIEUR, « Instruments internationaux et évaluation environnementale de la biodiversité : enjeux et obstacles », *Revue Juridique Environnement,* n° spécial 2011, Evaluation environnementale et gestion de la biodiversité, p. 19, disponible à l'adresse : https://www.cairn.info/revue-revue-juridique-de-l-environnement-2011-5-page-7.htm, consultée le 4 mars 2020.

[2] I. TRINQUELLE, « Conclusions », *in* Ph. BILLET et al. (dir), *Droit de l'environnement et protection de la santé*, éd. L'Harmattan, collection Logiques Juridiques, 2009, p. 125 ; Ph. BILLET, « De la relativité de la neutralité environnementale en matière de compensation écologique », *EEI*, 01/06/2017, pp. 21-24.

[3] Ph. BILLET, « L'évaluation environnementale, fondement de la prévention et de la réparation des atteintes à la biodiversité en droit français et communautaire. Approche critique », *RJE*, n° spécial, 2011, p. 64.

terme. Il existe des situations encore nombreuses dans lesquelles la détérioration de l'environnement parvient, notamment au terme d'un processus cumulatif, à provoquer des dommages indirects à la santé. Ainsi, Pierre-Marie Dupuy affirme qu'à long terme, toute atteinte à l'environnement peut être considérée comme ayant une incidence dommageable sur la santé[1].

87- Aux Etats-Unis par exemple, plusieurs procès prennent en compte des activités remontant aux années trente, qui ont produit des effets mutagènes ou tératogènes sur plusieurs générations[2]. Ainsi, la Cour interaméricaine des droits de l'homme s'est montrée assez précise sur la prise en compte des effets cumulatifs de l'exploitation des ressources naturelles dans le temps avec d'autres projets dans l'affaire *Saramaka People v. Suriname* qui concernait des concessions aux fins d'exploitation des ressources naturelles situées sur le territoire des communautés tribales. Dans cette affaire, la Cour affirme que l'étude d'impact doit porter non seulement sur les conséquences du projet à l'étude, mais aussi sur les conséquences environnementales résultant de l'effet cumulé de toutes les concessions passées ou envisagées pour le futur[3]. Seule une étude de ce type permet en effet une appréciation réaliste des effets négatifs sur l'environnement, la santé et le cadre de vie des populations. En effet, quand on ne prend pas en compte l'effet cumulé d'un projet, on l'isole des autres projets. Or, une EIES ne peut pas isoler une activité de son contexte et doit nécessairement dans un espace donné, prendre en considération l'ensemble des effets passés et pas seulement, ne prendre en considération que les seuls effets de la nouvelle installation en cause[4].

88- Les réalisations fractionnées sont donc à prendre très au sérieux dans la réalisation des études d'impact, même s'il convient de reconnaître que la prise en compte des effets cumulés se heurte à de nombreuses limites telles que le problème de la délimitation du champ géographique considéré. Selon qu'il sera très restreint ou selon qu'il sera très global, on n'aura pas les mêmes effets du cumul. Outre les limites liées au cadre géographique, d'autres limites peuvent être temporelles. Ainsi, les dommages provoqués par un entreposage malencontreux de substances toxiques peuvent

---

[1] P.-M. DUPUY, « Le droit à la santé et la protection de l'environnement »,in *Colloque de l'Académie de droit international de la Haye sur « Le droit à la santé en tant que droit de l'homme »*, La Haye, 27-29 juin 1978, Leyde, A.W Sijthoff et Noordhoff, 1979, p. 348.

[2] M. REMOND-GUILLOUD, *Du droit de détruire. Essai sur le droit de l'environnement*, *op. cit.*, p. 31.

[3] Voir CourADH, 12 août 2008, *Saramaka People v. Suriname*, § 41.

[4] Si par exemple plusieurs exploitations minières utilisent le même axe routier pour l'évacuation de leur production, il faut prendre en compte l'effet cumulé de tous ces projets sur cette route.

n'apparaître qu'après un certain temps. Les cancérologues nous apprennent par exemple que les affections causées par les substances radioactives ne peuvent se manifester qu'au bout de quinze, vingt ans. En effet, la plupart des choix affectant la nature se ramènent à des questions de durée, et les décideurs se voient souvent reprocher de privilégier la rentabilité rapide de leurs investissements et, ce faisant, de sacrifier l'équilibre naturel à terme. Les juristes sont ici aussi encore mal armés. Car comme le relève un auteur[1], qui peut en effet prédire les années, les mois qu'il faudra à une rivière empoisonnée pour se régénérer, à une espèce pour se réimplanter sur une zone dévastée ?

De la même façon, le droit qui opère à l'échelle humaine est soumis aux mêmes aléas, dans l'ignorance de la durée d'un dommage, du délai de réhabilitation, ce qui ne permet de fixer ni une indemnisation adaptée, ni une durée de remise en l'état. Condamné à opérer à l'échelle des vies humaines, ces détails sont essentiels, car il faut savoir combien de temps le préjudice subsistera, combien de mois la zone empoisonnée sera inhabitable, la chasse impossible... pour pouvoir fixer l'indemnisation. Et même si le préjudice n'est encore que futur, il ne sera réparable que s'il est certain.

89- A l'instar du juge, le législateur se trouve également mal armé pour fixer la prescription, c'est-à-dire le temps pendant lequel les actions pourront être intentées pour demander justice. À cet effet, la sécurité juridique rejoint le bon sens pour interdire la remise en cause d'une situation une fois un certain délai écoulé. Au bout de vingt, trente ans, quelles preuves assez solides peut-on encore faire valoir ? Et à supposer ces preuves rapportées et un juge convaincu, qui condamnera-t-il ? L'auteur du dommage a toutes chances d'avoir disparu, et son assureur avec lui. L'organisation économique et sociale qui justifiait sa responsabilité, au vu des risques qu'il encourait et du profit qu'il en tirait, sera peut-être toute autre. La menace de poursuite et de condamnation n'aura donc plus de sens[2]. Dans le cadre de l'évaluation des effets cumulatifs par l'étude d'impact, on s'attend habituellement aux résultats suivants :

- l'évaluation des effets sur un territoire plus grand (régional) pouvant déborder les frontières administratives;
- l'évaluation des effets pendant une période de temps plus longue, passée et à venir;

---

[1] M. REMOND-GUILLOUD, *Du droit de détruire. Essai sur le droit de l'environnement*, PUF, coll. Les voies du droit, Paris, 1989, p. 30.
[2] *Ibid.*, pp. 30-31.

- l'évaluation des effets sur les composantes valorisées de l'Ecosystème (CVÉ)[1] causés par les interactions avec d'autres actions, et non pas seulement de ceux causés par la seule action faisant l'objet d'un examen;

- l'inclusion d'autres actions passées, présentes et futures (dans un avenir raisonnablement prévisible);

- l'évaluation de l'importance des effets, en tenant compte des effets autres que les seuls effets locaux et directs[2].

Les études d'impacts cumulatifs devraient donc être réalisées par le promoteur du projet dans le cadre d'un projet à composantes multiples (site d'extraction, corridor de transport du minerai, centrale hydroélectrique, etc.), ou par les promoteurs liés par l'une des composantes de leurs projets. Cependant, comme relevé plus haut, le défi qui se pose en matière d'évaluation des impacts cumulatifs consiste à déterminer jusqu'où faut-il « étendre le secteur à évaluer autour de l'action, sur quelle période de temps et comment s'y prendre, concrètement, pour évaluer les interactions souvent complexes entre les actions »[3].

À ce propos, il convient de noter qu'il n'existe actuellement aucune méthode standard pour évaluer les impacts cumulatifs[4]. C'est sans doute la raison pour laquelle cette dimension reste encore difficile à prendre en considération dans la majorité des législations.

2- L'insuffisance des capacités techniques des bureaux d'études agréés

90- Les études d'impact sont financées par les entreprises et réalisées par des bureaux d'études spécialisés. Par conséquent, la qualité de ces processus est très variable en fonction des entreprises et des projets. La logique sous-jacente, c'est que ce sont les entreprises qui sont responsables devant l'État de la gestion des risques et des impacts que ces entreprises ont elles-mêmes préalablement identifiés. Cet aspect étonne souvent, car il semble contradictoire avec une évaluation indépendante et objective des risques.

---

[1] Composante valorisée de l'écosystème (CVÉ) : toute partie de l'environnement jugée importante par le promoteur, le public, les scientifiques et les gouvernements participant au processus d'évaluation. Tant les valeurs culturelles que les préoccupations scientifiques peuvent servir à déterminer cette importance.

[2] CHAIRE EN ECO-CONSEIL, *L'industrie minière et le développement durable*, *op. cit.*, p. 23. Voir également : https://iaac-aeic.gc.ca/default.asp?lang=Fr&n=43952694-1&toc=show&offset=6, ou encore l'adresse : https://www.ceaa.gc.ca/Content/4/3/9/43952694-0363-4B1E-B2B3-47365FAF1ED7/, consultées le 4 mars 2020.

[3] *Ibid.*

[4] ELAW, 2010, cité par CHAIRE EN ECO-CONSEIL, *L'industrie minière et le développement durable*, *op. cit.*, p. 24.

Le moins que l'on puisse dire c'est que l'étude d'impact environnemental et social, instrument scientifique et juridique original, est devenue aujourd'hui un « business » pour les bureaux d'études agréées à cet effet[1]. C'est la raison pour laquelle, elle peine à s'imposer en tant que révélateur des enjeux environnementaux et sociaux. Pour plus de crédibilité et d'objectivité dans la réalisation de l'étude d'impact, l'équipe responsable de sa réalisation doit jouir d'une certaine indépendance pour mieux apprécier les différents intérêts contradictoires en présence.

Dans l'affaire *Saramaka People v. Suriname* sus évoquée, la Cour interaméricaine des droits de l'homme avait décidé que toute concession ayant un impact négatif sur les ressources traditionnellement utilisées par les peuples autochtones doit être précédée d'une étude d'impact environnemental établie par une entité indépendante et techniquement compétente, sous le contrôle de l'Etat[2].

Dans l'*affaire SERAC c. Nigéria*, la Commission africaine des droits de l'homme et des peuples souligne que l'Etat est tenu d'« *exiger* » des études d'impact, sans préciser l'auteur de telles études. Cette imprécision n'exclut pas le fait que l'étude soit réalisée par la société minière elle-même et non par des entités indépendantes[3].

91- Au Cameroun, les études d'impacts des projets miniers industriels sont produites par des cabinets de consultants camerounais et reposent sur le travail collectif de collecte des données dans les différents domaines sectoriels (forêts, mines, environnement, économie, géologie, etc.). Ils aboutissent à des documents de près de 1000 pages concoctés dans certains cas pendant plusieurs années. Ce sont les sociétés minières qui produisent les termes de références qui doivent être approuvés par l'Administration et qui choisissent ensuite le cabinet de consultants pour la rédaction de l'étude d'impact. Dans la pratique, ce sont les entreprises qui payent des cabinets de

---

[1] Aux termes de l'article 14 du Décret de 2013, le promoteur d'un projet peut, pour la réalisation de son EIES, faire appel soit à un consultant, soit à un bureau d'études, soit enfin à une organisation non gouvernementale ou à une association agréées de son choix. Sur les conditions d'agrément des bureaux d'études à la réalisation des études d'impact et audits environnementaux, voir l'arrêté n° 00004/MINEP du 03 juillet 2007. Cet arrêté donne « la composition du dossier à fournir dans le but d'obtenir l'agrément (article 5) et précise qu'un bureau d'études étranger ne peut exercer au Cameroun dans le cadre d'une étude se rapportant à l'environnement qu'en association avec un bureau national agréé (article 4). Il prévoit les conditions pouvant entraîner la suspension ou le retrait d'agrément délivré à un bureau d'études parmi lesquelles la qualité médiocre des études ». Voir E. M. YOUANDEU DJIEUGOUE, *Projet structurant et impacts environnementaux et sociaux. Cas du projet d'énergie de Kribi/ Centrale à gaz de 216MW et ligne de transport de 225Kv*, Mémoire précité.

[2] Voir CourADH, 12 août 2008, *Saramaka People v. Suriname*, § 129.

[3] M. AILINCAI, « Exploitation des ressources naturelles et droit à un environnement sain », précité, p. 99.

consultants pour produire des études[1] qui auront finalement peu d'effets sur le processus de décision, mais qui sont « *obligatoires* » pour faire bonne figure. Dans ce contexte on peut s'interroger sur la pertinence, des résultats et préconisations de l'étude du fait de l'absence d'indépendance : à ce jour, on n'a encore jamais vu une EIES qui préconiserait de renoncer à l'exploitation.

De son côté, l'acteur économique (l'entreprise minière) se contente parfois de prouver qu'il a respecté les textes et les prescriptions en vigueur pour mener à bien son projet, sans toutefois accorder une grande importance à son contenu.

Section II : Le contrôle de l'étude d'impact par l'administration et par le public

92- Avant d'autoriser tout projet minier, susceptible par essence de générer des pollutions ou des nuisances importantes, les autorités sont tenues de réunir les éléments nécessaires à une bonne appréciation des intérêts en présence. Pour ce faire, elles doivent procéder aux études préalables « appropriées » de manière à ce que la décision soit prise en connaissance de cause, et qu'elles puissent apprécier formellement le contenu de l'EIES qui leur aura été fourni par l'exploitant, afin de « *prévenir et évaluer à l'avance les effets des activités pouvant porter atteinte à l'environnement et aux droits des individus et à permettre l'établissement d'un juste équilibre entre les divers intérêts concurrents en jeu* »[2]. A défaut, elles ne peuvent pas porter une appréciation pertinence sur les avantages et les inconvénients du projet, ni correctement délivrer une autorisation en connaissance de cause.

93- L'efficacité d'une étude d'impact repose donc sur le contrôle exercé par l'Administration (I) lors de sa réalisation, ainsi que sur la vigilance du public (II) dont la santé et la vie sont en jeu *in fine*, si les impacts du projet minier sont évalués avec légèreté.

---

[1] Selon l'article 6 du Décret de 2013, « *Les frais relatifs à l'étude d'impact environnemental et social, à l'étude d'impact environnemental stratégique et à la notice d'impact environnemental sont à la charge du promoteur...* ».

[2] Voir CEDH, 10 novembre 2004, *Taskin et autres c/ Turquie*, Requête n° 46117/99, paragraphe 119. Sur la même affaire, voir A.-C. Kiss, « De la protection intégrée de l'environnement à l'intégration du droit international de l'environnement. Chronique internationale 2001-2004 », in *Revue Juridique de l'Environnement*, n°3, 2005, p. 286 ; Y. WINISDOERFFER, « ''Environnement et santé'' dans la jurisprudence de la Convention européenne des Droits de l'Homme : un droit individuel à un environnement ''salubre'' », précité, p. 135.

I- Le contrôle de l'étude d'impact environnemental et social par l'administration

94- En raison de leur caractère potentiellement dangereux, certaines activités exigent un contrôle plus rigoureux qui peut acquérir la forme d'une autorisation préalable pour qu'elles puissent s'installer et commencer leurs activités. C'est le cas notamment de l'exploitation minière où l'Etat doit accorder une attention particulière à ce que la réglementation soit scrupuleusement respectée. Dans l'affaire *Tătar c. Roumanie* de 2009, la CEDH affirme que la réglementation doit être « *adaptée aux spécificités de l'activité en jeu, notamment au niveau du risque qui pourrait en résulter. Cette obligation doit déterminer l'autorisation... et imposer à toute personne concernée par celle-ci, l'adoption de mesures d'ordre pratique propres à assurer la protection effective des citoyens dont la vie risque d'être exposée aux dangers inhérents au domaine en cause* »[1]. Pour faire droit à la demande de Monsieur Tatar, la Cour va tout d'abord considérer les méthodes de prévention des dommages écologiques, non seulement à l'échelle de l'individu, mais également à celle de la collectivité. Elle constate que « *les conditions d'exploitation fixées par les autorités roumaines en l'espèce se sont révélées insuffisantes pour prévenir une situation lourde de conséquences pour l'environnement et pour le bien-être de la population* »[2]. Elle finit par conclure que les autorités roumaines ont failli à leur obligation d'évaluation préalable des risques et n'ont pas pris des mesures adéquates pour protéger les droits des intéressés à la jouissance d'un environnement sain et protégé, ce d'autant plus que « *le danger pour l'environnement et le bien-être de la population était en l'espèce prévisible* »[3].

Dans la mesure où son but est de fournir aux décideurs des informations sur les conséquences des activités projetées, l'étude d'impact est un précieux outil d'aide à la décision de l'administration (A). Cependant, lorsqu'on sait que l'administration chargée du suivi de sa réalisation fait face à de nombreuses difficultés d'ordre techniques et financières, on peut émettre des réserves quant à la réalité de ce contrôle (B).

---

[1] Voir CourEDH, 27 janvier 2009, *Tătar c. Roumanie*, § 87-88, disponible à l'adresse : https://hudoc.echr.coe.int/eng#{%22itemid%22:[%22001-90909%22]}, consultée le 4 mars 2020 ; Voir aussi CEDH, 30 nov. 2004, n° 48939/99, *Oneryildiz c/ Turquie* § 90, CEDH 2004-XII, cité par M. CLEMENT, *Droit européen de l'environnement. Jurisprudence commenté,* 3e éd., Larcier, 2016, spéc. n° 88. Voir aussi CourEDH, 30 mars 2010, *Băcilă c. Roumanie*, § 61 ; CourEDH, 10 février 2012, *Di Sarno et al. c. Italie*, § 98-103.

[2] Voir Cour EDH, 27 février 2009, *Tatar et al. c. Roumanie*, § 112.

[3] Voir CourEDH, 27 janvier 2009, *Tătar c. Roumanie*, § 111.

A- L'étude d'impact comme outil d'aide à la décision de l'administration

95- L'autorisation préalable est un instrument fondamental pour l'application effective de la diligence due. Selon le Professeur Michel Prieur, la meilleure prévention passe par l'exigence d'une autorisation préalable pour l'exercice de toute activité polluante ou risquant de porter atteinte à l'environnement[1] et aux droits humains.

Outre son objectif immédiat de faciliter la prise de décisions optimales (1) en tenant compte explicitement des considérations sanitaires et environnementales, l'étude d'impact a également un objectif à long terme, reflétant les idéaux du développement durable[2]. À cet effet, l'administration doit contrôler la pertinence et le contenu du plan de gestion environnemental (PGE) proposé (2). Au cas où l'étude d'impact paraît lacunaire, ou lorsqu'elle a été réalisée au mépris de la procédure en vigueur, ou encore lorsque le risque d'atteinte à la santé et à la vie est très élevé, l'administration peut interdire la réalisation du projet minier projeté (3).

1- Le contrôle du contenu de l'étude d'impact, facteur déterminant dans l'autorisation du projet minier

96- L'autorisation préalable peut être définie comme l'acte administratif par lequel l'autorité administrative compétente de gestion environnementale établit les conditions, restrictions et mesures de contrôle environnemental qui doivent être respectées par l'entrepreneur, personne physique ou morale, afin de localiser, d'installer, de développer et d'exploiter des activités qui utilisent des ressources environnementales et qui sont considérées comme effectivement ou potentiellement polluantes ou celles qui, sous toute forme, peuvent causer un dommage à l'environnement[3] et aux droits humains.

L'administration en charge de la protection de l'environnement peut être amenée à interdire un projet d'exploitation soit à cause des insuffisances (procédurales et/ou substantielles) dans la réalisation des études d'impact, soit à cause des méthodes d'exploitation projetées jugées très dangereuses.

97- S'agissant tout d'abord des insuffisances procédurales dans la réalisation des études d'impact, il convient de relever que l'élaboration et l'approbation des études d'impact sont soumises à une méthodologie et à une procédure rigoureuses. L'élaboration de l'étude d'impact doit suivre une

---

[1] M. PRIEUR et al., *Droit de l'environnement*, 7e éd. Dalloz, Paris, 2016, p. 101.

[2] O. D. HARROP et A. J. NIXON, *Environment Assesment in Practice*, Routledge Environmental Management Series, London, 1999, p. 115.

[3] Comp. art. 1er de la résolution relative à la réglementation de la procédure d'autorisation préalable des activités dangereuses au Brésil (1997).

démarche méthodologique imposée : résumé non technique (simple)[1], état des lieux (description de l'environnement du site et de la région), justification du choix de l'option retenue par rapport à d'autres solutions qui auraient pu s'y substituer, évaluation des impacts du projet dans les différents champs thématiques de l'environnement, mesures prises pour « éviter, atténuer ou si possible compenser » les impacts négatifs etc.

Tout commence par une demande de réalisation d'une EIES à laquelle le promoteur (l'exploitant minier) devra joindre les termes de référence (TDR)[2] de l'étude, un mémoire descriptif et justificatif du projet et le reçu de paiement des frais du dossier[3]. La rédaction des TDR rentre donc dans la première phase d'élaboration d'une telle étude. Ces TDR qui doivent être au préalable validés par le ministère chargé de l'environnement, de la protection de l'environnement et du développement durable (MINEPDED) avant la réalisation de l'étude, constituent le cahier de charges de l'EIES. L'ensemble du dossier est déposé auprès de l'administration compétente (dans notre cas, le ministère des Mines, de l'Industrie et du Développement technologique, MINMIDT) et du MINEPDED.

98- Dès réception du dossier, l'administration compétente (le MINMIDT) dispose d'un délai de dix jours pour transmettre avec avis motivé, ladite demande au MINEPDED. Ce dernier dispose à son tour d'un délai de 20 jours pour donner son avis sur les TDR de l'étude. En cas de silence et après expiration du délai de trente (30) jours suivant le dépôt du dossier, le promoteur (l'exploitant minier) peut considérer les TDR comme recevables et procéder à la réalisation de l'EIES. Les termes de référence de l'EIES doivent donc obligatoirement être validés par le Ministère en charge de l'Environnement préalablement à la réalisation de l'étude. L'article 18 de la loi-cadre de 1996 énonce clairement que « *Toute étude d'impact non conforme aux prescriptions du cahier des charges est nulle et de nul effet* »[4]. L'approbation des TDR se fait à travers une lettre d'approbation qui comporte éventuellement des prescriptions ou observations à prendre en compte. Une fois les TDR approuvés, ils tiennent lieu de cahier des charges institué par la Loi-cadre relative à la gestion de l'environnement.

---

[1] V. les articles 9, 10 et 11 du Décret de 2013 *op. cit.* La prescription du « *résumé non technique* » résulte de l'un des objectifs majeurs du dispositif, qui est de favoriser la participation du public à l'élaboration des décisions qui le concernent.

[2] Le contenu général des termes de référence des études d'impact environnemental est défini par l'arrêté n°00001/MINEP du 03 février 2007.

[3] Ces frais sont versés dans le Fonds National de l'Environnement et du Développement Durable créé par la Loi-cadre de 1996 et placé sous l'autorité du MINEPDED. Sur les modalités de gestion de ce fonds, V. le décret N° 2008/064 du 04 février 2008.

[4] Cf. art. 18 de la loi n° 96/12 du 5 août 1996 portant loi-cadre relative à la gestion de l'environnement.

Le rapport de l'EIES réalisée est ensuite déposé auprès du ministre chargé de l'environnement qui le transmet ensuite « au Comité Interministériel de l'Environnement qui dispose de vingt (20) jours pour donner son avis sur l'étude d'impact. Passé ce délai, ledit avis est réputé favorable »[1].

99- Au bout du compte, c'est le MINEPDED qui statue sur la recevabilité de l'étude d'impact et notifie au promoteur. Son rôle de garant de la qualité de l'évaluation environnementale exige de lui une indépendance de jugement par rapport au pétitionnaire d'une part, et à l'organisme qui a été chargé de réaliser l'EIES d'autre part. À cet effet, l'administration peut recourir à l'expertise privée, suivant les modalités prévues par la réglementation sur les marchés publics. Ce recours à l'expertise privée semble fondamental car, elle permet à l'administration d'obtenir l'analyse des spécialistes et experts lors de l'évaluation des études réalisées dans des domaines pas toujours bien maîtrisés par les membres du Comité Interministériel de l'Environnement (CIE).

En cas de recevabilité en l'état, le MINEPDED dresse un certificat de conformité environnementale[2] et la fait diffuser par voie de presse, de radio, de télévision ou de tout autre moyen. « Lorsqu'un projet dont l'EIES a été approuvée n'est pas mis en œuvre dans un délai de trois (3) ans à compter de la date d'approbation, le Certificat de Conformité Environnementale émis à cet effet devient caduc »[3].

En cas de recevabilité partielle, l'Administration en charge de l'environnement formule des observations, des mesures à prendre en compte par le promoteur en vue de se conformer et d'obtenir le certificat de conformité environnementale.

Enfin, l'administration peut considérer que l'EIES ne répond en rien aux prescriptions et opposera naturellement un rejet de la demande. Il va de soi qu'une décision défavorable emporte interdiction de la mise en œuvre du projet[4].

100- Dans l'hypothèse où des insuffisances substantielles dans la réalisation des études d'impact apparaissent alors que l'administration en charge de l'environnement a délivré un certificat de conformité environnementale, il convient de distinguer trois hypothèses : *premièrement*, si un dommage survient plus tard en raison d'un plan carencé, l'entreprise

---

[1] Cf. art. 24 alinéa 2 du décret n°2013/0171/PM du 14 février 2013 fixant les modalités de réalisation des études d'impact environnemental et social.

[2] Cf. article 25 alinéa 1 et 26 alinéa 2 du Décret n°2013/0171/PM du 14 février 2013 fixant les modalités de réalisation des études d'impact environnemental et social, http://extwprlegs1.fao.org/docs/pdf/Cmr179401.pdf.

[3] Cf. article 25 alinéa 1 et 26 alinéa 2 du décret n°2013/0171/PM du 14 février 2013 précité.

[4] Cf. article 26 alinéa 4 du décret du 14 février 2013 *op. cit.*

minière qui l'a mis en œuvre engage sa responsabilité civile dès lors qu'elle a présenté une EIES insuffisante et commis de ce fait une faute qui engage dès lors sa responsabilité. *Deuxièmement,* le promoteur ne peut pas se prévaloir du fait que l'EIES aurait été réalisée par des tiers (bureau d'études, association, ONG...), dès lors que ce tiers n'est responsable que vis-à-vis de lui-même quant au contenu de l'étude d'impact à titre contractuel. L'administration ou les particuliers ne peuvent pas se retourner contre le rédacteur de l'étude d'impact[1], comme le promoteur ne peut pas se réfugier derrière ce rédacteur. *Troisièmement* enfin, et de la même façon, l'administration qui délivre un certificat de conformité environnementale malgré le caractère insuffisant d'une EIES commet une faute qui engage sa responsabilité[2], d'une part vis-à-vis du promoteur dès lors qu'il verrait son autorisation annulée du fait de l'insuffisance de l'EIES, et d'autre part, à l'égard des tiers le cas échéant, en cas de dommage qui trouverait sa source dans l'insuffisance de l'EIES.

101- De fait, lorsque l'autorité étatique délivre l'autorisation au pétitionnaire, « l'autorité de la chose décidée » confère à l'acte une présomption de légalité dont le bénéficiaire n'a pas à douter, d'autant plus s'il a été sollicité par l'administration en cours d'instruction de son dossier pour compléter sa demande[3]. En effet, une étude d'impact insuffisante dans son contenu devrait logiquement conduire à son rejet et à l'interdiction du projet minier en question. Dans le cas contraire, l'administration qui délivre un certificat de conformité environnementale dans de telles conditions engage sa responsabilité, à son égard. Ainsi en a décidé le Conseil d'Etat français en engageant la responsabilité de l'Etat qui avait délivré une autorisation au vu d'une notice d'impact insuffisante, cette dernière ayant été annulée plus tard par le juge pour insuffisance de son contenu[4]. Cette

---

[1] M. PRIEUR, « Les études d'impact et le contrôle du juge administratif en France », *RJE,* n°1, 1991, p. 36.

[2] C'est le cas par exemple en présence d'une étude sommaire ou imprécise (CE, 20 février 1985, SARL Le Foll); d'une étude tellement insuffisante (6 paragraphes utiles de 5 à 6 lignes) qu'elle équivaut à une absence d'étude d'impact (TA, Strasbourg, 8 juillet 1982, Furst, Req. n° 1065-79); d'une étude comportant des contradictions et des incertitudes sur la consistance exacte du projet (CE, 4 m&ai 1988, Sauver-Cardoso, Le Quotidien Juridique, 31 décembre 1988); d'une étude comportant des erreurs ou des lacunes (cas d'une étude non actualisée et ne prenant pas en compte l'évolution démographique et économique. TA Bordeaux, 22 octobre 1987, Association pour la défense de Génissac, RJE 1988, p. 163, note Charbonneau) ; d'une étude ne donnant pas une évaluation quantitative de certains éléments de pollution tels que le bruit, trafic de poids lourds et le niveau de radioactivité d'une mine d'uranium (CE 7 mars 1986, Ministre de l'Industrie c/ FLEPNA, Rec., p. 66 ; RJE, 1986, p. 281, concl. Jeanneney, note Doumbé-Billé) etc.

[3] Ph. BILLET, « L'évaluation environnementale, fondement de la prévention et de la réparation des atteintes à la biodiversité en droit français et communautaire. Approche critique », *RJE,* n° spécial, 2011, p. 72.

[4] CE, 31 mars 1989, Mme Coutras, Rec., p. 103 ; *RJE,* 1989, p. 455.

jurisprudence devrait conduire l'administration à contrôler les études d'impact d'une façon beaucoup plus systématique en vérifiant le sérieux des données et des mesures présentées par le promoteur.

2- Le contrôle du contenu du Plan de Gestion Environnemental (PGE) et du règlement relatif à la sécurité, à la santé, à l'hygiène et à la prévention des risques

102- Compte tenu des nombreux risques présents dans le secteur minier, il est urgent de prendre des mesures nécessaires afin d'assurer les conditions d'une exploitation sûre et d'un milieu de travail salubre. À cet effet, la loi minière camerounaise exige de l'exploitant minier, l'élaboration d'un plan de gestion environnemental (PGE), ainsi que d'un règlement relatif à la sécurité, à la santé, à l'hygiène et à la prévention des risques professionnels. Pour s'assurer de la pertinence et de la faisabilité des mesures d'atténuation des atteintes proposées par l'exploitant minier, ces deux documents méritent de passer par les fourches caudines du contrôle administratif pour leur validation.

103- Sur le contrôle du plan de gestion environnemental, l'article 7 alinéa (g) de la Convention n° 176 de l'OIT sur la sécurité et la santé dans les mines demande aux employeurs d'élaborer et d'appliquer un plan et des procédures y relatives. Le PGE identifie les principaux risques pour l'environnement et les moyens pour l'exploitant minier, de les écarter. La performance environnementale est évaluée par rapport à ce plan. À cet effet, l'administration devra s'assurer que les mesures proposées apportent des réponses aux différents risques identifiés. Ces réponses peuvent relever de la prévention, de la mitigation ou de la compensation. Le plan de gestion environnemental (PGE) est un outil pratique qui décrit les actions requises pour réduire les effets environnementaux avant, pendant et après la mise en œuvre d'un projet.

104- Sur le contrôle du contenu du règlement relatif à la sécurité, à la santé, à l'hygiène et à la prévention des risques professionnels, l'article 133 al. 4 du Code minier dispose qu'« *avant d'entreprendre des travaux de recherche ou d'exploitation, le titulaire d'un titre minier ou de carrières doit au préalable élaborer un règlement relatif à la sécurité, à la santé, à l'hygiène et à la prévention des risques professionnels pour les travaux envisagés, lequel est soumis à l'approbation conjointe des ministres chargés des mines et du travail. Lorsque le règlement est approuvé, le titulaire du titre minier ou de carrière est tenu de s'y conformer* »[1].

---

[1] Cf. art. 133 alinéa 4 de la loi n° 2016/17 du 14 déc. 2016 portant Code minier.

Les administrations ci-dessus mentionnées (des mines et du travail) devront surtout veiller à ce que les normes proposées par l'exploitant minier soient de nature à assurer des « conditions optimales d'hygiène, de santé et de sécurité des travailleurs ». Car selon l'article 133 alinéa 3 du Code minier, « *Lorsque les normes prévues par la législation et la réglementation en vigueur sont inférieures à celles respectées par le titulaire du permis dans d'autres pays où il exerce la même activité, ces dernières prévalent* »[1]. Cette disposition semble assez originale, dans la mesure où elle pose un principe de faveur obligeant les sociétés minières à faire primer sur le droit national toute norme plus protectrice qui leur est applicable dans n'importe quel autre pays où elles ont des activités. Bien que le contrôle du respect de cette règle puisse s'avérer délicat en pratique, elle apporte néanmoins une réponse intéressante aux critiques qui dénoncent une concurrence mondialisée tendant à encourager le moins-disant en toute circonstance[2].

3- L'interdiction du projet minier quand le risque est avéré

105- Grâce aux outils de gestion de l'environnement que sont l'EIES et l'évaluation environnementale stratégique, l'Etat doit pouvoir organiser et définir les conditions d'accès aux ressources minières. En tant qu'outil d'aide à la décision de l'administration, une étude d'impact qui présente des risques de dommages irréversibles pour l'environnement, pour la santé et la vie des populations devrait inviter l'Etat et l'entreprise minière à surseoir au projet.

Car comme le précise l'Observation générale n° 24 (2017) du CODESC, « *Les États parties devraient recenser tout conflit potentiel entre leurs obligations en vertu du Pacte et celles découlant d'accords de commerce ou d'investissement et renoncer, le cas échéant, à conclure de tels accords*[3] *comme l'exige le principe du caractère obligatoire des traités*[4]. *La conclusion de tels instruments devrait donc être précédée d'une évaluation de leur impact sur les droits de l'homme qui tienne compte à la fois de leurs incidences positives et de leurs effets négatifs sur ces droits, y compris la contribution qu'ils apportent à la réalisation du droit au développement (...). Dans les accords de commerce et d'investissement qu'ils sont susceptibles de conclure, les États parties ne sauraient déroger aux obligations qui découlent du Pacte* »[5].

---

[1] Cf. art. 133 alinéa 3 de la loi n° 2016/17 du 14 déc. 2016 portant Code minier.

[2] O. BUSTIN et V. de ALMEIDA, « Le droit minier camerounais à l'épreuve de la réforme », in *L'essentiel Droits africains des affaires, Lextenso*, 1er mai 2017, n° 5, ID : DAA110j7.

[3] Voir A/HRC/19/59/Add.5. Voir aussi Recommandation CM/Rec(2016)3 du Comité des ministres du Conseil de l'Europe, annexe, par. 23.

[4] Voir Convention de Vienne sur le droit des traités, art. 26 et 30, par. 4 b).

[5] Voir Comité des droits économiques, sociaux et culturels, *Observation générale n° 24 (2017) sur les obligations des États en vertu du Pacte international relatif aux droits*

En effet, l'État n'est pas obligé d'autoriser l'exploitation de n'importe quelle ressource minérale. Il est même tenu d'interdire l'exploitation de certaines ressources lorsque le risque sur l'environnement, sur la santé et sur la vie est très élevé. En matière d'exploitation des substances radioactives par exemple, la loi du 19 juillet 2019 portant cadre général de sûreté radiologique et nucléaire prévoit que l'exploitation des substances radioactives *« ne peut être autorisée que si elle procure aux individus exposés ou à la société un avantage suffisant pour compenser les effets radiologiques nocifs qu'elle pourrait entraîner »*[1]. C'est ce que le législateur appelle « le principe de justification »[2]. Autrement dit, l'exploitation des substances radioactives ne peut être autorisée que si celles-ci n'impliquent pas des « *risques incontrôlables pour la santé et la sécurité des personnes* »[3].

À ce titre, plusieurs pays européens à l'instar de la France ont interdit depuis 2011 l'exploitation du gaz de schiste à cause de ses risques environnementaux[4]. De la même manière, on assiste à un désengagement progressif de la France dans la recherche et l'exploitation des hydrocarbures terrestres sur le territoire métropolitain, comme l'illustre la loi du 30 décembre 2017[5]. Cette loi qui ambitionne de mettre fin à la recherche et à

économiques, sociaux et culturels dans le contexte des activités des entreprises, adoptée par le CODESC à sa 61e session (29 mai-23 juin 2017, Distr. générale 10 août 2017, E/C.12/GC/24, § 13.

1 Cf. article 6 de la loi n° 2019/012 du 19 juillet 2019 portant cadre général de sûreté radiologique et nucléaire, de sécurité nucléaire, de responsabilité civile et de l'application des garanties, http://opencamer.org/loi-n-2019-012-du-19-juillet-2019-portant-cadre-general-de-surete-radiologique-et-nucleaire-de-securite-nucleaire-de-responsabilite-civile-et-de-lapplication-des-garanties, consultée le 4 mars 2020.

2 Cf. article 6 premier tiret de la loi du 19 juillet ci-dessus citée. À côté du « *principe de justification* », le législateur énumère deux autres principes fondamentaux de radioprotection à savoir le « *principe d'optimisation* » (selon lequel toute exposition aux rayonnements ionisants découlant d'une activité ou pratique doit être maintenue au niveau le plus bas possible que l'on puisse raisonnablement atteindre en tenant compte des facteurs socio-économiques existants) et le « *principe de limitation* » (selon lequel l'ensemble des doses d'exposition ne doit pas dépasser les limites fixées par voie réglementaire).

3 Cf. art. 4 alinéa 1 de la loi n°95/08 du 30 janvier 1995 portant sur la radioprotection, telle que modifiée par la loi n° 2019/012 du 19 juillet 2019 portant cadre général de sûreté radiologique et nucléaire, de sécurité nucléaire, de responsabilité civile et de l'application des garanties.

4 Ph. BILLET, « Gaz de schiste : l'interdiction du recours à la fracturation hydraulique », *BDEI* n° 35, 2011, pp. 37-43 ; « Interdiction générale et absolue de recourir à la fracturation hydrazulique ; Note sous Tribunal administratif Melun, 12 mars 2014, Commune Nonville et Communauté de communes Moret Seine et Loing, jugement numéro 1210920/4 », *Environnement,* n° 6, 2011, pp. 40-44 ; « Le nouveau Code minier et l'exploitation du gaz de schiste », *JCP A.,* n° 17, 2011, pp. 31-34 ; « QPC ''Gaz de schiste'': la loi ''Jacob'' validée », *JCP A.*, n° 17, 2014, pp. 19-23.

5 Voir la loi n° 2017-1839 du 30 décembre 2017 mettant fin à la recherche ainsi qu'à l'exploitation des hydrocarbures et portant diverses dispositions relatives à l'énergie et à l'environnement, JORF n°0305 du 31 décembre 2017, texte n° 4.

l'exploitation des hydrocarbures à horizon 2040 est la traduction de l'Accord de Paris, puis du Plan Climat lancé le 6 juillet 2017 destiné à accélérer l'application opérationnelle de l'Accord de Paris qui prévoit notamment de *« laisser les hydrocarbures dans le sous-sol »*[1].

De même, en Afrique, dans les zones agricoles productives, ou encore à proximité ou dans les aires protégées, on peut s'interroger sur le bien-fondé d'une exploitation minière au regard des risques pour la production comme pour l'environnement, comme on peut s'interroger sur l'opportunité d'une exploitation de l'uranium dans les zones fortement peuplées, au regard de ses impacts négatifs sur la santé et sur la vie des populations. En effet, « Un projet dont l'impact se révèlerait écologiquement désastreux devrait être sinon abandonné, du moins sérieusement révisé »[2].

106- L'administration peut également être amenée à interdire un projet minier lorsque les techniques d'exploitation projetées sont dangereuses ou interdites. Dans son contenu, l'étude d'impact doit prévoir dans un paragraphe, les modes d'exploitation et de traitement du minerai dont l'exploitation est envisagée. Dans ce paragraphe, on doit retrouver entre autres, les équipements utilisés ainsi que les schémas de procédé.

En matière d'exploitation minière, il existe des modes d'exploitation interdits ou à tout le moins rarement tolérés à cause de leurs impacts négatifs sur l'environnement et par ricochet sur la santé et la vie des populations. C'est le cas par exemple de la technique du « *Mountain top Removal* » qui consiste à dynamiter le haut des collines pour accéder aux filons. Au cours de l'extraction, l'eau utilisée en grande quantité pose problème là où il en manque. L'activité peut même aboutir à la production des déchets radioactifs, ce qui justifie les restrictions environnementales[3].

De même, il existe des méthodes de traitement des minerais qui sont également interdites dès qu'il existe un *« risque sérieux et substantiel pour la santé et le bien-être »* des individus. Ainsi, en a décidé la Cour européenne des droits de l'homme dans l'*affaire Tătar c. Roumanie*[4], où étaient en cause les activités d'une usine d'exploitation de minerai d'or et d'argent qui utilisait une technologie d'extraction impliquant le lessivage au cyanure de sodium. Dans cette affaire, le juge déclare que l'Etat est avant tout tenu de *« mettre en place un cadre législatif et administratif visant à une*

---

[1]https://www.ecologique-solidaire.gouv.fr/sites/default/files/2017.09.06%20NH%20DP%20hydrocarbures.pdf, consulté le 10/08/2018.

[2] J. UNTERMAIER, « Le droit de l'environnement, réflexion pour un premier bilan », *in Année de l'environnement*, Vol. 1, PUF, Paris, 1981, p. 58.

[3] U. N. EBANG MVE, *L'encadrement juridique de l'exploitation minière au Cameroun, op. cit.*, 2015, p. 64.

[4] CourEDH, 27 janvier 2009, *Tătar c. Roumanie*, § 107.

prévention efficace des dommages à l'environnement et à la santé humaine ».

Le problème le plus préoccupant de ce point de vue reste le fait que, bien que la législation en vigueur prévoie la possibilité pour l'administration de rejeter des rapports d'études d'impact (soit parce que les impacts seraient jugés trop importants, soit parce que l'étude d'impact environnemental serait de qualité non satisfaisante), on n'a pas encore vu des cas dans lesquels le ministère de l'Environnement aurait refusé un projet en raison de la faiblesse du dispositif d'analyse de l'impact environnemental et social ou du plan de gestion environnementale.

Dans le même sens, rares sont les décisions où le juge sanctionne l'insuffisance des études d'impact. La plupart du temps, il se livre à un contrôle du document que certains n'ont pas hésité à qualifier de « rudimentaire »[1].

B- Les faiblesses du contrôle des études d'impact

107- Le MINEPDED semble être « le maillon faible » de la gouvernance minière. Au point où l'on se demande si l'Etat n'aurait pas simplement introduit les études d'impact pour donner des gages aux environnementalistes et aux organisations internationales. La production d'une EIES inscrite dans le Code minier serait donc plus un moyen de satisfaire la Banque Mondiale et les ONG qu'une volonté réelle de prévenir les atteintes à la santé et à la vie des populations.

De fait, l'insuffisance des moyens techniques, financiers et humains (1) à laquelle fait face l'administration du MINEPDED est patente, et de leur côté, les entreprises minières marquent un manque de volonté et voient l'EIES comme une simple formalité pour obtenir le permis d'exploitation (2).

1- L'insuffisance des moyens techniques, financiers et humains de l'administration

108- Au-delà de la question de la faiblesse du contenu des études d'impact, il faut également prendre en compte celle des capacités techniques, financières et humaines de l'administration, ce qui relativise encore plus l'efficacité de ces études. Comme on le sait, en dépit de la décentralisation proclamée dans les textes[2], l'administration reste encore fortement centralisée, avec peu de moyens financiers et d'effectifs (ou avec du

---

[1] J. UNTERMAIER et al., cités par Ph. BILLET, *La protection juridique du sous-sol en droit français,* Thèse précitée, p. 315.

[2] Selon l'article 1er al. 2 de la loi constitutionnelle du 18 janvier 1996, « *La République du Cameroun est un État unitaire décentralisé* ». Or dans la réalité, le processus de mise en œuvre de cette décentralisation est encore très loin d'être achevé.

personnel pas très qualifié), avec une technicité parfois dépassée. Comme le relève un militant d'une ONG, les audiences publiques lors de la validation des EIES par l'administration, qui permettent de présenter les études d'impact finalisées à la population concernée, ne durent que « 30 minutes pour chaque village en coup de vent »[1]. Le processus de validation des EIES n'est donc pas au point, ce qui permet aux entreprises minières de profiter de ces faiblesses techniques et humaines pour mettre de côté les recommandations de l'étude.

En conséquence, il serait souhaitable que les pouvoirs publics soient dotés de ressources humaines pour gérer au mieux des intérêts susceptibles d'être affectés par l'exploitation des gisements. Ils devraient également tenir compte de l'évolution des connaissances et des meilleures pratiques dans le domaine minier, sinon le concept de « développement durable » se trouverait ainsi vidé de sa substance et de son utilité. En effet, les textes juridiques prévoient des sanctions pécuniaires et pénales contre les entreprises qui ne respecteraient pas leur plan de gestion environnementale, mais dans la pratique, le MINEPDED ne sait pas encore quelle forme elles pourraient prendre. Ce qui a fait dire à un auteur que c'est comme si le gouvernement camerounais avait consciemment affaibli le ministère de l'Environnement pour ne pas faire peser une trop grande pression sur les entreprises, et de conclure que cela participe de la logique du « laissez-faire » qui oriente le comportement de l'État vis-à-vis des entreprises[2].

De façon tout à fait comparable, la Commission puis la Cour interaméricaines des droits de l'homme ont souligné que les Etats doivent mettre en place des garanties et des mécanismes adéquats pour prévenir les risques environnementaux et y faire face le cas échéant, superviser les activités du secteur privé et s'assurer qu'ils ont suffisamment de personnel pour veiller à ce que l'exploitation des ressources naturelles ne cause pas de dommages environnementaux majeurs[3].

---

[1] Voir la déclaration d'un militant d'une ONG rapportée par V. LICKERT, *Les ressources minières au Cameroun : gouvernance, prise de décision et contre-expertise. Les acteurs publics et privés de la gouvernance minière au Cameroun,* Mémoire de Master 2 Recherche, Université de Paris 1 Sorbonne, 2012, p. 127.

[2] V. LICKERT, *Les ressources minières au Cameroun : gouvernance, prise de décision et contre-expertise... op. cit.*, p. 125.

[3] CommADH, *Rapport sur la situation des droits de l'homme en Equateur*, OEA/Ser.L./V/II.96, doc. 10 rev. 1, chap. VIII ; CourADH, 28 novembre 2007, *Saramaka v. Suriname*, § 154 et 158.

2- L'étude d'impact comme simple document administratif pour le démarrage des travaux

109- Comme le relève le Professeur Michel Prieur, l'étude d'impact continue trop souvent à servir de légitimité formelle à des projets[1], ce qui est d'autant plus vrai au Cameroun, au regard de la faiblesse du contenu des EIES qui méritent un renforcement substantiel. Autrement dit, il convient de renforcer le poids politique et juridique des études d'impacts. Pour beaucoup d'entreprises, ces études sont de simples mesures de justification des projets au lieu d'être de véritables mesures d'évaluation des incidences écologiques de leurs projets. Bien souvent, l'étude d'impact environnemental est perçue comme un document administratif, à cause de la réticence de certains acteurs publics et privés qui voient dans les EIES une simple formalité administrative ; une simple déclaration d'intention annexée au dossier soumis pour l'obtention du permis d'exploitation.

L'ignorance ou plutôt la volonté délibérée des entreprises de ne pas produire d'EIES aboutit dans de nombreux cas à rendre ces études plus facultatives qu'obligatoires. Pourtant, ces études sont obligatoires pour toute entreprise souhaitant exploiter une mine.

II- Le contrôle de l'étude d'impact environnemental et social par le public

110- Le contrôle de l'étude d'impact par le public renvoie aux obligations procédurales de l'Etat, notamment à l'obligation d'information et à l'obligation d'assurer la participation des communautés concernées au processus décisionnel[2]. Relativement à notre sujet, la question que l'on est en droit de se poser est celle de savoir, pourquoi est-il si important d'informer et de faire participer activement le public dans le cadre des projets d'exploitation minière ?

En effet, la participation est un droit reconnu aux individus, aussi bien par des instruments juridiques internationaux que par les textes du droit interne (A). Après la présentation de ces fondements juridiques de la participation du public, il convient d'étudier le moment ou les modalités du contrôle (B), ainsi que les faiblesses du contrôle de l'étude d'impact par le public (C).

A- Les fondements du contrôle de l'étude d'impact par le public

111- La problématique de la participation et sa mise en œuvre dans divers types de projets de développement n'est pas nouvelle. En effet, selon

---

[1] M. PRIEUR, « Instruments internationaux et évaluation environnementale de la biodiversité : enjeux et obstacles », précité, p. 7.

[2] Voir CourADH, 27 juin 2012, *Sarayuku v. Ecuador*, § 205-207.

l'article 20 de la Déclaration Universelle des droits de l'homme, *« toute personne a le droit de prendre part à la direction des affaires publiques de son pays, soit directement, soit par l'intermédiaire des représentants librement choisis »*. A l'heure de la généralisation et la diffusion opérationnelle des démarches « *bottom-up* », la participation « *par le bas* » a été progressivement institutionnalisée. Cette forme de « *démocratie participative* »[1] connait un regain de succès au niveau du vocabulaire politique et au niveau des méthodes d'intervention à l'échelon local.

Ainsi, la démarche participative a ensuite été consacrée par le rapport Bruntland de 1987, ainsi que par la Convention n° 169 de l'Organisation Internationale du Travail (OIT) de 1989 sur les Peuples autochtones, incluant le concept de « *consentement libre, préalable et éclairé (CLIPE)* » ou FPIC (*Free, prior and informed consent*) en anglais[2]. Ce concept est inspiré de la Déclaration universelle des droits de l'homme sus citée, et stipule que les Peuples autochtones ont le droit d'exiger des gouvernements ou des entreprises transnationales, d'être consultés et de fournir leur consentement préalable libre et éclairé avant le démarrage de tout projet d'envergure, en particulier dans le cas de l'exploitation de ressources naturelles. C'est dans ce sens que s'est prononcée la Cour interaméricaine des droits de l'homme dans l'affaire du *Peuple Saramaka c. État du Suriname,* en affirmant que l'État doit obtenir le consentement libre, préalable et éclairé de la communauté, conformément à ses coutumes et à ses traditions[3]. On peut regretter le fait que le Cameroun n'ait pas encore ratifié cette Convention n° 169 de l'OIT[4], alors même que plusieurs populations autochtones

---

[1] Voir CONSEIL D'ETAT, *La démocratie environnementale,* éd. La documentation française, 2013, 298 p. ; Voir aussi M. BOUTELET, J. OLIVIER et al., *La démocratie environnementale : Participation du public aux décisions et politiques environnementales*, Editions Universitaires de Dijon, 2009, 250 p.

[2] L'article 6.1 de la C. 169 de l'OIT impose l'obligation de consulter les communautés autochtones et traditionnelles à « *chaque fois que l'on envisage des mesures législatives ou administratives susceptibles de les toucher directement* ». Le fait pour les populations riveraines de donner leur consentement signifie que les intéressés ont la liberté d'appuyer ou de refuser un projet qui a une incidence importante sur la culture ou les terres autochtones. Le consentement Libre est celui qui est donné en l'absence de coercition, d'intimidation ou de manipulation. Le consentement Préalable est obtenu avant chaque étape clé de l'élaboration d'un projet. Le consentement Éclairé quant à lui signifie que toutes les parties échangent des renseignements, ont accès à l'information présentée dans une forme compréhensible, disposent de suffisamment de données et ont les compétences nécessaires pour prendre des décisions éclairées.

[3] Voir Cour interaméricaine des droits de l'homme, *Peuple Saramaka c. État du Suriname*, par. 129 et 134.

[4] Sur la liste des 54 Conventions et Protocoles à jour de l'OIT non encore ratifiées par le Cameroun, voir l'adresse : https://www.ilo.org/dyn/normlex/fr/f?p=NORMLEXPUB:11210:0::NO::P11210_COUNTRY_ID:103038, consultée le 10 août 2018.

composent la population camerounaise, notamment les pygmées Baka, Bagyeli, Aka, Mbuti, etc[1].

Toujours au niveau international, l'initiative de l'ONU de création de l'« *International Council for Local Environmental Initiatives* » (ICLEI, 1990) a eu pour objectif « d'ancrer la démarche de développement durable à un niveau local… ». Depuis lors, l'injonction à la participation citoyenne et habitante aux projets de développement est devenue un *leitmotiv* de l'action publique territoriale. Les exigences d'évaluation environnementale sont en principe accompagnées d'une consultation systématique du public, ce qui permet d'obtenir des avis complémentaires et des opinions qui peuvent contribuer à modifier la gestion de manière à éviter des impacts sous-estimés par l'évaluation environnementale technique. Ce n'est qu'à cette condition que les populations avoisinantes des sites miniers peuvent être considérées comme des parties prenantes. On les dit « prenantes » ou « intéressées » selon qu'elles ont un intérêt direct ou indirect dans les enjeux environnementaux et sociaux. La bonne gouvernance dans la perspective du développement durable inclut un échange avec elles. Il n'est pas inutile de rappeler que l'expression de ces points de vue est légitime dans une démocratie[2].

Dans la même logique, le Principe 10 de la Déclaration de Rio sur l'environnement et le développement précise que : « *La meilleure façon de traiter les questions d'environnement est d'assurer la participation de tous les citoyens concernés, au niveau qui convient. Au niveau national, chaque individu doit avoir dûment accès aux informations relatives à l'environnement que détiennent les autorités publiques, y compris aux informations relatives aux substances et activités dangereuses dans leurs collectivités, et avoir la possibilité de participer aux processus de prise de décision…*»[3].

On peut également évoquer la Convention d'Aarhus de 1998 sur l'accès à l'information, la participation du public au processus décisionnel et l'accès à la justice en matière d'environnement, même si ce texte n'a pas encore été

---

[1] Entrée en vigueur en 1991, la Convention n° 169 de l'OIT est actuellement en vigueur dans 22 pays de par le monde, dont un seul pays d'Afrique, à savoir la République centrafricaine. Le Luxembourg l'ayant ratifié le 05 juin 2018, elle entrera en vigueur dans ce pays le 05 juin 2019, faisant de lui le 23e pays où cette convention est en viguer. Voir : https://www.ilo.org/dyn/normlex/fr/f?p=1000:11300:0::NO:11300:P11300_INSTRUMENT_ID:312314, consulté le 10 août 2018.

[2] CHAIRE EN ECO-CONSEIL, *L'industrie minière et le développement durable*, *op. cit.*, p. 36.

[3] V. « Rapport de la Conférence des Nations Unies sur l'environnement et le développement », Rio de Janeiro, 13 juin 1992, doc. NU A/CONF.lSl/26 (vol. 1) annexe I, 1992, https://www.un.org/french/events/rio92/rio-fp.htm, consulté le 5 mars 2020.

ratifié par le Cameroun[1]. Selon le Préambule de ce texte, « *chacun a le droit de vivre dans un environnement sain propre à assurer sa santé et son bien-être et le devoir, tant individuellement qu'en association avec d'autres, de protéger et d'améliorer l'environnement dans l'intérêt des générations présentes et futures* »[2]. Cette Convention basée sur le principe 10 de la Déclaration de Rio, institue le droit pour les communautés locales à la participation aux décisions affectant leur environnement[3].

Dans le même sens, le Rapporteur spécial sur les droits des peuples autochtones a également expliqué dans un rapport au Conseil, au sujet de l'extraction des ressources naturelles des terres appartenant aux communautés autochtones, que les principes de la consultation et du consentement aident à protéger des droits substantiels des peuples autochtones comme les droits à la propriété, à la santé et à la culture[4].

112- *En droit camerounais,* l'article 7(1) de la loi-cadre n° 96/12 relative à la gestion de l'environnement dispose que « *Toute personne a le droit d'être informée sur les effets préjudiciables pour la santé, l'homme et l'environnement, des activités nocives, ainsi que sur les mesures prises pour prévenir ou compenser ces effets* »[5]. Plus loin, l'article 9 (e) du même texte ajoute que *« chaque citoyen doit avoir accès aux informations relatives à l'environnement, y compris celles relatives aux substances et activités dangereuses ; ...- les décisions concernant l'environnement doivent être*

---

[1] Entrée en vigueur en 2001, la Convention d'Aarhus a été ratifiée par seulement 29 pays parmi lesquels ne figurent ni les États-Unis, ni le Canada où la Bourse de Toronto représente environ 80 % de la capitalisation boursière du secteur minier dans le monde.

[2] Voir le Préambule (§ 7), https://www.unece.org/fileadmin/DAM/env/pp/documents/cep43f.pdf, consultée le 5 mars 2020.

[3] Cependant, si la Déclaration de Rio ne fait pas référence aux principes de non-discrimination dans l'exercice des droits procéduraux, la Convention d'Aarhus, quant à elle, impose clairement le principe de la non-discrimination. Cette précision est d'autant plus importante que le Conseil des droits de l'homme de l'ONU a constaté dans sa résolution 16/11 du 24 mars 2011 (Sur *Les droits de l'homme et l'environnement*) que les conséquences des atteintes à l'environnement «*sont plus fortement ressenties par les catégories de la population qui se trouvent déjà en situation de vulnérabilité*». Ainsi, dans sa résolution 19/10 du 22 mars 2012 (Sur *Les droits de l'homme et l'environnement*), il a prié l'Expert indépendant de tenir compte de la problématique hommes-femmes, notamment de se pencher sur la situation particulière des femmes et des fillettes et de recenser les formes de discrimination sexiste et les facteurs de vulnérabilité propres aux femmes, car il est évident que les femmes et les enfants font partie des groupes vulnérables aux atteintes à l'environnement. Dans le même sens, l'ancienne Experte indépendante des Nations Unies sur la question des droits de l'homme et de l'extrême pauvreté a souligné dans un rapport soumis à l'Assemblée générale (A/65/259 du 9 août 2010) que «la détérioration de l'environnement touche de manière disproportionnée les personnes vivant dans l'extrême pauvreté» (par. 37).

[4] A/HRC/21/47, par. 49 et 50.

[5] Cf. art. 7, al. 1 de la loi n° 96/12 du 5 août 1996 portant loi-cadre relative à la gestion de l'environnement.

prises après concertation avec les secteurs d'activité ou les groupes concernés, ou après débat public lorsqu'elles ont une portée générale... »[1]. C'est le cas également de l'article 72 de cette loi-cadre qui dispose que « *la participation des populations à la gestion de l'environnement doit être encouragée, notamment à travers : - le libre accès à l'information environnementale, sous réserve des impératifs de la défense nationale et de la sécurité de l'Etat ; - des mécanismes consultatifs permettant de recueillir l'opinion et l'apport des populations...* »[2].

De manière plus spécifique, l'article 20 du Décret du 14 février 2013 fixant les modalités de réalisation des études d'impact prévoit que « *la réalisation de l'étude d'impact environnemental et social ou de l'évaluation environnementale stratégique doit être faite avec la participation des populations concernées à travers des consultations et audiences publiques, afin de recueillir les avis des populations sur le projet* »[3]. Ces avis et opinions doivent figurer dans le document final. À cet effet, l'article 10 de ce texte qui détermine le contenu de l'EIES détaillée évoque « *...le programme de sensibilisation et d'information ainsi que les procès-verbaux des réunions tenues avec les populations, les organisations non gouvernementales, les syndicats, les leaders d'opinion et autres groupes organisés concernés par le projet...* »[4].

Au regard de toutes ces dispositions, il convient de s'interroger sur les modalités ou sur le moment du contrôle de l'étude d'impact par le public.

B- Le moment du contrôle de l'étude d'impact par le public

113- En tant que « droit-créance », le droit à un environnement sain suppose la participation active de ses bénéficiaires pour sa mise en œuvre[5], parce l'environnement est avant tout une question de cadre de vie, et par ricochet, une question de santé. L'appréhension de l'étude d'impact par le public suppose au préalable que les populations touchées par le projet minier aient connaissance des risques encourus. Le respect de cette obligation première obligation procédurale (obligation d'information) constitue logiquement un préalable indispensable à la satisfaction d'une autre obligation procédurale, l'obligation de participation du public concerné.

[1] Cf. art. 9, al. (e) de la loi n° 96/12 du 5 août 1996 portant loi-cadre relative à la gestion de l'environnement.

[2] Cf. art. 72 de la loi n° 96/12 du 5 août 1996 portant loi-cadre relative à la gestion de l'environnement.

[3] Cf. art. 20 alinéa 1 du décret n°2013/0171/PM du 14 février 2013 fixant les modalités de réalisation des études d'impact environnemental et social.

[4] Cf. art. 10 du décret n°2013/0171/PM du 14 février 2013 fixant les modalités de réalisation des études d'impact environnemental et social.

[5] L. CASAUX-LABRUNEE, « Le droit à la santé », précité, n° 1230, p. 983.

Les normes internationales les plus importantes en matière de planification et de gestion de l'environnement sont contenues dans les normes ISO 14000 qui sont généralement applicables à toute activité industrielle. Comme indiqué dans ces normes, la mise en place d'un système de gestion de l'environnement s'appuie sur l'information et la participation. La consultation et la participation active sont donc nécessaires avant, durant et après les activités de développement.

Lors de la réalisation de l'EIES, le public dispose d'un droit de regard *ab initio* sur le contenu de l'étude d'impact. C'est un contrôle pré-rédactionnel de l'étude. Pendant sa réalisation, l'appréhension de l'étude d'impact par le public se fait avant sa validation par le biais des consultations et des audiences publiques (1). Elle se fait également après sa validation par l'exercice des voies de recours (2). C'est le contrôle post-rédactionnel.

1- L'appréhension du contenu de l'étude d'impact par le public avant sa validation : les consultations et les audiences publiques

114- Le processus de réalisation des EIES fait intervenir les populations concernées par un jeu de consultations et d'audiences publiques destinées à recueillir leur avis sur le projet[1]. Les études d'impact doivent être réalisées au stade de l'étude de faisabilité, de façon participative et prendre en compte les préoccupations des différentes parties prenantes au projet à travers les consultations publiques. Selon le CODESC dans son Observation générale n° 24 (2017), « *Dans le cadre de l'exercice d'une diligence raisonnable en matière de droits de l'homme, il incombe aux entreprises, avant d'entreprendre leurs activités, de consulter les peuples autochtones concernés et de coopérer de bonne foi avec eux, par l'intermédiaire de leurs propres institutions représentatives, afin d'obtenir leur consentement préalable, donné librement et en connaissance de cause*[2]. *Ces consultations devraient permettre d'identifier les effets potentiellement négatifs des activités projetées et de déterminer les mesures à prendre pour les atténuer et les réparer* »[3].

Il arrive parfois que les populations manifestent une forte opposition quant à l'implantation d'un projet minier dans leur localité. Cette tendance

---

[1] Cf. article 20 du Décret de 2013 *op. cit.*

[2] Guide de référence des entreprises : Déclaration des Nations Unies sur les droits des peuples autochtones, p. 16 https://www.unglobalcompact.org/docs/issues_doc/human_rights/IndigenousPeoples/BusinessGuide.pdf; et Déclaration des Nations Unies sur les droits des peuples autochtones, art. 19.

[3] Voir Comité des droits économiques, sociaux et culturels, *Observation générale n° 24 (2017) sur les obligations des États en vertu du Pacte international relatif aux droits économiques, sociaux et culturels dans le contexte des activités des entreprises*, adoptée par le CODESC à sa 61e session (29 mai-23 juin 2017, Distr. générale 10 août 2017, E/C.12/GC/24, § 17, https://www.refworld.org/cgi-bin/texis/vtx/rwmain/opendocpdf.pdf?reldoc=y&docid=5beaecc74, consulté le 5 mars 2020.

oppositionnelle est parfois la conséquence d'une mauvaise communication par rapport à ce projet. Au niveau national, la participation du public au processus de réalisation des études d'impact est énoncée dans la loi-cadre relative à la gestion de l'environnement et explicitée dans le décret de 2013 fixant les modalités de réalisation des EIES. Ce décret consacre les consultations publiques comme un moyen d'impliquer les populations dans la conduite des EIES. Il distingue deux modalités de participation du public aux EIES : les consultations publiques et les audiences publiques[1].

115- *Les consultations publiques* consistent en des rencontres individuelles et réunions organisées pendant la réalisation de l'EIES, dans le but d'informer les autorités administratives, les autorités traditionnelles, les acteurs de la société civile et l'ensemble des populations concernées par le projet de la consistance du projet et de ses impacts, des moyens prévus pour faire face aux impacts et recueillir en retour leurs avis qui sont pris en compte dans le rapport de l'étude. Selon l'article 21 du Décret de 2013 ci-dessus mentionné, le promoteur doit faire parvenir aux populations à travers leurs représentants, « *un programme des consultations publiques qui comporte les lieux et dates des réunions, le mémoire descriptif et explicatif du projet et les objectifs des concertations. Le programme doit être au préalable approuvé par l'Administration chargée de l'environnement* »[2], tout cela, trente jours au moins avant la date de la première réunion. Une large diffusion doit être faite de ces consultations publiques et chaque réunion sanctionnée par un procès-verbal signé du promoteur et des représentants des communautés. Une copie de ces procès-verbaux doit être jointe au rapport d'EIES.

116- *L'audience publique* quant à elle est une large consultation réalisée par l'administration chargée de l'environnement après la notification de la recevabilité de l'EIES. Elle permet de faire la publicité de l'étude, d'enregistrer les oppositions éventuelles, et permet aux populations de se prononcer sur les conclusions de l'étude[3]. En vue de l'organisation des audiences publiques, une commission *ad hoc* est constituée et a obligation de dresser sous trentaine, à compter de la réception, un rapport des audiences publiques, lequel rapport est soumis au ministre en charge de l'environnement qui se charge de le transmettre en même temps que les

---

[1] Cf. art. 20 alinéa 1 du décret n°2013/0171/PM du 14 février 2013 fixant les modalités de réalisation des études d'impact environnemental et social.

[2] Cf. art. 21 al. 1 du décret n° 2013/0172/PM du 14 février 2013 fixant les modalités de réalisation de l'audit environnemental et social.

[3] Cf. art. 20 alinéa 2 du décret n°2013/0171/PM du 14 février 2013 fixant les modalités de réalisation des études d'impact environnemental et social.

autres éléments (rapport de la mission de recevabilité, rapport de l'EIES) au Comité Interministériel de l'Environnement (CIE)[1].

Pour s'assurer de leur effectivité, l'Etat ne doit pas seulement se contenter d'exiger des consultations de la part de l'exploitant minier. Il doit encadrer ces consultations par des standards clairs indiquant notamment les informations qu'il convient de partager avec les communautés, l'argument du secret industriel ne devant en aucun cas avoir préséance sur les droits humains aussi fondamentaux que la santé et la vie. L'Etat doit également déterminer l'étendue du soutien que la communauté doit manifester à l'égard du projet pour obtenir une licence d'exploitation[2].

2- L'appréhension de l'étude d'impact par le public après sa validation

117- Pendant la réalisation de l'EIES, la participation du public concerné est assurée lorsqu'il est consulté, et participe effectivement au processus décisionnel, avec la possibilité pour lui de s'opposer à la proposition de décision[3] présentée par l'autorité publique dans le cadre des consultations et

---

[1] L'organisation et le fonctionnement du Comité Interministériel de l'Environnement sont régis par le décret n° 2001/718/PM du 03 septembre 2001 tel que modifié et complété par le décret n° 2006/1577/PM du 11 septembre 2006. « Ce comité assiste le Gouvernement dans ses missions d'élaboration, de coordination, d'exécution et de contrôle des politiques nationales en matière de développement durable. Il joue un rôle primordial dans l'évaluation des EIE en donnant son avis préalable qui est indispensable au MINEPDED à qui incombe la décision finale quant à l'approbation ou non d'une étude ». Voir E. M. YOUANDEU DJIEUGOUE, *Projet structurant et impacts environnementaux et sociaux. Cas du projet d'énergie de Kribi/ Centrale à gaz de 216MW et ligne de transport de 225Kv*, Mémoire de Master II professionnel en gouvernance et développement économique, option analyse et évaluation des projets, 2011, disponible sur le site : https://www.memoireonline.com/11/13/7855/m_Projet-structurant-et-impacts-environnementaux-et-sociaux-Cas-du-projet-d-energie-de-Kribi-Centra19.html, consulté le 4 mars 2020.

[2] Voir CourADH, *Maya Indigenous Communities of the Toledo District Belize*, rapport n° 40/04, case n° 12.053, § 142-143.

[3] Si on considère que l'étude d'impact est une « mesure préparatoire », en ce sens qu'elle est un outil d'aide sur la décision d'autorisation ou de rejet du projet minier, on ne saurait directement l'attaquer en cas de contentieux. En effet, une mesure préparatoire étant un acte qui participe de l'élaboration de l'acte final, on ne peut directement l'attaquer en cas de contentieux, on ne peut l'attaquer qu'indirectement en attaquant l'acte final. Selon le Conseil d'Etat, une mesure préparatoire est un « *acte de procédure administrative non contentieuse antérieur à l'adoption d'une décision et qui ne peut faire l'objet d'un recours contentieux direct, car ne faisant pas, par lui-même, grief* » (Voir *Actualité juridique droit administratif (AJDA)*, 2003, n° 1, 13 janvier, Etudes, p. 12). Elle concerne donc des actes antérieurs à l'édiction d'une décision administrative, sans effets juridiques à l'égard des administrés et non susceptibles de faire l'objet d'un recours pour excès de pouvoir. Elle n'en est pas moins un acte administratif unilatéral, destiné à produire des effets de droit à l'égard d'une décision administrative ultérieure. Comme l'affirme un auteur, « La mesure préparatoire s'articule donc sur la relation juridique entre la non-détachabilité de sa juridicité à l'égard de la décision

des audiences publiques. Cependant, l'administration n'est pas formellement tenue de suivre les avis des populations et peut malgré tout délivrer une autorisation ou un permis d'exploitation minière en dépit d'une forte opposition. À défaut de consultation du public, ou en cas de non prise en compte des avis des populations, lorsque le risque d'atteinte à l'environnement, à la santé et à la vie des populations est avéré, ces dernières peuvent manifester une opposition à la réalisation du projet minier. Après la validation de l'étude d'impact, l'opposition des populations à une autorisation qui a été accordée sur le fondement de l'étude d'impact qui serait soit insuffisante, soit réalisée sans leur consultation peut se faire de deux manières : par l'utilisation des voies légales ou de manière illégale.

118- La possibilité de bloquer un projet minier par l'exercice des moyens légaux se résume à la possibilité d'exercer des voies de recours devant le juge. En effet, il pèse sur l'état, une obligation de protéger qui signifie qu'il doit prévenir de façon efficace les atteintes aux droits économiques, sociaux et culturels susceptibles de se produire dans le contexte des activités des entreprises. Il est donc tenu d'adopter des mesures législatives et administratives, et de permettre aux victimes dont les droits ont été bafoués par des entreprises d'accéder à des recours utiles[1]. Selon l'Observation générale n° 24 (2017) du CODESC, l'Etat doit « *permettre aux victimes de violations commises par des entreprises d'en poursuivre les auteurs au civil et de disposer contre eux d'autres voies de recours utiles pour obtenir réparation, en particulier en réduisant les coûts de telles actions pour les victimes et en autorisant certaines formes d'actions en réparation collectives* »[2].

Pour pouvoir exercer des voies de recours, la jurisprudence exige que les populations puissent avoir accès aux résultats de l'étude d'impact, afin de mieux évaluer le niveau de danger auquel ils sont éventuellement soumis[3].

---

ultérieure dans la relation juridique ascendante au sein du processus normatif et son individualité dans la relation juridique descendante dans ce processus ». Voir C. CROS, « La notion de mesure préparatoire en droit administratif français », http://legalnewsnotaires.com/index.php?option=com_content&view=article&id=94140&catid=921:marches-publics&Itemid=361, consulté le 5 août 2018.

[1] Voir Comité des droits économiques, sociaux et culturels, *Observation générale n° 24 (2017) sur les obligations des États en vertu du Pacte international relatif aux droits économiques, sociaux et culturels dans le contexte des activités des entreprises*, adoptée par le CODESC à sa 61e session (29 mai-23 juin 2017, Distr. générale 10 août 2017, E/C.12/GC/24, § 14 https://www.refworld.org/cgi-bin/texis/vtx/rwmain/opendocpdf.pdf?reldoc=y&docid=5beaecc74, consultée le 5 mars 2020.

[2] Voir CODESC, *Observation générale n° 24 (2017) sur les obligations des États en vertu du Pacte..., op. cit.*, § 15.

[3] Voir CEDH, 8 juil. 2003, n° 36022/97, *Hatton et autres c/ Royaume-Uni*, § 128 ; CEDH, 6 juil. 2009, n° 67021, *Tătar c/ Roumanie*, § 88 ; CEDH, 30 mars 2005, n° 46117/99, *Taskin et autres c/ Turquie*, § 118-119.

Les individus concernés doivent avoir accès aux conclusions de l'étude d'impact, ainsi que, le cas échéant, aux informations permettant d'évaluer le risque auquel ils sont ou seront exposés et avoir la possibilité de former un recours devant les tribunaux contre toute décision, tout acte ou toute omission, s'ils considèrent que leurs intérêts ou leurs observations n'ont pas été suffisamment pris en compte[1]. Une fois qu'elles ont pris connaissance de ces informations, elles peuvent alors former un recours si elles présument que leurs droits n'ont pas été suffisamment respectés.

Dans *l'affaire SERAC c. Nigeria*, la Commission africaine des droits de l'homme a exhorté le Nigéria à assurer pour l'avenir « *un accès effectif aux organes de régulation et de décision [pour] les communautés susceptibles d'être affectées par les opérations pétrolières* »[2]. Cette obligation est également mise en exergue par la jurisprudence de la CEDH qui exige que « les individus affectés » aient « *la capacité de contester les décisions des autorités nationales d'une manière efficace* »[3]. Dans un autre arrêt, la CEDH déclare que les personnes concernées doivent non seulement être consultées, mais en plus l'Etat doit leur garantir le droit de « *former un recours contre toute décision, tout acte ou toute omission devant un tribunal s'ils considèrent que leurs intérêts ou leurs observations n'ont pas été suffisamment pris en compte dans le processus décisionnel* »[4]. Selon la haute juridiction européenne, le droit à l'information et à la participation au processus décisionnel, lorsqu'il s'agit d'autoriser une activité présentant un danger pour la santé ou l'environnement, est un « droit de caractère civil ». Dans cette affaire, une association française de protection de l'environnement se fondait sur l'absence d'enquête publique pour contester un décret ministériel autorisant l'extension d'une installation nucléaire[5].

119- Lorsqu'elles n'ont pas la possibilité de former un recours contre une EIES déjà validée, ou bien lorsque leur recours a été rejeté, les populations font très souvent recours à des moyens illégaux, avec parfois des conséquences désastreuses. On peut à cet effet évoquer le cas des violences et des massacres perpétrés par l'armée guinéenne en 2012 contre des villageois qui manifestaient parce qu'ils ne tiraient aucun bénéfice d'une mine exploitée par Vale.

---

[1] Y. WINISDOERFFER, « ''Environnement et santé'' dans la jurisprudence de la Convention européenne des Droits de l'Homme : un droit individuel à un environnement ''salubre'' », précité, p. 135.

[2] CommAfrDH, *SERAC c. Nigeria*, § 53 et dispositif, https://www.achpr.org/fr_sessions/descions?id=134, consulté le 8 mars 2020.

[3] CourEDH, 10 novembre 2004, *Taskin et al. c. Turquie*, § 24.

[4] CourEDH, 10 février 2011, *Dubetska et al. c. Ukarine*, § 143 (traduction).

[5] Voir CEDH, Collectif national d'information et d'opposition à l'usine Melox – *Collectif Stop Melox et Mox c. France*, décision du 12 juin 2007, n° 75218/01.

L'emploi des moyens illégaux (violences) pour bloquer les projets miniers au Cameroun peut être illustré par le cas du blocage de la route d'un site minier par les populations de la localité de Lolabé située à 30 km de Kribi, sur l'axe de Campo. Le 19 août 2008, ces populations ont érigé des barricades, empêchant aux engins lourds de la société chinoise Sinosteelcam d'accéder au site minier des Mont-Mamelles. Ces populations se plaignaient « *de n'avoir pas été informées* ». « *Nous voyons seulement des engins lourds entrer, et des cargaisons ressortir. Nous ne pouvons pas admettre que cela se poursuive sans qu'on nous dise de quoi il est question* »[1], avait déclaré un notable de ce village. Ce manque d'information de la part des pouvoirs publics est le signe de ce que Marie-Emmanuelle Pommerolle appelle une « incapacité à échanger dans le cadre routinier des institutions »[2]. Il est important par le biais d'informations actives, de rassurer les populations riveraines des sites d'activités dangereuses, afin de leur permettre d'évaluer les risques qu'elles encourent[3], mais aussi d'éviter qu'elles perturbent l'activité des sites en raison du manque de transparence de la part des autorités[4].

Au-delà du Cameroun, la possibilité de bloquer un projet minier par l'utilisation des moyens illégaux peut également être illustrée par le cas du projet d'exploitation de l'or de Tambo Grande au Pérou dont la demande avait été déposée en 1999 par la société canadienne Manhattan Minerals. Cette ville de 18 000 habitants située sur le piémont occidental des Andes, le long du Rio Piura au Pérou, devait être à moitié détruite par le creusement d'une grande exploitation minière à ciel ouvert, les habitants étant relogés dans de nouveaux logements. En fait, « dans cette région aride (précipitations annuelles d'environ 60 mm/an) où n'existe aucune activité minière et où l'essentiel de la population vit de l'arboriculture fruitière irriguée à partir des eaux du Rio Piura, les habitants ont surtout eu peur que le creusement d'une grande découverte ne provoque un assèchement partiel du fleuve et que l'exploitation minière ne génère des rejets massifs de déblais et de substances toxiques ruinant leur activité. Aussi, les communautés locales se sont mobilisées, organisant des manifestations, dont

---

[1] Voir J. ABENA ABENA, « Les villageois barrent la route aux engins de la société Sinosteelcam », *Le Jour*, vendredi 28 août 2008.

[2] M. E. POMMEROLLE, « La démobilisation collective au Cameroun : entre régime postautoritaire et militantisme extraverti », Critique internationale, n° 40, 2008/3, pp. 73-94.

[3] V. *Affaire Guerra et al. c. Italie* (116/1996/735/932), CEDH, Strasbourg, 19 février 1998. Cette affaire a été suivie par d'autres qui lui sont semblables, telles que : *Öneryildiz c. Turquie* (GC), N° 48939/99, 30. 11. 2004, Rec. 2004-XII, §90 ; *Giacomelli c. Italie*, N° 59909/00, 2.11. 2006, Rec. 2006-XII, § 83 ; *Tătar c. Roumanie*, N° 67021/01, 27. 1. 2009, § 113 ; *Di Sarno et autres c. Italie*, N° 30765/08, 10.1.2012, § 107.

[4] À titre d'illustration, les activistes de Greenpeace se sont introduits dans une centrale nucléaire sans autorisation. Voir : http://www.ensi.ch/fr/2014/03/05/ac..., consulté le 22 octobre 2019.

l'une, en février 2001, qui a dégénéré violemment, aboutissant à la destruction des maisons modèles destinées au relogement des habitants déplacés. L'opposition au projet minier s'est aussi organisée politiquement puisqu'en juin 2002, le maire de Tambo Grande a fait procéder à un referendum démontrant le rejet du projet par la quasi-totalité (98,6% des suffrages exprimés) de la population »[1].

Au regard de ce qui précède, il convient de relever que l'étude d'impact doit être appréhendée par le public au moment de sa réalisation (consultations publiques), après sa rédaction (consultations publiques) et après la validation de celle-ci (exercice des voies de recours). Ce qui n'est pas toujours le cas dans notre contexte où des pesanteurs en la matière persistent.

C- La faible participation du public au contrôle du contenu des études d'impact

120- L'Etat ne doit pas seulement disposer des mesures objectives concernant l'étude d'impact, il doit également s'assurer que les populations touchées par le projet ont effectivement connaissance des risques encourus[2]. On peut s'interroger sur la qualité de la participation du public : dure-t-elle suffisamment longtemps ? L'information accessible est-elle transparente ? Les acteurs sont-ils légitimes ?

Au Cameroun, la participation du public au processus décisionnel, notamment dans la réalisation des études d'impact, connait encore quelques pesanteurs, liées notamment aux problèmes d'accès à l'information environnementale par le public (1), ainsi qu'aux mécanismes de mise en œuvre effective de cette participation (2).

1- Les problèmes d'accès à l'information du public

121- Parmi les principales limites à la participation du public, on peut noter entre autres, l'impossibilité pour les citoyens d'influencer les termes de référence et le cahier de charges orientant l'étude. Ceux-ci sont définis par le ministère de tutelle. Le caractère volumineux et très technique de ces documents, ainsi que l'abondance des détails peuvent poser des problèmes d'intelligibilité et rendre extrêmement difficile leur utilisation par les acteurs locaux non préparés[3].

---

[1] Voir M. DESHAIES, « Grands projets d'exploitation minière et stratégie des firmes pour se rendre environnementalement acceptables », *L'Espace Politique*, 2011-3, mis en ligne le 26 octobre 2011, disponible en ligne à l'adresse : https://journals.openedition.org/espacepolitique/2113, consultée le 04 mars 2020.

[2] Voir CourADH, 12 août 2008, *Saramaka People v. Suriname*, § 40.

[3] Dans le même sens, Voir C. OLIVEIRA, A. POMADE et B. STEINMETZ, « La réparation de l'atteinte au milieu naturel », précité, p. 404.

Malgré la clarté et le caractère non équivoque des articles 7 (1), 9 (e) et 72 de la loi-cadre n° 96/12 du 5 août 1996 relative à la gestion de l'environnement au Cameroun, sur le droit à l'information des populations riveraines, les autorisations administratives aboutissant à l'exploitation des ressources naturelles sont souvent délivrées sans information préalable des riverains.

En effet, l'accès du public à l'information est un préalable à sa participation. C'est également une condition critique de l'acceptabilité sociale du projet. Le droit à l'information sur l'environnement et le droit à la participation au processus décisionnel en matière environnementale sont indissolublement liés pour la mise en œuvre effective et efficace du droit à un environnement sain. Comment le penser d'ailleurs autrement, car comme l'affirme le Professeur Maurice Kamto, « *l'on ne peut participer pleinement et valablement que si l'on est bien informé* »[1]. En effet, le droit à l'information sur l'environnement renvoie à la faculté dont dispose chaque citoyen ou collectivité humaine de rentrer en possession de renseignements concernant l'état actuel ou futur de l'environnement[2]. S'agissant du contenu de l'information sur l'environnement, celle-ci doit être suffisamment opérationnelle pour permettre aux destinataires principaux de sa mise en œuvre (exploitants miniers) de prendre toutes les mesures de protection utiles liées à l'étude d'impact, en informant le public pour qu'il sache exactement quelles vont être les conséquences potentielles de l'exploitation, ce qui lui permet de prendre toutes les dispositions pour se protéger.

En l'absence d'une loi sur l'accès à l'information et des dispositions spécifiques sur la publication des clauses contractuelles relatives à un projet d'investissement, le cahier des charges reste très souvent un document confidentiel. Pourtant, il ressort de la jurisprudence que lorsque des individus se trouvent exposés à une pollution potentiellement dangereuse pour leur santé, les autorités doivent leur garantir un accès aux informations disponibles afin qu'ils puissent évaluer le risque dont il est question[3]. Ce droit à l'information existe *a fortiori* lorsque le risque « environnemental » est tel que la vie des personnes exposées est en cause[4]. A ce sujet, la CEDH a eu à décider que « lorsqu'elles ont connaissance – ou auraient dû avoir connaissance – d'une menace "réelle et immédiate" pesant sur la vie d'un ou plusieurs individus, les autorités sont tenues de prendre des mesures concrètes pour en prévenir la réalisation »[5]. Plus généralement, « les Etats

---

[1] M. KAMTO, *Droit de l'environnement en Afrique*, Paris, Edicef-Aupelf, 1996, p. 77.

[2] Voir l'article 7, alinéa 1 de la loi-cadre relative à la gestion de l'environnement.

[3] Voir CEDH, *Guerra et al. c. Italie*, 19 février 1998, *Recueil* 1998, I, § 59-60.

[4] Y. WINISDOERFFER, « ''Environnement et santé'' dans la jurisprudence de la Convention européenne des Droits de l'Homme : un droit individuel à un environnement ''salubre'' », précité, p. 135.

[5] Y. WINISDOERFFER, « ''Environnement et santé'' dans la jurisprudence... », précité, p. 136.

ont le devoir primordial de mettre en place un cadre législatif et administratif visant une prévention efficace et dissuadant de mettre en péril le droit à la vie »[1]. A ce titre, ils sont notamment tenus d'informer les personnes exposées à un risque pour leur vie[2]. Dans l'arrêt *Öneryildiz c. Turquie*[3], la CEDH consacre un « droit du public à l'information », doublé d'une obligation pour les autorités de diffuser *proprio motu*, les informations pertinentes. Comme on peut le constater, le devoir d'information des populations pèse à la fois sur l'Etat et sur les entreprises minières.

122- *A l'égard des entreprises minières,* la réglementation en vigueur en matière d'étude d'impact amène le promoteur du projet à initier un processus de communication, en cours d'étude, « de manière à informer et sensibiliser toutes les parties prenantes (autorités administratives locales, autorités traditionnelles et religieuses, leaders d'opinion, syndicats, ONG et populations locales) sur les activités devant être menées lors de la mise en œuvre du projet. Ces parties prenantes doivent également être informées des impacts potentiels du projet sur l'environnement et des mesures qui seront prises pour les gérer. Ce processus doit aussi permettre de recueillir les opinions, les appréhensions et les propositions des parties intéressées de manière à en tenir compte dans la conception du projet, dans la formulation des conclusions de l'EIE et des mesures correctives nécessaires. L'étude d'impact doit considérer les intérêts, les valeurs et les préoccupations des populations locales et rendre compte de leur implication dans le processus de planification du projet »[4].

Il se peut par exemple qu'au moment des consultations, les populations nomades, constamment en déplacement, soient temporairement loin de la région au moment où sont prises les décisions et oubliées dans le processus de consultation. L'Etat devrait s'assurer que les droits de ces populations à l'information et *in fine* à la participation soient également respectés, ce qui n'est souvent pas le cas.

123- *Pour ce qui est de l'Etat,* celui-ci est dépositaire du dossier complet relatif à l'autorisation d'exploitation minière, ce qui implique le fait que les individus doivent s'adresser à lui lorsqu'ils souhaitent obtenir l'information

---

[1] Voir CEDH, *Öneryildiz c. Turquie* [GC], 30 nov. 2004, n° 48939/99, CEDH 2004-XII, § 89.
[2] CEDH, *LCB c. Royaume-Uni,* 9 juin 1998, *Recueil* 1998, III.
[3] Voir CEDH, *Öneryildiz c. Turquie op. cit.*, § 98 et 108.
[4] Voir E. M. YOUANDEU DJIEUGOUE, *Projet structurant et impacts environnementaux et sociaux. Cas du projet d'énergie de Kribi/ Centrale à gaz de 216MW et ligne de transport de 225Kv*, Mémoire de Master II professionnel en gouvernance et développement économique, option analyse et évaluation des projets, 2011, disponible sur le site : https://www.memoireonline.com/11/13/7855/m_Projet-structurant-et-impacts-environnementaux-et-sociaux-Cas-du-projet-d-energie-de-Kribi-Centra19.html, consulté le 4 mars 2020.

souhaitée. L'autorité sollicitée (autorité en charge des questions environnementales ou autre) doit fournir toute l'information nécessaire et disponible, y compris les copies des documents demandés, sans qu'il soit nécessaire de faire valoir un intérêt particulier, dans la mesure de ses capacités et « sous réserve des impératifs de la défense nationale et de la sécurité de l'Etat »[1]. En tout état de cause, elle peut percevoir un montant financier raisonnable pour les services accomplis lorsque cela est nécessaire.

L'État ne doit pas seulement s'assurer que le processus décisionnel aboutissant à une autorisation d'exploitation des ressources naturelles comprend la réalisation des études d'impact environnemental ; il doit encore veiller une fois que l'autorisation a été délivrée, à ce que le public puisse accéder à l'ensemble du dossier, y compris aux conclusions de ses études. Ce qui ferait émerger un véritable droit à l'information du public. Même si l'Etat ne doit pas nécessairement collecter et diffuser lui-même des informations, il doit veiller à ce que de telles informations soient disponibles et diffusées auprès du public, ce qui fait émerger un véritable droit à l'information. Dans l'affaire *Taskin c. Turquie* tranchée en 2004, soit après l'adoption de la Convention d'Aarhus, la Cour EDH a mis l'accent sur *« l'importance de l'accès du public aux conclusions des études* [d'impact environnemental] *et à des informations permettant d'évaluer le danger auquel il est exposé »*[2]. Cette obligation d'information se retrouve également dans le cadre du système africain de protection des droits de l'homme, notamment dans l'*affaire SERAC c. Nigéria*, où la Commission souligne que l'Etat est tenu « *...d'exiger et de publier des études sur l'impact social et environnemental avant tout développement industriel majeur* »[3] et d'informer les communautés exposées aux activités et produits dangereux.

Au regard de ce qui précède, il y a lieu de dire que l'Etat doit pleinement informer les communautés afin qu'elles puissent formuler une opinion en toute connaissance de cause[4]. Tous les membres de la communauté doivent bénéficier d'informations complètes et appropriées, de façon à être en mesure de participer individuellement ou collectivement au processus décisionnel. L'Etat doit en outre disséminer les informations selon un format compréhensible et publiquement accessible[5]. L'information du public en matière d'environnement trouve toute son importance non seulement dans le but de lui permettre de vivre dans un environnement sain[6], mais aussi de le

---

[1] Art. 72 de la Loi-cadre relative à la gestion de l'environnement.

[2] CourEDH, 10 novembre 2004, *Taskin et al. c. Turquie,* § 119.

[3] CommAfrDH, SERAC c. Nigeria, 13 octobre 2001, *Social and Economic Rights Action Center, Center for economic and Social Rights v. Nigerie (SERAC c. Nigeria)*, communication n° 155/96, 30e session ordinaire, paragraphe 53, https://www.achpr.org/fr_sessions/descions?id=134, consulté le 8 mars 2020.

[4] Voir CourADH, 28 novembre 2007, *Saramaka People v. Suriname*, § 133.

[5] Voir CourADH, 12 août 2008, *Saramaka People v. Suriname*, § 17.

[6] Art. 1 Convention d'Aarhus, Guide d'application.

responsabiliser afin qu'il agisse en faveur de l'amélioration de son environnement, notamment en s'opposant aux décisions qui auraient été prises et dont la mise en œuvre serait susceptible de lui porter atteinte. L'information environnementale est donc importante dans l'objectif de protéger l'environnement au sens large, mais aussi la santé humaine et son bien-être.

2- Les difficultés liées à la participation effective du public

124- Bien que la participation des populations locales dans la mise en œuvre des projets de développement connaisse un succès de plus en plus important, elle est confrontée à différentes contraintes. Même si certains auteurs y voient un succès[1], la participation du public rencontre encore dans la pratique, de nombreux obstacles : contraintes politiques, institutionnelles, organisationnelles et culturelles.

125- *Primo,* il se pose le problème des catégories participantes. Pour une compréhension plus approfondie du concept de *public* en droit de l'environnement, on peut se référer à la Convention d'Aarhus du 25 juin 1998 sur l'information, la participation du public au processus décisionnel et l'accès à la justice en matière d'environnement qui désigne par là les personnes physiques et morales, ces dernières comprenant les associations, organisations ou groupes, sans discrimination fondée sur la citoyenneté, la nationalité ou le domicile ou, pour les personnes morales, sans discrimination concernant le lieu où elles ont leur siège officiel ou le véritable centre de leur activité. Cette zone grise ou ce flou conceptuel sur les catégories participantes ne semble pas avoir été comblé par le droit positif camerounais. Un indice pourrait cependant être retrouvé dans le 21e tiret du préambule de la constitution camerounaise du 18 janvier 1996, qui énonce que « toute personne a droit à un environnement sain ». L'expression « toute personne » pourrait renvoyer à l'ensemble des individus sans exception.

En réalité, la protection de l'environnement ne s'accommode d'aucune forme d'exclusion. Le cadre de vie, l'environnement, est un bien commun et est l'affaire de tous. Compte tenu du fait que le droit à un environnement sain doit profiter à tous les êtres humains, sa protection est un devoir pour

[1] Sur le principe de participation, Voir A. VANG-LANG, « Le principe de participation : un succès inattendu », *Nouveaux cahiers du conseil constitutionnel*, n° 43, avril 2014, disponible en ligne sur https://www.conseil-constitutionnel.fr/nouveaux-cahiers-du-conseil-constitutionnel/le-principe-de-participation-un-succes-inattendu, consulté le 4 mars 2020.

tous[1]. Les déclarations internationales le relèvent avec emphase, puisque le premier principe de la déclaration de Stockholm énonce que l'homme « *a le devoir solennel de protéger et d'améliorer l'environnement pour les générations présentes et futures* ». La Déclaration de Rio, en plus des acteurs institutionnels, inclut les femmes[2] (principe 20), les jeunes (principe 21) et les communautés autochtones (principe 22), tandis que l'Agenda 21 (section 3, chapitre 24-32) y ajoute les syndicats, les agriculteurs et les scientifiques. En somme, l'Etat et les entreprises minières gagneraient davantage à associer le public, sous toutes ses formes et composantes, à l'élaboration et à l'application des politiques environnementales. Cela contribuerait à réduire, de manière décisive, les recours contentieux.

126- *Secundo*, la participation du public pose aussi le problème de ses formes. L'absence de définition du contenu et des modalités des « consultations publiques » conduit à des disparités entre les différentes formes de consultations publiques : concertations, réunions d'information, entretiens avec les communautés, envoi de documents, accès à des données informatiques ou à des sites d'information informatiques... En effet, pour la réalisation des EIES, les entreprises minières demandent aux cabinets d'études de consulter la population, mais très souvent, ces consultations ne sont que des « processus bien huilés » qui consistent en peu de choses, juste un moyen de dire « on a consulté la population » sans vraiment le faire. Même les consultants, consciemment ou inconsciemment avouent parfois la « superficialité » de ces consultations[3].

127- *Tertio*, la participation du public pose aussi le problème de sa valeur. Quand bien même les populations sont consultées, elles ne comprennent souvent pas grand-chose des EIES parce que pour la plupart, elles n'ont jamais vu à quoi ressemble une mine et surtout ne comprennent pas les aspects techniques du dossier. Du coup, le processus de consultation des communautés finit par être un processus d'identification des doléances locales. Cela est inévitable, mais ce n'est pas l'objet de l'étude d'impact environnemental et social. Au lieu de poser les vrais problèmes, les populations saisissent l'occasion des EIES pour demander ce que le projet va

---

[1] Le premier principe de la déclaration de Stockholm énonce que l'homme « a le devoir solennel de protéger et d'améliorer l'environnement pour les générations présentes et futures ».

[2] Sur la participation des femmes, Voir I. MICHALLET, « La participation des femmes en droit international de l'environnement », *in* A. SOW SIDIBE al. (dir.), *Genre, inégalités et religion*, Actes du premier colloque inter-réseaux du programme thématique « Aspects de l'Etat de droit et démocratie » de l'AUF, éd. des archives contemporaines-AUF, avril 2006, p. 413-425.

[3] Voir V. LICKERT, *Les ressources minières au Cameroun...*, Mémoire précité, p. 126.

leur apporter, au lieu de penser aux impacts négatifs du projet sur leur environnement, sur leur santé, bref, sur leurs modes de vie.

Qui plus est, l'implication des populations dans le cadre des enquêtes publiques n'a jamais permis de caractériser un véritable contrôle. « La participation du public au processus décisionnel reste pour l'essentiel purement formelle et sans effet véritable sur le contenu de l'évaluation environnementale »[1]. Ces contrôles demeurent « ponctuels et incertains » dans la mesure où les remarques du public « ne sont pas nécessairement prises en compte au final, faute de dispositions qui l'imposeraient »[2].

Généralement, le processus de consultation intervient sur la base de la lecture par la population, du contenu de l'EIES, un document technique et difficile d'accès. L'absence de consultation de la population tout au long de l'étude fait que, au niveau local, ceux qui se rendent aux réunions avec les consultants ne comprennent pas les tenants et les aboutissants de cette consultation, d'autant plus que les documents qui sont mis à leur disposition dans des salles de lectures, vides le plus souvent, disparaissent en effet dès les premières heures. Donc, même si les populations avaient l'étude avant le processus de consultation, cela ne changerait pas grand-chose. Les études qui sont soit en anglais, soit en français, rarement dans les deux langues officielles, sont techniquement très complexes et le système est assez jeune, puisque la première étude approuvée en matière d'exploitation minière date de 2009 (pour le gisement de fer de Mbalam par la société GEOVIC).

Comme on le voit, la transparence dans l'accès à une information de qualité concernant toutes les dimensions du domaine minier est non seulement essentielle à une participation effective des acteurs concernés par des projets miniers, mais elle est également nécessaire pour assurer une réflexion et une participation élargies pour l'élaboration et la mise en œuvre des stratégies de développement durable dans le secteur minier.

Il convient donc d'actualiser la réflexion sur la dimension participative du développement durable. Il serait temps de voir dans quelles conditions on pourrait amorcer, sinon une dynamique vertueuse d'implication des populations locales dans leur devenir, du moins un débat scientifique objectif et serein sur cette question qui est plus que jamais à l'ordre du jour. Concrètement, il s'agit de « déconstruire et/ou de reconstruire la problématique de la participation citoyenne et habitante à l'aune de l'évolution des débats internationaux et locaux sur la question, mais aussi à la lumière de retours d'expériences, d'évaluation de la mise en œuvre de

---

[1] Ph. BILLET, « L'évaluation environnementale, fondement de la prévention et de la réparation des atteintes à la biodiversité en droit français et communautaire. Approche critique », *Revue Juridique de l'Environnement*, numéro spécial, 2011. Évaluation environnementale et gestion de la biodiversité, p. 70, https://www.persee.fr/docAsPDF/rjenv_0397-0299_2011_hos_36_1_5608.pdf, consulté le 4 mars 2020.

[2] *Ibid.*

projets affichant explicitement ou implicitement leur caractère participatif ; de faire un bilan analytique de la part allouée à la participation dans la conception et la réalisation des projets de développement social »[1].

128- Au terme de cette section, il convient de relever que l'efficacité dans la réalisation des EIES repose sur le contrôle de l'Administration ainsi que sur la vigilance du public, mais également sur le niveau d'implication des exploitants miniers. Le système camerounais doit à l'avenir s'employer à renforcer considérablement les différents modes de contrôle sus évoqués, afin de mettre un terme à l'absence de sérieux et de rigueur dans la réalisation des EIES. Comme nous l'avons relevé, ce manque de sérieux résulte principalement de la faiblesse des capacités techniques des bureaux d'études agréées qui réalisent les EIES, de la participation insuffisante du public et de la considération de l'étude d'impact comme un simple document administratif pour le démarrage des travaux.

[1] Voir *Participation citoyenne et habitante au développement social et urbain. Entre « bonnes pratiques » et slogan politique. Regards croisés dans le contexte algérien et international*, Affiche du colloque international à alger, du 17-18 mai 2017, http://citeres.univ-tours.fr/actu/actu361/participation.pdf, consulté le 5 mars 2020.

Conclusion du Chapitre 1

129- Dans ce chapitre, il nous a été donné de constater que l'étude d'impact réalisée dans le cadre d'une exploitation minière est un instrument au service d'une politique de prévention des atteintes à l'environnement, à la santé et à la vie des populations. Cette prévention des atteintes est avant tout assurée à travers des obligations procédurales imposées aux Etats et aux entreprises minières. Le respect de ces obligations a un poids absolument déterminant dans l'attribution du permis d'exploitation, en ce sens qu'il permet de garantir un équilibre entre les intérêts en présence. La mise en œuvre de ces obligations facilite ainsi la revendication du droit substantiel à un environnement sain, ce qui gomme la distinction entre ces deux catégories de droits[1].

Selon Kiss, ce mécanisme administratif est une révolution dans la pensée scientifique : alors que depuis les débuts de l'ère industrielle, le principe était de ne pas limiter le développement de la science et de la technologie, sans se préoccuper des conséquences, le principe imposant l'évaluation préalable des effets sur l'environnement est en réalité un retour à des conceptions véritablement scientifiques puisqu'il prend en compte non seulement les actes, mais aussi leurs effets, notamment sur l'environnement et la santé humaine[2]. Il convient à cet effet de souligner que si l'étude d'impact n'a pas permis de lever les doutes sur les effets de l'activité, c'est le régime de précaution qui sera déclenché[3].

En somme, l'étude d'impact est un instrument fondamental pour promouvoir le développement durable et la prévention des atteintes, parce qu'elle donne à l'environnement et aux préoccupations sanitaires la place qui leur revient dans le processus de prise des décisions en améliorant la qualité de l'information présentée aux autorités compétentes de manière à ce qu'elles puissent prendre des décisions en veillant soigneusement à réduire au maximum les impacts et à améliorer la planification des activités et la protection des écosystèmes. En d'autres termes, l'étude d'impact joue un rôle social très important dans la mesure où elle oblige l'exploitant minier à tenir compte, non seulement des coûts économiques, mais aussi et surtout des coûts sociaux et environnementaux de son projet.

---

[1] Alors que les obligations substantielles rendent compte de la dimension économique et sociale du droit à un environnement sain, les obligations procédurales quant à elles illustrent plutôt la dimension civile et politique de ce droit.

[2] A. KISS, « Nouvelles tendances en droit international de l'environnement », *G.Y.I.L.*, vol. 32, 1989, p. 259.

[3] L. ESTRELA BORGES, *Les obligations de prévention dans le droit international de l'environnement, op. cit.*, p. 170, spéc. note 432.

Cependant, le fait que le document (l'*instrumentum*) de l'étude d'impact est généralement très volumineux et son contenu (*négotium*) écrit dans un langage technique difficilement compréhensible par les non-experts peuvent être considérés comme des facteurs limitants à l'atteinte des objectifs sus évoqués[1].

130- Malgré les critiques formulées quant à la procédure de sa réalisation, il n'empêche que l'étude d'impact reste un instrument qui a fait ses preuves dans l'analyse des effets des projets de développement sur l'environnement et dans la réduction de leurs effets négatifs potentiels. Sans étude d'impact préalable, il serait pratiquement impossible pour l'administration et même pour la population d'exercer un jugement éclairé et de proposer des modifications et améliorations aux projets soumis ou de les refuser s'il y a lieu. À cet effet, on ne peut que déplorer la timidité du pouvoir réglementaire qui doit saisir l'occasion des nouvelles réformes pour donner à l'étude d'impact un nouveau visage et élargir son champ d'application encore limité. Le champ *ratione temporis* de cette obligation de réalisation et de mise en œuvre d'une EIES semble assez étendu, la Commission africaine des droits de l'homme et des peuples dans l'*affaire SERAC c. Nigéria*[2], ayant incité les Etats à surveiller les impacts sur l'environnement non seulement avant l'octroi d'une autorisation d'exploitation, mais aussi après[3].

Il est évident que l'étude d'impact n'est pas une fin en soi. Malgré un contexte juridique favorable, l'EIES en elle-même est loin d'être un outil suffisant pour protéger les droits fondamentaux des populations[4]. Le bilan de sa contribution à l'évitement des atteintes à la santé et à la vie est, comme on l'a vu, mitigé. Patrick Girod rappelle d'ailleurs que « *La réglementation la plus exhaustive et les précautions les plus rigoureuses n'élimineront [sans doute] jamais totalement le risque de pareils dommages* »[5]. La complexité de l'écheveau à démêler amène donc finalement au constat d'une incertitude irréductible : on ne pourra jamais être sûr d'avoir cerné la réalité dans tous

[1] Dans ce sens, Voir C. OLIVEIRA, A. POMADE et B. STEINMETZ, « La réparation de l'atteinte au milieu naturel », précité, p. 404.

[2] CommAfrDH, SERAC c. Nigeria, 13 octobre 2001, *Social and Economic Rights Action Center, Center for economic and Social Rights v. Nigerie (SERAC c. Nigeria)*, communication n° 155/96, 30e session ordinaire, paragraphe 51 et 52, https://www.achpr.org/fr_sessions/descions?id=134, consulté le 8 mars 2020.

[3] M. AILINCAI, « Exploitation des ressources naturelles et droit à un environnement sain », précité, p. 99.

[4] P. E. KENFACK, S. NGUIFFO et T. NKUINTCHUA, *Investissements fonciers, redevabilité et cadre légal : Leçons du Cameroun*, disponible sur internet à l'adresse : iied.org/land-acquisitions-rights, consulté le 28 août 2017, p. 15.

[5] P. GIROD, *La réparation du dommage écologique*, LGDJ, 1974, p. 18.

ses aspects[1]. Qui plus est, si l'étude d'impact peut prévenir les atteintes en les mettant en évidence, elle reste ambiguë dans la mesure où elle est toujours accompagnée de mesures de compensation, solution de facilité qui permet de ne pas avoir à rechercher des solutions d'évitement. Elle légitime en définitive les atteintes par les contreparties qu'elle offre, justifiant la réalisation du projet sans jamais véritablement le contrarier[2]. Pourtant, certains espaces sont tellement critiques pour la santé et la vie qu'il convient de les préserver.

---

[1] M.-P. GREVECHE, « L'appréhension des incertitudes scientifiques : les faibles doses », *in* Ph. BILLET et al. (dir), *Droit de l'environnement et protection de la santé*, *op. cit.*, p. 222.
[2] Ph. BILLET, « L'évaluation environnementale, fondement de la prévention et de la réparation des atteintes à la biodiversité en droit français et communautaire. Approche critique », précité, p. 78.

Chapitre 2

L'évitement des atteintes à la santé et à la vie par la préservation des espaces

131- La valeur des services écosystémiques délivrés par certains espaces est parfois tellement importante pour la santé et la vie qu'ils méritent d'être préservés. C'est le cas notamment des forêts ou encore des zones humides qui peuvent être détruites par l'exploitation minière, alors qu'elles remplissaient des fonctions à la fois sociales, économiques et environnementales. À titre d'illustration, ces espaces jouent un rôle fondamental dans la lutte contre les changements climatiques. Les services rendus par ces milieux sont donc souvent plus importants que la valeur d'une mine dont la ressource n'est pas renouvelable, dont la mise en exploitation draine de nombreuses externalités, et qui est surtout susceptible de geler les zones d'exploitation et leur périmètre d'impact pour toute autre activité économique (notamment agricole) ou de polluer le réseau hydrographique. Au moment de l'installation des projets miniers, les services rendus par ces milieux sont parfois sous-estimés. Pourtant, leur disparition peut causer de conséquences environnementales et sanitaires graves. Comme on le voit, les services environnementaux ne sont pas toujours compensables avec les effets financiers liés notamment à la création des emplois. En effet, on ne saurait faire de corrélation entre les incidences économiques d'une exploitation minière et les externalités négatives qui en découlent. Partant de ce constat, certains massifs forestiers et certains espaces particulièrement riches en biodiversité ont été classés par des organisations internationales telle que l'UNESCO au rang de biens publics mondiaux.

132- À la suite de l'adoption du Code minier de 2001, et dans la logique prescrite par le Document de stratégie pour la croissance et l'emploi (DSCE), le Cameroun a connu un afflux d'investisseurs avec l'attribution, entre 2005 et 2013, de 174 permis d'exploration dans le domaine de la mine solide[1], alors que seuls trois permis d'exploitation industriels existaient avant 2005. Très vite, des problèmes nouveaux sont apparus : la mise en place des infrastructures induites par l'exploitation minière a bousculé les

---

[1] Voir le Rapport de conciliation des flux financiers et des volumes relatifs à l'exploration et l'exploitation des hydrocarbures et des mines solides au titre de l'année 2011, rapport réalisé par le cabinet Moore Stephens, août 2013, p. 54 et suivantes, disponible sur le site internet à l'adresse :
www.gredevel.fr/images/stories/pdfs/conciliationitie.pdf, consulté le 14 février 2017, p. 12.

planifications existantes, notamment dans le secteur forestier, et compliqué la gestion des terres, avec à la clé de nombreux conflits d'usage entre les différents acteurs.

En 2012, le Réseau de lutte contre la faim (Relufa), le Worldwide Fund for Nature (WWF) et le Centre pour l'Environnement et le Développement (CED), trois ONG actives au Cameroun, ont produit des cartes mettant en lumière des logiques contradictoires et les multiples chevauchements de concessions auxquels celles-ci conduisent[1]. Il en résulte un fort risque de conflits sociaux et politiques. Ces cartes ont montré pour la première fois à l'échelle nationale, la généralisation des chevauchements entre les droits de natures diverses (foncier, minier, agricole, forestier, aires protégées…). Ce qui constitue un démenti patent au discours sur la rationalisation et la durabilité de la gestion des ressources au Cameroun et laisse interrogateur sur la capacité d'anticipation et de coordination de l'administration sur des questions aussi cruciales. C'est sans doute la raison pour laquelle, ces cartes ont reçu un accueil peu enthousiaste de la part des administrations chargées de la gestion des ressources et de l'aménagement du territoire, parce qu'elles semblaient accroître davantage la complexité et la difficulté de leur mission[2].

133- Dans certains pays, la demande de plus en plus croissante des terres a obligé les Etats à s'engager dans des politiques publiques de planification de l'affectation des terres pour réglementer l'utilisation du sol et de ses ressources pour le bien-être des populations et de leur environnement physique, économique et social. Lorsqu'on sait que la gestion efficace des ressources exige un minimum de prévision et d'anticipation, la planification apparaît donc comme un instrument privilégié des politiques environnementales[3]. Au Cameroun, la planification est régie par la loi n° 2011/008 du 6 mai 2011 d'orientation pour l'aménagement et le développement durable du territoire. La planification a donc pour socle le territoire[4].

Pour le géographe, le territoire est un espace physique borné « résultant d'un processus de construction sociale complexe et inscrit dans la longue période »[5]. Pour le juriste, le territoire est un espace délimité où se déploient des normes. Ainsi que l'affirme Marie-Laure Basilien-Gainche, « le territoire ne peut se concevoir sans l'Etat (…). Car la conception classique du territoire renvoie à la notion d'Etat souverain qui déploie sa compétence sur

---

[1] S. NGUIFFO et (al.), « Une autre facette de la malédiction des ressources ? Chevauchements entre usages différents de l'espace et conflits au Cameroun », *in Politique africaine*, octobre 2013, n° 131, p. 5.

[2] *Ibidem.*

[3] M. KAMTO, *Droit de l'environnement en Afrique*, Paris, Edicef-Aupelf, 1996, p. 83.

[4] Voir B. PECQUEUR, « La logique de proximité », *Sciences humaines*, Hors-série n° 8, 1995, p. 3.

[5] *Ibid.*

le champ délimité par ses frontières »[1]. De cette définition, il convient de relever que même si les termes « espace » et « territoire » peuvent parfois désigner la même réalité, ils ne sont pas synonymes : le premier relève d'une dimension matérielle, physique, tandis que le second relève du domaine social, et notamment du domaine juridique. Par sa dimension spatiale, le droit de l'environnement appréhende le territoire de manière privilégiée en cherchant à assigner à certaines de ses composantes, un statut spécifique dans le dessein de les préserver.

134- Au plan interne, les pouvoirs publics se sont dotés par touches successives, généralement sous l'impulsion du droit international de l'environnement, d'un ensemble hétéroclite de zones, dont l'objet est de garantir ou d'améliorer la qualité de l'environnement et par ricochet, de la santé humaine. A cet égard, les écosystèmes, les habitats naturels, les zones humides, les bassins hydrographiques, les bois et forêts sont autant de milieux qui intègrent la dimension spatio-temporelle de l'écologie[2], sont recouverts par des schémas miniers qui remettent en cause les espaces qui les identifient. La question qui se pose est celle de savoir comment les différents schémas s'articulent entre eux. En effet, la préservation des espaces considérés comme critiques pour la santé et la vie nécessite l'élaboration et la mise en œuvre d'une bonne politique d'aménagement du territoire.

135- *L'aménagement du territoire* peut être défini comme « un ensemble d'actions et d'interventions, politiques ou techniques, volontaires et concertées, qui visent à assurer, avec ordre dans le temps et l'espace, une répartition adéquate de la population, des constructions, des activités économiques, des équipements et infrastructures, tout en tenant compte des contraintes naturelles et anthropiques, liées à leur établissement »[3]. Les actions et interventions, bien qu'initiées généralement par les pouvoirs publics, sont souvent accompagnées de programmes visant à susciter l'adhésion et la mobilisation de tous les acteurs du territoire : citoyens, leaders d'opinion, entreprises, administrations, représentants du peuple et autres élus.

136- Ainsi défini, l'aménagement du territoire doit être précédé par la *planification*. Celle-ci désigne « le processus par lequel des parties prenantes

---

[1] Voir M.-L. BASILIEN-GAINCHE, « Les interactions entre normes et territoires : l'Europe et le développement durable », *in* Y.-C. ZARKA (dir.), *Le monde émergent. Les nouveaux défis environnementaux*, éd. A. Colin, Paris, 2010, p. 245.

[2] N. de SADELEER, « Introduction », *in Le zonage écologique*, Bruylant, Bruxelles, 2002, p. 5.

[3] J. OUMA ELOMA, « Loi d'orientation pour l'aménagement et le développement durable... », précité.

(membres des communautés scientifiques, représentants de gouvernements, hommes d'affaires privés, autorités traditionnelles etc.) se rassemblent pour discuter et déterminer comment gérer des ressources dans une aire géographique particulière au bénéfice des générations présentes et futures »[1].

137- Le *zonage* est une « composante importante de la planification territoriale dans le monde entier. Un zonage fait référence à la désignation d'utilisations permises, ou au contraire interdites de certaines terres, en se basant sur des zones cartographiées qui séparent un ensemble d'utilisations territoriales d'un autre »[2]. Ainsi, selon l'article 5 alinéa 12 de la loi n° 2011/008 du 6 mai 2011 d'orientation pour l'aménagement et le développement durable du territoire au Cameroun[3], le zonage désigne le « *découpage du territoire en zones spécifiques et la répartition des activités à l'intérieur desdites zones visant à tirer le meilleur parti des domaines concernés par un plan optimal d'utilisation des sols en fonction des filières de croissance et de création de richesses et d'emplois* »[4]. John G. Sidle y voit un « processus d'identification (ou de délimitation) des zones géographiques séparées par des affectations des terres différentes (et par des lignes directrices qui y sont liées), dans le cadre d'un processus plus vaste de planification de l'affectation des terres »[5]. Vu sous cet angle, le zonage est une « composante importante de la planification territoriale »[6]. Il consiste à « identifier les utilisations les plus judicieuses en tenant compte des caractéristiques des sols et de l'environnement »[7].

138- Il convient à cet effet de distinguer le zonage du *plan d'affectation des terres*, qui désigne un « plan qui détermine la stratification des utilisations territoriales dans un paysage et qui fournit des orientations de

---

[1] J. G. SIDLE, « Expérience du zonage forestier en Afrique centrale », *in* C. de WASSEIGE et al. (dir.), *Les forêts du bassin du Congo - Etat des Forêts,* 2010, éd. Office des publications de l'Union Européenne, Chapitre 11, p. 211, file:///C:/Users/Maturin/Desktop/Les%20droits%20fondamentaux/COMIFAC.pdf, consulté le 5 mars 2020.
[2] *Ibid.*, p. 208.
[3] Cette loi intervient après la mise entre parenthèses de la période d'ajustement structurel au cours de laquelle la planification du développement sous sa forme originelle a été abandonnée.
[4] Cf. art. 5 alinéa 12 de la loi n° 2011/008 du 6 mai 2011 d'orientation pour l'aménagement et le développement durable du territoire au Cameroun, http://opencamer.blogspot.com/2013/08/loi-n-2011008-du-06-mai-2011.html, consultée le 5 mars 2020.
[5] J. G. SIDLE, « Expérience du zonage forestier en Afrique centrale », précité, p. 208 disponible à l'adresse : https://www.observatoire-comifac.net/docs/edf2010/FR/EDF_2010_FR_11.pdf, consulté le 3 mars 2020.
[6] *Ibid.*, p. 208.
[7] *Ibidem.*

base pour chaque zone d'affectation des terres et pour l'intégration de ces zones »[1].

Il apparaît donc que la gestion du territoire est fondée sur une vision à moyen et long termes. Il vise trois objectifs essentiels : assurer la répartition équilibrée des populations et des activités sur l'ensemble d'un territoire donné ; garantir la cohérence des activités publiques et privées qui contribuent au progrès économique et social dudit territoire ; satisfaire aux exigences d'un développement culturellement adapté, socialement acceptable et écologiquement supportable[2].

139- Au regard des considérations qui précèdent, l'aménagement du territoire se justifie par sa finalité qui est la répartition équilibrée des hommes et des activités sur le territoire avec la prise en compte d'un certain nombre de contraintes, et accessoirement, elle apparaît comme une réponse à des contradictions spatiales. Au Cameroun comme dans la plupart des pays, les conflits liés à l'utilisation des terres se sont multipliés ces dernières années, suite à la ruée des investisseurs étrangers. Dans ces conflits, les terres s'apparentent en quelque sorte à un champ de bataille entre les intérêts divergents qui s'affrontent. Ceux de l'Etat et des firmes multinationales d'une part et ceux des populations locales (santé, agroforesterie, produits forestiers ligneux et non ligneux) et même de la société mondiale (régulation climatique, biodiversité) d'autre part, soutenues par les ONG qui exercent une pression croissante sur l'installation des projets miniers dont certains doivent être abandonnés, surtout lorsqu'on sait que l'exploitation minière est généralement incompatible avec d'autres usages des espaces où elle est positionnée. En effet, comme le relève Madame Hélène Dessard, « la cartographie des indices géologiques couvrant le bassin du Congo montre que nombre de gisements miniers potentiellement exploitables se situe dans des écosystèmes forestiers sous aménagement pour leur exploitation ou protégés pour leur biodiversité »[3]. Ainsi, les permis de recherche miniers attribués se superposent non seulement aux permis forestiers, mais aussi à d'autres espaces à vocation agricole, de protection floristique ou faunique. Seule une meilleure conciliation entre les différents intérêts en présence permettra d'éviter de telles contradictions.

140- L'aménagement du territoire s'explique aussi par le changement d'attitude des pouvoirs publics et par les nouvelles compétences de ces

---

[1] *Ibid.*, p. 211.

[2] J. OUMA ELOMA, « Loi d'orientation pour l'aménagement et le développement durable ... », précité.

[3] H. DESSARD et al. « Des minerais sous les arbres : incompatibles et compensables ? Eléments de réflexion pour une régulation intersectorielle Cas du Gabon et du Cameroun », disponible à l'adresse : https://agritrop.cirad.fr/575740/1/document_575740.pdf, consulté le 12 février 2018.

derniers en matière de gestion de l'espace[1]. Il apparaît dès lors comme une intervention des hommes sur leurs espaces, avec différents objectifs : réduire les disparités, apporter des réponses aux dysfonctionnements, lutter contre la dégradation des cadres de vie… On y trouve le concept de *physical planning* cher aux Anglo-saxons ainsi que le souci de mieux s'organiser pour le futur, en cherchant à combiner des finalités de trois ordres : économique, social et écologique, qui constituent du reste les trois piliers du développement durable. On remarque donc que la préservation des espaces vise trois objectifs : d'abord sont concernés les éléments naturels (faune, flore…) pour ne pas compromettre la vie sur terre. Ensuite, est visé le volet social, notamment la répartition des hommes et des activités sur le territoire, les flux… et la santé humaine qui nous intéresse dans le cadre de cette étude. Enfin, on a l'aspect économique. En effet, les aspects économiques et sociaux ont des incidences sur l'espace, notamment sur l'environnement et par ricochet sur la santé. Ces incidences doivent être prises en compte par l'aménagement du territoire. Seule une meilleure conciliation grâce à une planification équilibrée de l'espace peut favoriser la durabilité, notion clé du développement durable.

141- La gestion de l'environnement requiert donc un certain nombre d'instruments et de techniques appropriés, qui pour la plupart existent dans l'arsenal des outils traditionnels de l'aménagement du territoire. La loi n° 2011/008 du 6 mai 2011 ci-dessus citée définit plusieurs outils stratégiques suivant les différentes échelles concernées : le schéma national ; les schémas régionaux ; les schémas sectoriels ; les plans locaux et le contrat plan[2]. Faisant suite à cette loi, et à la suite de la signature le 29 novembre 2012 de la Convention minière entre l'Etat du Cameroun et l'entreprise *Cam Iron* en vue de l'exploitation du gisement de fer de Mbalam, le Premier ministre a pris le Décret n° 2014/4787/PM du 26 décembre 2014 portant création, organisation et fonctionnement du programme d'aménagement et de développement intégré de la boucle minière du Dja et de la zone frontalière adjacente. Aux termes de l'article 3 de ce texte, « *le programme a pour objectif global d'améliorer les conditions de vie des populations de la zone ciblée…* ».

---

[1] Voir par exemple le Décret n° 2012/0882/PM du 27 mars 2012 Fixant les modalités d'exercice de certaines compétences transférées par l'État aux communes en matière d'environnement ; Voir également le décret n°2015/1373/PM du 08 juin 2015 fixant modalités d'exercice de certaines compétences transférées par l'Etat aux communes en matière de protection de l'environnement.
[2] Sur la définition de ces notions, Cf. article 5 de la loi n° 2011/008 du 6 mai 2011.

142- La technique la plus appropriée pour la préservation des espaces considérés comme critiques pour la santé et la vie est le « zonage »[1], particulièrement le « zonage écologique ». On peut définir le « zone écologique » comme la « désignation des zones en droit de l'environnement, zones auxquelles sont assignées diverses obligations juridiques favorables à la conservation de la nature ou à la gestion de l'environnement »[2]. La désignation d'une zone a pour but de soumettre le territoire qu'elle recouvre à un régime juridique spécial, prévu par la loi : l'attribution d'une destination bien définie, l'interdiction de bâtir ou de détruire la faune et la flore etc.

Les « zones écologiques » couvrent tantôt des milieux sensibles[3], tantôt des aires devant être restaurées en raison de la dégradation du milieu (pollution atmosphérique), tantôt des zones réservées à des équipements collectifs liés à la gestion de certaines nuisances (stations d'épurations…) et enfin, des zones riveraines d'installations, d'établissements dangereux ou à risque comme les mines qui nous intéressent dans cette étude. C'est la raison pour laquelle, la mise en place du zonage s'avère plus qu'indispensable pour la préservation des atteintes à la santé et à la vie dans l'exploitation minière.

Le fil conducteur des développements dans le cadre de ce chapitre renvoie à la problématique suivante : quels sont les mérites du zonage dans la préservation des atteintes à l'environnement, et par ricochet à la santé et à la vie ? Bien plus, le zonage est-il correctement mis en œuvre au Cameroun ? Face à ces interrogations, il convient de relever que sa mise en œuvre n'est pas évidente. De manière générale, il y a lieu de remarquer qu'il existe une volonté réelle de la part des pouvoirs publics d'interdire l'installation des projets miniers dans des espaces considérés comme critiques pour la santé et pour la vie des populations et même de la faune (Section I). Mais dans la pratique, des difficultés persistent encore dans la mise en œuvre adéquate du zonage (Section II).

Section I : La définition des espaces critiques pour la santé et la vie

143- L'exploitation minière, en tant qu'installation classée, présente des inconvénients ou des dangers pour la commodité du voisinage, la santé, la salubrité, la sécurité et l'environnement[4]. L'industrie minière est souvent un voisin gênant pour les particuliers. C'est bien pour atténuer les inconvénients de cette cohabitation difficile que les politiques d'aménagement du territoire

---

[1] Juridiquement, la zone correspond à la délimitation préalable d'un espace correspondant à l'application d'une réglementation.

[2] Voir D. MISSONE, « Le zonage en droit de l'environnement : inventaire et critères de désignation », *in Le zonage écologique*, Bruylant, Bruxelles, 2002, p. 13.

[3] Comme zones sensibles, on peut citer les zones des eaux naturelles, les zones piscicoles, les de protection spéciale, les réserves naturelles, les zones humides d'intérêt biologique etc.

[4] Comp. art. L. 511-1 du Code français de l'environnement.

sont appelées à une « segmentarisation »[1] du territoire pour éviter que les industries minières ne se développement au cœur des grandes métropoles et des villages où le développement urbain et les contraintes logistiques, environnementales et sanitaires sont parfois rédhibitoires.

L'insertion territoriale d'un projet doit nécessairement prendre en compte les spécificités du territoire d'implantation et l'imbrication des enjeux à plusieurs échelles. À cet effet, la planification de la gestion de l'espace permet l'adoption des décisions informées qui tentent d'équilibrer des intérêts sectoriels différents, concurrents, voire parfois incompatibles tels que l'exploitation minière, le développement communautaire, les aires protégées, les plantations agro-industrielles, les concessions forestières etc. Un tel processus exige pour son succès, la consultation significative et continue des différentes parties prenantes à tous les niveaux.

Pour que les activités d'exploitation minière soient conciliables avec les préoccupations sanitaires, les besoins de maintien du « capital » naturel et l'utilisation durable à long terme des terres, il est essentiel que les pouvoirs publics se dotent de politiques et de législations, ainsi que d'un cadre institutionnel efficaces. Ainsi, la Section IV du Chapitre 2 du Titre V du Code minier est intitulée : « *Des zones d'interdiction ou de protection* ». Pour faire face aux défis sus évoqués, le législateur camerounais a créé des zones de protection dans lesquelles l'exploitation minière est soumise à des conditions d'autorisation strictes (I), ainsi que des zones d'interdiction dans lesquelles les activités minières sont interdites (II).

I- L'établissement des zones de protection

144- En principe, les activités extractives peuvent se dérouler sur l'ensemble du territoire national sans exception, car comme l'indique l'article 5 du Code minier, l'Etat y exerce des droits souverains. En d'autres termes, c'est à l'Etat de décider, en fonction de ses priorités, d'exploiter telle ou telle ressource minérale, située dans telle ou telle partie du territoire national. Cependant, le législateur reconnaît que certains espaces du territoire national méritent une protection spéciale, soit en raison de leur utilité, soit en raison de leur fragilité. C'est le cas par exemple des zones habitées (propriétés bâties, villages, groupes d'habitations), des aires protégées et de certaines infrastructures telles que les puits, les édifices religieux, les lieux de sépulture et les lieux considérés comme sacrés, les voies de communication, les conduites d'eau, d'énergie et de substances diverses et généralement, les alentours de tous travaux d'utilité publique et

[1] F. LE FICHANT, « L'entreprise et les nuisances de voisinage », *in* J. FIALAIRE et E. MONDIELLI (dir.), *L'homme, ses territoires, ses cultures*, Mélanges offerts à André-Hubert MESNARD, LGDJ, 2006, p. 169.

ouvrages[1]. Dans toutes ces zones, la prospection, la recherche et l'exploitation ne peuvent être entreprises sans l'autorisation des autorités compétentes. Sans doute parce que l'exploitation des ressources minérales dans de tels espaces serait de nature à nuire, soit directement, soit indirectement, à l'environnement et par ricochet à la santé et à la vie des populations et même des autres espèces vivantes.

Comme on le voit, l'établissement des zones de protection est de nature à assurer la prévention des atteintes à l'environnement et indirectement à la santé et à la vie. Dans le souci d'une meilleure prévention de ces atteintes, le législateur a strictement réglementé l'installation des projets miniers à proximité des zones d'habitation (A), ainsi qu'à l'intérieur des zones de protection floristique et faunique (B).

A- L'articulation des projets miniers avec les zones d'habitation

145- Pour des raisons de sécurité, de salubrité et de protection de l'environnement, les sites miniers doivent être éloignés des sites d'habitation. Cette délocalisation des activités minières loin des zones d'habitation permet d'éloigner les populations des sources d'atteinte et ainsi de diminuer leur exposition. Aux termes de l'article 3 de la loi camerounaise du 14 juillet 1998 relative aux établissements classés dangereux, insalubres ou incommodes, l'autorisation des établissements de la première classe (dont font partie les mines) est subordonnée à la condition que l'implantation desdits établissements se fasse en dehors des zones d'habitation[2].

De manière plus précise, l'article 7 du même texte dispose que, pour préserver la santé, la sécurité, la salubrité publique, l'agriculture, la nature et l'environnement en général..., « *le ministre chargé des établissements classés, dans des conditions fixées par voie réglementaire, délimite autour des établissements de première classe, un périmètre de sécurité à l'intérieur duquel sont interdites les habitations et toute activité incompatible avec le fonctionnement desdits établissements* »[3].

Cette interdiction des projets miniers à proximité des zones habitées a pour finalité, l'éloignement des sources d'atteintes d'une part (1), et la maîtrise des pollutions et des nuisances d'autre part (2).

[1] Cf. article 127 alinéa a) du Code minier

[2] Cf. article 3 alinéa a de la loi n°98/015 du 14 juillet 1998 relative aux établissements classés dangereux, insalubres ou incommodes.

[3] Cf. art. 7 de la loi n°98/015 du 14 juillet 1998, relative aux établissements classés dangereux, insalubres ou incommodes, http://extwprlegs1.fao.org/docs/pdf/cmr141675.pdf, consultée le 4 mars 2020.

1- L'interdiction des projets miniers à proximité des zones d'habitation, synonyme d'éloignement des sources d'atteinte

146- La présence d'un nouvel exploitant minier, potentiel employeur, peut attirer des demandeurs d'emploi venus d'autres régions et même si l'on construit des logements pour les travailleurs, il est possible que des bidonvilles apparaissent autour de la mine. Cela vaut aussi pour les concentrations de mineurs artisanaux attirés dans une zone de dimension limitée. C'est le cas par exemple de la localité d'Eséka dans le département du Nyong et Kellé, Région du Centre (Cameroun) qui a connu un afflux sans précédent d'orpailleurs nationaux et étrangers, à la suite de la découverte des gisements d'or dans cette localité en août 2017[1]. La découverte de ressources minières peut donc attirer un grand nombre de personnes dans un site qui devient alors difficile à contrôler et à gérer. Cette arrivée massive de travailleurs migrants dans une région où les communautés locales et autochtones étaient jusque là relativement isolées, fait courir un risque d'exposition à des maladies apportées par cette force de travail. Dans ces circonstances, les cas de grossesses non désirées et de maladies sexuellement transmissibles augmentent souvent dans la population locale[2].

Afin d'étoffer son dispositif de prévention des risques provenant des installations industrielles, le droit français a créé des servitudes d'éloignement au profit des installations dangereuses en vue de limiter les constructions sur les terrains situés aux alentours de ces établissements. Cette détermination dans l'évitement des risques de voisinage a été réitérée par la loi bachelot du 30 juillet 2003 relative à la prévention des risques technologiques et naturels et à la réparation des dommages[3].

Dans la même optique, le Code minier camerounais prévoit que la prospection, la recherche ou l'exploitation des mines et des substances de carrières est en principe interdite à moins de 500 mètres des propriétés bâties, des villages, des agglomérations et des groupes d'habitation. Toutefois, lorsque ces opérations se situent à moins de cette distance

---

[1] Voir J. KOUAGHEU, « Au Cameroun, Eseka l'endeuillée saisie par la fièvre de l'or », https://www.lemonde.fr/afrique/article/2017/12/10/au-cameroun-eseka-l-endeuillee-saisie-par-la-fievre-de-l-or_5227579_3212.html ; D. ZRA, « Cameroun : découverte d'une mine d'or à Eséka », http://www.crtv.cm/2017/11/cameroun-decouverte-dune-dor-a-eseka/ ; P. A. NTCHAPDA, « Découverte : des chercheurs d'or envahissent le village de feu May Matip près d'Eséka », https://actucameroun.com/2017/11/03/cameroun-decouverte-chercheurs-dor-envahissent-village-de-feu-mayi-matip-pres-deseka/, sites consultés le 08 février 2018.

[2] J. GRATZFELD, *Industries extractives dans les zones arides et semi-arides. Planification et gestion de l'environnement*, Collection Gestion des Écosystèmes No 1, UICN, 2004, p. 49.

[3] Voir la loi n° 2003-699 du 30 juillet 2003, dite Loi Bachelot, relative à la prévention des risques technologiques et naturels et à la réparation des dommages, JORF n°175 du 31 juillet 2003 p. 13021, texte n° 4.

réglementaire, elles doivent faire l'objet d'une autorisation par les autorités compétentes[1].

147- L'interdiction des projets miniers à proximité des zones d'habitation est d'abord fondée sur une idée de bon sens : on s'éloigne du danger pour ne pas exposer les personnes. Compte tenu du fait que le droit à un environnement sain n'est pas synonyme d'un environnement « aseptisé », les nuisances tolérables doivent être acceptées. D'un point de vue matériel et technique, la définition des zones de protection est conditionnée par la nature de la source d'atteinte ou la vigueur du danger. Cela permet par exemple d'éviter des atteintes en cas d'explosion sur un site minier ou encore des émissions radioactives pour les mines d'uranium. Dans cette dernière hypothèse, c'est la notion de « dose » qui irrigue toute la construction de la réglementation de l'éloignement des habitations des sites miniers. Car comme l'avait relevé Paracelse au XVIe siècle, « *c'est la dose qui fait le poison* ». La question que l'on est en droit de se poser ici est celle de savoir, comment faire en sorte que l'exploitation minière n'empoisonne pas, c'est-à-dire n'émette pas des substances à des doses telles qu'elles deviennent nuisibles à la santé ou à l'environnement ?

Pour simplifier les choses, l'article 127 du Code minier s'est contenté de fixer une distance minimale de 500 mètres entre les sites miniers et les zones d'habitation, alors même que cette distance peut paraître insignifiante au regard du caractère très dangereux de certaines exploitations comme celle de l'uranium à cause de ses émissions des rayonnements radioactifs. En effet, on ne peut concevoir de façon géométrique les distances d'éloignement de façon générale. On ne peut les concevoir que de façon adaptée, en fonction des types d'exploitation.

Face à cette insuffisance législative, seule la notion de « faible dose » peut paraître comme la garantie de progrès vers une protection plus efficace des populations. La notion de « faible dose » suppose de définir au préalable les substances considérées comme dangereuses et à les réglementer spécifiquement. Partant de là, chaque substance va être classée selon le type de danger qu'elle peut engendrer : toxique, corrosive, irritante, inflammable etc. Par exemple, pour définir si une substance est toxique, la référence est la dose létale, DL 50, qui correspond à la dose à partir de laquelle, lors des essais en laboratoire, 50% des animaux mis en contact avec la dose en sont morts. La valeur à partir de laquelle une substance va être considérée comme toxique, du point de vue réglementaire, devrait donc être fixée sur cette base. Dès lors, tout franchissement du seuil réglementaire devra être considéré comme perturbateur de l'ordre public écologique[2]. Sous entendu, en dessous de ce seuil, il n'y a pas perturbation du milieu. Pour une protection optimale

[1] Cf. article 127 alinéa a) du Code minier.

[2] F. CABALLERO, *Essai sur la notion juridique de nuisance*, *op. cit.*, p. 71.

des populations, il suffira alors d'abaisser les seuils, de manière à les aligner sur les doses admissibles eu égard aux connaissances scientifiques du moment, pour garantir une bonne protection de l'environnement et de la santé[1].

La stricte réglementation des projets miniers à proximité des zones d'habitation permet également une maîtrise des pollutions et des nuisances.

2- La maîtrise des pollutions et des nuisances sonores et olfactives

148- Les pollutions et les nuisances sonores et olfactives provenant des exploitations minières peuvent être aggravées si les distances de voisinage ne sont pas considérables. Il convient donc de tenir compte de ces considérations lors de l'installation du projet minier.

Le mot nuisance vient du latin « *nocumentum* » et désigne selon Francis Caballero, « toute agression d'origine humaine contre le milieu physique ou biologique, naturel ou artificiel entourant l'homme »[2]. Selon cet auteur, il convient de ne pas confondre nuisance et pollution. Pour lui, toute pollution n'est pas une nuisance, de même que toute nuisance n'est pas nécessairement une pollution[3]. La notion de nuisance est selon cet auteur, plus large et plus qualitative. Elle se caractérise par deux éléments : un élément objectif (une modification du milieu physique) et un élément subjectif (une perception de cette modification par les individus). Par contre, la pollution est « toute transformation du milieu réparable objectivement » mais éventuellement trop faible pour être perçue comme une gêne[4]. La notion de pollution apparaît donc plus étroite et plus quantitative que celle de nuisance. À titre d'illustration, la dévastation d'une forêt par une mine ou par une carrière est une nuisance et non une pollution[5]. Comme on peut le constater, le critère de distinction proposé par cet auteur repose sur la subjectivité des nuisances et l'objectivité de la pollution.

D'autres auteurs ont également proposé des critères de distinction entre les nuisances et les pollutions en se fondant sur la territorialité différenciée[6] de ces deux notions, notamment la réversibilité de la nuisance[7], et la

[1] M.-P. GREVECHE, « L'appréhension des incertitudes scientifiques : les faibles doses », *in* Ph. BILLET et al. (dir), *Droit de l'environnement et protection de la santé*, *op. cit.*, p. 215.

[2] Voir F. CABALLERO, *Essai sur la notion juridique de nuisance*, *op. cit.*, p. 6.

[3] *Ibidem.*

[4] Voir J. ATTALI et M. GUILLAUME, *L'anti-économique,* Paris, PUF, 1974, p. 180.

[5] Voir F. CABALLERO, *Essai sur la notion juridique de nuisance*, *op. cit.*, p. 6.

[6] Selon Raphaël Romi, le critère de distinction entre pollution et nuisance repose autour de leur localisation, de la localisation de leurs effets, c'est-à-dire de leur territoire. Voir R. ROMI, *Droit de l'environnement*, LGDJ, 9e éd., 2016, p. 26.

[7] Voir en ce sens C. HUGLO, « Environnement et droit de l'environnement – Définitions et notion de développement durable », *JCl. Env. et dév. durable*, fasc. n° 2200, 12 juil. 2013, §§ 7-8. Pour cet auteur, les nuisances sont réversibles, alors que les pollutions sont irréversibles ou potentiellement irréversibles.

rémanence[1] propre aux pollutions. Pour séduisante qu'elle puisse paraître, cette distinction entre nuisance et pollution demeure pour le moins relative[2]. Comme l'affirme Eric Naim Gesbert, cette distinction est arbitraire, sans fondement scientifique et juridiquement inopérante[3].

Ces considérations nous amènent à distinguer le cas des nuisances olfactives (a) du cas des nuisances sonores (b), les deux étant régies par le décret n° 2011/2583/PM du 23 août 2011 portant sur la réglementation des nuisances sonores et olfactives. Ce décret concerne bel et bien les activités « *susceptibles de porter atteinte à la santé publique et à l'environnement, y compris tout projet ou activité d'exploitation des sols et du sous-sol…* »[4].

a) La maîtrise des nuisances olfactives

149- Pour ce qui est des nuisances olfactives, il va de soi que si les projets miniers sont installés à proximité des habitations, les populations seront victimes de nombreuses émissions malodorantes provenant des déchets, des effluents de mines et bien d'autres sources. Elles concernent les odeurs, entendues comme des « *émissions dans l'air de gaz provenant d'une source fixe ou mobile perçue par l'appareil olfactif et ayant un caractère nocif, malsain ou incommodant* »[5]. À cet effet, le décret du 23 août 2011 sus mentionné interdit « *les émissions d'odeurs gênant le voisinage, en tout lieu, au-delà des valeurs d'émission fixées par l'organisme chargé de la normalisation et de la qualité* »[6]. Ces valeurs limites des émissions odorantes, dont la concentration est mesurée par des capteurs (nez électroniques) ou via des méthodes d'analyse physico-chimiques et olfactométriques, sont définies par l'organisme chargé de la normalisation et de la qualité[7], notamment l'Agence des normes et de la qualité (ANOR). Lorsque ces valeurs limites d'émission ne sont pas respectées, les communes peuvent prendre des mesures telles que « *la mise en demeure, la pose des scellés et la suspension des activités de l'établissement pollueur, pour faire*

---

[1] Voir en ce sens G. ULLMANN, *Les installations classées. Deux siècles de législation et de nomenclature*, t. 1, éd. Cogiterra, 2015, p. 24. Selon Gabriel Ullmann, le critère de la rémanence, ou de la persistance dans le temps des effets de la pollution alors que sa source a disparu, constitue le meilleur critère pour distinguer une pollution d'une nuisance.

[2] Voir A. MEYNIER, *Réflexions sur les concepts en droit de l'environnement*, Thèse précitée, p. 271.

[3] É. NAIM-GESBERT, *Droit général de l'environnement*, LexisNexis, 2e éd., 2014, p. 241.

[4] Cf. article 2 du décret n° 2011/2583/PM du 23 août 2011 sur la réglementation des nuisances sonores et olfactives, http://opencamer.blogspot.com/2013/08/decret-n-20112583pm-du-23-aout-2011.html, consulté le 3 mars 2020.

[5] Cf. article 7 du décret n° 2011/2583/PM du 23 août 2011 précité.

[6] Cf. article 4 alinéa 2 du décret n° 2011/2583/PM du 23 août 2011 précité.

[7] Cf. article 4 alinéa 2 du décret n° 2011/2583/PM du 23 août 2011 précité.

cesser les nuisances»[1]. Cette disposition s'applique également aux nuisances sonores.

b) La maîtrise des nuisances sonores

150- S'agissant des nuisances sonores, le texte sus visé s'applique à « *tous types de bruits, y compris les activités ou les travaux bruyants et gênant le voisinage, les établissements classés dangereux, insalubres ou incommodes, les bruits produits à l'intérieur des mines et carrières...*»[2]. S'il est une nuisance qui permet aux populations riveraines d'un site minier d'évoquer leurs droits fondamentaux à un environnement sain, c'est bien le bruit[3]. A la différence des autres formes de pollution, le bruit n'affecte aucune ressource (air, eau, sol), les émissions sonores exerçant leurs effets directement sur la personne. Comme l'écrit un auteur, le constat est alarmant : « le bruit ravage la santé »[4]. En effet, si des incertitudes scientifiques demeurent, toutes les études confirment aujourd'hui que le bruit ne cantonne pas ses effets à l'appareil auditif, mais affecte l'ensemble de l'organisme[5]. Il agit sur le système nerveux et cardio-vasculaire (notamment sur le rythme cardiaque et la tension artérielle), perturbe le fonctionnement de l'appareil digestif et nuit à la perception visuelle[6]. Si rien n'est fait, le bruit peut devenir la pire des nuisances, parce qu'il atteint l'homme dans ce qu'il a de plus précieux : sa santé et sa qualité de vie. Une exposition au bruit peut entraîner des troubles généraux tels que la fatigue, la diminution de l'attention et de la concentration intellectuelle, des troubles du sommeil et une augmentation de l'agressivité. Il empêche le repos, nuit à la vitalité, diminue les facultés de concentration, provoque la fatigue physique et le stress psychique.

Les effets pervers du bruit sur la santé ne sont donc plus à démontrer, et point n'est plus besoin aujourd'hui de vivre ou de travailler dans un environnement bruyant pour subir ou connaître les effets nuisibles qu'il peut

---

[1] Cf. article 8 du décret n° 2011/2583/PM du 23 août 2011 précité.

[2] Cf. article 3 alinéa 1 du décret n° 2011/2583/PM du 23 août 2011 précité.

[3] Voir D. GILLIG, « Lutte contre le bruit », *Environnement*, n° 12, 2014, pp. 37-38.

[4] P. SAINT-MARC, « L'homme est malade de son environnement », *Combat Nature* n° 113, mai 1996, p. 5.

[5] Outre les « effets spécifiques » sur l'oreille se traduisant par la perte d'audition qui peut être passagère (fatigue auditive) ou irréversible et inguérissable (surdité) lorsque le niveau sonore atteint une certaine intensité, le bruit provoque des effets psychologiques et physiologiques, à des niveaux modérés non traumatisants pour l'oreille qui sont ceux de la vie de tous les jours. Voir « Les effets du bruit sur la santé », Ministère des Affaires Sociales, de la Santé et de la Ville, 1995 ; P. PICHOT, « Bruit, sommeil et comportement », *Le Concours médical*, n° 115-06, 13 février 1993, pp. 453-455.

[6] V. JAWORSKI, « Les nuisances sonores : un problème de santé publique », *in* Ph. BILLET et al. (dir), *Droit de l'environnement et protection de la santé*, éd. L'Harmattan, collection Logiques Juridiques, 2009, p. 83.

causer sur la santé des personnes, à la suite d'un niveau sonore trop élevé ou à une durée d'exposition trop longue. De même, point n'est plus besoin aujourd'hui de prouver une faute constituée par un dépassement de normes, pour se plaindre ou obtenir réparation de son préjudice. Il suffit juste que le trouble sonore soit anormal en application de la théorie jurisprudentielle des troubles de voisinage, issue d'un *arrêt de la Cour de cassation française en date du 27 novembre 1844* à propos d'un dommage résultant du bruit[1]. Instituant une responsabilité sans faute, cette théorie purement prétorienne repose sur une appréciation *in concreto* de la nuisance par les juges en fonction des caractères intrinsèques du bruit (intensité, durée), des circonstances de temps (l'environnement social) et la réceptivité de la victime du bruit en référence à une personne « normale », c'est-à-dire réagissant de manière « raisonnable » dans les circonstances particulières de chaque espèce.

Ces problèmes sont donc réels et font l'objet d'un congrès international sur le bruit en tant que problème de santé publique[2]. Au niveau européen, le cinquième programme d'action environnementale de l'Union européenne intitulé « *Vers un développement durable* »[3], affirme que le développement durable signifie aussi que « *nul ne doit être exposé à des niveaux sonores tels qu'ils mettent en danger sa santé ou sa qualité de vie* »[4].

Pendant longtemps, les décideurs institutionnels tout comme la population, y compris les victimes, identifiaient le bruit à la vie moderne, au signe du développement, à un mal nécessaire et inévitable de la société de consommation, voire au symbole du progrès. Cette conception n'est plus de mise aujourd'hui, le bruit ne pouvant pas être considéré comme la rançon du progrès. Au contraire, il est signe d'archaïsme et source d'inégalités, les couches sociales défavorisées, qui n'ont pas les moyens matériels de se protéger contre cette nuisance, en souffrant le plus[5]. Bien plus, contrairement

---

[1] Cass. Civ. 1, 27 novembre 1844, *D.S.* 1844, I, 211 ; *D.* 1845, I, 13.

[2] Il s'agit du Congrès international *Noise & Man* qu'organisent tous les ans plusieurs pays tels que les USA, l'Allemagne, l'Italie, la Suède… La réalité et la gravité du phénomène ont été très tôt perçues : alors que la première conférence internationale sur le bruit qui s'était tenue en 1968 présentait « le bruit comme un *risque* pour la santé publique », lors de la deuxième conférence, le terme « risque » a été remplacé par « problème »… Ce qui montre bien que le risque était bel et bien avéré, prenant la dimension d'un problème de santé publique.

[3] *JOCE*, n° 138, du 17 mai 1993 et confirmé dans le 6e programme d'action communautaire pour l'environnement (Déc. n° 1600/2002/CE du 22 juillet 2002, *JOCE* n° L 242, 10 sept. p. 1).

[4] La mise en œuvre de ce 5e programme a débuté par l'élaboration en 1996 d'un « *Livre Vert du Bruit* » intitulé « *La politique future de lutte contre le bruit* », destiné à stimuler le débat public sur la question. Ce Livre Vert trace les grandes lignes d'une approche commune entre les pays membres, afin d'éviter, de prévenir ou de réduire les effets nocifs sur la santé dus à l'exposition au bruit ambiant, défini comme le son inopportun ou nuisible créé par l'activité humaine en plein air. Il s'agit du bruit émis par le trafic routier, ferroviaire et aérien ainsi que du bruit provenant des activités industrielles.

[5] V. JAWORSKI, « Les nuisances sonores : un problème de santé publique », précité, p. 88.

à ce que certaines personnes pensent s'être habituées à leur environnement sonore, des études démontrent que l'adaptation au bruit n'est qu'une illusion. En réalité, il n'y a pas d'accoutumance physiologique au bruit, notre organisme continuant à subir les multiples agressions des nuisances acoustiques et leurs effets nocifs.

Si l'on considère donc que le bruit ne permet pas d'atteindre un état de complet bien-être physique, mental et social, alors cette nuisance concerne également à la fois la santé physique d'une part et la santé mentale et sociale d'autre part. La relation santé-bruit semble complexe, car elle recouvre à la fois un aspect objectif[1] et un aspect subjectif[2]. Phénomène protéiforme et subjectif par nature[3], le bruit implique une réglementation également complexe, tant sur le fond que sur la forme. Ainsi, des dispositifs juridiques institués permettent d'appréhender le bruit à la fois dans son aspect quantitatif et qualitatif. Le traitement du bruit est d'autant plus délicat qu'il doit se faire en fonction du contexte et de l'environnement à la fois géographique, humain, économique et sociologique. Le droit doit par conséquent concilier le respect de l'individu et les exigences de la collectivité[4].

Pour limiter les nuisances sonores, les législateurs adoptent généralement une double démarche : une *démarche préventive* tout d'abord, en agissant sur les sources du bruit. L'éloignement des sites miniers des zones d'habitation participe de cette logique de maîtrise de la nuisance à la source. La profusion des règles applicables en la matière tend ainsi à instituer un *modus vivendi* censé prévenir matériellement les débordements acoustiques

---

[1] A partir d'un certain niveau sonore, un bruit devient dangereux, nuisible pour la santé de l'homme. Du point de vue quantitatif, de nombreux textes imposent des niveaux sonores à ne pas dépasser. Ils fixent des normes techniques qui traduisent l'intensité maximale légalement admissible pour certaines sources sonores déterminées. Toutefois, l'intensité sonore ne peut fournir l'unique critère de définition de la nuisance, car une émission acoustique, même faible, si elle est répétée, pourra occasionner une gêne.

[2] Deux personnes peuvent réagir très différemment au même stimulus sonore et ces réactions sont extrêmement difficiles à prévoir et à évaluer.

[3] Les réponses individuelles au phénomène du bruit varient d'une personne à l'autre. Tout dépend en effet du contexte et de la signification qui est donnée à la manifestation sonore perçue. Ainsi, les cheminots trouvent les bruits des trains moins gênants que peuvent le juger d'autres personnes. L'existence d'un lien de dépendance économique à la source sonore agit donc dans le sens d'une meilleure acceptation du bruit. La réaction est identique lorsqu'il s'agit d'un bruit que l'on a choisi et que l'on contrôle. La secrétaire est moins gênée par les sonorités de sa machine à écrire que par celles de la machine voisine. A l'inverse, le jazz du voisin constituera un bruit pour celui qui préfère la musique classique et aspire au silence… D'autres caractéristiques du bruit sont également à prendre en compte, telles que son caractère répétitif ou impulsionnel, mais aussi les conditions dans lesquelles il survient, le moment et le lieu, l'impossibilité de pouvoir le contrôler ou encore la réceptivité personnelle à chaque individu, liée à son état de santé, son âge, son activité etc. Voir V. JAWORSKI, « Les nuisances sonores : un problème de santé publique », précité, pp. 92-93, spéc. note 20.

[4] Voir V. JAWORSKI, « Les nuisances sonores : un problème de santé publique », précité, p.98.

producteurs de gêne. Les législateurs adoptent ensuite une *démarche répressive* en sanctionnant tout bruit qui dépasse le seuil du tolérable. À cet effet, l'article 8 du décret n° 2011/2583/PM du 23 août 2011 portant sur la réglementation des nuisances sonores et olfactives dispose que « *lorsque les valeurs limites d'émission fixées par les normes de pollution sonore (...) ne sont pas respectées, les communes prennent des mesures telles que, la mise en demeure, la pose des scellés et la suspension des activités de l'établissement pollueur, pour faire cesser les nuisances* ». Dans la même logique, l'article R. 369 du Code pénal punit seulement d'une amende de 2.600 à 3.600 francs inclusivement, « *les auteurs ou complices de bruits (...) troublant la tranquillité des habitants* »[1].

Une réglementation adéquate du bruit en amont et en aval, contribuerait ainsi à une meilleure conciliation entre les intérêts sociaux et environnementaux et les intérêts socio-économiques, parmi lesquels se trouve affirmée la santé des personnes. L'objectif n'est pas d'empêcher toutes les nuisances, mais de permettre un droit négocié entre les exploitants miniers, les pouvoirs publics et les populations directement impactées. Etant donné que la lutte contre le bruit n'est pas la lutte pour le silence, mais la revendication d'un environnement sonore satisfaisant, il s'agit de lutter contre les bruits inutiles, agressifs, nuisibles à la santé, de modérer ceux qui sont désagréables pour autrui, tout en acceptant ceux qui font partie de la vie de tous les jours et qui sont l'expression d'un environnement sonore maîtrisé. Le but est donc de supprimer le côté négatif du bruit, c'est-à-dire la *nuisance sonore*. Le problème est donc bien de déterminer ce « niveau sonore acceptable » qui permettra de concilier les différents intérêts en présence et d'assurer une certaine qualité de vie au sein d'un environnement sonore satisfaisant.

Le reproche qui est souvent fait aux seuils d'émission sonore est qu'ils apparaissent généralement comme un permis de nuire, comme la fixation légale d'un niveau de nuisance que l'on sait de toute façon inévitable, même s'il apparaît que la détermination des seuils paraît plus adaptée et plus acceptable par tous.

Outre la stricte réglementation de l'installation des projets miniers à proximité des zones d'habitation, la restriction la plus forte concerne l'installation des projets miniers dans les zones de protection floristique et faunique.

B- La stricte réglementation de l'installation des projets miniers à l'intérieur des zones de protection floristique et faunique

151- Il existe des espaces privilégiés, caractérisés par la plus ou moins grande pureté de l'air, des sols et de l'eau, par opposition aux lieux malsains

[1] Voir la loi n° 2016/007 du 12 juillet 2016 portant Code pénal.

qui engendrent facilement la maladie. La notion de zone protégée peut être interprétée comme un lieu dont l'un des aspects a une telle importance que la totalité de la zone mérite d'être soustraite aux activités humaines. Cette mise en défens[1] « autoritaire » survient au moment où, à maints endroits, on constatait un chevauchement entre les permis miniers et les autres permis d'exploitation des ressources naturelles (forestières, agricoles...), « une réduction du domaine forestier due à l'extension des terres cultivées et à une exploitation inconsidérée des ressources ligneuses sans plan de gestion à long terme »[2].

Il existe plusieurs mécanismes de protection de la flore et de la faune (1). Quel que soit le mécanisme retenu, l'objectif final reste le même, à savoir, la protection de la santé et de la vie, humaine et/ou animale (2).

1- La variété des mécanismes de protection de la flore et de la faune

152- La protection de la flore et de la faune renvoie à la protection de la diversité biologique. De manière prosaïque, la diversité biologique représente la diversité des formes de vie existant sur terre. L'idée d'un devoir de protection de la biodiversité dans son ensemble a été réalisée en 1992 à Rio, avec la Convention sur la diversité biologique (CDB)[3], signée par le Cameroun en 1993, après la création en 1992 d'un ministère de l'Environnement et des Forêts (MINEF)[4]. En raison des pressions de développement auxquels sont soumises les forêts et la faune (notamment la construction des infrastructures routières, le développement de l'agro-industrie, l'exploitation pétrolière, minière et forestière), les objectifs

---

[1] Un défens ou défends est, dans le français juridique de l'Ancien Régime, une terre close par le seigneur pour en interdire l'accès, que ce soit un bois pour se réserver le droit de garenne, le droit de chasse. Aujourd'hui, la « mise en défens » (on dit aussi « en défense ») d'une parcelle ou d'une partie de parcelle, est l'installation de clôtures, assortie de l'interdiction de pénétrer. « Défens » a alors le sens premier d'« interdiction », de « défense ». Voir https://fr.wikipedia.org/wiki/Défens.

[2] J. P. NDAME, « L'aménagement difficile des zones protégées au Nord Cameroun », *Autrepart,* 2007/2 (n° 42), p. 145, https://horizon.documentation.ird.fr/exl-doc/pleins_textes/divers18-07/010042245.pdf, consulté le 7 mais 2018.

[3] Cette Convention marque « un véritable tournant sur l'universalisme de la prise de conscience sur la nécessité de préserver la biodiversité. Elle reconnaît, pour la première fois, la conservation de la biodiversité comme étant une ''*préoccupation commune à l'humanité*'' et une partie intégrante au processus de développement », Voir COMIFAC, *Considérations politiques sur l'utilisation des terres dans le bassin du Congo*, Rapport final, 2013, p. 10, https://pure.iiasa.ac.at/id/eprint/13781/1/Rapport_final_politiques_REDD-PAC.pdf, consulté le 3 mars 2020.

[4] Voir J. P. NDAME, « L'aménagement difficile des zones protégées au Nord Cameroun », précité, p. 148.

d'Aïchi[1] préconisent de « *réduire les pressions directes exercées sur la diversité biologique et encourager l'utilisation durable* »[2].

De nombreuses initiatives et études concernant les activités des industries extractives et la conservation de l'environnement ont déjà été réalisées par le passé, sont en cours ou prévues[3]. Par ailleurs, certains gouvernements et différentes organisations ont mis au point des outils et des lignes directrices dans le but de s'assurer que l'on tienne compte de la conservation de la diversité biologique dans les projets de développement minier, pétrolier et gazier[4].

Malgré la diversité des textes et des mécanismes en la matière, la biodiversité recule partout dans le monde et de plus en plus rapidement, le Cameroun ne faisant pas exception. « Face à la nécessité de conserver sa diversité biologique et au besoin du développement économique de sa population, l'État a mis en place le Programme de Conservation et de Gestion de la Biodiversité au Cameroun (PCGBC), avec l'appui technico-financier de plusieurs partenaires (FEM, AID, DGIS, GMZ, WWF, etc). Ce programme comprend neuf composantes »[5]. Il existe en effet plusieurs mécanismes de protection de la flore et de la faune : on peut citer entre autres, la création des aires protégées (a) et la protection accordée aux zones humides (b).

a) La création des aires protégées

153- Les aires protégées jouent un rôle clé pour la conservation de la biodiversité. L'idée d'accorder un statut spécial à de grands espaces en vue de la préservation de la faune et de la flore n'est pas récente. En effet, l'idée de réserver certains espaces aux aires protégées en Afrique est ancienne. On la retrouve dans la convention de Londres de 1933 relative à la conservation de la faune et de la flore à l'état sauvage qui, après avoir reconnu que la faune sauvage, surtout les espèces les plus vulnérables ne pouvaient être efficacement conservées que dans les aires protégées, incitait les puissances

---

[1] En octobre 2010, l'atteinte des ambitions de la CDB s'est vu renforcé par l'adoption au Japon, d'un *Plan d'action stratégique pour la biodiversité* par les Etats parties. Ce plan d'action comprend une mission, des buts stratégiques et 20 objectifs ambitieux mais réalisables nommés « Objectifs d'Aichi ». Voir http://mg.chm-cbd.net/objectifs-d-aichi

[2] Voir le But stratégique B du *Plan stratégique pour la biodiversité 2011-2020.*

[3] On peut citer par exemple : Global Mining Initiative, Mining and Sustainable Development Process et Joint Dialogue on Mining and Biodiversity entre l'International Council on Mining and Metals et l'UICN.

[4] On peut citer l'Initiative Énergie et Biodiversité (Energy and Biodiversity Initiative); l'Association internationale de l'industrie pétrolière pour la sauvegarde de l'environnement; l'Association internationale des producteurs de pétrole et de gaz; et Environmental Guidelines for Mining and Sustainable Development (Berlin II).

[5] J. P. NDAME, « L'aménagement difficile des zones protégées au Nord Cameroun », *Autrepart,* 2007/2 (n° 42), p. 146.

colonisatrices ou administratrices des territoires en Afrique à créer le plus rapidement possible sur les parties du territoire dont ils assuraient la gestion administrative ou la tutelle des aires protégées[1].

Cette vision a été reprise par la Convention africaine sur la conservation de la nature et des ressources naturelles adoptée à Alger en 1968 (modifiée à Maputo en 2003) qui, après avoir donné une classification des aires protégées, justifie leur création par la nécessité de protéger les écosystèmes et le besoin de conservation de la faune sauvage.

Historiquement, comme le souligne Joseph Pierre Ndamè, « la notion de zone protégée fut interprétée comme un lieu dont l'un des aspects avait une telle importance que la totalité de la zone devait être soustraite aux activités humaines (…) Il s'agit là du modèle américain du parc national «intact»[2] qui s'est répandu très rapidement au point où dans les années 1960, de nombreux pays ont créé des parcs nationaux excluant tout habitat humain, conformément à la définition du «parc national», formulée par l'Alliance mondiale pour la nature en 1969 comme une « *zone assez vaste qui ne subit pas d'altérations matérielles dues à l'exploitation ou à l'occupation humaine, et où la plus haute autorité du pays a pris des mesures pour prévenir où éliminer totalement l'exploitation et l'occupation humaine* »[3].

Au Cameroun, l'auteur relève que « la mise en réserve a toujours été pour l'État camerounais, un des moyens d'assurer la gestion de ses zones protégées (…). La première aire protégée date de l'administration coloniale française en 1916. Il s'agissait du domaine de chasse de Bouba Ndjidda. C'est surtout à partir de 1932 que le mouvement de transformation des réserves forestières s'est amplifié pour atteindre son apogée après l'indépendance, en 1960 »[4]. Le Cameroun dispose actuellement d'un réseau d'aires protégées estimé à environ 19 % de la superficie du territoire

---

[1] Voir le point 3 de la Convention de Londres de 1933 relative à la conservation de la faune et de la flore à l'Etat sauvage qui stipule que : « *considérant que cette conservation [de la faune sauvage] ne peut être mieux réalisée en constituant des parcs nationaux, des réserves intégrales naturelles et d'autres réserves dans lesquelles la chasse, l'abattage ou la capture de la faune seront limités ou interdits* ». Voir COMIFAC, *Considérations politiques sur l'utilisation des terres dans le bassin du Congo*, Rapport final, 2013, p. 10, https://pure.iiasa.ac.at/id/eprint/13781/1/Rapport_final_politiques_REDD-PAC.pdf, consulté le 3 mars 2020.

[2] Les premières zones protégées modernes ont été constituées il y a plus d'un siècle à la «frontière» du Far West en Amérique du Nord, alors que les populations indigènes étaient chassées (souvent brutalement) par les colons. A cet effet, le parc national de Yellowstone a été créé en 1872 dans une zone occupée précédemment par les indiens Shoshone, Crow et Blackfoot. L'un des principes fondamentaux du nouveau parc national était que personne - à l'exception du personnel du parc - ne pouvait y vivre en permanence.

[3] J. P. NDAME, « L'aménagement difficile des zones protégées au Nord Cameroun », *Autrepart,* 2007/2 (n° 42), p. 145. Voir également J. A. McNEELY, « Des zones protégées pour le 21e siècle: Améliorer leur utilité pour la société », *http://www.fao.org/docrep/v2900f/v2900f03.htm*, consulté le 12février 2018.

[4] J. P. NDAME, « L'aménagement difficile des zones protégées… », précité, p. 145, note 2.

national[1]. Il convient de distinguer le cas des aires protégées pour la faune des réserves forestières.

154- S'agissant des *aires protégées pour la faune*, cette préoccupation internationale a été réceptionnée par le législateur camerounais qui, dans la loi n° 94-01 du 20 janvier 1994 portant régime des forêts, de la faune et de la pêche, réserve certaines portions du territoire aux aires protégées aux fins de conservation des écosystèmes et de protection de la faune sauvage[2]. La loi sus évoquée et ses textes d'application[3] réglementent le fonctionnement des réserves de faune. Le Cameroun compte à ce jour 18 parcs nationaux (dont les plus célèbres sont : le parc de Waza, le parc de Bouba Ndjidda, le parc de la Benoué, le Parc national de Campo-Ma'an etc.), 6 réserves de faune, 3 sanctuaires de faune, 3 jardins zoologiques, et 68 zones d'intérêt cynégétiques (ZIC) et zones d'intérêt cynégétique à gestion commune (ZICGC)[4].

L'exploitation minière dans les réserves de faune provoque des dommages directs et indirects sur la faune et par ricochet sur la santé humaine, surtout lorsqu'on sait que certaines populations autochtones des zones d'exploitation minière au Cameroun comme les pygmées et les Bakas vivent essentiellement de la chasse et de la cueillette. Certains impacts sont de court terme tandis que d'autres qui s'étendent sont différés ; certains sont limités au site de la mine tandis que d'autres peuvent s'étendre à plusieurs dizaines de kilomètres. A titre d'illustration, les mines à ciel ouvert peuvent dégrader les habitats aquatiques avec des impacts ressentis à plusieurs kilomètres du site minier, notamment par la contamination des rivières et de toute la faune et la flore aquatique des cours d'eaux. C'est le cas également des déchets et des huiles provenant de l'entretien des installations et des équipements miniers qui peuvent se répandre sur plusieurs kilomètres.

155- L'effet le plus direct est sans doute la *destruction des habitats naturels des animaux* dans les zones d'excavation et d'accumulation des déchets miniers. En effet, de nombreuses espèces fauniques sont fortement dépendantes de la végétation grandissant dans ces zones naturelles. De

---

[1] COMIFAC, *Considérations politiques sur l'utilisation des terres dans le bassin du Congo*, Rapport final, 2013, p. 21.

[2] M. TALLA, *Le régime de la faune sauvage au Cameroun*, éd., Clé, Yaoundé 2010, pp.55 et s.

[3] Notamment, le décret n° 95/466/PM du 20 juillet 1995 fixant les modalités du régime de la faune. L'art.14 de ce décret classe les animaux sauvages vivant sur le territoire national en trois classes (A, B, C), conformément à l'article 78 de la loi de 1994 sus évoquée. La classe A comprend les espèces animales rares en voie de disparition et bénéficiant par conséquent d'une protection intégrale ; la classe B comprend les espèces bénéficiant d'une protection partielle ; et la classe C regroupe les autres animaux.

[4] Voir l'annuaire statistique du Cameroun 2011, chapitre 16.

même, cette végétation constitue pour la faune, le lieu de nidification et l'abri pour échapper aux prédateurs. Ainsi, toute activité, à l'instar de l'exploitation minière, qui tend à détruire la végétation près des étangs, des plans d'eau, des réservoirs, des lacs, des marais et des marécages... réduit ainsi la qualité et la quantité de l'habitat essentiel pour poissons, les oiseaux aquatiques, les oiseaux de rivage et de nombreuses espèces terrestres. Les exigences liées à l'habitat de nombreuses espèces animales ne leur permettent pas toujours de s'adapter aux changements créés par la perturbation de leur milieu naturel. Ces modifications réduisent ainsi leur espace vital et menacent la survie de certaines espèces. En effet, le degré avec lequel les animaux tolèrent la concurrence humaine pour l'espace varie, car certaines espèces tolèrent très peu de perturbation. Dans le cas où un habitat particulièrement critique devient limité, comme un lac, un étang ou une zone de reproduction primaire, une espèce pourrait disparaître[1].

156- Les impacts proviennent également du *déplacement des espèces* à la suite de la perturbation et de la redistribution de la surface du sol. Au cours des dernières décennies, la déforestation massive liée à l'exploitation minière a contribué au déplacement de plusieurs espèces fauniques. Tandis que les espèces mobiles comme le gibier, les oiseaux et les prédateurs, quittent ces zones déforestées pour tenter de se réfugier ailleurs, les espèces sédentaires quant à elles sont les plus sévèrement affectées. C'est le cas notamment des invertébrés, des nombreux reptiles, des rongeurs fouisseurs et des petits mammifères. Si au cours de l'exploitation minière, les cours d'eau, les lacs, les étangs ou les marais sont comblés ou drainés, les poissons, les invertébrés aquatiques et les amphibiens seront aussi sévèrement menacés d'être exterminés. Cette disparition créée un déséquilibre dans la chaîne alimentaire, en ce sens que l'approvisionnement en nourriture des prédateurs sera désormais réduit par la disparition de ces espèces terrestres et aquatiques. En effet, plusieurs espèces fauniques vivent dans des communautés et dépendent les unes des autres, la disparition d'une espèce pouvant fortement impacter sur l'autre. La survie de ces espèces peut dépendre des conditions du sol, du climat local, de l'altitude et de bien d'autres caractéristiques de l'habitat local. Au risque de détruire ces habitats naturels, il convient de s'interroger sur la question de savoir si les projets miniers doivent être installés dans des aires protégées ?

À cette interrogation, l'article 24 de la loi forestière de 1994 classe les aires protégées telles que les parcs nationaux et les réserves écologiques au rang des forêts domaniales[2], qui font partie du domaine forestier permanent,

---

[1] Environmental law Alliance Worldwide (ELAW), *Guide pour l'évaluation des EIE de projets miniers*, 1re éd., juillet 2010, www.elaw.org, p. 16.

[2] On y retrouve « les *aires protégées pour la faune* telles que les parcs nationaux ; les réserves de faune ; les zones d'intérêt cynégétique ; les game-ranches appartenant à l'Etat ; les jardins

« *constitué de terres définitivement affectées à la forêt et/ou à l'habitat de la faune* »[1] avec un objectif de couvrir au moins 30 % du territoire national[2] contre 19% actuellement[3]. Aux termes de l'article 29 de ladite loi, « *toute activité dans une forêt domaniale doit, dans tous les cas, se conformer à son plan d'aménagement* »[4]. Bien plus, le décret n° 95/678/PM du 8 décembre 1995 relatif au plan indicatif d'utilisation des terres en zones méridionales précise que toute activité susceptible d'entrer en conflit avec la vocation prioritaire pour chaque domaine forestier est interdite.

157- Au regard de ces dispositions, toute activité extractive devrait donc en principe être interdite dans les parcs nationaux et dans les réserves écologiques. Tel n'est pas le cas dans la pratique, les activités extractives étant régulièrement autorisées dans ces espaces considérés comme critiques pour la santé et la vie. Il suffit juste pour cela que les autorités compétentes les aient autorisées, conformément à l'article 127 alinéa b) du Code minier qui dispose que « *les travaux de prospection, de recherche ou d'exploitation ne peuvent être entrepris sans autorisation des autorités compétentes (...) dans toute aire protégée au sens des lois forestière et environnementale* ».

Pourtant, les activités minières entrainent nécessairement le défrichement des forêts. Le défrichement étant une opération volontaire ayant pour effet de détruire l'état boisé d'un terrain et de mettre fin à sa destination forestière[5], il ne peut être effectué sans autorisation des pouvoirs publics. C'est sans doute la raison pour laquelle, la loi du 19 janvier 1994 portant régime des forêts, de la faune et de la pêche, prend le soin de préciser que les forêts permanentes (dont font partie les parcs et les réserves écologiques) étant « *définitivement affectées à la forêt et/ou à l'habitat de la faune* », et donc interdites à toute autre activité, le défrichement de tout ou partie de ces forêts

---

zoologiques appartenant à l'Etat ; les sanctuaires de faune ; les zones tampons et *les réserves forestières* telles que les réserves écologiques intégrales ; les forêts de production ; les forêts de protection ; les forêts de récréation ; les forêts d'enseignement et de recherche ; les sanctuaires de flore ; les jardins botaniques ; les périmètres de reboisement ». Cf. art. 24 alinéa 1 de la loi n° 94/01 du 20 janvier 1994 portant régime des forêts, de la faune et de la pêche, https://www.wipo.int/edocs/lexdocs/laws/fr/cm/cm007fr.pdf, consulté le 5 janvier 2020.

[1] V. Article 20 de la loi camerounaise n° 94/01 du 20 janvier 1994 portant régime des forêts, de la faune et de la pêche.

[2] Cf. article 22 de la loi camerounaise du 19 janvier 1994 portant régime des forêts, de la faune et de la pêche.

[3] COMIFAC, *Considérations politiques sur l'utilisation des terres dans le bassin du Congo*, Rapport final, 2013, p. 21.

[4] V. Article 29 de la loi de 1994 portant régime des forêts, de la faune et de la pêche.

[5] Le défrichement est « *le fait de supprimer les arbres ou le couvert de la végétation naturelle d'un terrain forestier, en vue de lui donner une affectation non forestière, quels que soient les moyens utilisés à cet effet* ». Cf. article 15 de la loi n° 94/01 du 20 janvier 1994 portant régime des forêts, de la faune et de la pêche, https://www.wipo.int/edocs/lexdocs/laws/fr/cm/cm007fr.pdf, consulté le 5 janvier 2020.

est subordonné à un *déclassement*[1] préalable pour cause d'utilité publique[2], déclassement qui peut être total ou partiel[3]. Ainsi, le 28 avril 2010, la société minière CAM IRON a été astreinte à payer une somme de 13 417 633 FCFA pour avoir exploité le domaine national sans détenir un titre d'exploitation régulièrement délivré par l'administration forestière[4].

158- Quoi qu'il en soit, « le déclassement ne peut intervenir lorsque le défrichement est de nature à porter atteinte à la satisfaction des besoins des populations locales en produits forestiers ; à compromettre la survie des populations riveraines dont le mode de vie est lié à la forêt concernée ; ou à compromettre les équilibres écologiques… »[5]. Si la forêt domaniale doit être déclassée pour permettre l'exploitation d'autres ressources naturelles (minières, pétrolières, gazières, agricoles, forestières…), la loi exige que la mise en œuvre de ce projet soit précédée d'une étude d'impact préalable[6] et que les résultats de celle-ci soient favorables. Bien plus, il faut que la forêt domaniale soit remplacée par le classement d'une forêt équivalente, localisée dans le même écosystème, et ayant la même taille et des caractéristiques écologiques semblables à celles de la forêt déclassée[7]. Est ainsi permis le défrichement de tout ou partie d'une forêt permanente (et donc la possibilité d'implantation des projets miniers), sous trois conditions cumulatives : le déclassement total ou partiel de la forêt considérée[8] ; le classement d'une forêt de même catégorie et d'une superficie équivalente dans la même zone

---

[1] Le déclassement est l'acte par lequel une forêt classée sort du domaine permanent de l'État. Voir M. KAMTO, *Droit de l'environnement en Afrique*, Paris, Edicef-Aupelf, 1996, p. 187.

[2] Cf. article 9 (1) du décret n° 95/531/PM du 23 aout 1995 fixant les modalités d'application du régime des forets.

[3] Cf. article 16 de la loi de 1994 portant régime des forêts, de la faune et de la pêche.

[4] P. OUMBA « Le règlement amiable des litiges en matière d'environnement au Cameroun », *Liaison Energie-Francophonie*, 2014, p. 73.

[5] Cf. article 9 (3) du décret n° 95/531/PM du 23 aout 1995 fixant les modalités d'application du régime des forets, disponible à l'adresse : https://www.documents.clientearth.org/wp-content/uploads/library/1995-08-23-decret-n%C2%B0-95-531-pm-du-23-aout-1995-fixant-les-modalites-d039application-du-regime-des-forets-cameroun-ext-fr.pdf, consultée le 11 septembre 2019.

[6] Cf. art. 16 alinéa 2 de la loi de 1994 portant régime des forêts, de la faune et de la pêche.

[7] V. Article 28 de la loi n° 94/01 du 20 janvier 1994 portant régime des forêts, de la faune et de la pêche. Voir également l'article 22 du décret n° 95/531/PM du 23 aout 1995 fixant les modalités d'application du régime des forets. Le projet de révision de la loi forestière semble se situer en net recul sur cette question de la préservation des forêts permanentes : le classement visé à l'article 28.2 n'intervient plus comme une obligation absolue, mais simplement « *dans la mesure du possible* » (voir l'article 36.2 du projet de loi sur les forêts, version de décembre 2012).

[8] C'est par exemple le cas de la réserve de Douala-Edéa, qui a été déclassée suite aux travaux d'exploration pétrolière qui y sont menés depuis quelques années. Voir S. NGUIFFO et al., *Législations sur les activités extractives, foncières, forestières et environnementales au Cameroun. Mise en perspective et gestion des conflits,* Mai 2011, note 64, p. 45.

écologique en remplacement ; et la réalisation préalable d'une étude d'impact sur l'environnement.

Tel n'est pas toujours le cas dans la pratique, les projets miniers n'étant pas toujours précédés d'un déclassement suivi du reclassement d'une forêt équivalente, et parfois même en l'absence d'une étude d'impact. Non seulement, il y a lieu de douter de l'effectivité des déclassements[1], ensuite, l'on ne saurait se satisfaire pleinement des compensations de surfaces, c'est-à-dire purement quantitatives, sans tenir compte du potentiel spécifique des écosystèmes des terrains reboisés ou classés ainsi que de leur potentiel en biodiversité[2].

Dans de telles hypothèses, l'on se retrouve effectivement en face d'un conflit entre lois sectorielles, notamment entre le Code minier et la loi portant régime des forêts, de la faune et de la pêche. En appliquant les règles générales d'interprétation juridique dans le cas des lois sectorielles contradictoires, la loi la plus récente devrait prévaloir (dans ce cas, le code minier du 14 décembre 2016). Bien plus, en matière de concours de polices, c'est la police la plus spéciale qui l'emporte en vertu de l'adage *specialia generalibus derogant*. Entre la loi minière et la loi portant régime des forêts, de la faune et de la pêche, la loi la plus spéciale est la loi minière. Il est néanmoins difficile de savoir si une telle décision et toutes ses implications juridiques et politiques ont été portées à l'attention du Gouvernement et du Parlement, et dûment prises en compte lors de l'adoption du nouveau Code minier. Malgré le fait que le Code minier puisse prévaloir sur la loi forestière, la réglementation en vigueur ne permet pas l'octroi automatique des concessions minières dans les aires protégées sans l'autorisation du MINFOF. Il reste que dans la pratique, l'administration minière et celle des forêts ne s'accordent pas toujours sur « l'exploitabilité » des mines dans de tels espaces.

159- *S'agissant particulièrement du cas des réserves écologiques,* certains engagements du Cameroun à assurer la conservation de plusieurs aires protégées du territoire sont contenus dans des conventions internationales, qui prévalent sur les lois nationales dans la hiérarchie des normes juridiques établie par la Constitution[3]. On peut citer à titre d'exemple, le Tri-national de la Sangha (TNS) avec le parc national de Lobeke ; le Tri-national Dja-Odzala-Minkébé (TRIDOM), la réserve de faune du Dja, classée « site du patrimoine mondial » de l'UNESCO etc.

---

[1] M. KAMTO, *Droit de l'environnement en Afrique*, Paris, Edicef-Aupelf, 1996, p. 187.
[2] *Ibid.*
[3] Selon l'article 45 de la loi constitutionnelle du 18 janvier 1996, « *Les traités ou accords internationaux régulièrement approuvés ou ratifiés ont, dès leur publication, une autorité supérieure à celle des lois, sous réserve pour chaque accord ou traité, de son application par l'autre partie* ».

160- En tant que signataire de la Convention de l'Unesco de 1972[1], le Cameroun s'engage à protéger les biens naturels et culturels qui ont une certaine valeur au sens défini par cette organisation internationale. En effet, lorsqu'un site est classé par l'Unesco, sa Valeur Universelle Exceptionnelle (VUE) est définie. Les sites dont la VUE peut être définie par l'Unesco sont des faunes, des flores, des paysages etc. Outre la VUE, l'Unesco a développé une seconde typologie de protection : la *« Réserve de biosphère »*, qui définit une aire centrale, une zone tampon et une aire de transition, dans lesquelles certaines activités sont interdites, limitées ou autorisées. C'est le cas par exemple de la Réserve de faune du Dja créée en 1950, et qui a été classée au Patrimoine mondial de l'UNESCO en 1987 pour sa flore et sa faune exceptionnelles. Elle abrite 14 espèces de primates, dont des gorilles des plaines de l'Ouest et des chimpanzés, et s'étend sur les terres ancestrales des pygmées Baka. La difficulté est donc de déterminer précisément où sont situées ces réserves de biosphère, afin de déterminer les endroits où les activités minières peuvent être réalisées. La question que l'on est en droit de se poser ici est celle de savoir si un Etat signataire de la Convention de l'Unesco peut autoriser l'installation d'un projet minier dans un site dont la VUE a été reconnue par cette Organisation ? Concrètement, il s'agit ici de déterminer si l'installation d'un projet minier dans un tel espace peut porter atteinte à la VUE ? Ou alors, l'Etat peut-il procéder à des « compensations » ?

161- Dans le cas de la réserve de biosphère du Dja en 2010, à la suite de l'attribution d'un permis d'exploitation du Nickel, Cobalt et manganèse à Geovic Cameroon SA, filiale de la société américano-canadienne *Geovic mining coorporation* (Geovic), le Comité du patrimoine mondial de l'Unesco a exprimé sa « vive préoccupation concernant l'attribution des permis d'exploration minière dont celui sur l'exploration du fer à l'intérieur du bien (…), dont les conséquences affecteraient de manière significative sa valeur universelle exceptionnelle et en particulier son intégrité »[2]. En effet, la mine de Nkamouna exploitée par Geovic dont les réserves de minerais certaines et probables s'élèvent à 54,7 millions de tonnes représenterait un danger pour la réserve de faune du Dja, ainsi que pour les populations riveraines qui craignent notamment « la dégradation des sols et du sous-sol et la destruction de la biodiversité », la « perturbation généralisée de la structure sociale et des modes de vie traditionnelle », et « la perte totale et sèche des moyens d'existence des communautés riveraines qui tirent

---

[1] Voir la Convention concernant la protection du patrimoine mondial, culturel et naturel, signée à Paris, le 16 novembre 1972.

[2] Voir la Décision n° 36 COM 7B.1, sur la Réserve de faune du Dja (Cameroun) (N 407), disponible sur le site de l'Unesco à l'adresse : https://whc.unesco.org/fr/decisions/4650, consulté le 1er avril 2018.

l'essentiel des ressources dans la forêt qui va disparaître »[1]. A cause de la nécessité de la protection du site par rapport aux impacts directement et indirectement liés à l'exploitation minière, l'Unesco a « prié instamment » le Cameroun de suspendre les travaux engagés jusqu'à la conclusion de la nouvelle étude d'impact. Selon elle, la nouvelle Etude d'impact environnemental soumise au Centre du patrimoine mondial ne répondait toujours pas aux standards internationaux et ne tenait pas compte de la présence du bien. Elle finit par rappeler « sa position sur l'incompatibilité de l'exploration et de l'exploitation minières avec le statut de patrimoine mondial »[2]. Ce même problème s'était posé dans le Parc national du Kakadu en Australie, où le Comité du patrimoine mondial avait également demandé aux autorités australiennes de charger un groupe scientifique de mener une étude complète sur les impacts environnementaux du projet de construction d'une mine d'uranium sur le site, et demandé aux autorités australiennes et à la société exploitante, la suspension de la construction de cette mine.

162- En comparaison avec les études d'impact « classiques », les mécanismes habituels de compensation des impacts négatifs semblent donc inopérants dans le cadre des réserves de biosphère. En effet, l'Unesco considère qu'en principe, la VUE ne peut pas faire l'objet de ce type de mesure. On arrive ainsi à un débat juridique et technique sur l'identification des atteintes portées et sur les mécanismes de compensation qui peuvent être mis en place. Du fait du caractère non obligatoire de la Convention de l'Unesco de 1972, il semble que l'État n'est engagé vis-à-vis de l'Unesco que sur le plan moral. Mis à part l'exclusion du bien ou du site en question sur la liste du patrimoine mondial, il ne peut être soumis à aucune autre sanction, les cas d'exclusion étant très rares en pratique. On peut citer celui de la vallée de l'Elbe à Dresde, en Allemagne qui a été exclue en 2009 en raison de la construction d'un pont sur le site. Qu'à cela ne tienne, l'Unesco surveille de près chaque installation sur ces sites protégés. C'est précisément ce qui l'a conduit à demander au Gouvernement français de surseoir à l'autorisation d'un projet éolien qui pourrait être visible depuis le Mont-Saint-Michel.

---

[1] Ces déclarations ont été faites dans un communiqué du 24 mars 2010 signé par les représentants d'une vingtaine de villages et d'une dizaine d'ONG, après une réunion de trois jours sur le sujet. Voir le site http://www.cameroonvoice.com/news/article-news-1501.html, consulté le 08 février 2018.

[2] Voir la Décision n° 36 COM 7B.1, sur la Réserve de faune du Dja (Cameroun) (N 407), précitée.

b) La protection des zones humides

163- Au rang de ces espaces spécifiques qui méritent également d'être protégés contre la destruction par les projets miniers, il y a également les zones humides. Ces espaces sont d'une importance capitale dans la protection de la santé et de la vie sur terre. Les zones humides sont protégées par la Convention de Ramsar de 1971 relative aux zones humides d'importance internationale, particulièrement comme habitat des oiseaux d'eau. A titre de droit comparé, le Code français de l'environnement entend par zone humide, « *les terrains exploités ou non, habituellement inondés ou gorgés d'eau douce, salée ou saumâtre de façon permanente ou temporaire ; la végétation quand elle existe, y est dominée par les plantes hygrophiles pendant au moins une partie de l'année* »[1].

Une enquête publiée par la société d'éco-aménagement (SECA) de Marseille (France) et le Centre d'étude de l'environnement de Leyde (Pays-Bas) révèle que l'exploitation minière, et surtout les exploitations pétrolières au Cameroun perturbent sérieusement l'écosystème mangrove de manière irréversible, la pollution engendrée par ces activités ayant déjà détruit certains maillons des chaînes animales et végétales qui caractérisent les mangroves de la côte ouest-africaine[2]. Pourtant, ces forêts de mangroves que l'on appelle parfois « zones boisées côtières » ou « forêts cotidales » sont considérées par beaucoup comme des habitats des zones humides les plus importants[3].

Comme on le voit, les zones humides restent menacées par les activités extractives, alors même qu'elles apportent de nombreux bénéfices tels que l'étalement des crues, la préservation de la biodiversité… À cet effet, chaque Etat partie à cette Convention est obligé d'inscrire et de protéger au moins une zone humide d'importance internationale de son territoire, d'inscrire la conservation des zones humides dans l'aménagement du territoire national et de promouvoir l'utilisation rationnelle des zones humides.

---

[1] Voir art. L211-1 1°) du Code français de l'environnement tel qu'issu de la loi n°2019-773 du 24 juillet 2019 - art. 23, disponible sur légifrance à l'adresse : https://www.legifrance.gouv.fr/affichCodeArticle.do?cidTexte=LEGITEXT000006074220&idArticle=LEGIARTI000006832979&dateTexte=&categorieLien=cid, consultée le 5 mars 2020.

[2] Voir « La mangrove : un atout fragile et prometteur » in *Le Courrier CEE-ACP,* n°9, mai-juin 1988, pp. 15-18, cité par M. KAMTO, *Droit de l'environnement en Afrique*, Paris, Edicef-Aupelf, 1996, p. 202.

[3] Voir P. J. DUCAN (dir.), *La Conservation des zones humides. Problèmes actuels et mesures à prendre,* sous la direction de Patrick J. UICN, 1992, p. 11, cité par M. KAMTO, *Droit de l'environnement en Afrique*, *op. cit.*, p. 202.

2- Les finalités de la protection de la flore et de la faune

164- Le principe même du développement durable exige que les ressources naturelles soient conservées pour les générations futures, et reconnaît le principe de la répartition équitable de ces ressources. Il existe plusieurs raisons de prêter une attention particulière à la diversité biologique. D'une part, la biodiversité est une réserve d'aliments et de médicaments (a), d'autre part, la perte du couvert végétal occasionnée par l'exploitation minière entraine la modification du bilan carbone (b).

a) La protection de la biodiversité comme réserve d'aliments et/ou de médicaments

165- La Convention sur la biodiversité (Rio 5 juin 1992) reconnaît dans son préambule que « *la conservation et l'utilisation durable de la diversité biologique revêtent la plus haute importance pour la satisfaction des besoins alimentaires, sanitaires et autres…* ». En tant que réservoir de médicaments potentiels, la protection de la biodiversité est donc justifiée par son utilité pour l'homme, pour les animaux et pour d'autres espèces vivantes. Dans le même sens, la « *Déclaration de principes non juridiquement contraignante mais faisant autorité, pour un consensus mondial sur la gestion, la conservation et l'exploitation économiquement viable de tous les types de forêts* » du 14 juin 1992[1] dispose que l'homme a besoin de produits forestiers tels que le bois, l'eau, et les plantes médicinales[2]. « Pour bon nombre de populations riveraines, notamment les populations très anciennement installées, les rapports sont souvent très étroits avec certains espaces qui sont leurs lieux d'origine, de culte, leur "garde-manger" et leur "pharmacie" (…). Depuis des décennies, les villageois ont pris l'habitude d'utiliser les écorces, les feuilles et les racines des arbres de la forêt pour se soigner (…). Certaines espèces sont même mondialement connues pour leur utilité en pharmacopée, ou leur utilisation en insecticide » (…). Il s'agit par exemple de l'Entada africana et du Strychnos acualeata dont les feuilles sont utilisées par les paysans comme insecticides pour les cultures, et par les pêcheurs pour intoxiquer les poissons »[3].

De nombreuses espèces végétales présentes dans les aires protégées sont consommées comme complément d'aliment par les villageois (en vertu de leur droit d'usage) et par le bétail à qui la végétation fournit les aliments essentiels. En effet, « un grand nombre de communautés locales et de populations autochtones dépendent étroitement et traditionnellement des

---

[1] Voir http://www.un.org/french/events/rio92/aconf15126vol3f.htm, consulté le 2 juillet 2018.
[2] Cf. Principe 2b.
[3] J. P. NDAME, « L'aménagement difficile des zones protégées… », précité, pp. 149-150.

ressources biologiques sur lesquelles sont fondées leurs traditions et qu'il est souhaitable d'assurer le partage équitable des avantages découlant de l'utilisation des connaissances, innovations et pratiques traditionnelles intéressant la conservation de la diversité biologique et l'utilisation durable de ses éléments »[1]. Tel que mentionné dans le préambule de la Convention pour la Diversité Biologique, « *la conservation et l'utilisation durable de la diversité biologique revêtent la plus haute importance pour la satisfaction des besoins alimentaires, sanitaires et autres de la population de la planète...* »[2]. A l'inverse, la destruction de la diversité biologique contribue ainsi à la destruction de nombreuses essences rares et des plantes médicinales.

166- Les aliments et les remèdes issus de la nature apportent souvent un complément très important au régime alimentaire local et aux soins de santé, ainsi qu'à l'économie locale[3]. À cet effet, si les entreprises minières reconnaissant que l'interdépendance environnementale, économique et sociale est un principe fondamental du développement durable, elles devraient sans doute admettre et respecter une gestion intégrée des terres, de l'eau et des ressources vivantes, ce qui serait de nature à garantir la conservation et l'utilisation durables et équitables des ressources naturelles. C'est ce que l'on nomme souvent « *l'approche par écosystème* » décrite à la cinquième réunion de la Conférence des Parties à la Convention sur la diversité biologique (décision V/6).

L'approche par écosystème est considérée comme le cadre fondamental dans lequel aborder les objectifs de la Convention sur la diversité biologique. Elle est une « *stratégie de gestion intégrée des terres, des eaux et des ressources vivantes qui favorise la conservation et l'utilisation durable d'une manière équitable* »[4]. Elle se veut participative et exige une perspective à long terme basée sur une gestion qui puisse s'adapter à la nature complexe et dynamique des écosystèmes, à l'incertitude et au caractère souvent imprévisible des fonctions de l'écosystème[5]. Cette approche, au niveau des structures, processus, fonctions et interactions, est compatible avec la définition d'« écosystème », à savoir « *le complexe dynamique formé de communautés de plantes, d'animaux et de micro-*

---

[1] Voir http://biodiv.mnhn.fr/convention/convention-text-2/, consulté le 13 décembre 2019.

[2] Voir le texte de la Convention sur la diversité biologique à l'adresse Internet : http://biodiv.mnhn.fr/convention/convention-text-2/ consulté le 13 décembre 2019.

[3] J. GRATZFELD, *Industries extractives dans les zones arides et semi-arides. Planification et gestion de l'environnement*, *op. cit.*, p. 16.

[4] Secretariat of the Convention on Biological Diversity, 2011. The Ecosystem Approach : Principles : http://www.cbd.int/ecosystem/principles.shtml, consulté le 2 juillet 2018.

[5] La gestion doit savoir s'adapter pour répondre aux incertitudes inhérentes aux processus écosystémiques; elle doit tenir compte de l'« apprentissage par la pratique » ou tirer parti des résultats de la recherche. Il peut s'avérer nécessaire de prendre certaines mesures, même lorsque la relation de cause à effet n'a pas pu être parfaitement établie sur le plan scientifique.

organismes et de leur environnement non vivant qui, par leur interaction, forment une unité fonctionnelle »[1].

L'approche par écosystème peut notamment être prise en compte pour examiner l'éventail complet des facteurs qui affectent la biodiversité. Il s'agit des facteurs directs de changement associés à une proposition (par exemple, la conversion des terres entraînant la perte de l'habitat, un facteur important de la perte de biodiversité), et des facteurs indirects qui sont plus difficiles à quantifier, tels que les changements démographiques, économiques, socio-politiques, culturels et technologiques[2].

Cette approche n'exclut pas d'autres méthodes de gestion et de conservation « telles que les réserves de la biosphère, les aires protégées et les programmes de conservation »[3] consacrés à telle ou telle espèce, ainsi que d'autres approches utilisées dans le cadre des politiques et législations nationales. Au contraire, elle peut englober toutes ces approches et d'autres méthodes pour s'attaquer à des situations complexes. Il n'existe pas de moyen unique d'appliquer l'approche par écosystème : celle-ci dépend en effet des conditions locales, provinciales, nationales, régionales ou mondiales[4].

b) La protection de la biodiversité contre la perte du couvert végétal et la modification du bilan carbone

167- Le droit à un environnement de qualité concerne non seulement le droit à un environnement sain, mais aussi le droit à un environnement riche dans sa diversité biologique, culturelle et paysagère. Il s'agit de reconnaitre le droit de l'homme de revendiquer un environnement favorable à sa santé et à son bien-être, mais aussi propre à assurer la conservation du patrimoine naturel, culturel et paysager, quelle que puisse en être la valeur : esthétique, scientifique, culturelle, récréative, économique ou tout simplement intrinsèque[5].

La protection de la biodiversité remplit de nombreux services éco-systémiques à l'humanité tels que la séquestration du carbone. En effet, la forêt joue un rôle important pour l'équilibre environnemental et, *in fine*, pour

---

[1] Cf. article 2 de la Convention sur la Diversité Biologique, 1992, https://www.cbd.int/doc/legal/cbd-fr.pdf, consultée le 15 octobre 2019.

[2] K. MULONGOY JO et A. CUNG, « Les approches d'atténuation et d'adaptation aux changements climatiques fondées sur les écosystèmes », *Revue juridique de l'environnement*, 2011/5 (n° spécial), p. 43.

[3] SECRETARIAT DE LA CONVENTION SUR LA DIVERSITE BIOLOGIQUE, *Lignes Directrices de la CDB. Approche par Ecosystème*, 2004, p. 2, disponible à l'adresse : https://www.cbd.int/doc/legal/cbd-fr.pdf, consultée le 3 déc. 2019.

[4] Voir UNEP/CBD/COP/5/23/V/6.

[5] Voir M. DEJEANT-PONS, « Conclusions », *in* Ph. BILLET et al. (dir), *Droit de l'environnement et protection de la santé*, éd. L'Harmattan, collection Logiques Juridiques, 2009, p. 202.

le bien-être de l'homme : filtration des eaux, purification de l'air, protection contre les risques… Par conséquent, la fragmentation des massifs par les projets miniers altère les fonctions de l'écosystème avec pour conséquences une diminution des fonctionnalités de la forêt.

À la lecture des préambules de la CCNUCC et de l'Accord de Paris, on comprend aisément que le changement climatique revêt une dimension globale affectant également la jouissance effective des droits humains tels que le droit à la vie, à l'eau potable, à l'alimentation ou à un logement convenable. Plus globalement, il faut souligner que la thématique environnementale s'inscrit dans le cadre du développement durable aux côtés des thématiques sociales et économiques.

168- Les grands projets miniers peuvent modifier le bilan carbone global au moins de trois manières : *d'abord,* par la perte d'absorption du CO2 par les forêts et la végétation qui ont été abattues ou défrichée. Ces zones fortement boisées sont incontournables dans le maintien d'un équilibre sain entre les émissions et l'absorption de dioxyde de carbone atmosphérique (CO2). C'est pourquoi, l'étude d'impact des projets d'exploitation minière doit inclure une comptabilité minutieuse de la façon dont toute perturbation proposée des forêts tropicales modifiera le bilan carbone. L'EIE doit aussi inclure une analyse du potentiel de perte du pays hôte des financements des consortiums internationaux qui sont ou seront établis pour préserver les forêts tropicales.

169- *Ensuite,* « la possibilité de relier la mine au réseau électrique est également un facteur majeur d'émissions, car si la mine ne peut être connectée au réseau électrique, elle doit produire sa propre électricité avec un générateur, généralement au diésel. Pour un projet minier, cela peut représenter 35 à 50 000 tonnes de CO2 par année. Les mines à ciel ouvert utilisant des machineries au diesel produisent aussi proportionnellement plus d'émissions que les mines souterraines. Un seul camion minier de 400 tonnes produit environ 12 tonnes de CO2 par jour, c'est-à-dire trois fois plus qu'une petite voiture en toute une année. Il en va de même pour les pelles mécaniques géantes, les bouteurs et les chargeurs qui s'affairent à sortir le minerai après son dynamitage. Le transport du minerai doit souvent se faire en camion ou en train sur plusieurs centaines de kilomètres avant qu'il soit chargé sur des bateaux vers sa destination finale. D'après les données du *Carbon disclosure project*, pour une seule once d'or, on peut produire jusqu'à une demi-tonne de CO2 »[1].

---

[1] CHAIRE EN ECO-CONSEIL, *L'industrie minière et le développement durable*, *op. cit.*, p. 12, https://archives.bape.gouv.qc.ca/sections/mandats/mine_apatite_sept-iles/documents/DC3.pdf.

170- *Enfin,* « les émissions en GES peuvent provenir de la transformation du minerai en métal. À cet effet, on oppose généralement les techniques pyrométallurgiques aux techniques hydrométallurgiques. La première illustration de la modification du carbone global peut être faite avec l'évaluation réalisée par Norgate et Rankin qui ont utilisé la méthodologie de l'évaluation du cycle de vie pour estimer les émissions de GES provenant de la production du cuivre et du nickel. Cette évaluation a conclu que les mines métalliques génèrent plus d'un kg de GES pour chaque kg de métal qui est produit »[1] et cela ne prend pas en compte la perte de l'absorption de carbone par des forêts détruites[2].

Pour sa part, CSIRO Minerals of Australia, en utilisant la même méthodologie, a conclu que les émissions de GES du cycle de vie du cuivre et de la gamme de production de nickel vont de 3.3 kg de CO2 par kg de métal pour le cuivre produit par fusion à 16,1 kg de CO2 par kg de métal pour le nickel produit par lixiviation acide sous pression suivie d'extraction par solvant et extraction par voie électrolytique[3].

Au Canada par exemple, qui est un pays ayant une grande tradition minière, l'industrie minière émet plus de 42 millions de tonnes de CO2 équivalent par année et s'inscrit dans la liste des « grands émetteurs finaux »[4]. À elle seule, BHP Billiton, l'une des plus grandes compagnies minières au monde, rapportait avoir émis plus de 50 Mt de CO2 équivalent en 2004-2005, et ce, sans comptabiliser la part des émissions associées à la consommation d'électricité produite à l'extérieur de ses sites miniers.

c) La protection de la couche d'ozone et la lutte contre les changements climatiques

171- La conservation des forêts et des zones humides a une importance capitale pour la lutte contre les changements climatiques. En effet, la conférence sur les changements climatiques organisée à Paris en décembre 2015 (COP21)[5] a été l'occasion de rappeler les rapports très étroits qu'entretiennent la santé et le climat. Dans le préambule de l'Accord de Paris, on peut lire ceci : « Considérant que les changements climatiques sont un sujet de préoccupation pour l'humanité tout entière, les Parties devraient, lorsqu'elles prennent des mesures pour faire face à ces changements,

---

[1] *Idid.*
[2] *Idid.*
[3] Voir T. E. NORGATE et W. J. RANKIN, « Life Cycle Assessment of Copper and nickel Production », in Proceedings, Minprex 2000, International Conference on Minerals Processing and Extractive Metallurgy, pp: 133-138. http://www.minerals.csiro.au/sd/CSIRO_Paper_LCA_CuNi.htm, consulté le 13 juillet 2015.
[4] Voir Environnement Canada, 2004, 2005.
[5] Voir le site de la Cop 21 de Paris à l'adresse : http://www.cop21paris.org/, consultée le 17 mars 2019

respecter, promouvoir et prendre en considération leurs obligations respectives concernant les droits de l'homme, le droit à la santé...»[1].

Généralement, l'implantation d'une mine est précédée par l'exploitation des arbres, notamment la coupe rase ou le brûlage de la végétation et l'enlèvement des morts terrains surplombant le gisement minier. Tel qu'indiqué plus haut, la cartographie des indices géologiques couvrant le bassin du Congo montre que nombre de gisements miniers potentiellement exploitables se situe dans des écosystèmes forestiers sous aménagement[2], ce qui occasionne des défrichements massifs en vue de l'exploitation minière. L'exploitation minière, suite au défrichement, contribue donc à l'accentuation de la pression anthropique sur le couvert végétal. Du point de vue environnemental, l'exploitation minière à ciel ouvert est l'une des plus destructrices[3], spécialement dans les forêts tropicales.

En effet, la Convention-cadre des Nations Unies sur les changements climatiques (CCNUCC)[4] mentionne dans le cadre de la définition des « *effets néfastes des changements climatiques* », les effets nocifs significatifs sur le fonctionnement des systèmes socio-économiques et sur la santé et le bien-être de l'homme[5]. A plusieurs reprises, le Conseil des droits de l'homme de l'ONU a souligné que les changements climatiques avaient une série d'incidences sur l'exercice effectif des droits de l'homme, notamment les droits à la vie, à la santé, à l'alimentation, à l'eau, au logement et à l'autodétermination[6].

D'autres organes et mécanismes du système des Nations Unies s'occupant des droits de l'homme ont également été amenés, à la demande du Conseil des droits de l'homme, à examiner plus en détail, les conséquences de la dégradation de l'environnement pour l'exercice des droits de l'homme. Par exemple, le Haut-commissariat aux droits de l'homme (HCDH) a réalisé, entre 2008 et 2009, une étude sur les effets des changements climatiques sur l'exercice des droits de l'homme[7]. Cette étude

---

[1] Voir l'alinéa 8 du préambule de l'Accord de Paris, 12 décembre 2015, FCCC/CP/2015/L.9, https://unfccc.int/sites/default/files/french_paris_agreement.pdf, consulté le 9 mais 2019.

[2] H. DESSARD et al. « Des minerais sous les arbres : incompatibles et compensables ? Eléments de réflexion pour une régulation intersectorielle. Cas du Gabon et du Cameroun », précité.

[3] « Bien que l'exploitation minière souterraine soit une méthode moins destructive de l'environnement pour accéder à un gisement de minerai, elle est souvent plus coûteuse et comporte des risques de sécurité plus élevés que l'exploitation à découvert par décapage direct, y compris l'exploitation à ciel ouvert ». Voir *Généralités sur l'exploitation minière*, https://www.elaw.org/files/mining-eia-guidebook/Chapitre%201.pdf, consulté le 4 mai 2017.

[4] Voir Convention-cadre sur les changements climatiques, New York, 9 mai 1992.

[5] Voir art. 1 § 1 de la CCNUCC.

[6] Voir les Résolutions 7/23, 10/4 et 18/22 du Conseil des droits de l'homme. Le Conseil a également tenu deux réunions-débats, en 2009 et 2012, consacrées à une étude approfondie de ces incidences.

[7] Voir A/HRC/10/61.

a conclu que les effets des changements climatiques feront peser des menaces directes ou indirectes sur de nombreux droits, notamment les droits à la vie et à l'alimentation, sous l'effet de la malnutrition et des phénomènes météorologiques extrêmes; sur le droit à l'eau, sous l'effet du recul des glaciers et de la réduction du manteau neigeux; et sur le droit de jouir du meilleur état de santé possible, sous l'effet de la malnutrition, des conditions météorologiques extrêmes et de l'augmentation de l'incidence du paludisme et d'autres maladies particulièrement prospères dans les climats chauds.

Dans la localité de Figuil dans le Nord-Cameroun par exemple, des chercheurs affirment que la société Chaux Rocca, qui a besoin du bois pour la cuisson du marbre, est la plus grande entreprise consommatrice de bois de la localité[1]. Ce faisant, « elle devrait s'investir davantage dans l'activité forestière pour pérenniser cette ressource qui lui est capitale »[2], car comme on le sait, là « où un arbre est coupé, on doit en planter dix afin de pérenniser la ressource »[3]. En effet, la protection de l'environnement doit rester le but premier de toute société minière, même si cela signifie *in fine*, une production minière réduite. Seule l'adoption de ce comportement vertueux permettra aux entreprises minières de ne pas transformer la course à l'extraction en cauchemar de l'environnement empoisonné. Eu égard à la préciosité de la forêt résultant de sa multifonctionnalité écologique, économique et sociale, il y a lieu de prendre très au sérieux la dégradation continue du couvert végétal.

172- A cause de ses nombreuses émissions polluantes dans l'atmosphère, l'exploitation minière peut également avoir des effets néfastes sur la destruction de la couche d'ozone. La Convention de Vienne pour la protection de la couche d'ozone[4] entend par *effets néfastes*, « *les modifications apportées à l'environnement physique ou aux biotes, y compris les changements climatiques, qui exercent des effets nocifs significatifs sur la santé humaine...* »[5]. Dans le même ordre d'idées, le préambule du Protocole relatif aux substances qui appauvrissent la couche d'ozone[6] se propose de « *protéger la santé de l'homme et l'environnement* »[7]. À cet effet, les Etats doivent prendre des mesures appropriées, conformément aux dispositions de la Convention et de ses

[1] O. TOUMBA et A. WAKPONOU, « Exploitation minière dans l'arrondissement de Figuil (Cameroun): problèmes de santé publique et effets environnementaux », *Belgeo*, n° 4, 2014, p. 11, n° 23.
[2] *Ibid.*
[3] *Ibid.*
[4] Voir Convention pour la protection de la couche d'ozone, Vienne, 22 mars 1985.
[5] Cf. art. 1er § 2 de la Convention pour la protection de la couche d'ozone, Vienne, 22 mars 1985.
[6] Voir Protocole relatif aux substances qui appauvrissent la couche d'ozone, Montréal, 16 septembre 1987.
[7] Cf. art. 2 §§ 2 et 3 de la Convention pour la protection de la couche d'ozone.

protocoles, pour protéger la santé humaine et l'environnement contre les effets néfastes résultant ou susceptibles de résulter des activités humaines qui modifient ou qui sont susceptibles de modifier la couche d'ozone[1]. Ainsi, tout projet minier susceptible de modifier le bilan carbone global devrait inclure une évaluation de l'impact carbone du projet.

L'utilisation de la machinerie lourde, généralement des bouteurs, des bulldozers, des camions-bennes etc., est le moyen le plus commun pour enlever les morts terrains. Ce qui contribue à l'émission d'importantes quantités de gaz à effet de serre (GES). De même, durant la phase d'exploitation, on note une augmentation des émissions du CO_2 et d'autres gaz à effet de serre par les machines et véhicules lourds fonctionnant au diesel, impliqués dans l'extraction et le transport de minerai. C'est la raison pour laquelle, l'étude d'impact doit inclure une estimation quantitative de ces émissions de CO_2 produites par les machines et les véhicules qui seront nécessaires pendant la durée totale du projet minier. Ces estimations peuvent être basées sur le taux de consommation de carburant (généralement le carburant diesel) multiplié par un facteur de conversion qui établit un rapport entre les unités (généralement litres ou gallons) de carburant consommées et les unités (généralement tonnes) de CO_2 qui sont émises.

Dans le cadre du projet d'exploitation du fer de Mbalam, qui est l'un des « premier grand projet [minier] à grande échelle au Cameroun, et peut-être dans l'ensemble du Bassin du Congo »[2], les promoteurs de CamIron[3] ont reconnu que la mise en place du projet impliquera l'élimination de la forêt et par ricochet les stocks de carbone[4], et se sont engagés à essayer de compenser ces émissions[5]. Cependant, on peut regretter le fait que la compensation proposée dans le plan de gestion des émissions de gaz à effet de serre soit insatisfaisante, principalement à cause de la sous-estimation de ses émissions de CO_2 et des coûts de la taxation de la tonne de carbone appliqué au niveau international[6]. Pourtant, estime James Acworth, la

---

[1] Cf. art. 2 § 1 de la Convention de Vienne pour la protection de la couche d'ozone, adoptée le 22 mars 1985. Voir https://www.admin.ch/opc/fr/classified-compilation/19850048/201202290000/0.814.02.pdf .

[2] J. ACWORTH, « Analyse de la compensation environnementale proposée par CamIron », communication présentée lors d'un dîner parlementaire à l'hôtel Hilton de Yaoundé le 13 octobre 2014, *indédit*.

[3] CamIron est la filiale camerounaise de la société australienne Sundance Resources.

[4] La société CamIron a évalué ses émissions totales à 17 millions de tonnes de CO_2 durant toute la vie du projet (25 ans), soit 2,9 millions pendant la construction et 14,7 millions pendant l'exploitation. Voir EIE, Vol. 12, Section 6, tableau 4,.

[5] J. ACWORTH, « Analyse de la compensation environnementale proposée par CamIron », *précité*.

[6] James Acworth estime que les calculs faits par CamIron sont erronés. Pour lui, « les émissions totales pour le projet au cours de ses 25 premières années sont par conséquent de 18 091 126 de tonnes de CO_2, soit 1 million de plus par rapport aux calculs de Sundance dans son EIES ». Voir J. ACWORTH, « Analyse de la compensation environnementale proposée par CamIron », *op. cit.*

traduction de cet engagement en une compensation réussie aurait fait de CamIron un pionnier dans la région et dans l'industrie minière mondiale, en la constituant ainsi comme un modèle que les autres devraient suivre[1].

Il apparaît donc que cette compensation ne prend aucunement en compte l'impact que les changements climatiques liés à la déforestation auraient sur la santé et la vie des habitants de la planète. Elle se préoccupe uniquement des aspects financiers, sans se soucier de ce que l'Etat et la planète tout entière perdent en détruisant ce puits de carbone que représente l'Unité Forestière d'Aménagement (UFA) 10034.

En plus de la création des zones de protection, le législateur a également prévu des zones d'interdiction, des périmètres de sécurité et des zones tampon autour de la mine.

II- La création des zones d'interdiction et des périmètres de sécurité

173- Pour des besoins de prévention des atteintes et pour une meilleure gestion des espaces, le législateur a créé des périmètres de sécurité entre deux activités extractives voisines. Pour ce qui est des carrières, l'article 66 du Code minier dispose que « *la distance de sécurité entre les carrières (...) est fixée à cinq cents (500) mètres* ». Cette distance de sécurité comprend le périmètre de sécurité qui inclut une zone d'interdiction[2].

Dans la même logique, l'article 92 alinéa 2 du même texte dispose que la délivrance du permis d'exploitation des eaux de source, des eaux minérales et thermo-minérales et des gites géothermiques est subordonnée à « *la réalisation préalable des études hydrogéologiques, géophysiques, bactériologiques et physico-chimiques qui définissent les conditions de l'exploitation et les études de vulnérabilité de la nappe en vue de déterminer le périmètre de protection et de sécurité* ». L'alinéa 3 ajoute que « *les périmètres de protection et de sécurité, entourés d'une zone tampon interdite à toute activité polluante, sont précisés dans l'acte d'attribution* ».

Pour s'assurer du respect de ces prescriptions par les exploitants miniers, le législateur a prévu des sanctions pour les opérateurs qui exercent des activités minières, de carrière ou d'exploitation d'eaux de source, minérales, thermo-minérales et des gîtes géothermiques dans une zone interdite ou protégée[3].

S'il est vrai que ces périmètres de sécurité et ces zones tampons contribuent substantiellement à l'évitement des atteintes (A), leur utilité est

---

[1] *Ibid.*

[2] Cf. article 66, alinéas 2 et 3 du Code minier.

[3] Aux termes de l'article 221 alinéas 1 et 3 du Code minier, « *Est puni d'un emprisonnement de cinq (05) à dix (10) ans et d'une amende de deux millions (2.000.000) à vingt millions (20.000.000) de francs CFA, (...) celui qui exerce des activités minières, de carrière ou d'exploitation d'eaux de source, minérales, thermo-minérales et des gîtes géothermiques dans une zone interdite ou protégée* ».

encore plus prégnante lorsque le projet minier se situe dans une zone de conflit armé (B).

A- La création des zones d'interdiction de toute exploitation minière

174- Dans le but de renforcer la protection de certains des espaces considérés comme critiques pour la santé et la vie, le droit minier camerounais prévoit que le ministre des Mines peut, en liaison avec les administrations concernées, créer des zones d'interdiction à l'intérieur desquelles la prospection, la recherche et l'exploitation des substances minérales ou de carrières sont interdites. L'article 126 alinéa 3 du Code minier précise que l'acte d'exclusion doit être publié au Journal officiel ou dans un journal national d'annonces légales.

Pour des nécessités de sécurité et de maintien de l'ordre, le préfet territorialement compétent peut également prendre un arrêté interdisant tous travaux d'exploitation minière dans sa circonscription de compétence. C'est le sens par exemple de l'arrêté préfectoral n°270/AP/J08/SP du 31 octobre 2017 du Préfet du Département du Nyong et Kellé interdisant toute activité minière non autorisée dans les localités de BatBat, de Bogso et leurs environs dans l'arrondissement d'Eséka[1]. Il convient d'examiner l'étendue ou le domaine de la décision d'interdiction (1), ainsi que ses effets (2).

1- Le domaine ou l'étendue de la décision d'interdiction

175- Pour ce qui est de sa portée, l'acte d'interdiction doit déterminer « *la zone de terrain ou la substance minérale concernée* »[2]. L'étendue de l'interdiction peut donc être appréciée sur le double plan géographique et matériel.

176- *Sur le plan géographique ou spatial*, l'acte d'interdiction doit déterminer « la zone de terrain concernée »[3]. C'est le cas par exemple de la décision du ministre des Mines en date du 7 décembre 2017, portant suspension provisoire de la délivrance des cartes individuelles et des autorisations d'exploitation artisanale sur toute l'étendue du territoire national[4]. À titre de rappel, une mesure similaire avait déjà été prise par le même département ministériel le 14 mai 2014, suspendant pour une période

---

[1] Cet arrêté est disponible à l'adresse : http://cameroun.niooz.fr/cameroun-un-scandale-minier-de-l-or-a-eseka-21941969.shtml, consulté le 12 février 2018.

[2] Cf. article 126 alinéa 3 du Code minier.

[3] Cf. article 126 alinéa 5 du Code minier.

[4] Voir le site https://www.agenceecofin.com/gestion-publique/1312-52852-le-gouvernement-camerounais-a-suspendu-la-delivrance-des-autorisations-d-exploitation-miniere-artisanale, consulté le 08 février 2018.

de 6 mois, la délivrance, le renouvellement et toutes les autres transactions sur les autorisations d'exploitation minière artisanale sur l'étendue du territoire camerounais[1].

177- *Sur le plan matériel*, l'acte d'interdiction doit déterminer « la substance minérale concernée ». C'est le cas par exemple des substances stratégiques telles que l'uranium[2] ou les terres rares dont l'Etat peut décider de retarder leur exploitation. On peut surtout mentionner l'arrêté du ministre des Mines du 12 novembre 2012, interdisant toute activité clandestine d'orpaillage dans les parcs nationaux et les aires protégées du territoire national[3] ; ou encore l'interdiction du dragage sur le lit des cours d'eau dans le cadre de l'exploitation minière artisanale des substances aurifères[4]. Il va de soi que l'interdiction peut ne concerner qu'un seul de ces aspects (soit un espace de terrain bien déterminé, soit une substance minérale bien précise), ou alors concerner les deux à la fois.

2- Les effets de la décision d'interdiction

178- Si la décision d'exclusion intervient alors que des demandes d'octroi de titre minier sur un terrain exclu avaient été « enregistrées avant la publication de la décision d'exclusion, [elles] sont conservées en instance. Elles sont traitées en priorité si la décision d'exclusion venait à prendre fin »[5]. Par contre, si l'exclusion intervient alors qu'un permis ou une autorisation avait déjà été attribué, « *une indemnité juste et préalable est payée à l'opérateur ou au bénéficiaire d'une autorisation ayant subi un préjudice…* »[6]. Dans tous les cas, l'exclusion de toute zone ou de toute substance minérale de la recherche, de l'exploitation artisanale ou industrielle peut être levée dans les mêmes formes et procédures.

---

[1] Voir l'article de presse suivant : « L'exploitation artisanale des mines suspendue au Cameroun » (Journal du Cameroun 16/05/14), http://fr.africatime.com/articles/lexploitation-artisanale-des-mines-suspendue-au-cameroun consulté le 08 février 2018.

[2] A propos de l'uranium, l'article 60 alinéa 2 du Code minier dispose que : « *les titres miniers pour les substances radioactives et leurs dérivés ainsi que les conventions minières y relatives, sont délivrés dans les conditions et suivant les modalités particulières définies par décret du Président de la République* ».

[3] Voir l'arrêté n° 005550/MINMIDT/CAB/CJ du 12 novembre 2012 portant interdiction des activités clandestines d'orpaillage dans les parcs fauniques et aires protégées du territoire national.

[4] Voir à ce propos, deux Notes du ministre des Mines, de l'industrie et du développement technologique, notamment la note n°002519/MINMIDT/SG/DM du 12 septembre 2014 relative à la sauvegarde des écosystèmes aquatiques, et la note n°001107/MINMIDT/SG/DM du 7 mai 2015 relative à l'exploitation minière artisanale peu mécanisée.

[5] Cf. article 126 alinéa 6 de la loi n°2016/17 du 14 décembre 2016 portant Code minier.

[6] Cf. article 126 alinéa 4 de la loi n°2016/17 du 14 décembre 2016 portant Code minier.

En tout état de cause, celui qui exerce des activités minières, de carrière ou d'exploitation d'eaux de source, minérales, thermo-minérales et des gîtes géothermiques dans une zone interdite ou protégée[1] s'expose aux sanctions prévues par l'article 221 alinéa 1er du Code minier[2]. Ces peines s'appliquent à tout acte de complicité ayant permis la réalisation des infractions visées. On peut à ce propos évoquer le cas des orpailleurs de la localité d'Eséka qui ont été traduits devant la justice, pour avoir exploité des substances aurifères, nonobstant l'arrêté préfectoral d'interdiction sus évoqué[3].

B- La création des périmètres de sécurité autour de la mine

179- La création des périmètres de sécurité autour des sites d'exploitation minière permet d'éviter les atteintes aux droits humains. Ces périmètres de sécurité sont nécessaires entre deux mines voisines : c'est ce qu'on appelle les investisons ou zones tampons (1). Ces périmètres de sécurité sont également nécessaires dans les zones de conflit armé pour combattre le phénomène des « diamants du sang » (2).

1- La création des investisons ou zones tampon entre mines voisines

180- Les rapports entre exploitations voisines sont souvent conflictuels, qu'il s'agisse d'un même mode de mise en valeur de la ressource ou de valorisations différentes. En effet, certains modes de mise en valeur des ressources naturelles sont incompatibles avec toute autre utilisation, concomitante ou ultérieure du même espace, en vue de la conduite d'exploitations différentes. Il devient dès lors nécessaire de privilégier un mode d'exploitation au détriment de l'autre[4]. D'où la nécessité de régler au plus tôt les conflits qui peuvent naître, soit de façon préventive en amont par le biais du zonage, ou en cours d'exploitation, pour éviter de compromettre la poursuite de l'une, de l'autre, voire des deux exploitations. C'est sans doute pour éviter ces antagonismes que la législation a créés entre deux exploitations voisines, un espace de sécurité qu'on appelle investison. Encore appelée zone tampon, l'investison est l'« *espace séparant deux (02) mines afin d'éviter la communication de leurs travaux* »[5].

---

[1] Cf. article 221 al. 3 de la loi n°2016/17 du 14 décembre 2016 portant Code minier.

[2] Les peines prévues par l'article 221 al. 1er du C.min. sont : un emprisonnement de cinq (05) à dix (10) ans et une amende de deux millions (2.000.000) à vingt millions (20.000.000) de francs CFA.

[3] Voir l'article de presse intitulé : « Cameroun : l'exploitation de l'or pose déjà des problèmes a Eséka », disponible à l'adresse : *http://rural-info.net/?p=1939*, consulté le 12 février 2018.

[4] Ph. BILLET, *La protection juridique du sous-sol en droit français*, Thèse précitée, p. 327.

[5] Cf. art. 4 de la loi n°2016/17 du 14 décembre 2016 portant Code minier.

Selon l'article 132 du Code minier, « *Une zone tampon peut être déterminée pour éviter que les travaux d'une exploitation puissent être mis en communication avec ceux d'une autre exploitation voisine déjà existante ou à créer. L'établissement de la zone tampon ne donne lieu à aucune indemnité à la charge de l'exploitant* ». Ainsi, dans le cadre des dispositions du Code minier relatives aux relations entre mines contiguës ou superposées, l'autorité administrative peut fixer dans l'acte d'attribution, des massifs de protection, ou investisons. Ces massifs ne peuvent être traversés ou enlevés que dans des conditions déterminées par cette autorité ou par le cahier des charges qui accompagne l'autorisation d'exploiter. La masse minérale qui sert ainsi de limite commune entre les mines est soustraite à l'exploitation[1].

Comme le souligne Personnaz, des obligations réciproques peuvent être imposées aux concessionnaires de deux substances différentes. Si par exemple ces substances sont juxtaposées dans le même gisement ou connexes, l'autorité administrative peut autoriser le concessionnaire le plus ancien de poursuivre les travaux, à charge pour lui de livrer les produits abattus à l'autre concessionnaire, moyennant indemnité. En cas de refus, le nouveau concessionnaire peut se substituer à lui[2]. Tout est donc mis en œuvre pour rentabiliser le gisement au maximum, en dépit de l'existence d'exploitations voisines[3].

Si par exemple un gisement minier ou une carrière ne peut être valorisé(é) en raison de la présence d'une autre exploitation qui barre la progression des travaux, des servitudes de passage peuvent être imposées par l'autorité administrative, tout comme peuvent être instituées des servitudes d'aérage ou d'écoulement des eaux à travers le gisement voisin[4].

2- La nécessité d'un périmètre de sécurité dans les zones d'insécurité

181- Dans les zones d'insécurité, les exploitants miniers clandestins, organisés en réseaux mafieux, s'installent illégalement pour exploiter artisanalement certains minéraux tels que l'or, le diamant, les pierres précieuses... Cette violation de la loi crée des tensions locales violentes. En effet, lourdement armés et ayant pour seul recours la violence, ces exploitants clandestins entraînent avec eux un climat d'insécurité donnant fréquemment lieu à des affrontements entre les populations locales et les étrangers immigrés clandestins. La criminalité induite par cette activité inclut notamment les enlèvements et les viols, le proxénétisme, la

---

[1] Comp. Décret français n°80-331 du 7 mai 1980 portant règlement général des industries extractives, J.O., 10 mai 1980, Sécurité et salubrité publique, SSP-1R, articles 2 et 3.

[2] J. PERSONNAZ, *Le droit des mines. Droits et obligations de l'exploitant*, LITEC 1958, n° 67.

[3] Ph. BILLET, *La protection juridique du sous-sol en droit français*, Thèse précitée, p. 328.

[4] Comp. art. 11-3 de la loi française du 15 juillet 1975.

contrebande, le trafic de stupéfiants, les vols et pillages, la création des réseaux d'immigration clandestine etc[1].

182- Certaines régions du Cameroun font face depuis quelques années à des conflits armés, à l'instar de la région de l'Extrême-Nord et surtout de la région de l'Est qui regroupe le plus grand nombre de sites miniers, notamment celui de Mobilong très riche en ressources diamantifères. Pour éviter l'incursion des bandes armées dans ces exploitations minières, des périmètres de sécurité doivent être mis en place autour de ces sites. C'est dans ce sens qu'a été mis en place en 2003, le processus de Kimberley, qui est un régime international de certification des diamants bruts, qui réunit gouvernements et industriels du diamant, dans l'objectif d'éviter de négocier sur le marché mondial, l'achat des diamants présentés par des mouvements rebelles dans le but de financer leurs activités militaires[2].

En effet, les plus grands risques pour les droits de l'homme apparaissent quand les entreprises opèrent dans les zones de conflit ou dans les zones où la gouvernance est faible. Dans les zones de conflit par exemple, où les droits humains sont bafoués avec la plus grande intensité, le contrôle des sites est un enjeu majeur pour les groupes armés qui exploitent les creuseurs et usent de violence à large échelle. Selon le Centre de Ressources sur les Entreprises et les Droits de l'Homme, « quatre des cinq premiers pays et territoires en Afrique francophone où des inquiétudes liées aux droits de l'homme ont été soulevées en relation avec des opérations d'entreprises[3] sont la République démocratique du Congo, le Niger, le Sahara occidental et

---

[1] Voir CNCDH, *Avis sur le droit à un environnement sain dans les outre-mer : la question des activités extractives en guyane et en nouvelle-calédonie*, 17 octobre 2017, 62 pages, disponible à l'adresse : https://www.cncdh.fr/fr/publications/avis-sur-le-droit-un-environnement-sain-dans-les-outre-mer, consulté le 1er septembre 2019, p. 16.

[2] Impulsée en 2002 par Tony Blair, l'Initiative pour la Transparence dans les Industries Extractives (ITIE), dite « Initiative Blair », vise à exorciser ce qu'il a été convenu d'appeler *« la malédiction des ressources naturelles »*, « *le paradoxe de l'abondance* », le « *syndrome hollandais* » ou *Dutch Disease.* Ce terme est apparu au cours des années soixante dix et fait référence aux difficultés rencontrées par l'économie hollandaise suite à la mise en exploitation dans les années soixante des réserves de gaz naturel. En effet, c'est avec la découverte des gisements de gaz hollandais de Groningue et les difficultés rencontrées alors par ce pays industriel qu'a été forgée la théorie du « syndrome hollandais ».

[3] Les entreprises extractives dominent parmi celles qui sont accusées d'abus des droits humains. « Ce secteur représenterait 42% d'abus en Afrique francophone – loin devant les secteurs tels que l'alimentation, la boisson et les supermarchés (15%), l'agriculture, les biocarburants et l'exploitation forestière (10%) ». Voir Centre de Ressources sur les Entreprises et les Droits de l'Homme, *Les industries extractives en Afrique francophone Plaidoyer pour une plus grande transparence et un meilleur respect des droits de l'homme*, https://www.business-humanrights.org/sites/default/files/documents/Industries%20extractives%20en%20Afrique%20Francophone%20-%20resume%20executif.pdf, consulté le 15 octobre 2019.

la Côte d'Ivoire »[1]. Tous sont actuellement en proie à des conflits ou à l'instabilité, ou en ont connu récemment.

Evidemment, les enjeux ne sont pas les mêmes, selon que l'on se trouve dans des régions densément peuplées et desservies par des infrastructures, ou selon que l'on se trouve dans des régions peu peuplées, inaccessibles, désertiques et sans eau. En effet, l'insécurité se développe très souvent en parallèle à la ruée des populations vers les sites miniers, car c'est à ce moment que les armes se déplacent avec les hommes à travers les frontières, et la volatilité des ressources extraites en fait des cibles toutes désignées pour le banditisme armé. L'une des causes majeures des conflits est souvent liée au fait que les creuseurs artisanaux se confrontent souvent aux États et aux entreprises extractives qui en retour contestent leur droit d'exploiter les ressources minérales.

183- Afin de résorber l'orpaillage illégal dans les territoires utramarins français tels que la Guyane et la Nouvelle-Calédonie, la France a mis en place depuis 2008, l'opération Harpie[2] qui mobilise plus de 650 militaires sous la double autorité du préfet de Guyane et du procureur de la République. Déployés en permanence sur les réseaux fluviaux, ces agents sont autorisés à démanteler les sites d'exploitation d'or illégaux, à détruire le matériel des orpailleurs clandestins et enfin, à neutraliser les flux logistiques des orpailleurs tant sur les fleuves qu'en forêt. Cette opération, pensée selon une double logique de prévention et de répression, a pour ambition d'étouffer économiquement l'activité aurifère illégale tout en protégeant la sécurité et l'environnement des populations autochtones et locales[3].

Ces exemples et bien d'autres illustrent à suffisance la nécessité de créer des périmètres de sécurité autour des mines et des gisements miniers, surtout dans les zones de conflits armés. D'où la nécessité d'une coopération transnationale entre Etats voisins afin « *de trouver des solutions durables, y compris avec les pays voisins, propres à remédier aux conséquences de l'orpaillage sur la santé et l'environnement de ces populations* »[4]. Cette

---

[1] Centre de Ressources sur les Entreprises et les Droits de l'Homme, *Les industries extractives en Afrique*
francophone…, précité, p. 1,

[2] L'opération Harpie fait suite aux opérations Anaconda initiées en 2002. D'ampleur plus importante, une première opération s'est déroulée à partir de février 2008. Une seconde opération, dénommée « Harpie renforcée » a eu lieu à partir d'avril 2009. Enfin, après une annonce du président de la République française en février 2010, l'opération « Harpie » est devenue permanente. Voir Voir CNCDH, *Avis sur le droit à un environnement sain dans les outre-mer : la question des activités extractives en guyane et en nouvelle-calédonie*, Précité, p. 18, note 36.

[3] *Ibid.*, p. 19.

[4] Comité des Nations unies pour l'élimination de la discrimination raciale, Observations finales concernant les vingtième et vingt et unième rapports périodiques de la France, présentés en un seul document, CERD/C/FRA/CO/20-21, 10 juin 2015, §13, d). Voir

recommandation du Comité des Nations unies pour l'élimination de la discrimination raciale faite à l'État français illustre à suffisance la nécessité d'une coopération entre le Cameroun et les États transfrontaliers afin d'appréhender la dimension transnationale des activités extractives illégales. Cette coopération devra porter sur les aspects judiciaires et de sécurité du problème aussi bien que sanitaires et environnementaux avec une harmonisation des réglementations et standards[1]. À titre d'illustration, des entreprises ont été récemment sanctionnées en Belgique et en Centrafrique pour leur rôle supposé ou réel dans l'exacerbation des conflits, notamment l'achat de diamants ayant servi à financer le conflit en République centrafricaine[2]. Preuve s'il en était encore besoin, que l'évitement des atteintes à la santé et à la vie dans l'exploitation minière par la préservation des espaces, connaît de sérieuses entraves.

Section II : Les difficultés liées à la préservation des espaces

184- L'utilisation rationnelle des espaces en vue de la préservation des atteintes est encore loin d'être une réalité au Cameroun. « L'une des faiblesses observées dans la gouvernance camerounaise au niveau politique est le déficit de communication et de coordination interministérielle. À l'observation, on a l'impression qu'il existe une concurrence entre les ministères sectoriels plutôt qu'une approche coordonnée pour parvenir à une efficacité maximale dans le domaine économique et de la gestion des terres et des ressources naturelles. Ce constat est valable, aussi bien pour l'élaboration de lois sectorielles régissant les ressources naturelles et la gestion des terres, ainsi qu'au *modus operandi* des différents départements ministériels »[3] impliqués dans la gestion des espaces. Des auteurs ayant scruté de près la situation au Cameroun ont pris deux exemples pour illustrer cette situation.

Premièrement, « lors de discussions informelles, certains fonctionnaires du ministère des Mines (MINMIDT) ont admis qu'ils n'étaient même pas au

---

également « Guyane, la France est sévèrement rappelée à l'ordre par le Comité pour l'Élimination de la Discrimination Raciale de l'ONU », disponible en ligne sur : https://blogs.mediapart.fr/pierre-carpentier/blog/170515/guyane-la-france-est-severement-rappelee-lordre-par-le-comite-pour-lelimination-de-la-discrim, consulté le 12 avril 2018.

[1] CNCDH, *Avis sur le droit à un environnement sain dans les outre-mer : la question des activités extractives en guyane et en nouvelle-calédonie*, 17 octobre 2017, p. 21.

[2] Centre de Ressources sur les Entreprises et les Droits de l'Homme, *Les industries extractives en Afrique…*, précité, p. 3.

[3] Voir B. SCHWARTZ, D. HOYLE et S. NGUIFFO, *Tendances émergentes dans les conflits liés à l'utilisation des terres au Cameroun. Chevauchements des permis des ressources naturelles et menaces sur les aires protégées et les investissements directs étrangers*, Rapport WWF en collaboration avec le CED et RELUFA, 2012, http://d2ouvy59p0dg6k.cloudfront.net/downloads/cameroonminingfrench.pdf, consulté le 15 décembre 2018.

courant de l'emplacement exact de toutes les aires protégées du Cameroun, et ignoraient par conséquent si des titres miniers empiétaient actuellement sur les parcs nationaux. Pourtant, l'emplacement des parcs nationaux est une information disponible dans le domaine public. Mais puisqu'aucune disposition légale ne fait obligation aux administrations publiques de se concerter entre elles, le résultat est une généralisation des chevauchements entre les différents droits attribués sur les terres et les ressources »[1].

Deuxièmement, dans l'unité forestière d'aménagement (UFA) n° 09-001, « le Ministère des Forêts et de la Faune (MINFOF) s'est proposé, dans le processus d'aménagement de la zone de Ngoyla-Mintom[2] en 2008 (réalisé avec une bonne participation des communautés), d'ériger cette UFA en forêt communale relevant du patrimoine de la Commune de Mintom ; au même moment, le Ministère de l'Agriculture et du Développement Rural (MINADER) a proposé le même site à une société malaisienne pour une plantation de palmiers à huile ; parallèlement, le MINEPAT avait déjà procédé à la déclaration d'utilité publique de ladite forêt, afin qu'elle puisse accueillir le corridor ferroviaire de CamIron[3]. Enfin, le ministère des Mines, de l'Industrie et du Développement technologique (MINIMIDT) avait signé un arrêté accordant le site à la société CMC pour l'exploration du minerai de fer »[4].

Tous ces différents cas de chevauchement qui précèdent et bien d'autres, démontrent à suffisance qu'il existe encore de nombreux obstacles dans le système actuel de préservation des espaces (I). On note de manière générale un manque de transparence et d'obligations redditionnelles lors de la mise en œuvre des politiques et du cadre législatif. En effet, les puissants intérêts qui sont en jeu directement ou indirectement dans les opérations peuvent provoquer une acceptation passive de l'illégalité[5]. D'où la nécessité d'un renforcement de la préservation des espaces considérés comme critiques pour la santé et la vie (II).

---

[1] Voir B. SCHWARTZ, D. HOYLE et S. NGUIFFO, *Tendances émergentes..., op. cit.*, p. 12.

[2] Le bloc forestier de Ngoyla-Mintom est situé entre le parc national de Nki et la réserve de biosphère de Dja dans les régions de l'est et du sud du Cameroun. Il couvre 932.142 hectares et est la plus grande étendue de forêt tropicale non perturbée au Cameroun. La zone est un important corridor faunique dans le complexe d'aires protégées TRIDOM. Initialement destinée à l'exploitation forestière, la zone a ensuite été affectée à la conservation à la fin des années 1990. C'est un domaine prioritaire pour la conservation dans le bassin du Congo.

[3] Cette entreprise camerounaise, filiale de la société australienne Sundance Resources, exploitant de la mine de fer de Mbalam, a bénéficié d'un décret d'utilité publique pour le corridor terrestre destiné à accueillir sa ligne de chemin de fer de plus de 500 km de Mbalam au port en eau profonde de Kribi. Le corridor ferroviaire traverse les plantations agroindustrielles de HEVECAM et pourrait traverser jusqu'à cinq UFA attribuées.

[4] B. SCHWARTZ, D. HOYLE et S. NGUIFFO, *Tendances émergentes dans les conflits liés à l'utilisation des terres au Cameroun...*, Rapport précité, p. 12.

[5] COMIFAC, *Considérations politiques sur l'utilisation des terres dans le bassin du Congo*, Rapport final, 2013, p. xix.

I- Les obstacles à la mise en œuvre d'un système efficace de préservation des espaces

185- Il se dégage à l'évidence que la mise en œuvre de la politique d'aménagement du territoire rencontre des difficultés, au regard du décalage entre le cadre réglementaire et les réalités de terrain[1]. Pour ce qui est des aires protégées par exemple, « l'évaluation de l'efficacité de la gestion des aires protégées du Cameroun en 2003, a parfaitement illustré l'inadéquation entre la volonté politique affirmée et les objectifs assignés aux aires protégées d'une part, les ressources allouées et les résultats atteints d'autre part »[2]. Comme le relève le Professeur Jean Pierre Ndamè, on a de plus en plus l'impression, du point de vue de la gestion durable des ressources au Cameroun, que l'État a abandonné son rôle de gestionnaire des aires protégées en le confiant aux ONG[3].

Il s'agira ici d'examiner quelques-unes des causes profondes ayant conduit à la situation actuelle des difficultés dans la mise en œuvre d'un système fiable de préservation des espaces au Cameroun. Principalement, la diversité biologique est encore une préoccupation relativement récente qui peine à trouver formellement sa place dans les procédures d'évaluation et de planification environnementales. Ce qui entraine sans doute une cohérence spatiale peu satisfaisante. Outre la persistance des contradictions entre les différents textes sectoriels (A), on peut également déplorer l'absence de complémentarité entre les différents zonages (B).

A- La persistance des contradictions entre les textes sectoriels

186- La complexité et l'hétérogénéité des normes régissant les paysages locaux sous forme de schémas, plans, etc. sont génératrices d'inconvénients multiples. Cette situation ne permet pas de conférer aux politiques publiques l'efficacité attendue. Leur absence de lisibilité fait planer un doute sur leur légitimité, et suscite au mieux l'incompréhension, au pire l'indifférence des citoyens[4].

En effet, différents services gouvernementaux sont concernés par la planification environnementale et la gestion des activités des minières. Certes, le ministère de l'Economie, de la Planification et de l'Aménagement

---

[1] *Ibid.*, p. 21.

[2] Y.-P. MBANGUE NKOMBA, « Les trajectoires d'un Etat conservateur : logiques d'action et gestion des Aires protégées au Cameroun à partir de l'action autour du Parc National de Waza », https://halshs.archives-ouvertes.fr/halshs-01938746/document, consulté le 10 février 2020.

[3] J. P. NDAME, « L'aménagement difficile des zones protégées… », *op. cit.*, pp. 155-156.

[4] F. PRIET, « Enjeux et défis de la nouvelle planification régionale de l'aménagement du territoire », *in Itinéraires du droit et terres des hommes,* Mél. En l'honneur de Jean-Marie Breton, éd. mare et martin, 2017, p. 995.

du territoire (MINEPAT) est chargé de surveiller tous les changements en matière d'occupation des sols, mais la planification pour la production minière et pétrolière suppose aussi la mise en place d'une coordination avec d'autres secteurs tels que ceux des transports, de l'énergie, du logement, du travail etc.

Dans la pratique, tel n'est pas toujours le cas, puisque le Code minier pose d'office le principe de la disponibilité de l'ensemble du territoire national pour les activités minières. (1). Ce qui conduit à une application libérale des règles du droit minier au détriment des règles de sécurité (2).

1- Le principe de la disponibilité de l'ensemble du territoire national pour les activités minières.

187- L'article 5 alinéa 1 du Code minier de 2016 pose d'emblée le principe de la disponibilité de l'ensemble du territoire national pour les activités minières. En disposant que « *Les substances minérales contenues dans le sol et le sous-sol du territoire de la République du Cameroun, ses eaux territoriales et son plateau continental sont la propriété de l'Etat qui y exerce des droits souverains* »[1], l'Etat réaffirme son droit souverain sur les richesses du sous-sol[2]. Ce principe constitue pour l'Etat, le fondement juridique d'une maîtrise de son développement, notamment en réglementant les investissements étrangers dans les limites de juridiction nationale. L'appartenance à l'Etat du sous-sol dans son utilisation à des fins minières devrait également représenter une base essentielle permettant la prise en compte des problèmes environnementaux au sens large du terme. Cela rendrait l'Etat comptable des dégâts environnementaux liés à l'exploitation minière, en ce sens qu'il a un droit de regard sur le fonctionnement des activités extractives et le pouvoir de sanctionner toute faute commise.

Au Cameroun comme dans plusieurs pays, les activités minières et pétrolières ont toujours pris le pas sur presque toutes les autres activités d'exploitation des ressources naturelles[3]. Ce principe de la disponibilité de l'ensemble du territoire national pour les activités minières était mieux exprimé dans l'article 4 de la loi minière de 2001 qui disposait que « *Sauf dérogation légale, tout terrain, y compris l'eau qui s'étend sur ledit terrain, est disponible pour l'attribution des titres miniers* ». Ces dispositions qui rendent tout le territoire disponible pour l'attribution des titres miniers sont perturbatrices du système juridique camerounais, en ce qu'il remet en cause les règles relatives à l'affectation des espaces. Comme nous l'avons relevé,

---

[1] Cf. art. 5 al. 1 de la loi n° 2016/17 du 14 décembre 2016 portant Code minier.

[2] Sur ce principe, Voir D. ROSENBERG, *Le principe de la souveraineté des Etats sur leurs ressources naturelles*, LGDJ, Paris, 1983, 395 p.

[3] J. GRATZFELD, *Industries extractives dans les zones arides et semi-arides. Planification et gestion de l'environnement*, *op. cit.*, p. 59.

ces dispositions semblent en contradiction avec la loi de 1994 fixant le régime des forêts, de la faune et de la pêche, qui érige certains espaces en forêts permanentes[1]. On assiste de ce fait aux contradictions entre les différents droits en présence.

Ainsi, au moins cinquante permis miniers chevauchent aujourd'hui des Unités Forestières d'Aménagement (UFA, des concessions forestières) actives[2] en vertu d'autorisations signées par les administrations camerounaises compétentes (ministre en charge des Forêts pour les conventions provisoires, et Premier ministre pour les conventions définitives). Parmi ces UFA en cours de validité, certaines disposent d'une certification de bonne gestion forestière attribuée par le Forest Stewardship Council (FSC)[3]. Il en va ainsi de la concession n° 09 021 de la société néerlandaise Wijma, adjacente au Parc national de Campo-Ma'an et chevauchée par le permis d'exploration Binga de la société CMC ou de celle n° 10 031 de la Société française Pallisco, à laquelle se superpose une partie de permis de cobalt-nickel de la compagnie américaine Geovic[4].

Plusieurs autres permis miniers chevauchent également des aires protégées : on a ainsi pu dénombrer jusqu'à trente permis d'exploration minière empiétant sur douze de ces aires[5]. Quoique situés en dehors des parcs, de nombreux autres permis d'exploration minière situés à proximité de ces aires protégées, constituent également une menace directe à leur intégrité et aux objectifs de conservation qui leur sont assignés par la loi et le gouvernement[6].

Les permis pétroliers *on shore*, une nouveauté pour le Cameroun qui n'a jusqu'ici connu l'exploitation du pétrole qu'en mer (*off shore*), s'insèrent également non sans difficultés dans le dispositif de gestion des espaces au Cameroun : le célèbre Parc national de Waza dans l'Extrêne-Nord du Cameroun abrite ainsi, sur un peu plus d'un tiers de sa superficie, un permis d'exploration pétrolière attribué à la société chinoise Yang Chang. Les parcs

---

[1] Voir article 28.2 de la loi du 19 janvier 1994 fixant le régime des forêts, de la faune et de la pêche. Le projet de révision de la loi forestière semble se situer en net recul sur cette question de la préservation des forêts permanentes : le classement visé à l'article 28.2 n'intervient plus comme une obligation absolue, mais simplement « *dans la mesure du possible* » (voir l'article 36.2 du projet de loi sur les forêts, version de décembre 2012).

[2] B. SCHWARTZ, D. HOYLE et S. NGUIFFO, *Tendances émergentes dans les conflits liés à l'utilisation des terres au Cameroun...* Rapport précité, p. 8.

[3] Le FSC est un organisme de certification qui vérifie le respect des aspects sociaux, environnementaux et économiques dans le processus d'exploitation du bois. Voir www.fsc.org.

[4] Voir S. NGUIFFO et F. MBIANDA, « Une autre facette de la malédiction des ressources ? Chevauchements entre usages différents de l'espace et conflits au Cameroun », précité, p. 147.

[5] *Ibid.*

[6] Voir B. SCHWARTZ, D. HOYLE et S. NGUIFFO, *Tendances émergentes dans les conflits liés à l'utilisation des terres au Cameroun...* Rapport précité.

nationaux de Korup, du mont Cameroun, de RumpiHills et la Réserve de Faune de Douala-Edéa accueillent également des permis d'exploration pétrolière[1].

Comme on le voit, le principe de la disponibilité de l'ensemble du territoire national pour l'exercice des activités minières ne favorise pas toujours une meilleure préservation de certains espaces.

2- Une application libérale de la réglementation minière au détriment des règles de sécurité

188- L'un des reproches qui peut être fait aux différents acteurs chargés de la mise en œuvre du droit minier, c'est d'en faire une application très libérale, et cela parfois au détriment des règles relatives à la protection de la santé et de la vie des populations. Si l'on prend par exemple la définition du terme « Terrain » tel qu'elle résulte de l'article 4 du Code minier, cela renvoie à une parcelle du sol, possédant une forme et des dimensions précises, relevant du domaine privé de l'Etat, du domaine public ou du domaine national. Cette définition vaut notamment pour « *la surface et la terre sous la surface du terrain ; l'eau ; la plage, la zone entre le niveau moyen des laisses de hautes eaux de la mer et le niveau moyen des laisses de basses eaux de la mer ; la zone offshore, le fond marin sous la mer territoriale qui va du niveau moyen des basses eaux de la mer jusqu'aux profondeurs admises pour l'exploration ou l'exploitation des minerais ; le lit de toute rivière, cours d'eau, estuaire, lac ou marécage* ». Cette définition très extensive de la notion de « terrain » confirme l'idée selon laquelle, toute l'étendue du territoire national est en principe disponible pour l'exercice des activités minières. Ce qui est sans doute critiquable.

Premièrement, si l'on prend l'hypothèse de l'autorisation d'un projet minier sur le lit d'une rivière, d'un cours d'eau, d'un estuaire, d'un lac ou d'un marécage, il y a de fortes raisons de craindre la détérioration de la qualité de ces ressources vitales qui deviendront de ce fait, des vectrices de maladies. Qu'il s'agisse des mines, du pétrole ou du gaz, l'industrie extractive a de nombreuses conséquences sur la disponibilité et la qualité des ressources en eau. Les activités minières affectent les ressources en eau à proximité des zones d'exploitation et parfois à une distance importante de ces sites de plusieurs manières : par l'utilisation de l'eau pour le traitement du minerai[2] ; par la pollution produite lors des décharges d'effluents[1] des

[1] Voir S. NGUIFFO et F. MBIANDA, « Une autre facette de la malédiction des ressources ? Chevauchements entre usages différents de l'espace et conflits au Cameroun », précité, p. 148.

[2] Naturellement, l'extraction consomme beaucoup d'eau. Des quantités importantes d'eau sont en effet nécessaires à l'extraction et à la séparation des minerais de la roche, diminuant ainsi l'accès aux ressources en eau pour les communautés avoisinantes.

mines ; par la sédimentation des cours d'eau,[2] etc. La qualité et la quantité des eaux s'en trouvent ainsi affectées, la pollution causée par l'exploitation minière pouvant prendre des décennies, voire des siècles avant de se résorber après la fermeture de la mine. C'est sans doute la raison pour laquelle l'eau a été désignée par certains auteurs comme une « *victime de l'exploitation minière* »[3], ce qui en dit long sur le potentiel d'impacts négatifs de cette industrie sur la mise en œuvre du droit à l'eau[4]. L'obligation de protéger les ressources en eau requiert des États qu'ils empêchent les tiers d'entraver de quelque manière que ce soit l'exercice du droit à l'eau. Cette protection est une préoccupation majeure tant au niveau international qu'au plan national. La ressource en eau étant un bien du patrimoine commun de la Nation, l'Etat doit assurer sa protection et sa gestion pour le bien-être de tous les citoyens et en faciliter l'accès[5].

Deuxièmement, compte tenu du fait que l'ensemble du territoire national est disponible pour l'exercice des activités minières, on peut parfois noter une forte opposition des populations vis-à-vis d'un projet minier en cours d'installation dans leur localité. Très souvent, le recours à la force et à violence contre ceux qui s'opposent aux projets reste le seul recours pour les autorités. On peut à cet effet citer le cas du massacre perpétré par l'armée guinéenne en 2012 contre des villageois qui manifestaient parce qu'ils ne tiraient aucun bénéfice d'une mine exploitée par Vale[6].

Ces deux exemples et bien d'autres démontrent que parfois, les autorités font une application privilégiée des règles d'exploitation minière au détriment des règles de sécurité. Ce qui continue de conforter chez certains, l'idée selon laquelle l'on peut continuer d'accorder de nouveaux permis

---

[1] On appelle « effluent », tout rejet liquide et gazeux d'origine domestique, agricole ou industrielle, traité ou non traité et déversé directement ou indirectement dans l'environnement. Voir art. 4 alinéa (i) de la loi-cadre du 5 août 1996 relative à la gestion de l'environnement.

[2] Le déversement excessif de sédiments peut bloquer des rivières, étouffer la végétation, détruire la faune, la flore et la vie aquatique.

[3] Cette expression est de James Lyon, interview, Mineral Policy Center, Washington DC. Voir les références internet suivantes : https://www.safewater.org/french-fact-sheets/2017/3/9/exploitation-miniere-pollution ; https://docplayer.fr/6135804-Exploitation-miniere-et-la-pollution-de-l-eau.html, consultées le 03 mars 2020. Voir également J. LYON, interview, Mineral Policy Center, Washington DC, cité par S. PAQUEROT, « Exploitation des ressources naturelles et droit à l'eau et à l'assainissement », *in* M. AILINCAI et S. LAVOREL (dir.), *Exploitation des ressources naturelles et protection des droits de l'homme*, éd. A. PEDONE, Paris, 2013, p. 26.

[4] Le droit à l'eau consiste en un approvisionnement suffisant, physiquement accessible et à un coût abordable, d'une eau salubre et de qualité acceptable pour les usages personnels et domestiques de chacun. Voir Observation générale n° 15 du CODESC, § 2.

[5] Art. 2 de la loi n° 98-005 du 14 Avril 1998 portant régime de l'eau.

[6] Voir Centre de Ressources sur les Entreprises et les Droits de l'Homme, *Les industries extractives en Afrique francophone. Plaidoyer pour une plus grande transparence et un meilleur respect des droits de l'homme*, précité, p. 1.

d'exploitation minière, établir de nouvelles aires protégées, des concessions forestières, des forêts communautaires et des plantations de manière adéquate sans aucune planification organisée et sans effort de zonage. Cette attitude mérite d'être combattue, surtout lorsqu'on sait que la gestion de l'espace, le développement économique, l'égalité sociale et la bonne gouvernance sont des objectifs très interdépendants qui doivent être abordés simultanément, ce qui suppose la complémentarité des zonages.

B- L'absence de complémentarité des zonages

189- La résolution des conflits qui peuvent naître entre les différentes formes de valorisation du sol et du sous-sol, passe nécessairement par une tentative de conciliation, qui cherche à faire coexister les exploitations entre elles. Cependant, lorsqu'aucune conciliation n'est possible, un seul mode d'exploitation doit être retenu[1].

Ces considérations commandent d'examiner tour à tour le caractère spécialisé du cadastre minier (1) et l'absence d'une cartographie participative pour les projets d'exploitation des ressources naturelles (2).

1- Le caractère spécialisé du cadastre minier

190- Dans les années 90, un plan d'affectation des terres du Cameroun méridional (à l'exception de la capitale Yaoundé et de ses environs) avait été mis en place, mais il avait la faiblesse d'être caractérisé par une forte prédominance forestière. Cette première phase sous financement de l'Agence canadienne de développement international a abouti à la mise sur pied d'un Plan de Zonage Forestier (PZF) du Cameroun ou carte indicative d'affectation des terres, qui était une sorte d'affectation de l'espace forestier camerounais à des usages particuliers (production, protection, recréation, enseignement, recherche etc.). Le Plan issu de ce premier exercice a fait l'objet du Décret du Premier ministre n° 95/678/PM du 18 décembre 1995 instituant un cadre indicatif d'utilisation des terres en zone forestière méridionale. Ce cadre était destiné à servir d'outil de planification, d'orientation et d'exploitation des ressources naturelles. Mais on peut regretter le fait que ce zonage ait été conduit par le Ministère des Forêts et de la Faune (MINFOF). Les limites liées à l'absence de coordination interministérielle, notamment la superposition des différentes affectations des terres, ont conduit à la suspension du MINFOF de cette démarche, ce qui a conduit à sa reprise en main par « le ministère de l'Economie, de la

---

[1] Ph. BILLET, *La protection juridique du sous-sol en droit français,* Thèse précitée, p. 328.

Planification et de l'Aménagement du Territoire (MINEPAT) qui en a aujourd'hui le leadership »[1].

191- Ainsi, avant l'adoption du Code minier de 2016, le concept de « cadastre minier» n'était pas évoqué. C'est le « conservateur des titres miniers » qui menait les opérations « cadastrales »[2] consistant en un inventaire des parcelles attribuées, en l'établissement et la tenue du registre dénommé Registre des Titres Miniers[3] etc. La volonté affichée du gouvernement de favoriser, d'encourager et de promouvoir les investissements dans le secteur minier, en vue de contribuer au développement économique et social, s'est aussi traduite par l'engagement du Cameroun dans un processus de modernisation de son cadastre minier sur la base d'un système informatisé efficace. Ce nouvel outil financé par le PRECASEM (projet de renforcement des capacités dans le secteur minier), avec le soutien de la Banque Mondiale, est opérationnel depuis le 03 février 2017.

Monsieur Victor Aristide Mimbang estime que « Ce système informatisé du cadastre minier, en tant qu'outil principal de gestion des titres relatifs au secteur minier, fournit toutes les fonctionnalités qui vont permettre d'assurer la transparence et l'efficacité dans le processus d'octroi des titres miniers ; de stocker, d'accéder et de traiter des données descriptives et des informations spatiales ; d'empêcher les chevauchements entre les titres miniers d'une part, et entre les titres miniers et les limites frontalières internationales d'autre part ; de contrôler les superpositions entre les titres miniers et les aires protégées et d'accroitre la diligence dans le traitement des dossiers »[4].

On peut regretter le fait que cet outil ne prenne en compte pour l'instant que le secteur minier, ce qui laisse encore subsister des risques de chevauchement entre les projets miniers et les autres projets d'exploitation des ressources naturelles (forestières, agricoles...) qui ont tous en commun, le sol comme support de production. On peut également regretter le fait que les populations riveraines des projets miniers ne participent pas

---

[1] Voir J. G. SIDLE et al., « Expérience du zonage forestier en Afrique centrale », *in* C. de WASSEIGE et al. (dir.), *Les forêts du bassin du Congo - Etat des Forêts,* 2010, éd. *Office des publications de l'Union Européenne,* Chap. 11, p. 216, https://publications.jrc.ec.europa.eu/repository/bitstream/JRC68325/lbna25161frc_002.pdf, consulté le 10 juin 2017.

[2] Voir le site http://www.minmidt.cm/fr/secteurs-cibles/secteur-minier/cadastre-minier-du-cameroun.html, consulté le 18 avril 2017.

[3] Cf. art. 2 de la loi n°001-2001 du 16 avril 2001 portant Code minier.

[4] Voir V. A. MIMBANG, « Etat des savoirs et les enjeux techniques dans le secteur minier au Cameroun », communication présentée à l'Université de Dschang le 17 mai 2017, disponible à l'adresse internet suivante : https://fr.slideshare.net/UnivDschang/reforme-du-secteur-minier-camerounais-presente-par-m-victor-aristide-mimbang, consulté le 2 juillet 2018.

suffisamment dans les instances de planification, ce qui contribuerait sans doute à prendre en compte leurs espaces vitaux.

2- L'absence d'une cartographie participative pour les projets d'exploitation des ressources naturelles

192- La cartographie participative participe de la gestion communautaire des ressources naturelles (GCRN). À cet effet, la participation des populations locales apparaît comme un élément central du zonage, sinon les différents permis d'exploitation minière attribués par les autorités administratives au niveau central risquent d'empiéter sur les terres villageoises si l'on ne prend pas suffisamment en compte ces dernières lors de cartographies participatives avec les villageois. Il existe plusieurs exemples de processus participatifs impliquant le public. Selon le Principe 22 de la déclaration de Rio sur l'environnement et le développement (juin 1992), « *Les populations et communautés autochtones et les autres collectivités locales ont un rôle vital à jouer dans la gestion de l'environnement et le développement du fait de leurs connaissances du milieu et de leurs pratiques traditionnelles. Les Etats devraient reconnaître leur identité, leur culture et leurs intérêts, leur accorder tout l'appui nécessaire et leur permettre de participer efficacement à la réalisation d'un développement durable* »[1]. Cette disposition illustre à suffisance la nécessité d'associer les populations locales dans la gestion de l'environnement et l'exploitation des ressources naturelles.

Au plan interne, la nécessité d'un recours à la cartographie participative a plusieurs fondements juridiques. On peut par exemple citer l'article 14 du Décret n° 76-166 du 27 avril 1976 fixant les modalités de gestion du Domaine National, qui dispose que la Commission consultative[2] « *Propose à l'autorité préfectorale la répartition de l'espace rural en zone agricole et pastorale suivant les besoins des populations* » et « *fait le choix des terrains indispensables aux collectivités villageoises* »[3]. On peut cependant rappeler le fait que ce texte ne prévoit pas concrètement comment cet exercice de répartition de l'espace rural et de choix des terrains se fera. Dans le même sens, les articles 118 et 120 du Code minier prévoient que la population

---

[1] Voir le Principe 22 de la Déclaration de Rio de juin 1992, https://www.un.org/french/events/rio92/rio-fp.htm, consulté le 5 mars 2020.

[2] La commission consultative est une commission nommée par le préfet et siégeant au niveau de chaque arrondissement. Elle est composée du Sous-préfet (président), des représentants des services des domaines (secrétaire), du cadastre, de l'urbanisme si le projet est urbain, d'un représentant du ministère dont la compétence a un rapport avec le projet, du chef du village et de deux notables du village, ou de la collectivité où se trouve le terrain. Cf. art. 12 du décret n° 76-166 du 27 avril 1976 fixant les modalités de gestion du Domaine National.

[3] Cf. article 14 du décret n° 76-166 du 27 avril 1976 précité.

riveraine[1] et les titulaires de droits fonciers coutumiers[2] affectés par la mine reçoivent une compensation financière pour les dommages subis. Le Code minier n'indique toutefois pas comment les droits fonciers coutumiers sont identifiés.

Dans un tel contexte, seule une participation des représentants des collectivités coutumières qui sont membres de la commission consultative, à l'élaboration d'une cartographie participative, peut contribuer à l'identification et à la protection des droits et usages des communautés sur les terres et les ressources des sites que les projets souhaitent occuper. La cartographie participative permettrait ainsi de contribuer à l'amélioration des droits des communautés locales et autochtones dans la gestion des ressources et des espaces.

Pour que les droits des populations soient effectivement garantis, il faut que la loi impose une obligation de prendre en compte les résultats de la participation. Cela permettrait d'éviter les déplacements de populations, les pertes des terres arables ou la destruction des maisons pour « faire de la place aux projets extractifs, le plus souvent avec une faible compensation ou même sans aucune compensation »[3]. La prise en compte des résultats de la participation peut également permettre d'identifier des lieux et des possibilités de conciliation entre les différents intérêts en présence. Compte tenu du fait qu'elle permet de procéder à une « *répartition de l'espace rural* », cela évite des oppositions, des arrestations et des détentions arbitraires des défenseurs des droits de l'homme comme cela a été le cas récemment au Niger (pour ceux qui travaillent sur les questions minières) et au Tchad où ceux qui s'intéressent au pétrole et au gaz ont été arbitrairement arrêtés et détenus[4].

Tout ce qui précède démontre avec pertinence, l'urgence d'une démarche territoriale prospective (cadastre minier spécialisé) et l'association des populations à sa réalisation (cartographie participative).

---

[1] On entend par population riveraine, la « *population vivant ou résidant à proximité des sites abritant toute activité minière ou de carrière et ayant des droits d'usage ou coutumiers à l'intérieur desdits sites et/ou qui est affectée par les activités minières ou de carrières* ». Cf. art. 4 de la loi n°2016/17 du 14 décembre 2016 portant Code minier.

[2] Ces titulaires de droits fonciers coutumiers peuvent être selon l'article 120 (1) du Code minier, « *Le propriétaire des terres ou le membre d'une collectivité coutumière ou la collectivité coutumière…* ».

[3] Voir Centre de Ressources sur les Entreprises et les Droits de l'Homme, *Les industries extractives en Afrique francophone Plaidoyer pour une plus grande transparence et un meilleur respect des droits…*, précité, p. 1.

[4] Voir Centre de Ressources sur les Entreprises et les Droits de l'Homme, *Les industries extractives…* précité https://www.business-humanrights.org/sites/default/files/documents/Industries%20extractives%20en%20Afrique%20Francophone%20-%20resume%20executif.pdf, p. 2.

II- Vers un renforcement de la préservation des espaces critiques pour la santé et la vie

193- Au Cameroun, la réflexion sur l'aménagement et la gestion durable du territoire est une préoccupation constante des pouvoirs publics depuis l'accession du pays à la souveraineté internationale en 1960. De nombreuses expériences de gestion concertée du territoire ont été tentées avec plus ou moins de réussite. On peut citer entre autres, la mise sur pied en 1977 du programme *Man And the Biosphere* (MAB)[1] qui vise à fournir des réponses appropriées aux problèmes de développement durable des populations et de gestion des ressources naturelles ; la création en 1984 d'une Direction de l'Aménagement du Territoire et de l'Environnement au sein du Ministère du Plan et de l'Aménagement du Territoire ; l'élaboration du Plan National de Gestion de l'Environnement (PNGE)[2] et du Programme Sectoriel Forêts-Environnement (PSFE) etc.

Cependant, dans le domaine forestier comme dans bien d'autres, les différents ministères sectoriels affectaient les terres indépendamment des autres secteurs, ce qui entraînait de plus en plus de conflits. Dans la plupart des cas, les ressources naturelles ont été extraites aux dépens des communautés et de l'environnement dans les zones minières et pétrolifères. Le constat était celui d'une multitude d'intervenants dans différents domaines et souvent dans le même domaine ; une absence de cohésion, de coordination et même de textes consensuels qui les fédèrent, pourtant ils œuvrent tous pour la même cause qu'est le développement durable du pays. Les limites liées à l'absence de coordination interministérielle, notamment la superposition des différentes affectations des terres, ont conduit à la reprise en main du processus par le ministère de l'Economie, du Plan et de l'Aménagement du Territoire qui en a aujourd'hui le leadership. C'est dans ce contexte qu'a été adoptée la loi n° 2011/008 du 6 mai 2011 d'Orientation pour l'Aménagement et le Développement Durable du Territoire[3] qui a pour objectif de contribuer à une meilleure coordination de la gestion du territoire pour fédérer l'action de tous les intervenants.

À cet effet, les initiatives actuelles et récentes de certains pays clés montrent la voie à suivre pour une meilleure gouvernance des industries extractives. On peut citer par exemple la nécessité d'une mise en place d'un

---

[1] Voir le Décret N° 2017/0593/PM du 15 février 2017 portant création, organisation et fonctionnement du Comité national « Man and the Biosphere» (CONMAB).

[2] Le PNGE au Cameroun compte 4 volumes : le volume 1 présente le *Rapport principal*, le volume 2 *analyse les secteurs d'intervention*, le volume 3 est une *Présentation des Fiches de Projets et des Tableaux Récapitulatifs*, le volume 4 présente *les tableaux de planification.*

[3] V. la loi n° 2011/008 du 6 mai 2011 d'orientation pour l'aménagement et le développement durable du territoire. Cette loi intervient après la mise entre parenthèses de la période d'ajustement structurel au cours de laquelle la planification du développement sous sa forme originelle a été abandonnée.

cadastre intégré (A), ou encore la nécessité d'un développement des mouvements d'opposition aux projets extractifs proches des zones d'habitation (B).

A- La nécessité d'une mise en place d'un cadastre intégré (incluant les données de plusieurs secteurs : foncier, forestier, minier, agricole, industriel...)

194- La situation actuelle de la gestion des espaces avec des cadastres sectoriels (foncier, minier...) reste très floue pour la plupart des acteurs impliqués dans l'exploitation des ressources naturelles au Cameroun. Comme le relève les chercheurs, « il n'y a pas d'obligation, de la part des autres ministères, de faire inscrire au cadastre du ministère en charge des Domaines, du cadastre et des affaires foncières, tous les droits attribués sur les terres (droits d'exploitation des forêts, des zones de chasse, des concessions minières, pétrolières ou gazières) »[1]. En effet, la mise en place d'un cadastre national centralisé, incluant les données relatives à l'octroi des concessions foncières et des permis d'exploration ou d'exploitation dans différents secteurs (mines, pétrole, exploitation forestière, agro-industrie, etc.), pourrait constituer un début de solution à ce problème. La mise en place de ce cadastre intégré pourrait ainsi mettre un terme à l'enchevêtrement des différents droits attribués par les différents cadastres existants, et contribuer *in fine* à une meilleure préservation des espaces.
Il convient également de sensibiliser les acteurs de la planification afin qu'ils soient mieux imprégnés des dispositions de la loi n° 2011/008 du 6 mai 2011 d'orientation pour l'aménagement et le développement durable du territoire[2]. Selon cette loi, « *la politique nationale d'aménagement et de développement durable du territoire vise, au sein d'une nation cohérente et solidaire, un développement équilibré du territoire national alliant le progrès social, l'efficacité économique et la protection de l'environnement. Elle tend à créer les conditions favorables au développement de l'emploi et de la richesse nationale, notamment en renforçant la solidarité des entreprises avec leur territoire d'implantation, et à réduire les inégalités territoriales tout en préservant pour les générations futures les ressources disponibles ainsi que la qualité et la diversité des milieux naturels* »[3].

---

[1] B. SCHWARTZ, D. HOYLE et S. NGUIFFO, *Tendances émergentes dans les conflits liés à l'utilisation des terres au Cameroun...*, Rapport précité, p. 6.
[2] V. la loi d'orientation n° 2011/008 du 6 mai 2011 pour l'aménagement et le développement durable du territoire. Cette loi intervient après la mise entre parenthèses de la période d'ajustement structurel au cours de laquelle la planification du développement sous sa forme originelle a été abandonnée.
[3] Cf. art. 3 al. 2 de la loi n° 2011/008 du 6 mai 2011 d'orientation pour l'aménagement et le développement durable du territoire, http://opencamer.org/loi-n-2011-008-du-06-mai-2011-

En l'absence d'un plan d'aménagement du territoire concerté et adapté, les conflits risquent de s'accentuer et de compromettre ainsi les efforts de développement et de la gestion durable des terres. De nombreux problèmes rencontrés jadis avec les concessions minières et forestières comme avec les aires protégées pourraient désormais être évités avec une approche professionnelle de planification au lieu de l'approche parfois peu méthodique et opportuniste du passé.

Pour sa part, le Code minier de 2016 tente d'organiser une meilleure articulation avec d'autres textes sectoriels en vue d'une meilleure cohabitation des projets. En effet, l'article 126 (1) du Code minier prévoit que les zones de protection sont établies par le ministre chargé des mines, « *en liaison avec les administrations concernées, à l'intérieur desquelles la prospection, la recherche et l'exploitation minière de substances minérales ou des carrières sont interdites* ». Une telle disposition est salutaire, mais pas suffisante. Pour une meilleure préservation des espaces considérés comme critiques pour la santé et la vie, les populations riveraines des sites des projets peuvent, comme cela se fait ailleurs, mettre en place des mouvements d'opposition aux projets qui heurteraient leurs espaces vitaux.

B- La garantie du droit de s'opposer aux projets extractifs proches des zones d'habitation

195- Pour faire face au développement de grands projets aux environs des zones habitées, des mouvements d'opposition et de résistance se sont multipliés à travers le monde sous des appellations les plus variées[1]. Ces mouvements ne sont pas l'apanage des seuls riverains, mais aussi des hommes politiques[2]. C'est le cas par exemple du syndrome «*BANANA*»

---

dorientation-pour-lamenagement-et-le-developpement-durable-du-territoire-au-cameroun, consultée le 17 septembre 2016.

[1] « Une liste d'acronymes plus ou moins sérieux a été constituée autour de NIMBY pour décrire les phénomènes de résistance. Certains sont des tentatives d'évacuer la connotation négative présente dans l'acronyme NIMBY, d'autres variantes mettent en évidence l'une ou l'autre facette des mouvements d'opposition ». Voir https://fr.wikipedia.org/wiki/Nimby, consulté le 5 mars 2020. Ainsi, on peut citer : BIYBYTIM (*Better In Your Back Yard Than In Mine* : Mieux dans ton arrière-cour que dans la mienne) ; LULU (*Locally unpopular land use* : utilisation du sol localement impopulaire) ; NIABY (*Not in anybody's back yard* : pas dans l'arrière-cour de quiconque) ; NIMFOS (*Not in my field of sight* : pas dans mon champ de vision) ; NINA (*Ni ici ni ailleurs* : Refus non pas de la localisation d'un projet d'aménagement, mais de son essence même) ; WHEW (*We Have Enough Waste* : Nous avons assez de déchets) ; NOPE (*Not on Planet Earth* : pas sur la planète Terre) etc. comme renversement du NIMBY : PITBY - *Put it in their back yard* (mettez ça dans leur arrière-cour) ; BIMBY - *Build in my Back Yard* (Construire dans mon jardin) ; WIMBY - *Welcome in my Back Yard* : (Bienvenue dans mon jardin) ; YIMBY - *Yes In My Back Yard* (Oui, dans mon jardin)… Sur l'ensemble de ces acronymes, Voir https://fr.wikipedia.org/wiki/Nimby, consulté le 5 mars 2020.

[2] Pour les hommes politiques, on peut citer : NIMD (*Not in my district* : pas dans mon district) ; NIMTOO (*Not in my term of office* : pas pendant mon mandate) ; NIMEY (*Not in*

(*Build absolutely nothing anywhere near anyone* - construire nulle part et près de personne), qui tend aujourd'hui à remplacer le «*NIMBY*» qui est « l'acronyme de l'expression "*Not In My BackYard*" qui signifie "pas dans mon arrière-cour" »[1] «pas dans mon environnement proche»[2]. « Le terme ou les expressions effet Nimby, syndrome Nimby, sont utilisés généralement pour décrire soit l'opposition des résidents à un projet local d'intérêt général dont ils considèrent qu'ils subiront des nuisances, soit les résidents eux-mêmes. Le nimbiste désigne ainsi l'opposant à un projet d'aménagement motivé, non par une opposition de principe ou de nature environnementale, mais par l'emplacement de ce projet qui porte atteinte à son cadre de vie et à son patrimoine »[3].

Historiquement, la doctrine révèle que « des traces d'oppositions de riverains sont présentes dès l'Antiquité et le Moyen Age. Le phénomène se serait accentué avec la révolution industrielle. Dès la fin du XVIIIe siècle, en France et en Belgique, des enquêtes de *commodo* et *incommodo* sont effectuées lors de l'installation d'usines et fabriques induisant des nuisances pour le voisinage. Certaines fabriques sont d'ailleurs reléguées à l'extérieur des villes, comme les tanneries. Si ces enquêtes avaient eu pour effet concret de protéger davantage les industriels que les riverains, elles témoignent déjà à l'époque, de la réticence de certains habitants à accueillir des industries nuisibles à proximité de leur lieu de vie »[4]. Il apparaît donc clairement que les oppositions de riverains à l'implantation d'infrastructures n'est pas un phénomène spécifique à la fin du XXe siècle. « Le problème est largement antérieur à l'émergence du concept "NIMBY". La naissance du vocable est cependant significative d'une modification de certaines données du problème : le nombre et l'ampleur des mobilisations suscitées à l'encontre de projets divers augmentent tandis que les projets industriels et d'équipements se caractérisent par une ampleur grandissante, une augmentation des nuisances locales et une accentuation de l'inéquité »[5].

---

my election yard (ou *year*) : pas dans ma zone électorale (ou pas pendant l'année des élections)… Il faut investir dans une concertation menée en amont pour convaincre les électeurs et les habitants du bien-fondé d'un projet au nom de l'intérêt général.

[1] Voir https://fr.wikipedia.org/wiki/Nimby, consulté le 5 mars 2020.

[2] L'expression « *Not In My Back Yard* » apparait dès les années 1970 aux États-Unis, dans des articles de presse (Voir R. LINDSEY, « Bigger Airports? Not In My Backyard », *New York Times*, 19 septembre 1971). Mais l'utilisation de l'acronyme NIMBY et sa diffusion ne se fait qu'au cours des années 1980. L'acronyme se retrouve dans des articles scientifiques rédigés par des politologues, des géographes, des juristes, des économistes… mais c'est l'historien, ethnologue et sociologue californien Mike Davis qui diffuse le concept à travers son ouvrage « City of Quartz ». Voir M. DAVIS, *City of Quartz, Excavating the Future in Los Angeles*, Londres-New York, Verso, 1990.

[3] Voir https://fr.wikipedia.org/wiki/Nimby, consulté le 5 mars 2020.

[4] Voir N. MARCHETTI, *Les conflits de localisation: le syndrome NIMBY*, Montréal, Centre interuniversitaire de recherche en analyse des organisations, 2005, p. 7, cité par https://fr.wikipedia.org/wiki/Nimby, consulté le 5 mars 2020.

[5] *Ibidem*.

De manière péjorative, « l'emploi de l'acronyme NIMBY viserait à déconsidérer ou à anathémiser toute proposition venant des habitants jugés plus soucieux de leurs intérêts particuliers que de l'intérêt général. La scène des oppositions de type NIMBY est donc très souvent polarisée, chacun campant sur ses positions et fustigeant l'autre camp »[1]. En France par exemple, « Les enquêtes publiques montrent que les riverains NIMBY accusent souvent les institutions de se montrer trop rigides. Ils considèrent aussi parfois que les projets ont ficelés d'avance, les coûts sous-estimés et les performances sur-estimées. De leur côté, les administrations critiquent le manque de souplesse des "Nimby", leur réticence à participer aux procédures de concertation pourtant créées pour répondre à leurs aspirations »[2].

Malgré ce regard péjoratif de l'administration vis-à-vis des populations qui défendent leur territoire, leur environnement, leur santé et leur vie, il convient de reconnaître que progressivement, le terme «NIMBY» est « de plus en plus utilisé de manière neutre et analytique »[3]. En effet, ces oppositions des populations riveraines à l'implantation des projets industriels potentiellement nuisibles à leur environnement, à leur santé et à leur vie sont parfois fondées. Selon la doctrine, « les réactions des habitants contribuent à réhabiliter le local, l'individuel et la subjectivité en géographie, trop dépréciés par un technicisme occidental critiquable »[4].

Ainsi, « Les oppositions de type NIMBY prennent des formes variées : créations de comités de riverains/d'opposants, pétitions, manifestations parfois violentes, demande de contre-expertise, campagnes médiatiques contre le projet en question... Les arguments soulevés sont d'ordre divers et relèvent souvent des craintes plus que de conséquences avérées : ...craintes de conséquences potentielles ou encore inconnues sur la santé, de la dégradation d'un paysage patrimonialisé... »[5]. Comme on le voit, « le point de vue des habitants ne doit pas être négligé, ne serait-ce que parce qu'ils raisonnent à une échelle différente et qu'il est nécessaire, en géographie et aménagement, de prendre en compte toutes les échelles »[6].

---

[1] Voir https://fr.wikipedia.org/wiki/Nimby, consulté le 5 mars 2020.

[2] Voir V. MANDINAUD et P. VIOT, « ''Nimby'', des bouts de jardins aux bords du politique ? Petite réflexion sur une journée de débat », *ethnographiques.org*, n° 9, février 2006, disponible en ligne à l'adresse : http://www.ethnographiques.org/2006/Mandinaud-Viot, cité par https://fr.wikipedia.org/wiki/Nimby, consulté le 5 mars 2020.

[3] Voir https://fr.wikipedia.org/wiki/Nimby, consulté le 5 mars 2020.

[4] Voir A. BERQUE, *Médiance de milieux en paysages*, Montpellier, GIP-Reclus, 1990, 163 p., cité par https://fr.wikipedia.org/wiki/Nimby, consulté le 5 mars 2020.

[5] Voir https://fr.wikipedia.org/wiki/Nimby, consulté le 5 mars 2020.

[6] G. BAUDELLE et H. REGNAULD, *Échelles et temporalités en géographie*, Paris, Sedes, 2004, cité par https://fr.wikipedia.org/wiki/Nimby, consulté le 5 mars 2020.

Conclusion du chapitre 2

196- En conclusion, il convient de relever que les projets miniers modifient, transforment et détériorent les écosystèmes, et ce dans certains cas, de manière irréversible. Ils constituent une menace à la qualité de vie, à la santé des personnes et des milieux. La valeur des services écosystémiques délivrés par certains espaces étant parfois tellement fondamentale pour la santé et la vie, ils méritent d'être préservés. Cela n'est possible que grâce à une bonne politique d'aménagement du territoire, notamment par le zonage qui indique les secteurs disponibles et ceux interdits à l'activité minière. Une lecture transversale des textes relatifs à la gestion des ressources naturelles a permis de constater que le législateur a fait quelques efforts dans ce sens, notamment en protégeant certains espaces considérés comme critiques pour la santé et la vie (humaine et animale). C'est le cas par exemple de la création des zones de protection et d'interdiction, de la création des zones de protection floristique et faunique, ou encore des périmètres de sécurité et des investisons ou zones tampons.

197- Cependant, dans la pratique, il y a également lieu de constater qu'au Cameroun, on note d'importants chevauchements entre différents usagers de l'espace et des ressources naturelles. La récurrence de ce phénomène atteste de l'existence des dysfonctionnements profonds dans le système d'attribution des droits et des titres. La cartographie de cet enchevêtrement de droits révèle une aberration du point de vue de l'aménagement du territoire et de la gestion des ressources naturelles[1]. On pourrait alors se poser la question de savoir comment le Cameroun a-t-il pu être aussi peu attentif aux menaces que fait peser sur son avenir et sur les populations, le processus d'attribution de nombreuses autorisations d'exploitation de longue durée sur des ressources et sur des espaces aussi critiques pour la santé et la vie.

198- La quête d'une croissance rapide est incontestablement la principale justification de tous ces projets qui mettent en péril les communautés et l'environnement. Au moins deux explications relatives aux faiblesses institutionnelles peuvent être pointées du doigt : « la première est l'absence d'un fil conducteur lisible guidant les actions du gouvernement, de même que la faible coordination entre administrations publiques, qui ont largement contribué à la cacophonie actuelle dans la gestion des ressources

---

[1] S. NGUIFFO et F. MBIANDA, « Une autre facette de la malédiction des ressources ? Chevauchements entre usages différents de l'espace et conflits au Cameroun », précité, p. 144.

naturelles »[1] et des espaces. Si on y rajoute les faibles capacités de l'administration (insuffisance de personnel qualifié et de matériel, par exemple), il est aisé de comprendre les attributions non concertées entre administrations des différents secteurs[2]. L'approche sectorielle est cause de disharmonie, voire de conflits par manque de concertation et de coordination intersectorielles entre les différentes administrations concernées par l'utilisation des terres.

D'où la nécessité d'élaborer un cadastre intégré, « non seulement pour concilier des activités économiques concurrentes basées sur les ressources naturelles, mais aussi pour disposer d'un argumentaire qui, selon nous, peut renforcer le pouvoir de négociation de l'Etat face à des sociétés minières à l'empreinte écologique trop élevée pour des répercussions économiques encore beaucoup trop faibles »[3]. De même, il se dégage l'urgence d'une bonne politique planification territoriale, fondée sur une démarche prospective. Dans le cas contraire, l'Etat risque de « sacrifier un patrimoine naturel renouvelable au profit d'un qui ne l'est pas, et ouvrir la porte à de multiples autres conflits fonciers (avec l'agriculture et les forêts communautaires en particulier) déjà en recrudescence »[4], et sacrifier les droits des populations à la santé et à la vie.

199- À titre de droit comparé, le droit français a instauré l'élaboration des plans de prévention des risques miniers (PPRM) « par la loi n° 99-245 du 30 mars 1999, dite loi de l'Après-Mine, et mis en application par le décret n° 2000-547 du 16 juin 2000 précisant les modalités d'application et la nature des risques à prendre en compte »[5]. Il en est de même du droit français qui prévoit aussi des PPRM[6]. Ces PPRM sont élaborés et mis en œuvre par l'État dans les conditions prévues par le code de l'environnement. L'élaboration d'un PPRM suppose l'élaboration de la cartographie des aléas qui localise et hiérarchise les zones exposées à des phénomènes potentiels;

---

[1] S. NGUIFFO et F. MBIANDA, « Une autre facette de la malédiction des ressources ? Chevauchements entre usages différents de l'espace et conflits au Cameroun », Micropolitiques du boom minier, *Politique africaine*, n° 131, Karthala, p. 153.

[2] *Ibid.*, p. 153.

[3] Voir H. DESSARD et al. « Des minerais sous les arbres : incompatibles et compensables ? Eléments de réflexion pour une régulation intersectorielle Cas du Gabon et du Cameroun », disponible à l'adresse : https://agritrop.cirad.fr/575740/1/document_575740.pdf, consulté le 12 février 2018.

[4] *Ibid.*

[5] Voir OIF, *L'industrie minière et le développement durable. Une perspective internationale Francophone*, https://constellation.uqac.ca/4165/1/L_industrie_miniere_et_le_developpement_durable.pdf, p. 124.

[6] Voir art. 94 de la loi n°99-245 du 30 mars 1999 relative à la responsabilité en matière de dommages consécutifs à l'exploitation minière et à la prévention des risques miniers après la fin de l'exploitation.

elle se traduit par une carte des aléas classés en plusieurs niveaux, en tenant compte de la nature de ces phénomènes, si possible de leur probabilité d'occurrence, et de leur intensité. Ils valent servitude d'utilité publique opposable à toute personne publique ou privée. A ce titre, ils doivent être annexés au Plan d'Occupation des Sols (POS) ou Plan Local d'Urbanisme (PLU) suivant les cas[1]. Le droit français prévoit également des expropriations en cas de risque minier menaçant gravement la sécurité des personnes[2]. Le législateur camerounais gagnerait à s'inspirer de ces mécanismes de prévention des risques miniers.

---

[1] Voir I. VAULONT et J.-L. VO VAN QUI, *L'indemnisation des dégâts miniers,* Rapport au ministre de l'écologie, du développement durable, des transports et du logement, déc. 2011, pp. 24-25, disponible à l'adresse : http://cgedd.documentation.developpement-durable.gouv.fr/documents/cgedd/007373-01_rapport.pdf, consulté le 05 février 2019.

[2] Voir art. 95 de la loi n°99-245 du 30 mars 1999 précitée. Pour l'application des articles 94 et 95, voir le décret n°2000-547 du 16 juin 2000.

Conclusion du Titre I

200- Dans ce Titre, il a été question de s'interroger sur la capacité du droit minier camerounais à arbitrer entre certains intérêts antagonistes qui peuvent s'opposer lors de l'implantation du projet minier. Comme nous l'avons vu, l'obligation à la charge de l'Etat et des entreprises minières de garantir le droit à la santé et à la vie implique celle de prendre des mesures nécessaires de prévention des risques d'atteinte. Cela vaut à la fois pour les risques prévisibles que pour les risques incertains. À cet effet, deux principes fondamentaux devraient guider leur action : le principe de prévention et le principe de précaution.

D'une part, lors de l'installation d'un projet minier, l'Etat et les entreprises minières doivent veiller à la réalisation préalable d'une étude d'impact environnemental et social, selon les règles de l'art. En tant qu'outil d'aide à la décision de l'administration, l'étude d'impact contribue de manière substantielle à l'évitement des atteintes, notamment par l'identification des causes d'atteinte aux droits fondamentaux, et par la proposition des mesures adéquates pour y faire face. Ainsi, un projet minier qui présenterait des risques de dommages irréversibles pour l'environnement, pour la santé ou pour la vie des populations devrait inciter l'Etat et l'entreprise minière à surseoir au projet.

201- D'autre part, l'évitement des atteintes à la santé et à la vie lors de l'installation du projet minier passe également par la préservation de certains espaces considérés comme critiques pour la santé et la vie. Cela suppose la mise en place d'une bonne politique d'aménagement du territoire qui identifie clairement les zones à protéger et celles où les activités minières peuvent être implantées. À cet effet, la recherche d'un équilibre entre les différents intérêts divergents doit se faire en tenant compte prioritairement des droits fondamentaux qui devraient nécessairement primer sur les intérêts économiques, surtout lorsqu'on sait que les intérêts des grandes multinationales qui sont souvent en jeu dans les projets miniers, directement ou indirectement, peuvent provoquer une inversion des priorités. Car comme nous l'avons démontré, la préservation des espaces critiques pour la santé et la vie présente encore de nombreuses faiblesses au Cameroun.

Cependant, la planification environnementale serait d'une utilité douteuse si les activités qu'elle planifie ne faisaient pas l'objet d'un contrôle rigoureux postérieurement à leur installation.

TITRE II

L'ÉVITEMENT PAR L'INSTAURATION DES GARANTIES DE L'ÉQUILIBRE DES INTÉRÊTS EN PRÉSENCE DANS LE CADRE D'UN PROJET MINIER EN ACTIVITÉ

202- Lors du cycle de vie d'une mine, la phase la plus importante pour les sociétés extractrices est l'exploitation du gisement, le but de l'exploration étant de découvrir des gisements de minéraux économiquement viables. L'aménagement d'une mine, qui constitue la deuxième étape du cycle minier, est donc une phase très importante. Les activités sources d'impacts sur la santé et la vie lors de la mise en activité du projet minier peuvent être entre autres, le déplacement des populations, le défrichage ou déboisement, la construction des infrastructures de base (bâtiments, mine et infrastructures routières), le détournement des cours d'eau, l'implantation des infrastructures hydrauliques et énergétiques, le dynamitage, le transport des équipements et des hommes etc.

Comme dans la première phase (exploration), la mise en activité du projet minier doit se développer de manière à prendre en compte et à satisfaire les intérêts de toutes les parties intéressées. Ainsi, la garantie d'une meilleure conciliation entre les différents intérêts en présence passe par une surveillance et un contrôle permanents de l'activité, afin de déceler d'éventuelles failles dans son fonctionnement, et d'y apporter les mesures correctives nécessaires. L'exigence d'un contrôle permanent vient du fait que l'activité minière est une activité qui présente de nombreux risques pour la santé et la vie.

Le risque peut être défini comme la possibilité du malheur produit par l'activité humaine et liée à une décision de l'homme[1]. Une analyse faite par Ulrich Beck à propos du « risque postindustriel », typique de la « société du risque »[2] dans laquelle nous vivons, peut permettre d'illustrer parfaitement le risque lié à l'exploitation minière. En reprenant cette analyse, on peut dire que le risque minier a trois caractéristiques essentielles : il peut avoir des

[1] Voir D. HAMMER SCHMIDT, cité par L. ESTRELA BORGES, *Les obligations de prévention dans le droit international de l'environnement*, *op. cit.*, note 11, p. 30.
[2] Voir U. BECK, *World risk society*, Malden, Polity Press, 1999, p. 53.

répercussions beaucoup plus larges et diffuses, contrairement aux risques préindustriels qui étaient principalement liés à des individus ou à des groupes spécifiques. Ensuite, le risque lié à l'exploitation minière peut occasionner des dommages à la santé et à l'environnement, et donc, impossibles à évaluer avec précision. Il est donc imprégné d'incertitudes. Comme conséquence de cette forte augmentation des risques liés à l'exploitation minière, le droit est devenu aujourd'hui profondément axé sur *la sécurité*. L'accent est mis sur la prévention et parfois même sur l'anticipation des risques, afin d'empêcher leur occurrence et ainsi éviter d'éventuels dommages réparables à l'environnement ou à la santé humaine[1].

203- Devenu un concept omniprésent dans le droit et la pratique des sujets et acteurs de la société internationale depuis les années 90, la *sécurité humaine*[2] doit être le maître-mot au cœur de tout projet minier en activité. À cet effet, la garantie d'une meilleure conciliation entre les différents intérêts en présence passe par la surveillance et le contrôle de l'impact du projet minier en exploitation sur l'environnement et sur la santé des populations. A ce sujet, le Principe 19 Charte mondiale pour la Nature de 1982 affirme que « *l'état des processus naturels, des écosystèmes et des espèces devra être suivi de près pour qu'on puisse déceler le plus tôt possible toute dégradation ou menace, afin d'intervenir en temps utile* ». Dans le même ordre d'idées, la surveillance occupe également une place centrale au sein de la Convention-cadre des Nations Unies sur les changements climatiques[3].

204- Au niveau régional, un Groupe de travail sur les Industries extractives, l'Environnement et les violations des droits de l'homme a été créé en 2009 par la Commission africaine des Droits de l'Homme et des Peuples (CADHP)[4]. Le mandat de ce groupe de travail consiste entre autres à examiner l'impact des industries extractives en Afrique conformément aux dispositions de la Charte africaine des droits de l'homme et des peuples[5]. De

---

[1] A. G. GOMEZ, « Los tres principios prudenciales – previsión, precaución y prevención aplicados a la gestión de riesgos… », cité par L. ESTRELA BORGES, *Les obligations de prévention... op. cit.*, p. 32.

[2] Sur la notion de sécurité humaine, Voir F. BASTY, *Invention et diffusion de la sécurité humaine : les entrepreneurs de normes entre contraintes et actions*, Thèses de l'IEP de Paris, 2007 ; P. GAUTTIER, *La cohérence de la politique de la sécurité humaine de l'Union européenne en direction de l'Afrique subsaharienne*, Thèse de l'Université Aix Marseille 3, 2010 ; R. KHERAD, *La sécurité humaine*, éd. A. Pedone, Paris, 2010 ; J.-F. RIOUX (dir.), *La sécurité humaine, une nouvelle conception des relations internationales*, L'Harmattan, Collection Raoul-Dandurand, Paris, 2001.

[3] Voir les articles 4 alinéa 1a de la CCNUCC de 1992.

[4] Voir la Résolution 148 adoptée lors de la 46e Session ordinaire qui s'est tenue à Banjul en Gambie du 11 au 25 novembre 2009.

[5] Voir http://www.achpr.org/fr/mechanisms/extractive-industries/, consulté le 17 décembre 2017.

façon de tout à fait comparable, la Commission, puis la Cour interaméricaines des droits de l'homme ont souligné que les Etats doivent mettre en place des garanties et des mécanismes adéquats pour prévenir les risques et y faire face le cas échéant, superviser les activités et s'assurer qu'ils ont suffisamment de personnel pour veiller à ce que l'exploitation des ressources naturelles ne cause pas de dommages environnementaux majeurs[1].

Au niveau européen, la Cour européenne des droits de l'homme a décidé dans *l'affaire Tătar c. Roumanie*[2] que l'Etat doit accorder une attention particulière à ce que la réglementation soit « *adaptée aux spécificités de l'activité en jeu, notamment au niveau du risque qui pourrait en résulter. Cette obligation doit déterminer l'autorisation, la mise en fonctionnement, l'exploitation, la sécurité et le contrôle de l'activité et question et imposer à toute personne concernée par celle-ci l'adoption de mesures d'ordre pratique propres à assurer la protection effective des citoyens dont la vie risque d'être exposée aux dangers inhérents au domaine en cause* ».

205- Au Cameroun, l'article 137 du Code minier est assez explicite sur les garanties à mettre en place afin d'assurer une meilleure conciliation entre les intérêts en présence dans le cadre d'un projet minier en activité. Selon ce texte, « *Afin d'assurer une exploitation rationnelle des ressources minières et de carrières en harmonie avec la protection de l'environnement, les titulaires de titres miniers et de carrières doivent veiller à la prévention des géo-risques et géo-catastrophes ; la prévention ou la minimisation de tout déversement dans la nature ; la protection de la faune et de la flore ; la promotion ou le maintien de la bonne santé générale des populations ; la diminution des déchets ; la disposition des déchets non recyclés d'une façon adéquate pour l'environnement, après information et approbation des Administrations en charge des mines et de l'environnement ; la gestion des déchets conformément à la législation et la réglementation en vigueur* »[3].

Comme on le voit, tout projet minier en activité appelle la mise en place « *de la surveillance, des contrôles et des inspections des activités minières* »[4]. Une meilleure garantie de la conciliation des différents intérêts en présence suppose d'une part, l'exigence du respect des prescriptions de fonctionnement (Chapitre 1), permettant de déterminer les éventuelles

[1] CommADH, *Rapport sur la situation des droits de l'homme en Equateur*, OEA/Ser.L./V/II.96, doc. 10 rev. 1, chap. VIII ; CourADH, 28 novembre 2007, *Saramaka v. Suriname*, § 154 et 158.
[2] Voir CourEDH, 27 janvier 2009, *Tătar c. Roumanie*, § 87-88.
[3] Cf. art. 137 de la loi n° 2016/17 du 14 déc. 2016 portant Code minier, https://www.droit-afrique.com/uploads/Cameroun-Code-minier-2016.pdf, consulté le 15 janvier 2020.
[4] Voir Titre IX du Code minier.

défaillances lors des processus techniques, ainsi que les fautes qui pourraient avoir été commises par les responsables. En cas de défaillance susceptible de porter atteinte aux droits fondamentaux, les autorités publiques compétentes doivent fournir une réponse adéquate. D'autre part, elles doivent s'assurer que le cadre législatif et administratif relatif à la prévention des atteintes est correctement mis en œuvre. À défaut, tout manquement susceptible de porter atteinte à la santé et à la vie doit être sanctionné. D'où l'exigence du respect des mécanismes de prévention (Chapitre 2).

Chapitre 1

L'exigence du respect des prescriptions de fonctionnement par la mise en œuvre des mesures de coercition

206- En matière de respect des droits fondamentaux au sein de l'entreprise, « Ces droits sociaux doivent être d'abord conciliés avec d'autres droits : d'abord avec les droits de l'employeur en tant qu'entrepreneur ou en tant qu'individu et ensuite avec les droits des autres salariés et avec les droits de tout individu, indépendamment de sa fonction au sein, ou en dehors, de l'entreprise… si l'on prend le problème des droits sociaux dans l'entreprise, on constate qu'il y a une conciliation entre ces droits sociaux, les libertés économiques, les droits et libertés de l'individu et même un certain nombre d'exigences collectives, comme par exemple la sécurité juridique »[1]. Les prescriptions de fonctionnement peuvent prendre plusieurs dénominations : règles de l'art, meilleures pratiques, bonnes pratiques, standards etc.

Selon l'article 133 alinéa 1er du Code minier, *« Toute personne physique ou morale exécutant des travaux de recherche ou d'exploitation (...) est tenue de les mener suivant les règles de l'art et dans le respect de la législation et de la réglementation en vigueur, de façon à garantir la sécurité des populations, des travailleurs de la mine et des biens »*[2]. On entend par « règles de l'art », l'ensemble des règles techniques ou des pratiques professionnelles validées par l'expérience et admises par l'ensemble de la profession concernée. Elles correspondent aussi à l'état de la technique au moment de la réalisation de l'ouvrage ou de la prestation. Ces règles sont composées de tout un ensemble de pratiques professionnelles qui sont à respecter et spécifiques à chaque domaine, ceci afin que les ouvrages ou les prestations soient correctement réalisés. Ecrites ou non, les experts y font fréquemment référence en cas de sinistre. « Le juge considère les règles de l'art comme des obligations qui sont implicites et leur non-respect peut

---

[1] M. LAIGNEAU, J.-E. RAY et B. MATHIEU, « Entreprise, droits fondamentaux et droits sociaux », *Les Nouveaux Cahiers du Conseil constitutionnel*, 2011/2 (N ° 31), p. 196, https://www.conseil-constitutionnel.fr/nouveaux-cahiers-du-conseil-constitutionnel/entreprise-droits-fondamentaux-et-droits-sociaux, consulté le 7 août 2018.

[2] Cf. article 133 alinéa 1er de la loi n°2016/17 du 14 décembre 2016 portant Code minier, https://www.droit-afrique.com/uploads/Cameroun-Code-minier-2016.pdf consulté le 10 mai 2018..

constituer une faute de nature à engager la responsabilité contractuelle de leur auteur »[1].

207- Une notion qui devrait également être essentielle ici est celle de « meilleure pratique », qui désigne « *la meilleure pratique reconnue par un secteur, à un moment donné pour un aspect donné* ». L'avantage de cette notion est son caractère dynamique. Si une entreprise s'engage à respecter les meilleures pratiques, elle doit faire évoluer ses technologies pour suivre les évolutions de la profession. Celles-ci sont souvent décrites dans des « Guides des meilleures pratiques »[2]. Dans le secteur de l'exploitation des ressources naturelles, l'Organisation internationale des producteurs de gaz et de pétrole, l'Organisation internationale pour les bois tropicaux (OIBT) ou encore le Conseil international pour les mines et les métaux sont de grands producteurs de guides de bonnes pratiques. Certaines grandes ONG comme le WWF ou l'UICN le sont aussi.

On distingue à l'heure actuelle sous le terme de « standards », des normes caractérisées par la technicité de leur contenu souvent quantifié. Elles sont particulièrement développées dans le domaine de l'environnement, qu'il s'agisse de normes de qualité, de l'air, de l'eau, ou de seuils de tolérance. On les désigne alors généralement sous le nom d'« écostandards »[3].

208- Toutes ces considérations qui précèdent amènent à reconnaître que l'Etat doit être assez regardant sur la qualité des opérateurs autorisés à intervenir dans le secteur minier, notamment en n'accordant des autorisations qu'aux entreprises qui présentent les capacités techniques et financières[4], à même de leur permettre de se conformer aux exigences des

---

[1] Voir http://www.lamy-expertise.fr/definition/regles-de-l-art.html, consulté le 07 août 2017. Voir également l'adresse :
http://www.ffbatiment.fr/federation-francaise-du-batiment/laffb/mediatheque/batimetiers.html?ID_ARTICLE=2144, consulté le 07 août 2017.

[2] À titre d'illustration, Voir Conseil International des Mines et Métaux (ICMM), *Guide de bonnes pratiques: exploitation minière et biodiversité*, Londres, 2006, disponible sur le site : www.icmm.com; *Code de pratiques écologiques pour les mines de métaux,*2009, disponible à l'adresse : https://www.ec.gc.ca/lcpe-cepa/documents/codes/mm/mm-fra.pdf; Commission Internationale de la Sante au Travail, *Code international d'éthique pour les professionnels de la santé au travail*, 3e éd., 2014 ; Collection « La mine en France », *Bonnes pratiques de l'activité minière Tome 12*, février 2017, disponible à l'adresse :
http://www.mineralinfo.fr/sites/default/files/upload/tome_12_tableau_bonnes-pratiques_final24032017.pdf, consulté le 1er septembre 2019.

[3] Voir P. CONTINI et P. SAND, « Methods to Expedite Environment Protection: International Ecostandards», *AJIL,* janvier 1972, vol. 66, no 1, p. 37. Sur la valeur juridique des écostandards et leur influence sur la responsabilité internationale, voir P.-M. DUPUY, *La responsabilité internationale des Etats pour les dommages d'origine technologique et industrielle,* Paris, Pedone, 1977, p. 270 ets.

[4] L'exigence des garanties financières vise à permettre d'assurer, en cas de défaillance ou de disparition juridique de l'opérateur minier, « la surveillance du site et le maintien en sécurité

règles de l'art. Or, très souvent, la recherche de la rente conduit parfois les Etats africains, à accepter de manière assez imprudente des entreprises sans expérience ou avec un passé douteux. Il y a là un enjeu tout à fait important à prendre au sérieux, en ce sens que le respect des règles de l'art est une garantie pour la sécurité humaine, parce qu'elle permet d'éviter un certain nombre de problèmes. L'exigence du respect des règles de l'art concerne à la fois l'installation du projet minier en amont et le projet minier en activité.

209- Pour ce qui est du respect des règles de l'art lors de l'installation du projet minier, il convient de relever que la législation camerounaise (Code minier et décret d'application) est muette sur ce point. Pourtant, comme le recommande la réglementation internationale, le respect des règles de l'art doit commencer en amont du projet minier, notamment lors de l'exploration jusqu'à l'étape de la construction de la mine. À cet effet, les travaux préparatoires à l'adoption des instruments de l'OIT sur les mines (Convention n° 176 de l'OIT[1] et la Recommandation n° 183 qui l'accompagne) « ont mis l'accent sur l'importance, pour la prévention des accidents, de veiller à la sécurité eu égard à la conception, notamment en prévoyant l'incidence des forces physiques sur les structures et en respectant les paramètres de base pendant la construction »[2].

210- Le présent chapitre concernera uniquement le respect des règles de l'art minier dans un projet minier en fonctionnement. Ainsi, pour s'assurer que les règles de l'art seront respectées et que la santé et la vie des personnes seront préservées dans un projet minier en activité, le législateur a mis en place des mécanismes de contrôle (Section I). Malheureusement, dans ce domaine comme dans bien d'autres, le droit minier camerounais se caractérise encore par la faiblesse des mécanismes de contrôle existant (Section II).

Section I : L'institution des mécanismes de contrôle du projet minier en activité

211- Comme l'affirme François Ost, « Tout le droit administratif de l'environnement pourrait s'expliquer par l'objectif de réduire les nuisances

---

de l'installation, les interventions éventuelles en cas d'accident avant ou après la fermeture et la remise en état après fermeture ». Comp. art. Article L162-2 alinéa 2 du Code minier français, disponible sur légifrance à l'adresse : https://www.legifrance.gouv.fr/affichCodeArticle.do;?idArticle=LEGIARTI000023504890&cidTexte=LEGITEXT000023501962, consulté le 5 mars 2020.

[1] Voir article 7 *a)* de la Convention n° 176 de l'OIT.

[2] BIT: *La sécurité et la santé dans les mines*, rapport V (1), CIT, 81e session, Genève, 1994, p. 12 : http://www.ilo.int/wcmsp5/groups/public/---ed_norm/---relconf/documents/meetingdocument/wcms_543633.pdf consulté le 11 octobre 2019.

et pollutions »[1]. En effet, il est crucial d'exercer un suivi permanent du fonctionnement des industries extractives conformément aux procédures mises en place pour garantir que les détenteurs de licences ou de permis soient responsables de leurs actions. L'efficacité de la prévention des atteintes à la santé et à la vie passe par un contrôle effectué par les autorités compétentes. Ce contrôle se réalise généralement à travers des descentes sur le terrain. L'institution des mécanismes de contrôle doit allier à la fois les préoccupations de rendement d'une part et de protection des droits fondamentaux d'autre part.

Pour ce qui est des préoccupations de rendement, une exploitation mal conduite est susceptible de conduire au gaspillage des richesses du tréfonds. « L'arraisonnement de la nature », pour reprendre l'expression de Friedman[2], ne saurait être laissé à la seule initiative de ses utilisateurs potentiels, en raison de l'intérêt que présente sa préservation, et des conflits qui peuvent naître de ces usages.

S'agissant ensuite des préoccupations liées aux droits fondamentaux, l'activité minière est essentiellement une activité à haut risque pour la santé et la vie. Les intérêts économiques que présentent les ressources souterraines justifient donc l'intervention de l'autorité administrative à tous les stades de leur mise en valeur, dans le but de garantir la « meilleure » exploitation possible, évitant ainsi des atteintes inutiles aux droits fondamentaux.

Il existe une diversité des mécanismes de contrôle du projet minier en activité. Il convient de présenter ces différents mécanismes (I) avant de s'intéresser au cas particulier de l'encadrement des conditions de travail (II) qui représente un enjeu majeur dans la préservation de la santé au travail et de la vie dans les mines.

I- La diversité des mécanismes de contrôle du projet minier en activité

212- Dans le but de prévenir les atteintes à la santé et à la vie dans le cadre d'un projet minier en activité, le législateur a mis sur pied une diversité de mécanismes de contrôle, de surveillance ou de suivi. Aux termes de l'article 27 du décret du 14 février 2013 fixant les modalités de réalisation des études d'impact environnemental et social, tout projet ayant fait « *l'objet d'une étude d'impact (...) doit être soumis à une surveillance administrative et technique continue de la part des administrations compétentes* »[3]. Cette

[1] Voir F. OST, « La responsabilité, fil d'Ariane du droit de l'environnement », *in Droit et société*, n° 30-31, 1995, p. 287.

[2] G. FRIEDMAN, *Sept études sur l'homme et la technique. Le pourquoi et le pour quoi de notre civilisation technicienne*, éd. Denoël-Gonthier, coll. Médiations, La grande aventure,1966, p. 200.

[3] Cf. art. 27 du décret n°2013/0171/PM du 14 février 2013 fixant les modalités de réalisation des études d'impact environnemental et social.

surveillance continue doit porter sur la mise en œuvre effective du plan de gestion environnementale et sociale (PGES)[1] et le promoteur est tenu de produire un rapport semestriel sur la mise en œuvre de ce plan, adressé au ministre en charge de l'environnement[2].

Cette surveillance continue du projet minier en activité rentre dans le cadre de ce que le législateur appelle « *les missions de police en matière de sécurité des installations, de préservation de la santé et de protection de l'environnement*»[3]. Il s'agit bien évidemment d'une « police spéciale », distincte de la « police générale »[4]. S'agissant spécialement des mines, le législateur français définit la « *la police des mines* » comme celle en vertu de laquelle l'autorité administrative peut visiter les sites, faire des contrôles sur pièces et sur échantillons ou matériels[5]. Cette police spéciale des mines, bien que s'appliquant également lors de la phase d'exploration[6], permet dans le cadre d'un projet minier déjà en activité, d'observer, de mesurer, d'évaluer et d'analyser par des méthodes scientifiques reconnues, les risques de pollution et ses effets sur l'environnement, sur la santé et sur la vie des populations. Il s'agit par là de prévenir les pollutions accidentelles, d'identifier et de hiérarchiser les impacts et de favoriser les pratiques durables. Comme le souligne un auteur, la surveillance continue de l'état de

[1] Cf. article 27 alinéa 2 du Décret du 14 février 2013 fixant les modalités de réalisation des études d'impact environnemental et social.

[2] Cf. article 27 alinéa 3 du décret n°2013/0171/PM du 14 février 2013 fixant les modalités de réalisation des études d'impact environnemental et social.

[3] Cf. article 3 du décret n° 2014/2379/PM du 20 août 2014 fixant les modalités de coordination des inspections des établissements classés dangereux, insalubres ou incommodes.

[4] Selon René CHAPUS, trois critères permettent de distinguer les polices spéciales de la police générale. Premièrement, si les polices spéciales contribuent également au maintien de l'ordre public, leur champ d'application n'est pas général, mais sectoriel. Deuxièmement, les deux procédures se matérialisent par des procédures différentes. Troisièmement enfin, les polices spéciales sont réservées à des autorités administratives expressément désignées, par un texte qui ne disposent pas nécessairement du pouvoir de police générale, tels que les ministres. Voir R. CHAPUS, Droit *administratif général,* Tome 1, 15e éd., Montchrestien, Coll. Domat, Paris, 2001, p. 681.

[5] Cf. article 77 du Code minier français. Voir également B. WERTENSCHLAG, « La responsabilité de l'exploitant pour dommages consécutifs à l'exploitation minière », *La Semaine Juridique Notariale et Immobilière* n° 51, 22 Décembre 2000, p. 1831.

[6] La police des mines a précisément pour objet « *de prévenir et de faire cesser les dommages et les nuisances imputables aux activités de recherches et d'exploitation des mines* » et spécialement de faire respecter les mesures visant à protéger les intérêts visés à l'article L. 161-1 du Code minier français (sécurité et salubrité publiques, solidité des édifices, environnement, patrimoine, intérêt agricole des sites…). Cf. art. L. 171-1 du C. minier français, disponible sur légifrance à l'adresse :
https://www.legifrance.gouv.fr/affichCodeArticle.do?idArticle=LEGIARTI000023505014&cidTexte=LEGITEXT000023501962&dateTexte=20110301, consulté le 4 mars 2020.

l'environnement au cours de l'exploitation minière est une activité de *monitoring* qui est le corollaire de l'obligation de conservation[1].

Il convient donc de distinguer les mécanismes de contrôle permanent du projet minier en activité (A), des contrôles périodiques (B).

A- La mise en place d'un contrôle permanent du projet minier en activité

213- L'évitement des risques d'atteinte pour la santé et pour la vie dans l'exploitation minière passe par l'institution d'un contrôle permanent des sources d'atteintes en vue de les évaluer afin d'y apporter des mesures correctives en cas de défaillance.

Sur le plan méthodologique, l'évaluation des risques se fait à partir des données issues de la toxicologie expérimentale et de l'épidémiologie. À cet effet, les modes de calcul diffèrent selon que l'on prend en compte une exposition au poste de travail ou une exposition environnementale[2]. En matière de santé au travail, ces données servent à définir des Valeurs Limites d'Exposition (VLEP) réglementaires ou indicatives, tandis qu'en matière de santé environnementale, elles servent à bâtir des Valeurs Toxicologiques de Référence (VTR). La VLEP est une valeur à ne pas dépasser car au-delà de celle-ci, il peut exister un risque pour la santé des travailleurs. Par contre, la VTR est plutôt une valeur de qualité (de l'air ou de l'eau), plutôt qu'une valeur de seuil à ne pas dépasser. Alors que les VTR s'adressent à la population dans son ensemble, à savoir les travailleurs et les riverains, les VLEP s'adressent généralement aux travailleurs[3]. Ces deux valeurs ont pour objectif commun de protéger la santé des individus concernés.

Les atteintes à l'environnement et par ricochet à la santé et à la vie ont trait aux pollutions de l'eau, des sols, de l'air et de l'atmosphère etc. Elles ont également trait aux « *installations de surface qui sont le complément nécessaire des travaux et à l'ensemble des installations qui constituent des éléments indispensables à l'exploitation (...), y compris les installations de secours tels que puits et galeries destinés à faciliter l'aérage et l'écoulement des eaux ; les ateliers de préparation, de lavage et de concentration de combustibles et minerais extraits de la mine ; les installations destinées au stockage et à la mise en dépôt des produits et déchets..., les canaux, routes,*

---

[1] J. P. BEURIER, *Droit international de l'environnement*, 5e éd. Pedone, Paris, 2017, p. 154.

[2] Les VLEP concernent une exposition d'une durée de quarante années au maximum (durée de vie professionnelle), de huit heures par jour et de cinq jours sur sept. L'exposition potentielle en santé environnementale est de 24 heures sur 24, de 7 jours sur 7 pendant soixante-dix ans. Voir J.-M. COURANDIER, « Protection de l'environnement et protection de la santé humaine au poste de travail », *in* Ph. BILLET et al. (dir), *Droit de l'environnement et protection de la santé*, éd. L'Harmattan, collection Logiques Juridiques, 2009, p. 122.

[3] J.-M. COURANDIER, « Protection de l'environnement et protection de la santé humaine au poste de travail », *op. cit.*, pp. 121-122.

chemins de fer et tous les ouvrages de surface destinés au transport des déchets... ou de produits destinés à la mine »[1] (terrils et stériles).

Classiquement, le contrôle permanent s'exerce par recours à l'auto-surveillance avec *reporting*[2] et par des visites sur site effectuées par les agents chargés de la surveillance et du contrôle[3]. Ce contrôle qui doit également concerner la qualité des eaux, des sols et de l'air, doit être effectué à la fois par l'exploitant minier (1), ainsi que par l'administration des mines (2).

1- L'auto-surveillance effectuée par l'exploitant minier

214- En droit camerounais, l'auto-contrôle du projet minier en activité trouve son fondement dans la loi n°98/015 du 14 juillet 1998 relatif aux établissements classés dangereux, insalubres ou incommodes. Aux termes de l'article 8 de ce texte, « *Les établissements de première classe, générateurs de pollutions solides, liquides ou gazeuses doivent procéder à l'auto surveillance de leurs rejets. Des normes fixées par voie réglementaire déterminent les niveaux d'émission acceptables des rejets dans l'environnement* »[4].

À titre de droit comparé, et de manière plus précise, le règlement général marocain sur l'exploitation des mines prévoit également qu'une visite détaillée de chaque puits où s'effectue l'extraction doit être faite une fois au moins chaque semaine par un agent compétent qui consigne les résultats dans un registre spécial, et que certains appareils et installations doivent faire journellement l'objet d'un examen attentif[5].

Cette auto-surveillance doit concerner la qualité des eaux (a), les risques liés aux particules en suspension dans l'air (aérosols, gaz et poussières) (b), ainsi que les sols et les autres risques physiques (c).

a) Le contrôle de la qualité des eaux

215- Les activités minières présentent très souvent des impacts négatifs sur le bilan hydrique, sur le réseau hydrographique et sur la qualité des eaux.

---

[1] Comp. art. L. 171-2 et L. 153-3 du C. minier français, disponibles aux adresses internet : https://www.legifrance.gouv.fr/affichCodeArticle.do?idArticle=LEGIARTI000023505016&cidTexte=LEGITEXT000023501962&dateTexte=20110301 et . https://www.legifrance.gouv.fr/affichCodeArticle.do?idArticle=LEGIARTI000023504780&cidTexte=LEGITEXT000023501962&dateTexte=20110301, consultées le 5 mars 2020.

[2] Comp. art. L. 172-1 C. minier français.

[3] Comp. art. L. 175-1, al. 2 C. minier français.

[4] Cf. art. 8 alinéa 1 et 2 de la loi n°98/015 du 14 juillet 1998, relative aux établissements classés dangereux, insalubres ou incommodes, http://extwprlegs1.fao.org/docs/pdf/cmr141675.pdf, consultée le 4 mars 2020.

[5] Voir les articles 48, 87 et 97 de l'arrêté viziriel du 18 février 1938 portant règlement général sur l'exploitation des mines autres que les mines de combustibles.

En effet, le permis d'exploitation de la mine industrielle ou de la petite mine permet à son titulaire d'occupation le terrain objet de son titre, de « *prélever et utiliser l'eau située sur ou coulant à travers le terrain en question, nécessaire aux opérations d'exploitation et de traitement conformément à la législation en vigueur* »[1]. Ce prélèvement des eaux peut avoir un impact considérable sur les communautés locales qui dépendent de cette ressource pour leur subsistance. Pour éviter des captages intensifs, tout droit d'utilisation des eaux devrait au moins tenir compte des exigences des communautés locales en la matière, et ne pas y porter atteinte. Le cas échéant, la société minière devrait être contrainte de fournir des sources alternatives d'eau adéquates, sans générer un surcoût pour la communauté.

Il apparaît clairement que les prélèvements excessifs des eaux de source ou des eaux de surface pour les opérations de traitement des minerais et le détournement des cours d'eau naturels perturbent le régime hydrique, notamment leur charge sédimentaire et leur débit. Les déversements dans les cours d'eau de grandes quantités de terres issues du lavage ou du dépôt de mort terrain peuvent également donner lieu à des obstructions partielles ou totales des chenaux d'écoulement (envasement, ensablement, delta artificiel). Bien plus, le pompage des eaux souterraines en vue de maintenir les galeries et les fosses à sec sont responsables du rabattement de la nappe phréatique et le tarissement de certaines sources et résurgences d'eau utilisées comme eau de consommation par les populations locales.

Un autre « enjeu environnemental d'importance lié aux mines d'or est le drainage minier acide (DMA), duquel découlent plusieurs risques de contamination des écosystèmes locaux et régionaux. Selon plusieurs auteurs, le DMA constitue le problème environnemental le plus important de l'industrie extractive (…) »[2]. Comme l'indique la doctrine, « Le DMA résulte d'une réaction chimique entre l'oxygène, l'eau et les minéraux sulfureux qui sont pratiquement toujours présents dans les gisements d'or (…). Une fois enclenché, le DMA est très difficile à arrêter. Contrairement à ce que l'on croyait à une époque pas si lointaine, le drainage minier acide n'est pas un phénomène qui a tendance à s'arrêter de lui-même… [et] peut se poursuivre pendant des centaines (voire des milliers) d'années après la fermeture d'un site, comme on l'observe sur certains sites en Europe »[3].

---

[1] Cf. art. 58 al. 1 pour le permis d'exploitation de la mine industrielle ; art. 53 al. 1 C. min pour le permis d'exploitation de la petite mine. Les mêmes droits sont accordés au titulaire du titre minier par l'art. 40 C. min. pour le permis de recherche.

[2] Voir AUBERTIN et al., cités par U. LAPOINTE, *Enjeux environnementaux associés aux mines aurifères : le Nord du Québec et du Canada*, Communication présentée au Congrès de l'ACFAS 2006, Université McGill, Montréal, 18 mai 2006, disponible sur Internet à l'adresse : http://www.ieim.uqam.ca/IMG/pdf/Lapointe_ACFAS2006_Final.pdf, consultée le 19 juillet 2018.

[3] Voir U. LAPOINTE, *Enjeux environnementaux associés aux mines aurifères : le Nord du Québec et du Canada*, Communication précitée.

Comme on le sait, l'eau constitue un milieu particulièrement propice à la divagation de vecteurs de maladies et de substances dangereuses pour la santé de l'homme. Afin d'éviter cette contamination, l'exploitant minier doit mettre en place des mesures positives de surveillance pour un assainissement adéquat et de lutte contre les maladies hydriques (liées à l'eau non potable). Dans la localité de Figuil dans le Nord Cameroun, une étude conduite par des chercheurs confirme la nitrification des nappes phréatiques par des résidus des produits explosifs de l'abattage des roches[1]. Cette analyse chimique « de l'eau prélevée des puits et des forages de cette localité, en vue de déterminer l'origine, la nature et le seuil de la pollution des eaux souterraines des sites d'extraction des marbres et calcaires de Bergui-Bidzar et Biou »[2], confirme cet état de choses[3]. Elle révèle que « les nappes phréatiques sont chargées d'acide carbonique à plus de 250 mg/l »[4]. Du fait de l'accroissement de l'extraction des minerais, les chercheurs affirment que les doses de nitrate dépasseront sans doute la norme exigée par l'OMS (50 mg/l) si elles ne sont pas contrôlées[5]. Lorsqu'on sait que l'excès de nitrate entraîne la morbidité de la population en général et occasionne en particulier des troubles graves, voire la mort de nourrissons, il y a lieu de prendre le problème très au sérieux.

b) Le contrôle de l'atmosphère et des risques liés aux particules en suspension dans l'air

216- La Convention sur la pollution atmosphérique transfrontière à longue distance[6] définit l'expression « pollution atmosphérique » comme l'introduction par l'homme « *directement ou indirectement, de substances ou d'énergie ayant une action nocive de nature à mettre en danger la santé de l'homme...* »[7]. L'exploitation minière est à l'origine du rejet de nombreuses particules de poussière dans l'air, source de pollution et par ricochet, d'atteinte à la santé et à la vie. Le contrôle des risques liés aux particules en

---

[1] O. TOUMBA et A. WAKPONOU, « Exploitation minière dans l'arrondissement de Figuil (Cameroun): problèmes de santé publique et effets environnementaux », *Belgeo,* n° 4, 2014, pp. 1-16, https://journals.openedition.org/belgeo/14853, consulté le 5 mars 2020.

[2] *Ibid.*

[3] *Ibidem.*

[4] *Ibid.*

[5] *Ibid.,* p. 10, n° 22.

[6] La Convention sur la pollution atmosphérique transfrontière à longue distance a été élaborée dans le cadre de la Commission économique pour l'Europe des Nations Unies (CEE-ONU). Elle a été signée à Genève le 13 novembre 1979 et est entrée en vigueur le 28 janvier 1988, disponible à l'adresse :
https://www.unece.org/fileadmin/DAM/env/lrtap/full%20text/1979.CLRTAP.f.pdf, consultée le 2 mars 2020.

[7] Cf. art. 1er de la Convention sur la pollution atmosphérique transfrontière à longue distance de 1979 précitée.

suspension dans l'air (aérosols, gaz et poussières) concerne plusieurs types de matières particulaires. De manière globale, il convient de distinguer les gaz naturellement présents dans l'atmosphère de la mine, des gaz dont les effets néfastes sont aggravés par l'activité de celle-ci.

217- S'agissant des gaz naturellement présents dans l'atmosphère de la mine, on a par exemple le radon qui est « un gaz radioactif d'origine naturelle que l'on trouve entre autres dans les mines d'uranium et les mines d'étain ; les mines de charbon n'en renferment pas. Ce gaz est une source de rayonnements ionisants… Du radon peut être émis lorsqu'un massif rocheux est attaqué à l'explosif. Il peut aussi être entraîné dans la mine par des voies d'eau souterraines. Le radon est un gaz, il est donc en suspension dans l'air (…). Le radon et ses produits de filiation émettent des rayonnements ionisants suffisamment puissants pour entraîner la formation de cellules cancéreuses dans les poumons. On observe des taux de mortalité élevés dus au cancer du poumon chez les mineurs qui travaillent à l'extraction de l'uranium. Dans le cas des mineurs qui fument, ce taux est beaucoup plus élevé »[1]. De même, « les mineurs qui travaillent dans des mines d'amiante ou de minerai contenant de l'amiante sont exposés à des risques sérieux. On sait que l'exposition à l'amiante a accru le risque de mésothéliome et de cancer du poumon. Elle se traduit également par un risque plus élevé de contracter une asbestose (autre type de pneumoconiose) ou une affection des voies aériennes »[2].

Comme autre gaz naturellement présent dans l'atmosphère de la mine, on a « la silice cristalline libre, élément constitutif le plus abondant de l'écorce terrestre, auquel les mineurs et les carriers sont le plus communément exposés. La silice libre est du dioxyde de silicium qui n'est pas lié chimiquement à un autre élément pour former un silicate. Sa forme la plus courante est le quartz, bien qu'elle puisse également se présenter sous forme de trydimite ou de cristobalite. Toutes les opérations de foration, de tir, de fragmentation, de concassage et de transport de roches silicieuses peuvent produire des particules respirables. La teneur en silice dans les différents types de roches varie, sans être pour autant un indicateur fiable de la quantité de poussières de silice respirables que peut renfermer un échantillon d'air (…). Par ailleurs, la silice qui vient d'être fragmentée semble plus active et dangereuse que la poussière inerte ; cela pourrait être dû à la charge de surface plus élevée des particules fraîchement formées »[3].

---

[1] N. S. JENNINGS, « Les mines et les carrières: un aperçu. Généralités sur les industries extractives », *in* MAGER STELLMAN (J.) (dir.), *Encyclopédie de sécurité et de santé au travail*, Volume 3, http://ilocis.org/fr/documents/ILO074.htm, consulté le 5 mars 2020.

[2] *Ibid.*

[3] Voir N. S. JENNINGS, « Les mines et les carrières : un aperçu. Généralités sur les industries extractives », *in* J. MAGER STELLMAN (dir.), *Encyclopédie de sécurité et de*

Pour ce qui est des risques sanitaires liés à la pollution de l'air, la silicose est la plus connue des affections dont peuvent souffrir les mineurs du fait de leur travail permanent en atmosphère particulière. La silicose est une maladie pulmonaire provoquée par l'inhalation de poussières de silice. La silice étant présente dans la plupart des types de terrain, toutes les mines peuvent être concernées par ce problème, et même les mines à ciel ouvert, bien que le risque soit alors plus faible. Elle se traduit par une diminution irréversible des capacités respiratoires et peut être aggravée par l'inhalation de poussière de charbon[1].

En effet, « A partir de certaines doses absorbées, la silice peut provoquer une silicose, forme de pneumoconiose qui se développe de manière insidieuse après des années d'exposition. Une exposition exceptionnellement forte peut causer une silicose aiguë ou accélérée en quelques mois, évoluant en quelques années vers l'insuffisance respiratoire et la mort. L'exposition à la silice est également associée à un risque accru de tuberculose, de cancer du poumon et de certaines maladies auto-immunes comme la sclérodermie, le lupus érythémateux général et l'arthrite rhumatoïde »[2].

218- En dehors des gaz naturellement présents dans l'atmosphère de la mine, on a également des gaz dont les émissions sont aggravées par l'activité de la mine. C'est le cas par exemple des gaz d'échappement des moteurs et certaines vapeurs chimiques. qui doivent constamment être contrôlés. Les gaz d'échappement des moteurs diesel qui s'agglomèrent dans l'air sont très dangereux pour la santé. C'est le cas par exemple du monoxyde de carbone, des oxydes d'azote et du dioxyde de soufre. Toutes ces substances sont des irritants respiratoires aigus, voire cancérigènes. De même, le fait d'utiliser des explosifs à répétition dégage des nuages de poussière dans les environs de la mine, poussière qui resterait sous forme de minerai s'il n'y avait pas de mine.

---

santé au travail, Vol. 3, http://ilocis.org/fr/documents/ILO074.htm, Voir également https://geologie-miniere.blogspot.com/, consultés le 5 mars 2020.

[1] « La Classification internationale des radiographies de pneumoconioses, établie par l'Organisation, est un outil reconnu à l'échelle mondiale pour répertorier de façon systématique les affections pulmonaires dues à l'inhalation de poussières et révélées par la radiographie. Des recueils de directives pratiques en matière de sécurité et de santé ont été établis spécialement pour les mines de charbon et les mines à ciel ouvert, et d'autres pour l'industrie minière en général (…) Grâce à ces initiatives, plusieurs pays se sont inspirés des normes et des directives de l'OIT, et le niveau de sécurité et de santé dans les mines s'est amélioré ». Voir N. S. JENNINGS, « Les mines et les carrières: un aperçu. Généralités sur les industries extractives », précité.

[2] Voir N. S. JENNINGS, « Les mines et les carrières: un aperçu…», précité.

Selon l'étude sus évoquée, menée dans la localité de Figuil dans le Nord Cameroun, « la cimenterie et la marbrerie de Figuil émettent dans l'atmosphère du silicate issu des calcaires et marbres »[1]. Les poussières ainsi rejetées ont des influences néfastes sur l'organisme humain et nuisent au vécu quotidien des populations riveraines. Selon cette étude, ce sont ces émissions qui justifient l'état morbide des populations riveraines de cette localité, avec environ quatre malades sur dix qui souffrent de maladies pulmonaires (la pneumonie, la bronchite, l'asthme, la tuberculose et la rhynobronchite)[2]. La même étude révèle que la pollution par le rejet de la poussière dépasse le seuil de tolérance de la norme environnementale en vigueur au Cameroun, qui est de 80 µg/m3 en 24h[3].

219- Au Cameroun, « *la mise en fonctionnement de toute nouvelle source fixe est subordonnée à l'obtention d'un permis environnemental* »[4]. C'est ce qu'exige en effet l'article 8 (1) du décret n° 2011/2582/PM du 23 août 2011 fixant les modalités de protection de l'atmosphère. L'article 10 du même texte ajoute que « *tout exploitant de source fixe est tenu d'appliquer les meilleures pratiques de gestion pour contrôler et/ou réduire l'émission potentielle de polluants atmosphériques contrôlés* ». Il doit à cet effet, tenir à jour les documents indiquant la conformité aux limites d'émission de polluants atmosphériques contrôlés. Ces documents doivent être conservés dans les fichiers de la source fixe pour une période d'au moins (10) ans. Ces registres de contrôle ou de surveillance doivent être présentés à toute réquisition des agents assermentés de l'environnement[5]. Dans la liste des industries susceptibles de polluer l'atmosphère, annexée au décret n° 2011/2582/PM du 23 août 2011 fixant les modalités de protection de l'atmosphère, l'on retrouve bel et bien parmi les catégories soumises aux limites d'émission, les industries de « métaux bruts et [d']exploitation de minerai de fer » (1), les « cimenterie[s] » (3), « [l']exploitation et [la] production du charbon » (4), « [l']exploitation (à terre) du pétrole et du gaz » (18) etc[6].

---

[1] Voir O. TOUMBA et A. WAKPONOU, « Exploitation minière dans l'arrondissement de Figuil (Cameroun): problèmes de santé publique et effets environnementaux », *Belgeo,* n° 4, 2014, pp. 1-16, https://journals.openedition.org/belgeo/14853, consulté le 5 mars 2020.

[2] Source : Archives hospitalières de Figuil et du dispensaire de Bidzar, citées par O. TOUMBA et A. WAKPONOU, « Exploitation minière dans l'arrondissement de Figuil (Cameroun): problèmes de santé publique et effets environnementaux », *Belgeo,* n° 4, 2014, pp. 1-16.

[3] *Ibid.,* p. 11, n° 26.

[4] Cf. art. 8 al. 1 du décret n° 2011/2582/PM du 23 août 2011 fixant les modalités de protection de l'atmosphère.

[5] Cf. art. 11 al. 1 et 2 du décret n° 2011/2582/PM du 23 août 2011 fixant les modalités de protection de l'atmosphère.

[6] Cf. annexe du décret n° 2011/2582/PM du 23 août 2011 fixant les modalités de protection de l'atmosphère.

Il existe des moyens efficaces pour lutter contre ces poussières. C'est le cas par exemple de l'équipement des engins de foration d'un « brouillard d'eau parfois additionné d'un agent mouillant injecté dans l'air qui s'échappe de l'engin, ce qui favorise l'agglomération par coalescence des particules de poussière qui, devenues plus lourdes, se déposent... [On peut également] leur adjoindre une aspiration localisée. Ce dispositif offre un meilleur rendement que les systèmes qui utilisent de l'eau... On recourt parfois à des cabines alimentées en air filtré pouvant être équipées d'un climatiseur, ce qui est apprécié des opérateurs d'engins de perforation et de bouteurs, ainsi que par les conducteurs de véhicules. Ils peuvent également porter un appareil de protection respiratoire bien adapté pour se prémunir temporairement ou lorsque les autres moyens se révèlent peu efficaces »[1].

c) Le contrôle des sols et des autres risques physiques

220- En vue de l'identification et de l'évaluation des sols et des autres risques physiques dans un projet minier en activité, l'entreprise doit se laisser guider *a minima* par le principe d'action préventive et de correction[2]. Les risques avérés d'un point de vue scientifique sont donc visés. Cependant, il n'est pas exclu que les risques scientifiques potentiels soient également pris en compte (principe de précaution).

221- Pour ce qui est des sols, il convient de relever qu'avec le temps, les différents étayages des galeries s'il en existe, peuvent se fragiliser sous l'effet de la concentration et des contraintes et se rompre, conduisant ainsi à l'écroulent d'une partie de la galerie. L'humidité peut également avoir de graves conséquences dans une mine en affaiblissant la cohésion des galeries comme dans les mines de sel par exemple. Ces risques d'affaissement, bien qu'inexistants à ce jour, ne sont pas exclus au Cameroun, où l'octroi des permis d'exploitation minière dans les zones forestières au sol très humide risque de créer à la longue, des risques d'effondrement, ce qui pourrait affecter gravement la santé et la vie des mineurs et des populations. En dehors des sols qui peuvent s'effondrer, il y a également de nombreux objets susceptibles de tomber tels des blocs de pierre, etc. D'où la nécessité d'un contrôle permanent des sols.

Les risques physiques quant à eux comprennent : le bruit, les vibrations, la chaleur, les variations de la pression barométrique et les rayonnements ionisants.

---

[1] Voir N. S. JENNINGS, « Les mines et les carrières: un aperçu...», précité.
[2] Cf. art. 9 de la loi-cadre de 1996 relative à la gestion de l'environnement.

222- Le *bruit et les vibrations* sont très répandus dans les opérations minières. Pour ce qui est de la protection des travailleurs contre les bruits, il convient de dire que c'est le plus souvent au travail que le bruit porte atteinte à la santé physique, surtout chez les ouvriers. « L'utilisation d'engins puissants, les tirs à l'explosif et le transport du minerai sont source de bruit et de vibrations. Pour une même source de bruit, l'intensité sonore est plus forte en milieu confiné qu'en milieu ouvert »[1]. Il serait trop restrictif de négliger l'effet psychique néfaste de ces nuisances environnementales. Les vibrations et le bruit dans les mines sont aussi des sources d'inconfort, voire de surdité partielle ou totale pour les mineurs. L'espace habituellement limité des chantiers souterrains crée une forte réverbération. Ainsi, plus d'un million de salariés subissent une ambiance de travail dépassant régulièrement les 85 dB(A), qui peuvent conduire à des surdités. En réponse à cette situation, l'article R. 232-8 du Code du travail français pose le principe général selon lequel l'exposition au bruit doit demeurer à un niveau compatible avec la santé des travailleurs. Le principe posé par cette disposition demeure applicable chaque fois que le bruit a une incidence sur la santé des travailleurs (fatigue, stress, effets sur le système cardio-vasculaire etc.) en dehors du seul cas d'atteinte auditive[2].

L'étude d'impact doit proposer plusieurs moyens conventionnels de réduction de l'exposition au bruit des machines. Par exemple, « il est possible de rendre les transmissions moins bruyantes et les échappements des moteurs plus silencieux. Il est également possible de réduire la nuisance sonore des machines hydrauliques. Pour ce qui est des goulottes et des cheminées, elles peuvent être isolées ou garnies de matériaux insonorisants. L'utilisation d'un équipement de protection de l'ouïe, combinée à des examens audiométriques périodiques est souvent nécessaire »[3].

223- La *chaleur* est également « un risque d'atteinte à la santé et à la vie dans les mines souterraines comme dans les exploitations à ciel ouvert. Dans les mines souterraines, la principale source de chaleur est le massif lui-même. La température de la roche augmente d'environ 1°C par tranche de 100 m. Les autres sources de contrainte thermique sont la dépense énergétique des travailleurs, une ventilation insuffisante, la température ambiante et le degré d'humidité, ainsi que la chaleur générée par les machines d'exploitation, particulièrement les moteurs diesel. Dans les mines très profondes (plus de 1 000 m), la chaleur peut être source de problèmes critiques, la température des parois pouvant atteindre 40 °C. Dans les mines profondes d'Afrique du Sud, des groupes de climatisation en service au fond améliorent sensiblement le confort des mineurs et rendent leur travail moins

---

[1] Voir N. S. JENNINGS, « Les mines et les carrières: un aperçu...», précité.
[2] V. JAWORSKI, « Les nuisances sonores : un problème de santé publique », précité, p. 92.
[3] Voir N. S. JENNINGS, « Les mines et les carrières: un aperçu...», précité.

pénible. Dans les mines à ciel ouvert, ce sont l'activité physique, la proximité de moteurs chauds, la température de l'air et l'exposition aux rayons du soleil qui sont les principales sources de chaleur. Pour réduire la contrainte thermique des travailleurs dans ces mines, on peut refroidir les machines dont la température de fonctionnement est élevée, alléger l'activité physique, assurer un approvisionnement suffisant en eau potable, un travail à l'abri du soleil et une ventilation adéquate. Pour ce qui est des engins mécanisés, l'installation d'une cabine climatisée serait la bienvenue »[1].

224- Les *rayonnements ionisants* font également partie des risques physiques de l'industrie minière. Dans le cadre de l'OIT, les Etats ont adopté le 22 juin 1960 à Genève, la Convention concernant la protection des travailleurs contre les radiations ionisantes. Elle s'applique à toutes les activités entraînant l'exposition des travailleurs à des radiations ionisantes au cours de leur travail[2]. En effet, le minerai peut lui-même être nocif pour les employés, que ce soit par ingestion par les voies respiratoires ou par contact direct comme l'amiante[3]. L'on sait par exemple que l'excès de sel ou de fer dans l'organisme augmente le risque de maladies cardiovasculaires, et en particulier l'hypertension. L'excès d'argent ne provoque que l'argyrie, c'est-à-dire une coloration de la peau en gris/bleu, mais qui n'a pas de conséquences particulières sur la santé et qui s'arrête dès l'arrêt de l'exposition à l'argent.

L'on ne saurait parler des rayonnements ionisants sans évoquer l'uranium. Bien que l'activité radioactive du minerai d'uranium naturel soit faible, le risque d'irradiation est non négligeable. Il est aujourd'hui reconnu avec certitude que l'exposition prolongée à de très faibles radiations dans les mines d'uranium peut avoir des conséquences sur la santé après plusieurs années de travail. Ce type de risque provient de la radioactivité intrinsèque de l'uranium, mais aussi de ses produits de désintégration comme le radon. Le mineur travaillant dans une mine d'uranium est donc exposé à plusieurs sources radioactives, dont les poussières de radon sont les plus dangereuses. Elles pénètrent les voies respiratoires et se logent dans les poumons à terme. Les risques encourus sont essentiellement le développement de cancers et de leucémie. Notons tout de même que les risques liés au radon sont aussi présents dans les autres mines, puisque l'uranium est présent dans la plupart des sols, mais ses effets sont moindres.

---

[1] Voir N. S. JENNINGS, « Les mines et les carrières: un aperçu. Généralités sur les industries extractives », *in* MAGER STELLMAN (J.) (dir.), *Encyclopédie de sécurité et de santé au travail*, Vol. 3, http://ilocis.org/fr/documents/ILO074.htm, consulté le 5 mars 2020.

[2] Voir art. 2 § 1 de la Convention de l'OIT du 22 juin 1960 concernant la protection des travailleurs contre les radiations ionisantes.

[3] Voir la Convention de l'OIT du 24 juin 1986 concernant la sécurité dans l'utilisation de l'amiante.

225- Pour ce qui est des *variations de la pression barométrique*, il convient de relever que de nombreuses mines sont situées à haute altitude (parfois à plus de 4 600 m) et ceux qui y sont employés peuvent souffrir du mal des montagnes. À titre d'illustration, l'on sait par exemple que le Cameroun a octroyé un permis d'exploration pétrolière sur le mont Cameroun qui culmine à une hauteur de 4100 mètres, à Rumpi Hills[1] et même dans les Mont-Mamelles dans la localité de Lolabé près de Kribi[2]. L'état de santé des mineurs dans ces zones peut s'aggraver s'ils doivent faire la navette entre un chantier situé à haute altitude et un endroit moins élevé où la pression atmosphérique est plus proche de la valeur normale.

226- *Le risque d'électrocution* peut aussi être présent dans un projet minier en activité. En effet, les sources d'énergie électrique sous toutes leurs formes peuvent également représenter un danger pour les mineurs. Il faut donc également tenir compte des générateurs électriques utilisés pour l'éclairage ou le fonctionnement de certaines machines. Parmi ces machines, certaines représentent des risques particuliers, par exemple les pompes, les ventilateurs ou même certaines foreuses.

227- On peut également avoir des *risques d'explosion et des risques d'incendie*. Pour certaines mines, l'emploi d'explosifs et de dispositifs de mise à feu est une autre source de dangers. Parmi les risques les plus catastrophiques, on peut distinguer les incendies et les explosions, que ce soit des véhicules ou bien des galeries à cause de la présence de poches de méthanes. L'explosion d'une poche de méthane ou coup de grisou est un risque important dans les mines de charbon mais peu se retrouver dans d'autres types de mines.

Les risques majeurs et les plus redoutés dans les mines de charbon sont le coup de grisou et le coup de poussière. Le grisou est un gaz naturel essentiellement composé de méthane et qui se dégage des couches de charbon. Le méthane étant un gaz hautement explosif, on comprend bien qu'une flamme nue peut provoquer une explosion dans les galeries : c'est ce qu'on appelle le coup de grisou. Il convient à cet effet de remarquer que la mine de charbon n'emploie pas d'explosifs, ni de matériels d'extraction modernes pour des raisons de sécurité. Quant au coup de poussière, il consiste en l'inflammation du poussier, un ensemble de fines particules de charbon.

---

[1] Voir B. SCHWARTZ, D. HOYLE et S. NGUIFFO, *Tendances émergentes dans les conflits liés à l'utilisation des terres au Cameroun...* Rapport précité, p. 5

[2] Le gisement de fer des Mont-Mamelles est le deuxième serait le deuxième plus grand après celui de Mbalam. Par arrêté du ministre des mines n°00173 du 22 mars 2008, la société Sinosteelcam SA a obtenu un permis de recherche dans cette zone couvrant 978,3 km2. Voir J. ABENA ABENA, « Les villageois barrent la route aux engins de la société Sinosteelcam », *Le Jour*, vendredi 28 août 2008.

En application de l'article 7 alinéa (h) de la Convention n° 176 de l'OIT sur la santé et la sécurité dans les mines, l'employeur est tenu de prendre des mesures et des précautions afin de prévenir, de détecter et de combattre le déclenchement et la propagation des incendies et des explosions. Au Maroc par exemple, la législation minière prévoit que « les exploitants doivent prendre des mesures nécessaires pour combattre rapidement et efficacement tout départ de feu. Il s'agit notamment de faire en sorte que soient affichées sur chaque lieu de travail des instructions indiquant la présence de matériel d'extinction et de sauvetage et les manœuvres à effectuer en cas d'incendie. Ces instructions prescrivent des tests à effectuer périodiquement pour confirmer que le matériel est en bon état et veiller à ce que le personnel soit capable de l'utiliser »[1].

Comme on peut le constater, la question du contrôle des risques d'atteinte intéresse plusieurs secteurs : environnementaux, naturels, sanitaires, technologiques... « Tous ces risques sont présents à des degrés divers, suivant la nature du minerai et des roches encaissantes, la profondeur des chantiers et les méthodes d'exploitation (...). Le degré d'exposition des mineurs à ces divers risques varie selon la tâche qu'ils effectuent, la proximité du risque et l'efficacité des mesures de prévention ou de suppression mises en œuvre »[2].

2- Le contrôle du respect des prescriptions de fonctionnement par l'administration

228- Face aux intérêts économiques liés à une exploitation minière, génératrice de pollutions et de nuisances, un certain degré de gêne dans la vie quotidienne des riverains est admissible. Dans ce contexte, l'obligation mise à la charge des Etats se borne en vérité à la prise des mesures permettant de maîtriser les pollutions et nuisances, de manière à ce qu'un juste équilibre soit maintenu entre les droits des particuliers et les intérêts – économiques notamment – de la société dans son ensemble[3]. L'intervention de l'autorité administrative est indispensable pour arbitrer entre les

[1] Voir l'article 21 de l'arrêté viziriel du 18 février 1938 portant règlement général sur l'exploitation des mines autres que les mines de combustibles, cité par Voir BIT : *Œuvrer ensemble pour promouvoir un milieu de travail sûr et salubre,* CIT, 106e session, ILC.106/III/1B, Genève 2017, p. 83, disponible sur Internet à l'adresse : http://www.ilo.int/wcmsp5/groups/public/---ed_norm/---elconf/documents/meetingdocument/wcms_543633.pdf consulté le 5 mars 2020.

[2] Voir N. S. JENNINGS, « Les mines et les carrières: un aperçu. Généralités sur les industries extractives », *in* MAGER STELLMAN (J.) (dir.), *Encyclopédie de sécurité et de santé au travail*, Vol. 3, http://ilocis.org/fr/documents/ILO074.htm, consulté le 5 mars 2020.

[3] Y. WINISDOERFFER, « ''Environnement et santé'' dans la jurisprudence de la Convention européenne des Droits de l'Homme : un droit individuel à un environnement ''salubre'' », précité, p. 134.

antagonismes[1]. Une fois le projet minier en activité, l'Etat doit exercer une surveillance continue afin d'éviter ou de mettre un terme à d'éventuelles dérives. Le droit de surveillance de l'administration trouve son assise dans des fondements juridiques et techniques.

Le fondement technique de la surveillance se situe au niveau de sa finalité, qui est de s'assurer du bon déroulement des opérations de recherche ou d'exploitation, de leur conformité aux normes et cahiers de charge, aux programmes et aux prescriptions environnementales en s'assurant de l'absence de risques. Cette surveillance est minutieusement organisée[2]. Les fondements juridiques quant à eux se trouvent dans la plupart des textes touchant au secteur minier. Ils procèdent à l'attribution et à la réglementation du pouvoir de veille et de sanction dans ce domaine. Il convient à cet effet de passer en revue les différents organes de contrôle (a) avant d'examiner la procédure administrative de contrôle (b).

a) Les différents organes administratifs de contrôle

229- Au niveau international, la convention n° 176 de l'OIT souligne l'importance de « désigner une autorité compétente, appelée à surveiller et réglementer les divers aspects de la sécurité et de la santé dans les mines »[3], dont l'une des principales responsabilités est d'assurer l'inspection des mines et de désigner des inspecteurs à cet effet[4].

Dans certains pays, l'inspection du travail dans les mines relève de la compétence de l'inspection générale du travail. C'est le cas des pays tels que Chypre, l'Egypte, le Monténégro, le Royaume-Uni, la Fédération de Russie et le Viêt Nam..., où les services d'inspection du travail supervisent

---

[1] Ph. BILLET, *La protection juridique du sous-sol en droit français,* Thèse précitée, p. 286.

[2] U. N. EBANG MVE, *L'encadrement juridique de l'exploitation minière au Cameroun, op. cit.*, p. 59.

[3] Cf. art. 5, paragraphe 1, de la convention n° 176. Selon ce texte, « *La législation nationale [...] devra désigner l'autorité appelée à surveiller et réglementer les divers aspects de la sécurité et de la santé dans les mines* ». Voir également BIT : *Œuvrer ensemble pour promouvoir un milieu de travail sûr et salubre,* CIT, 106e session, ILC.106/III/1B, Genève 2017, p. 23, disponible sur Internet à l'adresse :
http://www.ilo.int/wcmsp5/groups/public/---ed_norm/---elconf/documents/meetingdocument/wcms_543633.pdf consulté le 5 mars 2020.

[4] Cf. art. 5, paragraphe 2, de la convention n° 176. Selon cette disposition, « *Cette législation devra prévoir: a) la surveillance de la sécurité et de la santé dans les mines; b) l'inspection des mines par des inspecteurs désignés à cet effet par l'autorité compétente; [...] e) le pouvoir de l'autorité compétente de suspendre ou de restreindre, pour des motifs de sécurité et de santé, les activités minières jusqu'à ce que les conditions à l'origine de la suspension ou de la restriction soient corrigées* », in BIT : *Œuvrer ensemble pour promouvoir un milieu de travail sûr et salubre,* CIT, 106e session, ILC.106/III/1B, Genève 2017, pp. 228 et s., disponible sur Internet à l'adresse :
http://www.ilo.int/wcmsp5/groups/public/---ed_norm/---elconf/documents/meetingdocument/wcms_543633.pdf consulté le 5 mars 2020.

également les questions de santé et de sécurité au travail dans le secteur minier. Dans d'autres pays par contre, la SST dans les mines relève de services spécialisés chargés de la sécurité et de la santé au travail. C'est le cas des pays tels que le Canada, la Namibie, les Pays-Bas, la Pologne...[1] et du Cameroun.

230- Au Cameroun, plusieurs autorités sont en charge de l'inspection des activités minières. Sur le plan organique, le Code minier et le Décret portant organisation du ministère des Mines, de l'Industrie et du Développement Technologique (MINMIDT)[2] reconnaissent premièrement la compétence dudit ministère. En vue d'améliorer la gouvernance dans le secteur minier au Cameroun, les pouvoirs publics ont cru bon de créer la Brigade nationale de contrôle des activités minières (BNCAM) comme premier « gendarme des activités minières »[3], afin de veiller au respect de la réglementation minière. Créée par décret n°2012/432/PR du 1er octobre 2012 portant organisation du Ministère des Mines, la BNCAM a pour mission principale, la mise en œuvre de la stratégie gouvernementale en matière de contrôle des activités minières.

Entre autres, elle est chargée de l'organisation et de la supervision des activités des équipes de contrôle des opérations minières sur l'étendue du territoire national ; du contrôle du respect de la réglementation relative aux activités minières ; du contrôle du respect des clauses des cahiers de charge par les opérateurs miniers, en liaison avec les administrations et organismes concernés ; du contrôle des activités d'exploitation, de stockage, du transport par canalisation, de transformation, d'importation et d'exportation des hydrocarbures ; du contrôle des activités des chantiers d'exploration et d'exploitation minières ; de l'instruction des dossiers disciplinaires à l'égard des sociétés d'exploration et d'exploitation minières (mise en demeure) ; de la centralisation et de l'exploitation de toute information relative au contrôle minier ; du contrôle des activités des sociétés d'exploitation des eaux de source, des eaux minérales et des eaux thermominérales ; de la centralisation et de l'exploitation de toute information relative au contrôle minier sur l'étendue du territoire national[4].

---

[1] V. BIT : *Œuvrer ensemble pour promouvoir un milieu de travail sûr et salubre,op. cit.*, p. 162.

[2] Voir le décret n°2012/432/PR du 1er octobre 2012 portant organisation du Ministère des Mines, de l'industrie et du Développement Technologique.

[3] Voir https://minmidt-gov.net/fr/l-actualite/93-brigades-minieres-les-nouveaux-gendarmes-des-activites-minieres.html consulté le 27 février 2018. Voir également U. N. EBANG MVE, *L'encadrement juridique de l'exploitation minière au Cameroun, op. cit.*, p. 59.

[4] Voir http://minmidtt-govt.net/fr/2013-03-25-14-29-55/cabinets/brigade-nationale-de-controle-des-activites-minieres.html, consulté le 27 février 2018.

231- En plus de la BNCAM, l'article 196 du Code minier dispose que « *Les fonctionnaires, les Inspecteurs et Inspecteurs adjoints assermentés du ministère en charge des mines et des autres administrations compétentes ou de tout autre organisme dûment mandaté assurent la surveillance et le contrôle des activités minières dans la limite des prérogatives qui leur sont reconnues* ». Certes, la doctrine relève qu'« Il est rare qu'une seule organisation coordonne les résultats de la surveillance et produise une évaluation complète du respect des normes environnementales »[1], mais elle reconnaît également la nécessité de créer un « organisme interagences »[2] ou une « commission inter-agences »[3] pour les besoins de suivi des impacts des activités minières. Dans le même sens, la Commission des experts de l'OIT sur l'application des Conventions et des Recommandations avait relevé qu'en l'absence d'une autorité compétente unique chargée de surveiller et de réglementer les divers aspects de la sécurité et de la santé dans les mines, « il importe dans ce cas, d'assurer une bonne coordination entre les différentes autorités responsables de l'inspection de la SST dans les mines afin d'exercer un contrôle efficace sur les divers aspects qui leur sont confiés »[4].

C'est sans doute pour répondre à cette exigence que le Premier ministre a pris le décret n° 2014/2379/PM du 20 août 2014 fixant les modalités de coordination des inspections des établissements classés dangereux, insalubres ou incommodes[5]. Selon ce texte, « *L'inspection des établissements classés dangereux, insalubres ou incommodes, assure à ce titre les missions de police en matière de sécurité des installations, de préservation de la santé et de protection de l'environnement* »[6]. Ce texte fait intervenir d'autres acteurs dans le contrôle et la surveillance des activités des établissements dangereux. Il s'agit du Comité national des inspections, des inspecteurs, et des cabinets agréés.

Le comité national des inspections est composé des représentants de plusieurs administrations[7]. Ce Comité a pour missions entre autres,

---

[1] Voir J. GRATZFELD, *Industries extractives dans les zones arides et semi-arides. Planification et gestion de l'environnement*, *op. cit.*, p. 51.

[2] *Ibid.*, p. 52.

[3] *Ibid.*, p. 73.

[4] Voir BIT : *Œuvrer ensemble pour promouvoir un milieu de travail sûr et salubre,* CIT, 106e session, ILC.106/III/1B, Genève 2017, p. 48.

[5] Voir http://extwprlegs1.fao.org/docs/pdf/cmr151183.pdf, consulté le 5 mars 2020.

[6] Cf. article 3 du décret n° 2014/2379/PM du 20 août 2014 fixant les modalités de coordination des inspections des établissements classés dangereux, insalubres ou incommodes, disponible à l'adresse : http://extwprlegs1.fao.org/docs/pdf/cmr151183.pdf, consultée le 5 mars 2020.

[7] Le Comité National des Inspections est placé sous la coordination du ministre des mines, de l'industrie et du développement technologique (Président) et du Ministre de l'environnement (Vice-président). En plus de ces deux autorités, le Comité national des inspections comprend dix autres membres, venant respectivement des Ministères des mines, de l'environnement, de la santé publique, de l'eau et de l'énergie, de la protection civile (MINATD), de la justice, des finances, un représentant du corps national des sapeurs pompiers, un représentant de la

d'harmoniser les calendriers d'inspection et de contrôle des établissements classés dangereux, de planifier les contrôles sur une base annuelle, de proposer des mesures tendant à renforcer l'action de l'administration en matière de sécurité des installations, de préservation de la santé et de protection de l'environnement etc.

Sur le terrain, l'inspection des établissements dangereux est assurée par des inspecteurs assermentés de l'administration, sous la supervision d'un inspecteur relevant de l'administration en charge des installations classées. Comme on peut le constater, « *Outre les officiers et agents de police judiciaires et les autres agents spécialement habilités, les inspecteurs chargés de la surveillance administrative et du contrôle technique des établissements classés sont habilités à rechercher et à constater les infractions aux dispositions de la législation et de la réglementation applicables aux établissements classés* »[1].

Enfin, on a les personnes agréées (personnes physiques et laboratoires) qui interviennent également comme des bras séculiers de l'administration en matière de contrôle des installations classées[2]. Selon l'article 10 du texte les habilitant à cette fonction, « *L'analyse des effluents par les personnes agréées s'effectue à la requête de l'administration chargée des établissements classés* »[3]. Le montant des frais d'analyse des effluents perçus par les personnes agréées est réparti entre elles et le Trésor public suivant les modalités fixées par un arrêté conjoint du ministre chargé des finances et du ministre chargé des établissements classés[4]. Tout comme les inspecteurs et les autres acteurs intervenant dans le contrôle des établissements classés, les personnes agréées (physiques ou morales) sont tenues au secret professionnel et il leur est interdit de divulguer les résultats d'analyse des effluents sans autorisation préalable de l'entreprise concernée[5].

b) La procédure administrative de contrôle

232- La surveillance administrative s'exerce classiquement par des visites sur site par les agents chargés de la surveillance et du contrôle. Ces

---

délégation générale à la sûreté nationale et un représentant du secrétaire d'Etat à la défense chargé de la gendarmerie. Cf. article 6 du décret du 20 Août 2014.

[1] Cf. article 19 du décret du 20 août 2014 précité, http://extwprlegs1.fao.org/docs/pdf/cmr151183.pdf, consulté le 5 mars 2020.

[2] Voir le décret n° 99/820/PM du 09 novembre 1999 fixant les conditions d'agrément des personnes physiques ou morales à l'exploitation des laboratoires de contrôle de la pollution.

[3] Cf. article 10 du décret n° 99/820/PM du 09 novembre 1999 fixant les conditions d'agrément des personnes physiques ou morales à l'exploitation des laboratoires de contrôle de la pollution.

[4] Cf. art. 9 al. 2. décret n° 99/820/PM du 09 novembre 1999 précité. L'alinéa 3 de ce texte précise que « *Les frais d'analyse visés à l'alinéa (2) ci-dessus sont recouvrés par l'agent intermédiaire des recettes du ministère chargé des établissements classés* ».

[5] Cf. art. 7 décret n° 99/820/PM du 09 novembre 1999 précité.

agents peuvent visiter les sites miniers à tout moment, y compris les haldes ou les terrils faisant l'objet d'exploitation ainsi que toutes les installations indispensables à ceux-ci. Ils peuvent naturellement pénétrer dans les lieux ouverts au public, ainsi que dans ceux qui ne le sont pas[1]. Ils peuvent exiger la communication de documents de toute nature ainsi que la remise de tout échantillon et matériel nécessaires à l'accomplissement de leur mission.

Pour les besoins de contrôle, l'équipe d'inspection doit être dûment autorisée à effectuer cette opération par le ministre chargé des mines. Elle doit pour cela être munie d'un document d'identification officiel attestant de l'identité[2] et du mandat. Pour la surveillance, l'équipe doit se procurer le plan des mesures et normes réglementaires, et suivre les modalités de contrôle de ces mesures pour en garantir la conformité[3]. Au sein de l'entreprise, cette équipe se présente au chef de l'établissement ou au bénéficiaire du permis.

« Chaque opération d'inspection des établissements classés dangereux est menée par une équipe de cinq inspecteurs assermentés de l'administration comprenant deux inspecteurs relevant du Ministère des mines, deux autres relevant du ministère de l'Environnement et un inspecteur relevant de l'administration concernée par l'activité de l'établissement classé soumis à inspection »[4]. Chaque inspecteur effectue les inspections et les contrôles relevant de la compétence de l'administration dont il relève. Dans le cadre de l'exercice de leurs fonctions, les inspecteurs ont la qualité d'officier de police judiciaire à compétence spéciale[5].

Au terme de la surveillance, les dysfonctionnements et les défauts de conformité relevés doivent être notifiés à l'opérateur, au propriétaire de l'établissement ou au responsable technique. L'équipe peut programmer de commun accord avec l'établissement une séance de travail pour s'assurer de la mise en œuvre des mesures correctives[6]. En cas de persistance du refus de mise en œuvre des mesures correctives, l'équipe propose des sanctions au

---

[1] Comp. art. L. 175-5 à L. 175-14 du minier français qui prévoit que pour pénétrer dans les lieux non autorisés au public, les inspecteurs peuvent au besoin, être munis d'une ordonnance du juge des libertés et de la détention.

[2] « Avant leur entrée en fonction, les fonctionnaires, les Inspecteurs et Inspecteurs adjoints… prêtent serment devant le Tribunal de Première Instance de leur premier lieu d'affectation… La prestation de serment donne lieu à l'établissement d'une carte professionnelle… qui doit être présentée à l'auteur présumé du manquement ou de l'infraction à constater ». Cf. art. 198 de la loi n° 2016/17 du 14 déc. 2016 portant Code minier.

[3] Selon l'article 17 du décret du 20 août 2014 précité, « *Les opération d'inspection et de contrôle technique des établissements classés dangereux, insalubres ou incommodes, se déroulent conformément au guide d'inspection applicable à chaque type d'inspection menée* ».

[4] Cf. article 14 alinéa 1 du décret du 20 août 2014 sus cité.

[5] Cf. article 18 du décret du 20 août 2014 précité.

[6] Cf. art. 15 al. 1 du décret n° 2014/2379/PM du 20 août 2014 fixant les modalités de coordination des inspections des établissements classés dangereux, insalubres ou incommodes.

ministère telles que la déchéance, le retrait du titre, le non-renouvellement etc. Le rapport d'inspection est adressé respectivement au ministre chargé des établissements dangereux (ministre des Mines), et au ministre chargé de l'environnement[1].

Le fait de faire obstacle à l'exercice des fonctions des Inspecteurs et Inspecteurs adjoints du Ministère chargé des mines ou des autres administrations compétentes est passible d'un emprisonnement de quinze (15) jours à trois (03) mois et d'une amende de cinquante mille (50.000) à cinq cent mille (500.000) francs CFA, ou de l'une de ces deux (02) peines seulement[2]. Ces peines prévues à l'alinéa 1 ci-dessus sont doublées si l'opposition est accompagnée de voie de fait ou de menaces[3].

B- L'institution des contrôles périodiques du projet minier en activité

233- Les scientifiques relèvent que « La plupart des risques ont une dynamique. Il importe dès lors de surveiller leur évolution pour décider en cas de besoin, des ajustements nécessaires à apporter au niveau des personnes, des méthodes et des équipements »[4]. Parmi les mesures nécessaires pour éliminer ou minimiser les risques dans l'exploitation minière, l'article 7 alinéa (e) de la Convention n° 176 de l'OIT sur la santé et la sécurité dans les mines impose à l'employeur d'assurer le contrôle, l'évaluation et l'inspection périodique du milieu de travail. Ce contrôle périodique peut conduire à modifier l'ordre des priorités en matière de risques ou la capacité d'intervention. Ainsi, « les carences mises en évidence devraient être déterminées avec le plus de précision possible, et les procédures revues afin de les amender le cas échéant. Si des changements ont été apportés, les résultats devraient être contrôlés »[5]. Ces contrôles périodiques sont effectués soit dans le cadre de la réalisation des audits environnementaux (1), soit dans la cadre de la production d'un rapport semestriel sur la mise en œuvre du plan de gestion environnemental, soit

---

[1] Cf. art. du décret du 20 août 2014 ci-dessus cité.

[2] Selon l'article 218 (1) de la loi n° 2016/17 du 14 déc. 2016, « *Est puni d'un emprisonnement de quinze (15) jours à trois (03) mois et d'une amende de cinquante mille (50.000) à cinq cents mille (500.000) francs CFA, ou de l'une de ces deux (02) peines seulement, le titulaire d'un titre ou d'une autorisation d'exploitation qui s'oppose à l'entrée dans son site des Inspecteurs et Inspecteurs adjoints du Ministère chargé des mines ou des autres administrations compétentes* ». Voir également l'article 26 du décret n° 2014/2379/PM du 20 Août 2014 fixant les modalités de coordination des inspections des établissements classés dangereux, insalubres ou incommodes.

[3] Cf. art. l'article 218 (2) du C. min.

[4] Voir N. S. JENNINGS, « Les mines et les carrières: un aperçu. Généralités sur les industries extractives », *in* MAGER STELLMAN (J.) (dir.), *Encyclopédie de sécurité et de santé au travail*, Vol. 3, http://ilocis.org/fr/documents/ILO074.htm, consulté le 5 mars 2020.

[5] *Ibid.*

enfin par un contrôle annuel du bon état et de la fiabilité des matériels prévus pour la mise en œuvre du plan d'urgence. Ces autres mécanismes périodiques de contrôle du projet minier en activité méritent également d'être examinés (2).

1- Le recours à la technique de l'audit environnemental

234- Selon le décret du 14 février 2013 fixant les modalités de réalisation de l'audit environnemental et social, l'audit environnemental et social s'entend comme « *une évaluation systématique, documentée et objective des activités d'une entité, d'une structure et des installations d'un établissement, de leur fonctionnement et de leur système de gestion environnementale en vue de s'assurer de la protection de l'environnement. Il permet d'apprécier de manière périodique l'impact que tout ou partie de l'entreprise a ou est susceptible d'avoir sur l'environnement* »[1]. Ainsi défini, l'audit environnemental présente à la fois des avantages et des inconvénients.

235- L'audit environnemental présente généralement les caractéristiques suivantes : un expert est engagé pour procéder à l'examen du site audité conformément aux modalités de l'audit envisagé, ce qui inclut notamment l'examen de l'équipement, des sols et des registres de l'entreprise. L'expert communique ensuite à la direction de l'entreprise auditée, les résultats de l'audit, habituellement sous la forme d'un rapport d'audit environnemental. Celui-ci contient aussi les recommandations de l'expert. Toutefois, c'est l'entreprise, par l'entremise de son personnel désigné, qui a la charge d'assurer le suivi de la mise en œuvre des mesures préconisées par ce rapport. On comprend bien que si l'entreprise prend la peine de procéder à des audits environnementaux, elle devrait logiquement poursuivre sa démarche et effectuer un suivi du rapport d'audit.

Jadis limitée à la matière comptable et financière[2], la technique de l'audit a franchi de nouvelles frontières et s'est établie en matière environnementale. La pratique de l'audit environnemental a vu le jour aux États-Unis, au début des années 70 dans un contexte de resserrement de la législation environnementale. Afin d'éviter des contraventions à celle-ci, les entreprises américaines ont volontairement eu recours à l'audit pour gérer,

---

[1] Cf. art. 2 du décret n° 2013/0172/PM du 14 février 2013 fixant les modalités de réalisation de l'audit environnemental et social.

[2] La pratique de l'audit remonte vraisemblablement au temps des Romains. À cette époque, l'audit consistait en un contrôle, au nom de l'empereur, des comptabilités et de la gestion des administrations des provinces de l'Empire. Cette tradition s'est ultérieurement répandue : aujourd'hui, par exemple, on connaît l'audit comptable et financier dans le domaine de la gestion financière de l'entreprise. Voir E. GIROUX, « L'entreprise et l'audit environnemental : perspectives de développement national et international dans les secteurs de l'environnement et du commerce », *Les Cahiers de droit, n°* 381, 1997, p. 73.

de façon plus appropriée, leurs activités polluantes. Cette pratique a ensuite été reprise par le Canada vers la fin des années 70 et au début des années 80, par l'entremise des filiales des compagnies américaines. Depuis lors, l'expérience américaine a inspiré plusieurs régions du globe et le nombre d'adeptes de l'audit environnemental ne cesse d'augmenter chaque jour. Progressivement, le « laisser-faire environnemental » a fait place à une attitude « proactive » axée sur la prévention, élément important de la diligence raisonnable connue en droit de l'environnement[1]. De plus en plus, on reconnaît qu'un environnement sain et une économie vigoureuse et prospère dépendent l'un de l'autre. Dans un tel contexte, l'audit environnemental apparaît comme un outil utile situé à la jonction de la réalisation des investissements directs étrangers et du développement durable. Avec l'audit environnemental commence une nouvelle alliance entre les secteurs des investissements, de l'environnement et du développement durable.

La tendance actuelle, tant au niveau national qu'international, est à la normalisation de l'audit environnemental, notamment par les normes ISO de la série 14000[2]. Ce nouveau procédé a pour finalité de permettre aux organisations d'améliorer leurs performances environnementales, de prévenir les accidents écologiques, d'éviter les contraventions aux lois environnementales, etc. L'audit environnemental vise principalement à déterminer si les activités environnementales, événements, systèmes de management, mesures d'urgence, etc., sont conformes aux critères d'audit[3] (ex. : politiques, procédure, règlements).

L'expérience a montré que des bénéfices variés sont liés à l'implantation d'un programme d'audit environnemental. D'une part, l'amélioration continue du système de gestion environnementale de l'entreprise présente des bénéfices significatifs, le plus important étant sans doute celui de contribuer au développement durable. La procédure d'audit ne sert pas uniquement à détecter des lacunes dans le système de gestion ou des manquements à la loi. La mise en œuvre d'un programme d'audit environnemental permet de bonifier plusieurs aspects des activités de l'entreprise. À la longue, la répétition du processus permet de vérifier la performance du système par rapport aux audits précédents. L'audit environnemental s'avère ainsi efficace pour améliorer la performance de

---

[1] E. GIROUX, « L'entreprise et l'audit environnemental … », précité, p. 117.

[2] Voir notamment le projet de la norme ISO 14010 de 1996, finalement annulée en 2002 tel que l'indique le site de l'ISO à l'adresse https://www.iso.org/fr/standard/23156.html, consulté le 17 décembre 2017. Cette norme avait été entérinée sous forme de DIS (Draft International Standard), Oslo, juillet 1995. Voir International Standard Organization, *ISO/DIS 14010, Guidelinesfor Environmental Auditing - General Principles of Environmental Auditing.*

[3] Le projet de norme ISO 14010 définissait les critères d'audit *(audit criteria)* comme étant les «policies, practices, procedures or requirements against which the auditor compares collected audit evidence about the subject matter».

l'entreprise face au développement durable. Finalement, il faut envisager l'audit environnemental comme une nouvelle façon de «promouvoir et renforcer la conscience écologique des entreprises, pour le bien de notre génération et des générations futures »[1].

D'autre part, la réalisation régulière des audits environnementaux crée un sentiment de sécurité pour les travailleurs et pour les populations riveraines. L'environnement et la collectivité bénéficient donc de cette démarche axée par-dessus tout sur la prévention et le contrôle de la pollution. C'est dans cette optique que sont nées les normes ISO de la série 14000.

L'audit environnemental peut également avoir des impacts positifs dans le cadre de procédures judiciaires en servant notamment d'élément de preuve de la diligence raisonnable[2]. Compte tenu du fait que les normes ISO de la série 14000 adoptent le principe de la diligence, il va de soi que la prévention des atteintes à la santé et à la vie dans le cadre de la réalisation des audits environnementaux des projets miniers est une obligation de moyens et la défense de diligence raisonnable consistera à démontrer l'absence de faute de négligence. L'entreprise minière peut démontrer sa conduite prudente, notamment que des précautions raisonnables ont été prises « pour prévenir un accident écologique ou en amoindrir les conséquences »[3]. Il s'ensuit que l'absence de moyens appropriés de prévention pris par l'accusé permettrait d'écarter la défense de diligence raisonnable. Car comme le dit un auteur, « L'absence de prévention est synonyme de négligence »[4]. C'est donc à bon escient qu'un auteur qualifie l'audit environnemental de « diligence raisonnable en action »[5]. L'entrepreneur a donc intérêt à procéder à des audits environnementaux et à

---

[1] Institut canadien des comptables agréés, *La vérification environnementale et la profession comptable,* coll. Rapport de recherche, Toronto, 1992, note 5, p. 4.

[2] Par celle-ci on entend le degré de prudence, d'activité, de réaction et d'attention auquel on peut à bon droit s'attendre de la part d'une personne raisonnable et prudente et dont fait habituellement preuve cette personne raisonnable et prudente face à une situation donnée. Sur cette définition, voir la jurisprudence canadienne *R.* c. *Corporation de la Ville de Sault Ste-Marie,* [1978] 2 R.C.S. 1299. Ce jugement a été confirmé dans *R.* c. *Wholesale Travel Group Inc.,* [1991] 3 R.C.S. 154, citée par E. GIROUX, « L'entreprise et l'audit environnemental : perspectives de développement national et international dans les secteurs de l'environnement et du commerce », précité, p. 86, note 48.

[3] Voir Institut canadien des comptables agréés, *La vérification environnementale et la profession comptable,* coll. Rapport de recherche, Toronto, 1992 note 5, p. 158.

[4] P. HALLEY, « La loi fédérale sur les pêches et son régime pénal de protection environnementale», (1992) 33 *C. de D.* 759, 819, cité par E. GIROUX, « L'entreprise et l'audit environnemental ... », précité, p. 86, note 53.

[5] Voir F. N. EDWARDS, *Environmental Auditing : The Challenge of the 1990's,* Calgary, University of Calgary Press, 1992, note 2, p. 71.

soulever ce fait dans le cadre des procédures judiciaires intentées contre lui ou contre son entreprise[1].

236- Malgré ses nombreux avantages, la réalisation de l'audit environnemental fait encore face à de nombreux goulots d'étranglement. Le principal reproche qui peut être fait à sa définition tel qu'elle ressort du décret du 14 février 2013 sus évoqué, est de ne mentionner que la protection de l'environnement, alors même que cet outil permet également de prévenir des atteintes à la santé et à la vie des travailleurs et des populations riveraines. Pour ce qui est de sa périodicité, l'article 3 alinéa 2 du texte sus mentionné précise qu'elle est déterminée par le ministre en charge de l'environnement suivant les secteurs d'activités.

Compte tenu du fait que l'audit environnemental s'effectue sans préjudice des contrôles environnementaux[2], la procédure d'audit peut, entre autres, occasionner des retards dans la réalisation d'un projet ou interrompre les activités d'une entreprise. Cette opération peut également engendrer des tensions et un malaise chez les employés qui peuvent se sentir observés dans l'accomplissement de leurs tâches.

On peut aussi reprocher à cet outil, le fait que les frais liés à sa réalisation soient encore à la charge du promoteur du projet[3], alors même qu'il participe au financement du « Fonds National de l'Environnement et du Développement Durable », prévu par la loi-cadre relative à la gestion de l'environnement[4], et qui aurait pu contribuer au financement des audits environnementaux. Jusqu'à ce jour, ce fonds n'est toujours pas fonctionnel, plusieurs décennies après sa création. Dans un tel contexte, il y a peu de chances que l'audit soit indépendant et objectif, surtout lorsqu'on sait que c'est le promoteur lui-même qui choisit le bureau d'études agréé pour le faire. Nombreuses sont également les entreprises qui évoquent les frais afférents à sa réalisation comme raisons pour ne pas établir de programmes d'audit environnemental.

Par-dessus tout, l'inconvénient majeur de l'audit environnemental réside dans la possibilité d'une utilisation malveillante du rapport d'audit environnemental par des tiers, notamment par la divulgation éventuelle d'informations incriminantes découvertes dans le cadre d'un audit environnemental. En effet, le rapport d'audit environnemental constitue une mine d'or en informations sur les activités environnementales de

[1] Voir P. F. DYKEMAN, «Managing Environmental Liability», *in* G. THOMPSON et al. (dir.), *Environmental Law and Business in Canada,* Aurora, Canada Law Book, 1993, note 43, 228.
[2] Cf. art. 3 al. 2 *in fine* du Décret n° 2013/0172/PM du 14 février 2013 fixant les modalités de réalisation de l'audit environnemental et social.
[3] Cf. art. 3 al. 3 du Décret n° 2013/0172/PM du 14 février 2013 fixant les modalités de réalisation de l'audit environnemental et social.
[4] Cf. art. 11 alinéa 1 de la loi-cadre de 1996 relative à la gestion de l'environnement.

l'entreprise ; il peut mettre en évidence des carences ou failles dans l'entreprise allant à l'encontre d'une disposition légale ou statutaire en vigueur. Pour l'entreprise visée, persiste alors le danger que des tiers utilisent contre elle certaines informations incriminantes générées dans le cadre d'un audit dans des procédures légales (judiciaires ou administratives). Au regard de ce qui précède, n'y a-t-il pas lieu d'assurer la confidentialité du processus et du rapport d'audit environnemental ?

Sur cette question, on observe que différentes tendances s'affrontent et que divers moyens permettant d'assurer la confidentialité sont préconisés en Amérique du Nord. Aux Etats-Unis par exemple, l'on assiste à un mouvement législatif en faveur de la confidentialité du processus d'audit environnemental et du rapport d'audit. En effet, la nouvelle tendance de plusieurs États américains est d'édicter un privilège législatif ou une immunité législative pour les informations générées dans le cadre d'un audit[1].

Pour conserver tous les avantages de l'audit environnemental et inciter les entreprises à y avoir recours, il faudrait arriver à assurer la confidentialité du rapport d'audit tout en ne faisant pas obstacle au travail des autorités. Par exemple, il est possible d'imaginer une solution mitoyenne consistant à rassurer les entreprises qu'aucune poursuite ne sera intentée contre elles dans le cas où, une violation des prescriptions légales (révélée dans le cadre d'un audit environnemental) est promptement rapportée aux autorités compétentes, alors même que l'entreprise a rapidement remédié ou est en train de remédier à cette situation de non-conformité[2].

Au Cameroun, en attendant que la loi puisse consacrer la confidentialité de tout le processus d'audit, on peut déjà se féliciter du fait que les inspecteurs chargés des opérations d'inspection, en tant qu'agents assermentés, soient tenus au secret professionnel. C'est le cas par exemple des inspecteurs du travail qui doivent « traiter comme confidentielle la source de toute plainte leur signalant un défaut dans les installations ou une infraction aux dispositions légales et réglementaires et doivent s'abstenir de révéler à l'employeur ou à son représentant qu'il a été procédé à une visite d'inspection comme suite à une plainte »[3]. Il en est de même des personnes

---

[1] Les États ayant prévu un privilège ou une immunité dans le cadre d'une loi sont notamment, l'Oregon, le Colorado, l'Indiana, le Kentucky, l'Illinois, l'Arkansas et le Wyoming. En outre, des projets de loi de cette nature ont été présentés dans plus de 22 autres États américains en 1995. Voir C. N. JOHNSTON, *loc. cit.*, note 67, pp. 335 et 336.

[2] C. N. JOHNSTON, « An Essay on Environmental Audit Privileges: The Right Problem, The Wrong Solution», *Environmental Law*, n° 25, 1995, pp. 335-336.

[3] Cf. article 106 (4) du Code du travail.

physiques ou morales agréées qui effectuent des contrôles pour le compte de l'administration[1].

2- Les autres mécanismes de contrôle périodique

237- En dehors de l'audit environnemental, il existe au Cameroun d'autres mécanismes de contrôle du projet minier en activité à périodicité fixe, bien déterminée.

D'une part, on peut mentionner la production d'un rapport semestriel sur la mise en œuvre du plan de gestion environnemental. Le décret du 14 février 2013 fixant les modalités de réalisation des études d'impact environnemental et social mentionne *expressis verbis* que « *le promoteur est tenu de produire un* ***rapport semestriel*** *de mise en œuvre du plan de gestion environnementale et sociale, qu'il adresse au ministre en charge de l'environnement* »[2]. Sur la base de ce rapport, des mesures correctives ou additionnelles peuvent être adoptées par l'Administration en charge de l'environnement, pour tenir compte des externalités initialement non appréciées ou insuffisamment appréciées dans l'EIE.

Dans le même sens, l'article 23 du décret n° 2014/2379/PM du 20 août 2014 fixant les modalités de coordination des inspections des établissements classés dangereux, insalubres ou incommodes dispose que « *Les établissements classés dangereux, insalubres ou incommodes de 1re et 2e classe, sont tenus de faire réaliser* ***semestriellement*** *par un cabinet agréé, un contrôle technique interne et d'en adresser le rapport au ministre chargé desdits établissements* »[3].

Au regard de la gravité des risques de l'exploitation minière, cette périodicité semestrielle nous semble un peu trop longue. Au Gabon par exemple, la législation minière exige qu'au cours de la phase d'exploitation, toute société doit fournir à l'administration, un document de suivi environnemental *chaque trimestre*. Ce document doit faire ressortir « *toutes les incidences de l'exploitation sur l'occupation des sols et l'environnement* », notamment : nuisance sonore ; émission de poussière ; rejets solides et liquides ; stockage de résidus ; effets sur les rivières et sur la nappe aquifère

---

[1] Cf. article 7 du décret n° 99/820/PM du 09 novembre 1999 fixant les conditions d'agrément des personnes physiques ou morales à l'exploitation des laboratoires de contrôle de la pollution.

[2] Cf. art. 27 al. 3 du décret n°2013/0171/PM du 14 février 2013 fixant les modalités de réalisation des études d'impact environnemental et social.

[3] Cf. art. 23 du décret n° 2014/2379/PM du 20 août 2014 fixant les modalités de coordination des inspections des établissements classés dangereux, insalubres ou incommodes.

des affluents et des modifications du niveau hydrostatique liés à l'exploitation[1].

238- *D'autre part*, il convient de relever le *contrôle annuel* du bon état et de la fiabilité des matériels prévus pour la mise en œuvre du plan d'urgence. En effet, avant leur entrée en activité, les établissements classés de la première classe, dont font partie les mines, doivent présenter un plan d'urgence validé par une commission interministérielle qui comprend le représentant de chacun des ministres chargés des établissements classés (président) ; de l'administration territoriale ; de la défense ; de l'environnement ; et d'un représentant du Délégué Général à la Sûreté Nationale[2]. Selon l'article 18 alinéa 1 du décret n° 99/818/PM du 9 novembre 1999 fixant les modalités d'implantation et d'exploitation des établissements classés dangereux, insalubres ou incommodes, cette Commission doit s'assurer « ***annuellement*** *du bon état et de la fiabilité des matériels prévus pour la mise en œuvre du plan d'urgence* »[3].

Ces contrôles périodiques sont à l'image de ce qui est recommandé au niveau international avec le système des rapports étatiques (technique dite du *reporting System*) qui trouve application dans le cadre de toutes les grandes conventions de protection de l'environnement. Ces conventions stipulent en effet que « *selon une périodicité qui sera déterminée (...), chaque partie contractante présente à la conférence des parties un rapport sur les dispositions qu'elle a adopté pour appliquer la Convention et la mesure dans laquelle elles ont permis d'assurer la réalisation des objectifs qui y sont énoncés (...)* »[4]. Dans ces rapports adressés périodiquement à un organe créé ou désigné par le traité, les Etats font état des mesures législatives, réglementaires et administratives qui ont été adoptées[5]. La publication des rapports est, au regard du système international et des solidarités naissantes, un mécanisme traditionnel de contrôle[6]. Il n'est cependant pas inutile de

---

[1] Voir les art. 201 à 203 du décret d'application de la loi n°005/2000 du 12 Octobre 2000 portant Code minier gabonais.

[2] Cf. Article 18 al. 1 du décret n° 99/818/PM du 09 novembre 1999 fixant les modalités d'implantation et d'exploitation des établissements classés dangereux, insalubres ou incommodes.

[3] Cf. Article 18 al. 2 du décret n° 99/818/PM du 09 novembre 1999 fixant les modalités d'implantation et d'exploitation des établissements classés dangereux, insalubres ou incommodes.

[4] Cf. art. 26 de la CDB, https://www.cbd.int/doc/meetings/cop/cop-02/official/cop-02-14-fr.pdf, consultée le 6 mars 2020.

[5] Sur l'ensemble de la procédure, Lire M. KAMTO, *Droit de l'environnement en Afrique*, Paris, Edicef-Aupelf, 1996 ; V. aussi A. KISS et J.-P. BEURIER, *Droit international de l'environnement*, 5e éd., A. Pedone, Paris, 2017, pp. 50-51.

[6] Voir en ce sens K. B. CHRISTAKIS, « Le système des rapports », *in* C. IMPERIALI (dir.), *L'effectivité du droit international de l'environnement, contrôle de la mise en œuvre des conventions internationales*, Economica, 1998, p. 91.

rappeler que les autorités camerounaises respectent très peu cette exigence, qu'il s'agisse du droit de l'environnement ou des droits de l'homme en général[1].

II- La préservation de la santé et de la vie par l'encadrement des conditions de travail

239- Comme le relève le Professeur Maryse Deguerge, « D'habitude, on a tendance, consciemment ou inconsciemment, à accorder une place plus importante à l'*homo faber* par rapport à l'*homo ludens*, à l'homme au travail par rapport à l'homme au repos »[2]. L'entreprise étant un lieu privé destiné à la production, il est question de se rassurer que le salarié n'abandonne pas pour autant ses droits fondamentaux en franchissant ses portes. En effet, « Le travail ne saurait aliéner l'homme, il ne saurait mettre en danger physique et moral celui qui l'exerce »[3]. D'où la nécessaire, mais souvent délicate conciliation qui doit être faite au quotidien[4]. De ce point de vue, l'idée d'un rééquilibrage entre le travail et la protection des droits fondamentaux des travailleurs du secteur minier ne peut être que séduisante.

240- L'exploitation minière est une source d'emploi pour de nombreux jeunes à l'échelle locale. Mais compte tenu du fait que le travail dans les mines soit par essence dangereux, l'Organisation internationale du Travail (OIT) s'est toujours souciée de rehausser le niveau de sécurité et de santé dans ce secteur[5]. Depuis sa création, elle a consacré beaucoup d'efforts à améliorer les conditions de travail et de vie des travailleurs de ce secteur. On peut relever entre autres, l'adoption de la convention n° 31 sur la durée du travail dans les mines de charbon (1931), l'adoption par la Conférence internationale du Travail de la Convention n° 176 sur la sécurité et la santé

---

[1] J.-Cl. TCHEUWA, « Les préoccupations environnementales en droit positif camerounais », *Revue Juridique de l'Environnement*, n°1, 2006. p. 34.

[2] M. DEGUERGUE, « Préface », *in* M. TORRE-SCHAUB, (dir.), *Le bien-être et le droit*, *op. cit.*, p. 13.

[3] D. A. WANTOU, *La protection de la santé et de la sécurité des travailleurs en Afrique à la lumière du droit français : l'exemple du Cameroun,* Thèse, Université de Paris-Sud (Paris XI), Faculté Jean Monet à Sceaux, 2002, p. 1.

[4] M. LAIGNEAU, J.-E. RAY et B. MATHIEU, « Entreprise, droits fondamentaux et droits sociaux », *Les Nouveaux Cahiers du Conseil constitutionnel*, 2011/2 (N ° 31), p. 196.

[5] « Afin d'améliorer la sécurité et la santé des mineurs, l'OIT a mené à bien divers projets axés sur la formation dans les domaines de la santé, de la sécurité et du sauvetage et sur une inspection plus rigoureuse des exploitations minières. Grâce à ces initiatives, plusieurs pays se sont inspirés des normes et des directives de l'OIT, et le niveau de sécurité et de santé dans les mines s'est amélioré ». Voir https://geologie-miniere.blogspot.com/, consulté le 7 mars 2020.

dans les mines (1995)[1] et de la recommandation ^{no}183 qui l'accompagne. Ces instruments juridiques sont des références internationalement reconnues qui servent de guide pour l'établissement de la législation et des pratiques minières dans les Etats membres.

Dans le même esprit, l'article 3, paragraphe 2, de la Convention n° 187 de l'OIT sur le cadre promotionnel pour la sécurité et la santé au travail (2006) dispose que : *« Tout [État] membre doit promouvoir et faire progresser, à tous les niveaux concernés, le droit des travailleurs à un milieu de travail sûr et salubre »*. Cette Convention est la première norme internationale du travail à ériger un milieu de travail sûr et salubre en droit. Elle impose aux Etats de promouvoir et de faire progresser ce droit, et considère que son respect à tous les niveaux concernés constitue un élément clé d'une culture de prévention nationale en matière de sécurité et de santé[2]. Le but premier de cette Convention est de promouvoir l'amélioration continue de la santé et la sécurité au travail (SST), et elle affirme que la promotion du droit des travailleurs à un milieu de travail sûr et salubre est essentielle pour atteindre cet objectif.

Plusieurs déclarations adoptées lors du Congrès mondial sur la SST ont fait progresser la reconnaissance du droit à un environnement de travail sûr et salubre en tant que droit fondamental de l'homme. Ainsi, la Déclaration de Séoul sur la SST de 2008 rappelle que « *le droit à un milieu de travail sûr et salubre devrait être reconnu en tant que droit humain fondamental* », une affirmation renouvelée dans la Déclaration d'Istanbul sur la santé et la sécurité au travail de 2011.

Concrètement, la protection de la SST est assurée dans l'exploitation minière par la mise en place des standards concernant les travaux dangereux (A), ainsi que par l'incrimination des pratiques esclavagistes (B).

A- La mise en place des standards concernant les travaux dangereux

241- Le droit à la santé s'étend aux facteurs déterminants sous-jacents de la santé tels que des conditions de travail saines. De *lege lata,* il n'existe pas un régime spécifique de protection des personnes exposées aux risques de l'industrie extractive au Cameroun. L'incrimination de base ici demeure l'article 228 du Code pénal[3] sur les activités dangereuses qui se fonde sur la théorie de la mise en danger d'autrui. L'alinéa 1 de ce texte punit *« d'un emprisonnement de six jours à six mois celui qui ne prend pas les*

---

[1] « Les premières ratifications de la convention n° 176 ont eu lieu en 1997; la convention elle-même est entrée en vigueur en 1998 ». Voir https://geologie-miniere.blogspot.com/, consulté le 7 mars 2020.

[2] Cf. art. 1 al. (d) et art. 3, paragraphe 2, de la Convention n° 187.

[3] Le Code pénal actuellement en vigueur au Cameroun est issu de la Loi n° 2016/007 du 12 juillet 2016 portant Code pénal.

précautions nécessaires pour éviter à autrui des dommages corporels pouvant résulter de son activité dangereuse »[1]. Le renvoi à l'article 228 du Code pénal, pour ce qui est des travaux dangereux dans les mines n'est donc pas direct. Seul le recours au principe de prévention est à la base d'un tel raisonnement, ce d'autant plus que l'alinéa 2 (a) de ce texte évoque l'emploi d'explosifs comme une circonstance aggravante[2].

Toujours en rapport avec le régime de la mise en danger de la vie d'autrui, l'on peut mentionner l'article 289 du Code pénal sur l'homicide et les blessures involontaires. Ce texte punit celui qui par maladresse, négligence, imprudence ou inobservation des règlements, cause la mort ou des blessures. L'alinéa 2 de ce texte renvoie d'ailleurs aux infractions de l'article 228 sus cité. La mise en danger de la vie d'autrui tient ici au fait que la majeure partie du droit pénal minier concerne des infractions à des prescriptions réglementaires[3].

Les standards concernant les travaux dangereux s'articulent autour de la formation des travailleurs du secteur minier sur les mesures de prévention sur site (1) et l'utilisation des équipements appropriés pour éviter les accidents de travail (2).

1- La formation des travailleurs miniers sur les mesures de prévention sur site[4]

242- « Afin d'améliorer la sécurité et la santé des mineurs, l'OIT a mené à bien divers projets axés sur la formation dans les domaines de la santé, de la sécurité et du sauvetage et sur une inspection plus rigoureuse des exploitations minières. (…).L'ensemble du personnel affecté aux travaux sur le terrain devrait être convenablement formé, particulièrement en ce qui concerne la prévention de la déshydratation et de l'exposition au rayonnement ultraviolet ainsi que la protection contre les piqûres d'insectes et les éventuelles maladies endémiques. Le personnel travaillant dans des pays en développement devrait être prévenu des problèmes qui peuvent menacer sa sécurité et sa santé, y compris les risques d'enlèvement, de vol et d'agression (...). S'il est nécessaire d'avoir des armes à feu pour se protéger des animaux sauvages, leur usage devrait être strictement réglementé et

---

[1] Cf. article 228 alinéa 1er de la loi n° 2016/007 du 12 juillet 2016 portant Code pénal.

[2] L'alinéa 2 de l'article 228 du Code pénal punit « *celui qui, par imprudence grave, risque de mettre autrui en danger : en se servant du feu, d'explosifs, de combustibles ou de moyens mécaniques ou électriques…* ».

[3] Voir G. NTONO TSIMI, « La protection pénale des personnes et l'exploitation minière », Communication au *Colloque sur ''L'exploitation minière et droits de l'homme en Afrique noire''*, Université de Yaoundé II, 17 et 18 décembre 2013, inédit.

[4] Ce titre est emprunté au site : https://geologie-miniere.blogspot.com/, consulté le 7 mars 2020.

contrôlé »[1]. En effet, les insectes, les reptiles ou d'autres animaux peuvent représenter un vrai danger mortel.

Les travailleurs du secteur minier doivent recevoir une formation appropriée relative aux procédures d'intervention en cas d'urgence et à l'utilisation des équipements, de manière à pouvoir faire face aux « risques naturels qui peuvent inclure la foudre, les feux de brousse, les avalanches, les coulées de boue et les crues soudaines (...). Une formation devrait aussi être prévue en matière de prévention des incendies, d'exercices d'évacuation en cas d'incendie, de manutention des combustibles et, s'il y a lieu, de manipulation des armes à feu »[2].

Les risques pour la sécurité et la santé des travailleurs du secteur minier varient également selon l'emplacement du camp des travailleurs par rapport au site minier. En effet, tant que les règles de sécurité le permettent, le camp des travailleurs devrait autant que possible, être établi près du chantier. Cela permet de réduire considérablement « le temps de transport et l'exposition aux risques qui y sont liés »[3]. Le camp doit « être installé à distance sûre de tout danger naturel, en tenant compte de l'habitat et des habitudes de la faune présente (par exemple, insectes, […] ou reptiles). Dans la mesure du possible, on choisira un emplacement proche d'une source d'eau potable. Si les travaux sont effectués à très haute altitude, le camp sera établi plus bas, afin d'éviter le mal des montagnes (...). Les tentes et autres structures devraient être suffisamment éloignées les unes des autres afin d'empêcher ou de ralentir la propagation des flammes en cas d'incendie. Le matériel de lutte contre le feu devrait être stocké dans un abri central et des extincteurs appropriés se trouver à portée de main dans les locaux servant de cuisine et de bureaux. Le contrôle de l'usage du tabac contribuera à prévenir les incendies dans le camp et sur le site »[4]. Tous ces mécanismes et bien d'autres, destinés à la prévention des atteintes à la santé et à la vie, sont prévus dans la Convention n° 176 de l'OIT sur la santé et la sécurité dans les mines.

243- On peut regretter le fait que le Cameroun n'ait pas ratifié cette Convention. Dans la pratique, le texte applicable est la loi n° 68/LF/18 du 18 novembre 1968 portant organisation de la prévention des accidents du travail et des maladies professionnelles. Selon l'article 3 de ce texte, le service de prévention des risques professionnels (accidents de travail et maladies professionnelles) de la Caisse nationale de prévoyance sociale (CNPS), a compétence pour « *favoriser au moyen des subventions ou avances, voire à*

[1] Voir N. S. JENNINGS, « Les mines et les carrières: un aperçu. Généralités sur les industries extractives », *in* MAGER STELLMAN (J.) (dir.), *Encyclopédie de sécurité et de santé au travail*, Volume 3, http://www.ilocis.org/fr/documents/ilo074.htm, consulté le 7 mars 2020.

[2] *Ibid.*

[3] *Ibid.*

[4] *Ibid.*

prendre complètement en charge l'enseignement théorique et pratique de la prévention des accidents du travail et des maladies professionnelles ; à récompenser toute initiative efficace en matière de prévention d'hygiène et de sécurité. Il est également habilité à créer et développer toutes institutions, œuvres ou services dont le but est de susciter et de perfectionner les méthodes de prévention, les conditions d'hygiène et de sécurité au travail »[1]. Cette disposition sur l'exigence de formation du personnel permet ainsi d'éviter des atteintes à la santé et à la vie des travailleurs miniers. Mais comme on le remarquera plus loin, l'application de ce texte dans la pratique reste lacunaire.

2- L'exigence d'équipements appropriés pour éviter les accidents de travail

244- Les travailleurs doivent porter des équipements de protection individuelle appropriés pour se protéger contre les intempéries (conditions extrêmes de chaleur ou de froid et contre la pluie ou le soleil) et éviter ainsi les risques d'atteintes. Le port des équipements et vêtements de protection individuelle (a) s'avère donc indispensable pour la sécurité des travailleurs, de même que le port de certains appareils respiratoires et de sauvetage individuel (b).

a) Le port des équipements et vêtements de protection individuelle

245- Le port des équipements de protection individuelle (EPI) tels que les casques antichocs, les chaussures de sécurité à embout d'acier, les protecteurs d'oreilles, les gants, les lunettes, les masques anti-poussières... s'avère indispensable dans l'industrie minière. Les travailleurs miniers doivent également porter des vêtements appropriés et « éviter des vêtements lâches qui pourraient être happés par des machines (...). Dans les régions exposées à un niveau de rayonnement ultraviolet élevé, il est conseillé de porter un chapeau à large bord et d'utiliser des crèmes solaires à facteur de protection adéquat sur les parties exposées du corps »[2].

Dans la plupart des sites miniers au Cameroun, le port des équipements de protection individuelle (EPI), n'est pas encore la chose la mieux partagée. Sur les sites miniers, la quasi-majorité des employés des sociétés minières arborent une culotte, des bottes, des T-shirts déchirés, lorsqu'ils ne sont pas simplement torse-nu. Il y a lieu à ce sujet, de déplorer le laxisme de la plupart des employeurs et l'absence de contrôle de l'Etat qui doit normalement veiller sur les conditions de travail dans ce secteur sur lequel le

---

[1] Cf. art. 3 de la loi n° 68/LF/18 du 18 novembre 1968 portant organisation de la prévention des accidents du travail et des maladies professionnelles.
[2] Voir https://geologie-miniere.blogspot.com/, consulté le 6 mars 2020.

Gouvernement entend s'appuyer pour atteindre son émergence économique et sociale.

On peut enfin déplorer le laxisme des travailleurs miniers qui parfois, pour des besoins de convenance personnelle, ne se soucient guère de leur sécurité. En droit français, le cas de Cédric M., ex-employé de la société Sagem, illustre bien la recherche d'une conciliation entre la liberté vestimentaire et la sécurité des travailleurs. Cet employé avait pris l'habitude de travailler en bermuda, qu'il portait sous sa blouse. A maintes reprises, l'employeur lui a fait un rappel à l'ordre, oralement, puis par écrit sur l'obligation de porter un pantalon. Devant son refus d'obtempérer, il a été licencié pour faute grave. Cédric M. saisit alors le juge prud'homal des référés, pour exiger sa réintégration au sein de l'entreprise. Dans sa décision du 28 mai 2003, le juge de la Cour de cassation affirme que « *Si... un employeur ne peut imposer à un salarié des contraintes vestimentaires qui ne seraient pas justifiées par la nature de la tâche à accomplir et proportionnées au but recherché, la liberté de se vêtir à sa guise au temps et au lieu du travail n'entre pas dans la catégorie des libertés* fondamentales »[1]. Commentant cette décision, la doctrine déclare que « Les juges ont donc eu raison de ne pas ordonner en référé la "réintégration" de ce collaborateur mettant son bermuda au-dessus de son emploi. A fortiori dans des usines à risques (ex. : chimie), le règlement intérieur peut obliger les salariés travaillant dans des zones dangereuses au port de pantalon, voire de gants ou de chaussures de sécurité, même si cela peut fâcher certaines fashion victims n'ayant pas bien compris les conséquences d'un jet d'acide nitrique sur la peau, ou d'une roue en mouvement sur des cheveux longs»[2].

Dans la même veine, la Chambre sociale de la Cour de cassation française a accepté le licenciement pour faute grave d'un chef de chantier ayant refusé à plusieurs reprises de porter son casque. Dans cette affaire, le juge réaffirme l'obligation de prudence qui pèse sur tout salarié de l'entreprise. Ainsi, « *en cas de manquement à l'obligation qui lui est faite... de prendre soin de sa sécurité et de sa santé, ainsi que de celles des autres personnes concernées du fait de ses actes ou de ses omissions au travail, un salarié engage sa responsabilité* »[3]. Autrement dit, mieux vaut être chômeur que mort[4].

Les pouvoirs publics doivent veiller à ce que chaque entreprise relevant de sa juridiction accepte ses responsabilités en matière de santé et de sécurité sur le lieu de travail, grâce notamment à un ensemble adapté d'obligations

---

[1] Cass. soc., 28 mai 2003, *Bull. V*, numéro 178, 02-40.273, Obs. J.-Ph. LHERNOULD.

[2] M. LAIGNEAU, J.-E. RAY et B. MATHIEU, « Entreprise, droits fondamentaux et droits sociaux », *Les Nouveaux Cahiers du Conseil constitutionnel*, 2011/2 (N ° 31), p. 203.

[3] Cass. Soc., 23 mars 2005, *Bull. V*, numéro 99, 03-42.404 ; Voir aussi Cass. soc., 4 octobre 2011, *Bull.*, pourvoi numéro 10-18.862, Obs. J.-Ph. Lhernould.

[4] M. LAIGNEAU, J.-E. RAY et B. MATHIEU, « Entreprise, droits fondamentaux et droits sociaux », précité, p. 203.

légales, ainsi qu'à des activités publiques de surveillance, d'inspection et de mise en application. À cet effet, ils doivent mettre en place un système de surveillance adapté, de manière à réduire les dangers et à minimiser le risque d'accident, de blessure ou de maladie et à créer un environnement soucieux de sécurité.

La convention n° 176 de l'OIT sur la santé et la sécurité dans les mines souligne que l'utilisation d'équipements de protection individuelle doit être prévue eu égard à ce qui est raisonnable, praticable et réalisable. L'articles 6 d) de cette Convention déclare qu'« *En prenant les mesures de prévention et de protection prévues par cette partie de la convention, l'employeur devra évaluer les risques et les traiter selon l'ordre de priorité suivant : [...] d) dans la mesure où ces risques subsistent, prévoir l'utilisation d'équipements de protection individuelle, eu égard à ce qui est raisonnable, praticable et réalisable, ainsi qu'à ce qui est considéré comme de bonnes pratiques et conforme à la diligence requise* »[1]. L'article 9 c) pour sa part affirme que « *lorsque la protection adéquate contre les risques d'accident ou d'atteinte à la santé, et notamment contre l'exposition à des conditions nuisibles, ne peut être assurée par d'autres moyens, [l'employeur est tenu de] fournir et entretenir, sans frais pour les travailleurs, des vêtements appropriés aux besoins ainsi que des équipements et autres dispositifs de protection définis par la législation nationale* »[2].

Plusieurs pays s'illustrent par une application exemplaire de cette Convention dans leur industrie minière. C'est le cas notamment de l'Ethiopie où l'employeur est tenu de fournir gratuitement aux travailleurs un équipement et des vêtements de protection individuelle et de leur apprendre à les utiliser[3], et les inspecteurs du travail sont tenus de vérifier que l'équipement est effectivement fourni et correctement utilisé. C'est le cas également de l'Ukraine où l'employeur doit acheter, distribuer et entretenir les équipements de protection individuelle sans frais pour les travailleurs, et tout équipement ou vêtement de ce type acheté par un salarié doit être remboursé[4].

Cet exemple et bien d'autres devraient inspirer le législateur camerounais qui n'a pas encore rendu obligatoire la fourniture d'un équipement de protection individuelle aux travailleurs du secteur minier. Ces exemples devraient également inspirer les entreprises minières qui ne respectent pas toujours les dispositions législatives en matière de santé et de sécurité au travail. Dans la majorité des cas, les employeurs fournissent rarement l'équipement de protection individuelle requis, surtout en ce qui concerne

---

[1] Cf. article 6 d) de la Convention n° 176 de l'OIT sur la santé et la sécurité dans les mines.

[2] Cf. article 9 c) de la Convention n° 176 de l'OIT sur la santé et la sécurité dans les mines.

[3] Cf. art. 92 de la proclamation sur le travail n° 377/03, 2003.

[4] Article 8 de la loi sur la protection des travailleurs.

certaines catégories de travailleurs comme les travailleurs occasionnels et ceux qui sont indûment classés comme des prestataires indépendants.

b) Le port d'appareils respiratoires et de sauvetage individuel

246- La Convention n° 176 prévoit l'obligation de fournir des appareils respiratoires de sauvetage individuel adéquats aux travailleurs dans les mines souterraines de charbon et, s'il y a lieu, dans d'autres mines souterraines, ainsi que d'entretenir ces appareils[1]. Étant donné que, lorsqu'une catastrophe se produit dans une mine, l'air ambiant devient toxique, ces appareils respiratoires sont censés permettre au mineur de s'échapper de la mine.

Il ressort des travaux préparatoires de cette Convention que la mention précisant l'obligation de fournir ces appareils non seulement aux travailleurs souterrains des mines de charbon, mais aussi « lorsque cela est nécessaire, aux travailleurs souterrains [d'autres] mines» a été ajoutée à l'issue d'une discussion sur l'obligation, en cas de danger, de fournir des appareils respiratoires de sauvetage individuel à cartouche filtrante, obligation toutefois moins impérative dans certains types de mines, dont les mines métallifères suffisamment ventilées ou les mines à ciel ouvert[2].

En somme, il convient de noter qu'il est de la plus haute importance d'équiper les travailleurs des mines souterraines, et en particulier des mines de charbon, d'appareils respiratoires et des appareils de sauvetage individuel adéquats bien entretenus[3].

À côté de la mise en place des standards concernant les travaux dangereux dans les mines, la prévention des atteintes à la santé et à la vie peut être complétée par la criminalisation des pratiques esclavagistes.

B- L'exigence d'une exploitation respectueuse de la personne

247- Les Principes directeurs de l'ONU relatifs aux entreprises et aux droits de l'homme établissent des normes universelles en matière de droits

---

[1] Cf. art. 5, paragraphe 4 b), de la convention n° 176.

[2] Au *Bélarus* par exemple, le règlement des mines souterraines dispose que chaque mineur doit être équipé d'un appareil autonome de sauvetage en parfait état de fonctionnement avant de descendre dans la mine, et des appareils supplémentaires doivent se trouver au fond (au moins 5 pour cent de plus que le nombre de mineurs). De même, en Espagne, le règlement général concernant la sécurité dans les mines prévoit que toutes les activités souterraines comportant des risques doivent être exécutées avec des appareils respiratoires agréés qui sont vérifiés à intervalles réguliers. Les appareils respiratoires de sauvetage individuel doivent être à tout moment à la portée des mineurs et ceux-ci doivent en connaître le mode d'emploi. V. BIT: *Compte rendu provisoire, n° 26, Rapport de la Commission de la sécurité et la santé dans les mines*, CIT, 81e session, Genève, 1994, §§ 147-148.

[3] V. BIT: *Recueil de directives pratiques sur la sécurité et la santé dans les mines de charbon souterraines*, Programme des activités sectorielles, Genève, 2006, paragraphes 9.3.2 et 24.5.2.1 à 24.5.2.4.

humains que toutes les entreprises sont censées respecter. Le principe 15 (b) en particulier dispose que toutes les entreprises doivent mettre en place une procédure de diligence raisonnable[1] en matière de droits de l'homme pour identifier l'incidence négative[2] de leurs activités sur les droits de l'homme, prévenir ces incidences et en atténuer les effets, et rendre compte de la manière dont elles y remédient[3].

Les droits de l'homme sont fondés sur le respect des attributs fondamentaux de la personne que sont la dignité, l'égalité et la liberté. Le droit à la santé est fondamental pour permettre aux individus de vivre dans la dignité. L'exigence d'une exploitation minière respectueuse de la personne suppose le respect de la dignité des travailleurs miniers d'une part (1) et l'interdiction du travail des enfants dans les mines d'autre part (2).

1- Le respect de la dignité des travailleurs miniers

248- Le respect de la dignité des travailleurs miniers mérite d'être envisagé sous deux aspects. D'une part, on a l'aménagement des conditions de travail dignes au regard des contraintes environnementales et le respect de l'homme dans ses rapports au travail.

Pour ce qui est de l'aménagement des conditions de travail dignes au regard des contraintes environnementales, il convient de relever que la reconnaissance du caractère fondamental du droit à un environnement sain et de son lien indissoluble avec la dignité humaine a été consacrée par le préambule de la Déclaration de Stockholm de 1972 aux termes de laquelle, *« les deux éléments de [l'environnement de l'homme], l'élément naturel et celui qu'il a lui-même créé, sont indispensables à son bien-être et à la pleine jouissance de ses droits fondamentaux, y compris le droit à la vie lui-même »*[4]. Le premier principe de cette Déclaration reconnaît expressément le

---

[1] Selon la définition donnée par un dictionnaire juridique, la diligence raisonnable est le degré de prudence, d'activité ou d'assiduité auquel on peut à bon droit s'attendre de la part d'une personne raisonnable et prudente et dont fait habituellement preuve cette personne dans les circonstances considérées ; elle ne s'apprécie pas au regard d'un critère absolu, mais en fonction des faits particuliers de l'espèce. Voir *Black's Law Dictionary*, 6e édition, St. Paul, Minnesota, West Group, 1990.

[2] Il y a «incidence négative sur les droits de l'homme » lorsqu'une action supprime ou réduit la capacité d'un individu à jouir des droits de l'homme qui sont les siens. Une incidence réelle exige réparation. Cf. le principe 22 des Principes directeurs de l'ONU relatifs aux entreprises et aux droits de l'homme.

[3] Voir les Principes directeurs de l'ONU relatifs aux entreprises et aux droits de l'homme, p. 15.

[4] Voir « Déclaration de la Conférence des Nations Unies sur l'environnement », Rapport de la Conférence des Nations Unies sur l'environnement (Stockholm, 5-16 juin 1972), UN Doc.A/CONF.48/14/Rev.1, New York, Nations Unies 1973, pp. 3-5, cité par M. DEJEANT-PONS, M. PALLEMAERTS et S. FIORAVANTI, *Droits de l'homme et environnement. Recueil d'instruments et autres textes internationaux concernant les droits individuels et*

lien entre l'environnement et la dignité. Selon ce texte, « *L'homme a un droit fondamental à la liberté, à l'égalité et à des conditions de vie satisfaisantes, dans un environnement dont la qualité lui permette de vivre dans la dignité et le bien-être. Il a le devoir solennel de protéger et d'améliorer l'environnement pour les générations présentes et futures...* »[1].

Dans le même sens, le Rapporteur spécial des Nations Unies sur les droits de l'homme et de l'environnement a identifié les droits menacés par des dommages environnementaux, dont les droits à la vie, à la santé, à l'alimentation et à l'eau, et a recensé les obligations matérielles et procédurales, notamment l'obligation de protéger l'environnement contre les dommages causés par le secteur privé et les dommages environnementaux transfrontières.

Le respect de la dignité des travailleurs miniers passe aussi par le respect de l'homme dans ses rapports au travail, avec notamment l'interdiction de l'esclavage. Il convient à cet effet de rappeler que le Cameroun a ratifié la Convention n° 105 de l'OIT concernant l'abolition du travail forcé de 1957[2]. De même, il a ratifié la Convention n° 45 de l'OIT concernant l'emploi des femmes aux travaux souterrains dans les mines de toutes catégories (1934)[3], ainsi que la convention n° 123 concernant l'âge minimum d'admission aux travaux souterrains dans les mines (1965)[4].

249- Outre ces conventions internationales, l'autre texte qui peut être retenu comme fondement de l'interdiction des pratiques esclavagistes dans les exploitations minières est l'article 293 du Code pénal. Tout dépend donc des conditions dans les rapports entre le donneur d'ordre et l'exécutant. La lutte contre l'esclavage dans le domaine de l'industrie extractive constitue un enjeu de taille.

L'article 293 alinéa 1 du Code pénal sus évoqué punit « *d'un emprisonnement de dix (10) à vingt (20) ans, celui qui réduit ou maintient une personne en esclavage* ». Cette incrimination qui universalise l'obligation des employeurs à respecter des conditions de travail compatibles avec la dignité humaine, protège pénalement non seulement contre le non

---

collectifs en matièred'environnement dans le cadre international eteuropéen, éd. Du Conseil de l'Europe, 2002, p. 9, https://rm.coe.int/168059ab30, consulté le 7 mars 2020.

[1] *Ibid.*

[2] Le Cameroun a ratifié la Convention n° 105 de l'OIT concernant l'abolition du travail forcé de (1957) le 14 février 1970. Voir V. TCHOKOMAKOUA et P. E. KENFACK, *Droit du travail camerounais,* PUA, Yaoundé, 2000, p. 16.

[3] Le Cameroun a ratifié la Convention n° 45 de l'OIT concernant l'emploi des femmes aux travaux souterrains dans les mines de toutes catégories (1934), le 11 janvier 1963. Voir V. TCHOKOMAKOUA et P. E. KENFACK, ouvrage précité, p. 15.

[4] Le Cameroun a ratifié la convention n° 123 concernant l'âge minimum d'admission aux travaux souterrains dans les mines (1965), le 14/02/1970. Voir V. TCHOKOMAKOUA et P. E. KENFACK, ouvrage précité, p. 16.

respect des normes internationales du droit du travail, mais aussi contre le travail forcé et le recrutement des enfants dans les sites miniers.

250- Le respect de la dignité des travailleurs miniers conduit également à l'interdiction du travail forcé dans les mines, surtout lorsqu'on sait que le transport des minerais extraits, pouvant peser plusieurs dizaines de kilogrammes, est parfois effectué par les hommes, ce qui peut être la cause de nombreux problèmes de santé. Au début du XXe siècle, un médecin spécialiste en mortalité industrielle décrivait déjà le métier des mineurs comme étant « si pénible que seuls ceux qui sont dotés d'une résistance physique exceptionnelle sont capables de poursuivre ce travail de forçat »[1]. Il convient de relever que dans les entreprises minières camerounaises en général et dans les entreprises chinoises exerçant au Cameroun en particulier, les employeurs font très souvent recours à la torture. Une étude relève par exemple les confidences d'un responsable de l'hôpital de District de Bétaré-Oya qui dit avoir reçu entre janvier 2012 et septembre 2015, 16 patients camerounais ayant été bastonnés par leurs employeurs chinois[2]. Les enquêtes menées par la fondation Friedrich Ebert Stiftung et contenues dans un document intitulé «*Etat des lieux sur le travail décent dans le secteur minier au Cameroun, cas des régions de l'Adamaoua et de l'Est*» présentent des résultats quasi similaires. La société civile déplore le laxisme de l'Etat qui devrait normalement veiller sur les conditions de travail dans ce secteur.

2- L'interdiction du travail des enfants dans les mines

251- La pénibilité du travail dans les mines devrait *a fortiori* conduire à en épargner les enfants. Dans son Observation générale n° 16 (2013), le Comité des droits de l'enfant de l'ONU a fait état des incidences du secteur des entreprises sur les droits de cet être vulnérable[3]. Il est donc de la plus haute importance que le regain de vitalité du secteur extractif camerounais ne se fasse pas sur le dos de ces derniers.

Le travail des enfants est un problème qui mérite une attention particulière. La Convention n° 123 de l'OIT concernant l'âge minimum d'admission aux travaux souterrains dans les mines a été ratifiée par le Cameroun le 14 février 1970[4]. « Dans le cadre de son Programme international pour l'abolition du travail des enfants (International

[1] T. TATHAM, « Dust-producing Occupations », *in* OLIVER (T.) (dir.), *Dangerous Trades*, Londres, 1902, p. 157, cité par A. TURNER, précité.

[2] TCHANGO (W.), « Les employés de la mine dans l'étau de la précarité », in *Ressources*, Bulletin d'information destiné à la promotion de la gestion durable des ressources naturelles, n° 002, mai 2016, p. 21

[3] Voir §§ 43 et 44.

[4] Voir la Convention n° 123 de l'OIT concernant l'âge minimum d'admission aux travaux souterrains dans les mines, 1965, ratifiée par le Cameroun le 14 février 1970.

Programme for the Elimination of Child Labour (IPEC)), l'OIT a lancé dans plusieurs pays d'Afrique, d'Asie et d'Amérique latine, des projets visant à ouvrir des possibilités de scolarisation et à créer de nouvelles sources de revenus, afin de retirer les enfants des mines de charbon, d'or et de pierres précieuses dans chacune de ces trois régions. Ces projets sont menés en consultation avec la Fédération internationale des syndicats des travailleurs de la chimie, de l'énergie, des mines et des industries diverses (*International Federation of Chemical, Energy, Mine and General Workers'Unions, ICEM*), des organismes gouvernementaux et des organisations non gouvernementales (ONG) des pays concernés »[1].

Comme on le voit, les employés des sociétés minières camerounaises sont encore très loin de bénéficier d'un traitement « décent » : absence de sécurité sociale, absence de protection adéquate de l'employé… sont autant de difficultés auxquelles font face les employés de ces sociétés minières.

Section II : Les limites du contrôle du projet minier en exploitation

252- Malgré la volonté affichée de rénovation des prescriptions de fonctionnement par le législateur pour que l'activité minière se déroule selon les « les règles de l'art minier »[2], la pratique révèle que les conditions techniques et les méthodes d'exploitation nécessaires pour optimiser les conditions de sécurité et de protection de l'environnement sont encore loin d'être correctement respectées. En effet, les risques liés à l'exploitation minière demeurent élevés, notamment en ce qui a trait aux accidents de travail, aux cancers et aux maladies pulmonaires. De même, le droit à des conditions de travail sûres et salubres est loin d'être une réalité au Cameroun, ce qui ne permet pas toujours la réalisation de la conciliation entre les différents intérêts en présence.

Malgré l'abondance des textes et des standards nationaux et internationaux dans ce domaine, des défaillances peuvent être relevées à plusieurs niveaux, et d'une manière globale, on peut noter un déficit de contrôle du respect des prescriptions de fonctionnement. Dans l'industrie minière camerounaise, les obstacles à l'effectivité du contrôle du respect des prescriptions de fonctionnement tiennent aux moyens limités de l'administration qui fait face à un manque flagrant de moyens financiers, humains et techniques d'une part (I), mais parfois aussi à la mauvaise foi de certains exploitants miniers (II).

---

[1] Voir https://geologie-miniere.blogspot.com/, consulté le 6 mars 2020.
[2] Cf. article 4 de la loi n°2016/17 du 14 décembre 2016 portant Code minier.

I- Les limites au contrôle tenant à l'administration

253- Le suivi des exigences et normes en matière de gestion environnementale doit être strict et permanent, de telle manière que les impacts potentiels sur la biodiversité, sur la santé et sur la vie soient bien évalués et gérés tout au long du cycle d'exploitation minière et après la fermeture de la mine. Afin d'assurer un contrôle optimal des activités minières, la législation en matière sociale prévoit que les inspecteurs du travail « *disposent, en permanence, des moyens humains, matériels et logistiques, qui sont nécessaires à l'exercice de leurs activités* »[1]. On peut se demander si l'Etat camerounais dispose des compétences suffisantes pour mener à bien le contrôle des activités minières, face à des entreprises privées étrangères disposant parfois d'une expertise avérée et des compétences certaines. Dans un contexte international où certaines firmes multinationales sont mues uniquement par la recherche du profit au détriment des considérations environnementales et humaines, il y a lieu de penser qu'elles seront plus enclines à dissimuler les impacts négatifs de leurs activités.

Le moins que l'on puisse dire c'est que l'Etat a du mal à assumer la mission qui lui a été assignée en matière de surveillance des activités minières. Outre le nombre limité d'agents de suivi et de contrôle des activités minières, on peut également déplorer leur formation approximative (A) et un manque de moyens techniques, logistiques et financiers (B).

A- Le manque de moyens humains spécialisés

254- Comme l'affirme un auteur, la politique minière au Cameroun semble marquée par un désengagement total de l'État à l'échelle locale[2]. En effet, le personnel chargé du contrôle des activités minières reste limité en termes d'effectifs (1) et peu formé (2). Ces faibles capacités étatiques des administrations, à la fois centrales et locales, rendent le contrôle administratif particulièrement difficile.

1- Des effectifs insuffisants

255- Comme le révèle une étude, « La direction des Mines n'aurait pas recruté de personnel depuis 1986. De plus, 60 % des postes ne seraient pas pourvus... »[3]. Face à des entreprises rompues aux montages techniques et financiers complexes et accompagnés de spécialistes pour chaque domaine

---

[1] Cf. article 107 alinéa 2 du Code du travail.

[2] V. LICKERT, « La privatisation de la politique minière au Cameroun : enclaves minières, rapports de pouvoir trans-locaux et captation de la rente », *Politique africaine* 2013/3 (N° 131), p. 115.

[3] *Ibid.*

particulier (ingénieurs, financiers, techniciens, géologues…), l'Etat camerounais semble donc bien peu pourvu en capital humain. Tel que relevé plus haut, le contrôle des activités minières au Cameroun est essentiellement assuré par la Brigade nationale de contrôle des activités minières (BNCAM), structure directement rattachée au cabinet du ministre des Mines[1]. Elle comprend outre un Chef de Brigade, cinq contrôleurs miniers nationaux. Elle est représentée au niveau régional par les Brigades régionales de contrôle des activités minières (BRCAM)[2]. Celles-ci ont chacune à leur tête un Chef de Brigade régionale assisté de deux contrôleurs régionaux. Face à ces effectifs insignifiants, on peut bien se demander ce que peuvent faire deux contrôleurs régionaux dans une région aussi vaste que la région de l'Est (qui a une superficie de 109 002 km^2)[3], région qui regroupe actuellement le plus grand nombre d'exploitations minières au Cameroun.

2- La formation approximative des agents de contrôle

256- De nos jours, il est devenu fréquent d'associer l'activité extractive à l'innovation ou à la haute spécialisation technologique. Le panorama de l'activité minière et pétrolière « moderne » laisse apparaitre une diversité de métiers dont le caractère stratégique est avéré. En matière d'exploitation des substances radioactives, la loi sur la radioprotection exige que celle-ci soit faite par « *des personnes qualifiées, qui doivent en assumer la supervision et en assurer la responsabilité professionnelle, disposant de locaux et d'installations appropriées* »[4]. Dans la pratique, une telle exigence est encore très loin d'être satisfaite. Les données du classement mondial des écoles des mines nous renseignent sur la relative faiblesse de l'expertise africaine en matière de formation aux métiers de la mine. Hors mis quelques instituts de formation spécialisés en Afrique Australe et au Maghreb, le continent semble relativement peu pourvu en écoles d'ingénieurs miniers ou

---

[1] Cf. article 85 du décret n° 2012/432 du 1er octobre 2012 portant organisation du Ministère des mines, de l'industrie et du développement technologique.

[2] Voir l'arrêté n° 000211/MINMIDT du 11 janvier 2013 portant création des Brigades de Contrôle des Activités Minières auprès des Délégations Régionales du Ministère des Mines, de l'Industrie et du Développement Technologique.

[3] Voir https://fr.wikipedia.org/wiki/R%C3%A9gion_de_l%27Est_(Cameroun), consulté le 05 juillet 2018.

[4] Cf. art. 4 alinéa 1 de la loi n°95/08 du 30 janvier 1995 portant sur la radioprotection telle que modifiée par la loi n° 2019/012 du 19 juillet 2019 portant cadre général de sûreté radiologique et nucléaire, de sécurité nucléaire, de responsabilité civile et de l'application des garanties. L'article 26 al. 3 de cette loi dispose que « *Le titulaire de l'autorisation est tenu de disposer des moyens de protection radiologique appropriés et d'un personnel qualifié* ».

pétroliers. Au Cameroun, quelques écoles et centres de formation (publics[1] et privés[2]) aux métiers de la mine viennent à peine de voir le jour.

Une étude publiée en 2013 nous apprend qu'à la Direction des Mines, «50 % du personnel présent ne répondrait pas au profil des postes occupés»[3]. La même étude révèle que jusqu'à une époque relativement récente, le Cameroun ne comptait qu'une dizaine d'ingénieurs des mines, effectif qui devait aller en s'amenuisant pour cause de départs à la retraite si rien n'est fait en termes de recrutements et de formation[4]. Pourtant, parmi les mesures de prévention dans les mines prévues par la convention n° 176 de l'OIT, figurent la formation et le recyclage des travailleurs[5]. Les inspecteurs chargés du contrôle n'ont pas toujours de formation spécialisée en santé et sécurité au travail (SST) dans les mines.

En effet, les inspecteurs de contrôle des activités minières devraient posséder les compétences techniques voulues (telles que les compétences d'ingénieur) et bénéficier de sessions régulières de renforcement des capacités pour pouvoir exercer convenablement leurs fonctions d'inspection dans ce secteur, tenant compte notamment des accords de sous-traitance qui peuvent compliquer leur travail[6]. Leur formation devrait tenir compte, non seulement de l'évolution des technologies et des méthodes de travail modernes dans les mines, mais elle devrait également porter sur les risques associés à l'utilisation des machines et des outils, ainsi qu'à la manipulation des produits et des substances chimiques auxquels les travailleurs, leur famille et les populations riveraines sont exposés. L'OIT rappelle qu'« un juste équilibre doit être trouvé entre les missions de conseil et les missions de contrôle de l'inspection du travail »[7].

C'est sans doute sur la base de ce constat que le Bureau de la Banque Mondiale au Cameroun a décidé de mettre en place, un programme d'appui à l'Etat en matière de renforcement des capacités dans le secteur minier (PRECASEM). En outre, le Code minier de 2016 a innové en créant un

---

[1] Sans être exhaustif, on peut citer l'Académie des Industries Extractives de la CEMAC, l'Ecole de Géologie et d'Exploitation Minière (EGEM) de Meiganga, l'Institut des Mines et des Industries Pétrolières (IMIP) de Kaélé...

[2] On peut par exemple citer l'Institut des Matières Premières (IMP) de Douala.

[3] Une étude publiée en 2013 révèle que « le Cameroun ne dispose aujourd'hui que de onze ingénieurs des mines, ils ne seront que deux en 2016 si rien n'est fait en termes de recrutement et de formation ». Voir V. LICKERT, « La privatisation de la politique minière au Cameroun : enclaves minières, rapports de pouvoir trans-locaux et captation de la rente », précité, note 50.

[4] *Ibid.*

[5] Cf. article 10 a) de la convention n° 176.

[6] Aux Etats-Unis, les peines maximales prévues par la loi sur la SST ont été majorées d'environ 78 % en août 2016 pour tenir compte de l'inflation et seront dorénavant ajustées en fonction de l'évolution de l'indice des prix à la consommation. V. BIT : *Œuvrer ensemble pour promouvoir un milieu de travail sûr et salubre,* CIT, 106e session, ILC.106/III/1B, Genève 2017, p. 163.

[7] BIT: *Etude d'ensemble sur la sécurité et la santé au travail*, 2009, paragraphe 99.

compte spécial de développement des capacités locales. Ce compte est destiné au « *développement des ressources humaines locales, notamment par la mise à niveau, l'adaptation ou la création d'établissements locaux de formation des professionnels des métiers miniers...* »[1].

Outre le manque de moyens humains spécialisés, on peut également évoquer le manque de moyens techniques et financiers qui constituent autant d'obstacles à l'effectivité du contrôle des projets miniers en activité.

B- Le manque de moyens techniques, logistiques et financiers pour le contrôle

257- Parmi les obstacles à une inspection régulière et appropriée dans les industries minières, le Bureau international du travail (BIT) a clairement identifié, outre le nombre insuffisant d'inspecteurs, le manque d'expertise et de connaissances techniques spécialisées, les contraintes budgétaires[2]. Il convient d'examiner séparément la question du manque de moyens techniques (1) de celle du manque de moyens financiers (2).

1- Le déficit de moyens techniques et logistiques de contrôle

258- Les exigences en termes d'efficacité et de sécurité, ainsi que celles liées à la détection et à l'exploitation des gisements situés en très grande profondeur obligent les acteurs du secteur à recourir à un nombre toujours plus considérable de métiers spécialisés et des technologies de pointe. Cela est valable tant dans le cadre général des mines classiques (de surface ou de faible profondeur) que dans le cadre des mines de grande profondeur qui ont la spécificité d'être extrêmement techniques. Dans l'industrie pétrolière par exemple, les activités liées à l'off-shore profond ou très profond sont considérées comme les plus « demandeuses » en technologies de pointe[3]. L'on sait par exemple aujourd'hui que la tradition minière des pays comme les Etats-Unis, le Canada, la France... leur permet d'avoir un avantage comparatif en matière de capacités techniques sur les pays du Sud. Cet ascendant technologique des acteurs majeurs (multinationales) des pays développés sur les pays producteurs du Sud s'explique par la concentration des pôles de formation à la plupart de ces métiers dans les pays du Nord et d'Asie.

---

[1] Cf. art. 166 de la loi n°2016/17 du 14 décembre 2016 portant Code minier.

[2] BIT: *La sécurité et la santé dans les mines*, Rapport V (1), CIT, 81e session, Genève, 1994, p. 21.

[3] Lire à cet effet : « Les défis technologiques de l'offshore profond », Dossier : l'essor de l'offshore pétrolier et gazier », publié le 25 janvier 2016, disponible sur www.planete-energies.com, consulté le 19 novembre 2017.

La question que l'on est en droit de se poser ici est celle de savoir si l'Etat camerounais dispose des moyens techniques nécessaires pour observer, mesurer, évaluer et analyser, par des méthodes scientifiques reconnues, les risques de pollution liés à l'exploitation minière et leurs effets à court, à moyen, voire à long terme.

La réponse à cette interrogation mérite quelque peu d'être nuancée. La loi fondamentale de la République du Cameroun met à la charge de l'Etat une *soft obligation* à l'image même de tout le droit international de l'environnement. En effet, le préambule de la loi constitutionnelle du 18 janvier 1996 proclame que « *l'Etat veille à la défense et la promotion de l'environnement* ». Cette obligation est *soft*, de par la nature même de la terminologie utilisée ici (« veille »)[1].

En théorie, « *Le contrôle des effluents rejetés par les établissements classés dangereux, insalubres ou incommodes est une prérogative de l'administration chargée des établissements classés* »[2]. À cet effet, l'article 12 (1) du décret n° 99/820/PM du 09 novembre 1999 fixant les conditions d'agrément des personnes physiques ou morales à l'exploitation des laboratoires de contrôle de la pollution dispose que « *Le centre d'analyse et des essais du ministère chargé des établissements classés est désigné comme laboratoire de référence* ». Dans la pratique cependant, ce centre n'existe pas encore, près de deux décennies après l'adoption du texte le créant. Par conséquent, le contrôle exercé par l'administration des mines reste mitigé.

Traitant du cas du Cameroun, un auteur parle d'un « suivi administratif lâche » et d'un certain « laissez-faire administratif »[3]. Plus loin, il ajoute : « outre une intervention sélective, le suivi de la politique minière est quasi nul, permettant au gouvernement camerounais de se défaire d'une réglementation qu'on lui impose et laissant une marge de manœuvre aux acteurs privés »[4].

En effet, les techniques modernes d'exploitation intègrent également de nouvelles techniques de contrôle des risques. À cet effet, il importe de doter les responsables des inspections dans les mines, des moyens matériels et humains nécessaires, y compris des moyens de transport et un équipement adéquat, afin d'assurer la protection des travailleurs dans tous les lieux de travail, notamment dans les mines situées dans des zones éloignées. Face à

---

[1] J.-Cl. TCHEUWA, « Les préoccupations environnementales en droit positif camerounais », précité, p. 27.

[2] Cf. article 2 du décret n° 99/820/PM du 09 novembre 1999 fixant les conditions d'agrément des personnes physiques ou morales à l'exploitation des laboratoires de contrôle de la pollution.

[3] V. LICKERT, « La privatisation de la politique minière au Cameroun : enclaves minières, rapports de pouvoir trans-locaux et captation de la rente », *Politique africaine* 2013/3 (N° 131), p. 113.

[4] V. LICKERT, « La privatisation de la politique minière au Cameroun : enclaves minières, rapports de pouvoir trans-locaux et captation de la rente », *Politique africaine* 2013/3 (N° 131), p. 113.

l'éloignement de nombreuses mines, les inspecteurs disent souvent n'avoir ni de véhicule, ni le carburant nécessaires pour effectuer des visites d'inspection sur ces sites. C'est sans doute ce qui explique la rareté des visites des équipes d'inspection dans ces sites miniers éloignés qui deviennent ainsi ce qu'un auteur a appelé des « enclaves minières »[1]. Faute de moyens de locomotion, certains agents chargés du suivi des activités minières sont souvent contraints de demander aux entreprises de venir les chercher avec leurs propres véhicules[2].

Dans la région du Sud Cameroun, Madame Victoria Lickert relève « le cas par exemple d'un préfet qui se ferait réparer sa voiture et offrir toutes les semaines le plein [de carburant] par une compagnie minière, ou encore celui d'un délégué des mines soudoyé par une compagnie pour qu'il ne contrôle pas leurs activités »[3]. Plus loin, elle affirme que « Les faibles capacités de suivi et donc de contrôle des projets miniers par l'administration centrale et la direction des Mines sont d'autant plus prégnantes que les entreprises ne reçoivent presque jamais de "visites" »[4].

Outre le manque de moyens logistiques, on peut également déplorer l'absence d'un laboratoire indépendant des entreprises, capable de mesurer la qualité de l'air, de l'eau ou des sols. En effet, le décret n° 99/820/PM du 9 novembre 1999 fixant les conditions d'agrément des personnes physiques ou morales à l'exploitation des laboratoires de contrôles de pollution prévoit la mise sur pied d'un centre d'analyse et des essais au Ministère des mines[5]. Compte tenu du fait que ce centre n'existe pas toujours près de deux décennies après sa création, il y a lieu de s'interroger s'il n'y a pas lieu de créer plutôt une agence de prévention des risques miniers ?

Ce déficit de moyens techniques et logistiques est sans doute dû à un autre problème, celui de l'insuffisance des moyens financiers de l'Etat.

2- L'insuffisance des moyens financiers pour le contrôle

259- Traitant de l'exploitation minière au Cameroun, une étude révèle que « La faiblesse des moyens matériels et financiers pour le suivi des projets miniers est flagrante. Le dépouillement de la direction des Mines,

---

[1] L'auteur affirme que « La faiblesse administrative et des contrôles à l'échelle locale facilite ainsi le développement des enclaves minières ». Voir V. LICKERT, précité, p. 109.

[2] *Ibid.*, p. 115.

[3] *Ibid.*, p. 107.

[4] V. LICKERT, « La privatisation de la politique minière au Cameroun : enclaves minières, rapports de pouvoir trans-locaux et captation de la rente », précité, p. 115.

[5] L'article 12 (1) du décret n° 99/820/PM du 09 novembre 1999 fixant les conditions d'agrément des personnes physiques ou morales à l'exploitation des laboratoires de contrôle de la pollution dispose que « *Le centre d'analyse et des essais du ministère chargé des établissements classés est désigné comme laboratoire de référence* ».

rattachée au ministère des Mines, et de son service de géologie et de cartographie responsable de ce suivi en est révélateur »[1].

Avant l'avènement du Code minier de 2016, l'article 137 (1) du décret d'application du Code minier de 2001 réservait 25% des recettes recouvrées aux titres de la taxe *ad valorem* et de la taxe à l'extraction, aux ingénieurs et agents commissionnés de la Direction chargée des mines concernés par le suivi et le contrôle technique des activités minières. Compte tenu du fait que les modalités d'affectation de la quote-part relative au suivi et au contrôle technique n'a pas encore été fixé par voie réglementaire[2], « aucun versement n'a encore eu lieu en faveur (…) de la direction des Mines dont le budget dépend désormais en partie du versement de ces redevances »[3].

Comme on le voit, le contrôle adéquat des prescriptions de fonctionnement, qui aurait pu contribuer à l'évitement de nombreuses atteintes aux droits fondamentaux, souffre encore de nombreuses limites. Outre les limites de l'administration, on peut également relever celles liées aux exploitants miniers.

II- Les limites au contrôle tenant à l'exploitant minier

260- Au cours de l'exploitation minière, les exploitants miniers doivent se conformer à de nombreuses lignes directrices, des codes de conduite et des référentiels qui ont fait proliférer les approches en responsabilité sociale dans différents secteurs. « Par référentiel, on entend une norme ou un standard, reconnu de manière nationale ou internationale, permettant d'élaborer une démarche de responsabilité sociale. Le référentiel se différencie des codes de conduite qui regroupent davantage les chartes, les déclarations et les principes dont l'engagement et l'adhésion sont volontaires »[4].

Sans toutefois se substituer aux fonctions de surveillance et de contrôle de l'application de la législation de l'inspection du travail, les exploitants miniers doivent respecter leurs obligations telles que contenues dans leurs Conventions minières ou dans leurs cahiers de charges.

---

[1] Voir V. LICKERT, « La privatisation de la politique minière au Cameroun : enclaves minières, rapports de pouvoir trans-locaux et captation de la rente », précité, p. 115.

[2] L'article 137 alinéa 2 du décret d'application du code minier de 2001 dispose que « *Les modalités d'affectation des quotes-parts des populations riveraines et de la commune seront définies par arrêté conjoint, du Ministre chargé des mines et du Ministre chargé de l'économie et des finances. Une décision du Ministre chargé des mines fixe les modalités d'affectation de la quote-part relative au suivi et contrôle technique* ».

[3] Voir V. LICKERT, « La privatisation de la politique minière… », précité., p. 111, note 36.

[4] M. HOULE, *Adaptation d'outils de responsabilité sociale des entreprises face à la norme ISO 26 000. Application à l'entreprise Boréal - Informations Stratégiques*, Mémoire de Master, Université de Sherbrooke, 2011, p. 9, https://www.usherbrooke.ca/environnement/fileadmin/sites/environnement/documents/Essais 2010/Houle_M__18-01-2011_.pdf, consulté le 8 mars 2020.

La question que l'on est en droit de se poser ici est celle de savoir comment procéder à la réconciliation entre le travail et les trois valeurs cardinales que sont santé, sécurité et environnement ? Autrement dit, comment faire du travail un facteur de bien-être plus qu'un facteur de risque ?

Face à cette interrogation, il convient de noter que la conciliation entre ces intérêts divergents est loin d'être un acquis au sein des entreprises minières. Outre la raison la plus couramment avancée par les entreprises, à savoir l'absence de moyens matériels adaptés pour effectuer le contrôle (A), il convient surtout de mettre en exergue la mauvaise foi de ces dernières (B), plus enclines à réaliser des bénéfices qu'à tenir compte des préoccupations sociales et environnementales.

A- L'absence de moyens matériels adaptés pour effectuer le contrôle

261- Lorsque les travailleurs sont exposés à des dangers d'ordre physique et chimique..., l'employeur est tenu de les informer de ces dangers et des risques que présente leur travail pour leur santé. Il est également tenu de prendre des mesures appropriées afin d'éliminer ou de réduire au minimum les risques résultant de cette exposition[1]. La Convention n° 176 de l'OIT requiert en outre que les employeurs assurent l'évaluation et l'inspection périodique du milieu de travail afin d'identifier les dangers auxquels les travailleurs peuvent être exposés[2]. Elle requiert également qu'ils évaluent les risques, en indiquant l'ordre de priorité dans lequel ceux-ci doivent être traités. Ainsi, il convient en premier lieu d'éliminer le risque, puis de le contrôler à la source et de le réduire au minimum par des moyens tels que l'élaboration des méthodes de travail sûres[3].

Conscient du fait que les exploitants miniers ne disposent pas toujours des techniques nécessaires pour cela, la recommandation n°183 de l'OIT contient des indications supplémentaires sur l'évaluation des dangers et l'analyse des risques. A partir de ces indicateurs, les opérateurs miniers peuvent élaborer et mettre en œuvre des systèmes de gestion des risques[4], en énumérant les types de danger auxquels les travailleurs risquent d'être exposés[5]. Une telle diligence ne semble pas toujours être mise en œuvre dans la réalité par les exploitants miniers.

Un auteur nous apprend par exemple qu'avant les années 1980, « les *régimes de perceptibilité* » dans les mines africaines d'uranium (notamment

[1] Voir article 9 *a)* et *b)* de la convention n° 176.
[2] Article 7 *e)* de la convention n° 176.
[3] Article 6 de la convention n° 176.
[4] Paragraphe 12 de la recommandation n° 183.
[5] Paragraphe 20 de la recommandation n° 183.

au Gabon, au Niger, en Afrique du Sud...) permettaient d'équiper chaque employé d'un badge dosimétrique qui consistait à mesurer la dosimétrie individuelle. Mais dans la réalité, « les dirigeants des sites miniers craignaient que les dosimètres individuels n'effraient les mineurs en les alertant d'un danger qu'ils ne détecteraient pas autrement »[1]. Une telle réticence témoigne plutôt de la mauvaise foi de certains exploitants miniers, plutôt que de l'argument du manque de moyens techniques souvent invoqué pour se dédouaner des obligations inscrites dans leurs Conventions minières ou dans leurs cahiers de charges.

B- La non application de la réglementation par les exploitants miniers

262- À l'égard des exploitants miniers, il est important que les dispositions relatives à la santé et à la sécurité dans les mines ne restent pas lettre morte et ne soient pas que de simples déclarations d'intention annexées au dossier soumis pour l'obtention du permis d'exploitation.

Sur les chantiers miniers, très peu de mesures de protection collective et individuelle sont prises pour limiter les risques d'accident et de maladie. Dans leur immense majorité, les entreprises minières ne disposent pas de responsable Hygiène, Santé et sécurité. Dans une étude sur les conditions de travail dans le secteur minier au Cameroun, réalisée par l'Association Forêts et Développement Rural, il ressort par exemple que seulement 10,08 % des employés enquêtés dans l'étude disent avoir été formés ou sensibilisés sur les thèmes de la sécurité au travail. De même, dans les sites miniers, le port des équipements de protection individuelle (EPI), n'est pas encore la chose la mieux partagée. En outre, le balisage des zones dangereuses n'est pas systématiquement effectué, ce qui occasionne fréquemment des cas de noyades et d'autres accidents mortels enregistrés par les services de santé.

De manière historique, l'on se souvient de « L'entreprise de minimisation, voire l'oblitération des risques sanitaires »[2] conduite par les entreprises minières au cours du XXe siècle. Pour dévoiler au grand jour ce « procédé de fabrication de la méconnaissance »[3], certains travaux ont éclairé « les stratégies mises en œuvre par les industriels pour minimiser ou entretenir le doute sur la dangerosité des produits utilisés ou des *process* de

---

[1] Voir G. HECHT, « L'Afrique et le monde nucléaire : maladies industrielles et réseaux transnationaux dans l'uranium africain », *in* J. RAINHORN (dir.), *Santé et travail à la mine : XIXe-XXIe siècle,* éd. Presses universitaires du Septentrion, 2014, pp. 173-206, n° 10.

[2] Voir J. RAINHORN, « Introduction », *in* J. RAINHORN (dir.), *Santé et travail à la mine : XIXe-XXIe siècle*, Presses universitaires du Septentrion, 2014, disponible en ligne à l'adresse : http://books.openedition.org.ezscd.univ-lyon3.fr/septentrion/1823, consulté le 17 février 2018.

[3] Voir R. PROCTOR et L. SCHIEBINGER, *Agnotology. The Making and Unmaking of Ignorance*, Stanford University Press, 2008.

travail employés »[1]. L'on constate alors que généralement, « l'invisibilité sociale des maladies se traduit par un sous-enregistrement statistique » des maladies et des accidents par les entreprises minières. Irène Huang affirme que « l'invisibilité se poursuit dans la Chine contemporaine »[2], malgré le travail de révélation mené par des organisations non-gouvernementales qui cherchent à dénoncer – en particulier grâce aux réseaux sociaux et à l'Internet – le « désastre sanitaire » du monde de la mine, sur lequel règne l'*omerta* d'un système économique et politique sourd à l'hécatombe qui se prépare au début du XXIe siècle dans le pays le plus peuplé de la planète[3].

263- Au regard de ce qui précède, il y a lieu de renforcer les obligations de contrôle des entreprises minières exerçant au Cameroun, que ce soit à travers la législation ou à travers les Conventions minières ou les cahiers de charges de ces entreprises. Le législateur britannique l'a fait à travers son règlement n° 3248 de 2014 sur les exploitations minières. L'article 14 de ce texte qui se présente comme un catalogue de mesures sécuritaires à prendre en compte par tout exploitant, dispose que « *l'exploitant de la mine doit : a) prendre des dispositions en vue de l'inspection systématique de toutes les parties souterraines de la mine, en particulier celles dans lesquelles travaillent ou circulent des personnes ou celles qui pourraient avoir un effet sur la santé et la sécurité des personnes travaillant à la mine; b) diviser la mine en secteurs aux fins de l'inspection ; c) préparer et tenir à jour un programme écrit adéquat pour l'inspection de la mine; d) désigner des personnes ayant les compétences suffisantes pour réaliser ces activités ; e)*

[1] Parmi les ouvrages qui éclairent les stratégies d'oblitération du savoir scientifique par les industriels, on trouvera notamment : R. PROCTOR, *Golden Holocaust. Le complot des industriels du tabac*, Paris, Éditions des Équateurs, 2014 (éd. orig. University of California Press, 2012) ; G. MARKOWITZ, D. ROSNER, *Deceit and Denial: The Deadly Politics of Industrial Pollution*, Berkeley, University of California Press, 2002 ; M. MURPHY, *Sick Building Syndrome and the Problem of Uncertainty: Environmental Politics, Technoscience, and Women Workers*, Duke University Press Books, 2006 ; N. ORESKES, E. M. CONWAY, *Les marchands de doute*, Paris, Le Pommier, 2013 (éd. orig. Bloomsbury Pub., 2011). En France, plusieurs auteurs ont éclairé ce phénomène dans différents secteurs de l'industrie, tels N. HATZFELD, « Les malades du travail face au déni administratif. La longue bataille des affections périarticulaires (1919-1972) », *Revue d'histoire moderne et contemporaine,* 56/1, janvier 2009, p. 177-196 ; E. HENRY, *Amiante, un scandale improbable : sociologie d'un problème public*, Rennes, Presses universitaires de Rennes, 2007 ; ou encore J.-N. JOUZEL, *Des toxiques invisibles, sociologie d'une affaire sanitaire oubliée,* Paris, Éditions de l'EHESS, 2013. Enfin, le secteur de l'agriculture et en particulier l'utilisation des pesticides fait également l'objet de recherches allant dans le même sens, Voir A. WRIGHT, *The Death of Ramon Gonzalez. The Modern Agricultural Dilemma,* Texas University Press, 1990; S. BOUDIA et N. JAS (éds), *Toxicants, Health and Regulation since 1945*, London, Pickering and Chatto, 2013.

[2] Voir I. HUANG, cité par J. RAINHORN, « Introduction », *in* J. RAINHORN (dir.), *Santé et travail à la mine : XIXe-XXIe siècle, op. cit.*

[3] Voir J. RAINHORN, « Introduction », *in* J. RAINHORN (dir.), *Santé et travail à la mine : XIXe-XXIe siècle, op. cit.*

veiller à ce que, en tant que de besoin, soient dressés des rapports écrits adéquats des inspections et que chaque rapport signale les défaillances significatives et les mesures prises ou proposées afin d'y remédier; et f) faire en sorte que toutes les mesures proposées dans un rapport soient prises, pour autant qu'elles soient appropriées »[1].

Les autorités devraient s'inspirer de cette disposition en prenant
des mesures énergiques contre les activités d'extraction minière menées
en violation des prescriptions de fonctionnement,
y compris à la législation du travail.

[1] Cf. article 14 du règlement n° 3248 sur les exploitations minières, 2014.

Conclusion du Chapitre 1

264- Au terme de ce chapitre, l'on doit garder à l'esprit que l'exigence du respect des prescriptions de fonctionnement dans un projet minier en activité est une garantie nécessaire pour la conciliation entre les différents intérêts en présence. Dès la mise en exploitation d'un site minier, un contrôle de conformité doit être mis en œuvre pour comparer les résultats réels après que la mise en œuvre du projet ait démarré, avec ceux prévus avant cette mise en œuvre. À cet effet, un programme de contrôle permanent et périodique approprié doit être établi pour s'assurer que la limitation des effets nocifs est efficacement mise en œuvre, que les effets ou impacts négatifs prévus et imprévus sont détectés et abordés à temps, et que les bénéfices attendus (ou développements positifs) sont accomplis au fur et à mesure que le projet avance. « Non seulement les meilleures conditions d'hygiène et de sécurité limitent les accidents du travail et les maladies professionnelles, [mais bien plus, elles] contribuent à une plus grande productivité et à l'expansion de l'entreprise »[1]. En effet, plus l'environnement de travail est sûr, moins les arrêts sont nombreux et plus la continuité des activités est garantie. « La sécurité et la protection de la santé des mineurs font partie intégrante d'une saine pratique minière et le contrôle des prescriptions de fonctionnement relativement à ces exigences constituent une obligation légale »[2]. Le coût de la sécurité et de la protection de la santé des travailleurs du secteur minier devrait donc constituer un facteur critique dans la décision d'exploiter ou non un gisement et dans le choix de la méthode d'exploitation.

265- Malheureusement, ce coût n'est pas toujours pris en considération et il arrive même souvent, en particulier dans le cas d'exploitations de petite taille, que des économies soient réalisées dans ce domaine. De toute évidence, comme nous l'avons relevé, l'État camerounais ne dispose ni d'une expertise forte dans le secteur minier, ni des moyens financiers et humains pour effectuer des contrôles réguliers des activités minières[3]. Face à un tel constat, les compagnies minières profitent sans surprise de ces faiblesses pour contourner la réglementation et porter atteinte aux droits fondamentaux.

---

[1] Editorial, Le monde du travail, *Revue trimestrielle du Ministère du travail et de la prévoyance sociale* (Cameroun), juin 1985, cité par D. A. WANTOU, Thèse précitée, p. 1.

[2] Voir https://geologie-miniere.blogspot.com/, consulté le 6 mars 2020.

[3] Voir V. LICKERT, « La privatisation de la politique minière au Cameroun : enclaves minières, rapports de pouvoir trans-locaux et captation de la rente », Politique africaine 2013/3 (N° 131), p. 115.

Bien qu'il reste toujours des dangers imprévisibles - liés aux forces naturelles davantage qu'aux méthodes d'exploitation -, toute opération minière peut être conduite de façon sûre, à condition de pouvoir compter sur l'engagement et la coopération de tous les intéressés. D'où l'intérêt d'exiger de la part de tous les acteurs du secteur minier, le respect des mécanismes de prévention.

Chapitre 2

L'exigence du respect des mécanismes de prévention par le recours aux mécanismes d'incitation

266- Le principe de prévention est le « *Principe selon lequel il est nécessaire d'éviter ou de réduire les dommages liés aux risques avérés d'atteinte à l'environnement, en agissant en priorité à la source et en recourant aux meilleures techniques disponibles* »[1]. Ce principe fondé sur la volonté de combattre non pas le dommage, mais la menace elle-même[2], doit être « une préoccupation incontournable pour l'industrie minière »[3]. Ce principe trouve sa motivation dans la volonté d'éviter plutôt que de réparer. Il est d'une importance d'autant plus cruciale dans le domaine de l'exploitation minière que les dégradations causées aux écosystèmes et à la santé s'avèrent souvent irréversibles. « Principe-ancrage » ou « vigie du droit de l'environnement »[4], le principe de prévention est l'un des principes fondamentaux qui contribue substantiellement à l'évitement des atteintes à la santé et à la vie au cours d'un projet minier. Il irrigue l'ensemble du corpus juridique en la matière, fonde et lie toutes les lois.

Au plan international, ce principe a très tôt été consacré par la sentence arbitrale de 1941, dans *l'affaire de la Fonderie du Trail*[5] entre le Canada et les États-Unis à propos d'émissions de soufre d'une usine canadienne causant des dommages à des agriculteurs américains. Depuis lors, on assiste de plus en plus à un déploiement d'efforts au plan international, surtout depuis la Déclaration des Nations Unies de 1972, dite Déclaration de

---

[1] Voir Commission générale de terminologie et de néologie, *Vocabulaire de l'environnement (liste de termes, expressions et définitions adoptés)*, JORF, n° 87, 12 avril 2009 ; Voir également Délégation générale à la langue française et aux langues de France, *Vocabulaire du développement durable*, 2015, n°158, disponible à l'adresse http://www.cop21.gouv.fr, consulté le 18 mars 2018.

[2] J. MORAND-DEVILLER, *Le droit de l'environnement*, PUF, Coll. Que sais-je ?, 2015, p.13.

[3] J. PIETTE, « L'environnement, une préoccupation incontournable pour l'industrie minière, moderne et organique », cité par A. KOMBO MATIKI, *L'application du principe de prévention et l'étude d'impact sur l'environnement dans les projets de développement : cas d'exploitation minière en R.D. Congo*, Mémoire de Master II en Droit international et comparé de l'environnement, Université de Limoges, 2007, note 19, p. 6.

[4] É. NAIM-GESBERT, Obs. sous CE ass., 12 juil. 2013, n° 344522, *Fédération nationale de la pêche en France*, *in* Ph. BILLET et É. NAIM-GESBERT, *Les grands arrêts du droit de l'environnement*, Dalloz, 2017, p. 51.

[5] Voir I. MICHALLET, Obs. sous T. arb., 11 mars 1941 *(Fonderie de Trail), Etats-Unis c/ Canada* (Sentence arbitrale, *Rec.* vol. III, p. 1905, 1982), *in* Ph. BILLET et É. NAIM-GESBERT, *Les grands arrêts du droit de l'environnement*, *op. cit.*, p. 3 et s.

Stockholm qui a formellement opéré le lien entre la sauvegarde de l'environnement, la protection de la santé et la dignité humaine[1]. Ainsi, la protection de l'environnement, entendue dans sa dimension touchant à la sauvegarde de la santé individuelle et collective est devenue un élément important du droit de la santé et ira probablement en s'accroissant[2].

Au plan interne, le principe de prévention se traduit dans des procédures d'autorisation préalable qui permettent aux autorités compétentes d'intervenir avant la réalisation d'un projet minier, soit pour empêcher sa mise en œuvre, soit pour l'assujettir à un certain nombre de contraintes techniques et autres qui visent toutes à encadrer sa mise en œuvre au moyen de normes, de limites et d'autres facteurs qui visent tous, individuellement et collectivement, à restreindre les conséquences négatives du projet[3]. En effet, la nature irréversible de certaines atteintes exige que tout soit mis en œuvre pour les prévenir. À titre d'illustration, « bon nombre d'espèces animales et végétales se trouvent aujourd'hui au bord de l'extinction. Si rien n'est entrepris pour assurer la survie des dernières populations de ces espèces, elles s'éteindront à tout jamais. Rien ne pourra les remplacer car elles sont le produit d'une évolution s'étalant sur plusieurs millénaires à laquelle l'homme ne pourra jamais se substituer»[4]. Dès lors, il apparaît préférable de tout mettre en œuvre pour éviter que ces populations ne s'éteignent.

Le phénomène de prévention peut être appréhendé sous trois angles différents : en fonction du moment où l'on intervient, de l'intensité de l'intervention et enfin du spectre de l'intervention. Il convient de ce fait de distinguer trois dimensions : une dimension temporelle, une dimension fonctionnelle et, enfin, une dimension structurelle[5].

267- *La dimension temporelle de la prévention* met l'accent sur le moment de l'intervention : avant, pendant ou après la survenance des atteintes. En amont de la chaîne de valeur de l'exploitation minière, l'on peut

---

[1] J. L. BAUDOUIN, « Quelques réflexions sur la reconnaissance du droit à la santé dans les systèmes internationaux et régionaux des droits de la personne », *JIB* 1998, vol. 9, n°3, p. 74.

[2] Voir notamment le Principe 2 de la Déclaration de Rio de 1992.

[3] Voir A. KOMBO MATIKI, *L'application du principe de prévention et l'étude d'impact sur l'environnement dans les projets de développement : cas d'exploitation minière en R.D. Congo*, Mémoire de Master II en Droit international et comparé de l'environnement, Université de Limoges, 2007, note 19, p. 6.

[4] N. de SADELEER, *Essai sur la genèse des principes du droit de l'environnement : l'exemple du droit communautaire*, La documentation Française, 1996, p. 30. Voir également C. BAZOMBANZA, *La protection juridique de l'environnement en droit burundais: cas des forêts*, Mémoire de Licence en droit, Université Martin Luther King de Bujumbura, 2011, disponible sur https://www.memoireonline.com/11/13/8031/m_La-protection-juridique-de-l-environnement-en-droit-burundais-cas-des-forts6.html, consulté le 6 mars 2020.

[5] De telles approches sont couramment utilisées en terminologie. Voir not. L. WALGRAVE et Fr. de CAUTER, « Une tentative de clarification de la notion de prévention », Annales de Vaucresson, n° 24, 1986/1, p. 31, cité par N. de SADELEER, *Essai sur la genèse des principes du droit de l'environnement…*, *op. cit.*, p. 30.

agir à la source des atteintes, avant même que celles-ci aient révélé leur existence. Il est d'ailleurs recommandé que l'intervention se fasse en l'absence de toute certitude scientifique, par la mise sur pied des mesures de précaution. Qui plus est, quand le doute s'effrite et que la certitude se révèle au grand jour, il convient alors de mettre sur pied des mesures de prévention. Comme on le voit, la prévention est l'interface entre la précaution et la démarche curative[1], celle-ci intervenant après la survenance des atteintes, car le dommage aura déjà été causé. Une fois que les atteintes aux droits fondamentaux se produisent, l'on ne peut plus prévenir leur apparition ou leur extension. En pareille circonstance, on se contentera de les réparer dans la mesure du possible. L'approche curative apparaît donc ainsi radicalement opposée à la prévention, même si cette opposition paraît plus nuancée[2].

268- *La dimension fonctionnelle de la prévention* quant à elle met l'accent sur l'intensité de l'approche préventive. À cet effet, il convient de partir de la définition que l'on donne au mot « prévenir » pour envisager sa portée. Si on le considère d'une part comme synonyme de « devancer », « venir avant », « anticiper », « aller au devant de », « faire obstacle à »[3], ou plutôt comme synonyme d'« avertir, attirer l'attention de »[4] d'autre part, il va de soi que le mot prévention n'autre pas la même gradation. A partir de cette double dimension de la notion de prévention, l'on peut dégager trois tendances principales : la prévention offensive, la prévention active et la prévention passive[5].

269- *La prévention offensive ou approche maximaliste de la prévention* est placée sous le signe de la prohibition. L'interdiction semble être la manière la plus drastique pour traduire le principe de prévention. C'est le cas par exemple de l'interdiction, après une étude d'impact environnementale et sociale, d'implanter tel projet minier lorsque les risques pour l'environnement, pour la santé et la vie sont excessifs. Par la prohibition, on décide ainsi de mettre fin à une situation jugée inacceptable du point de vue de la protection de l'environnement et/ou des droits fondamentaux.

En matière de conservation de la nature, on peut également citer l'interdiction de toute forme de prélèvement des espèces animales et

---

[1] *Ibid.*, p. 31.

[2] C'est le cas notamment avec le droit pénal où la répression des infractions a des effets préventifs. C'est le cas également du droit de l'environnement où, plus l'on forcera le pollueur à prendre en charge les frais de sa pollution, plus ce dernier sera incité à éviter de polluer. Voir N. de SADELEER, *Essai sur la genèse…, op. cit.*, pp. 32-33.

[3] Voir https://fr.wiktionary.org/wiki/pr%C3%A9venir, consulté le 17 mars 2018.

[4] Voir O. BLACK et VON WALTEMBERGE, *Dictionnaire étymologique*, Paris, PUF, 1960, p. 510, cité par N. de SADELEER, *Essai sur la genèse des principes du droit de l'environnement… op. cit.*, p. 33, note 48.

[5] *Ibid.*, p. 33.

végétales menacées de disparition. Pour la faune par exemple, le décret n° 95/466/PM du 20 juillet 1995 fixant les modalités du régime de la faune dispose que les animaux de la classe A (qui comprend les espèces animales rares en voie de disparition) bénéficient d'une protection intégrale[1].

Pour ce qui est de la prévention des atteintes aux droits fondamentaux, on peut citer l'interdiction de la mise sur le marché de la prospection ou de l'exploitation de telle ou telle substance (par exemple l'uranium) à cause des risques élevés d'atteintes à la santé ; ou encore l'interdiction d'exploiter une décharge de déchets de minerais. On peut également citer l'interdiction d'implanter et d'exploiter un centre d'enfouissement technique, ou encore l'interdiction d'implanter une usine de traitement des minerais avec des effets radioactifs etc. A cause de sa rigidité et de son caractère excessif et disproportionné, cette approche a donné lieu à une nouvelle approche plus souple.

270- *La prévention active ou approche intermédiaire de la prévention,* contrairement à la précédente, se veut « à la fois raisonnable et conciliatrice d'intérêts divergents »[2]. Elle se fonde sur la capacité auto-épuratrice de l'environnement. Compte tenu du fait que l'environnement a cette capacité auto-épuratrice, il n'est pas nécessaire de traduire le rejet de substances polluantes à un niveau zéro, mais plutôt que le niveau de rejet autorisé soit fonction de la capacité du milieu à l'absorber. Autrement dit, il est possible de les autoriser dans des limites qui évitent que des dégradations environnementales soient causées. En matière de protection des espèces animales et végétales par exemple, cette approche de la prévention postule qu'il n'est pas nécessaire d'interdire toute forme de prélèvement, mais plutôt de les autoriser à un niveau qui ne mette pas en danger la survie de l'espèce[3].

Partant de là, cette approche de la prévention utilise des procédés beaucoup plus pondérés que la précédente (l'interdiction). Elle se traduit par la fixation des seuils de polluants qui peuvent être absorbés par l'environnement. C'est ce qui justifie l'imposition des normes de prévention qui peuvent être générales, sectorielles (exemple : norme de rejet d'eaux usées par secteur) ou particulières (dans une autorisation, dans un règlement spécifique à un produit) dont le non-respect doit également être sanctionné[4].

---

[1] L'art.14 du décret n° 95/466/PM du 20 juillet 1995 fixant les modalités du régime de la faune classe les animaux sauvages vivant sur le territoire national en trois classes (A,B,C). La classe A comprend les espèces animales rares en voie de disparition et bénéficiant par conséquent d'une protection intégrale ; la classe B comprend les espèces bénéficiant d'une protection partielle ; et la classe C regroupe les autres animaux.

[2] Voir N. de SADELEER, *Essai sur la genèse des principes du droit de l'environnement : l'exemple du droit communautaire*, *op. cit.*, p. 34.

[3] *Ibid.*, p. 36.

[4] Voir ECOFAC, *Dispositifs régressifs en matière d'environnement, Rapport séminaire pour le programme conservation et utilisation rationnelles des écosystèmes forestiers en Afrique Centrale*, 2004, cité par A. KOMBO MATIKI, *L'application du principe de prévention et*

Comme le relève le Professeur Nicolas de Sadeleer, cette approche « répond au souci de trouver un équilibre entre les facteurs de production générateurs de richesses économiques et de bien-être social et la nécessité de garantir un environnement de qualité »[1]. Néanmoins, elle semble quelque peu ambigüe du fait de sa position médiane, mais certainement plus réaliste que l'approche passive.

271- *La prévention passive ou approche minimaliste de la prévention* quant à elle s'inscrit dans une dimension purement informative, dans le sens d'« avertir » ou d'« attirer l'attention » sur l'existence d'un problème. Puisque l'on ne peut mieux prévenir que ce que l'on connaît, il est important d'avoir une meilleure information sur les impacts d'un projet, d'un produit ou d'une substance. Sans aller jusqu'à dicter le comportement à adopter, l'approche minimaliste se contente d'informer les responsables des nuisances et les utilisateurs de leurs produits sur les avantages ou des inconvénients de tel ou tel produit, en leur laissant le libre choix. C'est le cas notamment de l'étiquetage des produits dangereux qui est destiné à avertir l'utilisateur des dangers qu'ils comportent, tout en lui laissant le libre choix de s'exposer au danger. Dans le sens inverse, on peut également mentionner l'apposition d'un label écologique sur certains produits en vue de permettre aux consommateurs de mieux s'orienter dans leur choix[2].

272- *Enfin, la dimension structurelle de la prévention* permet de mesurer le spectre ou la portée de l'approche préventive pour voir si elle a une dimension holistique ou simplement sectorielle. Quoique l'approche sectorielle de la prévention soit une approche très ciblée pouvant avoir des résultats efficaces, ceux-ci sont souvent très limités, car ils envisagent le problème de manière isolée et ne rendent pas compte de la réalité dans sa globalité et sa complexité. C'est pourquoi il est préférable en matière d'environnement de passer du local au global en adoptant une approche holistique, globale ou écosystémique de la prévention[3]. Cette approche transectorielle a l'avantage d'appréhender toutes les incidences d'un projet sur l'environnement. Elle permet de mieux intégrer les impératifs de la politique de l'environnement dans le cadre des autres politiques. Les problèmes environnementaux étant des problèmes d'ensemble, les solutions doivent aussi avoir une vision globale. Dans ce sens, on peut affirmer avec

---

l'étude d'impact sur l'environnement dans les projets de développement : cas d'exploitation minière en R.D. Congo, Mémoire *op. cit.*, p. 7.

[1] Voir N. de SADELEER, *Essai sur la genèse des principes du droit de l'environnement...*, *op. cit.*, p. 36.

[2] *Ibid.*, p. 37.

[3] *Ibid.*, p. 38.

Nicolas de Sadeleer que le principe de prévention se rapproche du principe d'intégration[1].

273- Comme on le voit, la prévention des atteintes à la santé et à la vie dans l'exploitation minière peut prendre des formes multiples, tous les instruments du droit l'environnement sans exception ayant des effets préventifs[2]. Il convient d'emblée de remarquer que ces différents mécanismes de prévention ne sont pas cloisonnés, étant entendu que plusieurs d'entre eux peuvent être multifonctionnels et se recouper.

Certains mécanismes de prévention ayant déjà été examinés dans les chapitres précédents (notamment l'EIE, la maîtrise des impacts de l'activité dommageable, l'information du public...)[3], dans le cadre de la recherche de l'équilibre entre des intérêts divergents lors de l'installation du projet minier, il conviendra dans le cadre de ce chapitre de s'appesantir sur les autres mécanismes de prévention (notamment sur les mécanismes d'incitation) qui constituent la garantie pour un meilleur équilibre entre les différents intérêts en présence dans le cadre d'un projet minier en activité.

En effet, *l'incitation* est de plus en plus considérée comme l'une des meilleures manifestations du principe de prévention des atteintes. *D'une part*, l'incitation est un mécanisme assez original de prévention des atteintes parce qu'il fait intervenir d'autres principes tels que le principe de précaution ou encore le principe du pollueur payeur. *D'autre part*, le mécanisme incitatif intègre également les sanctions (administratives, civiles et pénales) dont le caractère préventif et même incitatif a longtemps été affirmé par la doctrine[4] et par les textes juridiques. À titre d'illustration, l'article 11 de la CDB intitulé « *Mesures d'incitations* », stipule qu'il revient à chaque Etat partie d'adopter « *des mesures économiquement et socialement rationnelles incitant à conserver et à utiliser durablement les éléments constitutifs de la diversité biologique* ».

Le présent chapitre aura donc la structure suivante : d'une part, il convient d'insister sur la variété des mécanismes d'incitation à la prévention des atteintes (Section I). Dans l'optique d'améliorer l'efficacité de certains mécanismes de prévention, il conviendra également d'insister sur la nécessité de leur renforcement d'autre part (Section II).

---

[1] *Ibidem.*

[2] *Ibid.*, p. 30.

[3] Cf. chapitre 1 du Titre 1.

[4] Parmi les fonctions de la sanction pénale, Michel Van de Kerchove cite bel et bien « la fonction de prévention » comme « la fonction de freiner, voire d'empêcher l'accomplissement de comportements jugés indésirables ». Plus loin, il ajoute « la dissuasion ou l'intimidation collective de tous les contrevenants potentiels ». Voir M. VAN DE KERCHOVE, « Les fonctions de la sanction pénale. Entre droit et philosophie », *Caisse nationale d'allocations familiales (CNAF), Informations sociales,* 2005/7 n° 127, p. 25.

Section I : La variété des mécanismes d'incitation à la prévention des atteintes

274- Le Pacte international relatif aux droits économiques, sociaux et culturels (PIDESC) établit trois niveaux d'obligations spécifiques incombant aux États parties, à savoir respecter, protéger et mettre en œuvre les droits consacrés par le Pacte. L'obligation de protéger ici mentionnée est synonyme de l'obligation de prévention. Selon l'Observation générale n° 24 du CODESC (2017)[1], l'obligation de protéger est celle qui présente la plus grande pertinence dans le contexte des activités des entreprises[2]. Cette obligation de protéger signifie que l'État doit prévenir de façon efficace les atteintes aux droits économiques, sociaux et culturels susceptibles de se produire dans le contexte des activités des entreprises. Interprétant cette obligation de protéger, le CODESC a fait appel aux mécanismes d'incitation en affirmant qu'au titre de cette obligation de protéger, corolaire de l'obligation de prévention, « *Les États parties peuvent non seulement imposer directement des obligations, mais aussi avoir recours à des mesures d'incitation...* »[3].

Les mesures d'incitation peuvent donc se définir de façon négative par comparaison aux mesures d'obligation. Après avoir défini ce qu'il faut entendre par « mesures d'incitation » (I), il conviendra ensuite de montrer la nécessité d'une mise en place des mesures d'incitation par la mobilisation des principes et des outils juridiques, financiers et fiscaux (II). Enfin, il conviendra d'insister sur les sanctions qui, quoiqu'étant des mesures d'obligation, sont également reconnues comme des mesures d'incitation (III).

I- La notion d'incitation à la prévention des atteintes

275- Le Titre V de la loi-cadre du 5 août 1996 relative à la gestion de l'environnement prévoit des mesures incitatives sans toutefois les définir. Il convient pour cela de se référer à la loi n° 2013/004 du 18 avril 2013 fixant les incitations à l'investissement privé en République du Cameroun. Bien

---

[1] Voir Comité des droits économiques, sociaux et culturels, *Observation générale n° 24 (2017) sur les obligations des États en vertu du Pacte international relatif aux droits économiques, sociaux et culturels dans le contexte des activités des entreprises*, adoptée lors de sa 61e session tenue du 29 mai-23 juin 2017, https://www.refworld.org/cgi-bin/texis/vtx/rwmain/opendocpdf.pdf?reldoc=y&docid=5beaecc74.

[2] Voir Comité des droits économiques, sociaux et culturels (CODESC), *Observation générale n° 24 (2017) sur les obligations des États en vertu du Pacte international relatif aux droits économiques, sociaux et culturels dans le contexte des activités des entreprises*, 10 août 2017, E/C.12/GC/24, § 10 *in fine*.

[3] Voir *Observation générale n° 24 (2017) du CODESC op. cit.*, § 31.

qu'inapplicable au secteur minier[1], la définition proposée par ce texte mérite d'être présentée à titre purement illustratif. Selon l'article 3 de ce texte, l'incitation se définit comme un ensemble d'« *avantages particuliers accordés par les pouvoirs publics à une personne physique ou morale, résidente ou non-résidente, en vue de la promotion et/ou du développement d'une activité donnée* ». Au regard de cette définition, les mesures d'obligation méritent d'être distinguées des mesures d'incitation (A). Cette distinction permettra par la suite de tenter une classification des mesures d'incitation (B).

A- La différence entre mesures d'obligation et mesures d'incitation

276- Les mesures obligatoires sont des mesures de *hard law*, c'est-à-dire qui relèvent de la loi dure. Elles sont contraignantes, parce qu'elles s'imposent à tous. Les mesures obligatoires *permettent, ordonnent, défendent* ou *punissent*. Ces verbes expriment clairement l'idée d'obligation, même s'il convient de relever qu'il existe des degrés (niveaux) au caractère obligatoire des règles juridiques : d'une part, certaines se regroupent dans la catégorie des *règles dites impératives ou d'ordre public* qui s'imposent de manière absolue : ni les particuliers, ni les tribunaux ne peuvent écarter leur application (exemples : règles de droit pénal, règles de droit public,...). Le caractère impératif de ces règles se justifie surtout par le fait qu'elles s'attachent aux principes fondamentaux de la société. D'autre part, il existe aussi d'autres règles dites *règles d'application* qui sont plus souples, dans la mesure où les parties peuvent soit en modifier le contenu, soit les écarter (*il s'agit des lois dites supplétives ou interprétatives*). On rencontre ce type de lois surtout dans le domaine des contrats où les contractants peuvent choisir ou aménager les modalités de leurs conventions selon leur volonté. Quoi qu'il en soit, les mesures obligatoires ne restent pas à l'état de conseil ou de vœux, tout individu devant s'y conformer. Compte tenu du fait qu'elles sont contraignantes, leur violation fait l'objet de sanctions de la part des pouvoirs publics.

277- Contrairement aux obligations, les incitations relèvent de la *soft law* ou du droit mou, constitué d'un ensemble de textes à destination du monde des affaires, qui expliquent aux entreprises la façon de mettre en place leur responsabilité sociale, sociétale ou environnementale. Ces approches en

---

[1] Conformément à l'article 2 alinéa 3 de la loi n° 2013/004 du 18 avril 2013 fixant les incitations à l'investissement privé en République du Cameroun, cette loi ne s'applique pas aux activités extractives. Selon ce texte, « *Les dispositions de la présente loi ne s'appliquent pas aux investissements dans les secteurs régis par des textes particulières, notamment le secteur pétrolier amont, le secteur minier et le secteur gazier, ainsi qu'au régime général des contrats de partenariat* ».

termes de *soft law* ne sont pas obligatoires, mais purement volontaristes. Comme on le voit, les mécanismes d'incitation sont de nature à encourager, voire à motiver les potentiels pollueurs à prendre des mesures préventives.

La notion d'incitation est loin d'être une notion univoque, car si elle est généralement de nature financière ou fiscale, elle se traduit également par le recours à d'autres techniques juridiques de stimulation à la prévention, qui ne relèvent pas directement de l'encouragement financier et fiscal [1]. C'est le cas notamment des sanctions, ou encore de certains principes juridiques tels que le principe de précaution et le principe pollueur-payeur qui ont un caractère incitatif.

En plus de son ambiguïté, la notion d'incitation est également une notion relative dans l'espace. En effet, sa pertinence, son efficacité et son succès dépendent très souvent de plusieurs facteurs (politique, économique, social, culturel, juridique...) dans lesquels elle s'insère. Ainsi, une mesure incitative appliquée avec succès dans les pays développés peut parfois se révéler contreproductive dans les pays en développement et vice-versa. Comme le rappelle Mohamed Ali Mekouar, il convient donc à cet égard de se méfier de tout mimétisme[2].

Pour mieux comprendre les différentes mesures que regroupe la notion d'incitation, il convient d'essayer une classification.

B- La classification des différents mécanismes d'incitation

278- Selon les auteurs, les mesures incitatives peuvent obéir à plusieurs types de classification : en fonction de leur objet, (elles se caractérisent par l'hétérogénéité des objets auxquels elles peuvent s'appliquer), de leur nature (financière et fiscale d'une part, sanctions d'autre part), de leurs modalités (directes ou indirectes), de leurs effets (positifs ou négatifs, à court, moyen ou long terme), ou de leur destination économique (investissement, capitalisation, subsistance etc.)[3]. Seule nous intéresse dans le cadre de la présente étude, la classification en fonction de leur objet, de leur nature, de leurs modalités, de leurs effets.

279- *En fonction de leur objet,* les mesures incitatives se caractérisent par l'hétérogénéité des objets auxquels elles peuvent s'appliquer. Dans le cadre de la présente étude, il ne s'agit nullement d'examiner les mesures de

---

[1] R. PRUD'HOMME, *Le ménagement de la nature. Des politiques contre la pollution*, Paris, Dunod, 1980, p. 134, cité par M. A. MEKOUAR, *Impact sur l'environnement des incitations économiques à la production agricole : étude de droit comparé*, FAO, Rome, 1985, p. 10.

[2] M. A. MEKOUAR, *Impact sur l'environnement des incitations...*, précité, p. 13.

[3] R. PRUD'HOMME, *Le ménagement de la nature. Des politiques contre la pollution*, Paris, Dunod, 1980, p. 134, cité par M. A. MEKOUAR, *Impact sur l'environnement des incitations économiques à la production agricole : étude de droit comparé*, op. cit., p. 15.

stimulation en vue d'attirer les investisseurs miniers et d'accroître la productivité minière, mais plutôt d'envisager les incitations de nature à favoriser la prévention des atteintes. Ainsi, les mesures incitatives visées peuvent concerner l'air, le sol, le vent, les forêts, les eaux, le milieu marin, les rayons solaires, les plantes, les produits du sol, les animaux et la faune sauvage etc. Dans le cadre de cette étude, seule nous intéresse la prévention des atteintes à l'environnement, et par ricochet à la santé et à la vie dans le cadre de l'exploitation minière. Bien qu'applicables à plusieurs domaines, les mesures incitatives dans le domaine extractif peuvent avoir pour finalité d'encourager ou de stimuler les entreprises minières à se montrer plus volontaires dans la prévention des atteintes.

280- *En fonction de leur nature,* on distingue les incitations financières et fiscales d'une part et les sanctions d'autre part.

Les incitations financières ou fiscales sont forcément les plus nombreuses. On les rencontre fréquemment dans la législation des Etats. Elles se traduisent par un certain nombre de dispositions en termes de subventions, de crédits, de dons en nature, en abattements fiscaux etc. Alors que les incitations financières se traduisent par l'allocation des prêts ou des subventions, les incitations fiscales quant à elles consistent en l'octroi d'avantages fiscaux : exemption ou réduction des droits de douane à l'importation ou à l'exportation de certains produits, de l'impôt sur le foncier, sur les bénéfices etc. En droit minier camerounais par exemple, les incitations fiscales et douanières existent aussi bien pendant la phase de recherche[1] que pendant la phase d'exploitation[2]. La volonté d'assurer l'attractivité du secteur minier camerounais a conduit à l'institution d'une « liste minière »[3] par le Code minier de 2016. Sans nul doute, ces stimulations d'ordre financier ou fiscal accordées aux exploitants miniers en vue d'accroître l'attractivité du secteur minier, pourront à long terme se traduire par des effets pervers sur l'environnement et sur la santé des populations.

Pour ce qui est des sanctions, leur caractère incitatif, comme nous le verrons plus loin, ne fait l'ombre d'aucun doute. C'est le cas notamment avec le droit pénal où la répression des infractions a des effets préventifs. C'est le cas également du droit de l'environnement où, plus l'on forcera le pollueur à prendre en charge les frais de sa pollution, plus ce dernier sera incité à éviter de polluer[4].

---

[1] Voir les articles 179 et suivants du Code minier.

[2] Voir les articles 181 et suivants du Code minier.

[3] La liste minière est définie comme un « *document qui définit les biens importés bénéficiant des exonérations des droits et taxes à l'importation accordées au titulaire d'un titre minier durant les phases de recherche, d'installation ou de construction et d'exploitation* ». Cf. art. 4 de la loi n°2016/17 du 14 décembre 2016 portant Code minier.

[4] Voir N. de SADELEER, *Essai sur la genèse…, op. cit.*, pp. 32-33.

281- *En fonction de leurs modalités de mise en œuvre*, il convient de distinguer les incitations directes des incitations indirectes.

L'incitation *directe* est celle qui profite à l'exploitant minier de façon immédiate, celle qui est mise à sa disposition sans intermédiaire, pour lui permettre d'entreprendre sans tarder un travail bien précis. Elles sont fournies soit en espèces, soit en nature[1]. *A contrario*, une incitation *indirecte* est celle dont l'opérateur minier ne jouit que par l'entremise d'une politique économique donnée, en vue d'accomplir une tâche qui peut être de longue haleine. C'est le cas par exemple de l'exemption de l'impôt sur le revenu ou sur la propriété qui vise à attirer les investisseurs dans ce secteur.

282- *En fonction de leurs effets*, il convient de distinguer les incitations positives des incitations négatives d'une part et les incitations à court, moyen ou long terme d'autre part. Cette distinction nous intéresse le plus, car elle a été élaborée en matière de gestion de l'environnement, et particulièrement en matière de lutte contre la pollution[2].

Les mesures dites positives se traduisent par un ensemble de prêts, de subventions ou d'avantages fiscaux octroyés aux opérateurs miniers en vue de les encourager à adopter des mesures contre la pollution. Les mesures négatives quant à elles sont supportées par le pollueur, ici l'exploitant minier, sous la forme de redevances de pollution ou de pénalités qui sont dues lorsque la charge polluante dépasse un certain seuil, afin de confiner la pollution dans des limites jugées acceptables[3].

Il apparaît donc que les incitations dites négatives sont une manifestation du principe du pollueur-payeur qui « *signifie que le pollueur devrait se voir imputer les dépenses relatives aux ...mesures arrêtées par les pouvoirs publics pour que l'environnement soit dans un état acceptable. En d'autres termes, le coût de ces mesures devrait être répercuté dans le coût des biens et services qui sont à l'origine de la pollution du fait de leur production et/ou de leur consommation* »[4]. Comme le rappelle l'OCDE, ces redevances de pollution ont entre autres fonctions, d'assurer « *le financement partiel ou total des installations collectives de lutte contre la pollution, des investissements des pollueurs dans la lutte contre la pollution, des coûts divers de mise en œuvre et, d'autre part, le paiement de compensation des*

---

[1] Ces incitations sont pour l'instant rares, voire inexistantes en droit minier camerounais.

[2] Voir F. R. ANDERSON, A. V. KNEESE, Ph. D. REED, R. B. STEVENSON et S. TAYLOR, *Environmental Improvement Through Economic* Incentives, Baltimore-London, Resources for the Future, 1977, pp. 18 et s., cites par M. A. MEKOUAR, *Impact sur l'environnement des* incitations *économiques à la production agricole : étude de droit comparé*, op. cit., p. 18.

[3] M. A. MEKOUAR, *Impact sur l'environnement des* incitations *économiques à la production agricole : étude de droit comparé*, op. cit., p. 19.

[4] Voir OCDE, *Le principe pollueur-payeur*, Paris, 1975, p. 11.

dommages »[1]. Ainsi donc, tout opérateur minier est redevable de la charge financière afférente à la pollution dont il est responsable. Une telle mesure est de nature à l'inciter à diminuer ou à faire cesser cette pollution. Une telle incitation est évidemment bénéfique aux populations, en ce sens qu'elle contribue à l'évitement des atteintes à l'environnement et par ricochet à leurs droits fondamentaux, notamment à leur santé.

Comme le rappelle la doctrine, ces différentes catégories d'incitations ne sont pas cloisonnées, une incitation financière ou fiscale pouvant à la fois être directe et/ou positive[2].

II- La mobilisation des principes et des outils juridiques, financiers et fiscaux

283- Les facteurs économiques figurent parmi les causes profondes d'atteintes à l'environnement et par ricochet à la santé et à la vie. En effet, la recherche du profit à tout prix par les entreprises minières, la recherche des bénéfices immédiats et à moyen terme, sont parmi les causes de ces atteintes, car elles conduisent à une exploitation anarchique et à un rythme effréné des ressources naturelles. Quoi qu'il en soit, l'économie et la prise en compte des préoccupations sanitaires et environnementales ne sauraient être considérées comme des impératifs diamétralement opposés. La recherche d'une conciliation entre ces intérêts divergents, permet d'affirmer qu'une complémentarité entre ces deux impératifs reste possible pour le plus grand bien des populations.

La question que l'on peut se poser ici est celle de savoir : dans quelles mesures les stimulations d'ordre financier, juridique ou fiscal, prodiguées à l'industrie minière peuvent-elles se traduire par des effets bénéfiques sur l'environnement et sur la santé ? Autrement dit, comment promouvoir une exploitation minière à la fois économiquement rentable, écologiquement et socialement équilibrée ? Cette relation incitation/prévention des atteintes ne semble pas suffisamment avoir été envisagée par la doctrine.

284- Sur le plan juridique, la prévention ne cesse d'étendre son empire sur des instruments qui n'avaient à l'origine qu'une fonction redistributive[3].

---

[1] *Ibid.*, note 23, p. 12.

[2] R. PRUD'HOMME, *Le ménagement de la nature. Des politiques contre la pollution*, Paris, Dunod,
1980, p. 134, cité par M. A. MEKOUAR, *Impact sur l'environnement des incitations économiques à la production agricole : étude de droit comparé*, *op. cit.*, p. 15.

[3] Voir N. de SADELEER, *Essai sur la genèse des principes du droit de l'environnement : l'exemple du droit communautaire*, La documentation Française, 1996, p. 30. Voir également A. KOMBO MATIKI, *Le principe de prevention et l'etude d'impact sur l'environnement dans le projet d'exploitation miniere en R.D. Congo,* Mémoire de Master 2, Université de Limoges, 2007, disponible en ligne à l'adresse :

Tel est le cas par exemple des régimes de la responsabilité objective et de la fiscalité environnementale qui sont de plus en plus aménagés de façon à accroître la prévention. Ainsi, comme le remarque Nicolas de Sadeleer, si la responsabilité civile avait à l'origine comme unique fonction de compenser dans le chef de la victime le dommage qu'elle aurait subi, le réaménagement des différentes constantes de la responsabilité consiste désormais dans la volonté de faire disparaître de la faute[1] dans le chef de l'auteur du dommage, ce qui renforce sensiblement le caractère préventif de la responsabilité civile. Cette fonction préventive tente ainsi à détrôner sa fonction réparatrice[2].

Dans la même logique, « si les taxes environnementales sont en principe destinées à doter les pouvoirs publics des moyens financiers nécessaires pour réparer les dommages causés par les pollutions autorisées, l'augmentation sensible des taux de taxation est de nature à inciter le pollueur à limiter ses rejets »[3]. Le caractère dissuasif de la fiscalité en ce domaine tente également ainsi de prendre le pas sur une approche redistributive[4].

Les mesures incitatives susceptibles d'être mobilisées en vue de la prévention des atteintes sont nombreuses et variées. C'est le cas notamment du principe pollueur-payeur et du principe de précaution qui s'inscrivent tous deux dans le prolongement de l'impératif de prévention. À cet effet, les États devraient par le biais de ces mesures, inciter les entreprises relevant de leur sphère d'influence, à s'abstenir de saper les efforts des pays dans lesquels elles exercent leurs activités en vue de la pleine réalisation des droits fondamentaux. Une attention particulière mérite d'être accordée au principe de précaution (A) qui incite à agir de manière anticipée, ainsi qu'au principe du pollueur payeur (B) envisagé comme mécanisme de prévention.

A- Le recours au principe de précaution

285- La meilleure manière de préserver les atteintes à la santé et à la vie, c'est d'anticiper les conséquences de l'activité humaine et donc les risques, parfois très graves, auxquels l'être humain et la biodiversité vont se trouver exposés du fait de l'exploitation minière. Ainsi s'explique la forte présence en droit de l'environnement du principe de précaution, l'un des grands

---

https://www.memoireonline.com/11/08/1624/m_Le-principe-de-prevention-et-letude-dimpact-sur-lenvironnement-dans-le-projet-dexploitation-mini5.html, consultée le 4 mars 2020.

[1] Même si certains auteurs estiment que le divorce entre la responsabilité civile est impossible. Voir Chr. ATIAS, « L'impossible divorce de la faute et de la responsabilité civile », *Rec. D.* 1997, p. 4.

[2] Voir N. de SADELEER, *Essai sur la genèse des principes du droit de l'environnement : l'exemple du droit communautaire*, *op. cit.*, p. 30.

[3] A. KOMBO MATIKI, *Le principe de prevention et l'etude d'impact sur l'environnement dans le projet d'exploitation miniere en R.D. Congo,* Mémoire précité.

[4] N. de SADELEER, *Essai sur la genèse des principes du droit de l'environnement : l'exemple du droit communautaire*, *op. cit.*, p. 30.

principes directeurs en la matière[1]. A l'échelle temporelle, le principe de précaution se situe le plus en amont possible de la prévention. C'est ce qui a fait dire que « le principe de précaution apparaît comme une variante particulièrement poussée du principe de prévention »[2]. Il permet d'appréhender les risques d'atteinte dont l'occurrence n'est que suspectée, c'est-à-dire dont la réalisation n'est qu'éventuelle. L'incertitude peut concerner à la fois l'importance du dommage, mais aussi la survenance même du dommage. L'émergence du principe de précaution[3] résulte de la prise de conscience à la fin des années 1980 et au début des années 1990, des limites du principe de prévention pour faire face à des risques de dommages graves pour l'environnement et/ou à la santé publique.

Au niveau international, le Cameroun ratifié plusieurs textes consacrant le principe de précaution. C'est le cas notamment de la Déclaration de la Conférence onusienne de Rio où ce principe a été consacré en 1992 comme un principe général de politique internationale de l'environnement, qui se veut l'expression d'une philosophie de l'action anticipée[4].

Au niveau régional et sous-régional, le Cameroun a également ratifié plusieurs instruments juridiques qui consacrent le principe de précaution. C'est le cas de la Convention de Bamako de 1991 qui est l'un des premiers instruments juridiques internationaux à intégrer le principe de précaution[5].

---

[1] Sur ce principe, Voir P. MARTIN-BIDOU, « Le principe de précaution en droit de l'environnement », *RGDIP.*, 1999, p. 631 ; M. BOUTONNET, *Le principe de précaution en droit de la responsabilité civile*, thèse, LGDJ, 2005 ; D. TAPINOS, *Prévention, précaution et responsabilité civile. Risque avéré, risque suspecté et transformation du paradigme de la responsabilité civile*, thèse, l'Harmattan, 2008 ; L. WILLIATTE-PELLETERI, *Contribution à l'élaboration d'un droit civil des événements aléatoires dommageables*, thèse, LGDJ, 2009 ; M. HAUTEREAU-BOUTONNET et J.-Chr. SAINT-PAU, *L'influence du principe de précaution sur le droit de la responsabilité civile et pénale comparé*, 2016, disponible à l'adresse : https://halshs.archives-ouvertes.fr/halshs-01480326/document, consultée le 4 mars 2020.

[2] Voir N. de SADELEER, *Essai sur la genèse des principes du droit de l'environnement : l'exemple du droit communautaire*, La documentation Française, 1996, p. 32.

[3] Sur l'historique de ce principe, Voir M. BOUTONNET et A. GUÉGAN, « Historique de principe de précaution », in Ph. KOURILSKY et G. VINEY, *Le principe de précaution, rapport au Premier ministre*, La documentation française 2000 ; M. RÉMOND-GOUILLOUD, « Le risque de l'incertain : la responsabilité face aux avancées de la science », *Comptes rendus de l'Académie des Sciences, série générale*, 1993, T. 10, n° 4, p. 341-357.

[4] La Déclaration de Rio énonce le principe de précaution en ces termes: *«...En cas de risque de dommages graves ou irréversibles, l'absence de certitude scientifique absolue ne doit pas servir de prétexte pour remettre à plus tard l'adoption de mesures effectives visant à prévenir la dégradation de l'environnement.»*. Voir le 15e Principe de la Déclaration de Rio de juin 1992.

[5] Voir art. 4 al. 3 f. de la Convention de Bamako sur l'interdiction d'importer des déchets dangereux et le contrôle de leurs mouvements transfrontières en Afrique. L'option moniste consacrée par l'article 45 de la Constitution favorise une réception moins heurtée du droit international de l'environnement en droit camerounais.

C'est le cas également des accords du bassin du Congo ou encore du traité instituant la commission des forêts d'Afrique centrale (COMIFAC).

Au plan interne, le souci de préserver l'environnement, la santé et la vie des populations a conduit le Cameroun à l'adoption de cette nouvelle référence normative du droit de l'environnement que constitue le principe de précaution. Ainsi, l'article 9 (a) de la loi-cadre du 5 août 1996 relative à la gestion de l'environnement dispose que le principe de précaution est celui « *selon lequel l'absence de certitudes, compte tenu des connaissances scientifiques et techniques du moment, ne doit pas retarder l'adoption des mesures effectives et proportionnées visant à prévenir un risque de dommages graves et irréversibles à l'environnement à un coût économiquement acceptable* »[1].

Certes, les définitions divergent, mais l'on retrouve toujours dans toutes ces définitions, des éléments communs : l'incertitude scientifique, le risque de dommage et le seuil de gravité. Il convient à cet effet d'examiner les conditions du recours au principe de précaution (1), dont la mise en œuvre traduit la prééminence des droits fondamentaux sur des considérations purement économiques (2).

1- Les conditions de mise en œuvre du principe de précaution

286- Les applications du principe de précaution sont nombreuses[2] et vont au-delà de la simple protection de l'environnement[3]. Bien que l'article 9 (a) de la loi-cadre du 5 août 1996 ci-dessus mentionnée n'évoque sa mise en œuvre qu'en cas de « *dommages graves et irréversibles à l'environnement* », il convient également d'y ajouter la santé, la dégradation de l'environnement étant susceptible d'y porter atteinte. Principe éminemment environnemental, la doctrine affirme que le principe de précaution ne trouve à s'appliquer

---

[1] À titre de droit comparé, le droit français définit le principe de précaution comme le « *Principe selon lequel l'éventualité d'un dommage susceptible d'affecter l'environnement de manière grave et irréversible appelle, malgré l'absence de certitudes scientifiques sur les risques encourus, la mise en œuvre de procédures d'évaluation des risques et l'adoption de mesures provisoires et proportionnées au dommage envisagé* ». Voir Commission générale de terminologie et de néologie, *Vocabulaire de l'environnement (liste de termes, expressions et définitions adoptés)*, JORF, n° 87, 12 avril 2009 ; Voir également Délégation générale à la langue française et aux langues de France, *Vocabulaire du développement durable*, 2015, n°157, disponible à l'adresse http://www.cop21.gouv.fr, consulté le 18 mars 2018.

[2] Dans *l'arrêt Artegodan c. Commision*, le tribunal de première instance a confirmé que le principe précaution a un champ d'application plus vaste que celui de la politique environnementale.

[3] Avec le phénomène d'environnementalisation du droit (imprégnation du droit par des concepts du droit de l'environnement), le domaine d'application du principe de précaution connaît une expansion remarquable ces dernières années, notamment en matière de sécurité publique. Voir Actes de la journée d'études en hommage à Sylvie Caudal.

qu'en matière de santé humaine[1], sans doute parce que « la réglementation la plus exhaustive et les précautions les plus rigoureuses n'élimineront [sans doute] jamais totalement le risque de pareils dommages »[2]. En somme, quoiqu'applicable dans plusieurs domaines, celui de la protection de la santé est apparu d'emblée comme le point d'ancrage de ce principe : d'une part, parce que les objectifs de la politique de l'environnement englobent ceux de la protection de la santé ; d'autre part parce qu'un niveau élevé de protection de la santé humaine doit être assuré dans toutes les politiques.

En matière d'exploitation minière, le Comité des droits économiques, sociaux et culturels (CODESC), organisme onusien chargé de veiller à la mise en œuvre du PIDESC, dans son Observation générale n° 24 (2017) sur *les obligations des États en vertu du Pacte international relatif aux droits économiques, sociaux et culturels dans le contexte des activités des entreprises*[3], affirme clairement que « *compte tenu des risques bien établis associés aux activités extractives, un devoir de précaution particulier s'impose à l'égard des projets miniers et des projets d'exploitation pétrolière* »[4]. Au regard du libellé des définitions du principe de précaution, qui incite à agir de manière anticipée, il est incontestable que sa mise en œuvre concerne tantôt les risques graves, tantôt les risques significatifs, tantôt les risques de dommages irréversibles. Comme indiqué plus haut, sa mise en œuvre est soumise à trois conditions : l'incertitude scientifique, le risque de dommage et le seuil de gravité.

287- *Premièrement, c'est l'absence de certitudes*, en référence aux « connaissances scientifiques et techniques du moment », qui justifie l'application du principe de précaution. Le recours au principe de précaution suppose qu'il n'existe pas encore de preuve scientifique irréfutable d'un lien de cause à effet entre le fait générateur et le dommage. Seuls quelques indices peuvent laisser penser qu'un tel lien existe. Il s'agit là d'une prise en compte d'un risque créé dont on ne connait pas l'amplitude, ni même s'il se réalisera ou non[5].

En effet, aboutir à des certitudes scientifiques peut parfois demander beaucoup de temps. Sans attendre d'en avoir la certitude, les pouvoirs

---

[1] C. CANS, « Les mutations du droit de l'environnement sous l'effet des préoccupations sanitaires », précité, p. 199.

[2] P. GIROD, *La réparation du dommage écologique*, LGDJ, 1974, p. 18.

[3] Voir Comité des droits économiques, sociaux et culturels, Observation générale n° 24 (2017) sur *Les obligations des États en vertu du Pacte* international *relatif aux droits économiques, sociaux et culturels dans le contexte des activités des entreprises*, 10 août 2017, E/C.12/GC/24.

[4] Voir *Observation générale n° 24 (2017) du CODESC op. cit.*, § 32. Voir également A/HRC/8/5/Add.2, https://www.refworld.org/cgi-bin/texis/vtx/rwmain/opendocpdf.pdf?reldoc=y&docid=5beaecc74, consulté le 4 mars 2020.

[5] C. OLIVEIRA, A. POMADE et B. STEINMETZ, « La réparation de l'atteinte au milieu… », précité, p. 384.

publics doivent déjà se baser sur des « signaux faibles » et des indices en possession des scientifiques pour prendre des mesures de précaution. Compte tenu du fait que pour de nombreux effets d'une activité dangereuse, les éléments de connaissance se fondent sur « la science en train de se faire»[1], l'absence de certitude scientifique sur les conséquences d'une activité ne doit pas justifier de repousser les mesures qui permettraient d'atténuer les dangers. Il découle de la jurisprudence de la CJCE que «*lorsque des incertitudes subsistent quant à l'existence ou à la portée des risques pour la santé des personnes, des mesures de protection peuvent être prises sans avoir à attendre que la réalité et la gravité de ces risques soient pleinement démontrées* »[2].

288- *Deuxièmement, concernant le risque de dommages*, la question que l'on est en droit de se poser est la suivante : compte tenu du fait que le principe de précaution dicte au décideur la conduite à tenir pour contrer les risques, doit-il pour autant le forcer à adopter une mesure préventive dès que le moindre risque est suspecté ?

Face à cette interrogation, la Cour de justice des communautés européennes (CJCE) avait répondu par la négative. Selon elle, « *une mesure préventive ne saurait valablement être motivée par une approche purement hypothétique du risque, fondée sur de simples suppositions scientifiquement non encore vérifiées* »[3]. Autrement dit, une connaissance scientifique minimale est nécessaire pour déclencher la mise en œuvre du principe de précaution. C'est un tel raisonnement qui a amené les juges à exclure du champ d'application du principe de précaution, les risques qualifiés de résiduels fondés sur des considérations purement spéculatives, sans fondement scientifique[4].

Selon la CJCE, « *une mesure préventive ne saurait être prise que si le risque, sans que son existence et sa portée aient été démontrées "pleinement" par des données scientifiques concluantes, apparaît néanmoins suffisamment documenté sur la base des données scientifiques*

---

[1] M.-P. GREVECHE, « L'appréhension des incertitudes scientifiques : les faibles doses », *in* Ph. BILLET et al. (dir), *Droit de l'environnement et protection de la santé, op. cit.*, p. 222.

[2] Voir CJCE, 5 mai 1998, *National Farmers' Union,* C-157/96, Rec. p. I-2211, point 63 ; Royaume-Uni/Commision, C-180/96, Rec. p. I-2265, point 99 et Monsanto Agricultura Italia, point 11. Pour un commentaire de l'arrêt Monsanto, Voir P. DABROWSKA, « Risk, Precaution and the Internal Market : Who Won the Day in the Recent Monsanto Judgement ? », *German Law Journal*, 2004, n° 2, cité A. GEST et Ph. TOURTELIER, « Application du principe de précaution (1re PARTIE) Évaluation de la mise en œuvre de l'article 5 de la Charte de l'environnement », https://www.lemoniteur.fr/article/application-du-principe-de-precaution-1re-partie-evaluation-de-la-mise-en-uvre-de-l-article-5-de-la-charte-de-l-environnement.1114889, consulté le 5 mars 2020.

[3] Voir CJCE, *Aff. Pfitzer Animal Health c/ Conseil*, 11 septembre 2002, T-13/99, point 43.

[4] Voir N. de SADELEER, « Les principes du pollueur-payeur, de prévention et de précaution », *Collection Universités francophones, Bruxelles, Bruylant*, Paris, A.U.F., p. 176.

disponibles au moment de la prise de cette mesure »[1]. Cette décision conclut en affirmant que « *le principe de précaution ne peut donc être appliqué que dans des situations de risque, notamment pour la santé humaine, qui, sans être fondé sur des simples hypothèses scientifiquement non vérifiées, n'a pas encore pu être pleinement démontré* »[2]. Dans *l'arrêt Commission c. Danemark*, la Cour a de nouveau insisté sur la nécessité de mener à bien une «*évaluation approfondie des risques* »[3]. Selon elle, « *une application correcte du principe de précaution suppose... une évaluation compréhensive du risque pour la santé fondée sur des données scientifiques disponibles les plus fiables et des résultats les plus récents de la recherche internationale* »[4].

289- *Troisièmement* enfin, concernant la gravité du dommage, la Cour internationale de justice (CIJ) dans l'*affaire Gabcikovo Nagymaros* définit le principe de précaution comme celui « *qui ne perd pas de vue que dans le domaine de la protection de l'environnement, la vigilance et la prévention s'imposent en raison du caractère souvent irréversible des dommages causés à l'environnement et les limites inhérentes au mécanisme de réparation de ce type de dommages* »[5]. Comme le relève un auteur, « Le principe de précaution définit l'attitude que doit observer toute personne qui prend une décision concernant une activité dont on peut raisonnablement supposer qu'elle comporte un *danger grave* pour la santé ou la sécurité des générations actuelles ou futures, ou pour l'environnement. Il s'impose spécialement aux pouvoirs publics qui doivent faire prévaloir les impératifs de santé et sécurité sur la liberté des échanges entre particuliers et entre Etats »[6].

Il apparait donc que la portée du principe de précaution est doublement limitée. D'une part, il ne s'impose qu'aux autorités publiques ; d'autre part, « l'environnement doit être affecté "de manière grave et irréversible", et les mesures à prendre ne sont que provisoires (en attente de nouvelles

[1] Voir CJCE, *Aff. Pfitzer Animal Health c/ Conseil*, 11 septembre 2002, T-13/99, point 44, cité A. GEST et Ph. TOURTELIER, « Application du principe de précaution (1re PARTIE) Évaluation de la mise en œuvre de l'article 5 de la Charte de l'environnement », précité.

[2] Voir CJCE, *Aff. Pfitzer Animal Health c/ Conseil*, *op. cit.*, point 46.

[3] Voir CJCE, *Aff. Commission c. Danemark*, 23 septembre 2003, C-192/01, point 47.

[4] Voir CJCE, *Aff. Commission c. Danemark*, *op. cit.*, point 51.

[5] Voir CIJ, arrêt rendu le 25 septembre 1997 dans l'*affaire du projet de Gabcikovo-Nagymaros* opposant la Slovaquie et la Hongrie (§140 ; obs. S. MALJEAN-DUBOIS, *AFDI*, volume 43, 1997. pp. 286-332) et CIJ, *Avis consultatif sur la licéité de la menace ou de l'emploi d'armes nucléaires*, 8 juillet 1996, § 29, p. 241, disponible à l'adresse : https://www.icj-cij.org/files/case-related/95/095-19960708-ADV-01-00-FR.pdf, consultée le 4 mars 2020.

[6] P. KOURILSKY et G. VINEY, *Le principe de précaution*, Rapport au Premier ministre, La Documentation française, 2000.

connaissances scientifiques) et proportionnées »[1]. C'est la raison pour laquelle, l'exigence de la gravité du dommage a été critiquée par certains auteurs qui estiment que limiter le recours au principe de précaution reviendrait à émasculer cette norme qui a été conçue dans le dessein de remédier sur le court terme comme sur le long terme à la survenance de dommages graves ou difficilement réparables[2].

2- La prééminence de la protection de la santé sur les considérations économiques

290- Les trois systèmes régionaux de protection des droits de l'homme (africain, européen et interaméricain) érigent l'environnement en valeur supérieure, sa protection devant être prioritaire lorsqu'elle est confrontée à des impératifs économiques[3]. Ce raisonnement reste valable pour les autres droits fondamentaux (notamment le droit à la santé et le droit à la vie) qui doivent normalement primer sur des considérations purement économiques. A ce sujet, le Professeur Nicolas de Sadeleer fait par exemple remarquer à propos du principe de précaution que la mise en balance des inconvénients des mesures de protection de l'environnement au regard de leurs avantages ne saurait se limiter à une analyse coût-bénéfice de type classique. Autrement dit, elle doit nécessairement englober d'autres valeurs non quantifiables sur le plan économique telles que l'équité, la prise en compte de priorités nationales[4] ou encore la protection de la vie sur Terre. L'auteur souligne que « certaines législations nationales vont parfois jusqu'à proscrire la mise en balance des intérêts écologiques et économiques au motif que certaines valeurs considérées comme fondamentales doivent être protégées à tout prix »[5]. Il apparait donc que le bien-être environnemental et social des populations peut efficacement venir contrebalancer le bien-être économique des exploitants miniers ou de l'Etat. C'est alors à un difficile arbitrage entre ces deux formes antagonistes du bien-être que doivent se livrer les autorités.

Dans *l'affaire Bacilà c. Roumanie* du 30 mars 2010, la CourEDH affirme que *«l'intérêt que peuvent avoir les autorités internes à maintenir une*

---

[1] J. MORAND-DEVILLER, *Le droit de l'environnement*, PUF, Coll. Que sais-je ?, 2015, p.15.

[2] N. de SADELEER, « Grandeur et servitudes du principe de précaution en matière de santé publique », *in* Ph. BILLET et al. (dir), *Droit de l'environnement et protection de la santé, op. cit.*, p. 232.

[3] Voir par ex. CEDH, arrêt *Hamer c. Belgique*, 27 nov. 2007, n° 21861/03, § 79 ; Cour interam. DH, *Salvador Chiriboga c. Equateur*, 6 mai 2008, § 76, cités par K. MARTIN-CHENUT et C. PERRUSO, « La contribution des systèmes régionaux de protection des droits de l'homme à la pénalisation des atteintes à l'environnement », *op. cit.*, p. 42, note 11.

[4] Voir DE N. DE SADELEER, *Les principes du pollueur-payeur, de prévention et de précaution. Essai sur la genèse et la portée juridique de quelques principes du droit de l'environnement*, Bruylant-AUF, 1999, p. 187.

[5] *Ibid.*, pp. 187-188.

activité économique du plus grand employeur d'une ville déjà fragilisée par la fermeture d'autres industries (...) ne saurait l'emporter sur le droit des personnes concernées à jouir d'un environnement équilibré et respectueux de la santé. L'existence des conséquences graves avérées pour la santé de la requérante et des autres habitants de Copşa Mică, faisait peser sur l'Etat, l'obligation positive d'adopter et de mettre en œuvre des mesures raisonnables et adéquates de protéger leur bien-être »[1].

291- En vertu de l'importance prépondérante à accorder à la protection de la santé, la jurisprudence des juridictions européennes a également consacré le principe de la prééminence de la protection de la santé sur des considérations purement économiques. D'après cette jurisprudence, la protection de la santé publique, qui justifie la mise en application du principe de précaution, doit incontestablement se voir reconnaître une importance prépondérante par rapport aux considérations économiques[2]. Comme l'a écrit Nicolas de Sadeleer, l'exigence d'évaluer les coûts et les bénéfices d'une mesure préventive soulève de nombreuses questions. L'auteur souligne qu'« à la différence du droit américain, cette exigence est rarement requise par la législation communautaire[3]. Par ailleurs, cette obligation (connue sous le terme *Cost-benefit analysis*) est vivement critiquée par la doctrine américaine dans la mesure où cette technique négligerait les dites "incommensurables", c'est-à-dire des valeurs qui ne peuvent faire l'objet d'une évaluation financière. En effet, s'il est possible de calculer avec précision les pertes financières qui résultent de l'application d'une mesure de précaution, les bénéfices financiers que peut entraîner l'application de la mesure pour la protection de la santé humaine sont plus difficiles à évaluer. Quel est en effet le prix d'une vie humaine ? »[4]. L'auteur conclut en disant qu'« autant, il nous paraît utile que les pouvoirs publics, avant de

---

[1] Voir CourEDH, 30 mars 2010, *Bacilà c. Roumanie*, § 70.

[2] V. notamment l'ordonnance de la CJCE du 12 juillet 1996, Royaume-Uni/Commission, aff. C-180/96 R, Rec. p. I-3903, point 93, et l'arrêt du 17 juillet 1997, Affish, C-183/95, Rec., p. I-4315, point 43, cités par N. de SADELEER, « Grandeur et servitudes du principe de précaution en matière de santé publique », précité, p. 251.

[3] V. le règlement CEE n° 793/93 du Conseil de l'Europe du 23 mars 1993 concernant l'évaluation et le contrôle des risques présentés par les substances existantes, qui impose au rapporteur national de soumettre une « analyse portant sur les avantages et les inconvénients présentés par les substances dangereuses et sur la disponibilité des substances de remplacement », art. 103. En ce qui concerne les médicaments, V. l'obligation d'un rapport bénéfices-risques en vertu de la directive 75/318/CEE du 20 mai 1975 relative au rapprochement des législations des Etats membres concernant les normes et protocoles analytiques, toxico-pharmaceutiques et cliniques en matière de spécialités pharmaceutiques. V. également la communication de la Commission du 2 février 2000 sur le recours au principe de précaution qui exige un examen des avantages et des inconvénients que présente la mesure de précaution.

[4] N. de SADELEER, « Grandeur et servitudes du principe de précaution en matière de santé publique », *précité*, p. 249.

réglementer, se fassent une idée des incidences économiques qui résulteront de leurs mesures, autant nous paraît-il critiquable d'exiger qu'ils mènent à bien une évaluation économique approfondie des coûts et des bénéfices de la mesure. Appliquée à la lettre, une telle exigence risquerait de déboucher sur une paralysie complète de l'action normative en matière de gestion des risques comme on l'a vu aux Etats-Unis »[1].

En se fondant sur cette observation pertinente, on peut affirmer que si l'exploitation minière génère des retombées financières conséquentes, il convient de relativiser ces revenus et les rapportant aux coûts pour la santé et l'environnement. En effet, la valeur que l'on donne à une exploitation minière n'est souvent pas exacte, parce qu'il y a toujours des coûts cachés liés à la dégradation de l'environnement et de la santé. Du fait des besoins d'équilibre de l'écosystème et de la santé des populations, aucune activité minière ne devrait pouvoir être menée en cas de risques excessifs. Il faut donc parfois que les entreprises minières et les gouvernants arrêtent de mettre en avant les considérations purement économiques, et pensent à la santé et au bien-être des populations.

En Guyane française par exemple, le « Collectif Or de question ! »[2] s'est opposé au projet minier de la Montagne d'Or, parce que les coûts sociaux et environnementaux, de leur point de vue, étaient trop lourds, certaines personnes étant allées jusqu'à pronostiquer un désastre écologique dans la zone[3]. De l'autre côté, les responsables du projet défendaient sa rentabilité en soutenant que la mine devrait générer entre 750 millions et 1 milliard de revenus en douze ans, ainsi que des emplois directs et indirects. Comme on peut le remarquer, ce à quoi ces populations s'opposaient n'était pas tant le développement de leur région, mais les logiques privilégiant la recherche du profit à court terme au détriment d'un développement durable, impliquant la santé et les ressources pour les générations présentes et futures.

B- Le recours au principe du pollueur-payeur

292- Le principe du pollueur-payeur est le « *Principe, à l'origine de dispositions juridiques, selon lequel les frais engagés pour prévenir, réduire ou combattre une pollution ou toute autre atteinte à l'environnement sont à la charge de celui qui en est reconnu responsable* »[4]. Ce principe est

---

[1] *Ibid.*, p. 250.

[2] Le « collectif Or de question !» est un collectif citoyen opposé à l'industrie minière en Guyane. Voir le site http://ordequestion.org/ consulté le 12 mars 2018.

[3] Voir l'adresse http://www.franceguyane.fr/actualite/economie-consommation/le-bras-de-fer-de-la-montagne-d-or-367265.php, consulté le 28 septembre 2017.

[4] Voir Commission générale de terminologie et de néologie, *Vocabulaire de l'environnement (liste de termes, expressions et définitions adoptés)*, JORF, n° 87, 12 avril 2009 ; Voir également Délégation générale à la langue française et aux langues de France, *Vocabulaire du*

considéré par Nicolas Caruana comme la clef de voûte de la notion de fiscalité environnementale[1]. Il se traduit concrètement par la mise sur pied des mécanismes de fiscalité environnementale, définie par l'OCDE comme « *l'ensemble des taxes, impôts et redevances dont l'assiette est constituée par un polluant, ou par un produit ou service qui détériore l'environnement ou prélève des ressources naturelles* »[2].

Si la fiscalité a pour objectif premier de fournir à l'Etat, des recettes stables et prévisibles, il semblerait également qu'elle puisse être instrumentalisée, notamment en mettant l'accent, non plus sur les recettes qu'elle peut générer, mais sur la charge financière supportée par les contribuables. En jouant sur cette charge, l'Etat va ainsi influencer le comportement des contribuables et atteindre d'autres objectifs, notamment la réduction des dégradations environnementales. D'une fiscalité instrument de correction des imperfections du marché, l'on est ainsi passé à une fiscalité instrument de protection de l'environnement[3]. Dès lors, « La fonction d'incitation propre au principe du pollueur-payeur » a été reconnue par la doctrine[4]. Mais avec le temps, le principe du pollueur-payeur a reçu de nombreuses applications, et par conséquent, plusieurs fonctions lui ont été attribuées. Après avoir passé en revue les différentes applications de ce principe (1), il convient également de présenter ses limites dans la prévention des atteintes (2).

1- Les différentes applications du principe pollueur-payeur

293- En application du principe pollueur-payeur, le droit fiscal permet qu'une part du coût des atteintes à l'environnement puisse être imposée aux auteurs de ces atteintes. Ce mécanisme d'internalisation des coûts de la pollution, qu'on appelle encore les taxes pigouviennes, a pour objectif d'inclure dans le coût de production d'un bien ou d'un service, le coût environnemental induit par la dégradation du milieu (pollutions, perte de productivité des sols, etc.). Les taxes sur la pollution incitent clairement les pollueurs à réduire leurs émissions et à rechercher des solutions plus propres. Le principe du pollueur-payeur peut ainsi prendre plusieurs formes dans sa

---

développement durable, 2015, n°158, disponible à l'adresse http://www.cop21.gouv.fr, consulté le 18 mars 2018.

[1] Voir N. CARUANA, *La fiscalité environnementale. Entre impératifs fiscaux et objectifs environnementaux, une approche conceptuelle de la fiscalité environnementale*, Thèse, Université d'Aix-Marseille, 2015, p. 46.

[2] Voir OCDE, Recommandation sur les *Principes directeurs relatifs aux aspects économiques des politiques de l'Environnement sur le plan international*, 26 mai 1972, paragraphes 4 et 5.

[3] Voir N. CARUANA, *La fiscalité environnementale. Entre impératifs fiscaux et objectifs environnementaux, une approche conceptuelle de la fiscalité environnementale*, Thèse précitée, n° 50, p. 47.

[4] N. de SADELEER, *Essai sur la genèse des principes du droit de l'environnement : l'exemple du droit communautaire*, La documentation Française, 1996, p. 207.

mise en œuvre telles que des normes, des redevances et des taxes (taxes pigouviennes[1]), des assurances, des marchés de quotas ou encore des dommages et intérêts suite à une action en justice. Il convient d'envisager les taxes à la pollution (a) avant de s'intéresser aux autres mécanismes de fiscalité environnementale (b).

a) L'imposition des taxes à la pollution

294- Comme le relève le Professeur Jacqueline Morand-Deviller, « la mise en œuvre du principe pollueur-payeur repose essentiellement sur la taxation des pollutions (écotaxes) et divers mécanismes de compensation»[2]. Jusqu'à une époque relativement récente (1997), l'on considérait qu'il « n'existe pas de définition universellement admise de ce qu'est une taxe d'environnement »[3]. Selon Conseil français des impôts (actuel Conseil des prélèvements obligatoires), les écotaxes sont des taxes «conçues pour influencer les comportements et faire supporter par les agents économiques les coûts engendrés pour la société par leurs choix de consommation ou de production »[4]. Pour sa part, le *Vocabulaire du développement durable* définit l'écotaxe comme un « *Prélèvement fiscal opéré sur un bien, un service ou une activité en raison des dommages qu'ils sont susceptibles d'occasionner à l'environnement* »[5].

À l'origine, le principe du pollueur-payeur était un principe inspiré de la théorie économique des externalités, développée au début des années vingt par l'économiste anglais Arthur Cecil Pigou[6], théorie selon laquelle les coûts sociaux externes qui accompagnent la production industrielle (au titre desquels les coûts qui résultent de la pollution) doivent être internalisés, c'est à dire pris en compte par les agents économiques dans leurs coûts de production[7]. Perçu comme tel, le principe du pollueur-payeur n'était à l'origine qu'un mécanisme de correction des imperfections du marché.

---

[1] On les appelle taxes pigouviennes, du nom de l'économiste anglais Arthur Cecil Pigou qui a mis en place la théorie des externalités.

[2] J. MORAND-DEVILLER, *Le droit de l'environnement*, PUF, Coll. Que sais-je ?, 2015, p.16

[3] Voir OCDE, *Écotaxes et réforme fiscale verte*, OCDE, Paris, 1997, p. 20.

[4] Voir Conseil des impôts, 23eme *rapport au Président de la République: fiscalité et environnement*, Direction des journaux officiels, Paris, septembre 2005, p. 11.

[5] Voir Délégation générale à la langue française et aux langues de France, *Vocabulaire du développement durable*, 2015, n°79, disponible à l'adresse http://www.cop21.gouv.fr, consulté le 18 mars 2018.

[6] Voir A. C. PIGOU, *The economics of welfare*, London, Macmillan, 2d. ed., 1924, cité par N. de SADELEER, *Essai sur la genèse des principes du droit de l'environnement : l'exemple du droit communautaire, op. cit.*, p. 8.

[7] N. de SADELEER, *Essai sur la genèse des principes du droit de l'environnement : l'exemple du droit communautaire, op. cit.*, p. 220.

Allant dans la même logique, le principe du pollueur-payeur, tel qu'adopté par la recommandation de l'OCDE du 26 mai 1972[1], était bien un principe d'internalisation des coûts de production devant inciter à la prévention des externalités négatives d'une activité économique. Il posait tout simplement la règle selon laquelle les pollueurs devaient se voir imputer les coûts des mesures de prévention et de lutte contre la pollution décidées par les pouvoirs publics[2]. Selon l'OCDE, le pollueur doit, en vertu de ce principe, supporter « *le coût des mesures de prévention et de lutte contre la pollution* »[3]. Comme le note Pierre-Marie Dupuy, « ce système a pour avantage de prendre le mal à la racine, puisqu'il intervient pour prévenir le dommage, non pour le réparer. Du point de vue des dommages à la santé et à la vie, il apparait particulièrement adéquat, dans la mesure où il contribue à tarir les sources de préjudices qui sont souvent irréparables »[4].

De tels mécanismes de fiscalité environnementale, essentiellement destinés à la prévention des externalités négatives d'une activité, quoique très peu nombreux, existent bel et bien en droit camerounais. Dans une formule générique, l'article 25 de la loi du 14 juillet 1998 relative aux établissements classés dangereux, insalubres ou incommodes, dispose que « *les établissements classés qui polluent l'environnement sont assujettis au paiement de la taxe annuelle à la pollution. Le montant de la taxe perçue pour chaque établissement est le produit d'un taux de base par un coefficient multiplicateur. Le taux et le mode de calcul de la taxe à la production sont déterminés par la loi de finance. Les paramètres liés à la typologie et la quantité de rejets de ces établissements, sont fixés par voie réglementaire* »[5]. Les exploitations minières faisant partie des établissements classés dangereux, cette disposition leur est applicable.

Outre cette première fonction qui peut contribuer *in fine* à la prévention des atteintes, le principe du pollueur-payeur est de plus en plus invoqué pour justifier l'adoption des régimes de responsabilité objective en matière d'environnement (responsabilité sans faute). À titre d'illustration, la Convention de Lugano sur la responsabilité civile des dommages résultant

---

[1] Voir OCDE, *Le principe pollueur-payeur*, Paris, OCDE, 1975, et P.-M. DUPUY, *La responsabilité internationale des Etats pour les dommages d'origine technologique et industrielle*, Paris, Pedone, 1977, pp. 281 et s.
245 ; pp. 285 et s.

[2] Voir P.-M. DUPUY, « Le droit à la santé et la protection de l'environnement », in *Colloque de l'Académie de droit international de la Haye sur « Le droit à la santé en tant que droit de l'homme »*, La Haye, 27-29 juin 1978, Leyde, A.W Sijthoff et Noordhoff, 1979, p. 402.

[3] Voir http://www.rncreq.org/dd/outils_econo.html, consulté le 4 mars 2020.

[4] Voir P.-M. DUPUY, « Le droit à la santé et la protection de l'environnement », in *Colloque de l'Académie de droit international de la Haye sur « Le droit à la santé en tant que droit de l'homme »*, La Haye, 27-29 juin 1978, Leyde, A.W Sijthoff et Noordhoff, 1979, p. 402.

[5] Cf. art. 25 de la loi n°98/015 du 14 juillet 1998, relative aux établissements classés dangereux, insalubres ou incommodes, http://extwprlegs1.fao.org/docs/pdf/cmr141675.pdf, consultée le 4 mars 2020.

d'activités dangereuses pour l'environnement prévoit dans son 6e considérant, « *l'opportunité d'établir dans ce domaine un régime de responsabilité objective tenant compte du principe pollueur-payeur* »[1]. Dans la même logique, le *Livre blanc de la Commission des Communautés européennes sur la responsabilité environnementale* du 9 février 2000, précise dans son article 3.1 que « la responsabilité environnementale permet de mettre en œuvre les grands principes de la politique environnementale inscrits au traité CE (article 174 paragraphe 2), et avant tout le principe du "pollueur-payeur"»[2]. Comme on le voit, le principe du pollueur-payeur devient de plus en plus un mécanisme de responsabilité pour dommage écologique, couvrant tous les effets d'une pollution, c'est-à-dire non seulement les effets sur les biens et sur les personnes, mais également les effets sur la nature elle-même[3]. Pourtant, comme l'a observé un auteur, le principe pollueur-payeur n'était pas à l'origine un principe de responsabilité[4].

b) Les autres mécanismes incitatifs de fiscalité environnementale

295- Lorsqu'on parle de fiscalité environnementale, on pense également aux mécanismes des quotas d'émissions. On peut évoquer à cet effet le mécanisme de la REDD+ qui signifie la réduction des émissions issues de la déforestation et de la dégradation des forêts, la conservation et la gestion durable des forêts et l'augmentation des stocks de carbone. La REDD+ repose sur le principe selon lequel, il faut rémunérer les pays en développement à travers des contributions provenant des pays industrialisés, que ce soit par le biais d'un marché ou d'un fonds, en contrepartie de la protection des forêts[5]. Les quotas d'émission de gaz à effet de serre ainsi attribués aux entreprises sont négociables, transmissibles par virement de compte à compte et confèrent des droits identiques à leurs détenteurs[6]. Il peut arriver qu'une entreprise exploitant une installation dépasse son seuil de quotas, ce qui techniquement, serait de nature à bloquer son activité. Cependant, « il peut exister une autre entreprise du secteur qui produit, elle, sans autant polluer et qui dès lors ne consomme pas tous ses quotas d'émission. Cette seconde entreprise peut alors céder sa quantité

[1] Voir le considérant 6 de la Convention de Lugano de 1993 sur la responsabilité civile des dommages résultant d'activités dangereuses pour l'environnement.
[2] Voir Commission européenne, *Livre blanc de la sur la responsabilité environnementale*, 9 février 2000, p. 14.
[3] Voir le site http://www.cours-de-droit.net/le-principe-pollueur-payeur-a121604536, consulté le 14 mars 2018.
[4] Voir P.-M. DUPUY, « Le droit à la santé et la protection de l'environnement », précité, p. 402.
[5] Voir COMIFAC, *Considérations politiques sur l'utilisation des terres dans le bassin du Congo*, Rapport final, 2013, p. 5.
[6] Comp. Art. Article L229-15 du Code français de l'environnement.

excédentaire de quotas d'émission à la première, créant ainsi un marché des droits de polluer »[1]. Ce mécanisme de fiscalité environnementale est de nature à inciter l'Etat à préserver ses forêts plutôt que de les détruire en y accordant des permis d'exploitation minière.

Dans son ouvrage intitulé *Droit de l'environnement en Afrique*, le Professeur Maurice Kamto présente la fiscalité comme un instrument de la politique de gestion de l'environnement, en ce sens que les mesures fiscales peuvent être utilisées non seulement pour promouvoir une utilisation rationnelle des ressources naturelles, mais aussi et surtout pour une meilleure protection de l'environnement. À cet effet, l'auteur distingue les mesures fiscales incitatives des mesures fiscales dissuasives[2].

D'une part, *les incitations fiscales* constituent la technique la plus répandue pour réaliser des objectifs de protection de l'environnement. Elles consistent en la remise, la réduction, voire la suppression de l'impôt sur certaines activités protectrices de l'environnement ou qui produisent des effets bénéfiques pour l'environnement. Elles visent donc à encourager certaines activités ou certains comportements. Ainsi, dans la plupart des pays développés, l'acquisition des équipements antipollution ou des technologies visant à une meilleure utilisation des ressources est déductible d'impôt[3].

Tel est également le cas en droit camerounais avec les articles 75 et 76 de la loi-cadre du 5 août 1996 relative à la gestion de l'environnement, reprises par l'article 26 de la loi n°98/015 du 14 juillet 1998 relatif aux établissements classés dangereux, insalubres ou incommodes. Selon l'alinéa 1 de ce dernier texte, « *Les entreprises classées qui importent des équipements permettant, soit d'éliminer dans leur processus de fabrication ou dans leurs produits les gaz à effets de serre, notamment les gaz carbonique et chlorofluorocarbone, soit de réduire toute forme de pollution, bénéficiant d'une réduction des tarifs douaniers sur ces équipements dans les proportions et durées déterminées, en tant que de besoin, par la loi de finances* »[4]. Dans la même logique, l'alinéa 2 de la même disposition prévoit que « *Les exploitants des établissements classés qui entreprennent des actions de promotion de l'environnement bénéficient d'une déduction sur le bénéfice imposable suivant des modalités fixées par la loi de finances*». Soulignant le caractère incitatif de ce type de mécanisme de récompense,

---

[1] Voir G. PARLEANI, « Marché et environnement », *Droit de l'environnement* n° 126, 2005, pp. 52-59, cité par G. VIRASSAMY, « La biodiversité: entre protection et exploitation », précité.

[2] M. KAMTO, *Droit de l'environnement en Afrique*, *op. cit.*, p. 103.

[3] *Ibid.*, p. 103.

[4] Cf. art. 26 de la loi n°98/015 du 14 juillet 1998, relative aux établissements classés dangereux, insalubres ou incommodes, http://extwprlegs1.fao.org/docs/pdf/cmr141675.pdf, consultée le 4 mars 2020.

Jean Carbonnier affirmait déjà que « La récompense contraint parce que la privation de récompense fait mal »[1].

D'autre part, *les mesures fiscales dissuasives* visent au contraire à décourager certaines activités ou certains comportements néfastes pour l'environnement et par ricochet pour la santé et pour la vie. Il n'est du reste pas certain qu'elles produisent toujours les effets escomptés. En effet, lorsque les contribuables-cibles réalisent que le rapport coût/avantage entre l'impôt à payer et le gain à tirer de l'activité illicite leur est avantageux[2], ils sont plus enclins à violer la loi. D'où les nombreuses critiques formulées contre ce principe.

2- Les limites du principe pollueur-payeur

296- De plus en plus, le principe du pollueur-payeur est perçu par certains auteurs comme une marchandisation de l'environnement, voire un permis de polluer ou encore un droit de détruire (a). Aussi, son efficacité a été remise en cause (b).

a) Le principe pollueur-payeur entre marchandisation, permis de polluer et droit de détruire

297- Les mécanismes de fiscalité environnementale sont vivement critiqués par la doctrine qui y voit la consécration du droit de pollueur, ou encore l'expression de la marchandisation[3] du droit de polluer ou de détruire. En effet, le fait que l'utilisation de l'environnement ou de la biodiversité soit aujourd'hui dans le commerce[4] est assez mal perçu dans un secteur qui relève pourtant de l'ordre public[5]. Selon le Professeur Thierry Revet, le mécanisme des quotas d'émission de gaz à effets de serre est une sorte de « permis de polluer » contre indemnité[6]. Même si Hervé de Gaudemar considère que ces quotas n'attribuent pas un droit à polluer de nature

---

[1] Voir J. CARBONNIER, *Sociologie juridique*, PUF, 1978, coll. « Quadrige », p. 330.

[2] M. KAMTO, *Droit de l'environnement en Afrique*, *op. cit.*, p. 103.

[3] Le marché s'installe dès lors qu'il y a possibilité de cession et possibilité d'acquisition des quotas, grâce à l'existence d'une offre et d'une demande.

[4] G. VIRASSAMY, « La biodiversité: entre protection et exploitation », précité.

[5] M. MOLINER-DUBOS, «Le système français d'échange de quotas d'émission de gaz à effet de serre», *AJDA,* 2004, p. 1132 ; V. MANSUY, « L'allocation des quotas d'émission de gaz à effet de serre», *Environnement* 2004, p. 15 ; P. HERBEL et P. KROMAREK, « Un exemple d'instrument économique de protection de l'environnement : la réduction des émissions de gaz à effet de serre », *D.* 2007, p. 963 ; M. BAZEX, « Les instruments de marché comme moyen d'exécution de la politique de l'environnement : l'exemple du système des quotas d'émission de gaz à effet de serre », in *Mélanges M. Prieur*, Dalloz, 2007, p. 1191, cités par G. VIRASSAMY, « La biodiversité: entre protection et exploitation », précité.

[6] Th. REVET, «Les quotas d'émission de gaz à effet de serre», *D.* 2005, p. 2632.

patrimoniale, il reconnaît tout de même qu'« ils délivrent une autorisation de polluer »[1].

Les mêmes remarques restent valables en matière de biodiversité avec l'instauration du mécanisme d'accès aux ressources génétiques et le partage équitable des avantages résultant de leur exploitation (APA)[2], compte tenu du fait que le résultat de cet accès est de nature à faire l'objet d'une commercialisation et donc à être mis sur le marché. Dans toutes ces hypothèses, il apparaît que l'utilisation de l'environnement ou de la biodiversité est aujourd'hui dans le commerce.

Or comme le rappelle un auteur, la marchandisation des rapports sociaux les réduit à de simples liens utilitaristes[3] et permet leur traduction en termes économiques. D'où la question de savoir si l'application du principe du pollueur-payeur ne va pas finalement plutôt conforter le droit de polluer ? Face à cette interrogation, certains auteurs estiment que le droit des droits de l'homme doit pouvoir résister à cette logique où d'aucuns pensent que l'argent peut tout compenser[4].

En fin de compte, l'institution du principe du pollueur-payeur comme mécanisme de gestion environnementale s'avère donc intrinsèquement paradoxale. En effet, comme l'a écrit Cans, il y a un paradoxe certain à confirmer au plus haut niveau de la hiérarchie des normes juridiques, un droit individuel à un environnement sain, et à organiser simultanément sa pollution. Selon elle, le mécanisme d'échanges des droits à polluer sacrifient la santé humaine locale au profit de la protection globale de la planète[5]. Bien plus, l'environnement étant qualifié de « patrimoine commun de la nation » par la loi-cadre relative à la gestion de l'environnement[6] pour marquer sa spécificité par rapport aux autres biens, il devrait en principe être incessible, voire indisponible. Dès lors, on peut s'interroger avec François-Guy Trébulle comment admettre que puissent exister des titres environnementaux ?[7]. La brevetabilité ou la titrisation de la biodiversité ou de certains de ses éléments

[1] H. de GAUDEMAR, « Les quotas d'émission de gaz à effet de serre », *RFDA*, 2009, p. 25.

[2] Le mécanisme d'APA constitue sans doute l'innovation majeure de la Convention sur la Diversité Biologique (CDB). Ce corpus du droit de l'environnement s'est enrichi de l'adjonction d'un Protocole (le Protocole de Nagoya) entré en vigueur le 12 octobre 2014 suite à la ratification du Soudan conformément à son article 33. Bien que le Cameroun ait finalement ratifié le protocole de Nagoya le 30 novembre 2016, des mesures concrètes pour la protection des savoirs traditionnels des populations locales restent toujours attendues.

[3] A. CAILLÉ, *Critique de la raison utilitaire*, Paris, La Découverte, 1989.

[4] K. MARTIN-CHENUT, C. PERRUSO et L. VARISON, « La difficile réparation des rapports sociaux », *in* K. MARTIN-CHENUTet R. QUENAUDON, *La RSE saisie par le droit. Perspectives interne et international*, Editions A. Pedone, Paris, 2016, p. 398.

[5] C. CANS, « Les mutations du droit de l'environnement sous l'effet des préoccupations sanitaires », précité, p. 189.

[6] Cf. art. 2 al. 1 de la loi camerounaise du 5 août 1996 portant loi-cadre relative à la gestion de l'environnement.

[7] Voir F.-G. TREBULLE, « Les titres environnementaux », *RJE*, 2011/2, Vol. 36, p. 206.

en vue d'une exploitation privative accréditent davantage cette idée de marchandisation[1].

L'application du principe du pollueur-payeur suppose au préalable d'être capable de bien évaluer scientifiquement le coût économique des dégradations environnementales. Or en l'état actuel, « la science qui sous-tend la biodiversité et la compensation du carbone est nouvelle, complexe, mal comprise par la plupart et critiquée par beaucoup, notamment parce que les arguments... les méthodes utilisées pour calculer la "valeur" de ces compensations sont encore embryonnaires, et souvent ne résistent pas à un examen approfondi »[2]. Une bonne application du principe du pollueur-payeur nécessite donc qu'il existe un rapport raisonnable entre la base de calcul de la redevance et l'importance de la nuisance produite. Autrement dit, le montant de la redevance perçue doit correspondre autant que possible au risque que le producteur crée par la mise sur le marché de produits générateurs de nuisances. Dans le cas contraire, le régime de taxation forfaitaire, dès lors qu'il poursuit un objectif redistributif et non pas incitatif, devient incompatible avec le principe du pollueur-payeur[3]. De ce qui précède, l'application adéquate du principe du pollueur-payeur est loin d'être évidente.

Quand bien même le principe du pollueur-payeur est envisagé comme mécanisme de responsabilité, il s'avère parfois difficile d'identifier le responsable, comme l'ont montré par le passé les exemples des marées noires où le capitaine du pétrolier, le propriétaire et l'affréteur se renvoyaient la balle[4]. Qui plus est, le coût de la réparation du dommage environnemental peut dépasser les capacités de paiement du pollueur comme ce fut le cas dans *l'affaire Metaleurop Nord*, société par actions simplifiée spécialisée dans le traitement des métaux non ferreux[5]. Dans cette hypothèse, d'autres

---

[1] Voir F.-G. TREBULLE, « Les titres environnementaux », *in* E. Le DOLLEY (dir.), *Les concepts émergents en droit des affaires*, LGDJ, coll. Droit et économie, 2010, p. 411 ; *RJE*, 2011/2, Vol. 36, pp. 203-226; F.-G. TREBULLE, « La propriété à l'épreuve du patrimoine commun : le renouveau du domaine universel », *in Etudes offertes à Ph. Mal*invaud, Litec, 2007, pp. 659-685.

[2] J. ACWORTH, « Analyse de la compensation environnementale proposée par CamIron », communication présentée lors d'un dîner parlementaire à l'hôtel Hilton de Yaoundé, indédit.

[3] N. de SADELEER, *Essai sur la genèse des principes du droit de l'environnement : l'exemple du droit communautaire*, *op. cit.*, p. 23.

[4] Voir P. CHAUMETTE, « Le capitaine d'un pétrolier, gardien de la protection de l'environnement. Quel Prestige ? CourEDH, 3e Section, 8 janvier 2009, Affaire Mangouras c. Espagne (Requête no 12050/04) », *Neptunus,* revue électronique, Centre de Droit Maritime et Océanique, Université de Nantes, Vol. 15, 2009/2.

[5] Sur cette affaire, voir entre autres : J.-L. LESQUINS, J.-M. SALVA et F. LEVY, «Le groupe de sociétés face au droit de l'Environnement», n° 70, 2009, pp. 60-66 ; COUARD (J.), «Affaire Métaleurop : éclairages sur le comportement d'une société mère au chevet de sa filiale mourante», *Les Petites Affiches*, n° 25, 03/02/2012, pp. 5-12 ; F. BAILLY et J. CITTADINI, «L'absence de mise en cause d'une société mère à raison du passif de sa filiale : l'arrêt Metaleurop», Note sous Cass. Com., 19 novembre 2013, pourvoi numéro 12.28-367,

mécanismes comme les assurances ou la solidarité nationale doivent se substituer au pollueur. Dans le cas contraire, le principe du « pollué-payeur » aura tendance à se substituer au principe du « pollueur-payeur », puisqu'en cas d'insuffisance des capacités financières du pollueur, les coûts de la pollution resteront à la charge de la collectivité[1].

Ces critiques démontrent à suffisance de l'efficacité relative du principe du pollueur-payeur.

b) L'efficacité relative du principe du pollueur-payeur

298- Depuis les indépendances, l'exploitation des ressources naturelles est de plus en plus marquée par une forte fiscalisation, comparativement à la fiscalité coloniale jugée dérisoire. Ainsi existe-t-il une fiscalité forestière, une fiscalité minière ou une fiscalité pétrolière... Toutefois, cette forte fiscalisation contraste quelque peu avec les besoins spécifiques de protection de l'environnement, car comme le relève le Professeur Maurice Kamto, « c'est une fiscalité essentiellement budgétaire et très accessoirement écologiste »[2]. Dans le même sens, Mohamed Ali Mekouar affirme que les mesures juridiques incitatives, financières ou fiscales édictées en faveur de la foresterie, continuent en effet d'être davantage marquées par la logique productiviste qu'elles ne se font pas l'écho de considérations environnementales[3]. Le principe du pollueur-payeur pose donc le problème de son efficacité.

299- Par exemple, la faiblesse de certaines taxes, notamment en matière d'exploitation forestière et de chasse est de nature à encourager les exploitations anarchiques et le braconnage. Dans la même logique, lorsqu'on sait que les entreprises minières sont généralement des multinationales très puissantes financièrement, le montant de la taxe qui leur est imposée paraît souvent très faible et ne remplit pas sa fonction de découragement. Dans ces conditions, elles préfèrent plutôt la payer que de s'équiper pour éviter les dommages. Comme l'a écrit un auteur, « Le droit ne saurait se satisfaire d'un système de réparation qui, en laissant un large bénéfice au responsable, serait

---

Revue Option Finance, n° 1261, 2014, pp. 32-33 ; N. PELLETIER, «Le droit de la société mère à superviser l'activité de ses filiales», *Bulletin Joly Sociétés*, 01/02/2014, n° 02, p. 103 ; E. MOUIAL-BASSILANA, «Affaire Métaleurop, où la responsabilité délictuelle comme alternative confirmée au coemploi », *Bulletin mensuel d'information des sociétés Joly*, 2017, pp. 626-631.

[1] N. de SADELEER, « Les principes comme instruments d'une plus grande cohérence et d'une effectivité accrue du droit de l'environnement », *in* F. OST et S. GUTWIRTH (dir.), *Quel avenir pour le droit de l'environnement ?*, Actes du colloque du CEDRE-FUSL et CIRT, Publications des Facultés universitaires de Saint-Louis, 1996, p. 244.

[2] M. KAMTO, *Droit de l'environnement en Afrique*, Paris, Edicef-Aupelf, 1996, p. 104.

[3] M. A. MEKOUAR, *Impact sur l'environnement des incitations économiques à la production agricole : étude de droit comparé*, *op. cit.*, p. 28.

de nature à l'inciter à poursuivre dans la même voie »[1]. Autrement dit, lorsque le but poursuivi par une mesure incitative n'est pas atteint, l'incitation devient contre-incitation[2]. D'où la nécessité d'une redéfinition des taux et des assiettes de ces impôts pour rendre réellement plus onéreux les pratiques et procédés techniques polluants, ce qui permettrait de « rendre au principe pollueur-payeur son sens premier, qui est d'inciter les professionnels à réduire sensiblement les impacts de leurs activités et non simplement de servir de "pompe à finance" »[3].

Afin de faire concorder les mesures d'incitation avec les responsabilités des entreprises en matière de respect des droits humains, l'Observation générale n° 24 (2017) du CODESC sur les obligations des États en vertu du PIDESC prévoit que l'Etat peut décider de « *supprimer les subventions dont elles bénéficient, s'il y a lieu et dans la mesure nécessaire ; et de réviser les codes des impôts, les marchés publics*[4]*, les crédits à l'exportation et autres formes d'aides, de privilèges et d'avantages accordés par l'État, pour que les entreprises ne puissent en bénéficier en cas d'atteinte aux droits de l'homme* »[5]. De telles mesures peuvent être appliquées aux entreprises minières à titre de sanction, en cas de non-respect des prescriptions de fonctionnement[6].

300- On peut également questionner l'affectation des redevances perçues par l'Etat au titre de la fiscalité environnementale. À cet effet, il y a lieu de relever que ces recettes ne sont pas toujours prioritairement orientées vers la prévention ou la réparation des atteintes à l'environnement. En effet, conformément à l'article 27 de la loi de 1998 sur les établissements classés,

---

[1] G. MARTIN, *Le droit de l'environnement*, PPS Lyon, 1978, p. 82, cité par I. DE LOS RIOS, *La remise en état du milieu en droit français de l'environnement*, Thèse de 3e cycle, Université de Strasbourg, 1983, note 2, p. 2.

[2] M. A. MEKOUAR, *Impact sur l'environnement des incitations économiques à la production agricole : étude de droit comparé*, *op. cit.*, p. 14, http://www.fao.org/3/T0072F/T0072F.pdf, consulté le 5 mars 2020.

[3] I. DOUSSAN, « L'exemple de la gestion de l'eau », *in* Ph. BILLET et al. (dir), *Droit de l'environnement et protection de la santé*, éd. L'Harmattan, collection Logiques Juridiques, 2009, p. 110.

[4] Voir les conclusions jointes à la résolution concernant le travail décent dans les chaînes d'approvisionnement mondiales, adoptée par la Conférence internationale du Travail à sa 105e session, par. 16 c, https://www.refworld.org/cgi-bin/texis/vtx/rwmain/opendocpdf.pdf?reldoc=y&docid=5beaecc74, note 41, p. 6.

[5] Voir Comité des droits économiques, sociaux et culturels, *Observation générale n° 24 (2017) sur les obligations des États en vertu du Pacte international relatif aux droits économiques, sociaux et culturels dans le contexte des activités des entreprises*, Distr. générale 10 août 2017, E/C.12/GC/24, https://www.refworld.org/cgi-bin/texis/vtx/rwmain/opendocpdf.pdf?reldoc=y&docid=5beaecc74, consulté le 4 mars 2020.

[6] S. FANTONI-QUINTON et J. SAISON-DEMARS, *Le principe de précaution face à l'incertitude scientifique: l'émergence d'une responsabilité spécifique dans le champ sanitaire*, [Rapport de recherche] Université de Lille, https://halshs.archives-ouvertes.fr/halshs-01480575, consulté le 5 mars 2020.

le paiement de la taxe annuelle à la pollution doit être effectué « *dans un délai de 45 jours après la notification des états des sommes dues établies par les inspecteurs assermentés ayant effectué le contrôle ou ayant constaté le défaut des équipements de traitement des rejets ou une atteinte à la santé publique. Les sommes perçues sont entièrement reversées au Trésor et réparties suivant des modalités fixées par la loi des finances* »[1]. Comme on le voit, les recettes issues de la fiscalité environnementale ne sont nullement affectées à la prévention des atteintes. Plutôt, elles sont confusément orientées vers le Trésor public. D'où la nécessité d'une meilleure conciliation entre le développement économique et les préoccupations environnementales et sociales liées à la protection des droits fondamentaux. Lors de la restitution des conclusions du Grenelle de l'environnement en France, le Chef de l'État Nicolas Sarkozy déclarait qu'« Il faut cesser de concevoir la fiscalité écologique comme un instrument pour financer les dépenses supplémentaires de l'État (...). La fiscalité écologique n'a de sens que si elle permet de modifier les comportements (...). [Elle] ne doit pas se résumer à une compilation de petites taxes. Il faut une profonde révision. L'objectif est de taxer plus les pollutions, notamment les énergies fossiles… Le Grenelle a conclu à la nécessité d'étudier la création d'une taxe "climaténergie", c'est-à-dire une taxe sur les énergies fossiles »[2].

En tout état de cause, la pleine efficacité de la fiscalité et des autres mesures financières utilisées comme moyens de protection de l'environnement exige que ces mesures ne soient pas de simples mesures ponctuelles ou isolées, mais qu'elles s'intègrent dans l'ensemble du système fiscal global[3]. À titre de suggestion, il serait nécessaire de réorienter des impôts « verts » dans un compte spécial, destiné à la prévention des atteintes à la santé et à la vie des populations.

III- Le caractère incitatif des mécanismes de sanction des atteintes

301- Afin que les règles relatives à la prévention des atteintes puissent avoir le maximum de chance d'être appliquées, l'État se doit d'imposer des sanctions et des peines de nature administrative, civile ou pénale lorsque les activités des entreprises minières donnent lieu à la violation des droits fondamentaux. C'est le cas notamment lorsque celles-ci, « faute d'avoir fait

---

[1] Cf. article 27 alinéas 2 et 3 de la loi n°98/015 du 14 juillet 1998 relative aux établissements classés dangereux, insalubres ou incommodes, http://extwprlegs1.fao.org/docs/pdf/cmr141675.pdf, consultée le 5/3/2020.

[2] Voir la Déclaration de M. Nicolas Sarkozy, Président de la République, lors de la restitution des conclusions du Grenelle de l'environnement, sur les engagements de la France pour le développement durable, Paris le 25 octobre 2007, disponible à l'adresse : http://discours.vie-publique.fr/notices/077003284.html, consulté le 20 mars 2018.

[3] M. KAMTO, *Droit de l'environnement en Afrique*, Paris, Edicef-Aupelf, 1996, p. 103.

preuve de la diligence raisonnable pour atténuer les risques de violations, ont permis que ces atteintes se produisent »[1].

Le caractère incitatif et même préventif des sanctions a longtemps été affirmé par la doctrine. À titre d'illustration, Jean Carbonnier soulignait déjà que la sanction pouvait présenter un caractère incitatif, par le jeu de mécanismes de récompenses[2]. De même, défendant sa circulaire du 21 avril 2015[3] sur le renforcement des sanctions pénales en matière environnementale, Mme Christiane Taubira, alors garde des sceaux en France, rappelait le caractère incitatif de ces mesures qui d'après elle, faisaient peser une pression supplémentaire notamment liée « *à la crainte de faire l'objet d'une sanction pénale pouvant être prononcée* »[4].

S'agissant du caractère préventif des sanctions, Michel van de Kerchove cite bel et bien parmi les fonctions de la sanction pénale, « la fonction de prévention »[5] comme étant «la fonction de freiner, voire d'empêcher l'accomplissement de comportements jugés indésirables ». Plus loin, il ajoute « la dissuasion ou l'intimidation collective de tous les contrevenants potentiels »[6].

Comme on peut le constater, la sanction est à la fois un mécanisme préventif et incitatif. Ainsi, le non-respect de la réglementation minière par les exploitants miniers, entraîne des sanctions civiles, des sanctions administratives (A), ou l'infliction des sanctions pénales si la transgression réunit les caractéristiques d'une infraction pénale (B). Compte tenu du fait que les sanctions civiles seront examinées plus loin, elles ne seront pas abordées ici.

---

[1] Voir CODESC, *Observation générale n° 24 (2017) sur les obligations des États en vertu du Pacte ..., op. cit.,* § 15, p. 5, https://www.refworld.org/cgi-bin/texis/vtx/rwmain/opendocpdf.pdf?reldoc=y&docid=5beaecc74, consulté le 4 mars 2020.

[2] Selon cet auteur, « La récompense contraint parce que la privation de récompense fait mal ». Voir J. CARBONNIER, Sociologie juridique, PUF, 1978, coll. « Quadrige », p. 330.

[3] Voir CRIM/2015-9/G4-21-04-2015

[4] Voir A.-S. LUCHEZ, « Le Gouvernement renforce les sanctions en matière environnementale », *Environnement & Technique* n° 348, juin 2015, disponible à l'adresse : https://www.actu-environnement.com/ae/news/gouvernement-ministere-justice-taubira-sanctions-environnement-24391.php4, consulté le 08 avril 2019.

[5] A côté de la fonction de prévention, l'auteur cite également la fonction de réparation et la fonction de rétribution. Pour lui, « Si la prévention se tourne essentiellement vers l'avenir (considération d'un mal futur) et la réparation vers le présent (considération d'un mal actuel), la rétribution se tourne essentiellement vers le passé, comme le suggère la signification littérale du terme : attribuer en retour ». Voir M. VAN DE KERCHOVE, « Les fonctions de la sanction pénale. Entre droit et philosophie », *Caisse nationale d'allocations familiales (CNAF),* I*nformations sociales,* 2005/7 n° 127, p. 29.

[6] Voir M. VAN DE KERCHOVE, « Les fonctions de la sanction pénale. Entre droit et philosophie », *Caisse nationale d'allocations familiales (CNAF),* I*nformations sociales,* 2005/7 n° 127, p. 25.

A- Les sanctions administratives

302- Comme le rappelle le CODESC, « *tous les pouvoirs et services publics des États parties, y compris les autorités judiciaires et policières, sont liés par les obligations découlant du Pacte* »[1]. Plus loin, elle affirme que « *Les États parties devraient aussi envisager de recourir à des sanctions administratives pour dissuader les entreprises d'adopter un comportement qui donne lieu, ou est susceptible de donner lieu, à des violations des droits consacrés par le Pacte. Par exemple, les États pourraient refuser d'attribuer des marchés publics aux entreprises qui n'ont pas communiqué d'informations sur les répercussions sociales ou environnementales de leurs activités ou qui n'ont pas mis en place des mesures propres à garantir qu'elles agissent avec la diligence voulue pour empêcher ou atténuer tout effet négatif sur les droits consacrés par le Pacte. Dans ces circonstances, l'accès aux crédits à l'exportation et à d'autres formes d'aide publique pourra aussi être refusé* »[2].

Les sanctions administratives sont prévues par le Chapitre II du TITRE X du Code minier. A la lecture de ce texte, il en ressort que le ministre des mines peut infliger une sanction administrative lorsque les faits constituent un manquement à une obligation prévue par le Code minier, la convention minière ou le cahier des charges. Il existe plusieurs types de sanctions administratives (1). Cependant, on note une faible volonté de mise en œuvre de ces sanctions (2).

1- La pluralité des sanctions administratives

303- Pour assurer le bon respect de toutes les dispositions du Code minier, le législateur de 2016 a accru les sanctions en ne se limitant pas seulement aux sanctions pénales qu'il a augmentées, mais aussi en ajoutant des sanctions administratives[3]. Celles-ci consistent principalement soit à la suspension ou au retrait du titre minier ou de l'autorisation d'exploitation

---

[1] Comité des droits économiques, sociaux et culturels, *Observation générale n° 24 (2017) sur les obligations des États en vertu du Pacte* international *relatif aux droits économiques, sociaux et culturels dans le contexte des activités des entreprises*, adoptée par le CODESC à sa 61e session (29 mai-23 juin 2017, Distr. générale 10 août 2017, E/C.12/GC/24, § 47, https://www.refworld.org/cgi-bin/texis/vtx/rwmain/opendocpdf.pdf?reldoc=y&docid=5beaecc74, consulté le 4 mars 2020.

[2] Voir Comité des droits économiques, sociaux et culturels, *Observation générale n° 24 (2017) sur les obligations des États en vertu du Pacte* international *relatif aux droits économiques, sociaux et culturels dans le contexte des activités des entreprises*, adoptée par le CODESC à sa 61e session (29 mai-23 juin 2017, Distr. générale 10 août 2017, E/C.12/GC/24, § 50, précité.

[3] Voir Ph. KEUBOU, « Lecture juridique du nouveau Code minier camerounais promulgué par le chef de l'Etat le 14 décembre 2016 : dispositions différentes de l'ancien Code minier, mécanismes de collecte des taxes et redistribution de la valeur ajoutée », précité.

minière (a). À ces sanctions administratives prévues par le Code minier, on peut en ajouter plusieurs autres (b) prévues par d'autres textes, notamment la loi de 1998 sur les établissements classés.

a) La suspension et le retrait du titre minier

304- La convention n°176 de l'OIT sur la sécurité et la santé dans les mines (1995) dispose que l'autorité compétente doit être habilitée à suspendre ou à restreindre les activités minières pour des raisons de sécurité et de santé. Selon ce texte, la législation nationale doit prévoir « *[...] le pouvoir de l'autorité compétente de suspendre ou de restreindre, pour des motifs de sécurité et de santé, les activités minières jusqu'à ce que les conditions à l'origine de la suspension ou de la restriction soient corrigées* »[1]. Selon le BIT, la décision de suspendre ou de retirer un titre minier dépend souvent de la gravité du risque[2].

En droit camerounais, le Code minier fait obligation aux titulaires d'un titre minier ou d'une autorisation d'exploitation artisanale de se conformer à ses dispositions, aux prescriptions de leur convention minière, de leur cahier des charges ou de leur autorisation, ainsi qu'aux prescriptions administratives. En cas de non-respect de cette obligation, le ministre chargé des mines leur adresse une mise en demeure de s'exécuter dans un délai qu'il fixe. Cette mise en demeure doit rappeler aux exploitants miniers, les obligations qui leur incombent et leur impartit un délai pour les exécuter[3]. « *Si au terme du délai imparti, aucune suite n'est donnée à la mise en demeure, le ministre chargé des mines constate la non exécution par la personne visée de ses obligations et procède au retrait du titre ou de l'autorisation* »[4].

Les autres hypothèses de suspension et de retrait du titre minier ou de l'autorisation d'exploitation artisanale sont prévues à l'article 213 du Code minier. Cette disposition cite entre autres, « *l'infraction aux règles relatives à la santé publique et à la sécurité au travail* », ou encore « *la violation des règles relatives à la santé publique, à la sécurité, à l'hygiène et à la protection de l'environnement* »[5] qui donnent lieu au retrait. En dehors de ces hypothèses expressément prévues par cette disposition, « les autres manquements aux obligations administratives peuvent donner lieu à suspension, pour une durée maximale de six mois du titre minier ou de l'autorisation d'exploitation »[6]. Lorsqu'à l'issue de la période de suspension visée ci-dessus, le titulaire d'un titre minier ou d'une autorisation

---

[1] Cf. article 5, paragraphe 2 (e), de la convention n° 176 de l'OIT.
[2] V. BIT: *Etude d'ensemble sur l'inspection du travail*, 2006, paragraphes 105 à 131.
[3] Cf. art. 211 al. 1 de la loi n°2016/17 du 14 décembre 2016 portant Code minier.
[4] Cf. art. 211 al. 2 de la loi n°2016/17 du 14 décembre 2016 portant Code minier.
[5] Cf. art. 213 al. 1 de la loi n°2016/17 du 14 décembre 2016 portant Code minier.
[6] Cf. art. 213 al. 2 de la loi n°2016/17 du 14 décembre 2016 portant Code minier.

d'exploitation artisanale remédie aux manquements ayant entraîné la suspension, celle-ci peut être levée. Dans le cas contraire, le ministre chargé des mines prononce le retrait du titre ou de l'autorisation sans mise en demeure préalable[1]. Le retrait peut également intervenir « en cas de récidive portant sur un manquement au cours de la période de validité d'un titre minier ou d'une autorisation d'exploitation »[2]. La décision de retrait est notifiée « par tous moyens laissant traces écrites au titulaire du titre ou de l'autorisation »[3].

305- Dans *l'affaire Metalicon S.A*, entreprise minière opérant à Kambelé dans l'arrondissement de Batouri (Est-Cameroun), le ministre des Mines, de l'Industrie et du Développement Technologique (MINMIDT), avait procédé à sa suspension de toute activité d'exploitation pour une période de six (6) mois. La notification de suspension adressée au directeur général de Metalicon S.A, le 19 septembre 2017 lui reprochait le « non-respect de ses obligations indiquées dans le cahier de charge »[4]. En effet, le décès par noyade le 03 septembre 2017 du jeune Sosthène Samba, âgé de 12 ans, dans l'un des trous exploités et abandonnés, devenu « un lac artificiel » à Kambelé, est comme l'a précisé le MINMIDT dans sa sommation, la conséquence de l'obstination de Metalicon S.A à bafouer non seulement les dispositions légales et réglementaires en la matière, mais aussi les principes de base qui gouvernent l'exercice de cette activité.

Ce décès est intervenu comme la goutte d'eau qui a débordé le vase, car le MINMIDT avait déjà demandé à maintes reprises à Metalicon S.A de veiller à la restauration des espaces détruits par ses activités. La suspension de cette société épinglée pour non restauration des espaces détruits par l'activité minière est une première du genre dans le secteur minier camerounais[5]. La famille du défunt avec la facilitation de l'ONG FODER a décidé de déposer une plainte contre Metalicon S.A. au parquet des tribunaux de Batouri. En attendant que les actions en réparation du collectif des victimes aboutisse, le MINMIDT a sommé la société Metalicon de procéder à « la fermeture effective et totale de tous les trous creusés par ses soins, dans un délai précis de 6 mois ».

Comme on le voit, la suspension entraîne donc la fermeture provisoire de l'entreprise. Cependant, l'exploitant reste tenu de l'obligation d'assurer la sécurité des installations pendant la durée de la suspension du

---

[1] Cf. art. 213 al. 3 de la loi n°2016/17 du 14 décembre 2016 portant Code minier.

[2] Cf. art. 215 al. 1 de la loi n°2016/17 du 14 décembre 2016 portant Code minier.

[3] Cf. art. 213 al. 4 de la loi n°2016/17 du 14 décembre 2016 portant Code minier.

[4] J. CHEKOUA et al., «Le ministre en charge des mines suspend la société METALICON S.A. pour non réhabilitation des sites détruits par l'activité minière», disponible à l'adresse : http://www.forest4dev.org, consulté le 10/12/2017.

[5] *Ibid.*

fonctionnement[1]. La suspension est en principe une sanction moins sévère, mais elle peut se révéler très lourde, car elle peut ne pas avoir de durée précise, celle-ci étant alors subordonnée à la durée de la situation irrégulière. L'efficacité de la mesure est généralement garantie par l'apposition des scellés[2]. À ce sujet, l'article 100 de la loi sur la sûreté radioactive et nucléaire prévoit que le ministre chargé des mines peut « *procéder, avec le concours de la force publique, à l'apposition des scellés sur une installation dont le fonctionnement est maintenu en violation d'une mesure de suspension ou de retrait de l'autorisation* »[3]. Plus loin, le même texte prévoit que « *La juridiction saisie des infractions prévues par la présente loi peut ordonner la fermeture de l'installation et l'apposition des scellés, ainsi que la confiscation du matériel* »[4].

Malgré son caractère de sanction administrative, la suspension peut également être considérée comme une mesure de sûreté[5]. Cette mesure, malgré la rigueur qui la caractérise dans certains cas, devrait être utilisée plus largement par les autorités administratives et judiciaires qu'elle ne l'est aujourd'hui. Elle éviterait ainsi la survenance de dommages plus graves et l'éventuelle exécution de mesures restitutives qui s'avéreront plus coûteuses tant économiquement que socialement[6].

b) Les autres sanctions administratives

306- Le moyen le plus approprié de lutter contre les atteintes, est de supprimer les sources certaines ou potentielles des dommages afin d'éviter leur continuation, leur reproduction ou leur propagation. Ce n'est qu'après cette opération préalable qu'on pourra ensuite s'évertuer à effacer les conséquences de l'acte nuisible. Cette précision faite, il s'agira ici de s'intéresser aux mesures destinées à éviter la continuation et à atténuer les effets des atteintes[7]. Sans être exhaustif, on peut citer entre autres :

---

[1] Cf. art. 31 de la loi n°98/015 du 14 juillet 1998 relative aux établissements classés dangereux, insalubres ou incommodes.
[2] Cf. article 30 de la loi de 1998 sur les installations classées.
[3] Cf. article 100 de la loi n° 2019/012 du 19 juillet 2019 portant cadre général de sûreté radiologique et nucléaire, de sécurité nucléaire, de responsabilité civile et de l'application des garanties.
[4] Cf. art. 113 de la loi du 19 juillet 2019 ci-dessus citée.
[5] L'article 20 alinéa b du Code pénal cite comme mesure de sûreté pour les personnes morales, « *l'interdiction de s'investir dans une activité précise pour une durée déterminée* ».
[6] I. DE LOS RIOS, *La remise en état du milieu en droit français de l'environnement*, Thèse précitée, p. 27.
[7] *Ibid.*, p. 16.

- **L'arrêt des travaux**

307- Lorsqu'une mine ou une carrière a été mise en exploitation en infraction aux lois et règlements et susceptible en conséquence de causer une atteinte à l'environnement et par ricochet à la santé et à la vie des populations, les autorités administratives peuvent ordonner l'arrêt des travaux. C'est le cas par exemple lorsque les titres miniers et les autorisations d'exploitation artisanale ont été obtenus ou renouvelés par fraude, notamment sans certificat ou notice d'impact environnemental[1]. L'article 209 du Code minier prévoit d'ailleurs en cette hypothèse, la nullité de plein droit[2] des titres ou autorisations, susceptible d'être soulevée d'office ou en tout état de cause par le juge au cas où ce dernier venait à être saisi. Dans une telle hypothèse, la mise en mouvement d'une procédure judiciaire aurait l'inconvénient d'être lente et moins efficace. La mesure administrative d'arrêt des travaux a l'avantage d'être plus rapide et par conséquent plus efficace quant à la prévention des atteintes, contrairement à la procédure judiciaire qui aurait permis à l'exploitant de poursuivre son activité nuisible.

De même, il faut noter qu'en matière d'étude d'impact environnemental, les inspecteurs/contrôleurs environnementaux ont le pouvoir de suspendre l'exécution des travaux envisagés ou déjà entamés lorsque l'étude d'impact a été méconnue ou lorsque sa procédure de réalisation n'a pas été respectée ou lorsqu'elle ne l'a été qu'en partie[3]. À cet effet, l'article 20 alinéa 2 de la loi-cadre du 5 août 1996 relative à la gestion de l'environnement dispose que « *Lorsque l'étude d'impact a été méconnue ou la procédure d'étude d'impact non respectée en tout ou en partie, l'Administration compétente ou, en cas de besoin, l'Administration chargée de l'environnement requiert la mise en œuvre des procédures d'urgence appropriées permettant de suspendre l'exécution des travaux envisagés ou déjà entamés. Ces procédures d'urgence sont engagées sans préjudice des sanctions pénales prévues par la présente loi* »[4]. « La procédure d'urgence consiste à constater instamment l'infraction, à mettre en demeure le contrevenant de l'arrêt

---

[1] Cf. art. 209 du Code minier.

[2] La nullité de plein droit suppose l'obligation pour le juge de prononcer la nullité, contrairement aux nullités facultatives pour lesquelles le juge a un pouvoir d'appréciation.

[3] Cf. MINEP, *Guide de procédures du contentieux environnemental du Ministère de l'environnement et de la protection de la nature*, juillet 2009, p. 4, disponible sur Internet à l'adresse :
https://www.ceja.ch/images/CEJA/DOCS/Bib/Pays/Cameroun/BD.pdf, consulté le 5 mars 2020.

[4] Cf. art 20 al. 2 de la loi n° 96/12 du 5 août 1996 portant loi-cadre relative à la gestion de l'environnement.

immédiat de ladite infraction, et à instruire la mise en œuvre des mesures conservatoires appropriées dès la constatation de l'infraction »[1].

In fine, l'objectif reste le même, à savoir la prévention des atteintes à l'environnement, à la santé et à la vie. L'administration aura recours ici à l'interruption des travaux, c'est-à-dire l'arrêt immédiat de ceux-ci, avec pour objectif immédiat, la cessation de l'activité nuisible. L'autorité administrative a la latitude de prendre toute mesure de coercition pour assurer le respect de la mesure prise. Il peut par exemple recourir à la force publique et notamment imposer l'immobilisation du matériel et la défense de l'accès au chantier pour assurer l'exécution de cette mesure. Le Code minier exclut d'ailleurs la mise en demeure[2] de l'exploitant minier ayant obtenu son titre minier ou son autorisation d'exploitation en fraude à la réglementation en vigueur. En effet, l'article 211 du Code minier ne prévoit cette mesure qu'à l'égard des exploitants miniers cités à l'article 210, c'est-à-dire ceux ayant obtenu un titre ou une autorisation d'exploitation en bonne et due forme, mais qui ont ensuite enfreint les dispositions légales et réglementaires.

Tel n'est pas le cas avec l'article 29 de la loi de 1998 sur les établissements classés qui prévoit que lorsqu'un établissement est mis en exploitation sans avoir obtenu l'autorisation requise, le ministre chargé des établissements classés met l'exploitant en demeure de régulariser sa situation dans un délai déterminé qui ne peut excéder deux mois. Passé ce délai, il peut par arrêté, « *suspendre le fonctionnement de l'établissement jusqu'au dépôt de la déclaration ou de la demande d'autorisation d'exploitation. Si l'exploitant ne déferre pas à la mise en demeure de régulariser sa situation ou si la demande d'autorisation est rejetée, le ministre chargé des établissements classés peut en cas de nécessité, ordonner la fermeture ou la suppression de l'établissement* »[3]. Face à cette contradiction, seule la jurisprudence nous permettra de savoir s'il faut une mise en demeure de l'exploitant minier dans pareille hypothèse. En attendant, il y a lieu de croire que la législation spéciale (législation minière) devrait l'emporter sur la législation générale (loi sur les établissements classés), en vertu de l'adage *speciala generalibus derogant.*

---

[1] Voir MINEP, *Guide de procédures du contentieux environnemental…*, *op. cit.,* p. 4, https://www.ceja.ch/images/CEJA/DOCS/Bib/Pays/Cameroun/BD.pdf, consulté le 4 mars 2020.

[2] L'article 211 du Code minier ne prévoit la mise en demeure qu'à l'égard des exploitants miniers cités à l'article 210, c'est-à-dire ceux ayant obtenu un titre ou une autorisation d'exploitation en bonne et due forme, mais qui ont ensuite enfreint les dispositions légales et réglementaires.

[3] Cf. article 29 de la loi de 1998 relative aux établissements classés dangereux, insalubres ou incommodes, http://extwprlegs1.fao.org/docs/pdf/cmr141675.pdf, consultée le 4 mars 2020.

> **La fermeture des établissements et la suppression des installations**

308- La fermeture ou la suppression d'un établissement est également destinée à « *prévenir les infractions dont l'établissement a permis la réalisation* »[1]. Il convient de distinguer la fermeture de la suppression de l'établissement.

309- *La fermeture d'un établissement* consiste selon la doctrine, à « retirer de la vie commerciale ou publique un établissement (fonds de commerce, magasin, officine, bureau, usine) qui a été le théâtre, l'instrument ou l'occasion de certaines activités dangereuses pour l'ordre public »[2]. Face à cette définition, il convient de faire observer que l'établissement peut ne pas seulement être le théâtre ou la scène du dommage, mais aussi et surtout l'acteur du dommage (périmètre minier). C'est le cas notamment lorsqu'un établissement présente des risques graves ou des inconvénients pour la santé, la salubrité, la sécurité et la commodité du voisinage.

En ce qui concerne sa nature juridique, la fermeture est à la fois une sanction administrative et une sanction pénale[3]. Pour ce qui est de son étendue, la fermeture peut consister en une interdiction temporaire (provisoire) ou définitive de l'établissement.

La fermeture provisoire s'apparente à la suspension provisoire examinée plus haut. Elle résulte de la suspension par arrêté, du fonctionnement de l'établissement jusqu'à exécution des conditions imposées. Si l'exploitant n'a pas obtempéré dans le délai fixé, le ministre des Mines peut soit procéder d'office, aux frais de l'exploitant, à l'exécution des mesures prescrites, soit l'obliger à consigner entre les mains d'un comptable public une somme correspondant au montant des travaux à réaliser[4]. La fermeture provisoire peut également se transformer en une fermeture définitive.

---

[1] X. PIN, « Fermeture d'établissement exclusion des marchés publics », *JurisClasseur Public Contentieux pénal*, fasc. 30, 29 septembre 2004, § 62, cité par Th. DUPONT, *Les mesures de restitution prononcées en matière d'urbanisme par le juge pénal*, Mémoire de Master Professionnel en Droit et métier de l'urbanisme et de l'immobilier, Université Paul Cézanne Aix Marseille III, 2009, note 129, p. 19.

[2] R. MERLE et A. VITU, *Traité de droit criminel*, Cujas, Paris, 1978, Tome 1, n° 713, cité par I. DE LOS RIOS, *La remise en état du milieu en droit français de l'environnement*, Thèse précitée, p. 16.

[3] La fermeture temporaire ou définitive de l'établissement est envisagée comme sanction principale par l'article 18 alinéa (b) du code pénal. Elle est également envisagée comme sanction accessoire par l'article 19 alinéa (b) du même texte.

[4] Cf. article 29 alinéa 3 de la loi de 1998 sur les établissements classés, qui renvoie à l'article 28 du même texte.

La fermeture définitive est une mesure exceptionnelle, compte tenu de son irrévocabilité (élimination physique de l'installation)[1]. Pour aboutir à la conclusion de l'irrémédiabilité, il faut que la prescription, les mises en demeure des autorités à l'exploitant restent inefficaces ; ou qu'il y ait impossibilité de suivre les mesures édictées[2]. De la même manière qu'une autorisation ne peut être accordée que si les dangers ou inconvénients peuvent être prévenus par des mesures spécifiques, cette autorisation doit pouvoir être retirée si *a posteriori*, ces mesures deviennent insuffisantes ou incapables de supprimer le dommage[3].

Bien que l'objectif soit le même (la prévention des atteintes ou leur minimisation), la fermeture de l'établissement se distingue de l'arrêt des travaux par le fait que l'arrêt des travaux est une mesure « prescrite à titre conservatoire, lorsqu'une infraction a été constatée et ce jusqu'à la décision judiciaire, afin de limiter les dommages. Elle ne peut en aucun cas être considérée comme une sanction »[4]. Par contre, la fermeture de l'établissement est comme nous l'avons relevé, une sanction du non-respect de la réglementation en vigueur, sanction qui peut être administrative ou pénale.

310- *La suppression d'un établissement* quant à elle suppose l'élimination matérielle d'un établissement présentant des dangers ou des inconvénients pour l'homme ou pour l'environnement, ou fonctionnant en violation des dispositions de protection de la nature et de l'environnement. Un établissement peut avoir plusieurs installations. Lorsqu'une installation a fait l'objet d'une suppression, il revient à l'exploitant de prendre toutes les dispositions nécessaires pour la surveillance de l'installation et l'enlèvement des matières dangereuses, périssables ou gênantes.

Comme on peut le noter, la fermeture d'un établissement et la suppression de ses installations peut ne pas être justifiée par la violation des dispositions légales et réglementaires, mais uniquement par une situation de fait, liée à l'impossibilité de faire disparaître le caractère dangereux d'une installation. Il faut pour cela que les considérations d'ordre social « soient absolument justifiées et qu'aucun procédé légal ou technique différent ne puisse être envisagé pour concilier les intérêts en cause »[5]. De telles mesures ne constituent donc pas des sanctions au sens classique du terme, mais des mesures de police qui se justifient par une nécessité publique.

---

[1] I. DE LOS RIOS, *La remise en état du milieu en droit français de l'environnement*, Thèse précitée, p. 19.

[2] *Ibid.*, p. 20.

[3] *Ibid.*3, p. 21.

[4] *Ibid.*, p. 30.

[5] Voir Chr. GABOLDE, *Les installations classées pour la protection de l'environnement*, Sirey, Paris, 1978, p. 252, cité par I. DE LOS RIOS, *La remise en état du milieu en droit français de l'environnement*, Thèse précitée, p. 20, note 11.

➢ **La saisie, la confiscation ou la destruction d'agents dangereux**

311- Les principaux agents dangereux très utilisés dans l'exploitation minière, et dont la nocivité n'est plus à démontrer, sont le mercure et le cyanure. S'agissant du mercure, la Convention de Minamata sur le mercure a pour but de « de protéger la santé humaine et l'environnement contre les émissions et rejets anthropiques de mercure et de composés du mercure »[1]. L'article 7 de cette Convention recommande la limitation du recours ou l'abandon du mercure dans le processus d'extraction des mines ou des minerais[2]. Toujours au niveau international, l'Objectif de développement durable (ODD) n° 3 vise à permettre à tous de vivre en bonne santé et à promouvoir le bien-être de tous à tout âge, et la cible 3.9 vise à « réduire nettement le nombre de décès et de maladies dus à des substances chimiques dangereuses, à la pollution et à la contamination de l'air, de l'eau et du sol »[3].

Au plan interne, le fait que certaines atteintes à l'environnement soient sévèrement punies par le législateur se justifie par le fait qu'elles sont susceptibles de porter atteinte à la santé humaine et par ricochet à la vie. C'est le cas notamment de l'introduction des déchets toxiques et/ou dangereux sur le territoire camerounais[4] ou encore du rejet dans les eaux maritimes, sous juridiction camerounaise, d'hydrocarbures ou d'autres substances liquides nocives pour le milieu marin[5]. La saisie, la confiscation et la destruction de ces produits dangereux sont des décisions de nature coercitive qui peuvent être prises par une autorité judiciaire, ou exceptionnellement par une autorité administrative. Elles ont une visée purement préventive et non rétributive. La saisie mérite d'être distinguée de la confiscation et de la destruction.

312- D'abord *la saisie* est la mise sous la main de la justice des éléments de preuve découverts lors d'une perquisition ou d'une inspection[6] en vue de leur conservation et de leur production ultérieure devant les juges. Elle peut aussi tendre à faire cesser un état délictueux (saisie d'une arme dont le port est prohibé), ou parfois à préparer une confiscation ultérieure[7]. C'est une

---

[1] Voir l'article 1er de la Convention de Minamata, signée à Kumamoto au Japon, le 10 octobre 2013, entrée en vigueur en août 2017.

[2] Voir Convention de Minamata disponible à l'adresse : http://www.mercuryconvention.org/Portals/11/documents/Booklets/COP3-version/Minamata-Convention-booklet-Sep2019-FR.pdf, consultée le 7 mars 2020.

[3] Voir https://www.who.int/topics/sustainable-development-goals/targets/fr/, consulté le 8 mars 2020.

[4] V. l'article 80 de la loi-cadre du 5 août 1996.

[5] Article 83 de la loi de 1996, *op. cit.*

[6] Cf. article 207 alinéa 4 de la loi n°2016/17 du 14 décembre 2016 portant Code minier.

[7] R. MERLE et A. VITU, *Traité de droit criminel,* Tome 2, Procédure pénale, 5e éd., Cujas, Paris, 2001, p. 203.

mesure de sûreté (mesure conservatoire) qui n'opère pas transfert des choses objet de la sanction à l'Etat, mais leur possession provisoire dans le but de leur restitution au détenteur une fois l'objectif accompli, leur destruction, quand c'est le seul moyen de conjurer le danger, ou enfin leur dévolution au milieu ou à la personne auquel elles appartiennent[1]. Ainsi, les substances chimiques et les préparations fabriquées, importées ou mises sur le marché en infraction aux dispositions de la loi peuvent en cas de danger pour l'homme ou pour son environnement être saisies. Quand elle est accompagnée de la destruction, la qualification de la saisie comme mesure conservatoire est critiquée[2].

313- Ensuite *la confiscation* est également considérée par le législateur comme une mesure de sûreté[3], même si la doctrine lui reconnait un aspect préventif, en ce sens qu'elle peut être destinée à faire cesser une situation illicite[4]. Contrairement à la saisie, la confiscation se présente comme une véritable peine dont la finalité est le châtiment du responsable du point de vue patrimonial[5]. En plus, la confiscation a en principe un caractère personnel, sauf exceptions (stupéfiants...), contrairement à la saisie qui a un caractère toujours réel. Son but est d'écarter de la circulation quelques substances ou objets, quel que soit leur détenteur ou propriétaire[6].

314- Enfin, *la destruction* ou la neutralisation de certains objets est une sanction assez sévère qui est souvent précédée par la saisie. Seule l'idée d'évitement de la réalisation d'un dommage peut justifier une telle mesure, à cause de la dangerosité de la chose saisie dont seule la destruction permet de la mettre hors d'état de nuire. Parfois, c'est le seul moyen de conjurer un danger. Alors que des milliers de produits chimiques sont mis sur le marché chaque jour, les impacts sur la santé de l'homme et sur l'environnement ne sont pas toujours évalués[7]. Au cours des dernières années, le recours au cyanure et au mercure s'est largement diffusé pour amalgamer l'or et ainsi

---

[1] I. DE LOS RIOS, *La remise en état du milieu en droit français de l'environnement*, Thèse précitée, p. 40.

[2] M. DELMAS-MARTY et al., *Etude de simplifications et de l'harmonisation des réglementations résultant de la création de catégories d'infractions destinées à la protection de l'environnement*, SFDE, Strasbourg, avril 1981, p. 65, cité par I. DE LOS RIOS, *La remise en état du milieu en droit français de l'environnement*, Thèse précitée, p. 41.

[3] Cf. art. 20 al. (b) du Code pénal.

[4] Voir Th. DUPONT, *Les mesures de restitution prononcées en matière d'urbanisme par le juge pénal*, Mémoire de Master Professionnel en Droit et métier de l'urbanisme et de l'immobilier, Université Paul Cézanne Aix Marseille III, 2009, note 129, p. 20.

[5] I. DE LOS RIOS, *La remise en état du milieu en droit français de l'environnement*, Thèse précitée, p. 39.

[6] *Ibid.*, p. 40.

[7] A. ASCHIERI, « Santé-environnement, défis pour le troisième millénaire », in *BDEI*, n° spécial 2003, p. 5.

augmenter la récupération du précieux métal. Ces pratiques sont le plus souvent identifiées dans les pays qui ont développé depuis longtemps la recherche artisanale de l'or. Ces produits chimiques sont manipulés sans précaution ni protection, au péril de la santé des orpailleurs et de l'environnement, car ils sont rejetés dans la nature et voués à se retrouver dans les eaux de surface par ruissellement ou dans les nappes phréatiques par infiltration.

Aux termes de l'article 4 du Code minier, l'usage des produits chimiques dans la mine artisanale semi-mécanisée est strictement proscrit. Ces produits dangereux pour la santé humaine peuvent donc faire l'objet de saisie, voire de destruction à l'issue d'une inspection. Dans la même logique, le titre X du décret n° 485/2000 du 30 juin 2000 portant modalités d'application du Code pétrolier de 1999 est entièrement consacré à la protection de l'environnement et aux mesures de sécurité. Pour ce qui est des produits dangereux, ce texte prévoit l'élimination, le traitement et le contrôle des émissions de substances toxiques issues des opérations pétrolières susceptibles de causer des dommages aux personnes, aux biens et à l'environnement.

Au niveau de l'ONU, le Programme des Nations Unies pour l'Environnement (PNUE) a adopté depuis 1987, les directives applicables à l'échange de renseignements sur les produits chimiques qui font l'objet du commerce international[1], en reconnaissant à l'égard des Etats, des « *responsabilités communes en matière de protection de la santé et de l'environnement sur le plan mondial* »[2]. Selon ce texte, certains produits chimiques doivent être interdits « *pour des raisons de santé ou de protection de l'environnement* ». Les « Etats tant exportateurs qu'importateurs devraient protéger la santé humaine et l'environnement de tout dommage éventuel en échangeant des informations sur les produits chimiques faisant l'objet du commerce international »[3].

Sur le plan Conventionnel, on peut également évoquer la *Convention de Rotterdam sur la procédure de consentement préalable en connaissance de cause applicable à certains produits chimiques et pesticides dangereux qui font l'objet d'un commerce international*[4]. Dans le même sens, le préambule de la Convention sur les polluants organiques persistants (POP)[5] soulève

---

[1] Ces directives ont été adoptées à Londres le 17 juin 1987.

[2] Voir introduction, point 2.

[3] Voir dispositif, point 2, principes généraux, point a. Voir aussi dispositif, point 1, définition b ; définitions c et g : « en vue de protéger la santé de l'homme ou de l'environnement ».

[4] Cette Convention est entrée en vigueur le 24 février 2004. Voir G. CANIVET, L. LAVRYSEN et D. GUIHAL (dir.), *Manuel judiciaire de droit de l'environnement,* PNUE, 2006, p. 257, https://wedocs.unep.org/bitstream/handle/20.500.11822/20478/Judicial-Handbook-Environmenal-Law-FR.pdf?sequence=1&isAllowed=y, consulté le 8 mars 2020.

[5] Cf. Convention sur les polluants organiques persistants (POP), Stockholm, 22 mai 2001, adoptée dans le cadre du PNUE. Voir M. M. MBENGUE, « La Convention de Stockholm sur

également les problèmes de santé d'une manière générale[1]. Elle a pour objet de protéger la santé humaine et l'environnement des POP[2].

Dans la même logique, le Conseil des droits de l'homme a par exemple affirmé que les mouvements et les déversements illicites de produits et déchets dangereux constituaient une grave menace pour certains droits, notamment les droits à la vie et à la santé[3].

Quoique nombreuses et variées, les sanctions administratives présentent des difficultés dans leur mise en œuvre.

2- La faible volonté de mise en œuvre des sanctions administratives

315- Face aux dangers qui menacent la santé et la vie au cours d'une exploitation minière, l'action de l'administration se caractérise généralement par une « inclinaison naturelle au fatalisme. Seuls les vrais excès lui font passer le cap de la résignation… le plus souvent en déplaçant les problèmes, au lieu de les résoudre »[4]. En effet, l'administration a généralement connaissance des activités illicites des compagnies minières, mais s'efforce le plus souvent d'obtenir des régularisations. Lorsque l'exploitant minier reste passif à la suite d'une mise en demeure de l'administration, cela devrait en principe obliger l'autorité compétente à sortir de sa réserve. Toutefois, rien ne garantit qu'elle le fera, notamment si elle craint de mettre ainsi en difficulté une entreprise pourvoyeuse de nombreux emplois. La seule issue restera alors la mise en jeu de la responsabilité. Encore faudra-t-il que quelqu'un exerce l'action[5].

Quant aux autorités judiciaires, elles ne se rendent pas toujours compte qu'elles sont aussi concernées. Ce qui ne garantit pas toujours une meilleure conciliation entre les différents intérêts en présence dans un projet minier en activité. Ces observations appellent à remettre au goût du jour la nécessité d'appliquer des sanctions suffisamment dissuasives (a) et suffisamment efficaces (b).

---

les polluants organiques persistants », *L'observateur des Nations Unies,* n° 11, 2001, p. 67 et s.

[1] Cf. Convention sur les polluants organiques persistants, Stockholm, 22 mai 2001, § 2.

[2] Voir préambule, dernier paragraphe et article 1er.

[3] Voir la Résolution n° 2005/15 de la Commission des droits de l'homme ; Voir également les résolutions 9/1, 12/18 et 18/11 du Conseil des droits de l'homme.

[4] J. FROMAGEAU, « Histoire comparée des politiques sanitaires et environnementales », *in* Ph. BILLET et al. (dir), *Droit de l'environnement et protection de la santé*, éd. L'Harmattan, collection Logiques Juridiques, 2009, p. 46.

[5] G. VINEY, « Préface », *in* C. CANS (dir.), *La responsabilité environnementale : prévention, imputation, réparation*, Dalloz 2009, p. XIII.

a) L'importance des sanctions suffisamment dissuasives

316- Pour assurer la crédibilité et l'efficacité des systèmes de réglementation, il est essentiel que des sanctions adéquates et suffisamment dissuasives soient mises en place, et surtout que ces dispositions reflètent la nature et la gravité de l'infraction[1]. Ces sanctions doivent tenir compte du niveau d'intention des auteurs de l'infraction (imprudence, insouciance, négligence caractérisée, etc.) et de leur statut juridique (personne physique ou morale).

Selon le BIT, d'autres considérations pour la prescription de sanctions adéquates incluent l'ajustement périodique du montant des amendes pour tenir compte de l'inflation[2] ; l'indexation du montant des pénalités sur l'augmentation du salaire minimum national; la fixation du montant des amendes en fonction de critères tels que la récidive, le chiffre d'affaires de l'entreprise, le nombre de travailleurs ayant subi un préjudice du fait de l'infraction, la nature et les conséquences de l'infraction[3].

Qu'elles soient de nature administrative, civile ou pénale, les sanctions prévues par la législation nationale doivent être suffisamment dissuasives pour décourager les violations en matière de santé et de sécurité.

b) L'importance des sanctions suffisamment efficaces

317- Les sanctions doivent être effectivement appliquées pour contraindre les exploitants miniers non seulement à prendre des mesures correctives, mais aussi et surtout pour les dissuader de récidiver. La doctrine estime qu'« environ 5 % de la population ne respectent jamais les lois, que 20 % les respectent en toutes circonstances et que 75 % ne les respectent que lorsque les infractions sont poursuivies de façon effective et que les obligations sont perçues comme non arbitraires »[4].

Les obstacles à l'application des sanctions comprennent notamment la lenteur des procédures (administratives ou judiciaires), le manque d'engagement politique et la coopération insuffisante entre les services d'inspection du travail et le système judiciaire[5]. Le BIT a mené en 2013 une

---

[1] V. BIT: *Etude d'ensemble sur l'inspection du travail,* 2006, § 291 à 302.

[2] BIT: *Etude d'ensemble sur l'inspection du travail,* 2006, § 295.

[3] *Ibid.,* paragraphe 299. Par exemple, en Egypte et en Pologne, le montant des sanctions imposées dépend des dommages causés par l'infraction, tels que les décès ou les préjudices graves pour la santé des travailleurs.

[4] L. KRAMER, « Observations sur le droit communautaire de l'environnement », *AJDA* 1994, p. 621, citant C. WASSERMAN, « An overview of compliance and inforcement in the United States : philosophy, strategies and management tools », *in* VROM et EPA (dir.), *International Enforcement Workshop, Utrecht,* mai 1990, p. 7 et s.

[5] Voir CEACR, *Observation générale sur l'importance de la coopération entre les services d'inspection du travail et les organes judiciaires,* Convention n° 81, publiée en 2008.

étude portant sur les procédures d'exécution dans les Etats Membres et les difficultés communes qu'ils rencontraient, et il en ressort que dans certains pays, les sanctions sont rarement imposées et que ces procédures ne sont mises en œuvre que si la violation a entraîné un préjudice grave pour la sécurité ou la santé[1]. Plusieurs obstacles existent à cet égard, notamment le manque de formation adéquate des inspecteurs du travail et des fonctionnaires chargés de faire appliquer les lois ; l'absence de données statistiques permettant d'évaluer les résultats du régime d'exécution des sanctions et de prendre des mesures pour l'améliorer[2] etc.

Au regard de ce qui précède, il devient urgent pour l'Etat de prendre des dispositions pour effectivement faire appliquer les sanctions administratives pour violation des mécanismes de prévention des atteintes dans l'industrie minière. À cet effet, l'Etat peut être amené à mettre en place divers types de mesures telles que l'amélioration de la coopération entre les agents chargés du contrôle et le système judiciaire; la formation additionnelle des inspecteurs chargés du contrôle et des fonctionnaires chargés de l'application de la législation; la collecte et l'analyse des données statistiques sur les violations identifiées ; la mise en place des mesures de suivi pour évaluer l'efficacité des procédures judiciaires, y compris le résultat des décisions administratives et judiciaires concernant les violations[3].

B- Les sanctions pénales

318- Le fait que la prévention reste le moyen le plus adéquat pour éviter les atteintes a conduit quelque peu à négliger, voire à mépriser les mesures répressives. Pourtant, comme l'affirme Isabelle de Los Rios, « le rôle de ces dernières est capital, ne serait-ce que pour assurer et rendre crédibles les mesures préventives »[4]. En effet, les sanctions pénales permettent d'assurer la protection pénale des personnes. On entend par protection pénale des personnes, l'ensemble du dispositif normatif qui considère la personne comme un bien juridique et s'exprime à travers les normes d'incrimination et de sanction. Partant de cette définition, il s'agit de mettre en lumière le rôle des sanctions pénales dans la répression et la prévention des atteintes dans l'exploitation minière. Elles n'ont pas uniquement pour but de punir, mais aussi un rôle primordial, celui de décourager les atteintes futures.

---

[1] BIT: *Labour inspection sanctions: Law and practice of national labour inspection systems*, Genève, 2013 [disponible en anglais et en espagnol uniquement].
[2] *Ibid.*, pp. 42-43.
[3] V. BIT : *Œuvrer ensemble pour promouvoir un milieu de travail sûr et salubre,* CIT, 106e session, ILC.106/III/1B, Genève 2017, pp. 169-170.
[4] I. DE LOS RIOS, *La remise en état du milieu en droit français de l'environnement,* Thèse précitée, p. 1.

Comme le souligne la *Proposition de directive du Parlement européen sur la protection de l'environnement par le droit pénal*[1], « souvent, seules les sanctions pénales ont un effet suffisamment dissuasif. Tout d'abord, elles reflètent une désapprobation de la société quantitativement différente de celle manifestée par le biais des sanctions administratives ou d'une indemnisation au civil. Elles transmettent un message fort au délinquant avec un effet beaucoup plus dissuasif. Ainsi, une sanction administrative ou une autre sanction financière peuvent ne pas être dissuasives si les délinquants sont impécunieux ou au contraire très puissants financièrement. Par ailleurs, les moyens de l'action publique et de l'instruction (de même que l'entraide au niveau des Etats membres) sont plus efficaces que ceux du droit administratif ou civil et peuvent accroître l'efficacité de l'enquête. En outre, il existe une garantie supplémentaire d'impartialité des autorités chargées de l'enquête, parce que ce sont d'autres autorités que les autorités administratives ayant accordé les licences d'exploitation ou les permis de polluer qui seront chargées de l'enquête pénale »[2]. Selon une doctrine avisée, « si ces arguments paraissent fort pertinents, ils appellent néanmoins deux observations : d'une part, ils présupposent un certain modèle d'organisation judiciaire – qui n'est pas universel – comportant un ministère public doté de garanties d'indépendance ainsi qu'une juridiction d'instruction. D'autre part, ils manifestent à l'égard de l'efficacité de la sanction pénale une confiance que l'expérience conduit à relativiser »[3].

Si le droit pénal camerounais de l'environnement comporte de nombreuses incriminations, cela n'empêche nullement les activités illicites de perdurer dans l'exploitation minière. D'une part, il convient de relever la souplesse des sanctions pénales contenues dans certains textes qui leur confère *in fine*, une efficacité relative (1). D'autre part, il convient de noter que dans la pratique, les sanctions pénales revêtent finalement un caractère subsidiaire (2).

---

[1] Voir la proposition de directive relative à la création d'un régime de responsabilité environnementale en vue de la prévention et de la réparation des dommages (proposition du 23/01/2002, COM 2002 0021COD : JOCE du 25 juin 2002).

[2] Voir P. MOMAL, *La responsabilité environnementale. Document de travail,* ministère de l'aménagement du territoire et de l'environnement, p. 13, disponible en ligne à l'adresse internet :
http://temis.documentation.developpement-durable.gouv.fr/docs/Temis/0063/Temis-0063988/18138.pdf, consulté le 5 janvier 2019.

[3] G. CANIVET et D. GUIHAL, « Protection de l'environnement par le droit pénal : l'exigence de formation et de spécialisation des magistrats », *Allocution prononcée par Guy Canivet devant la CJCE à Luxembourg* le 26 avril 2004, disponible sur https://www.eufje.org/images/docPDF/1AGcanivet.pdf, consulté le 5 janvier 2019.

1- L'efficacité relative des sanctions pénales

319- Plusieurs textes prévoient des dispositions pénales relatives à la répression des atteintes dans l'exploitation minière. *D'abord*, on a le Code pénal qui prévoit de manière générale, des dispositions relatives à la protection pénale des personnes. *Ensuite*, on a la loi-cadre de 1996 relative à la protection de l'environnement et la loi de 1998 relative aux établissements classés qui prévoient également des dispositions pénales applicables à l'exploitation minière. *Enfin*, on a le Code minier de 2016 qui a accru le nombre de sanctions pénales. Même si le Code minier de 2016 a accru le nombre et la qualité des sanctions pénales, bon nombre de ses dispositions ainsi que celles des textes concurremment applicables dans ce domaine proposent des sanctions pénales assez souples. En effet, comme l'a relevé un auteur, la sévérité des sanctions prévues réside plus sur les taux très élevés des amendes dont la plus élevée se chiffre à cinquante millions de francs CFA[1], pendant que les peines d'emprisonnement sont demeurées essentiellement délictuelles[2]. Qui plus est, la sévérité de la sanction ne garantit pas le respect d'un texte.

De manière générale, au regard de l'aménagement de la pénalisation des atteintes à l'environnement, à la santé et à la vie dans l'exploitation minière, le législateur camerounais est resté assez généreux en dépit de la multiplicité des incriminations[3]. Cela est d'autant plus vrai qu'il prend souvent en compte un certain nombre de circonstances excluant l'illicéité ou la responsabilité pénale des auteurs des atteintes. En effet, il tient compte, dans la formulation des pénalités, des circonstances telles que l'extrême détresse, la force majeure et l'état de nécessité. La loi-cadre du 5 août 1996 dispose à cet effet très clairement que « *les pénalités prévues par le présent article ne s'appliquent pas aux rejets effectués par un navire pour assurer sa propre sécurité ou celle d'autres navires, ou pour sauver des vies humaines, ni aux déversements résultant des dommages subis par le navire sans qu'aucune faute ne puisse être établie à l'encontre de son capitaine ou de son équipage*»[4]. De même, cette la loi considère la non-réalisation d'une étude d'impact environnemental ou sa non-observation comme un simple délit punissable d'une amende de 2 000 000 à 5 000 000 F CFA et d'une peine

---

[1] Cf. art. 227 al. 1 du C. min. pour les infractions de faux et usage de faux.

[2] Comme la relève un auteur, «La sévérité des sanctions prévues réside sur les taux très élevés d'amendes». Voir Ph. KEUBOU, « Lecture juridique du nouveau Code minier camerounais promulgué par le chef de l'Etat le 14 décembre 2016 : dispositions différentes de l'ancien Code minier, mécanismes de collecte des taxes et redistribution de la valeur ajoutée », précité.

[3] J.-Cl. TCHEUWA, « Les préoccupations environnementales en droit positif camerounais », précité, p. 42.

[4] Voir conjointement les articles 23 à 25 du projet d'article de la CDI sur la responsabilité des Etats pour fait internationalement illicite (adopté par l'Assemblée générale des Nations-Unies lors de sa 85e séance plénière du 12 décembre 2001) et l'article 83, alinéa 5 de la loi-cadre de 1996.

d'emprisonnement pouvant varier entre six mois et deux ans[1]. Traitant des sanctions applicables aux manquements dans l'industrie minière camerounais, un auteur a pu affirmer que le droit minier camerounais a fait l'objet de « bricolages »[2] en ce qui concerne les normes environnementales. C'est le cas par exemple de l'article 137 du Code minier qui semble ne pas fixer des obligations impératives à l'endroit des entreprises minières, mais seulement des « conseils »[3] pour une « *exploitation rationnelle des ressources minières et de carrières en harmonie avec la protection de l'environnement* »[4]. À cet effet, les entreprises les titulaires de titres miniers et de carrières doivent « *veiller* » à « *la prévention des géo-risques et géo-catastrophe ; la prévention ou la minimisation de tout déversement dans la nature, la protection de la faune et de la flore* »[5], ou encore à « *la promotion ou le maintien de la bonne santé générale de la population* »[6]. A la lecture de cette disposition, on note plus une mise en demeure sans sanctions formelles. Par conséquent, cette disposition semble très peu dissuasive et c'est sans doute la raison pour laquelle les atteintes à l'environnement et à la santé humaine demeurent très présentes dans l'industrie minière camerounaise. En l'absence d'indications précises et en l'absence d'injonctions suivies d'amendes en cas de non-respect de ces « conseils », on peut aisément imaginer que les entreprises ne vont pas s'obliger à respecter l'environnement et les préoccupations liées à la santé et à la vie des populations.

Il en est de même des dispositions très peu dissuasives de la loi-cadre relative à la gestion de l'environnement qui ne créent pas d'effets concrets en faveur d'une réduction des rejets polluants domestiques et industriels. Cette remarque est également valable pour les opérations de rejet des déchets et substances dans les milieux à écologie fragile. Comme on peut le constater, la mise en œuvre efficiente de la loi environnementale est déliquescente, voire un échec sur certains aspects.

Pour essayer de remédier à cette souplesse des sanctions pénales, plusieurs infractions ont été prévues par le Code minier de 2016[7] qui réprime sévèrement le non-respect de la réglementation sur les mines en prévoyant des incriminations et des modalités de la répression. Les innovations dans ce domaine consistent au fait que, par rapport à l'ancien code, d'autres incriminations ont été ajoutées et les taux des peines légèrement modifiés.

---

[1] V. les articles 79, 82, 84 de la loi du 5 août 1996.

[2] V. LICKERT, *Les ressources minières au Cameroun : gouvernance, prise de décision et contre-expertise. Les acteurs publics et privés de la gouvernance minière au Cameroun*, Mémoire précité, p. 44.

[3] *Ibid.*

[4] Cf. art. 137 *in limine* de la loi n°2016/17 du 14 décembre 2016 portant Code minier.

[5] Cf. art. 137 *in medio* de la loi n°2016/17 du 14 décembre 2016 portant Code minier.

[6] *Ibid.*

[7] Cf. article 218 et suivants du Code minier.

Certaines de ces infractions sont relatives à l'exploitation non autorisée, d'autres sont relatives « au non-respect des prescriptions relatives à l'information de l'administration, d'autres sont relatives au non-respect des règles de sécurité et du respect de l'environnement ; certaines concernent le faux et l'usage de faux, et enfin d'autres concernent l'opposition à l'entrée dans le site des inspecteurs chargés du contrôle »[1] etc. Le Code minier a innové en prévoyant des dispositions spécifiquement consacrées au cas où l'activité dangereuse serait celle d'une personne morale, notamment celle d'une entreprise minière. En plus, la responsabilité pénale des personnes morales est susceptible d'être cumulée avec celle des personnes physiques dirigeantes de ces personnes morales[2].

2- Le caractère subsidiaire des sanctions pénales

320- La réglementation pénale camerounaise en matière de protection de l'environnement semble atypique en ce sens qu'elle attribue un rôle quasi juridictionnel au ministère de l'environnement de la protection de la nature et du développement durable (MINEPDED). L'omniprésence de ce ministère vient éclipser le rôle juridictionnel décisif que seraient amenées à jouer les juridictions nationales compétentes. En effet, la loi-cadre du 5 août 1996 a doté ce ministère d'un pouvoir de contrôle et de sanction sans précédent. Pour ce qui est de son pouvoir de contrôle, cette loi a mis à sa disposition une « police de l'environnement » qui, à travers le territoire national, traque les pollueurs et les autres contrevenants à la réglementation nationale relative à l'environnement[3]. S'agissant de son pouvoir de sanction, cette loi de 1996 a mis en place la procédure de transaction[4] qui ne représente rien d'autre que du droit mou, qui *in fine,* confère un rôle subsidiaire à la sanction pénale et à la justice. En fin de compte, cette dernière n'intervient que si le prévenu souhaite aller jusqu'au bout de l'action amorcée par la mission d'inspection. À ce sujet, un auteur écrit que « Si de temps en temps les tribunaux sont saisis en matière d'infraction sur la législation relative à la faune, les autres domaines ne semblent pas faire l'objet de poursuites peut être en raison de la primauté de la procédure transactionnelle, mais certainement en raison du défaut dans la recherche en

[1] Voir L. DEFOUKOUEMOU HIMBE, « Le nouveau Code minier camerounais, au cœur des standards de la gouvernance extractive contemporaine », https://halshs.archives-ouvertes.fr/halshs-01664344/document, consulté le 8 mars 2020, p. 6.

[2] Cf. art. 217 du Code minier.

[3] J.-Cl. TCHEUWA, « Les préoccupations environnementales en droit positif camerounais », précité, p. 40.

[4] V. article 91 de la loi du 5 août 1996.

la constatation des infractions environnementales »[1]. Pour conclure, l'auteur parle d'« une répression sévère mais peu usitée »[2].

À l'analyse de la réglementation nationale, la justice (notamment administrative) n'intervient qu'à un troisième niveau de la procédure, c'est-à-dire après la constatation de l'infraction et le recours soulevé devant l'administration compétente[3]. En effet, la procédure devant l'administration en charge de l'environnement est susceptible d'ouvrir la voie à une action devant le juge administratif, car la décision prise par le ministre ou sous son couvert est une décision portant grief et donc susceptible de recours pour excès de pouvoir[4].

Les différentes insuffisances des mécanismes d'incitation à la prévention relevées ci-dessus ne permettent pas toujours d'atteindre l'objectif recherché dans le cadre d'un projet minier en activité à savoir, la garantie d'une meilleure conciliation entre les intérêts en présence. D'où la nécessité d'un renforcement de ces différents mécanismes.

Section II : Le nécessaire renforcement des mécanismes d'incitation à la prévention

321- Les chaînes de production mondialisées sont généralement le théâtre de violations graves et systématisées des droits et libertés. À ce sujet, l'Organisation Internationale du Travail estime que plus de 21 millions de personnes sont assujetties au travail forcé dans le monde aujourd'hui[5]. À cet effet, la société civile réclame une prévention plus efficace en amont, c'est-à-dire un renforcement des mécanismes de responsabilité[6].

La lecture des textes juridiques camerounais ne suffit pas pour se forger une opinion au sujet des obligations de prévention des atteintes imposées à

---

[1] Voir D. BISSECK, « Rapport de la Cour suprême du Cameroun sur le droit pénal de l'environnement », *in Le droit de l'environnement,* Porto-Novo, 26 et 27 juin 2008, disponible en accès libre à l'adresse http://www.ahjucaf.org/Rapport-de-la-Cour-supreme-du,6715.html, consultée le 23 mai 2019, cité également par L. LONGO, *La gestion des déchets dangereux au Cameroun*, Mémoire de Master en relations internationales, IRIC, Université de Yaoundé II, 2012, disponible sur Internet à l'adresse :
https://www.memoireonline.com/11/13/7826/m_La-gestion-des-dechets-dangereux-au-Cameroun19.html, consultée le 8 mars 2020.

[2] Voir D. BISSECK, « Rapport de la Cour suprême du Cameroun sur le droit pénal de l'environnement », *précité.*

[3] Article 90, alinéa 2 de la loi-cadre de 1996.

[4] V. R. CHAPUS, *Droit du contentieux administratif,* 10e éd., Montchrestien, 2002, p. 189 et s.

[5] *Transparency* in *Supply Chains... A practical guide*, Guidance issued under section 54(9) of the Modern Slavery Act 2015, p. 16.

[6] P. MOUGEOLLE, « Sur la conformité constitutionnelle de la proposition de loi relative au devoir de vigilance des sociétés mères et des entreprises donneuses d'ordre », *La Revue des droits de l'homme* [En ligne], Actualités Droits-Libertés, mis en ligne le 15 février 2017, consulté le 15 février 2017. URL :http://revdh.revues.org/2970, consulté le 20 février 2017.

l'Etat et aux entreprises opérant dans le secteur minier. Ce qui amène à examiner la législation de certains Etats ayant une grande tradition minière ainsi que la jurisprudence étrangère y afférente. En effet, depuis quelques années, la jurisprudence et la législation de certains pays essayent d'imposer de lourdes obligations de prévention à la charge des Etats et des entreprises dominantes[1].

Le renforcement des mécanismes de prévention dans l'industrie minière locale suppose d'une part, l'imposition d'une obligation de vigilance à l'égard de l'Etat et des sociétés minières (I). D'autre part, il importe également de tenir compte de la spécificité du droit de l'environnement, notamment du droit à un environnement sain dans la sanction du non-respect des mécanismes de prévention (II).

I- La nécessité d'imposer une obligation de vigilance à l'égard de l'Etat et des sociétés minières

322- La notion de « diligence raisonnable » est au cœur des obligations des Etats, ainsi que de celles des entreprises. Au niveau des obligations des États par rapport aux agissements des personnes privées, le Comité des droits de l'homme des Nations Unies, dans son *Observation générale n° 31 sur la nature des obligations juridiques des États parties*, évoque l'existence d'une obligation de diligence raisonnable pour les États à l'égard d'abus qui seraient commis par des entreprises en ces termes : « dans certaines circonstances, il peut arriver qu'un manquement à l'obligation énoncée à l'article 2 de garantir les droits reconnus dans le Pacte [sur les droits civils et politiques] se traduise par une violation de ces droits par un État partie si celui-ci tolère de tels actes ou s'abstient de prendre des mesures appropriées ou d'exercer la diligence nécessaire pour prévenir et punir de tels actes commis par des personnes privées, physiques ou morales, enquêter à leur sujet ou réparer le préjudice qui en résulte en sorte que lesdits actes sont imputables à l'État partie concerné »[2].

Si jusqu'en 1972, l'obligation de prévention avait une connotation de protection de la souveraineté des Etats, elle va à partir de la Conférence de Stockholm changer de paradigme pour avoir davantage une connotation de protection de l'environnement, conformément au Principe 21 de la

---

[1] Le terme société dominante désigne à la fois la société mère, le donneur d'ordre ou encore le maître d'ouvrage.

[2] Voir Comité des droits de l'homme, *Observation générale n° 31 sur la nature des obligations juridiques des États parties au Pacte*, U.N. Doc. HRI/GEN/1/Rev.7, 80e session, 2004, § 8, disponible sur Internet à l'adresse : http://hrlibrary.umn.edu/gencomm/french/f-gencom31.html, consultée le 5 mars 2020.

Déclaration de Stockholm[1]. Selon Marc Pallemaerts, cette Déclaration peut être considérée comme la fondation du droit international de l'environnement moderne[2]. Depuis lors, il existe de plus en plus dans le droit international, des obligations de prévention, voire de vigilance à la charge des Etats, aussi bien dans certains instruments juridiques internationaux que dans la jurisprudence internationale. Dans son Observation générale n° 31 (2004), le Comité des droits de l'homme affirme que « Les règles concernant les droits fondamentaux de la personne humaine sont des obligations *erga omnes* »[3].

323- L'obligation de prévention des atteintes aux droits fondamentaux dans l'exploitation minière repose en premier lieu sur l'Etat qui a la charge de garantir la protection de ces droits contre les violations que pourraient commettre les entreprises minières. Il doit de ce fait faire preuve de « diligence raisonnable », généralement définie comme « les mesures qu'une personne ordinairement raisonnable et prudente prendrait pour détecter et gérer correctement les risques actuels ou potentiels afin d'atténuer leur impact négatif et d'éviter des dommages »[4]. Dans l'exploitation minière, faire preuve de diligence raisonnable impliquerait pour les organes de l'État, des obligations à deux niveaux d'un projet : vérifier de manière proactive le respect de certains critères et normes avant d'autoriser ou d'appuyer un projet, et s'assurer du respect continu de ceux-ci en cours de réalisation[5].

Outre les textes juridiques internationaux, la jurisprudence des organes de protection des droits de l'homme permet également de constater que des obligations de vigilance sont mises à la charge des Etats en vue de garantir la

---

[1] Selon le Principe 21 de la Déclaration de Stockholm, « *Les Etats ont le droit souverain d'exploiter leurs propres ressources selon leur politique d'environnement et ils ont le devoir de faire en sorte que les activités exercées dans les limites de leur juridiction ou sous leur contrôle ne causent pas de dommage à l'environnement dans d'autres Etats ou dans des régions ne relevant d'aucune juridiction nationale* », https://gpthome69.files.wordpress.com/2019/06/2.12_declaration_conference_stockholm_1972.pdf, consulté le 9 mai 2018.

[2] M. PALLEMAERTS, « International Environmental Law from Stockholm to Rio : Back to the future ? », *in* P. SANDS (éd.), *Greening international law*, London, Earthscan Publications, 1993, p. 2.

[3] Voir Comité des droits de l'homme, Observation générale n° 31 sur *La nature de l'obligation juridique générale imposée aux États parties au Pacte,* adoptée le 29 mars 2004, CCPR/C/21/Rev.1/Add.13, § 2.

[4] Voir M.-P. BLIN-FRANCHOMME et al., *Entreprise et développement durable: Approche juridique pour l'acteur économique du XXIe siècle*, éd. Wolters Kluwer, Coll. Lamy Axe Droit, Paris, 2011, n° 119, p. 105.

[5] Voir Fondation Lelio et Lisli Basso, Requête formelle au Tribunal Permanent des Peuples, intitulé : *Pour instaurer au Canada une session du Tribunal permanent des peuples sur l'industrie minière canadienne*, Session canadienne, Rome, Italie, avril 2014, disponible sur Internet à l'adresse : http://lentraidemissionnaire.org/wp-content/uploads/verdict_final_tpp_canada.pdf, consulté le 03 avril 2018, p. 29.

protection des droits humains. À titre d'illustration, l'affaire relative au *Projet Gabcikovo-Nagymaros* a permis à la Cour International de Justice (CIJ) d'affirmer que « *dans le domaine de la protection de l'environnement, la vigilance et la prévention s'imposent en raison du caractère souvent irréversible des dommages causés à l'environnement et des limites inhérentes au mécanisme même de réparation de ce type de dommages dans un contexte spécifique (pays, secteur, impact et relations avec les tiers)* »[1].

Dans le même sens, la Cour Européenne des Droits de l'Homme (CEDH) estime que l'Etat est tenu de prendre des mesures « *raisonnables et adéquates* »[2] de prévention des dommages environnementaux et de protection des individus contre les atteintes graves à leur environnement. Le cas échéant, il doit prendre les mesures nécessaires pour faire cesser la pollution ou tout au moins pour la ramener à un niveau acceptable.

De façon tout à fait comparable, la Commission européenne des droits de l'homme et la Cour interaméricaine des droits de l'homme ont souligné que les Etats doivent mettre en place des garanties et des mécanismes adéquats pour prévenir les risques environnementaux et y faire face le cas échéant, superviser les activités du secteur privé et s'assurer qu'ils ont suffisamment de personnel pour veiller à ce que l'exploitation des ressources naturelles ne cause pas de dommages environnementaux majeurs[3].

324- L'obligation de prévention des atteintes aux droits fondamentaux repose également sur les entreprises minières qui doivent mettre en place des mesures de vigilance raisonnables pour éviter ces atteintes. Comme l'ont relevé certains auteurs[4], « se limiter au seul rôle joué par les États serait simpliste, voire hypocrite. Tout d'abord parce que d'autres acteurs, comme les entreprises, participent parfois activement aux violations [des droits humains]. Ensuite, parce que, selon le droit international, les entreprises ont elles aussi des obligations à honorer en la matière »[5]. Ces considérations

---

[1] Voir CIJ, arrêt rendu le 25 septembre 1997 dans l'*affaire du projet de Gabcikovo-Nagymaros* opposant la Slovaquie et la Hongrie (§140 ; obs. S. MALJEAN-DUBOIS, *AFDI*, volume 43, 1997. pp. 286-332).

[2] CourEDH, 21 février 1990, *Powell et Rayner c. Royaume-Uni*, § 41.

[3] *Ibid.*, p. 92, spéc. note 40.

[4] S. FISCHER et F. TRIEST, « La "diligence raisonnable" des entreprises : une approche suffisante pour lutter contre les violations des droits de l'homme », *Commission Justice et Paix belge francophone*, 2012, http://www.justicepaix.be/La-diligence-raisonnable-des-entreprises-une-approche-suffisante-pour-lutter, consulté le 05 avril 2018.

[5] Voir Conseil Économique et Social des Nations Unies, Comité Des Droits Économiques, Sociaux et Culturels, *Questions de fond au regard de la mise en œuvre du Pacte international relatif aux droits économiques, sociaux et culturels*, Observation Générale n°12, 20e Session, Genève, 1999, § 20, cité par S. FISCHER et F. TRIEST, « La "diligence raisonnable" des entreprises : une approche suffisante pour lutter contre les violations des droits de l'homme », *Commission Justice et Paix belge francophone*, 2012, http://www.justicepaix.be/La-diligence-raisonnable-des-entreprises-une-approche-suffisante-pour-lutter, consulté le 05 avril 2018, note 4, p. 1.

justifient à suffisance la nécessité d'imposer une obligation de vigilance aussi bien à l'égard de l'Etat (A), qu'à l'égard des entreprises minières (B), en vue d'une meilleure prévention des atteintes à la santé et à la vie.

A- Le devoir de vigilance de l'Etat : fondement du contrôle étatique des activités minières en vue de la prévention des atteintes

325- L'obligation de prévention des effets néfastes de l'exploitation minière repose en premier lieu sur l'Etat. Selon la Résolution n° 32/10 du Conseil des droits de l'homme du 30 juin 2016[1], c'est à l'État qu'incombent la responsabilité première et le devoir de promouvoir et de protéger les droits de l'homme et les libertés fondamentales[2]. Le Pacte international relatif aux droits civils et politiques rappelle dans son préambule que «*la Charte des Nations Unies impose aux États l'obligation de promouvoir le respect universel et effectif des droits de l'homme et des libertés fondamentales* »[3]. Il revient donc en premier lieu à l'Etat de s'assurer que les droits fondamentaux sont respectés sur son territoire. Il « *ne peut invoquer les dispositions de son droit interne comme justifiant la non-exécution d'un traité* »[4].

Dans son Observation générale n° 24 sur les obligations des États en vertu du PIDESC, le CODESC affirme que « *Le Pacte établit trois niveaux d'obligations spécifiques incombant aux États parties, à savoir respecter, protéger et mettre en œuvre. Ces obligations s'appliquent tant aux situations existant sur le territoire national des États qu'en dehors de celui-ci, pourvu que les États concernés puissent exercer un contrôle sur les situations en question* »[5]. L'obligation de «respecter» impose à l'État de ne prendre aucune mesure qui affecte la jouissance d'un droit. L'obligation de « protéger » quant à elle exige de la part de l'Etat, des mesures afin de s'assurer que les entreprises ou les particuliers ne privent

---

[1] La résolution onusienne n° 32/10 du 30 juin 2016 est intitulée : *Les entreprises et les droits de l'homme : améliorer la responsabilisation des entreprises et l'accès à des voies de recours.*

[2] Voir la Résolution 32/10 du Conseil des droits de l'homme, adoptée le 30 juin 2016, intitulée : *Les entreprises et les droits de l'homme : améliorer la responsabilisation des entreprises et l'accès à des voies de recours.*

[3] Voir Comité des droits de l'homme, Observation générale n° 31 sur *La nature de l'obligation juridique générale imposée aux États parties au Pacte (PIDCP),* adoptée le 29 mars 2004, CCPR/C/21/Rev.1/Add.13, § 2 ; http://hrlibrary.umn.edu/gencomm/french/f-gencom31.html, consulté le 8 mars 2020.

[4] Cf. article 27 de la Convention de Vienne de 1969 sur le droit des traités.

[5] Voir Comité des droits économiques, sociaux et culturels, *Observation générale nº 24 (2017) sur les obligations des États en vertu du Pacte* international *relatif aux droits économiques, sociaux et culturels dans le contexte des activités des entreprises*, E/C.12/GC/24, Distr. générale, 10 août 2017 § 11, https://www.refworld.org/cgi-bin/texis/vtx/rwmain/opendocpdf.pdf?reldoc=y&docid=5beaecc74, consulté le 5 mars 2020.

pas les individus de leurs droits. Enfin, l'obligation de « mettre en œuvre » ou de « rendre effectif » consiste à donner effet ou à concrétiser les droits humains. Ces obligations sont de nature à inciter l'État à s'engager pro-activement en prenant des mesures de prévention pour éviter toute atteinte aux droits fondamentaux. L'État peut donc être tenu directement responsable de son action ou de son inaction, voire de l'action ou de l'inaction des entreprises exerçant ses activités sur son territoire[1].

Dans le même sens, bien que de manière moins contraignante, les Principes directeurs de l'ONU relatifs aux entreprises et aux droits de l'homme, fixent un cadre de référence des obligations de l'État vis-à-vis des entreprises privées. Ce cadre de référence est constitué de trois obligations fondamentales que sont « protéger, respecter et réparer »[2]. Au regard de ces obligations fondamentales, il incombe à l'État d'éviter la privation arbitraire de la vie et d'exercer la diligence voulue pour empêcher la privation arbitraire de la vie par des acteurs non étatiques.

En effet, les obligations mises à la charge des Etats sont de deux ordres : d'une part, on a des obligations substantielles de protection de l'environnement et de prévention des dommages environnementaux et d'autre part des obligations procédurales tenant à la qualité du processus décisionnel en matière environnementale. Alors que les obligations substantielles (1) rendent compte de la dimension sociale et économique du droit à un environnement sain, les obligations procédurales (2) quant à elles illustrent plutôt la dimension civile et politique de ce droit[3].

1- Les obligations substantielles de l'État en matière de prévention des atteintes

326- À titre de rappel, les obligations substantielles rendent compte de la dimension sociale et économique du droit à un environnement sain. Elles se subdivisent en obligations positives (a) et négatives (b). Ces deux types d'obligations se retrouvent dans les systèmes de protection des droits humains, aussi bien régionaux qu'universels, même si cette catégorisation duale n'est pas toujours également visible[4].

---

[1] Voir Comité des droits de l'homme, Observation générale n° 31 sur *La nature de l'obligation juridique générale imposée aux États parties au Pacte, a*doptée le 29 mars 2004, CCPR/C/21/Rev.1/Add.13, § 11.

[2] Voir le Rapport du Représentant spécial du Secrétaire général chargé de la question des droits de l'homme et des sociétés transnationales et autres entreprises, *Principes directeurs relatifs aux entreprises et aux droits de l'homme: mise en œuvre du cadre de référence «protéger, respecter et réparer» des Nations Unies* (A/HRC/17/31).

[3] M. AILINCAI, « Exploitation des ressources naturelles et droit à un environnement sain », précité, p. 103.

[4] *Ibid.*, pp : 90-91.

a) Les obligations positives

327- Les obligations positives sont des obligations de faire. Elles sont de deux ordres : les obligations positives structurelles et les obligations positives individuelles.

D'une part, *les obligations positives structurelles* invitent les Etats à adopter un encadrement juridique, ayant pour effet de réglementer l'activité des entreprises dans le but de limiter ou de contrer les effets pervers sur les droits de l'homme. Autrement dit, il s'agit pour l'Etat de mettre en place toutes les mesures législatives et administratives pour prévenir les atteintes aux droits de l'homme par des entreprises. Car comme le rappelle si bien le Comité des droits économiques, sociaux et culturels (CODESC) dans son Observation générale n° 24 (2017), « *De l'obligation de protéger découle un devoir positif d'adopter un cadre juridique imposant aux entreprises d'exercer une diligence raisonnable en matière de droits de l'homme afin de détecter les risques de violation des droits garantis par le Pacte, de prévenir et d'atténuer ces risques, de faire en sorte que lesdits droits ne soient pas bafoués et de rendre compte des incidences négatives que leurs décisions et leurs opérations, ou que les décisions et opérations des entités qu'elles contrôlent, peuvent avoir sur l'exercice des droits garantis par le Pacte...* »[1].

Le contenu de cette obligation positive structurelle de l'Etat est détaillé par la CourEDH dans l'affaire *Tatar c. Roumanie*, où les requérants remettaient en cause les activités d'une usine d'exploitation de minerai d'or et d'argent qui utilisait une technologie d'extraction impliquant le lessivage au cyanure de sodium. Dans cette affaire, le juge estime que l'obligation de vigilance pèse sur l'Etat dès qu'il existe un « *risque sérieux et substantiel pour la santé et le bien-être* » des individus[2]. Dans sa décision, la Cour affirme que l'Etat est avant tout tenu de *« mettre en place un cadre législatif et administratif visant à une prévention efficace des dommages à l'environnement et à la santé humaine »*. Autrement dit, il doit réglementer de façon adéquate l'activité du secteur privé. Comme le relève Monsieur Danière Briand, la régulation (ici de l'exploitation minière) est un « facteur d'équilibre entre des intérêts distincts »[3].

---

[1] Voir Comité des droits économiques, sociaux et culturels, *Observation générale n° 24 (2017) sur les obligations des États en vertu du Pacte international relatif aux droits économiques, sociaux et culturels dans le contexte des activités des entreprises*, adoptée par le CODESC à sa 61e session (29 mai-23 juin 2017, Distr. générale 10 août 2017, E/C.12/GC/24, § 16. Voir également les *Principes directeurs relatifs aux entreprises et aux droits de l'homme*, principes 15 et 17.

[2] CourEDH, 27 janvier 2009, *Tatar c. Roumanie*, § 107.

[3] D. BRIAND, « Régulation environnementale et droit de la concurrence », *in* G. MARTIN et B. PARANCE (dir.), *La Régulation environnementale*, LGDJ, coll. Droit et Economie, 2012, p. 107.

Lorsqu'il s'agit d'activités dangereuses, l'Etat doit de surcroît accorder une attention particulière à ce que la réglementation soit « *adaptée aux spécificités de l'activité en jeu, notamment au niveau du risque qui pourrait en résulter. Cette obligation doit déterminer l'autorisation, la mise en fonctionnement, l'exploitation, la sécurité et le contrôle de l'activité en question et imposer à toute personne concernée par celle-ci l'adoption de mesures d'ordre pratique propres à assurer la protection effective des citoyens dont la vie risque d'être exposée aux dangers inhérents au domaine en cause* »[1]. L'Etat doit par ailleurs assurer une application effective de la législation mise en place, à défaut de quoi, il engage sa responsabilité. Cela signifie qu'il doit exercer une surveillance sur les activités du secteur privé afin d'éviter ou de mettre un terme à d'éventuelles dérives[2].

Des obligations positives similaires, quoique légèrement plus étendues, ont été mises en exergue par la Commission africaine des droits de l'homme et des peuples (CADHP) dans l'affaire *SERAC c. Nigeria* qui a posé les jalons de la prévention et de la protection des droits de l'homme face à l'activité des entreprises pétrolières en se prononçant en faveur de la mise en œuvre d'un cadre législatif approprié pour sauvegarder les droits du peuple autochtone en danger. Dans cette affaire, la CADHP souligne que l'Etat est tenu de *« prendre des mesures raisonnables et d'autres mesures pour prévenir la pollution et la dégradation écologique, favoriser la préservation de l'environnement et garantir un développement écologiquement durable et l'utilisation des ressources naturelles »*[3]. Cette affirmation englobe l'obligation de réglementer et de surveiller les activités des compagnies minières. Elle peut également être interprétée comme allant même au-delà, puisque l'Etat doit prendre non seulement des mesures raisonnables, mais aussi « *d'autres mesures* »[4]. Dans sa décision, la Commission semble affirmer que l'Etat nigérian n'a rien fait pour tenter de préserver l'environnement des Ogoni, en ce sens qu'il n'a ni réglementé, ni surveillé l'activité des compagnies pétrolières. Au contraire, il a même soutenu leurs activités polluantes[5].

De la même manière, la CEDH dans les affaires *Oneryildiz c/ Turquie* et *Budayeva et al. c/ Russie*, a rappelé la nécessité pour les Etats de prendre

---

[1] CourEDH, 27 janvier 2009, *Tatar c. Roumanie*, § 87-88 ; Voir aussi CourEDH, 30 mars 2010, *Bacila c. Roumanie*, § 61 ; CourEDH, 10 janvier 2012, *Di Sarno et al. c. Italie*, § 106.

[2] M. AILINCAI, « Exploitation des ressources naturelles et droit à un environnement sain », précité, p. 92.

[3] CommAfrDH, *SERAC c. Nigéria,op. cit.*, § 52, https://www.achpr.org/fr_sessions/descions?id=134, consulté le 8 mars 2020.

[4] M. AILINCAI, « Exploitation des ressources naturelles et droit à un environnement sain », précité, p. 92.

[5] Le fait que les faits n'étaient pas reprochés au gouvernement au pouvoir mais au régime précédent, a sans doute facilité l'usage d'un langage ferme dans sa décision.

toutes les mesures adéquates afin de protéger les individus de toute menace à leur droit à la vie[1].

Au regard de ce qui précède, « *Les États enfreindraient l'obligation qui leur incombe de protéger les droits consacrés par le Pacte si par exemple, ils n'empêchaient pas les entreprises d'adopter des comportements violant ces droits ou qui auraient manifestement pour effet d'entraîner une telle violation, ou s'ils ne luttaient pas contre ces comportements, (...) s'ils accordaient des autorisations de prospection et d'exploitation des ressources naturelles sans tenir dûment compte des incidences potentiellement néfastes de ces activités sur l'exercice par les individus et les communautés des droits qui leur sont garantis par le Pacte* »[2].

En dehors des obligations positives structurelles sus évoquées, il pèse également sur l'Etat des obligations positives individuelles.

328- D'autre part, *les obligations positives individuelles* renvoient à la mise en œuvre du dispositif normatif par le contrôle des activités des entreprises. La notion d'obligation positive individuelle pourrait se rapprocher de l'obligation de protéger qui « exige de l'Etat qu'il protège les titulaires des droits contre les atteintes émanant des tiers et qu'il en réprime les auteurs »[3]. De la technique d'obligations positives individuelles se dégage la notion d'effet horizontal indirect des conventions des droits de l'homme[4], qui implique leur application dans les relations individuelles. La technique des obligations positives individuelles se fonde sur la notion d'effectivité des traités relatifs aux droits de l'homme qui implique leur application dans les relations individuelles. À cet effet, l'Etat doit s'assurer que les conventions relatives aux droits de l'homme ne soient pas « méconnues dans les relations privées »[5].

Dans l'affaire *Bacila c/ Roumanie*[6], la CEDH a eu l'occasion d'établir que le lien de causalité entre la santé d'un requérant et des activités

---

[1] Voir CEDH, 30 nov. 2004, n° 48939/99, *Oneryildiz c/ Turquie* § 89 ; CEDH, 20 mars 2008, n° 15339/02, *Budayeva et al. c/ Russie,* § 129.

[2] Voir Comité des droits économiques, sociaux et culturels, *Observation générale n° 24 (2017) sur les obligations des États en vertu du Pacte international relatif aux droits économiques, sociaux et culturels dans le contexte des activités des entreprises*, op. cit., § 18, disponible à l'adresse : https://www.refworld.org/cgi-bin/texis/vtx/rwmain/opendocpdf.pdf?reldoc=y&docid=5beaecc74, consultée le 5 mars 2020.

[3] J.-F. AKANDJI-KOMBE, « Les obligations positives en vertu de la convention européenne des droits de l'homme », *Précis sur les droits de l'homme,* n°7, 2006, p. 5.

[4] B. MOUTEL, *L'effet horizontal de la Convention européenne des droits de l'homme en droit privé français : Essai sur la diffusion de la CEDH dans les rapports entre personnes privées*, Thèse, Université de Limoges, 2006.

[5] Y. KERBRAT, « La responsabilité des entreprises peut-elle être engagée pour des violations du droit international ? », *in* H. GHERARI et Y. KERBRAT (dir.), *L'entreprise dans la société internationale*, éd. A. Pedone, Paris, 2010, p. 100.

[6] Voir CEDH, 30 mars 2010, n° 19234/04, *Bacila c/ Roumanie*, § 70-71.

industrielles polluantes sans suivi ni contrôle engageait la responsabilité de l'Etat pour violation de l'article 8 de la Convention. Ainsi, elle a considéré que même si l'Etat a voulu maintenir l'activité économique de la plus grande entreprise d'une ville fragilisée par la fermeture d'autres industries, cet intérêt ne saurait l'emporter sur le droit des personnes concernées à jouir d'un environnement sain et de l'obligation positive de mettre en œuvre des mesures pour protéger la santé des personnes.

Dans l'affaire *Fondation Marangopoulos c/ Grèce*[1], l'Etat avait également été condamné pour n'avoir pas mis en œuvre la législation nationale existante sur la protection de la santé des individus. Le Comité a ainsi écarté l'argument du gouvernement selon lequel le fait que les activités minières soient exercées par une entité privée l'exonérait de toute responsabilité. Comme on le voit, les obligations positives poussent l'Etat à être plus vigilant à l'égard des activités des entreprises[2].

b) Les obligations négatives

329- Les obligations négatives sont celles de respecter les droits des individus, c'est-à-dire de ne pas mener des activités qui porteraient atteinte au droit de l'homme à un environnement sain. Le Comité des droits de l'homme de l'ONU affirme à cet effet que l'obligation juridique de respecter et de garantir[3] les droits reconnus dans le Pacte international relatif aux droits civils et politiques est à la fois négative et positive[4].

La responsabilité d'un Etat serait engagée sous l'angle du non-respect de son obligation négative de prévention si l'atteinte au droit à l'environnement sain résultait de l'activité d'une société contrôlée par l'Etat. La responsabilité de l'Etat peut également être engagée sur le même fondement du fait de l'absence de régulation de l'industrie privée, c'est-à-dire en raison du manquement à des obligations positives de prévention et de protection des individus contre les atteintes graves à l'environnement, à la santé et à la vie. À titre d'illustration, la responsabilité de l'Etat peut être engagée sur le fondement de l'article 30 de la loi du 19 juillet 2019 sur la sûreté radiologique et nucléaire qui prévoit que « *L'Etat garantit la sécurité*

---

[1] Comité EDS, *Fondation Marangopoulos pour les droits de l'homme (FMDH) c/ Grèce*, 6 déc. 2006, § 192-195 ; 205-220.

[2] Voir K. MARTIN-CHENUT et C. PERRUSO, « Organes de protection des droits de l'homme et responsabilité des entreprises : la contribution des obligations positives », *in* K. MARTIN-CHENUT et R. QUENAUDON (dir.), *La RSE saisie par le droit. Perspectives interne et international*, Editions A. Pedone, Paris, 2016, p. 668.

[3] Selon l'article 2 al. § 1 du PIDCP, «*Les Etats parties au présent Pacte s'engagent à respecter et à garantir à tous les individus se trouvant sur leur territoire et relevant de leur compétence les droits reconnus dans le présent Pacte, sans distinction aucune...* ».

[4] Voir Comité des droits de l'homme, Observation générale n° 31 sur *La nature de l'obligation juridique générale imposée aux États parties au Pacte (PIDCP)*, adoptée le 29 mars 2004, CCPR/C/21/Rev.1/Add.13, § 6.

nucléaire sur l'ensemble du territoire national»[1]. Un manquement aux obligations négatives de l'Etat a été dénoncé par la Commission africaine des droits de l'homme et des peuples dans l'*affaire SERAC c. Nigéria*[2]. Mais ce sont les dommages environnementaux provoqués par des activités du secteur privé qui sont le plus souvent dénoncés devant les organes internationaux de protection des droits de l'homme.

2- Les obligations procédurales de l'Etat en matière de prévention des atteintes

330- Tel que mentionné plus haut, les obligations procédurales illustrent la dimension civile et politique du droit de l'homme à un environnement sain. Sous l'angle des obligations procédurales, l'Etat doit s'assurer que le processus décisionnel aboutissant à l'octroi d'un titre minier ou d'une autorisation d'exploitation des ressources naturelles prend dûment en compte l'intérêt des individus à la protection de leur environnement, de la santé et de la vie.

Pour aboutir à ce résultat, les Etats sont soumis à une série de trois obligations cumulatives : une obligation de réaliser une étude d'impact environnemental, une obligation d'information du public concerné et une obligation de permettre la participation[3] du public au processus décisionnel. Toutes ces obligations permettent d'éviter en amont les externalités négatives du projet minier sur l'environnement, sur la santé et sur la vie des travailleurs du secteur minier et des populations.

Dans l'affaire des *Usines de pâte à papier*, la CIJ avait également estimé que le fait pour l'Etat de ne pas s'assurer qu'une étude d'impact environnemental avait été conduite selon les règles de l'art, constituait un manquement à son devoir de vigilance[4]. En d'autres termes, si l'Etat ne

---

[1] Cf. article 30 de la loi n° 2019/012 du 19 juillet 2019 portant cadre général de sûreté radiologique et nucléaire, de sécurité nucléaire, de responsabilité civile et de l'application des garanties.

[2] CommAfrDH, *SERAC c. Nigeria*, 13 octobre 2001, *Social and EconomicRights Action Center, Center for economic and Social Rights v. Nigerie (SERAC c. Nigeria)*, communication n° 155/96, 30e session ordinaire, paragraphe 51 et 52, https://www.achpr.org/fr_sessions/descions?id=134, consulté le 8 mars 2020.

[3] Principe de participation «Principe selon lequel le corps social est pleinement associé à l'élaboration de projets et de décisions publics ayant une incidence sur l'environnement, et dispose d'une possibilité de recours une fois la décision prise». Voir Commission générale de terminologie et de néologie, *Vocabulaire de l'environnement (liste de termes, expressions et définitions adoptés)*, JORF, n° 87, 12 avril 2009 ; Voir également *Vocabulaire du développement durable*, Délégation générale à la langue française et aux langues de France, 2015, n°156.

[4] Voir CIJ, arrêt du 20 avril 2010, *l'affaire relative à des Usines de pâte à papier sur le fleuve Uruguay (Argentine c. Uruguay)*, en ligne : <http://www.icj-cij.org/docket/files/135/15878.pdf > [Usines de pâte à papier], consulté le 30 avril 2017, § 204.

s'assure pas qu'une EIE a été réalisée conformément au règles de l'art, préalablement à l'octroi d'un titre minier, il sera très difficile pour lui de prouver qu'il a agi avec diligence.

La Cour européenne des droits de l'homme (CEDH) a également plusieurs fois réitéré aux Etats depuis l'*affaire Lopez-Ostra c/ Espagne*, de prendre les mesures nécessaires pour assurer aux citoyens le droit à un environnement sain[1] qui est à la fois un droit substantiel et un droit procédural. Il va de soi que lorsqu'on évoque la question de la participation du public, c'est l'aspect procédural du droit à un environnement sain qui est envisagé. Pour Kiss et Jean-Pierre Beurier, lorsqu'on parle du droit à l'environnement comme droit procédural, *« il s'agit de reconnaître le droit du public à l'information sur l'environnement et sur ses modifications potentielles, la participation aux décisions pouvant affecter l'environnement et l'accès à des voies de recours en cas de violation de ces droits »*[2].

Dans l'affaire *Serac c/ Nigeria*, la Commission africaine des droits de l'homme et des peuples a conclu que l'Etat était tenu de s'assurer que des études d'impact environnemental et social soient menées pour tout projet futur d'exploitation pétrolière dans le pays. À cet effet, les autorités devraient être plus exigeants dans l'octroi des permis en s'assurant que l'exploitation envisagée se fera en respect de la sécurité des citoyens qui pourraient voir leur droit à la vie menacé[3].

Tout ce qui précède permet de constater que les obligations de vigilance mises à la charge des Etats sont conséquentes. Il en est de même à l'égard des entreprises minières.

B- La nécessité d'imposer un devoir de vigilance renforcé aux sociétés minières

331- Les entreprises minières doivent également être associées à la concrétisation du droit à la santé et par ricochet du droit à la vie. C'est ce qu'illustre la jurisprudence de la Cour de cassation française qui a pu affirmer que « *l'employeur est tenu, à l'égard de son personnel, à une obligation de sécurité de résultat qui lui impose de prendre des mesures nécessaires pour assurer la sécurité et protéger la santé des travailleurs*»[4]. L'obligation de prévention des externalités négatives de l'exploitation minière repose donc également sur les entreprises minières, qu'elles soient

---

[1] Voir CEDH, affaire *Lopez-Ostra c/ Espagne*, 9 décembre 1994, arrêt n° 41/1993/436/515 ; *Geurra et al. c/ Italie*, 19 février 1998, arrêt n° 116/1996/735/932 ; *Hatton c/ Royaume-Uni*, 2 oct. 2001, arrêt n° 36022/97 etc.

[2] A. KISS et J.-P. BEURIER, *Droit international de l'environnement*, Paris, Pedone, 3e édition, 2004, p. 104.

[3] Voir CEDH, 28 fév. 2012, n°s 17423/05, 20534/05, 20678/05, 23263/05, 24283/05 et 35673/05, *Koyadenko et al. c/ Russie* § 158.

[4] Cass. Soc., 5 mars 2008, SNECMA, Bull. V. n° 46.

sociétés mères, donneuses d'ordre, filiales ou sous-traitantes. Celles-ci ont en premier lieu une obligation négative, celle de ne pas porter atteinte aux droits de l'homme, c'est-à-dire de les respecter. De cette obligation négative découlent des obligations positives, notamment l'obligation de « diligence raisonnable », c'est-à-dire celle de s'informer, de prévenir et d'éviter les impacts négatifs de leurs activités sur ces droits[1]. Autrement dit, il s'agit de prévenir le risque de négligence autour de l'impact d'une action menée par un particulier[2]. L'obligation de diligence raisonnable, dont la définition ne fait pas pour l'instant consensus, pas plus que la manière dont elle pourrait s'opérationnaliser, s'ajoute donc à l'obligation dite « négative » de respecter les droits humains qui pèse sur les entreprises minières. Quoi qu'il en soit, le principe du devoir de vigilance est aujourd'hui clairement affirmé (1), aussi bien dans les textes internationaux (et même dans certains droits nationaux comme la France) que par la jurisprudence. Ainsi, la violation de ce devoir de vigilance donne lieu à des sanctions (2).

1- Le principe du devoir de vigilance des entreprises minières

332- Depuis plusieurs décennies, la notion de « diligence raisonnable » a été préconisée par les institutions internationales comme solution pour résoudre l'épineuse question de la violation des droits humains par les entreprises multinationales. Cette notion est de plus en plus commune dans les instances internationales.

« Dans les années 1970 déjà, les Nations Unies s'étaient fixées comme priorité, l'élaboration d'un code de conduite international pour les entreprises transnationales. En 1974, une commission et un Centre des Entreprises Transnationales au sein de l'ONU sont créés, immédiatement suivis par la publication des Lignes directrices de l'Organisation de Coopération et de Développement Economique (OCDE) »[3] en 1976. Ces principes de l'OCDE ont été révisés en 2011[4], en vu de les étendre aux conventions de l'Organisation internationale du travail (OIT), notamment à la Déclaration tripartite relative aux principes et droits fondamentaux au travail. Dans ses *Principes directeurs à l'intention des entreprises multinationales*, l'OCDE encourage les entreprises à « exercer une diligence

---

[1] S. FISCHER et F. TRIEST, « La "diligence raisonnable" des entreprises : une approche suffisante pour lutter contre les violations des droits de l'homme », *Commission Justice et Paix belge francophone*, 2012, http://www.justicepaix.be/La-diligence-raisonnable-des-entreprises-une-approche-suffisante-pour-lutter, consulté le 05 avril 2018.

[2] *Ibid.*

[3] Voir : www.oecd.org/daf/investment/guidelines ; Voir également l'adresse internet : https://ethique-sur-etiquette.org/IMG/pdf/presentationtraiteonu_coalitionfr-2.pdf, consultées le 6 mars 2020.

[4] De nouvelles normes ont été introduites en 2011 en matière de droits de l'homme via l'intégration de la chaine de fournisseurs dans la sphère de responsabilité des entreprises.

raisonnable fondée sur les risques (...) afin d'identifier, de prévenir ou d'atténuer les incidences négatives, réelles ou potentielles, (...) et rendre compte de la manière dont elles répondent à de telles incidences »[1], notamment en matière de respect des droits de l'homme[2].

De son côté, l'ONU a adopté en 2011, les *Principes directeurs relatifs aux entreprises et aux droits de l'homme*[3]. Parmi les « politiques et procédures » que les Nations Unies demandent aux entreprises de mettre en place, figure la « diligence raisonnable en matière de droits de l'homme ». Il s'agit d'un processus par lequel l'entreprise doit « *évaluer les incidences effectives et potentielles sur les droits de l'homme, [...] regrouper les constatations et à leur donner une suite, [...] suivre les mesures prises et à faire savoir comment il est remédié à ces incidences...*»[4]. Ils prévoient également que « *La responsabilité de respecter les droits de l'homme exige des entreprises : a) Qu'elles évitent d'avoir des incidences négatives sur les droits de l'homme ou d'y contribuer par leurs propres activités... b) Qu'elles s'efforcent de prévenir ou d'atténuer les incidences négatives sur les droits de l'homme qui sont directement liées à leurs activités...*»[5]. Bien plus, le principe 17 établit que les entreprises doivent faire preuve de « diligence raisonnable » et ce, en tout temps.

On peut cependant regretter le fait que ces *Principes directeurs* de l'ONU n'établissent pas une *obligation* de respecter les droits humains par les entreprises, mais seulement une *responsabilité* de les respecter. De la même manière, la mise en œuvre des *Principes directeurs de l'OCDE* par les entreprises est dite « volontaire », en ce sens que ces dernières ne sont pas juridiquement contraintes de le faire. En effet, ces Principes directeurs ne prévoient qu'un mécanisme national de médiation extrajudiciaire entre les entreprises et les victimes, le « Point de Contact National » (PCN) dont les insuffisances ont été maintes fois soulevées par la société civile

---

[1] Voir https://legalinstruments.oecd.org/fr/instruments/OECD-LEGAL-0144, consulté le 05 avril 2018.

[2]http://www.oecd.org/fr/investissement/principesdirecteurspourlesentreprisesmultinationales/1922470.pdf, consulté le 05 avril 2018.

[3] Ces principes ont été élaborés par le Professeur John Ruggie, qui a occupé entre 2005 et 2011 deux mandats de Représentant spécial des Nations Unies chargé de la question des droits de l'homme et des sociétés transnationales et autres entreprises.

[4] Voir Conseil des droits de l'homme de l'ONU (2011), *Principes directeurs relatifs aux entreprises et aux droits de l'homme: mise en œuvre du cadre de référence «protéger, respecter et réparer» des Nations Unies. Rapport du Représentant spécial du Secrétaire général chargé de la question des droits de l'homme et des sociétés transnationales et autres entreprises*, A/HRC/17/31, disponible à l'adresse: http://www.ohchr.org/Documents/Issues/Business/A.HRC.17.31_fr.pdf, consulté le 05 avril 2018.

[5] Voir J. RUGGIE, *Principes directeurs relatifs aux entreprises et aux droits de l'homme*, Conseil des droits de l'homme des Nations Unies, 2011b, HR/PUB/11/4, 16 juin 2011.

internationale[1]. Contrairement aux États qui ont l'*obligation* de protéger et réparer, les entreprises n'ont qu'une *responsabilité* de respecter les droits humains[2].

Il est souvent reproché aux *Principes directeurs de l'OCDE à l'intention des entreprises multinationales* ainsi qu'aux *Principes directeurs de l'ONU relatifs aux entreprises et aux droits de l'homme,* le fait qu'ils n'accordent pas à la notion de « vigilance raisonnable » un caractère contraignant. Par conséquent, ils ne prévoient aucune sanction à l'encontre des entreprises responsables de violations des droits humains. Tels qu'ils sont conçus actuellement, ces Principes ne constituent pas des normes juridiques obligatoires. Il y a donc de quoi douter de leur efficacité[3]. L'une des pistes avancée par la société civile est donc d'aboutir à une incorporation dans les législations nationales, d'une obligation de diligence raisonnable pour les entreprises[4].

Le drame du Rana Plaza au Bangladesh[5] est à cet effet considéré par certains auteurs comme l'étendard d'une ascension fulgurante d'un devoir de vigilance renforcé[6]. C'est à partir de cet évènement que s'est opérée la rupture épistémologique quant à la perception du rôle des entreprises dans la prévention et la réparation des atteintes à l'environnement et aux droits humains.

333- Pour vivifier et amplifier le devoir de vigilance, le législateur français a adopté la loi relative au devoir de vigilance des sociétés mères et des entreprises donneuses d'ordre[7], quatre ans après le drame de Rana Plaza, afin de prévenir les atteintes graves aux droits de l'homme et à

---

[1] Voir le rapport de la coalition OECD Watch "Remedy remains rare", juin 2015, disponible à l'adresse: https://www.oecdwatch.org/publicationsfr/Publication_4201-fr, consulté le 06 avril 2018.

[2] Voir M. COURNIER, *Sociétés minières canadiennes et violations des droits de l'homme à l'étranger : le Canada respecte-t-il les prescriptions internationales en la matière ?*, Mémoire de maîtrise Université de Montréal, 2013, p. 28.

[3] S. FISCHER et F. TRIEST, « La ''diligence raisonnable'' des entreprises : une approche suffisante pour lutter contre les violations des droits de l'homme », précité, p. 2.

[4] Fédération interntionale des ligues des droits de l'homme (FIDH), *Droits de l'Homme et entreprises: pour la cohérence et le respect des droits de l'Homme*, Note de position à l'attention du Représentant spécial du Secrétaire général chargé de la question des droits de l'Homme et des sociétés transnationales et autres entreprises, Paris 2009, disponible sur http://www.fidh.org/IMG/pdf/FIDH_position_paper_OHCHR_Consultation_FRA.pdf

[5] Ce drame a eu lieu le 24 avril 2013, suite à l'effondrement d'un immeuble dans lequel plus de mille ouvriers du secteur textile ont péri. Cette catastrophe constitue l'un des plus graves accidents industriels de l'histoire, surtout lorsqu'on sait que ce sont des donneurs d'ordre occidentaux qui faisaient travailler ces usines.

[6] N. CUZACQ, « Le devoir de vigilance des sociétés mères et des donneurs d'ordre », *in* K. MARTIN-CHENUT et R. QUENAUDON (dir.), *La RSE saisie par le droit. Perspectives interne et international*, Editions A. Pedone, Paris, 2016, p. 453.

[7] Voir la Loi n° 2017-399 du 27 mars 2017 relative au devoir de vigilance des sociétés mères et des entreprises donneuses d'ordre, JORF n°0074 du 28 mars 2017.

l'environnement en obligeant les sociétés dominantes[1] à faire preuve de vigilance. La France a ainsi été le premier pays au monde à adopter une législation contraignant les multinationales au respect des droits humains et de l'environnement, y compris dans le cadre des activités de leurs filiales, sous-traitants et fournisseurs. Cette loi qui sort des sentiers battus, est devenue une référence internationale en la matière. Elle « instaure pour les sociétés françaises employant plus de 5.000 salariés en France ou 10.000 salariés dans le monde, en incluant leurs filiales, l'obligation d'élaborer, de rendre public et de mettre en œuvre un plan de vigilance comportant des mesures propres à identifier les risques et à prévenir les atteintes aux droits humains et aux libertés fondamentales qui pourraient résulter des activités de la société mère, des sociétés qu'elles contrôlent et de leurs fournisseurs et sous-traitants, en France comme à l'étranger »[2].

Lorsqu'on sait que la plupart des entreprises qui opèrent dans le secteur extractif en Afrique sont en majorité des sociétés multinationales, l'on ne peut que saluer l'adoption de cette loi qui devra sans doute inspirer les autres législateurs soucieux d'une meilleure protection des droits fondamentaux. Grâce à ce texte, le juge français pourra être sollicité dans le cadre d'une action en responsabilité à l'encontre de toute société française dominante pour manque de vigilance. Cela permettra de faciliter l'accès à la justice pour les victimes étrangères, exposées bien souvent à des systèmes juridiques défaillants ou non protecteurs de leurs droits.

Il apparaît donc que la notion de « vigilance raisonnable » intégrée depuis quelques décennies dans les textes internationaux destinés aux multinationales, commence doucement à prendre corps dans le droit dur. Cette idée existe au sein du Conseil des droits de l'homme de l'ONU qui a adopté en juin 2014, la résolution 26/09[3] créant un groupe intergouvernemental de travail (GIGT) mandaté pour élaborer un instrument international contraignant relatif aux violations des droits humains par les entreprises multinationales. L'idée est d'aboutir au niveau international à un Traité contraignant relatif aux violations des droits humains par les entreprises multinationales, afin de combler les failles actuelles du droit international et pallier les insuffisances des normes volontaires.

[1] Le terme société dominante désigne la société mère et donneuse d'ordre ou encore le maître d'ouvrage.

[2] https://www.conseil-constitutionnel.fr/actualites/communique/decision-n-2017-750-dc-du-23-mars-2017-communique-de-presse, consulté le 10 avril 2018.

[3] Cette résolution a été adoptée par le Conseil des droits de l'Homme de l'ONU (CDHNU) à l'initiative de l'Équateur et de l'Afrique du Sud. Voir https://ethique-sur-etiquette.org/IMG/pdf/presentationtraiteonu_coalitionfr-2.pdf, consulté le 10 avril 2018.

2- La sanction du défaut de vigilance des entreprises minières

334- Avant l'avènement de la loi française du 27 mars 2017 relative au devoir de vigilance des sociétés mères et des entreprises donneuses d'ordre, la Cour d'Appel de Paris avait déjà eu à condamner une société minière de droit gabonais (la Compagnie minière de l'Ogooué-Comilog), filiale du groupe minier français Eramet, à verser des réparations d'un montant de 25 000 à 30 000 € à plusieurs de ses ex-employés congolais licenciés en 1992. Cette décision du 10 septembre 2015 était alors considérée par certains comme une grande «première judiciaire considérable »[1] sur la base du défaut de vigilance de la société mère Eramet. Dans cet arrêt, le juge français avait retenu le défaut de vigilance sur le fondement des articles 1382 et 1383[2] du Code civil[3]. Comme on le remarque, il ne s'agit pas d'une responsabilité du fait d'autrui, sinon l'article 1384[4] aurait été choisi[5].

335- La loi française du 27 mars 2017 relative au devoir de vigilance est constituée d'un éventail de sanctions assez large et sévère pour assurer son efficacité. Elle prévoit que «Toute société qui emploie, à la clôture de deux exercices consécutifs, au moins cinq mille salariés en son sein et dans ses filiales directes ou indirectes dont le siège social est fixé sur le territoire français, ou au moins dix mille salariés en son sein et dans ses filiales directes ou indirectes dont le siège social est fixé sur le territoire français ou à l'étranger, établit et met en œuvre de manière effective un plan de vigilance. »[6]. Plus loin, la loi ajoute que « Le plan comporte les mesures de vigilance raisonnable propres à identifier les risques et à prévenir les atteintes graves envers les droits humains et les libertés fondamentales, la santé et la sécurité des personnes ainsi que l'environnement, résultant des activités de la société et de celles des sociétés qu'elle contrôle...»[7].

---

[1] Ces propos sont de Marie-Laure Guislain, responsable du contentieux au sein du pôle Globalisation et Droits Humains de l'association Sherpa. Voir le site http://www.novethic.fr/actualite/social/sous-traitance/isr-rse/26-ans-apres-la-justice-francaise-donne-raison-aux-salaries-congolais-de-la-comilog-143600.html, consulté le 04 avril 2018.

[2] En droit français ces dispositions correspondent aux articles 1240 et 1241 du Code civil.

[3] Art. 2 de la loi…, texte adopté n° 843 : « Art. 225-102-5. – Dans les conditions prévues aux articles 1240 et 1241 du code civil, le manquement aux obligations définies à l'article L. 225-102-4 du présent code engage la responsabilité de son auteur […] ».

[4] Voir art. 1242 actuel du C. civ. français.

[5] L'art. 1360 al. 2 de l'avant-projet de réforme du droit des obligations du groupe de travail Catala prévoyait notamment une responsabilité du fait de la filiale pour la société mère.

[6] Voir art. 1er al. 2 de la loi française n° 2017-399 du 27 mars 2017 relative au devoir de vigilance des sociétés mères et des entreprises donneuses d'ordre, JORF n°0074 du 28 mars 2017.

[7] Cf. art. 1er al. 4 de la loi française du 27 mars 2017 ci-dessus citée.

Ainsi, si une personne intéressée (les parties prenantes de l'entreprise[1]) constate le défaut d'établissement ou un manquement à une des obligations du plan, celle-ci pourrait saisir le juge afin d'enjoindre l'entreprise à le mettre en œuvre correctement[2]. Si un dommage survient en raison d'un plan carencé, l'entreprise engage sa responsabilité en vertu de l'article 2 alinéa 2 de la loi française du 27 mars 2017 ci-dessus mentionnée qui dispose que tout défaut de vigilance « *engage la responsabilité de son auteur et l'oblige à réparer le préjudice que l'exécution de ces obligations aurait permis d'éviter* ». Bien plus, « La juridiction peut ordonner l'exécution de sa décision sous astreinte »[3].

Ainsi, la société mère ou donneuse d'ordre sera responsable seulement si elle a failli à la surveillance des dominées, c'est-à-dire si elle n'a pas mis en œuvre les mesures pertinentes pour éviter ou atténuer le dommage. Il s'agit donc d'une obligation de moyens[4] et non de résultat[5]. Cet équilibre semble plutôt bien refléter les objectifs et les modalités de la mise en œuvre du concept de soft-law de « diligence raisonnable »[6]. Son introduction en hard-law ne semble donc pas porter atteinte au principe d'autonomie des personnes morales.

II- La prise en compte de la spécificité environnementale dans la sanction du non-respect des mécanismes de prévention

336- En matière de protection de l'environnement, plus encore que dans d'autres domaines, il ne suffit pas de fulminer des incriminations et des peines, il faut encore se donner les moyens de les appliquer. Ces moyens

---

[1] Les parties prenantes d'une entreprise sont toutes les personnes physiques et morales pouvant avoir un lien direct ou indirect avec elle, c'està dire ses employés, ses concurrents, ses investisseurs, ses consommateurs, les tiers touchés par ses activités, mais aussi les employés de ses filiales, les tiers touchés par les activités de la filiales… voir aussi loi n° 2012-1559 du 31 décembre 2012.

[2] Cf. art. 2 de la loi française du 27 mars 2017 ci-dessus citée.

[3] Art. 2 de la loi…, texte adopté n° 843.

[4] Voir Contribution de la Plateforme RSE pour le Plan national d'actions prioritaires pour le développement de la RSE, septembre 2016, p. 23 : « Le consensus international établi sur ce principe assure à cette recommandation une valeur d'obligation de moyens [...] ».

[5] Voir Rapport n° 2628, par M. Dominique POTIER, Député, p. 31.

[6] Art. 1 de la loi… : « Le plan comporte les mesures de vigilance raisonnable […] ». Ce texte s'est inspiré de la notion de « diligence raisonnable » des Principes Directeurs des Nations-Unis, voir définition donnée par le Guide interprétatif, HR/PUB/12/02, 2012, p. 6. ; Voir : UN Global Compact, 2000 ; ISO Norme 26000, Guidance on Social Responsability, 2010 ; OCDE, Principes Directeurs pour les Entreprises Multinationales, éd. 2011 ; Principes Directeurs des Nations-Unies relatifs aux Entreprises et aux Droits de l'Homme, 2011. Ces instruments évoquent la prévention des dommages (droits de l'homme, environnement…) à travers la mise en œuvre d'une «diligence raisonnable» dans la «sphère d'influence » des « entreprises » … Il s'agit de notions très larges et inconnues de la hard-law, la notion d'«entreprises transnationales» n'étant même pas définie par ces instruments.

consistent dans la formation et la spécialisation des magistrats, parce que ce droit est très complexe et son effectivité dépend du dynamisme des autorités judiciaires[1](A). Ce renforcement des capacités des magistrats permettra ainsi une répression pédagogique des atteintes aux considérations environnementales et sociales (B).

A- La nécessité de former des juges spécialisés

337- Même si l'arsenal normatif relatif à la prévention des atteintes dans l'exploitation minière était proche de l'exhaustivité – ce qui est encore loin d'être le cas -, la question de son effectivité reste entière. Il convient à cet effet de souligner le rôle décisif d'un pouvoir judiciaire indépendant, parfaitement au fait du développement rapide du droit de l'environnement et conscient de ses responsabilités dans ce domaine[2]. L'Observation générale n° 24 du CODESC (2017), rappelle la nécessité « *d'informer les autorités judiciaires du rôle qui leur incombe dans le respect des droits consacrés par le Pacte* »[3]. D'où la nécessité d'une certaine pédagogie dans la répression des atteintes à l'environnement.

Comme l'affirme François Ost, le juge, en toute hypothèse, est mal à l'aise en dehors du conflit ouvert, de l'accident avéré ou du dommage consommé[4]. « La plupart du temps, les magistrats n'envisagent leur action qu'en cas d'échec de la justice administrative à réguler les cas d'atteinte, du moins les plus manifestes »[5]. En effet, « *comment les magistrats vont percevoir ces atteintes à l'environnement, si au départ on ne les sensibilise pas à l'enjeu ? On a beau leur envoyer des procédures, je pense que ça ne suffira pas à éveiller leur intérêt. Alors que dans d'autres domaines, les gendarmes n'ont pas besoin d'expliquer pourquoi ils font une procédure pour telle ou telle suite. […]. Il faut savoir expliquer qu'il y a des affaires*

---

[1] G. CANIVET et D. GUIHAL, « Protection de l'environnement par le droit pénal : l'exigence de formation et de spécialisation des magistrats », précité.
[2] *Ibid.*
[3] Voir Comité des droits économiques, sociaux et culturels, *Observation générale nº 24 (2017) sur les obligations des États en vertu du Pacte* international *relatif aux droits économiques, sociaux et culturels dans le contexte des activités des entreprises*, adoptée par le CODESC à sa 61e session (29 mai-23 juin 2017, Distr. générale 10 août 2017, E/C.12/GC/24, § 49.
[4] Voir F. OST, « La responsabilité, fil d'Ariane du droit de l'environnement », précité, p. 290.
[5] S. BARONE, « Comment la Justice traite les dommages écologiques. Une sociologie des acteurs judiciaires face aux atteintes à l'eau et aux milieux aquatiques », *Rapport final de l'action «La prise en compte des dommages écologiques comme critère de l'évaluation de l'effectivité du droit de l'eau»*, juin 2016, p. 23, disponible à l'adresse: http://www.onema.fr/sites/default/files/pdf/Rapport-action109-Justice-dommages-ecologiques.pdf, consulté le 07 avril 2018.

qui sont graves et d'autres qui sont effectivement moins graves, qui sont un peu de la discipline, mais qui n'ont pas des conséquences »[1].

Selon Sylvain Barone, certains dommages « parlent » beaucoup plus aux magistrats que d'autres[2]. C'est le cas par exemple de ceux qui ont des conséquences directes sur la santé humaine ou qui aboutissent à la mort, même si la question des incertitudes liées à l'établissement du lien de causalité et à l'évaluation des dommages peut persister. Par contre, il y a des dommages dont l'appréciation de la gravité est difficilement perceptible par les magistrats. Si une entreprise minière provoque par exemple l'assèchement d'une zone humide, la perception de la gravité d'un tel dommage sera beaucoup plus délicate et dans ce cas, il va falloir expliquer au magistrat pourquoi un tel dommage peut avoir des conséquences graves sur la santé et la vie. Car comme l'affirme un auteur, malgré la distinction théorique entre expertise technique ou scientifique et expertise juridique (supposée être le domaine des magistrats), le jugement judiciaire doit parfois constituer une coproduction « à l'intersection de la science et du droit »[3].

En effet, le droit de l'environnement est un droit particulièrement complexe parce qu'il est « technique et évolutif, parce qu'il est largement issu des sources internationales ou communautaires qui ne sont pas familières aux juges nationaux, parce que les responsabilités des divers intervenants à une même opération sont souvent enchevêtrées »[4]. De telles constructions juridiques créent pour les praticiens des problèmes majeurs d'accès matériel et intellectuel aux sources du droit, notamment aux annexes et aux protocoles, de vérification des conditions d'entrée en vigueur des conventions internationales, d'ambiguïtés des expressions employées, compte tenu des traditions juridiques nationales et des aléas de la traduction[5].

Sa technicité amène par exemple à ne pas simplement punir le dommage consommé, mais à interdire purement et simplement certaines activités, ou à les soumettre à une autorisation préalable et imposer aux exploitants d'installations potentiellement polluantes des conditions de fonctionnement dont l'inobservation sera punissable indépendamment de la constatation d'un préjudice[6].

Son caractère évolutif doit conduire à adapter les incriminations aux évolutions scientifiques et techniques telles que la « prise de conscience de la dangerosité de produits existants ; [la] création de nouvelles substances

---

[1] *Ibid.*, note 55, p. 27.

[2] *Ibid.*, p. 27.

[3] *Ibidem.*

[4] G. CANIVET et D. GUIHAL, « Protection de l'environnement par le droit pénal : l'exigence de formation et de spécialisation des magistrats », précité, https://www.eufje.org/images/docPDF/1AGcanivet.pdf, consulté le 6 mars 2020.

[5] *Ibid.*

[6] *Ibid.*

dont les risques sont encore mal évaluées ; [la] mise au point de nouveaux procédés de traitement des nuisances ou de produits alternatifs à des substances dangereuses. Le droit de l'environnement est un droit transitoire perpétuel avec tout ce que cela comporte comme difficulté de détermination de la loi applicable dans le temps »[1]. De plus en plus, le droit pénal de l'environnement est « constitué d'un catalogue d'infractions généralement exprimées en termes de seuils physico-chimiques... les incriminations ainsi définies sont difficilement lisibles pour les juristes »[2]. Comme le relève le Professeur Jean-Claude Tcheuwa, « il n'y a qu'à ausculter les Conventions internationales relatives à l'environnement et les lois nationales y relatives pour comprendre que les règles de police en matière de pollution sont désormais exprimées sous forme de prescriptions techniques, physiques, chimiques ou acoustiques conduisant à un véritable ordre public environnemental »[3].

Sa complexité vient parfois du fait que les anciens sites industriels à l'instar des sites miniers « offrent souvent des situations pénalement inextricables. Leurs sols ont été pollués par plusieurs exploitants successifs ayant exercé au même endroit des activités de natures différentes, ayant laissé sur les lieux leurs propres résidus de production, voire ayant accueilli moyennant finances les déchets dangereux d'autres entreprises (...). Compte tenu de la difficulté de trouver des personnes juridiquement responsables et financièrement solvables»[4], de telles hypothèses « se résolvent généralement par une décontamination du site aux frais du contribuable »[5].

B- Le caractère pédagogique des sanctions des atteintes à l'environnement et à la santé

338- Les droits fondamentaux ne peuvent être bien garantis que si les parquets font preuve d'une certaine audace, ce qui malheureusement n'est pas toujours le cas. Pour des raisons de protectionnisme, les juges évitent souvent d'alourdir les charges des entreprises nationales afin de ne pas les pénaliser face à la concurrence. Parfois aussi, ils évitent d'alourdir les charges des entreprises multinationales pour des raisons diverses. Ce qui constitue un autre effet néfaste de la mondialisation sur la garantie du respect des droits humains. Pourtant, comme on le sait, une sanction exemplaire peut de fait entraîner une logique de prévention par la crainte qu'elle inspire.

---

[1] *Ibid.*

[2] *Ibid.*

[3] J.-Cl. TCHEUWA, « Les préoccupations environnementales en droit positif camerounais », précité, p. 23.

[4] G. CANIVET et D. GUIHAL, « Protection de l'environnement par le droit pénal : l'exigence de formation et de spécialisation des magistrats », précité.

[5] *Ibid.*

Le constat ci-dessus amène à poser le problème de l'opportunité des poursuites reconnue au ministère public. Compte tenu des justificatifs attachés à ce principe, il est difficile d'espérer que ce principe soit levé entièrement. Au moins, peut-on souhaiter que des exceptions y soient apportées en faveur des droits humains ou que l'obligation de motiver les décisions de non-poursuite soit imposée, surtout lorsqu'il s'agit de refuser de poursuivre des faits de complicité d'actes accomplis par des sociétés apparentées. Mais en attendant, il y a lieu de conscientiser les magistrats pour qu'ils fassent de ce principe de l'opportunité des poursuites une utilisation responsable[1].

L'une des questions que l'on est en droit de se poser ici est celle de savoir s'il faut accroître les pouvoirs des juges et des autorités administratives indépendantes en matière de prononcé des peines et, notamment des amendes?[2] Cette interrogation n'est pas sans intérêt, lorsqu'on sait que le taux des amendes fixés par le législateur est parfois insignifiant par rapport aux bénéfices tirés des atteintes aux droits de l'homme. Dans de telles circonstances, cela peut rendre le crime rentable[3]. À titre d'illustration, l'Agence américaine de protection de l'environnement (EPA) a eu à condamner en juillet 2010, une société à payer une amende de 2,5 millions de dollars pour infraction au règlement des pesticides. Cette somme paraissait d'autant plus dérisoire que cette société avait réalisé un chiffre d'affaires de 11,7 milliards de dollars en 2009. Dans ces conditions, le principe « pollueur payeur » peut paraître comme une incitation à polluer[4].

Sur le plan juridique, les débats entourant l'exploitation des gisements miniers ont mis en évidence les limites de la législation encadrant cette industrie et la nécessité de la renforcer. La question que l'on est en droit de se poser ici est celle de savoir si l'accroissement de la marge accordée aux juges dans la fixation des peines ne pourrait pas présenter un danger pour certains droits de l'homme, comme le droit à l'égalité ? Face à cette interrogation, il y a lieu de reconnaître que le souci d'une plus grande individualisation des peines a déjà amené certains législateurs à opérer cet accroissement en ne fixant plus les peines sous la forme d'une fourchette[5].

---

[1] A. KENMOGNE SIMO, « Entreprises et droits de l'homme : des voies pour un mariage », *Revue Togolaise des Sciences Juridiques (RTSJ)*, n° 0001, juillet-décembre 2011, p. 38.
[2] *Ibidem.*
[3] C'est le cas, par exemple, du législateur français. Sur l'ensemble de la question, voir A. KENMOGNE SIMO, « Entreprises et droits de l'homme : des voies pour un mariage », précité, p. 38.
[4] *Ibidem.*
[5] *Ibidem.*

Conclusion du Chapitre 2

339- Des développements qui précèdent, l'exigence du respect des mécanismes de prévention apparaît comme une exigence fondamentale pour la garantie de l'équilibre entre les différents intérêts dans un projet minier en activité.

340- Dans un premier temps, nous avons mis en exergue la variété des mécanismes d'incitation qui apparaissent comme une garantie à la prévention des atteintes. Il s'agit entre autres de la mobilisation d'outils juridiques, financiers et fiscaux, notamment les principes de précaution et du pollueur-payeur dont la mise en œuvre devrait conduire à la prééminence de la protection de la santé sur les considérations économiques. Nous avons également étudié le caractère incitatif des mécanismes de sanction des atteintes, même s'il convient de déplorer la faible volonté de mise en œuvre des sanctions administratives ou encore le caractère subsidiaire des sanctions pénales.

341- Ces insuffisances nous ont permis d'envisager dans un second temps, la nécessité d'un renforcement des mécanismes de prévention. Ce renforcement passe par l'imposition d'une obligation de vigilance à l'égard de l'Etat et des sociétés minières d'une part, ainsi que par la prise en compte de la spécificité environnementale dans la sanction du non-respect des mécanismes de prévention d'autre part. Tout cela suppose des juges spécialisés à même d'appliquer des sanctions à caractère pédagogique et tenant compte de la spécificité des atteintes à l'environnement et à la santé.

Conclusion du Titre 2

342- Le titre II de cette étude était consacré à l'analyse des garanties de la conciliation des intérêts en présence dans le cadre d'un projet minier en activité. D'une part, nous avons démontré qu'une meilleure garantie de la conciliation des différents intérêts en présence suppose que les prescriptions de fonctionnement soient scrupuleusement respectées. À cet effet, un double contrôle des activités minières, opéré à la fois par les exploitants miniers et par l'administration s'avère fondamental. Ce contrôle qui peut être permanent ou périodique permet de déterminer les éventuelles défaillances des éléments physiques et techniques de la mine, et permet également de détecter les fautes qui pourraient avoir été commises. En cas de défaillance susceptible de porter atteinte aux droits fondamentaux, les autorités publiques compétentes doivent fournir une réponse adéquate.

343- D'autre part, la garantie de la conciliation des différents intérêts en présence dans un projet minier en activité passe par le recours aux mécanismes d'incitation à la prévention. Cela suppose pour les autorités administratives de s'assurer que le cadre législatif et administratif relatif à la prévention des atteintes est correctement mis en œuvre. A défaut, tout manquement susceptible de porter atteinte à la santé et à la vie doit être sévèrement sanctionné.

CONCLUSION DE LA PREMIÈRE PARTIE

344- Au terme de cette première partie, il y a lieu de constater qu'en amont du processus extractif, il faut tout mettre en œuvre pour éviter les atteintes à l'nvironnement, à la santé et à la vie grâce à une intervention à la source du dommage. Si les différents mécanismes de prévention sont correctement mis en œuvre, ils peuvent efficacement contribuer à l'évitement ou à la mitigation des atteintes. Cela passe par une politique efficace de prévention des atteintes dans l'exploitation minière. Mais comme le souligne Lada Šoljan, la prévention ne peut être efficacement mise en œuvre qu'avec l'utilisation de quatre autres principes à savoir, la précaution, la diligence due, l'étude d'impact et le pollueur-payeur[1].

345- D'une part, la recherche d'un équilibre entre intérêts divergents lors de l'installation du projet minier nous a permis d'examiner l'obligation pour l'Etat et les entreprises minières de veiller à la réalisation d'une étude d'impact environnemental et social conformément aux règles de l'art, préalablement à l'octroi d'un titre minier ou d'une autorisation d'exploitation. L'analyse de l'étude d'impact, instrument typiquement préventif, nous a permis de constater l'interaction avec les trois autres principes que sont le principe de prévention, le principe de précaution et le principe du pollueur-payeur.

346- La recherche d'un équilibre entre intérêts divergents lors de l'installation du projet minier nous a également permis d'envisager la préservation de certains espaces considérés comme critiques pour la santé et la vie. C'est le cas notamment des zones habitées, des forêts et des aires protégées etc. Comme on peut le constater, l'approche préventive semble toujours être la meilleure option en ce qui concerne les atteintes à l'environnement, à la santé et à la vie, car du point de vue économique, la réparation des atteintes risque souvent être plus coûteuse que la prévention de leur apparition. Qui plus est, le caractère d'irréversibilité de certains dommages et la difficulté de les évaluer[2] exigent une approche anticipative,

---

[1] L. ŠOLJAN, « The General Obligation to Prevent Transboundary Harm and its Relation to Four Key Environmental Principles », *A.R.I.E.L.*, vol. 3, 1998, p. 231.

[2] Dans l'affaire de la Fonderie de Trail entre les USA et le Canada, le Tribunal arbitral n'a pas reconnu le dommage à l'environnement per se. Voir B. JACQMOTTE, « Definition and Assessment of the Concept of Harm in a Regime of Transboundary Harm Prevention », *A.R.I.E.L.*, vol. 3, 1998, p. 238 ; L. BOISSON DE CHAZOURNES, « La mise en œuvre du droit international dans le domaine de la protection de l'environnement : enjeux et défis », *R.G.D.I.P.*, 1995, n° 1, p. 52.

car les indemnisations ne permettent pas de rétablir la situation qui existait avant l'évènement[1].

347- D'autre part, la recherche des garanties de la conciliation des intérêts en présence dans le cadre d'un projet minier en activité nous a permis d'examiner tour à tour l'exigence du respect des prescriptions de fonctionnement et l'exigence du respect des mécanismes de prévention. Comme l'a écrit Nicolas de Sadeleer, le principe de prévention est « le principe phare du droit de l'environnement. Il en est l'essence même »[2]. À cet effet, il entretient une relation très étroite et parfois même de complémentarité avec les principes de précaution et du pollueur-payeur. Loin de s'exclure mutuellement, ces trois principes servent leurs objectifs ensemble. Même s'ils peuvent parfois déboucher sur des solutions très différentes, il convient de les appréhender non pas en termes d'opposition, mais bien d'interaction.

348- La revue des différents mécanismes d'évitement des atteintes dans l'exploitation minière nous a permis d'avoir un cliché de la situation au Cameroun et de nous rendre compte des imperfections du système actuel. Ces insuffisances nous ont permis d'imaginer par quels moyens les politiques et les lois nationales pourraient être modernisées et quels instruments pourraient y être ajoutés afin de mieux concilier les objectifs de développement par l'exploitation minière avec ceux du respect des droits fondamentaux ciblés dans le cadre de la présente étude. Cette première partie contribue ainsi à fournir un support actualisé dans la prise en compte des problématiques sanitaires et environnementales relatives à l'exploitation minière. Elle sert également d'outil d'aide à la décision par une prise en compte plus significative des risques sanitaires dans les mines pour le bien-être des travailleurs et des populations.

---

[1] A. KISS, « Present Limits to the Enforcement of State Responsability for Environmental Damage », *in* F. FRANCIONI & T. SCOVAZZI (éd.), *International Responsability for Environmental Harm*, London/Dordrecht/Boston, Graham & Trotman/Maartinus Nijhoff, 1991, p. 5.

[2] N. de SADELEER, « Les principes comme instruments d'une plus grande cohérence et d'une effectivité accrue du droit de l'environnement », *in* F. OST et S. GUTWIRTH (dir.), *Quel avenir pour le droit de l'environnement ?*, Actes du colloque du CEDRE-FUSL et CIRT, Publications des Facultés universitaires de Saint-Louis, 1996, p. 244.

SECONDE PARTIE

LA CONCILIATION PAR LE TRAITEMENT CURATIF DES ATTEINTES À LA SANTÉ ET À LA VIE

« *S'il n'a pas été possible d'intervenir par anticipation, il est souvent loisible d'agir en aval d'un événement ayant perturbé un équilibre environnemental pour tenter d'en pallier les aspects négatifs* »

F. OGÉ, *Introduction aux concepts et principes du droit de l'environnement*, module de l'UVED, cours pédagogique, 2016, <https://hal.archives-ouvertes.fr/hal-01258436>, consulté le 11 février 2019, p. 11.

349- Le traitement curatif des atteintes à l'environnement, à la santé et à la vie constitue le second maillon du dispositif de conciliation entre le développement économique par l'exploitation minière et la protection des droits fondamentaux. Il intervient en aval du processus extractif, à titre curatif, lorsque le premier maillon, notamment celui de l'évitement ou de la prévention n'a pas atteint son objectif. Ainsi, se poser la question du traitement curatif des atteintes peut s'apparenter à un aveu d'échec du dispositif de prévention.

En effet, malgré l'existence d'un arsenal juridique et des institutions étatiques mis en place en vue de l'évitement des atteintes à l'environnement, à la santé et à la vie, dans l'exploitation minière, il n'est pas exclu que l'on se retrouve en face des cas de transgression conduisant à la réalisation de ces atteintes. D'une part, celles-ci peuvent être dues au non-respect des prescriptions de fonctionnement mises en place par le législateur et par l'administration. D'autre part aussi, il convient de reconnaître qu'aucune prévention ne peut être absolue et que des dégâts miniers sont toujours possibles. En effet, en l'absence de toute transgression, les mécanismes de prévention peuvent s'avérer insuffisants, voire inefficaces à l'évitement des atteintes. À cet effet, Danièle Lochak affirme que dans bien des domaines, le « risque zéro » n'existe pas et en ce sens, le risque fait partie de la vie humaine. Il faut donc remplacer la notion de risque zéro par celle de risque acceptable et déterminer un seuil d'acceptabilité selon une logique de gradation (*fuzzy logic*)[1]. Dans le même sens, François Ost écrit que « [l]e respect des conditions du permis d'exploitation n'immunise pas l'exploitant à l'égard d'un procès en responsabilité »[2]. Cette affirmation est d'autant plus vraie que, quelles que soient l'exhaustivité et l'efficacité des mesures de prévention mises en place, il subsistera toujours des incertitudes sur les impacts de l'exploitation minière sur l'environnement, sur la santé humaine et sur la vie.

350- Le mot « traitement » découle du verbe latin *tracto*, qui vient de *tractare* qui veut dire « s'occuper de », « administrer », « gérer ». Nous retiendrons ici le sens qui est donné à ce mot dans le domaine de la médecine, qui définit le traitement comme un acte de remédiation à un problème de santé. Selon le but poursuivi, la médecine distingue deux grands types de traitements : le traitement préventif et le traitement curatif. Alors que le traitement préventif, qui intervient avant l'apparition d'une maladie, a pour but de la prévenir, le traitement curatif quant à lui intervient après son apparition et a pour objectif d'obtenir la guérison d'une personne malade. Comme l'a écrit Nicolas de Sadeleer, c'est la survenance du dommage qui permet de tracer la ligne de démarcation entre l'approche préventive et l'approche curative[3]. Face à une maladie incurable, on se contentera d'administrer au patient un traitement palliatif, avec pour finalité de soulager les manifestations de la maladie.

À quelques exceptions près, ce schéma peut être transposé en matière de traitement des atteintes à l'environnement, à la santé et à la vie dans l'exploitation minière. Le traitement préventif des atteintes ayant été examiné dans la première partie de cette étude, seul nous intéresse ici, le traitement curatif.

351- L'industrie minière étant polluante par nature, il a, à de nombreuses reprises été mis en lumière le fait qu'elle porte atteinte à de nombreux droits fondamentaux. Dans certains cas, la violation de ces droits est directement imputable aux entreprises. Dans d'autres cas par contre, elle est perpétrée avec la complicité de l'État hôte, notamment par le recours à des forces de sécurité gouvernementales pour réprimer des mouvements d'opposition[4]. L'État peut également contribuer à la violation des droits fondamentaux en

---

[1] M. DELMAS-MARTY, « Les droits de l'homme et le ''pot au noir'' », *Communications*, n° 104, 2019/1, p. 31.

[2] Voir F. OST, « La responsabilité, fil d'Ariane du droit de l'environnement », précité, p. 287.

[3] Voir N. de SADELEER, *Essai sur la genèse des principes du droit de l'environnement : l'exemple du droit communautaire*, *op. cit.*, p. 32.

[4] Droits et Démocratie, *Études d'impact des investissements étrangers sur les droits humains. Tirer les leçons de l'expérience des communautés aux Philippines, au Tibet, en République démocratique du Congo, en Argentine et au Pérou*, éd. Droits et Démocratie, Montréal, 2007, p. 14.

instituant des conditions d'exploitation très favorables à l'industrie minière au détriment des considérations sociales et environnementales, ou en omettant d'exiger des entreprises le respect des droits humains[1]. C'est le cas notamment en cas de la violation du droit à la propriété lorsque les terres et les écosystèmes des populations locales sont accaparés par l'Etat aux fins de l'exploitation minière. Lorsqu'on sait que ces populations ont une forte dépendance directe à leurs écosystèmes, cet accaparement peut avoir des conséquences directes sur le droit à l'alimentation, ainsi que sur leurs traditions et spiritualités, composantes essentielles du droit à la santé. Dans son Observation générale n° 24, « *le Comité des droits économiques, sociaux et culturels a régulièrement rencontré des situations où, les États n'ayant pas assuré sous leur juridiction le respect des règles et normes internationalement reconnues en matière de droits de l'homme, les activités des entreprises ont eu des effets préjudiciables sur les droits économiques, sociaux et culturels* »[2].

352- Dans de telles circonstances où le déséquilibre entre les considérations économiques et les considérations sociales semble assez flagrant, il convient de faire appel à la notion de conciliation pour essayer rétablir cet équilibre. Une meilleure conciliation entre l'exploitation minière et la protection des droits fondamentaux nécessite que des mesures soient prises en cas d'échec de la prévention des atteintes. Ces mesures doivent être de nature à garantir la cessation de ces atteintes ou l'élimination des effets de l'activité dommageable. Autrement dit, si malgré toutes les mesures de prévention mises sur pied, l'atteinte aux droits fondamentaux se produit néanmoins, il convient d'intervenir en aval pour éviter son extension, en essayant de l'endiguer le plus rapidement possible. La mise en œuvre du principe de responsabilité apparaît de ce fait comme la contrepartie indispensable à l'exercice de l'activité économique[3]. Compte tenu du fait qu'elle concerne la réparation des atteintes, la responsabilité curative vient pallier l'échec de la prévention. Un dispositif performant garantissant l'indemnisation rapide des victimes doit être mis en place, car la victime est selon Robert Cario, « toute personne en souffrance(s). De telles souffrances

---

[1] Voir Fondation Lelio et Lisli Basso, Requête formelle au Tribunal Permanent des Peuples, intitulé : *Pour instaurer au Canada une session du Tribunal permanent des peuples sur l'industrie minière canadienne*, Session canadienne, Rome, Italie, avril 2014, disponible sur Internet à l'adresse : http://tpp.cdhal.org/wp-content/uploads/TPP_document_fr-final-compressed.pdf, consulté le 13 avril 2018, p. 4.

[2] Voir Comité des droits économiques, sociaux et culturels, *Observation générale n° 24 (2017) sur les obligations des États en vertu du Pacte international relatif aux droits économiques, sociaux et culturels dans le contexte des activités des entreprises*, adoptée par le CODESC à sa 61e session (29 mai-23 juin 2017, Distr. générale 10 août 2017, E/C.12/GC/24, § 1.

[3] A. TOMADINI, *La liberté d'entreprendre et la protection de l'environnement. Contribution à l'étude des mécanismes et de conciliation*, Thèse précitée, p. 341.

doivent être personnelles (que la victimisation soit directe ou indirecte), réelles (c'est-à-dire se traduire par des blessures corporelles, des traumatismes psychiques ou psychologiques et/ou des dommages matériels avérés), socialement reconnues commeinacceptables (transgression d'une valeur sociale essentielle, événement catastrophique), et de nature à justifier une prise en charge des personnes concernées, passant, selon les cas, par la nomination de l'acte ou de l'événement (par l'autorité judiciaire, administrative, sanitaire ou civile), par des soins médicaux, un accompagnement psychologique, social et/ou une indemnisation »[1].

353- Contrairement à la dimension préventive des atteintes qui est plus délicate à cerner à cause de la variété des mesures envisageables, la dimension curative quant à elle est relativement bien connue. Pour l'essentiel, il s'agit des mesures de prise en charge (l'accès aux soins, du financement des soins etc.)[2] et des mesures de réparation par la mise en œuvre de la responsabilité des auteurs des dommages. En effet, la plupart du temps, tout exploitant minier est tenu d'établir conformément aux lois ou règlements, un programme exhaustif de mesures destinées à faire face aux atteintes à l'environnement, à tout accident, toute maladie ou toute situation d'urgence dans la mine, notamment en cas de catastrophe industrielle ou naturelle. Ce programme doit inclure des éléments tels que la remise en état des sites pollués, les premiers secours, les soins médicaux, le transport et l'évacuation des blessés, les mesures de préparation aux situations d'urgence dans la mine, et le dispositif de secours aux personnes physiquement incapables de se mouvoir ou prises au piège dans une mine.

354- Selon le moment où interviennent les mesures destinées au traitement curatif des atteintes aux droits fondamentaux résultant de l'exploitation minière, on peut avoir des mesures urgentes, qui doivent être mises en œuvre immédiatement après la survenance des atteintes, et des mesures moins urgentes qui peuvent être mises en œuvre ultérieurement à la réalisation de celles-ci. Les premières, que l'on pourrait qualifier de « mesures de prise en charge » sont destinées à éviter l'aggravation des atteintes, voire à « freiner les conséquences sur les droits de l'homme et sur

---

[1] Voir R. CARIO, cité par C. LIENHARD, « Les spécificités de l'indemnisation des victimes d'accidents collectifs », *Gazette du Palais,* n°081, 22 mars 2014 ; M. DUPONT, *Violences sexuelles subies à l'adolescence :*
quelle(s) potentialité(s) du trauma ? Processus psychiques en jeu lors du temps judiciaire chez des adolescentes victimes présumées de violences sexuelles, Thèse, Université Paris Descartes, 2015, p. 81, disponible sur Internet à l'adresse : https://www.theses.fr/2015USPCB169, consultée le 7 mars 2020.

[2] L. CASAUX-LABRUNEE, « Le droit à la santé », précité, n° 1226, p. 980.

l'environnement »[1]. C'est le cas notamment lorsque survient un accident minier et que se pose le problème de la prise en charge des malades ou des accidentés. Les secondes, que l'on pourrait qualifier de « mesures de réparation » ne sont pas justifiées par une extrême urgence. C'est le cas notamment de l'exercice d'une action en justice en vue d'engager la responsabilité de l'exploitant minier ou d'un tiers, ou encore de la remise en état des sites miniers.

Ces deux aspects du traitement curatif des atteintes à la santé et à la vie dans l'exploitation minière méritent d'être examinés séparément. D'une part, il convient d'examiner les mesures de prise en charge des atteintes à l'environnement, à la santé et à la vie (Titre I). D'autre part, il convient d'analyser les différents mécanismes juridiques de réparation de ces atteintes (Titre II).

[1] Voir K. MARTIN-CHENUT et C. PERRUSO, « La contribution des systèmes régionaux de protection des droits de l'homme à la pénalisation des atteintes à l'environnement », précité, p. 49.

TITRE I

LA CONCILIATION PAR L'ORGANISATION DE LA PRISE EN CHARGE DES MALADIES ET DES ACCIDENTS MINIERS

355- Les travailleurs du secteur minier sont exposés à des risques d'accidents physiques et à des maladies qui proviennent des conditions dans lesquelles ils exercent, de l'air qu'ils inhalent ou des produits dangereux utilisés dans les exploitations minières. Selon les chiffres du Bureau international du travail (BIT), « *un travailleur succombe toutes les quinze secondes à une maladie professionnelle ou après un accident du travail, ce qui représente 6 300 décès par jour et 2,3 millions par an. En outre, chaque année, plus de 313 millions de travailleurs ont un accident du travail non mortel, c'est-à-dire que 860 000 personnes se blessent chaque jour en travaillant...* »[1]. Et encore ne vise-ton ici que les activités déclarées alors que l'on sait que le secteur minier est l'un de ceux qui a le plus recours au travail clandestin[2].

Bien que ne représentant qu'à peine 1 % de la main-d'œuvre mondiale, le secteur minier cause à lui seul environ 8 % des accidents mortels au travail. Certes, il n'existe pas de données fiables concernant les blessures, mais leur nombre est significatif à l'instar du nombre de travailleurs touchés par des maladies professionnelles invalidantes telles que la pneumoconiose, la perte d'audition et les effets liés aux vibrations etc. Les explosions, les chutes de pierres ou l'utilisation d'un matériel inadéquat peuvent aussi entraîner de graves blessures, voire la mort. Par ailleurs, il convient de signaler que les taux d'accidents dans l'exploitation minière artisanale sont généralement six ou sept fois plus élevés que dans les mines industrielles, et ce, même dans

---

[1] Voir BIT, *Œuvrer ensemble pour promouvoir un milieu de travail sûr et salubre*, Conférence internationale du travail, 106e session, ILC.106/III/1B, Genève, 2017, n° 8, p. 4. Voir également https://eurogip.fr/le-bit-publie-un-rapport-d-etude-sur-les-instruments-de-sst/, consulté le 7 mars 2020.

[2] À titre d'illustration, près des deux-tiers de l'or extrait en Guyane française proviennent de l'exploitation illégale, qui compte autour de 25 000 orpailleurs clandestins. Voir CNCDH, *Avis sur le droit à un environnement sain dans les outre-mer : la question des activités extractives en guyane et en nouvelle-calédonie*, 17 octobre 2017, p. 16, note 25, disponible à l'adresse : https://www.cncdh.fr/fr/publications/avis-sur-le-droit-un-environnement-sain-dans-les-outre-mer, consulté le 07 septembre 2019.

les pays industrialisés[1]. Comme on le voit, outre son énorme coût humain, le manque de sécurité et de santé au travail représente un fardeau important, aussi bien pour les employeurs que pour l'économie au sens large[2].

356- L'analyse des systèmes régionaux de protection des droits de l'homme (africain, européen et interaméricain) permet de constater que les mesures de prise en charge permettent d'assurer l'effectivité des droits de l'homme où souvent, lorsqu'il y a dommage, la *restitutio in integrum* s'avère souvent difficile, voire impossible[3]. À cet effet, au niveau de l'OIT, « l'obligation de promouvoir des conditions de travail sûres a été réaffirmée depuis 1944 dans la Déclaration dite de Philadelphie[4], et en 2008 dans sa Déclaration sur la justice sociale pour une mondialisation équitable[5]. l'OIT a affirmé que des conditions de travail qui préservent la santé et la sécurité des travailleurs étaient un élément clé de l'Agenda du travail décent »[6].

De plus en plus, la communauté internationale reconnaît que la santé et la sécurité au travail (SST) est une composante importante du développement durable qui est comme nous l'avons dit, la matrice de la conciliation entre intérêts divergents. Ainsi, le Programme de développement durable à l'horizon 2030 adopté en 2015, met l'accent sur la SST. L'objectif de développement durable (ODD) n° 8 de ce Programme se résume en la promotion d'une croissance économique soutenue, partagée et durable, le plein emploi productif et un travail décent pour tous. Cet ODD fait du travail décent un facteur essentiel du développement durable. Il fait également de la

---

[1] Voir BIT, « L'exploitation minière: un travail dangereux, liste de référence », LABADMIN/OSH, 2015, disponible à l'adresse : http://www.ilo.org/safework/areasofwork/hazardous-work/WCMS_356571/lang--fr/index.htm, consulté le 15 avril 2018.

[2] Selon le BIT, « 4 % du PIB mondial (soit 2 800 milliards de dollars US.) seraient perdus chaque année pour couvrir le temps de travail perdu, les interruptions de production et les frais de traitement, de réadaptation et d'indemnisation occasionnés par les lésions et maladies professionnelles ». Voir BIT: *Safety and health at work: A vision for sustainable prevention* [disponible en anglais uniquement], XXe Congrès mondial sur la sécurité et la santé au travail 2014: Forum mondial pour la prévention (Genève, 2014), cité par BIT, *Œuvrer ensemble pour promouvoir un milieu de travail sûr et salubre*, *op. cit.* p. 2, note 8. Voir égal. https://eurogip.fr/le-bit-publie-un-rapport-d-etude-sur-les-instruments-de-sst/, consulté le 7 mars 2020.

[3] Voir K. MARTIN-CHENUT et C. PERRUSO, « La contribution des systèmes régionaux de protection des droits de l'homme à la pénalisation des atteintes à l'environnement », précité, p. 48.

[4] Voir la *Déclaration concernant les buts et objectifs de l'Organisation internationale du travail*, adoptée lors de la 29e session de la Conférence internationale du travail, Philadelphie, 10 mai 1944.

[5] Voir la Déclaration de l'OIT sur la justice sociale pour une mondialisation équitable, Genève, 10 juin 2008, disponible à l'adresse: https://www.ilo.org/global/about-the-ilo/mission-and-objectives/WCMS_099767/lang--fr/index.htm, consulté le 15 avril 2018.

[6] Voir BIT, *Œuvrer ensemble pour promouvoir un milieu de travail sûr et salubre*, Conférence internationale du travail, 106e session, ILC.106/III/1B, Genève, 2017, n° 13, p. 7.

mise en place des conditions de travail sûres un élément fondamental du travail décent. Il inclut la cible 8.8 sur la défense des droits du travail et la promotion de la sécurité sur le lieu de travail pour tous les travailleurs, y compris les travailleurs migrants et ceux qui ont un emploi précaire[1].

357- Dans l'industrie minière camerounaise, une étude commanditée en 2015 par la Fondation Friedrich Erbert sur le travail décent dans les mines dans les régions de l'Est et de l'Adamaoua[2] permet de se rendre compte des conditions de travail encore très précaires dans ce secteur. À cet effet, il convient de relever que la prise en charge des malades est encore loin d'être satisfaisante (Chapitre 1). Tel est également le cas pour ce qui est des accidents miniers et des accidentés dont la prise en charge laisse à désirer (Chapitre 2). Cette situation va à l'encontre de l'objectif de conciliation.

---

[1] *Ibid.*, n° 14, p. 8.

[2] Sur le travail décent dans le secteur minier camerounais, Voir FRIEDRICH ERBERT STIFTUNG et DEVELOPPEMENT SANS FRONTIERES, *Etat des lieux sur le travail décent dans le secteur minier au Cameroun. Le cas des travailleurs miniers des régions de l'Adamaoua et de l'Est du Cameroun,* éd. PUA, 2015, 160 p.

Chapitre 1

L'organisation insatisfaisante de la prise en charge des maladies liées à l'exploitation minière

358- La maladie est une détérioration plus ou moins importante de l'état de santé. Cette altération organique ou fonctionnelle peut être due à l'accomplissement de certaines activités professionnelles ou avoir une autre origine, d'où la nécessité de faire une distinction primordiale en droit du travail entre les maladies professionnelles et les maladies non professionnelles ou ordinaires[1].

Ainsi, dans le domaine de l'exploitation minière, outre le spectacle désolant des décès collectifs en cas d'accident minier, le travail à la mine est également générateur de maladies et d'agonies silencieuses telles que la silicose, l'ankylostomiase, la sidérose, les cancers… Ces maladies et bien d'autres illustrent à suffisance la réalité d'une catastrophe de masse bien plus meurtrière, vécue à l'échelle individuelle ou collective par ceux qui perdent leur vie chaque jour à vouloir la gagner au fond des mines. Les propos du vieux Maheux dans *Germinal* sont assez frappants à ce sujet : « Du charbon, j'en ai dans la carcasse de quoi me chauffer jusqu'à la fin de mes jours »[2].

359- « Le premier droit de la personne malade est de pouvoir accéder aux soins que son état nécessite, quels que soient ses revenus »[3], même s'il convient de reconnaître que les contours précis de la notion de « soins nécessaires » sont difficiles à fixer. Elle inclut en principe tous les soins propres à éviter toute atteinte grave à l'intégrité physique ou psychique de la personne, ou toute atteinte à la vie.

---

[1] J. KOM, Obs. sous CS, arrêt n° 23 du 23 janvier 1975 (*Aff. Sté Coropoulis c/ Tonye Paul*) ; CS arrêt n° 135 du 24 septembre 1968 (*Aff. Nyem Emmanuel c/ Sté AGIP Cameroun*) ; CS arrêt n° 53 du 3 mai 1966 (*Aff. Handy Michel c/ Mission presbytérienne americaine Sakbayémé*), *in* J. M. TCHAKOUA (dir.), *Les grandes décisions du droit du travail et de la sécurité sociale*, éd. JusPrint, 2016, p. 212.

[2] Voir J. RAINHORN (dir.), *Santé et travail à la mine : XIXe-XXIe siècle,* Presses universitaires du Septentrion, 2014, 306 p., 4e de couverture.

[3] Voir X. BIOY, « *Le droit d'accès aux soins : un droit fondamental ?* », *in* I. POIROT-MAZÈRES (dir.), *L'accès aux soins: Principes et réalités*, Presses de l'Université Toulouse 1 Capitole, 2010, disponible en ligne sur https://books.openedition.org/putc/322?lang=en, consulté le 7 mars 2020. Voir égal. M. AKOGBETO, *L'accès aux médicaments et le droit des brevets*, Mémoire de Master en droit et management des structures sanitaires et sociales, Université Jean Moulin Lyon 3, 2005, introduction, p. 1., disponible sur https://www.memoireonline.com/06/13/7203/m_L-acces-aux-medicaments-et-le-droit-des-brevets2.html, consulté le 7 mars 2020.

Le droit d'accès aux soins nécessaires et à la prise en charge financière des malades est garanti au plan international par plusieurs instruments juridiques, notamment la Convention internationale relative aux droits de l'enfant, la Convention sur les droits de l'homme et la biomédecine, la Constitution de l'OMS etc. « Le droit à la protection de la santé reconnu par le préambule de la Constitution de l'OMS de 1946 est fondé sur les principes d'égal accès aux soins et de libre accès aux soins garantis aux usagers par le système de protection sociale fondé sur la solidarité »[1].

Le droit à la santé et le droit à la vie étant des droits fondamentaux, l'Etat doit non seulement adopter des mesures nécessaires pour assurer l'accès aux soins de santé, mais également veiller au respect des principes posés par les traités relatifs aux droits de l'homme.

En tant que droit-créance, tous les débiteurs du droit à la santé que sont l'Etat, les entreprises, les établissements et réseaux de santé, les organismes de prévention ou de soins, les autorités sanitaires… doivent employer tous les moyens à leur disposition pour mettre en œuvre ce droit au bénéfice des travailleurs du secteur minier.

360- Contraindre les exploitants miniers à réparer les atteintes dont ils sont à l'origine, est une contrepartie indispensable à l'exercice de leurs activités. Cette contrepartie se résume dans l'obligation qui pèse sur eux de réparer les atteintes aux droits fondamentaux résultant de leurs activités. Comme l'a relevé un auteur, ce n'est pas parce que les opérateurs économiques bénéficient d'une autorisation de fonctionnement qu'ils doivent être exonérés de leur responsabilité[2]. Bien au contraire, ils sont responsables des dommages qui en résultent. À titre de droit comparé, l'article L. 514-19 du Code français de l'environnement dispose que « *les autorisations et enregistrements sont accordés sous réserve des droits des tiers* ». Dès lors, il s'agit par le biais du principe d'imputation qu'est la réparation, de compléter et de renforcer le principe de prévention[3].

Malheureusement, le Cameroun ne dispose pas encore d'une loi sectorielle spécifique régissant la santé et la sécurité au travail dans le secteur minier (Section I). Dans un tel contexte, l'objectif de conciliation est encore loin d'être atteint. Compte tenu de la spécificité de l'exploitation minière et des atteintes aux droits fondamentaux qui en résultent, une meilleure conciliation entre les différents intérêts en présence appelle à l'instauration d'un régime spécifique de prise en charge des malades dans l'exploitation minière (Section II).

---

[1] M. AKOGBETO, *L'accès aux médicaments et le droit des brevets*, Mémoire précité.

[2] Dans le même sens, Voir A. TOMADINI, *La liberté d'entreprendre et la protection de l'environnement*… Thèse précitée, p. 359.

[3] *Ibid.*, n° 442, p. 343.

Section I : L'absence d'un régime spécifique de prise en charge des maladies liées à l'exploitation minière

361- En doit camerounais, il n'existe pas de régime spécifique pour la prise en charge des malades dans l'exploitation minière. Le Chapitre IV du Titre V du Code minier de 2016 est certes intitulé « *De la santé, de la sécurité et de l'hygiène* », mais il convient de reconnaître que ces dispositions sont insuffisantes. Bien plus, le Code minier renvoie au droit commun pour ce qui est de la protection de la santé des travailleurs du secteur minier. Selon l'article 133 alinéa 2 de ce Code, « *Les règles de santé, de sécurité, et d'hygiène applicables aux travaux de prospection, de recherche et d'exploitation ainsi qu'au transport, au stockage et à l'utilisation des substances minérales ou dangereuses doivent être conformes à la législation et à la réglementation en vigueur* »[1]. Concrètement, il s'agit pour l'essentiel des règles du droit commun, notamment celles du Code du travail et de ses textes d'application, et plus spécifiquement celles de la loi n°77/11 du 13 juillet 1977 portant réparation et prévention des accidents de travail et des maladies professionnelles. Sous le régime du Code minier de 2001, il était cependant clairement fait référence au Code du travail ainsi que le précise l'article 110 alinéa 1 de son décret d'application qui dispose que « *Les dispositions du Code du travail en ce qui concerne les mesures générales d'hygiène et de sécurité dans les établissements de toute nature sont applicables aux activités minières, aux carrières et à leurs installations annexes* ».

Comme nous le verrons, le droit commun de la prise en charge des risques professionnels s'avère lacunaire face à la spécificité des maladies liées à l'exploitation minière. En effet, l'absence d'un régime spécifique de prise en charge des maladies liées à l'industrie minière (I) présente de nombreux inconvénients (II), tant pour les travailleurs malades que pour les populations qui se trouvent aussi exposées à certaines maladies.

I- L'absence de reconnaissance de la spécificité des maladies liées à l'exploitation minière

362- L'absence de reconnaissance de la spécificité des affections liées à l'exploitation minière a comme conséquence, de soumettre la reconnaissance des maladies causées par cette activité à la procédure de droit commun (A). Or, au regard de la dangerosité des activités extractives, l'application de ces dispositions aboutit à un traitement laxiste de l'exposition des travailleurs miniers aux maladies professionnelles d'une part et à la minimisation de l'exposition indirecte des familles et des populations d'autre part (B).

---

[1] Cf. art. 133 al. 2 de la loi n°2016/17 du 14 décembre 2016 portant Code minier.

A- La procédure de droit commun de reconnaissance des maladies liées à l'exploitation minière : le principe de la présomption d'origine professionnelle

363- La définition de la maladie professionnelle est vaguement énoncée par l'article 3 alinéa 1 de la loi du 13 juillet 1977 relative à la réparation et à la prévention des accidents de travail et des maladies professionnelles. Selon ce texte, « *est considérée comme maladie professionnelle, toute maladie résultant de l'exercice de certaines activités professionnelles* ». En effet, il n'existe pas de définition juridique de la maladie professionnelle, le législateur ayant opté pour une définition médico-légale de celle-ci. Concrètement, « *le lien de causalité existant entre la maladie et l'activité professionnelle est constaté au moyen des présomptions consignées dans les tableaux des maladies établis par décret pris après avis de la commission nationale d'hygiène et de sécurité au travail* »[1].

La reconnaissance des maladies professionnelles est ainsi fondée sur la « présomption d'origine professionnelle ». Autrement dit, toute pathologie dont souffrirait un salarié dans les conditions fixées par le législateur, est considérée comme une maladie professionnelle[2]. Au regard de ce qui précède, « une maladie peut être considérée comme professionnelle lorsqu'elle est la conséquence directe de l'exposition d'un travailleur à un risque physique, chimique ou biologique, ou résulte des conditions dans lesquelles il exerce son activité professionnelle »[3].

Pour bénéficier de la présomption d'origine, la victime doit prouver trois choses : prouver qu'elle est atteinte d'une des maladies considérées comme professionnelles selon les tableaux y relatifs (1) ; prouver qu'elle a exercé des activités susceptibles, selon les tableaux, d'entraîner la maladie en question (2) ; enfin, elle doit prouver que le délai de prise en charge n'est pas dépassé (3). Lorsque ces trois éléments cumulatifs sont établis, le lien de causalité l'est également. Autrement dit, si la maladie remplit ces conditions, elle est présumée être d'origine professionnelle.

---

[1] Cf. article 2 alinéa 3 de la loi du 17 juillet 1977 portant réparation et prévention des accidents du travail et des maladies professionnelles.

[2] Sur cette notion, Voir D. A. WANTOU, *La protection de la santé et de la sécurité des travailleurs en Afrique à la lumière du droit français : l'exemple du Cameroun*, Thèse précitée, note 1, p. 222.

[3] Voir, A. DELEPINE et al., *Les maladies professionnelles. Guide d'accès aux tableaux du régime général et du régime agricole de la sécurité sociale*, INRS, 2015, p. 8, www.inrs.fr/.../TI-ED-835/ed835.pdf, consulté le 6 mars 2020.

1- L'inscription de la maladie sur la liste des maladies professionnelles

364- En droit du travail, trois procédés peuvent ordinairement être mobilisés par le salarié pour démontrer qu'il est atteint d'une affection considérée comme d'origine professionnelle :

- l'établissement de la preuve du lien de causalité entre l'affection contractée et le travail accompli (le fardeau de la preuve pèse alors entièrement sur la victime) ;
- ou l'inscription des maladies professionnelles reconnues sur une liste officielle ;
- ou une formule mixte selon laquelle la victime peut établir la preuve du caractère professionnel de toute maladie non inscrite sur une liste officielle.

365- Le droit positif camerounais a opté pour l'inscription des maladies professionnelles reconnues sur une liste officielle. Ainsi, dans le cadre de l'exploitation minière comme dans le cadre de toute autre activité professionnelle, pour qu'une maladie puisse être qualifiée de « professionnelle », elle doit figurer sur la liste des maladies établie par le législateur[1], impliquant que le salarié démontre que la maladie dont il est atteint relève bien de cette liste.

Concrètement, la liste des maladies professionnelles se présente sous forme d'un tableau en trois colonnes : à gauche, on a les affections considérées comme professionnelles, c'est-à-dire les caractéristiques de la maladie ; à droite, on a les travaux susceptibles de les provoquer ; et au milieu, on a la durée d'incubation appelée délai de prise en charge. À l'inverse, les maladies qui ne figurent pas dans ces tableaux ne sont pas des maladies professionnelles[2]. Ce qui laisse tout de même en suspens la question des maladies liées à l'exploitation minière, mais qui ne figurent pas sur les listes établies[3].

En effet, le sort des maladies qui ne figurent pas sur le tableau des maladies professionnelles est réglé par l'article 7 de l'arrêté du 19 mars 1962 fixant la liste des maladies professionnelles indemnisables[4], qui donne la

[1] Cf. art. 3 al. 2 de la loi n° 77-11 du 17 juillet 1977 précitée.

[2] Voir la Décision n°041/82/CRG, *affaire SATRAM c/ CNPS,* citée par D. A. WANTOU, *La protection de la santé et de la sécurité des travailleurs en Afrique à la lumière du droit français : l'exemple du Cameroun*, Thèse précitée, p. 222.

[3] Sur la notion de maladie non professionnelle, Voir J. KOM, « Droit du travail et maladie non professionnelle », *Revue Juridique Africaine*, n° spécial sur Les orientations du droit du travail camerounais après la réforme du 14 août 1992, 1994, pp. 213 et s.

[4] Il s'agit de l'arrêté n° 005/MTLS/SS du 19 mars 1962 fixant la liste des maladies professionnelles indemnisables, les délais pendant lesquels l'assureur ou l'employeur

possibilité de compléter la liste lorsqu'il apparaît qu'une maladie donnée trouve son origine dans la profession. Mais elle ne peut être prise en charge au titre de maladie professionnelle, c'est-à-dire donner droit à réparation, que lorsqu'elle aura fait l'objet d'un tableau additif par un texte réglementaire pris après avis de la Commission Nationale de Santé et de Sécurité au Travail (CNSST)[1]. La procédure d'extension de la liste fait obligation au médecin qui est amené à constater l'existence du caractère professionnel d'une maladie, de la déclarer. Cette déclaration est adressée à l'inspecteur du travail territorialement compétent. Elle doit préciser le lieu où a été constatée la maladie, sa nature, la nature de l'agent nocif à l'action duquel elle est attribuée, ainsi que l'emploi du malade[2].

Au demeurant, l'établissement d'une liste limitative de maladies professionnelles a comme conséquence, une réparation *a minima* des atteintes à la santé et à la vie des travailleurs du secteur minier. Ce qui est loin de conduire à l'objectif de conciliation souhaité. En effet, pour que la victime soit indemnisée, il faut d'une part que la maladie résulte de l'exercice de l'une des professions prévues par le législateur[3]. D'autre part, il faut que la pathologie dont serait affecté le travailleur figure sur une liste établie. Comme le remarque un auteur, « ces conditions entraînent une réparation fragmentaire des pathologies auxquelles les travailleurs sont susceptibles d'être exposés, car le processus de reconnaissance est enfermé dans un dispositif contraignant »[4]. Une telle rigidité du mécanisme de prise en charge des maladies professionnelles ne favorise pas le salarié-victime, et moins encore l'indemnisation des affections dont il serait victime dans l'exercice de son activité professionnelle. Ainsi que le déplore un autre

---

demeurent responsables et les conditions de déclaration des procédés de travail susceptibles de les provoquer, complété par l'arrêté n° 038/MTPS/IMT du 26 novembre 1984.

[1] Cf. art. 4 de la Loi n° 77-11 du 13 juillet 1977 portant réparation et prévention des accidents du travail et des maladies professionnelles, modifiée par la loi n° 80-05 du 14 juillet 1980.

[2] Cf. art. 7 de l'arrêté n° 005/MTLS/SS du 19 mars 1962 fixant la liste des maladies professionnelles… précité.

[3] Le champ d'application de la protection sociale comprend, au sens de la loi du 17 juillet 1977, les personnes visées à l'article 1er paragraphe 2 du code du travai, c'est-à-dire « toute personne qui s'est engagée à mettre son activité professionnelle moyennant rémunération, sous la direction et l'autorité d'une personne physique ou morale, publique ou privée » (Cf. art. 1er al. 2 de la loi n° 92/007 du 14 août 1992, portant Code du Travail) ; ainsi que les marins ; les gérants de sociétés ; les apprentis ; les élèves des établissements d'enseignement technique et les personnes placées dans les centres de formation de rééducation fonctionnelle et de réadaptation professionnelle ; les personnes assujetties au Service Civique National de Participation au Développement. (Voir article 5 alinéas (a) à (f) de la loi n° 77-11 du 17 juillet 1977 portant réparation et prévention des accidents du travail et des maladies professionnelles.

[4] Voir G. DORION, « Accidents du travail et maladies professionnelles : adaptation aux réalités d'aujourd'hui », *Dr. soc.*, 1992, p. 128 ; M. BABIN, « Les logiques de reconnaissance des maladies professionnelles », *Dr. soc.*, 1998, p. 673, cités par D. A. WANTOU, *La protection de la santé et de la sécurité des travailleurs en Afrique à la lumière du droit français : l'exemple du Cameroun*, Thèse précitée, p. 222.

auteur, « on retrouve l'image classique de l'iceberg : les maladies professionnelles indemnisées par la Caisse ne représentent que la partie émergée »[1].

2- L'exigence d'un lien de causalité entre l'activité professionnelle et la maladie

366- Le caractère professionnel d'une maladie suppose au préalable l'existence d'un lien de causalité entre l'activité professionnelle et la maladie qui en résulte. L'établissement du lien de causalité entre l'activité professionnelle et la maladie suppose que la victime a été exposée aux risques pouvant causer l'affection dont elle souffre. A ce titre, la victime doit établir qu'en raison de la nature des travaux effectués, elle a été exposée aux agents nocifs susceptibles de provoquer l'affection dont elle est atteinte. Selon les termes de la loi du 17 juillet 1977, la victime doit avoir été exposée d'une « *façon habituelle à certains travaux dangereux* »[2]. L'habitude implique une certaine continuité dans des conditions ou dans des attitudes particulières dans le travail considéré[3]. En dépit de nos recherches, nous n'avons pu trouver aucune jurisprudence camerounaise sur la question. En droit français cependant, la Cour de cassation estime que cette présomption n'est pas irréfragable et peut être combattue par la preuve d'une cause étrangère ou l'évolution normale d'une prédisposition morbide[4].

367- Il convient tout de même de relever que contrairement au droit français[5], le législateur camerounais n'a pas prévu de durée d'exposition au risque, ce qui paraît avantageux pour le salarié qui n'a pas à prouver qu'il a occupé un emploi produisant des effets nocifs pendant une durée déterminée. Toutefois, l'affection ne peut légalement être rattachée à l'exposition que si ses premières manifestations se produisent dans le délai dit de prise en

[1] Voir A. NUTTE, « La prévention des maladies professionnelles », *Rev. Dr. Sanit. Soc.*, 1983, p. 284, cité par D. A. WANTOU, Thèse *op. cit.*, notes 3 et 4, p. 222.
[2] Cf. art. 4 alinéa (a) de la loi du 13 juillet 1977 précitée.
[3] Cf. art. 4 alinéa (b) de la loi du 13 juillet 1977 précitée.
[4] A propos de la preuve contraire, Voir Cass. soc., 10 févr. 1966, *D.* 1966,305, concl. MELLOTTEE ; *JCP* 1967, II, 14923, note J. HEBERT.
[5] Selon l'article D. 461-13 du Code de la sécurité sociale issu du Décret n° 99-746 du 31 août 1999 (art. 5 JORFdu 2 septembre 1999), « *Le droit aux indemnités en capital et aux rentes prévues par le présent livre dans le cas d'incapacité permanente ou de mort n'est ouvert que si la durée totale de l'emploi, en une ou plusieurs périodes, dans une ou plusieurs exploitations, à des travaux susceptibles de provoquer l'une des maladies mentionnées à l'article D. 461-5 est au moins égale à cinq ans lorsque le tableau ne fixe pas de durée d'exposition. Pour les durées inférieures d'exposition au risque, ou si le malade fait constater son affection au-delà du délai de prise en charge prévu par les tableaux n° s 25,30,44 et 44 bis, le droit aux indemnités en capital et aux rentes est également ouvert dans les conditions prévues par le présent livre après avis du médecin-conseil* ».

charge qui court à compter de la cessation de l'exposition du travailleur au risque. Ce délai est déterminé pour chaque maladie en fonction des données de la science et des expériences médicales. Il peut varier selon le cas de quelques minutes[1] ou de quelques jours à quarante[2], voire cinquante ans[3]. Tous ces éléments concourent à l'établissement de la preuve du caractère professionnel de la maladie[4].

368- Pour faciliter l'établissement du lien de causalité entre l'activité professionnelle et la maladie dite professionnelle, le législateur, dans le Code de la sécurité sociale, a choisi de décharger les victimes du fardeau de la preuve en optant plutôt pour des présomptions. En d'autres termes, la preuve du caractère professionnel d'une maladie se fait par présomption. Précisément, il s'agit de ce qu'on appelle, la « présomption d'origine », qui ne doit pas être confondue avec la « présomption d'imputabilité », qui elle, opère en matière d'accident de travail. Alors qu'en cette dernière matière, la présomption d'imputabilité est l'œuvre de la jurisprudence, en matière de maladie professionnelle, c'est la loi qui a institué une présomption de reconnaissance. En effet, lorsque la maladie dont le travailleur est affecté figure parmi les maladies inscrites sur la liste établie par le législateur, on conclut qu'il y a maladie professionnelle[5].

Ainsi, le salarié qui revendique un droit à réparation doit simplement apporter la preuve que les éléments constitutifs de la présomption sont réunis : il faut que la maladie soit inscrite sur l'un des tableaux ; que l'intéressé apporte la preuve de son exposition au risque de la maladie ; que l'exposition en question ait produit ses premières manifestations dans le délai minimum précisé par le tableau et appelé délai de prise en charge[6].

---

[1] Voir le Tableau 107 des maladies professionnelles sur les allergies oculaires professionnelles, à propos des conjonctivites allergiques aiguës.

[2] Voir le tableau 30 des maladies professionnelles sur les maladies consécutives à l'inhalation de poussière d'amiante ; le Tableau 30 bis sur le cancer broncho-pulmonaire provoqué par l'inhalation de poussières d'amiante ; ou encore le Tableau 46 bis sur les affections consécutives au travail au fond dans les mines de fer.

[3] Voir le tableau 6 des maladies professionnelles tel que modifié et complété par le Tableau 102 sur les *affections provoquées par les rayons x ou les substances radioactives (rayonnements ionisants)*, à propos des Sarcome osseux.

[4] Voir D. A. WANTOU, *La protection de la santé et de la sécurité des travailleurs en Afrique à la lumière du droit français : l'exemple du Cameroun*, Thèse précitée, p. 221.

[5] A l'article L.461-1 du Code français de la sécurité sociale, il est clairement indiqué qu'« est présumée d'origine professionnelle, toute maladie désignée dans un tableau de maladies professionnelles et contractée dans les conditions mentionnées à ce tableau ». Voir, A. DELEPINE et al., *Les maladies professionnelles. Guide d'accès aux tableaux du régime général et du régime agricole de la sécurité sociale*, INRS, 2015, p. 16, disponible sur www.inrs.fr/.../TI-ED-835/ed835.pdf, consulté le 6 mars 2020.

[6] Voir J. PERROTO et P. MAYER, « Réflexions sur l'appréciation de la nature professionnelle d'un accident ou d'une maladie en droit du travail et en droit de la sécurité sociale », *JCP, éd. soc., Lexis Nexis,* n° 14, 3 avril 2007, p. 1215.

In fine, la preuve du caractère professionnel de la maladie ne s'effectue pas conformément au droit commun de la responsabilité où il faut une faute, un dommage et l'établissement du lien de causalité entre les deux. Ici par contre, le législateur fixe des conditions et lorsqu'elles sont réunies, on présume que la maladie est d'origine professionnelle. Toutefois, la question reste posée de la solution à préconiser lorsque la maladie ne figure sur aucune liste établie, ou encore lorsque celle-ci se déclenche plusieurs années après que le salarié ait quitté l'entreprise ou qu'il soit retraité.

369- Sur la première interrogation (si la maladie ne figure sur aucune liste établie), la maladie ne pourra être réparée qu'à titre d'accident du travail[1] et non au titre de maladie professionnelle. Or, lorsqu'on sait que les accidents de travail doivent être déclarés dans des délais relativement brefs[2], il y a de fortes chances qu'ils ne soient pas pris en charge. Face aux inconvénients d'un système de réparation fondé sur une liste préétablie de maladies professionnelles, certaines maladies causées en réalité par l'exercice d'une profession risquent donc de rester en dehors de toute réparation. Pour combler ces lacunes, la doctrine propose « de s'orienter vers un système mixte d'indemnisation : d'une part, conserver l'automaticité de prise en charge fondée sur la présomption d'origine ; d'autre part, introduire la possibilité de réparer les maladies qui ne figurent sur aucune liste préétablie lorsque la relation de cause à effet pourrait être clairement établie entre activités et manifestations pathologiques »[3].

C'est cette solution qu'a adopté le législateur français qui, dans la loi n° 93-121 du 27 juillet 1993[4], a institué une procédure complémentaire de reconnaissance des maladies professionnelles[5]. Ici, l'absence de l'une des conditions techniques ou administratives n'est plus un frein à la réparation automatique. Il est désormais admis que la victime puisse prendre l'initiative d'une procédure d'expertise pour établir la preuve de l'origine professionnelle de sa pathologie qui est hors liste. Dans pareille hypothèse,

---

[1] Voir Décision n° 86/CRG/CA/CNPS, *affaire MAMBO David,* citée par D. A. WANTOU, *La protection de la santé et de la sécurité des travailleurs en Afrique à la lumière du droit français : l'exemple du Cameroun*, Thèse précitée, note 4, p. 220.

[2] Les accidents de travail doivent être déclarés à la CNPS par le chef d'entreprise dans un délai de 3 jours. Ce délai court à compter du jour de l'accident ou du jour où l'employeur a eu connaissance de l'accident. En cas de carence de l'employeur, l'accident peut être déclaré par l'employé ou ses ayant-droits dans un délai de 3 ans. Cf. article 16 alinéas 2 et 3 de la loi du 13 juillet 1977 précitée.

[3] Voir D. A. WANTOU, *La protection de la santé et de la sécurité des travailleurs en Afrique à la lumière du droit français : l'exemple du Cameroun*, Thèse précitée, p. 223.

[4] Voir la Loi n° 93-121 du 27 janvier 1993 portant diverses mesures d'ordre social, JORF n°25 du 30 janvier 1993 p. 1576.

[5] Voir H. SEILLAN, « Evolution et indemnisation des maladies professionnelles (Loi n° 93-121 du 27 janvier 1993, article 7) », *ALD,* 1994, p. 98 ; Y. SAINT-JOURS, « La reconnaissance des maladies professionnelles depuis la loi n° 93-121 du 27 janvier 1993 (une réforme en trompe-l'œil) », *D.,* 1994, chron. p. 58.

elle est tenue de prouver que sa maladie a directement été causée par son activité professionnelle habituelle[1]. Le lien de causalité avec l'activité du travailleur est recherché par le Comité régional de reconnaissance des maladies professionnelles dont les avis s'imposent à la Caisse de sécurité sociale[2]. Bien plus, le législateur français a étendu le droit à réparation aux maladies qui ne figurent pas dans un tableau, lorsqu'il est établi qu'elle est essentiellement et directement causée par l'activité professionnelle de la victime, et qu'elle a entraîné le décès de celle-ci ou une incapacité permanente dont le taux est fixé par le Code français de la sécurité sociale[3].

370- Sur la seconde interrogation, notamment lorsqu'une maladie professionnelle se déclenche longtemps après que le sujet soit allé en retraite ou qu'il ne soit plus dans l'entreprise, l'on oppose en général l'existence des délais de prise en charge par la CNPS, spécifiques à chaque maladie compte tenu de la durée maximale de la période d'incubation. Pour la CNPS, il suffit d'apporter la preuve que la maladie a une origine professionnelle en démontrant que l'on a exercé les activités susceptibles, selon les descriptions des tableaux, d'entraîner la maladie en question et qu'elle soit identifiée à temps, c'est-à-dire avant que le délai d'incubation ne soit dépassé.

---

[1] Cf. art. L. 461-1 alinéa 3 du Code français de la sécurité sociale issu de la loi n°2015-994 du 17 août 2015 - art. 27. Selon ce texte, « *Si une ou plusieurs conditions tenant au délai de prise en charge, à la durée d'exposition ou à la liste limitative des travaux ne sont pas remplies, la maladie telle qu'elle est désignée dans un tableau de maladies professionnelles peut être reconnue d'origine professionnelle lorsqu'il est établi qu'elle est directement causée par le travail habituel de la victime* ». Voir, A. DELEPINE et al., *Les maladies professionnelles. Guide d'accès aux tableaux du régime général et du régime agricole de la sécurité sociale*, INRS, 2015, p. 17, www.inrs.fr/.../TI-ED-835/ed835.pdf, consulté le 6 mars 2020.

[2] La loi de finance de la Sécurité sociale pour 1999 a imposé un délai fixe pour statuer. Ainsi, les Caisses primaires disposent d'un délai de trente jours pour admettre ou rejeter le caractère professionnel d'une pathologie. Voir P. LEROY, « Le comité régional de reconnaissance des maladies professionnelles », *Dr. ouvr.*, 1994, p. 105.

[3] Selon l'art. L. 461-1 alinéa 3 du Code français de la sécurité sociale, « *Peut être également reconnue d'origine professionnelle une maladie caractérisée non désignée dans un tableau de maladies professionnelles lorsqu'il est établi qu'elle est essentiellement et directement causée par le travail habituel de la victime et qu'elle entraîne le décès de celle-ci ou une incapacité permanente d'un taux évalué dans les conditions mentionnées à l'article L. 434-2 et au moins égal à un pourcentage déterminé* ». Cf. art. L. 461-1 alinéa 3 *in medio* du Code français de la sécurité sociale, disponible sur légifrance à l'adresse : https://www.legifrance.gouv.fr/affichCodeArticle.do?idArticle=LEGIARTI000036393217&cidTexte=LEGITEXT000006073189&dateTexte=20180701 consulté le 7 mars 2020. Cette disposition est également citée par A. DELEPINE et al., *Les maladies professionnelles. Guide d'accès aux tableaux du régime général et du régime agricole de la sécurité sociale*, précité, p. 17.

3- Le respect des délais de prise en charge

371- Le délai de prise en charge renvoie à la période d'incubation durant laquelle, après la cessation de l'exposition au risque, la maladie doit se révéler et être médicalement constatée[1]. Le délai de prise en charge est donc le délai au cours duquel la victime peut solliciter une prise en charge de la maladie par la CNPS, délai qui commence à courir à compter de la fin de l'exposition au risque. En effet, le droit positif camerounais prévoit que les maladies qui se déclarent après la date à laquelle le travailleur a cessé d'être exposé au risque, ouvrent droit aux prestations si elles se déclarent dans les délais indiqués sur les tableaux. Dès lors que la maladie se déclare dans le délai de prise en charge, et en cas de carence de l'employeur, la date de la première constatation médicale sert de point de départ au délai de trois ans accordé à la victime ou à ses ayants droit pour effectuer la demande d'indemnisation au titre de la législation du travail[2].

372- En principe, la responsabilité de la déclaration des risques professionnels[3] incombe à l'employeur qui dispose à cet effet d'un délai de trois jours ouvrables pour déposer à la CNPS (Caisse Nationale de Prévoyance Sociale) le formulaire de déclaration. Ce délai court du jour de l'accident ou du jour de la constatation du caractère professionnel de la maladie ou encore du jour où l'employeur a eu connaissance de l'accident ou de la maladie[4]. Ce n'est qu'en cas de carence ou d'impossibilité de l'employeur que la victime ou ses représentants disposent d'un délai de trois ans pour faire la déclaration à la CNPS conformément à l'article 17 alinéa 3 de la loi du 13 juillet 1977 sur la réparation des risques professionnels ci-dessus citée.

La rigueur de la loi, liée au respect du délai de prise en charge n'est pas satisfaisante, en ce sens qu'elle peut aller à l'encontre de la protection des droits fondamentaux des travailleurs. Si on prend par exemple le cas des maladies causées par l'uranium dont la durée de vie s'évalue en milliards d'années, il existe une grande probabilité que bon nombre d'entre elles ne soient pas prises en charge. Dès lors, il devient urgent pour le législateur

---

[1] La Cour de cassation française estime que ce délai est d'ordre public, mais aucune forclusion ne peut intervenir pendant la durée de l'exposition de la victime au risque. Voir Cass. soc., 17 mars 1976, *Bull. civ.* V, n° 178.

[2] Cf. art. 17 al. 3 de la loi n° 77-11 du 13 juillet 1977 portant réparation et prévention des accidents du travail et des maladies professionnelles, modifiée par la loi n° 80-05 du 14 juillet 1980.

[3] Il convient de rappeler qu'à quelques exceptions près, la réparation des maladies professionnelles est quasi identique à celle des accidents du travail. L'une des différences concerne notamment la date de la maladie professionnelle qui n'est pas un fait soudain comme l'accident. A cet effet, c'est la date de la première constatation médicale est assimilée à la date de l'accident.

[4] Cf. art. 17 alinéa 2 de la loi n° 77-11 du 13 juillet 1977.

d'intégrer la contrainte temporelle et spatiale dans les contentieux de prise en charge des maladies liées à l'exploitation minière. En effet, un temps très long est susceptible de s'écouler entre l'activité exercée et le dommage subi plusieurs années plus tard, de même qu'une distance importante est susceptible de séparer le lieu de manifestation de l'activité dommageable (dans notre cas l'activité extractive) avec le lieu de survenance de la maladie. Comme l'indique la Commission Nationale Consultative des Droits de l'Homme (CNCDH) en France, il est en effet utopique de penser que les effets d'une mine s'arrêteraient aux limitations administratives prévues dans la concession[1]. Une réforme législative s'avère donc indispensable au Cameroun pour admettre la prise en charge des maladies à effets différés, tardifs et diffus[2]. Cela permettrait une meilleure conciliation entre l'activité extractive et la protection des droits fondamentaux des travailleurs de ce secteur ainsi que des populations riveraines dont la prise en charge des affections liées à l'exploitation minière bénéficie également d'un traitement laxiste.

B- Le traitement laxiste de l'exposition des familles des travailleurs miniers et des populations aux maladies liées à l'exploitation minière

373- La loi du 13 juillet 1977 sur la prise en charge des risques professionnels n'est pas propice pour assurer une indemnisation satisfaisante des dommages directs et substantiels subis par les victimes indirectes des sinistres miniers que sont les familles des travailleurs de ce secteur et les populations riveraines des sites d'exploitation. Les règles de prise en charge en la matière constituent donc encore un compromis qui est loin de satisfaire l'ensemble des intéressés. D'une part, la prise en compte de l'exposition par ricochet des familles des travailleurs miniers semble quelque peu minimisée (1). Il en est de même de l'exposition des populations riveraines ou relativement éloignées en cas par exemple de pollution à grande échelle (2).

1- La minimisation de l'exposition des familles des travailleurs miniers

374- L'impact environnemental et sanitaire de l'exploitation minière n'est pas sélectif; il affecte tout le monde, en l'occurrence les communautés locales où l'extraction a lieu. De même, l'exploitation minière produit ses

---

[1] Voir CNCDH, *Avis sur le droit à un environnement sain dans les outre-mer : la question des activités extractives en guyane et en nouvelle-calédonie*, 17 octobre 2017, disponible à l'adresse : https://www.cncdh.fr/fr/publications/avis-sur-le-droit-un-environnement-sain-dans-les-outre-mer, consulté le 07 septembre 2019, p. 31.
[2] Sur ces maladies, voir *infra*

effets à la fois sur les travailleurs et sur leur famille, en ce sens que les atteintes à la santé et à la vie subies par les travailleurs miniers peuvent avoir des impacts considérables sur leur famille, soit que les personnes de sa famille sont également atteintes de la même maladie, soit que sa maladie et partant la diminution de ses revenues affecte également la vie familiale.

S'agissant particulièrement de la question de la diminution des revenus de la famille qu'implique le décès du travailleur minier, le législateur camerounais ne prend en compte la situation des familles des victimes (ayants droit) qu'en cas d'accident ou de maladie suivis du décès du salarié victime. En effet, en cas de décès consécutif à un risque professionnel, certains membres de la famille de la victime ont droit à une rente et la CNPS prend en charge les frais funéraires[1].

Les frais funéraires octroyés aux ayants droit de la victime concernent la fourniture d'un cercueil ordinaire ou zingué selon que le lieu du décès se confond ou non avec celui de sépulture ; le transport de la dépouille mortelle du lieu de décès de la victime au lieu de résidence habituelle, à son lieu de recrutement ou à tout autre lieu d'inhumation choisi par la famille ; le transport de la famille et des bagages du lieu du décès au lieu de résidence habituelle[2]. Cette prestation est accordée aux ayants droit ayant effectivement supporté les frais funéraires d'un assuré décédé des suites d'un accident du travail ou d'une maladie professionnelle.

Pour ce qui est de la rente des survivants, la législation camerounaise prévoit que la rente des survivants est répartie entre les ayants droit en fonction de coefficients attribués à chaque catégorie. Les survivants tels que définis par l'article 12 nouveau de la loi n° 90-063 du 19 décembre 1990[3] sur les pensions de vieillesse, d'invalidité et de décès, sont le conjoint survivant non remarié[4], les descendants[1] et les ascendants[2]. « Les pensions des

[1] La législation camerounaise énumère les frais funéraires qui sont pris en charge par la sécurité sociale. Cette prestation est accordée aux ayants droit ayant supporté les frais funéraires d'un assuré décédé des suites d'un accident du travail ou d'une maladie professionnelle. Elle comprend le remboursement du cercueil, du transport du corps et de la famille entre le lieu du décès et la résidence habituelle.

[2] Cf. art. 24 du Décret n° 78-547 du 28 décembre 1978 fixant les modalités de prise en charge des prestations en nature aux victimes d'accidents du travail ou de maladies professionnelles.

[3] Voir la loi n° 69-LF-18 du 10 novembre 1969 instituant un régime d'assurance pensions de vieillesse, d'invalidité et de décès, modifiée par les lois n° 84-007 du 04 juillet 1984 et n° 90-063 du 19 décembre 1990.

[4] Outre le conjoint survivant, la loi prévoit également une rente pour les conjoints divorcés ou séparés de corps ayant obtenu une pension alimentaire. En cas de pluralité de veuves, le montant de la rente est réparti entre elles par parts égales. En tout état de cause, le droit à pension du conjoint survivant s'éteint en cas de remariage. Cf. art. 12 al. 4 et 5 de la loi n° 69-LF-18 du 10 novembre 1969 instituant un régime d'assurance pensions de vieillesse, d'invalidité et de décès, modifiée par les lois n° 84-007 du 04 juillet 1984 et n° 90-063 du 19 décembre 1990.

survivants sont calculées en pourcentage de la pension de vieillesse ou d'invalidité ou de la pension anticipée à laquelle l'assuré aurait eu droit à la date de son décès à raison de 50 % pour le ou les conjoints ; 25 % pour chaque orphelin de père et de mère ; 15 % pour chaque orphelin de père ou de mère, 10 % pour les ascendants »[3].

Il apparait donc clairement que la législation camerounaise ne prend en compte la situation des familles des victimes qu'en cas de décès. Par contre, en cas d'affections graves ou invalidantes, celle-ci reste muette. Pourtant, l'étude d'Alan Campbell sur les mineurs écossais attire l'attention sur la manière dont l'invalidité est vécue collectivement au sein des communautés et des familles, où « on doit si souvent ramener chez [elles] des corps brisés de mineurs »[4] et démontre que les familles minières dépendent de la « bonne santé et de la force physique des mineurs »[5]. En effet, les travailleurs du secteur minier sont souvent présentés comme un monde ouvrier fier de ses valeurs de courage, de solidarité et de puissance virile[6], ou encore comme des modèles de force et de vigueur. Cependant, « cette virilité se voit continuellement menacée dans la mesure où ces mineurs sont fortement exposés aux risques d'accident et de maladies chroniques (…). Ainsi, les privilèges que leur confère leur position de principal soutien de famille se voient également menacés et l'essence même du pouvoir patriarcal masculin au sein du foyer est de ce fait mise en danger »[7].

Les problèmes de santé dont sont victimes de nombreux mineurs ont donc des effets non négligeables sur leurs familles, particulièrement lorsqu'en cas d'affections invalidantes, « ces mineurs passent du statut de travailleur actif et de chef de famille indépendant subvenant aux besoins de sa famille à une existence de confinement, d'isolement social et de

---

[1] Ont droit à la rentre d'orphelins, les enfants qui étaient à la charge de la victime, le plus souvent selon la définition qui leur est donnée par le Code des prestations familiales. Il s'agit notamment des descendants de la victime, ainsi que des enfants recueillis par elle.

[2] La rente en faveur des ascendants directs (au 1er degré) qui étaient à la charge de la victime est subordonnée à l'absence des survivants énumérés ci-dessus (conjoint(s) et descendants).

[3] Cf. art. 12 al. 3 de la loi n° 69-LF-18 du 10 novembre 1969 instituant un régime d'assurance pensions de vieillesse, d'invalidité et de décès ci-dessus citée, https://www.cleiss.fr/docs/regimes/regime_cameroun.html, consulté le 7 mars 2020.

[4] Voir A. TURNER, « Corps meurtris. Genre et invalidité dans les mines de charbon d'Écosse au milieu du dix-neuvième siècle », *in* J. RAINHORN (dir.), *Santé et travail à la mine : XIXe-XXIe siècle,* Presses universitaires du Septentrion, 2014, disponible sur https://books.openedition.org/septentrion/1824?lang=fr, consultée le 18 avril 2019.

[5] A. CAMPBELL, *The Scottish Miners, 1874-1939*, Vol. 1 : *Industry, Work and Community*, Ashgate, 2000, cite par A. TURNER, « Corps meurtris. Genre et invalidité dans les mines de charbon d'Écosse au milieu du dix-neuvième siècle », précité.

[6] Voir J. RAINHORN (dir.), *Santé et travail à la mine : XIXe-XXIe siècle,* Presses universitaires du Septentrion, 2014, 306 p., 4e de couverture.

[7] Voir A. TURNER, « Corps meurtris. Genre et invalidité dans les mines de charbon d'Écosse au milieu du dix-neuvième siècle », précité.

dépendance »[1]. En cas de décès du travailleur minier, le conjoint survivant et les enfants ne voient leur situation prise en compte que partiellement, en ce sens que les difficultés matérielles, morales et affectives d'existence qui apparaissent du fait de l'absence du principal soutien de la famille ne sont pas prises en compte. Il serait donc souhaitable de prévoir des mécanismes de prise en charge renforcés pour ces victimes indirectes.

En effet, l'un des premiers objectifs du principe de responsabilité consiste à assurer l'indemnisation la plus complète possible des victimes des dommages. Car comme l'a écrit François Ost, « tant sur le plan éthique qu'économique, rien ne justifie que des personnes étrangères à une activité en subissent un préjudice sans compensation »[2]. Il convient de ce fait « d'imputer le plus précisément possible les coûts de réparation des dommages aux personnes qui en sont à l'origine »[3].

À titre de droit comparé, la législation des Pays-Bas[4] garantit aux victimes des lésions et à leurs survivants l'égalité de traitement sans tenir compte de leur origine professionnelle ou non. En effet, les lois de ce pays prévoient l'octroi des soins médicaux et de prestations en espèces sans condition de durée préalable de cotisation, d'assurance et d'emploi. Cette législation se fonde sur l'idée développée par Lord Beveridge William selon laquelle « si un travailleur perd une jambe dans un accident, ses besoins ne diffèrent pas selon que l'accident est survenu dans une usine ou dans la rue ; s'il est tué, les besoins de la veuve et des autres personnes qui étaient à sa charge sont les mêmes, quelles que soient les circonstances de sa mort »[5].

2- La minimisation de l'exposition des populations riveraines aux maladies liées à l'exploitation minière

375- La population riveraine est définie comme la « *population vivant ou résidant à proximité des sites abritant toute activité minière ou de carrière et ayant des droits d'usage ou coutumiers à l'intérieur desdits sites et/ou qui est affectée par les activités minières ou de carrières* »[6]. À l'égard de ces populations, la question que l'on est en droit de se poser est la suivante : dès lors que l'on n'a pas pu prévenir, comment réparer les atteintes qui affectent les populations riveraines ? Cette interrogation participe de la recherche d'un

---

[1] *Ibid.*

[2] Dans ce sens, Voir F. OST, « La responsabilité, fil d'Ariane du droit de l'environnement », précité, p. 283.

[3] *Ibidem.*

[4] Voir la loi néerlandaise de 1959 instituant l'assurance générale des veuves et orphelins et la loi d'assurance générale sur les risques graves d'atteinte à la santé du 14 décembre 1967.

[5] A. L. MILLER, « La réparation des dommages corporels par la sécurité sociale », *RIT*, vol. 124, n° 12, mars-avril 1985, p. 205.

[6] Cf. art. 4 de la loi n°2016/17 du 14 décembre 2016 portant Code minier, https://www.droit-afrique.com/uploads/Cameroun-Code-minier-2016.pdf

équilibre en vue d'une meilleure conciliation entre l'exploitation minière et la prise en compte des considérations sanitaires et environnementales des populations riveraines des sites miniers.

En l'état actuel du droit camerounais, la recherche de la conciliation est loin d'être réalisée, les maladies dont sont victimes les populations riveraines ou relativement éloignées des sites miniers, n'étant pas prises en charge par la CNPS (a). D'où la nécessité d'une extension de la couverture sociale aux populations riveraines victimes de telles maladies (b).

a) L'exclusion des populations riveraines du champ des bénéficiaires de la prise en charge par la sécurité sociale

376- En l'état actuel du droit camerounais, la sécurité sociale ne prend pas en charge les populations riveraines victimes des maladies liées à l'exploitation minière. Lorsqu'on sait que la mise en exploitation d'un site minier occasionne un afflux de populations avec comme conséquences, la détérioration des conditions sanitaires et sécuritaires ainsi que la pénurie de logements, il y a lieu de s'en préoccuper. En effet, la pénurie de logements liée à l'arrivée de la nouvelle main-d'œuvre et les problèmes d'hygiène qui en découlent (manque de sanitaires, promiscuité...) ont pour conséquence, une augmentation des maladies infectieuses au sein de la population en général. Il en est de même des maladies liées à l'exploitation minière dont sont victimes les populations riveraines des sites miniers à cause de la pollution de l'eau et de l'air. Ces préoccupations sont très peu prises en compte. Tout se passe comme s'il était normal, voire inévitable, qu'un certain tribut soit payé au progrès grâce à l'exploitation minière.

377- L'absence d'extension de la sécurité sociale aux populations riveraines se justifie sans doute par le fait que les systèmes de sécurité sociale sont très peu développés en Afrique en général et au Cameroun en particulier. En effet, lorsqu'on étudie les systèmes de protection sociale, leur mode de fonctionnement et de financement, on constate qu'ils sont structurés autour de deux archétypes : la conception beveridgienne (le système assistanciel) et la conception bismarckienne (le système assurantiel).

Selon la première, les prestations sont versées aux individus qui en ont besoin, en ce sens que chaque citoyen doit disposer des moyens indispensables au maintien d'un niveau de vie lui permettant de garder sa dignité[1]. Ce système préconise une protection sociale universelle qui n'est

---

[1] Voir J. BERRA, *La structure des systèmes de sécurité sociale. Étude du droit comparé*, Presses centrales, Lausanne, 2000, p. 247, cité par L. NZOSABA, *A la recherche d'un système d'indemnisation des victimes d'accidents de la circulation routière adapté au contexte socio-économique africain*, Thèse, Université catholique de Louvain, 2005, p. 291, note 904.

pas liée à l'activité professionnelle. C'est cette conception de la sécurité sociale qui est en vigueur dans la plupart des pays développés. Elle présente quatre caractéristiques, les trois premiers étant connus sous le nom des « trois U » à savoir, « universalité de la protection sociale par la couverture de toute la population (ouverture de droits individuels) et de tous les risques ; uniformité des prestations, fondée sur les besoins des individus et non sur leurs pertes de revenus en cas de survenue d'un risque ; unité de gestion étatique de l'ensemble de la protection sociale ; le financement basé sur l'impôt »[1].

Selon la seconde, les prestations sont versées aux individus qui se sont assurés contre tel risque. Elle préconise la socialisation des risques pour protéger les salariés contre les aléas susceptibles d'entraver leur vie ainsi que celle de leurs proches. La technique utilisée à cette fin est celle des assurances. Pareil système ne couvre que les salariés et les prestations fournies sont fonction du nombre d'années ainsi que du montant des cotisations[2]. C'est cette conception de la sécurité sociale qui est en vigueur dans les pays en voie de développement. À l'égard de ces pays, la Convention n° 102 de l'OIT détermine le contenu minimal de la sécurité sociale[3]. Cette norme minimale de sécurité sociale est loin d'être appliquée par les pays en voie de développement à l'instar du Cameroun, où la minimisation de l'exposition des populations riveraines des sites miniers aux maladies liées à l'exploitation minière peut être illustrée de plusieurs manières.

378- Sur un plan purement quantitatif, la législation minimise l'exposition des populations riveraines aux maladies liées à l'exploitation minière en fixant des seuils. Par exemple, en matière d'extraction des substances radioactives telles que l'uranium, l'article 6 de la loi du 19 juillet 2019 sur la sûreté radiologique et nucléaire dispose que « *toute exposition aux rayonnements ionisants découlant d'une activité ou pratique doit être maintenue au niveau le plus bas possible que l'on puisse raisonnablement atteindre en tenant compte des facteurs socio-économiques existants* »[4].

---

[1] Voir l'adresse Internet : https://www.vie-publique.fr/decouverte-institutions/finances-publiques/protection-sociale/definition/systemes-bismarckien-beveridgien-protection-sociale-quelles-caracteristiques.html, connsultée le 10 septembre 2019.

[2] Voir P. MAILLARD, *Votre retraite ? Régimes de base, Épargne salariale. Régimes complémentaires en France et dans neufpays étrangers*, Paris, Castelange diffusion, 1990, p. 24, cité par L. NZOSABA, Thèse précitée, p. 291, note 905.

[3] La norme minimale de sécurité sociale telle que définie par la Convention n° 102 de l'OIT prévoit neuf branches : soins médicaux, indemnités de maladie, prestations de chômage, prestations de vieillesse, prestations en cas d'accident du travail et de maladies professionnelles, prestations de maternité, prestations d'invalidité et prestations de décès (survivants).

[4] Cf. art. 6 (deuxième tiret) et article 27 al. 2 de la loi n° 2019/012 du 19 juillet 2019 portant cadre général de sûreté radiologique et nucléaire, de sécurité nucléaire, de responsabilité

C'est ce que le législateur appelle le « *principe d'optimisation* »[1]. Ce principe en appelle un autre, à savoir « *le principe de limitation* » qui prévoit que des doses limites d'exposition soient fixées par voie réglementaire. En vertu de ce principe, l'« *ensemble des doses d'exposition ne [doit] pas dépasser les limites fixées par voie réglementaire* »[2]. Ce suit revient à dire qu'en deçà des seuils fixés par la réglementation, la nuisance paraîtra comme trop légère pour être réparée, ou trop prévisible pour être assurée. C'est donc la notion de « dose » qui irrigue toute la construction du droit des pollutions et des nuisances. Lorsque l'on s'attache à ce qui provoque une atteinte à la santé ou à l'environnement, la dose s'impose comme le facteur primordial. On peut dès lors s'interroger sur la ligne de démarcation entre le dommage « normal » et donc « acceptable » et le dommage « exceptionnel » et donc « non acceptable » ouvrant droit à réparation.

379- La minimisation de l'exposition des populations riveraines aux maladies liées à l'exploitation minière peut également s'illustrer par la théorie des troubles de voisinage. Bien qu'elle ait pu apporter un certain secours aux voisins lésés, elle reflète bien cette philosophie fataliste : ce ne sont, en effet, que les troubles anormaux ou excessifs qui seront pris en compte. Sans doute, la victime ne doit-elle pas faire la preuve de la faute du pollueur, mais en contrepartie, celui-ci est autorisé à polluer dans des limites raisonnables[3]. Cette observation est corroborée par le Professeur Michel Prieur qui affirme que « Sous son aspect libéral et progressiste, la théorie est en réalité un régime désuet et ségrégationniste, qui sert la politique de développement industriel et de croissance illimitée »[4].

380- Sur le plan procédural, la réticence du législateur et même du juge peut également s'expliquer par le fait que ces atteintes, prises individuellement, sont parfois considérées comme trop insignifiantes pour faire l'objet d'une action en justice. C'est la raison pour laquelle, face à des faibles demandes de réparation, le juge applique généralement l'adage « *De minimis non curat praetor* » qui signifie que le préteur[5] ne doit pas s'occuper des causes ou des différends trop peu importants. Autrement dit, aux atteintes les plus graves, on applique le glaive de la justice, mais face à des atteintes minimes, les interventions sont plutôt hésitantes, avec à la clé peu de poursuites et peu de condamnations. Appliqué à l'évaluation des atteintes à la santé et à la vie dont peuvent être victimes les riverains des sites miniers,

---

civile et de l'application des garanties. Cette disposition a abrogé l'article 4 alinéa 2 de la loi n°95/08 du 30 janvier 1995 portant sur la radioprotection.

[1] Cf. art. 6 (deuxième tiret) de la loi du 19 juillet 2019 ci-dessus citée.

[2] Cf. art. 6 (troisième tiret) de la loi du 19 juillet 2019 ci-dessus citée.

[3] Voir F. OST, « La responsabilité, fil d'Ariane du droit de l'environnement », précité, p. 290.

[4] M. PRIEUR et al., *Précis de droit de l'environnement*, 7e éd. Dalloz, 2016, p. 1043.

[5] Il s'agit ici du magistrat romain chargé d'organiser la tenue des procès.

cet adage invite le juge à ne pas prêter attention à des atteintes trop faibles. Dans un contexte d'engorgement des juridictions, le recours à cet adage est de plus en plus fréquent[1]. Ce qui conduit à soutenir avec le Doyen Carbonnier que « les demandes des pauvres sont le plus souvent de pauvres demandes »[2].

381- Toutefois, il convient de reconnaître qu'on est aujourd'hui passé d'une « justice de charité » à une reconnaissance de plein droit des revendications de justiciables « qui se font fort... de leurs faiblesses ». Le franc symbolique en dommages et intérêts en est l'exemple. Partant de ce constat, la portée de l'adage « *De minimis non curat praetor* » doit désormais être relativisée, surtout dans un contexte où les recours collectifs (*class action*)[3] sont désormais reconnus. Dans plusieurs cas, des recours collectifs sont intentés afin de réclamer des dommages-intérêts pour des désagréments mineurs et passagers, qu'il s'agisse des troubles psychologiques ou de simples dommages physiques, le grand nombre de personnes affectées ne permettant plus de considérer qu'il y a là un dommage mineur.

382- Accidentelles ou graduelles, exceptionnelles ou quotidiennes, les maladies liées à l'exploitation minière, subies par les populations riveraines des sites miniers sont une préoccupation sérieuse et méritent une prise en charge par la sécurité sociale. L'on sait par exemple que l'exposition au mercure, même en faibles quantités, dans les exploitations minières, peut causer de graves problèmes de santé. Cette exposition constitue par exemple une menace sérieuse pour le développement de l'enfant *in utero* et à un âge précoce. En effet, le mercure peut avoir des effets toxiques sur les systèmes nerveux, digestif et immunitaire, sur les poumons, les reins, la peau et les yeux... « Le mercure est considéré par l'OMS comme l'un des dix produits chimiques ou groupes de produits chimiques extrêmement préoccupants pour la santé publique »[4]. Il en est de même de l'uranium dont la durée de vie s'évalue en milliards d'années, et dont la présence en suspension dans l'air sous forme de poussière, à la suite de son extraction, tout comme le stockage des résidus miniers peut provoquer des pollutions de l'environnement et créer de graves troubles sanitaires.

---

[1] À titre de droit comparé, en vertu de l'article 35 de la Convention européenne des droits de l'homme, les peuvent déclarer irrecevable une requête individuelle (justiciable contre État signataire) lorsque le requérant ne justifie pas d'un préjudice important.

[2] J. CARBONNIER, « *De minimis...* », in *Mélanges dédiés à Jean Vincent*, Dalloz, 1981, pp. 29-37 ; repris in *Flexible droit*, Chapitre VI «Vers le degré zéro du droit: D*e minimis...*», 10e éd., L.G.D.J., 2001, pp. 74-83.

[3] Sur la reconnaissance et l'exercice de la *class action* ou action de groupe, voir *infra*.

[4] Voir https://www.who.int/fr/news-room/fact-sheets/detail/mercury-and-health, consulté le 7 mars 2020.

b) La nécessité d'une extension de la couverture sociale aux populations riveraines victimes des maladies liées à l'exploitation minière

383- Pour mieux concilier le développement économique lié à l'exploitation minière avec l'objectif de protection des droits fondamentaux, il conviendrait d'étendre la couverture sociale aux populations riveraines des sites miniers, victimes des maladies liées à leur exploitation.

À titre de droit comparé, l'un des éléments essentiels du développement jurisprudentiel de la Cour interaméricaine des droits de l'homme sur les réparations est sans doute l'élargissement de la notion de bénéficiaire, dans le mesure où elle admet des bénéficiaires multiples. Selon cette jurisprudence, « les mesures de réparation ont été élargies pour profiter dans un premier temps aux proches de la victime directe et ensuite aux communautés entières. Par exemple, si les peuples autochtones peuvent être collectivement titulaires de droits liés à la propriété, il en est de même concernant leur droit à la réparation »[1].

Pour une meilleure conciliation entre l'exploitation minière et la prise en charge des atteintes liées à l'exploitation minière, la Cour interaméricaine des droits de l'homme a ainsi développé des moyens originaux pour réparer les dommages subis par les victimes. D'une part, tel que nous venons de le relever, elle a élargi la notion de bénéficiaire, pour admettre aux fins de réparation des violations aux droits de l'homme, des bénéficiaires multiples, à savoir les proches de la victime directe et les communautés entières[2]. D'autre part, elle a fait preuve d'originalité dans la réparation des atteintes à l'environnement et par ricochet à la santé et à la vie, en reconnaissant des dommages inédits[3] à l'instar du dommage au projet de vie[4] ou encore du dommage spirituel. S'agissant de ce dernier type de dommage, la Cour a

---

[1] Voir K. RINALDI, « Le droit des populations tribales et autochtones à la propriété dans le système interaméricain de protection des droits de l'homme », *in* L. HENNEBEL et H. TIGROUDJA (dir.), *Le particularisme interaméricain des droits de l'homme,* Paris, Pedone, 2009, p. 222, cité par K. MARTIN-CHENUT, C. PERRUSO et L. VARISON, « La difficile réparation des rapports sociaux », *in* K. MARTIN-CHENUT et R. QUENAUDON (dir.), *La RSE saisie par le droit. Perspectives interne et international*, Editions A.Pedone, Paris, 2016, p. 409.

[2] Voir L. BURGORGUE-LARSEN et A. UBEDA-TORRES, *Les grandes décisions de la Cour interaméricaine des droits de l'homme*, éd. Bruylant, Bruxelles, 2008, p. 255, cité par K. MARTIN-CHENUT et C. PERRUSO, « La contribution des systèmes régionaux de protection des droits de l'homme à la pénalisation des atteintes à l'environnement », précité, p. 50, note 42.

[3] *Ibid.*, p. 256.

[4] Le dommage au projet de vie est celui qui empêche la victime de conduire sa vie comme elle l'entend et atteindre ses objectifs de vie. Voir Cour interam. DH, *Loayza Tamayo c. Pérou*, 27 novembre 1998, Réparations, Série C, n° 42, §§ 147-148, cité par K. MARTIN-CHENUT et C. PERRUSO, « La contribution des systèmes régionaux de protection des droits de l'homme à la pénalisation des atteintes à l'environnement », précité, p. 51, note 46.

qualifié de « maladies spirituelles » les dommages subis par le peuple autochtone Moiwana et démontré l'impossibilité de réparer un tel dommage au moyen d'une seule indemnisation pécuniaire, ce qui entraîne l'obligation des Etats d'envisager aussi des réparations immatérielles[1]. Une telle audace des juges de la Cour interaméricaine des droits de l'homme devrait inspirer les législateurs et les juges nationaux, notamment ceux du Cameroun.

La nécessité d'une extension de la couverture sociale aux populations riveraines des sites miniers victimes des maladies liées à l'exploitation minière s'impose donc d'elle-même, car elle contribuerait à une meilleure conciliation entre l'objectif de développement économique par l'exploitation minière et l'impératif de protection des droits fondamentaux des riverains. En effet, « rien ne justifie que des personnes étrangères à une activité en subissent un préjudice sans compensation »[2].

II- Les inconvénients résultant de l'absence d'un régime spécifique de prise en charge des maladies liées à l'exploitation minière

384- Les prestations sociales octroyées aux salariés et aux membres de leurs familles sont loin d'être suffisantes, ce qui suscite de graves préoccupations. Conscient du fait que le droit positif camerounais ne donnait pas entière satisfaction quant à la prise en charge des maladies professionnelles, le législateur du Code minier de 2016 a instauré à l'égard des entreprises minières étrangères, un principe de faveur à l'égard des normes d'hygiène et de sécurité étrangères. Ce principe veut que les normes de santé et de sécurité plus favorables, applicables dans les pays d'origine de ces entreprises, priment sur le droit national (A). Dans la pratique, ce principe de faveur présente de nombreux inconconvénients dans sa mise en œuvre (B).

A- L'instauration à l'égard des entreprises minières étrangères d'un principe de faveur à l'égard des normes d'hygiène et de sécurité étrangères

385- En l'absence de lois sectorielles spécifiques régissant la santé et la sécurité au travail dans le domaine de l'exploitation minière au Cameroun, le Code minier oblige tous les titulaires d'un permis d'exploitation, d'élaborer au préalable des règles relatives à la santé et à la sécurité pour l'exploitation

[1] Voir Cour interam. DH, *Moiwana c. Suriname*, 15 juin 2005, Exceptions préliminaires, fonds, réparations et coûts, Opinion concordante séparée, Série C, n° 124, §§ 71-81, cité par K. MARTIN-CHENUT et C. PERRUSO, « La contribution des systèmes régionaux de protection des droits de l'homme à la pénalisation des atteintes à l'environnement », précité, p. 51, note 45.

[2] Dans ce sens, Voir F. OST, « La responsabilité, fil d'Ariane du droit de l'environnement », précité, p. 283.

minière proposée. Ces règles devront par la suite être présentées au ministre en charge des mines pour approbation. Lorsque le ministre aura donné son accord, le titulaire est tenu de respecter ces règles de sécurité. En effet, l'article 133 alinéa 4 du Code minier exige qu'« *Avant d'entreprendre des travaux de recherche ou d'exploitation, le titulaire d'un titre minier ou de carrière doit au préalable élaborer un règlement relatif à la sécurité, à la santé, à l'hygiène et à la prévention des risques professionnels pour les travaux envisagés, lequel est soumis à l'approbation conjointe des ministres chargés des mines et du travail* »[1].

386- Bien plus, le Code minier oblige les entreprises minières étrangères qui s'installent au Cameroun de faire primer sur les normes camerounaises, les normes de santé et de sécurité applicables dans leur pays d'origine ou dans d'autres pays où elles exercent la même activité, au cas où celles-ci seraient plus favorables. À cet effet, l'article 44 alinéa (q) du Code minier dispose que la Convention minière doit prévoir des « *obligations en matière de prévention et* ***de réparation des risques professionnels*** *notamment en ce qui concerne les accidents de travail et de maladies professionnelles* »[2]. Cependant, cette Convention ne doit pas comporter des stipulations moins favorables aux travailleurs locaux que les dispositions applicables aux travailleurs de la même entreprise dans d'autres pays où elle exerce la même activité. En effet, selon l'article 133 alinéa 3 du Code minier, « *Lorsque les normes prévues par la législation et la réglementation en vigueur sont inférieures à celles respectées par le titulaire du permis dans d'autres pays où il exerce la même activité, ces dernières prévalent. Dans ce cas, le titulaire du permis est tenu de prendre et d'appliquer des règlements conformes à ces normes, pour assurer les conditions optimales d'hygiène, de santé et de sécurité des travailleurs* »[3]. Il s'agit là comme nous le verrons plus bas, d'une application atypique du principe de faveur[4]. En effet, l'application de ce principe pose le problème général de la comparaison du contenu de deux normes en concurrence. Une telle opération d'appréciation du caractère avantageux ou désavantageux d'une norme par rapport à l'autre

---

[1] Cf. art. 133 alinéa 4 de la loi n° 2016/17 du 14 déc. 2016 portant Code minier.

[2] Cf. art. 44 alinéa (q) de la loi n° 2016/17 du 14 déc. 2016 portant Code minier.

[3] Cf. art. 133 (3) de la loi n° 2016/17 du 14 déc. 2016 portant Code minier.

[4] Sur le principe de faveur, voir A. JEAMMAUD, « Le principe de faveur. Enquête sur une règle émergente », Dr. soc. 1999. 115 ; A. JEAMMAUD, « Les principes dits « de faveur » ont-ils vécu ? », *Revue de droit du travail*, n° 3, mars 2018, p. 177 ; Y. CHALARON, « L'application de la disposition la plus favorable », *in Les transformations du droit du travail*, Études offertes à Gérard Lyon-Caen, Dalloz, 1989 ; M. BONNECHERE, «Les normes du droit du travail, l'ordre public social et le "principe de faveur"», *Silomag* n° 4, sept. 2017, http://k6.re/v-GbR ; J. PELISSIER, « Existe-t-il un principe de faveur en droit du travail ? », *in Mélanges dédiés au Président Michel Despax*, Presses de l'Université des sciences sociales de Toulouse, 2002, p. 389.

apparaît d'emblée délicate, voire difficile pour les victimes[1]. De fait, des difficultés et des risques d'indemnisation inéquitable des victimes subsistent.

B- Les limites à l'obligation pour les entreprises étrangères de faire primer sur le droit national les normes étrangères d'hygiène et de sécurité plus protectrices

387- Le principe de faveur est un principe fondamental du droit du travail qui permet de régler un conflit de normes entre la norme inférieure et la norme supérieure. À titre d'illustration, l'article 52 alinéa 2 du Code camerounais du travail, qui constitue la source légale du principe de faveur dispose que « *La convention collective peut mentionner des dispositions plus favorables aux travailleurs que celles des lois et règlements. Elle ne peut déroger aux dispositions d'ordre public* »[2]. Dans le même sens, l'article L2251-1 du Code de travail français prévoit qu'« *Une convention ou un accord peut comporter des stipulations plus favorables aux salariés que les dispositions légales en vigueur. Ils ne peuvent déroger aux dispositions qui revêtent un caractère d'ordre public* »[3]. Comme on le voit, ces deux dispositions permettent de régler un conflit de normes entre la norme inférieure et la norme supérieure. Or, dans le cadre du droit minier camerounais, ce n'est pas dans un cadre d'un rapport hiérarchique que s'établit cette question. D'une part, l'application de ce principe dans les rapports entre des ordres juridiques distincts en privilégiant le texte le plus favorable, même s'il s'agit de la loi étrangère, au détriment de la loi nationale moins favorable s'avère novatrice. Ce qui permet de s'interroger sur la qualification de ce principe de faveur institué par le Code minier (1). D'autre part, la mise en œuvre de cette disposition soulève des difficultés et des risques d'indemnisation inéquitable des victimes des maladies liées à l'exploitation minière (2).

1- La difficile qualification du principe de faveur institué par le Code minier

388- En matière sociale, la loi apparaît comme un minimum pouvant dans certains cas, être complétée, l'ordre public social étant avant tout un

[1] Comme l'affirme un auteur, « ce problème d'évaluation qualitative comparée se pose pour tous les types de concours des règles ». Voir Chr. VIGNEAU, « Le principe de faveur dans le régime du temps de travail en droit comparé », *in* S. LAULOM (dir.), *Recomposition des systèmes de représentation des salariés en Europe*, Publications de l'Université de Saint-Étienne, 2005, p. 276.

[2] Cf. art. 52 al. 2 de la loi n° 92/007 du 14 août 1992 portant Code du travail.

[3] Cf. art. L2251-1 du Code de travail français, disponible sur légifrance à l'adresse : https://www.legifrance.gouv.fr/affichCodeArticle.do?idArticle=LEGIARTI000006901772&cidTexte=LEGITEXT000006072050, consultée le 7 mars 2020.

ordre public de protection. Selon le principe de faveur qui est le pivot essentiel de cet ordre public social, on ne peut déroger à ce « minimum social » forgé par les normes étatiques que dans un sens plus favorable aux salariés. Le principe de faveur illustre donc le caractère protecteur du droit du travail. Il s'agit clairement d'assurer une protection maximale aux salariés.

En effet, « Ce principe d'application de la disposition la plus favorable est une règle de conflit de normes : la source inférieure (par exemple le contrat de travail) ne doit pas se révéler moins favorable au salarié que la source supérieure (par exemple la convention collective négociée par les partenaires sociaux). Elle peut en revanche être plus favorable »[1]. Comme le relève la Cour de cassation française, le principe de faveur est « *le principe fondamental en droit du travail selon lequel, en cas de conflit de normes, c'est la plus favorable au salarié qui reçoit application* »[2]. « Cette règle de conflit permet de nuancer le "principe de hiérarchie des normes" en vertu duquel la norme inférieure doit respecter la norme supérieure »[3].

389- Dans le Code minier camerounais, le législateur s'appuie sur ce principe, non plus pour régler les conflits entre deux normes hiérarchisées, mais plutôt dans les rapports entre des ordres juridiques distincts en privilégiant la loi étrangère la plus favorable (en matière d'hygiène, de santé et de sécurité) au détriment de la loi nationale moins favorable. Dès lors, quelle qualification peut-on donner à ce principe de faveur ?

En effet, le principe de faveur, tantôt considéré comme un principe général du droit, tantôt comme un principe fondamental du droit du travail, apparaît comme l'« âme du droit du travail »[4]. Évoqué pour la première fois par le Conseil d'Etat dans un avis du 22 mars 1973, cette haute juridiction française considère que le principe de faveur est un « principe général du droit »[5]. Dans la même logique, la doctrine considère que le « principe de la *lex favoris* [...] peut être rangé au nombre des principes généraux

---

[1] Voir « L'ordre public social et le principe de faveur en droit du travail », disponible à l'adresse : https://www.melchior.fr/etude-de-cas/lordre-public-social-et-le-principe-de-faveur-en-droit-du-travail, consultée le 06 mars 2020.

[2] Voir Cass. Soc, 30 mars 1995, Bull.civ., n°117 ; A. JEAMMAUD, « Le principe de faveur. Enquête sur une règle émergente », *Droit social*, n° 2, février 1999, p. 123, n° 17.

[3] Voir l'article intitulé : « L'ordre public social et le principe de faveur en droit du travail », disponible à l'adresse : https://www.melchior.fr/etude-de-cas/lordre-public-social-et-le-principe-de-faveur-en-droit-du-travail, consulté le 7 mars 2020.

[4] Y. CHALARON, « L'application de la disposition la plus favorable », *in Les Transformation du droit du travail*, Etudes offertes à Gérard Lyon-Caen, éd. Dalloz, Paris, 1989, p. 243, cité l'article intitulé : « L'ordre public social et le principe de faveur en droit du travail », disponible à l'adresse : https://www.melchior.fr/etude-de-cas/lordre-public-social-et-le-principe-de-faveur-en-droit-du-travail, note 4.

[5] Voir CE, 8 juillet 1994, n°105471 et CE, 27 juillet 2001, Fédération nationale des transports FO, n° 220067.

spécifiques au droit du travail »[1]. Le fait que le principe de faveur soit un principe général du droit, justifie pleinement son application, non seulement en droit interne et notamment en droit du travail, mais également dans les rapports entre ordres juridiques distincts.

Quoi qu'il en soit, l'application du principe de faveur dans les rapports entre ordres juridiques distincts va poser une difficulté particulière, notamment la difficulté pour les victimes d'invoquer la norme la plus protectrice. Ce qui va inéluctablement aboutir à une prise en charge à géométrie variable des maladies liées à l'exploitation minière.

2- La prise en charge à géométrie variable des maladies liées à l'exploitation minière

390- Les mesures de prise en charge des maladies liées à l'exploitation minière sont souvent de portée très inégale dans les entreprises. Deux séries de considérations méritent d'être prises en compte : la prise en compte des maladies selon l'origine de l'entreprise minière (nationale ou étrangère) (a) et la prise en charge des maladies selon le statut de la victime (salarié de l'entreprise ou non) (b).

a) La prise en charge des maladies liées à l'exploitation minière selon l'origine (nationale ou étrangère) et la taille de l'entreprise minière.

391- D'une part, la prise en charge des maladies liées à l'exploitation minière se fait selon l'origine de l'entreprise minière, selon qu'elle est une entreprise nationale ou étrangère. En effet, compte tenu du fait que le Cameroun ne dispose pas encore de lois sectorielles spécifiques régissant la santé et la sécurité au travail dans les mines, le Code minier impose à tous les titulaires d'un titre ou d'un permis d'exploitation minière d'élaborer au préalable des règles relatives à la santé et à la sécurité, des règles qui doivent être validées par le Ministère en charge des Mines et auxquelles ils doivent s'en tenir. Une telle situation laisse penser que les travailleurs locaux n'ont pas droit à des avantages comparables à ceux des expatriés ou des travailleurs étrangers, spécialement ceux en provenance du pays d'immatriculation de la compagnie extractive. Ces discriminations au niveau de la protection sociale peuvent amener les travailleurs locaux qui travaillent dans des conditions précaires à emprunter le chemin des grèves et des manifestations, parfois au risque de leur vie[2].

---

[1] G. H. LYON-CAEN et M. KELLER, *Encyclopédie Dalloz, Rép. Trav.*, V° Travail (Droit du) : sources, n°76.

[2] Voir P. MANIRAKIZA, « La protection des droits de l'homme à l'ère de l'industrie extractive en Afrique », *Criminologie*, n° 49 (2), 2016, p. 125.

392- D'autre part, lorsqu'il s'agit des salariés au service des grandes entreprises minières modernes et prospères, ils bénéficient de soins généralement complets dans des centres sanitaires installés par ces établissements. Par contre, quand il s'agit de travailleurs occupés par les petites et moyennes entreprises ou par les exploitations minières artisanales, l'on assiste généralement à une absence de prise en charge ou à une prise en charge insuffisante. Or, cette insuffisance, voire l'absence de réparation s'oppose à toute conciliation entre exploitation minière et protection des droits fondamentaux. Pour réduire cette inégalité, « les législations ont souvent prévu, sans le rendre obligatoire, l'adhésion des entreprises à des services médicaux interentreprises[1] ou à des conventions de soins avec la santé publique »[2]. La réalité révèle cependant que l'existence de telles structures dans le secteur minier est encore un vœu. Une mission conjointe effectuée par le ministère de l'Emploi et de la formation professionnelle (MINEFOP) et l'ONG Forêts et Développement (FODER) dans la région de l'Est-Cameroun révèle que les entreprises minières visitées n'avaient signé aucune convention de prise en charge des employés avec les hôpitaux publics présents dans leurs aires de santé[3].

Lorsque l'entreprise dispose d'un service de santé, l'employeur est tenu d'assurer l'alimentation à tout « travailleur malade et hospitalisé dans l'infirmerie de l'entreprise »[4]. Pour pouvoir bénéficier de cette protection avec son conjoint et ses enfants logés chez lui, le salarié doit avoir été déplacé pour exécuter son contrat hors de sa résidence habituelle et logé par l'employeur. Comme l'a écrit un auteur, « cette condition tenant au logement limite particulièrement le domaine de la protection en cas de maladie car dans l'entreprise, seuls certains cadres peuvent bénéficier des logements conférés par l'employeur »[5]. Par ailleurs, « l'on peut remarquer que l'article 98 (2) du Code du travail de 1992 qui reprend les dispositions de l'article 108 du Code du travail version 1974, a omis de mentionner l'adverbe "gratuitement" accompagnant l'obligation pour l'employeur de fournir des soins et des médicaments aux travailleurs malades et à leur famille. Ce qui laisse penser que le traitement ne peut pas être gratuit. Ceci est d'autant plus probable que même sous l'empire de la loi ancienne de 1974, si la

---

[1] Ce type de « service interentreprises » commun à plusieurs entreprises est prévu par l'article 99 alinéa 3 du Code du travail.

[2] P. MOUTON, « L'étendue des systèmes africains de sécurité sociale », *in Encyclopédie Juridique de l'Afrique, Tome 8*, éd. NEA, 1982, p. 295.

[3] W. TCHANGO, « Conditions de travail : les employés de la mine dans l'étau de la précarité », *in Ressources, Bull. d'information destiné à la promotion de la gestion durable des ressources naturelles,* n° 002, mai 2016, p. 20.

[4] Cf. article 101 alinéa 2 du Code du travail.

[5] J. KOM « Droit de travail et maladie non professionnelle », *Rev. Jur. Afr.* N° spécial, 1994, p. 221.

consultation et la prescription des ordonnances étaient gratuites parce qu'elles étaient assurées par le médecin de l'entreprise, l'achat des médicaments et autres accessoires nécessaires au traitement restaient à la charge du salarié malade »[1].

b) La prise en charge des maladies liées à l'exploitation minière selon le statut de la victime (salariée ou non)

393- La prise en charge des maladies liées à l'exploitation minière se fait également selon le statut de la victime, selon qu'il s'agit d'un salarié de l'entreprise ou non. Tandis que les salariés victimes de maladies contractées à la suite de leur travail bénéficient d'une prise en charge plus ou moins complète, il existe au contraire un vide juridique quant aux autres victimes non-salariées atteintes de maladies liées à l'exploitation minière. Ainsi, si le salarié victime d'une maladie professionnelle a droit à une indemnisation équitable pouvant s'étendre à ses ayants droit, les autres victimes des affections provoquées par la même activité n'ont pas droit à la protection sociale. Il convient de dénoncer ce traitement discriminatoire des maladies provoquées par la même source, dont la qualité de salarié reste le facteur discriminant.

394- Même à l'égard des victimes salariées, la protection sociale n'implique pas forcément leur prise en charge par l'employeur ou par la CNPS. Elle se limite en effet aux « remboursements des sommes déboursées par les salariés pour se faire soigner ou à la fourniture de certains soins. Par ailleurs, le remboursement n'est ni intégral, ni uniforme pour tous les travailleurs. Dans certaines entreprises (…), le remboursement total des frais médicaux ne profite qu'aux hauts cadres comme le directeur et les agents de maîtrise. Pour les agents d'exécution, le remboursement peut aller jusqu'à 50 % pour les plus nantis, tandis que les subalternes se contenteront de petits services de l'infirmerie de l'entreprise »[2].

Bien plus, dans la catégorie des salariés malades, le régime, voire le montant de l'indemnisation sont différents suivant que le salarié est victime d'une maladie professionnelle ou non. Si le travailleur victime d'une maladie professionnelle a droit à une indemnisation équitable pouvant s'étendre à ses ayants droit, le salarié victime d'une maladie non professionnelle ne peut prétendre qu'à une « caricature d'indemnisation »[3].

---

[1] *Ibid.*, p. 222.
[2] *Ibidem.*
[3] L'expression est de DUPEYROUX, cité par J. KOM « Droit de travail et maladie non professionnelle », *Rev. Jur. Afr.* N° spécial, 1994, p. 225.

395- De nombreux auteurs tels que le Professeur Gérard Lyon-Caen ont eu à dénoncer ces mesures discriminatoires. Pour lui, rien ne justifie un traitement différent des salariés malades, selon l'origine de leur maladie[1] (professionnelle ou non professionnelle), selon le satut de l'employé (cadres, agents de maîtrise, subalternes...) ou encore selon l'origine de l'entreprise (étrangère ou nationale). D'où la nécessité d'un régime spécifique de prise en charge des malades dans l'exploitation minière.

Section II : La nécessité d'un régime spécifique de prise en charge des malades dans l'exploitation minière

396- En droit minier camerounais, la prise en charge satisfaisante des victimes des maladies liées à l'exploitation minière se heurte encore à de nombreux obstacles. D'une part, en cas de maladie liée à l'exploitation minière, seules les victimes salariées peuvent actuellement prétendre à une prise en charge par l'entreprise minière ou par la Caisse Nationale de Prévoyance Sociale.

397- D'autre part, pour ce qui est de la réparation des risques professionnels, on assiste à une sorte de renonciation des victimes salariées à toute recherche de responsabilité de leurs auteurs comme cela se fait en matière de responsabilité civile. En contrepartie de cette renonciation, il est opéré un partage de responsabilités entre l'employeur et la victime salariée sur le fondement du risque professionnel. Comme l'a écrit un auteur, « ce partage se traduit par une réparation non intégrale mais seulement forfaitaire, c'est-à-dire que seule une partie du préjudice est réparée... [E]n contrepartie de la garantie d'une réparation automatique au titre de la législation de la sécurité sociale, la victime n'a pas en principe la possibilité d'agir contre son employeur sur la base de la responsabilité civile. Il n'en va autrement (...) qu'en cas de faute intentionnelle de l'employeur »[2]. Ce qui permet de distinguer un régime de responsabilité objective d'un régime de responsabilité subjective.

398- En droit camerounais, même dans l'hypothèse d'une faute inexcusable de l'employeur, il n'y a pas retour au droit commun de la responsabilité civile, car la législation camerounaise n'envisage pas une augmentation des prestations. Pourtant, dans le décret français du 24 février

---

[1] Cet auteur affirme que « la cause de l'incapacité de travail reste encore dans bien de cas un facteur discriminant ». Voir G. LYON-CAEN, cité par J. KOM « Droit de travail et maladie non professionnelle », précité, p. 225.

[2] P. MOUTON, « L'étendue des systèmes africains de sécurité sociale », précité, pp. 302-303.

1957 qui a inspiré la majorité des législations des territoires autrefois sous administration française, la faute inexcusable de l'employeur avait pour effet de majorer les prestations dues à la victime[1], l'employeur ne pouvant pas se garantir par une assurance contre les conséquences de la faute inexcusable[2]. En effet, la faute intentionnelle de l'employeur devrait pouvoir réintroduire le jeu du droit commun de la responsabilité et permettre à « la victime ou ses ayants droit [de] demander la réparation intégrale du préjudice subi conformément aux règles du droit commun »[3].

Tous ces inconvénients et bien d'autres justifient la mise sur pied d'un régime spécifique pour la prise en charge des maladies liées à l'exploitation minière. En fait, une réforme législative s'avère indispensable afin d'adapter la législation aux spécificités des maladies liées à cette activité (II). Il convient pour cela de proposer quelques mesures en vue d'une meilleure prise en charge des maladies liées à l'exploitation minière (II).

I- L'adaptation de la législation aux spécificités des maladies liées à l'exploitation minière

399- Face aux insuffisances du régime actuel de prise en charge des malades dans l'exploitation minière, la nécessité de repenser tout le système de la preuve et de la réparation devient une priorité. Compte tenu des difficultés précédemment évoquées, liées notamment à l'établissement du caractère professionnel de certaines maladies liées à l'exploitation minière, il convient de faciliter l'établissement du lien causal par l'adjonction d'une expertise supplétive à la présomption d'origine pour les maladies hors liste (A). Il convient également de mettre la législation en adéquation avec le caractère dangereux de l'activité minière, notamment en étendant le bénéfice de la sécurité sociale à toutes les victimes des maladies liées à l'exploitation minière (B).

A- La facilitation de l'établissement du lien causal par l'adjonction d'une expertise supplétive à la présomption d'origine pour les maladies hors liste

400- La prise en charge des maladies professionnelles se heurte parfois à l'exigence d'établissement d'un lien de causalité entre l'exploitation minière et le préjudice invoqué par une personne victime d'une maladie. En effet, le principe de la présomption d'origine en matière de reconnaissance des

---

[1] L'article 62 de l'Ordonnance n° 59-100 du 31 décembre 1959 portant réparation et prévention des accidents du travail et des maladies professionnelles au Cameroun prévoyait une majoration des prestations dans les limites prévues par la loi.

[2] P. MOUTON, « L'étendue des systèmes africains de sécurité sociale », précité, p. 305.

[3] *Ibid.*

maladies professionnelles est demeuré longtemps vicié par l'interdiction faite aux victimes d'établir, à titre supplétif, la preuve du caractère professionnel des maladies hors liste[1].

En France par exemple, ce défaut a été purgé par la loi du 27 janvier 1993[2] caractérisée par l'adjonction d'une expertise supplétive à la présomption d'origine. Cette loi permet en effet aux victimes de maladies dont elles estiment être d'origine professionnelle, mais ne figurant pas sur les tableaux de maladies professionnelles, de prendre l'initiative d'une procédure d'expertise supplétive. Ainsi, aux termes de l'article L. 461-1 du Code français de la sécurité sociale tel qu'issu de la loi du 27 janvier 1993 sus évoquée, en l'absence de tableau ou de l'une au moins des conditions requises dans un tableau de maladies professionnelles, le caractère professionnel de la maladie peut être reconnu lorsqu'il est établi qu'elle est directement causée par le travail habituel de la victime. Il appartient pour cela à la caisse primaire d'assurance maladie compétente, soit de sa propre initiative, soit à la demande de la victime, de mettre en œuvre la procédure d'expertise prévue à cet effet.

401- Cette procédure d'expertise supplétive mériterait d'être reconnue au Cameroun afin de combler les lacunes du principe de la présomption d'origine actuellement en vigueur. En effet, cette procédure d'expertise supplétive peut apparaître comme un moyen de recenser les nouvelles maladies professionnelles afin de permettre leur inscription sur les tableaux officiels et faire progresser leur reconnaissance officielle[3].

B- La mise en adéquation de la réglementation avec le caractère dangereux de l'activité minière

402- Le secteur minier est souvent perçu comme une industrie à part, réunissant des collectivités très unies de travailleurs faisant un métier pénible, salissant et dangereux[4]. Alors que les travailleurs victimes de maladies contractées à la suite de leur travail, dites maladies professionnelles, bénéficient d'une réglementation plus ou moins complète, il existe au contraire un vide juridique quant aux maladies qui

---

[1] Y. SAINT-JOURS, « La reconnaissance des maladies professionnelles depuis la loi n° 93-121 du 27 janvier 1993 (une réforme en trompe-l'œil) », *Recueil Dalloz* 1994 p. 58.

[2] Voir la loi n° 93-121 du 27 janv. 1993 portant diverses mesures d'ordre social, *J.O.* du 30 janv. 1993, p. 1576.

[3] Y. SAINT-JOURS, « La reconnaissance des maladies professionnelles…) », précité.

[4] N. S. JENNINGS, « Les mines et les carrières: un aperçu. Généralités sur les industries extractives », *in* MAGER STELLMAN (J.) (dir.), *Encyclopédie de sécurité et de santé au travail*, Volume 3, BIT, p. 74.2.

n'entretiennent aucun rapport avec la vie professionnelle[1]. D'où la nécessité d'étendre le bénéfice de la protection sociale aux à toutes les victimes des maladies liées à l'exploitation minière (1). Cette extension peut se justifier par le fait que l'exploitation minière est par essence une activité aux externalités néfastes considérables (2). Pour ce qui est des modalités de l'extension, elle pourrait se limiter à la fourniture des prestations en nature aux victimes des maladies liées à l'exploitation minière (3).

1- La nécessité d'une extension du bénéfice de la sécurité sociale à toutes les victimes des maladies liées à l'exploitation minière

403- Compte tenu du fait que la responsabilité de l'exploitant minier n'est limitée ni au périmètre du titre minier, ni à sa durée de validité, il y aurait lieu d'étendre le bénéfice de la protection sociale à toutes les victimes des maladies liées à l'exploitation minière, qu'elles soient salariées ou non. Cette généralisation de la protection sociale à toutes les catégories de victimes de maladies liées à l'exploitation minière présente l'avantage d'éviter un déni de droits. D'où la nécessité d'étendre le bénéfice de la protection sociale aux victimes de dégâts miniers les plus faibles et les moins capables de faire valoir leurs droits, qui n'ont pas toujours les moyens pour faire face aux procédures et aux délais nécessaires pour obtenir réparation. Il semble donc légitime d'envisager l'extension de la protection sociale à toutes les victimes « qui ne sont pas en mesure de porter la charge des procédures contentieuses »[2]. Car en effet, « l'un des rôles de l'Etat dans une société moderne est de protéger ceux qui ne sont pas en mesure de se défendre seuls »[3].

404- Au Cameroun, le législateur a mis en place un système de prévoyance sociale comportant trois régimes : les prestations familiales, l'assurance pension et les risques professionnels. Chacun de ces régimes est construit sur la relation de travail salarié[4], ce qui restreint donc le cercle de personnes protégées qui ne renferme finalement que les seuls travailleurs salariés ainsi que certains membres de leurs familles, lesquels ne représentent qu'une minorité très réduite de la population. Une telle discrimination n'a aucune justification évidente en termes d'équité.

---

[1] J. KOM « Droit de travail et maladie non professionnelle », *Rev. Jur. Afr.* N° spécial, 1994, p. 218.
[2] I. VAULONT et J.-L. VO VAN QUI, *L'indemnisation des dégâts miniers,* Rapport précité, p. 97.
[3] *Ibid.*, p. 96.
[4] P. G. POUGOUE, *Cameroun : situation de travail et protection des travailleurs, Rapport final,* http://ilo.org/wcmsp5/groups/public/---ed_dialogue/---dialogue/documents/genericdocument/wcms_203844.pdf, consulté le 10 mai 2018, p. 26.

405- Lorsqu'on sait que dans le secteur minier camerounais, la protection sociale des travailleurs n'est pas suffisamment garantie, il y a lieu de remettre en cause une partie de son dispositif de prise en charge. Une étude menée à l'Est Cameroun révèle qu'« [a]u bureau de la CNPS à Bertoua, une source confie que dans le secteur minier, l'affiliation à la CNPS n'est pas la chose la mieux partagée par les sociétés minières. Ainsi, sur trente (30) entreprises minières identifiées sur le terrain, seulement 8 d'entre elles figuraient dans le répertoire d'affiliation à la CNPS... Et sur les 8 structures affiliées à la CNPS, la même source indique que 5 sociétés sont endettées et prélèvent les cotisations sociales sur les salaires des employés sans les reverser »[1].

406- Cette double limitation (juridique et factuelle) du champ d'application de la sécurité sociale aux seules personnes ci-dessus énumérées contribue à n'en point douter à accentuer les inégalités sociales. C'est sans doute la raison pour laquelle, son extension à d'autres couches de la population a souvent été réclamée. En effet, la dangerosité de l'exploitation minière justifie que la protection sociale soit étendue à toutes les victimes (salariées ou non) des maladies liées à cette activité. Dans des domaines autres que le droit minier, des exemples d'extension de la protection sociale aux personnes non salariées existent dans plusieurs pays africains.

407- À titre de droit comparé, certaines législations prévoient des extensions selon la branche concernée à certaines catégories de personnes. En république centrafricaine par exemple, la loi n°65-66 du 24 juin 1965 prévoit que la législation sur la réparation des risques professionnels s'applique à certaines catégories de personnes telles que les conducteurs de voitures publiques non propriétaires de leurs véhicules, les membres des associations de jeunesse...[2]. De même, au Gabon, d'autres extensions sont plus singulières et concernent dans la branche des risques professionnels, les coupeurs de bois libres, c'est-à-dire non assujettis par un contrat de travail avec l'exploitation forestière pour le compte de laquelle ils travaillent. Allant plus loin, le législateur gabonais a décidé depuis 1983 de procéder à la généralisation de la protection sociale[3]. Par la loi n°10/82 du 24 janvier 1983, le champ de la protection sociale gabonaise est devenu très large et concerne les travailleurs indépendants, de nationalité gabonaise, non salariés, exerçant à titre principal une profession artisanale, commerciale, libérale ou

---

[1] W. TCHANGO, « Conditions de travail : les employés de la mine dans l'étau de la précarité », *in Ressources, Bull. d'information destiné à la promotion de la gestion durable des ressources naturelles,* n° 002, mai 2016, p. 20.

[2] Cf. art. 3 de la loi centrafricaine n°65-66 du 24 juin 1965.

[3] Voir BIT, *Gabon : généralisation de la protection sociale*, Bulletin d'informations sociales n° 2, juin 1983.

agricole. En généralisant la protection sociale à l'ensemble de la population, le législateur gabonais a créé un précédent en Afrique subsaharienne.

408- Au Cameroun, on assiste depuis quelques années à une extension progressive de la protection sociale aux personnes non salariées. Outre l'introduction récente de l'assurance volontaire[1], la loi du 13 juillet 1977 avait déjà procédé à l'extension de la couverture des risques professionnels aux personnes non salariées telles que les personnes assujetties au service civique national de participation au développement[2]. Au regard de la dangerosité de l'exploitation minière, le législateur camerounais pourrait s'inspirer des exemples ci-dessus, et notamment celui du Gabon, pour proposer une extension de la sécurité sociale aux personnes non assujetties par un contrat de travail à l'exploitation minière pour le compte de laquelle ils travaillent, ainsi qu'aux populations riveraines des sites d'exploitation minière.

En 1989, le BIT avait déjà eu à effectuer une mission d'étude au Cameroun portant sur le thème de l'extension de la protection sociale aux populations non salariées[3]. Dans la même logique, la recommandation n° 202 du BIT sur les socles nationaux de protection sociale[4] plaide pour l'élaboration à l'échelle des nations, des stratégies d'extension de la protection sociale dans sa double dimension horizontale[5] et verticale[6]. Dans le domaine de l'exploitation minière, cette extension peut se justifier par le caractère très dangereux de cette activité qui cause de nombreuses atteintes à la santé et à la vie.

---

[1] L'assurance volontaire a été introduite au Cameroun par le décret N° 2014/2377/PM DU 13 août 2014, fixant les conditions et les modalités de prise en charge des assurés volontaires au régime d'assurance pensions de vieillesse, d'invalidité et de décès. Voir https://www.ilo.org/dyn/natlex/docs/ELECTRONIC/96927/114777/F-45938122/CMR-96927.pdf, consulté le 7 mars 2020.

[2] Cf. art. 5 alinéa (f) de la loi du 17 juillet 1977 précitée.

[3] Voir BIT, *Rapport au gouvernement de la République camerounaise sur l'extension de la protection sociale aux populations non-salariées*, Genève, 1989, III, 190 p. (ILO-OIT/TF/CAM/R.13).

[4] Voir à ce sujet, OIT, *Kit de ressources sur la protection de la maternité. Réaliser les aspirations de tous*, Module 7, 2012, disponible sur http://mprp.itcilo.org/allegati/fr/m7_FR.pdf, p. 12.

[5] L'extension de la protection sociale dans sa dimension horizontale vise à étendre la couverture de la sécurité sociale au plus grand nombre de personnes possible (élargir la base des populations couvertes). Voir BIT, Recommandation n° 202 sur les socles de protection sociale, 2012.

[6] L'extension de la protection sociale dans sa dimension verticale vise à relever progressivement les niveaux de protection sociale (accroître les montants ou la gamme des prestations versées). Voir BIT, Recommandation n°202 précitée.

2- La justification de l'extension : le caractère dangereux de l'exploitation minière

409- L'extension du bénéfice de la sécurité sociale à toutes les victimes des maladies liées à l'exploitation minière peut tout d'abord se justifier par le souci essentiel de la recherche de l'équité et de la réduction des inégalités sociales. Le fait que le champ actuel d'application de la sécurité sociale soit en grande partie limité aux travailleurs salariés et par ricochet aux membres de leurs familles, permet de se demander s'il n'y a pas une injustice à limiter le bénéfice de la sécurité sociale à ces personnes qui apparaissent déjà comme des privilégiées.

410- En outre, l'extension du bénéfice de la sécurité sociale à toutes les victimes des maladies liées à l'exploitation minière se justifie aussi par le caractère dangereux de l'exploitation minière qui est par essence une industrie « sale », susceptible de causer de graves problèmes de santé tant aux travailleurs de ce secteur qu'aux populations avoisinantes.

Au niveau international, plusieurs textes font référence au concept d'« activités à risque »[1] dont la description par les conventions internationales se réfère généralement à la manipulation des substances par nature dangereuses. Ces substances sont d'habitude énumérées dans les annexes de ces textes selon des critères bien définis. Ces critères peuvent porter soit sur la nature, soit sur les quantités de ces substances[2]. Néanmoins, une substance qui ne figure sur aucune liste peut toutefois être qualifiée de dangereuse sur la base des critères liés à ses caractéristiques. Il est par ailleurs possible de déclarer une substance dangereuse en combinant les critères de nature et de caractéristiques[3].

411- Selon les déclarations d'un haut responsable de l'ONG Oxfam-America, *« L'exploitation minière est l'une des industries les plus polluantes*

---

[1] Voir la Convention sur la responsabilité civile des dommages résultant des activités dangereuses pour l'environnement, du 21 juin 1993 (STE n° 150); la Convention de Bamako sur l'interdiction d'importer des déchets dangereux et le contrôle de leurs mouvements transfrontières en Afrique, du 30 janvier 1991; la Convention de Bâle sur le contrôle des mouvements transfrontières de déchets dangereux et de leur élimination, du 22 mars 1989.

[2] Voir la Convention d'Helsinki sur les effets transfrontières des accidents industriels, du 17 mars 1992; la Directive n° 2010/75/UE du 24/11/10 relative aux émissions industrielles (prévention et réduction intégrées de la pollution), dite Directive PRIP ; ainsi que la Directive n° 2012/18/UE du 04/07/12 concernant la maîtrise des dangers liés aux accidents majeurs impliquant des substances dangereuses, (modifiant puis abrogeant la directive 96/82/CE du Conseil), dite Directive Seveso III.

[3] Voir la Convention de Bâle (art.1 a) et l'annexe III; la liste des caractéristiques de danger reprend la classification des dangers figurant dans les recommandations des Nations Unies pour le transport des marchandises dangereuses (ST/SG/AC-10/l/ReV.5, Nations Unies, New York, 1988).

du monde. Selon l'inventaire des rejets toxiques des Etats-Unis, elle est de loin l'industrie qui produit le plus de produits chimiques toxiques dans le pays. Ainsi, les produits chimiques toxiques utilisés dans l'exploitation minière, notamment le cyanure, peuvent se répandre dans les eaux souterraines et de surface qui sont à proximité des sites miniers, tuant les poissons et rendant l'eau impropre à l'irrigation ou la consommation »[1]. Outre des phénomènes soudains et imprévus qui peuvent provoquer de graves catastrophes (dégagement de gaz, inondations, explosions et effondrement du plafond, du front de taille ou des parois), les travailleurs sont aussi exposés à des risques physiques et à des dangers qui proviennent de l'air qu'ils inhalent[2] et sont touchés par des maladies professionnelles. Ils peuvent notamment souffrir de pneumoconiose, d'une perte d'audition ou des effets liés aux vibrations[3].

412- De manière générale, l'exploitation minière rentre dans le cadre des « *activités dangereuses* » exercées par des « établissements classés ». On entend par « Etablissement classé », tout établissement industriel, commercial ou artisanal qui présente des causes de dangers ou des inconvénients pour la sécurité, la salubrité ou la commodité du voisinage, soit pour la santé publique, soit pour l'agriculture ou la pêche[4].

L'expression « activité dangereuse » couvre un spectre assez large d'activités industrielles. Ainsi, aux termes de l'article 2 alinéa 1 de la loi du 18 juillet 1998 relative aux établissements classés dangereux, insalubres ou incommodes, sont soumis à ce texte, « *les usines, les ateliers, les dépôts, les chantiers, les carrières et, de manière générale, les installations industrielles artisanales ou commerciales exploitées ou détenues par toute personne physique ou morale, publique ou privée, et qui présentent ou peuvent présenter soit des dangers pour la santé, la sécurité, la salubrité publique, l'agriculture, la nature et l'environnement en général, soit des inconvénients pour la commodité du voisinage* »[5].

---

[1] K. SLACK, *Les défis de l'industrie minière mondiale*, Directeur du Programme des Industries Extractives à Oxfam-America, réalisé en collaboration avec l'Institute for Policy Dialogue 2008-10-12, Numéro 73, disponible en ligne à l'adresse : http://www.pambazuka.org/fr/category/comment/51185 consulté le 10 juillet 2017.

[2] BIT: « Les risques pour la santé dans les mines et les carrières », partie XI: Branches basées sur les ressources naturelles, in *Encyclopédie de sécurité et de santé au travail*, Genève, quatrième édition, 2011.

[3] Voir BIT : « L'exploitation minière: un travail dangereux », disponible à l'adresse internet suivante : http://www.ilo.org/safework/areasofwork/hazardous-work/WCMS_356571/lang--fr/index.htm, consulté le 05 mai 2017.

[4] Voir art. 4 de la Loi-cadre de 1996 relative à la gestion de l'environnement et art. 2 de la Loi N°98/015 du 14 juillet 1998 relatif aux établissements classés, dangereux, insalubres ou incommodes.

[5] Cf. article 2 al. 1 de la loi du 18 juillet 1998 relative aux Etablissements classés dangereux, insalubres ou incommodes.

Cette loi distingue deux niveaux de classement des établissements classés dangereux en fonction de l'importance du risque ; chaque niveau correspondant à un régime : le régime de l'autorisation pour les établissements de la première classe, et le régime de la déclaration pour ceux de la deuxième classe. À chaque régime correspond des procédures bien définies. Les mines font partie des établissements classés de la première classe, c'est-à-dire celle des « *les établissements dont l'exploitation ne peut être autorisée qu'à la condition que des mesures soient prises pour prévenir les dangers ou les inconvénients visés à l'article 2 ci-dessus* »[1].

413- L'exploitation minière est donc appréhendée sous l'angle de sa dangerosité. Le concept de dangerosité tient ici à la pluralité des risques de l'exploitation minière pour les personnes[2] : risque d'atteinte à la vie ou de mutilation physique des mineurs et des riverains par suite d'explosion, risque environnemental et d'atteinte à la santé des personnes, risque d'exposition à des substances cancérigènes etc. En effet, comme nous l'avons relevé plus haut, les mineurs comme les populations riveraines sont exposés à des troubles liés à cette activité tels que les poussières de silice, de charbon, d'amiante et les poussières combustibles respirables ainsi qu'à d'autres troubles comme le bruit, les vibrations, la chaleur, le froid[3] etc.

Tous ces arguments justifient la nécessité d'une extension du bénéfice de la sécurité sociale à toutes les victimes des maladies liées à l'exploitation minière, qu'elles soient salariées ou non.

3- Les modalités de l'extension : la fourniture des prestations en nature

414- À l'instar de tous les autres droits humains, le droit à la santé impose aux États trois types d'obligations : d'abord, l'obligation de garantir aux individus une vie saine à travers un environnement sain (un accès à l'eau salubre et potable, l'alimentation, le logement etc.) ; ensuite, l'obligation de non-discrimination et l'égalité de traitement qui impliquent la garantie aux personnes dépourvues de moyens suffisants l'accès aux soins par le biais de l'assurance maladie ou la gratuité des soins ; enfin, ils doivent veiller à la mise en œuvre du droit à la santé en adoptant une politique nationale de santé, notamment en mettant en place des infrastructures de santé (établissements hospitaliers suffisants, personnel de santé qualifié, matériel

---

[1] Cf. article 3 (a) de la loi du 18 juillet 1998 relative aux Etablissements classés dangereux, insalubres ou incommodes.

[2] Voir G. NTONO TSIMI, « La protection pénale des personnes et l'exploitation minière », Communication au *Colloque sur''L'exploitation minière et droits de l'homme en Afrique noire''*, Université de Yaoundé II, 17 et 18 décembre 2013, inédit.

[3] BIT: *La sécurité et la santé dans les mines*, rapport V (1), CIT, 81e session, Genève, 1994, p. 1.

médical conforme aux normes, soins de santé à un prix abordable...) et en assurant l'accès aux médicaments essentiels. Ils doivent également veiller à ce que des pratiques sociales ou traditionnelles nocives ne mettent en danger la santé des populations[1].

415- Au regard de ce qui précède, il convient de relever que l'accès des populations riveraines des sites d'exploitation minière aux soins de santé se heurte encore à de nombreux obstacles. En premier lieu, les hôpitaux publics, principaux dispensateurs des soins (préventifs et curatifs) sont, faute de moyens, notoirement insuffisants en nombre et en qualité. Bien plus, ils sont mal répartis géographiquement. A côté des hôpitaux publics, le secteur privé de la santé reste encore très peu développé. Quand bien même il le serait, le coût de la médecine privée reste encore assez élevé, comparativement au revenu moyen de la population. D'où la nécessité de leur étendre le bénéfice de la protection sociale.

416- Les prestations sociales qui sont généralement accordées aux personnes protégées sont de deux types : les prestations sociales en nature et les prestations en espèces. Sur le plan technique, ces prestations sont de nature fort différentes. Les premières (prestations sociales en nature) consistent en la fourniture des soins de santé. Les secondes (prestations sociales en espèces) consistent généralement à fournir des revenus de remplacement ou en remboursement des dépenses médicales et paramédicales à l'assuré. Comme le relève un auteur, l'on s'accorde aujourd'hui à reconnaître que le système de remboursement devrait être écarté, car il suppose au préalable le paiement par l'assuré des soins qui lui sont dispensés, ce qui présente de graves inconvénients en Afrique, aussi bien pour les personnes protégées que pour l'intérêt général[2]. Par contre, « l'octroi des soins par l'institution de sécurité sociale semble le mode d'organisation le plus approprié dans les conditions des pays africains »[3].

417- Compte tenu du fait que les populations riveraines des sites d'exploitation minière sont généralement des populations rurales et généralement à faibles revenus, nous proposons que leur soient accordées des prestations sociales en nature. Il s'agit concrètement de conférer aux personnes cibles, un droit d'accès aux soins individuels, soit gratuitement, soit en faisant de sorte d'éviter une trop lourde charge à ces personnes aux faibles ressources. Pour la prise en charge des soins, le principe du tiers

---

[1] P. MVOMO ELA, « Accès aux médicaments et droits sur les brevets : le cas dans les pays en développement », *RASJ*, Vol. 4, n°1, 2007, pp. 43-67.
[2] P. MOUTON, « L'étendue des systèmes africains de sécurité sociale », précité, p. 294.
[3] *Ibid.*

payant est généralement appliqué[1], quand ce ne sont pas les services médicaux de la sécurité sociale qui les fournissent directement. De telles mesures participeraient d'une meilleure conciliation entre l'exploitation minière et l'impératif de protection de la santé et de la vie des populations.

II- L'amélioration du dispositif de prise en charge des maladies liées à l'exploitation minière

418- Une politique adéquate relative à l'amélioration des conditions de travail, à la santé et à la sécurité dans les mines requiert un cadre juridique rigide et juste qui tienne compte des réalités locales. Il conviendra à cet effet de prendre en considération les spécificités du secteur minier au moment de l'élaboration et de l'adoption de la législation en matière de santé et de sécurité au travail. Cela suppose une réforme des dispositions relatives à la prise en charge des maladies professionnelles (A) et la modernisation des dispositifs de prise en charge des maladies liées à l'exploitation minière (B).

A- La réforme des dispositions relatives à la prise en charge des maladies professionnelles

419- Au regard de la vétusté des textes applicables à la prise en charge des risques professionnels, plusieurs dispositions semblent aujourd'hui dépassées. C'est le cas notamment de la loi du 13 juillet 1977 portant réparation et prévention des accidents de travail et des maladies professionnelles, et de ses textes d'application. À cet effet, il convient de compléter régulièrement de la liste des maladies professionnelles dès lors qu'il y a une nouvelle maladie qui est confirmée (1). De même, une réforme législative s'impose en vue d'une meilleure prise en charge des maladies à effets différés (2).

1- La nécessité d'un complément régulier de la liste des maladies professionnelles

420- En raison de l'évolution des technologies et de la modification subséquente des conditions de travail, il y a l'apparition de nouvelles maladies professionnelles pour certaines et le changement de nature (mutation) pour d'autres. À l'inverse, on constate une certaine fixité ou

[1] Généralement, l'organisme de sécurité sociale verse directement sur la base d'un tarif, le montant des frais sanitaires aux praticiens, pharmaciens, auxiliaires médicaux, fournisseurs ainsi qu'aux établissements ou centre médicaux. Voir P. MOUTON, « L'étendue des systèmes africains de sécurité sociale », précité, p. 302.

rigidité de la liste qui n'a pas évolué depuis plusieurs décennies, malgré une conceptualisation médicale de nouvelles maladies professionnelles[1].

Il apparaît donc que l'établissement de la liste des maladies professionnelles pose le problème de l'adéquation entre les maladies indemnisables et celles auxquelles sont effectivement exposés les travailleurs, et cela, compte tenu notamment de nouveaux risques résultant de l'industrialisation croissante, de la nature des activités, des conditions climatiques etc.[2] D'où la nécessité d'un effort d'adaptation et d'actualisation régulière de cette liste.

421- En application de la loi du 13 juillet 1977 ci-dessus citée, la liste des maladies professionnelles a été instituée pour la première fois par l'arrêté n°005/TLS du 9 mars 1962. Il convient de préciser que cette liste présente au Cameroun un caractère relativement statique[3]. Son extension a eu lieu respectivement en 1984[4], en 1989[5], et en 2012[6]. Jusque là, le nombre de nouvelles maladies reconnues comme professionnelles, liées à l'exploitation minière, n'est toujours pas exhaustif. À ce jour, il existe 114 tableaux contenant la liste des maladies professionnelles[7], dont une vingtaine traitant des maladies spécifiquement liées à l'exploitation minière[8].

---

[1] Y. SAINT-JOURS, « La reconnaissance des maladies professionnelles… », *précité*, p. 58.

[2] Voir P. MOUTON et M. VOIRIN, « La prévention et la réparation des lésions professionnelles en Afrique : problèmes et lacunes », *RIT*, vol. 118, n° 4, pp. 501-516.

[3] Cela traduit la réticence du législateur à admettre le caractère professionnel à une maladie. Cette réticence est doublée de la méfiance de la CNPS face aux déclarations de prétendues victimes de maladies professionnelles.

[4] Voir l'arrêté n° 039/MTPS/IMT du 26 novembre 1984 complétant la liste des maladies indemnisables, les délais pendant lesquels l'assureur ou l'employeur demeurent responsables et les conditions de déclaration des procédés de travail susceptibles de les provoquer, *in Recueil des textes du Ministère du travail et de la prévoyance sociale*, p. 155.

[5] Voir l'arrêté n°051/MNTSS/SG/DSST du 06 octobre 2009, *in Recueil des textes du Ministère du travail et de la prévoyance sociale*, p. 212.

[6] Voir notamment les tableaux n° 109 et suivants crées par l'arrêté n° 2012-665 du 4 mai 2012. La liste complète des maladies professionnelles indemnisables au Cameroun est disponible sur le site de l'OIT à l'adresse : https://www.ilo.org/dyn/natlex/docs/MONOGRAPH/96677/114317/F540396569/CMR-96677.pdf, consultée le 25 mai 2018.

[7] Voir la liste des maladies professionnelles disponible sur le site de l'OIT à l'adresse sus indiquée.

[8] Sans être exhaustif, on peut citer : Tableau 1 : Maladies causées par le plomb et ses composés : le Saturnisme professionnel ; Tableau 6 : Affections provoquées par les rayons x ou les substances radioactives ; Tableau 19 : Les leptospiroses professionnelles ; Tableau 20 : Maladies professionnelles causées par l'arsenic et ses composes minéraux ; Tableau 20 TER : Cancer bronchique primitif provoque par l'inhalation de poussières ou de vapeurs renfermant des arseno-pyrites aurifères ; Tableau 21 : Intoxication professionnelle par l'hydrogène arsenié ; Tableau 23 : Nystagmus professionnel ; Tableau 25 : Affections consécutives à l'inhalation des poussières minérales renfermant de la silice cristalline (quartz, cristobalite, tridimyte), des silicates cristallins (kaolin, talc), du graphite ou de la houille ; Tableau 30 : Maladies consécutives à l'inhalation de poussière d'amiante ; Tableau 33 BIS : Maladies

Comme on le voit, le mécanisme d'établissement d'une liste limitative de maladies professionnelles présente de nombreuses lacunes : d'une part, il est impossible pour le législateur de prévoir de manière exhaustive toutes les maladies liées aux diverses activités professionnelles. D'autre part, comme le relève un auteur, ce système de liste n'est rien d'autre que « l'héritage de la société occidentale »[1]. Par conséquent, la liste des maladies adoptée dans ce type de société, et reconduite par le législateur camerounais ne saurait être adaptée à la réalité locale où les maladies tropicales les plus récurrentes (telle que le paludisme) ne figurent pas toujours sur les listes cataloguées.

422- À titre de droit comparé, des problèmes liés à l'indemnisation des maladies causées par l'exploitation des mines d'uranium se sont récemment posés au Gabon, à cause de nombreuses atteintes à la santé des anciens travailleurs de la Compagnie des mines d'uranium de Franceville (Comuf), filiale gabonaise d'Areva. Les ex-employés de cette entreprise minière ont interpellé en 2007 les ONG françaises Sherpa et Médecins du Monde qui se sont saisies du dossier. Après des enquêtes de terrain réalisées à Mounana, ces ONG ont publié un rapport dénonçant le taux élevé de cancers parmi les salariés ou ex-salariés de ces mines d'uranium au Gabon. En France où les anciens travailleurs expatriés de la Comuf ont saisi le juge, la loi française de 1984 de laquelle dépend Areva et sa filiale au Gabon, ne prévoyait que 13 maladies imputables aux rayonnements ionisants. À ce sujet, « Jacqueline Gaudet, fondatrice de l'association française "Mounana", qui se bat pour l'indemnisation de ces anciens travailleurs expatriés de la Comuf... a déclaré que "*Le tableau de maladies professionnelles n'a pas été actualisé depuis*

---

professionnelles dues au beryllium et à ses composes ; Tableau 46 : Affections consécutives à l'inhalation de poussières minérales ou de fumées contenant des particules de fer ou d'oxyde de fer ; Tableau 46 bis. Affections consécutives au travail au fond dans les mines de fer ; Tableau 58. Affections professionnelles provoquées par le travail à haute température ; Tableau 67. Lésions de la cloison nasale provoquées par les poussières de chlorure de potassium dans les mines de potasse et leurs dépendances ; Tableau 73. Maladies professionnelles causées par l'antimoine et ses dérivés ; Tableau 78. Affections provoquées par le chlorure de sodium dans les mines de sels et leurs dépendances ; Tableau 91. Broncho-pneumopathie chronique obstructive du mineur de charbon ; Tableau 91. Broncho-pneumopathie chronique obstructive du mineur de charbon ; Tableau 93. Lésions chroniques du segment antérieur de l'œil provoquées par l'exposition à des particules en circulation dans les puits de mine de charbon ; Tableau 94. Broncho-pneumopathie chronique obstructive du mineur de fer ; Tableau 98. Affections chroniques du rachis provoquées par la manutention manuelle de charges lourdes ; et le Tableau 102 : Affections provoquées par les rayonnements ionisants. Ce tableau modifie et complète le tableau 06. Sur l'ensemble de ces tableaux, voir : https://www.ilo.org/dyn/natlex/docs/MONOGRAPH/96677/114317/F540396569/CMR-96677.pdf, consulté le 6 mars 2020. Pour une comparaison avec le droit français, A. DELEPINE et al., *Les maladies professionnelles. Guide d'accès aux tableaux du régime général et du régime agricole de la sécurité sociale*, INRS, 2015, pp. 210 et s., www.inrs.fr/.../TI-ED-835/ed835.pdf, consulté le 6 mars 2020.

[1] D. A. WANTOU, *La protection de la santé et de la sécurité des travailleurs en Afrique à la lumière du droit français : l'exemple du Cameroun*, Thèse précitée, p. 223.

1984... Une aberration devant les progrès faits en médecine" »[1]. Son association a fait porter deux fois à l'Assemblée nationale française une proposition pour réviser le Code de la Sécurité sociale sans succès. C'est la raison pour laquelle, Steeve Ondo, médecin du travail gabonais et membre du Comité scientifique de l'Observatoire de la santé avait affirmé que « *Ce n'est pas évident qu'on trouve des maladies professionnelles chez les anciens travailleurs avec la grille utilisée. Mais c'est possible qu'on trouve des maladies liées au travail, mais considérées comme non-professionnelles, et donc non indemnisées* »[2]. Des actualisations régulières de ces listes sont donc souhaitables, même s'il faut reconnaître qu'un tel procédé n'est pas susceptible de conduire à l'exhaustivité.

423- En effet, l'établissement et le renouvellement de la liste des maladies professionnelles sont révélateurs des rapports de force qui caractérisent les relations de travail. D'une part, les syndicats et les ouvriers estiment que refuser de prendre en charge certaines maladies liées à l'activité professionnelle (mais ne figurant pas sur les listes établies), alors même qu'on peut raisonnablement établir un lien de causalité entre l'affection contractée et le travail, c'est limiter indûment la protection du travailleur. D'autre part, le patronat et la sécurité sociale estiment pour leur part que, faire preuve de libéralité ou d'une trop grande ouverture dans l'établissement de la liste des maladies professionnelles, c'est s'exposer à faire supporter au régime des risques professionnels, des charges financières trop lourdes. D'où l'adoption du principe de la réparation forfaitaire des risques professionnels institué par le législateur.

Cette confrontation inégale, qui aboutit à une prise en charge insatisfaisante des risques professionnels peut être perçue comme une injustice. Comme l'a écrit le Professeur Jean Marie Tchakoua, cette logique de forfait « obéit au souci de garantir l'équilibre et la pérennité du système de réparation. À ce titre, elle ne vise à protéger ni le travailleur, ni l'organisme réparateur mais plutôt l'intérêt général »[3]. Le seul moyen d'échapper à ce dilemme serait d'adopter un « système mixte », en permettant à la victime de faire la preuve de l'origine professionnelle des maladies ne figurant pas sur la liste[4].

---

[1] Voir VOA, « Au Gabon, les anciens travailleurs malades d'Areva demandent toujours réparation », article disponible à l'adresse : https://www.voaafrique.com/a/au-gabon-les-anciens-travailleurs-malades-d-areva-demandent-toujours-reparation/4129730.html, consultée le 05/12/2017.

[2] *Ibid.*

[3] J. M. TCHAKOUA, Obs. sous CS, arrêt n° 91/S du 18 septembre 1980, aff. Compagnies Assurances Générales c/ Eyango François, in J. M. TCHAKOUA (dir.), *Les grandes décisions du droit du travail et de la sécurité sociale*, éd. JusPrint, 2016, p. 827.

[4] P. MOUTON, « L'étendue des systèmes africains de sécurité sociale », *précité*, p. 306.

La modernisation des dispositions relatives à la prise en charge des maladies professionnelles passe également par la reconnaissance des maladies à effets différés.

2- La nécessité d'une prise en charge des maladies professionnelles à effets différés

424- Les exploitations minières sont susceptibles de faire sentir leurs effets plusieurs années après leur arrêt, ou plusieurs années après la fin de l'exposition de la victime aux différentes sources d'atteintes à la santé. Alors que les effets néfastes directs de l'exploitation minière sont généralement facilement identifiables, les effets indirects ou secondaires quant à eux peuvent résulter des changements sociaux ou environnementaux induits par les opérations minières et sont souvent difficiles à identifier immédiatement.
À la question de savoir quelle solution adopter lorsqu'une maladie professionnelle se déclare longtemps après que le sujet soit allé en retraite ou qu'il ne soit plus dans l'entreprise, la CNPS oppose en général l'expiration des délais de prise en charge pour considérer l'affection en question comme maladie non-professionnelle, et donc non indemnisable. L'article 20 alinéa 1 de la loi du 13 juillet 1977 dispose à cet effet que « *La Caisse Nationale de Prévoyance Sociale ne prend en charge les maladies professionnelles dues à l'action d'agents nocifs ou d'infections microbiennes que lorsqu'elles surviennent pendant le délai fixé au tableau correspondant à chacune des maladies* ». Comme nous l'avons relevé, ces délais sont spécifiques à chaque maladie, compte tenu de la durée maximale de la période d'incubation. En l'état actuel du droit camerounais, pour qu'une telle maladie qui se déclenche longtemps après que le sujet ait été exposé aux risques d'atteintes soit prise en charge, il faut apporter la preuve que la maladie en question a une origine professionnelle et qu'elle a été identifiée à temps. Comme on le voit, le système actuel de prise en charge des risques professionnels rend difficile la réparation juste et équitable des effets différés dans le temps de certaines maladies liées à l'exploitation minière.

425- Compte tenu du fait que certaines maladies liées à l'exploitation minière se déclarent une vingtaine d'années après la cessation de l'exposition du sujet aux sources d'atteintes, le respect des délais de prise en charge fixés par le législateur peut conduire à des injustices. C'est ce que permet d'illustrer ce qui s'est passé dans le Sud-est du Gabon dans le Haut-Ogoué, où après la fin de leurs activités dans la mine d'uranium exploitée entre 1958 et 1999 par la Compagnie des mines d'uranium de Franceville (Comuf), filiale gabonaise du groupe français Areva, plusieurs centaines d'anciens travailleurs gabonais de ladite société ont saisi la société mère pour demander réparation pour les maladies contractées pendant leur activité. En dépit du temps écoulé, ces anciens mineurs de la petite ville de Mounana qui abritait les installations de la Comuf, indiquent que leur situation sanitaire actuelle est fortement liée aux conditions de travail dans cette mine. Même si le groupe nucléaire français a toujours affirmé *« qu'aucune maladie professionnelle liée à l'exposition aux rayonnements ionisants »* n'y a jamais été décelée, ils restent persuadés qu'ils souffrent des maladies contractées dans cette mine, même s'ils ne peuvent pas le prouver[1]. Fort heureusement, en 2015, dans un mail interne à la Comuf, consulté et authentifié par l'Agence France-Presse (AFP) auprès de plusieurs destinataires, le directeur santé d'Areva, Pierre Laroche a reconnu que « *de nombreuses maladies graves ont été détectées chez des anciens salariés comme par exemple des tuberculoses en phase contagieuse* »[2]. Pour les anciens travailleurs, ce courrier est la reconnaissance officieuse de leurs affections, et justifie que des indemnisations leur soient accordées, même si ces maladies ne sont peut-être pas reconnues comme étant radio-induites.

426- Face à ces difficultés liées notamment aux incertitudes scientifiques et face à l'impossibilité de prévoir l'évolution de la maladie, le droit doit tirer profit de ce qu'il n'est pas une science dure. A ce sujet, le législateur doit innover en créant des mécanismes d'indemnisation des maladies à effets différés liées à l'exploitation minière, sinon le respect rigoureux des délais de prise en charge peut conduire dans certaines hypothèses à la négation de la maxime d'équité *« contra non valentem agere non currit praescriptio »*[3], qui signifie que « la prescription ne court pas contre celui qui a été empêché d'agir »[4]. L'application civiliste de cette maxime suppose que « *la prescription ne court pas ou est suspendue contre celui qui est dans l'impossibilité absolue d'agir par suite d'un empêchement résultant de la loi, de la convention ou de la force majeure* »[5]. Si le principe est que pour se

---

[1] S. BILLE, « Gabon : les anciens travailleurs de la Comuf réclament des réparations pour des situations liées à leur travail », article disponible sur le site : https://www.agenceecofin.com, consulté le 05/12/2017.

[2] Voir VOA, « Au Gabon, les anciens travailleurs malades d'Areva demandent toujours réparation », article disponible à l'adresse : https://www.voaafrique.com/a/au-gabon-les-anciens-travailleurs-malades-d-areva-demandent-toujours-reparation/4129730.html, consultée le 05/12/2017.

[3] Sur cet adage, Voir H. ROLAND et L. BOYER, « *Contra non valentem* », in *Adages du droit français*, Litec, Paris, 1999, 4e éd., pp. 109-112 ; J. CARBONNIER, « La règle *contra non valentem agere non currit praescritpio* », *R.C.L.J.*, 1937, pp. 155-194, cités par C. FROGER, *La prescription extinctive des obligations en droit public interne*, Thèse, Université de Montesquieu-Bordeaux IV, 2013, p. 77, note 339, disponible en ligne sur https://www.theses.fr/2013BOR40059, consultée le 7 mars 2020.

[4] Cf. art. 2251 à 2259 C. civ. français sous le titre : *Des causes qui suspendent le cours de la prescription.*

[5] Cf. art. 2234 nouveau du C. civ. français.

prescrire, un droit doit pouvoir être exercé[1], le Professeur Philippe Billet estime que « mettre ainsi en exergue le fait générateur peut, dans certains cas, remettre en cause le droit à réparation dans son principe même. Dans le même temps, retenir l'ignorance comme cause de suspension de la prescription équivaudrait à nier le principe selon lequel la prescription court contre toute personne, y compris contre celle qui est titulaire d'un droit et qui n'agit pas. Admettre la suspension dans une telle hypothèse d'ignorance conduirait à restreindre singulièrement l'application de la prescription au détriment de celui au profit de qui la prescription joue »[2]. Après avoir fait ce double constat, l'auteur conclut en disant qu'il revient au législateur de limiter les hypothèses de suspension de la prescription. Une fois qu'il l'a fait, il convient de donner une interprétation restrictive à ces hypothèses limitativement énumérées[3]. Autrement dit, il revient au législateur d'admettre parmi les hypothèses donnant lieu à la suspension de la prescription, celle des maladies liées à l'exploitation minière qui se déclenchent plusieurs années après l'exposition aux sources d'atteinte. Une telle réforme participe non seulement de la recherche de l'équilibre entre les intérêts en présence, mais aussi et surtout à la modernisation des dispositifs de prise en charge des maladies liées à l'exploitation minière.

B- La modernisation des dispositifs de prise en charge des maladies liées à l'exploitation minière

427- La modernisation des dispositifs de prise en charge des maladies liées à l'exploitation minière suppose d'assurer l'effectivité des services de santé au sein des entreprises minières (1) et la création d'un fonds d'indemnisation des victimes de maladies liées à l'exploitation minière (2).

1- La nécessité d'assurer l'effectivité d'un service de santé au sein des entreprises minières

428- La santé et la sécurité au travail constituent à la fois un droit pour le travailleur et un devoir pour l'employeur. Ce dernier est tenu d'assurer aux travailleurs des conditions d'hygiène et de sécurité conformes à la législation du travail ainsi qu'à celles recommandées par la Convention n°155 (1981) sur la sécurité et la santé des travailleurs, la Recommandation n°164 (2002) de l'OIT qui l'accompagne et d'autres organismes techniques reconnus sur

---

[1] J. CARBONNIER, « La règle "contra non valentem agere non currit praescriptio" », *Rev. crit. législ. et jurispr.* 1937, p. 155.

[2] Ph. BILLET, « Prescription des obligations financières liées à la réparation des atteintes à l'environnement : les affres du temps », *JCP A*, 2008, n° 31, act. 697.

[3] *Ibid.*

le plan international qui imposent aux entreprises de disposer d'un service médico-sanitaire pour leurs travailleurs.

Selon la Recommandation n° 164 de l'OIT de 1981 concernant la sécurité, la santé des travailleurs et le milieu de travail, « *Lorsque les activités de l'entreprise l'exigent et que sa taille rend la chose pratiquement réalisable, il conviendrait de prévoir la mise à disposition d'un service de médecine du travail et d'un service de sécurité, ces services pouvant être propres à une seule entreprise ou communs à plusieurs, ou encore être assurés par un organisme extérieur* ».

Cette obligation a été reprise par le Code du travail du 14 août 1992 dont l'article 98 alinéa 1 dispose que « *Toute entreprise ou tout établissement de quelque nature que ce soit, public ou privé, laïc ou religieux, civil ou militaire, y compris ceux rattachés à l'exercice de professions libérales et ceux dépendant d'associations ou de syndicats professionnels, doit organiser un service médical et sanitaire au profit de ses travailleurs* ». En principe, toutes les entreprises ont donc l'obligation de faire bénéficier leurs salariés d'une assistance médicale et sanitaire, que ce soit au sein de l'entreprise (en interne) ou à l'extérieur (externalisation par convention). L'organisation et le fonctionnement de ces services médicaux du travail sont prévus par un arrêté du 11 octobre 1979[1].

429- De manière concrète, la protection de la santé des travailleurs passe soit par la création dans ses locaux d'un service médical et sanitaire autonome ou d'un service interentreprises commun à plusieurs d'entre elles, soit par l'adhésion de l'entreprise à un établissement hospitalier public ou privé avec lequel l'employeur aurait passé une convention[2]. Le rôle dévolu à ce service consiste notamment à surveiller les conditions d'hygiène au travail, les risques de contagion et l'état de santé du travailleur et de sa famille.

La mise sur pied de ces structures est susceptible de prévenir la survenance des risques professionnels. Il y a lieu ici de relever l'importance de la médecine de travail au sein des entreprises. Loin de se contenter dans son rôle essentiellement préventif à travers la pratique des visites médicales d'embauche, elle doit également être renforcée par la pratique des visites médicales systématiques de tous les travailleurs. Une telle pratique permettrait de détecter à temps les maladies professionnelles et de les traiter au plus près de leur déclaration.

430- Afin de rendre effectives les dispositions relatives à l'obligation d'organiser un service de santé au profit des salariés, le législateur a prévu

---

[1] Voir l'arrêté n° 015/MTPS/IMT du 11 octobre 1979 relatif à l'organisation et au fonctionnement des services médicaux du travail.

[2] Voir article 99 alinéa 3 du Code du travail.

des sanctions. Ainsi, l'article 167 du Code du travail prévoit une amende de cent mille à un million de francs CFA, à l'encontre des employeurs qui n'organisent pas un service médical et sanitaire au profit des travailleurs, qui n'assurent pas la surveillance médicale tout au long de leur carrière, ou qui ne fournissent pas les soins nécessaires aux travailleurs malades. Les sanctions pécuniaires prévues sont multipliées par le nombre de travailleurs affectés par l'infraction réprimée. Enfin, une peine d'emprisonnement peut être prononcée en cas de récidive.

431- Malgré le caractère relativement contraignant des dispositions sus évoquées, leur mise en œuvre souffre encore d'ineffectivité. Dans la pratique, les entreprises en général et minières en particulier, font face à un déficit patent d'équipements sociaux adéquats en leur sein. De même, l'insuffisance du nombre de médecins est flagrante, et plus particulièrement l'insuffisance des médecins qualifiés en médecine du travail qui soient capables d'interpréter et d'appliquer correctement les dispositions légales et réglementaires. À défaut de statistiques plus récentes, l'on se contentera d'évoquer celles de l'annuaire statistique national de 1994 qui avait pu constater qu'en 1994, le Cameroun ne comptait que 26 médecins du travail alors que le nombre était deux fois plus grand en 1986[1]. Par conséquent, on constate fréquemment que « les médecins d'entreprises sont confrontés à des tâches préventives et curatives d'une trop grande ampleur pour qu'ils puissent les assumer dans le cadre de leurs vacations, et ils sont contraints de fournir des prestations expéditives »[2].

432- L'étude réalisée par l'ONG « Forêts et Développement Rural (FODER)» dans la région de l'Est Cameroun révèle que la majorité des entreprises minières en activité dans cette région ne dispose pas d'un responsable en charge de l'hygiène, de la santé et de la sécurité dans les chantiers[3]. La même étude révèle que seulement 10,08 % des employés enquêtés dans l'étude disent avoir été formés ou sensibilisés sur les thèmes de sécurité au travail. Il est donc urgent que les pouvoirs publics instruisent à chaque entreprise d'aménager en son sein certaines structures sociales de base, notamment les services de santé.

433- En guise de comparaison, le groupe Areva avait mis en place en 2010, un Observatoire de la santé avec l'État gabonais pour « *suivre l'état des travailleurs et indemniser les victimes* » des maladies causées par les

[1] P. G. POUGOUE, *Cameroun : situation de travail et protection des travailleurs,* Rapport précité, p. 28.
[2] P. MOUTON, « L'étendue des systèmes africains de sécurité sociale », *précité*, p. 295.
[3] Voir J. L. CHEKOUA et B. NGALIM YONGABI, *Conditions de travail dans les entreprises minières de la région de l'Est*, précité, p. 16.

radiations en vue d'une prise en charge par la société. À ce sujet, Gilles Recoché, directeur du Conseil d'administration de la Compagnie des Mines d'Uranium de Franceville (Comuf), filiale gabonaise d'Areva, indiquait que « notre fierté est d'avoir mis en place une structure tripartite unique, qui permet aussi aux anciens travailleurs de la Comuf de bénéficier d'une visite médicale gratuite »[1]. Cet observatoire a bien fonctionné jusqu'en 2015 et « *il s'est adressé à près de 667 anciens salariés* ». Malheureusement, « *le Conseil d'administration à l'unanimité a décidé d'en suspendre l'activité en raison du boycott par le Matrac* »[2], le Mouvement des anciens travailleurs de la Comuf.

2- L'urgence de la création d'un fonds d'indemnisation des victimes de maladies liées à l'exploitation minière

434- En cas d'atteinte à la santé résultant de l'exploitation minière, la victime souhaitera toujours avoir le dédommagement le plus élevé possible, tandis que l'exploitant souhaitera de son côté verser l'indemnisation la plus basse possible. À cet effet, la question qui se pose est celle de savoir, comment garantir le dédommagement de la ou des victime(s) des maladies liées à l'exploitation minière tout en évitant la ruine de l'exploitant minier auteur des atteintes à la santé et à la vie ? La réponse à cette interrogation passe par une meilleure conciliation de l'objectif de développement par l'exploitation minière avec la prise en compte des préoccupations environnementales et sociales.

435- La solution la plus adéquate réside dans la nécessité de recourir à des mécanismes de collectivisation des risques et d'étalement des charges entre les acteurs du secteur minier, notamment par la création d'un fonds d'indemnisation des victimes de maladies liées à l'exploitation minière. « Plutôt que de rechercher la responsabilité de l'exploitant, ce qui nécessite des efforts conséquents, il est plus facile de se tourner vers un organisme chargé d'une mission d'intérêt général et qui, contrairement à certains exploitants, ne cherchera pas à gagner du temps »[3]. Qu'il soit désigné sous le vocable de « fonds de compensation » ou de « fonds d'indemnisation », ce

---

[1] Voir https://www.voaafrique.com/a/au-gabon-les-anciens-travailleurs-malades-d-areva-demandent-toujours-reparation/4129730.html, consulté le 6 mars 2020.

[2] Voir VOA, « Au Gabon, les anciens travailleurs malades d'Areva demandent toujours réparation », article disponible à l'adresse : https://www.voaafrique.com, consulté le 05/12/2017.

[3] Comme c'est par exemple le cas avec le fonds de garantie destiné à indemniser les dégâts liés à l'exploitation minière affectant les propriétés. Voir I. VAULONT et J.-L. VO VAN QUI, *L'indemnisation des dégâts miniers,* Rapport précité, p. 75, http://www.accac.eu/L_environnement/Risques-et-pollution-miniere/Docs/Indemnisation-degats-miniers_rapport_CNCRM.pdf, consulté le 7 mars 2020.

mécanisme de mutualisation des risques s'est largement développé au cours des dernières années. En effet, plus soucieuse qu'auparavant de couvrir les risques qui peuvent l'atteindre, notre société est devenue « assurancielle ». Divers types d'assurance et de fonds s'y emploient[1]. Le concept de solidarité sous sa forme collective et sectorielle a justifié la mise en place des fonds financés en grande partie par les pollueurs tels que le FIPOL[2] ou par des preneurs de risques par le biais des fonds de garantie tels que le FGAO[3], et le FIVA[4].

436- « Intervenant soit en première ligne, indépendamment du droit de la responsabilité, soit à titre subsidiaire pour compléter les mécanismes classiques de la responsabilité, les fonds de garantie présentent de nombreux avantages. D'une part, la charge afférente à un risque industriel est supportée collectivement par le milieu professionnel qui en est la cause »[5]. En tant que pollueur collectif, ce milieu professionnel devient également le payeur solidaire par le financement du fonds ainsi mis en place. D'autre part, non seulement les fonds constituent une application du principe « pollueur-payeur », en plus, ils permettent d'éviter les risques d'imputation arbitraire des coûts à un exploitant non responsable, risques souvent reprochés aux systèmes de canalisation de responsabilité. « À ce titre, ils sont parfaitement adaptés aux pollutions chroniques et diffuses comme celles des exploitations minières à propos desquelles il est parfois difficile, voire impossible d'identifier une origine précise »[6].

437- L'idée de créer un fonds d'indemnisation des victimes des maladies liées à l'exploitation minière peut trouver son fondement dans la théorie de la garantie développée par Boris Starck. Rompant avec les théories précédentes (responsabilité pour faute et théorie du risque) qui se focalisent sur l'auteur du dommage, cet auteur qui estime que certains droits jugés essentiels doivent être garantis, « recherche le fondement de la responsabilité

---

[1] Voir F. OST, « La responsabilité, fil d'Ariane du droit de l'environnement », précité, p. 283.

[2] Le FIPOL est une assurance non obligatoire, issu d'une convention internationale, prenant en compte le dommage écologique dérivé en cas de pollution par des hydrocarbures en mer, mais dont le contrat représente un coût élevé pour les entreprises, alors que de nombreuses causes de pollution sont exclues du contrat.

[3] Le FGAO est le Le Fonds de Garantie des Assurances Obligatoires de dommages (FGAO), anciennement Fonds de Garantie Automobile (FGA).

[4] La loi française de financement de la sécurité sociale (art. 53) pour 2001 du 23 décembre 2000 (*JO*, 24 déc. 2000) et un décret du 23 octobre 2001 (*JO*, 24 oct. 2001) créent ce fonds financé à 75% par les employeurs et 25 % par l'Etat.

[5] Voir F. OST, « La responsabilité, fil d'Ariane du droit de l'environnement », précité, p. 283, disponible à l'adresse : https://dial.uclouvain.be/pr/boreal/object/boreal:139618/datastream/PDF_01/view, consultée le 6 mars 2020.

[6] *Ibid.*

du coté de la victime. Toute personne a droit au respect de sa vie et de ses biens : dès lors qu'il y a une atteinte à ces droits, la victime doit bénéficier d'une indemnisation par le responsable ou par l'assurance »[1]. Ainsi, la création des fonds d'indemnisation correspond à la conception beveridgienne (système assistanciel) ci-dessus développée.

438- La création d'un fonds d'indemnisation des victimes des maladies liées à l'exploitation minière permettrait ainsi de renforcer la conciliation entre l'exploitation minière et la protection des droits fondamentaux. La finalité de la création de ce fonds est de permettre de dégager des moyens nécessaires à la réparation des atteintes à la santé et à la vie. En effet, l'un des objectifs du principe de responsabilité est « de garantir la solvabilité du "payeur" et d'assurer aux exploitants une mutualisation des risques en répartissant la charge des réparations sur des groupes entiers de pollueurs »[2]. Cette évolution est d'une grande influence sur le droit de la responsabilité, en ce sens qu'elle organise « un transfert du risque à double détente, de la victime au responsable et de celui-ci à l'assureur »[3]. Du point de vue de la victime, ce fonds représente ce que le Professeur François Ost appelle une « assurance contre l'insolvabilité du pollueur aussi bien qu'une garantie pour tous les cas où il pourrait dégager ou plafonner sa responsabilité. Du point de vue de l'exploitant, le fonds assure une répartition de la charge de la réparation qui peut le mettre à l'abri de la faillite »[4].

439- Les fonds d'indemnisations sont généralement alimentés par des « contributions perçues auprès des opérateurs d'un secteur concerné… ou par voie de redevances établies sur des activités ou des établissements polluants »[5]. La sollicitation financière du fonds qui est ici réparatrice et partagée, a pour objectif de permettre une véritable gestion des risques[6]. En effet, en cas de dommages, la victime choisit soit de recourir au fonds, soit de recourir à son employeur pour la prise en charge des atteintes dont elle est

---

[1] « En revanche, s'il ne s'agit que d'un préjudice économique ou moral, la victime n'obtient réparation qu'en établissant une faute de l'auteur du dommage. Tout dépend donc du droit considéré ». Voir : https://cours-de-droit.net/de-la-responsabilite-pour-faute-a-la-theorie-du-risque-et-la-theorie-g-a121606280/, consulté le 7 mars 2020.

[2] *Ibid.*, p. 283.

[3] Voir F. OST, « La responsabilité, fil d'Ariane du droit de l'environnement », précité, p. 285, https://dial.uclouvain.be/pr/boreal/object/boreal:139618/datastream/PDF_01/view, consultée le 6 mars 2020.

[4] *Idem*, p. 312.

[5] *Ibid.*

[6] Ch. LARROUMET, « La responsabilité civile en matière d'environnement. Le projet de Convention du Conseil de l'Europe et le livre vert de la Commission des Communautés européennes », *Recueil Dalloz-Sirey*, 1994, p. 104, cité par F. OST, « La responsabilité, fil d'Ariane du droit de l'environnement », précité, p. 309, note 48, disponible sur https://dial.uclouvain.be/pr/boreal/object/boreal:139618/datastream/PDF_01/view, consulté le 7 mars 2020.

l'objet. Autrement dit, lorsque la victime décide de faire appel à un fonds, elle se désiste de tout recours contre l'employeur. Comme on le voit, la création d'un fonds peut permettre d'éviter des contentieux contre les entreprises minières, sauf si l'organisation et le fonctionnement du fonds permet de contester le montant de la réparation alloué par le fonds. Auquel cas, il est possible de saisir le juge pour adapter le montant de l'indemnisation au degré de l'atteinte et à son évolution[1]. Une telle option est d'ailleurs souhaitable en ce sens qu'elle permet d'obtenir une réparation intégrale et pas seulement forfaitaire de la réparation. En effet, dans l'exploitation minière, « Ce qui caractérise et singularise surtout le préjudice de ces personnes [victimes], c'est la réduction de l'espérance de vie (perte d'une chance) avec toutes les angoisses et les craintes qui l'accompagnent (peur de la mort et des souffrances futures) ainsi que des perturbations de la vie professionnelle, familiale ou sociale avec l'isolement auquel ils conduisent »[2].

Pour que les fonds puissent répondre efficacement aux besoins pour lesquels ils sont mis en place, à savoir la prise en charge des maladies liées à l'exploitation minière, un certain nombre de conditions doit être satisfait. *Premièrement*, en cas de survenance de maladie liée à l'exploitation minière, il faut que la victime ait un choix entre le recours au fonds (responsabilité objective) et le recours au juge (responsabilité subjective). Au cas où la victime décide de faire recours au fonds, il doit disposer d'un recours direct contre celui-ci, sans qu'il puisse faire valoir à son encontre les causes d'exonération qu'il pourrait opposer au pollueur[3]. Dans cette hypothèse, il s'agit d'un régime de responsabilité objective. Toutefois, l'organisation et le fonctionnement du fonds peuvent permettre à la victime, après le recours au fonds, de se retourner contre l'exploitant minier pour le paiement du surplus. Dans cette hypothèse, le recours au fonds n'annule pas tout recours à l'exploitant minier.

Deuxièmement, l'intervention du fonds ne doit pas entraîner la « déresponsabilisation des pollueurs qui pourraient être tentés de croire que leur contribution financière vaut permis de polluer »[4] et les exonère de toute responsabilité. Pour éviter ce risque de déresponsabilisation, « il importe que subsiste l'action récursoire du fonds à l'encontre du responsable du dommage. Celui-ci qui ne devrait pas non plus échapper aux règles classiques de la responsabilité civile et pénale, en marge de l'intervention du fonds de

---

[1] Voir F. CHABAS, « La notion de préjudice de contamination », *RCA* n° spéc. mai 1998, p. 20.

[2] Voir F. CHABAS, « La notion de préjudice de contamination », précité ; Voir aussi G. VINEY et P. JOURDAIN, *Les conditions de la responsabilité*, 2e éd., LGDJ 1998, n° 235.

[3] H. BOCKEN, « Systèmes alternatifs pour l'indemnisation de dommages dus à la pollution », *Revue générale des assurances et des responsabilités*, 1990, 11714, p. 24, cité par F. OST, « La responsabilité, fil d'Ariane du droit de l'environnement », précité, p. 312, note 53.

[4] Voir F. OST, « La responsabilité, fil d'Ariane du droit de l'environnement », précité, p. 313.

garantie »[1]. Après l'indemnisation des victimes, le fonds de garantie est subrogé dans les droits des personnes indemnisées à concurrence des sommes qu'il leur a versées. À ce sujet, François Ost écrit qu'« [i]l est nécessaire aussi qu'en cas d'intervention du fonds d'indemnisation (indispensable souvent pour assurer un prompt dédommagement des victimes), soit maintenue la possibilité d'une action récursoire de [celui]-ci à l'encontre de l'opérateur économique dont la responsabilité pourrait être établie»[2]. Autrement dit, après réparation, le fonds peut se retourner contre l'exploitant, et en cas de disparition ou de défaillance, vers l'État, à concurrence des sommes qu'il a versées aux victimes[3].

Dans la même logique de responsabilisation des entreprises minières, « le fonds devrait pouvoir moduler le montant des cotisations qu'il réclame à ses membres en fonction des efforts qu'ils consentent pour prévenir les risques qu'engendre leur activité »[4].

Troisièmement enfin, dès lors qu'il s'agit d'un mécanisme de responsabilité objective, le montant des réparations susceptible d'être accordé aux victimes par le fonds doit être plafonné. Sans le plafonnement des indemnisations par le fonds, la victime souhaitera toujours obtenir le dédommagement le plus élevé possible. Cependant, aussi élevée soit l'intervention financière du fonds, elle ne couvrira que rarement l'intégralité du dommage, à laquelle peut prétendre la victime selon les principes classiques de la responsabilité. C'est la raison pour laquelle, au-delà du montant nécessairement plafonné alloué par le fonds, il serait loisible de permettre à la victime de se retourner contre l'exploitant, si du moins l'exploitant est identifié, pour le paiement du surplus. Cela nécessitera le plus souvent, l'intervention du juge pour décider de l'augmentation du montant plafonné en vue d'une juste indemnisation.

[1] *Ibid.*, p. 313.
[2] *Ibid.*, p. 289.
[3] I. VAULONT et J.-L. VO VAN QUI, *L'indemnisation des dégâts miniers,* Rapport précité, p. 77.
[4] F. OST, « La responsabilité, fil d'Ariane du droit de l'environnement », précité, p. 313.

Conclusion du Chapitre 1

440- Les mécanismes de prise en charge des maladies liées à l'exploitation minière restent encore insatisfaisants en droit camerounais. En l'absence d'un régime spécifique de prise en charge de telles pathologies, il convient d'appliquer le droit commun, notamment la loi du 13 juillet 1977 sur la réparation et la prévention des accidents de travail et des maladies professionnelles, mais ce droit commun est lui-même insuffisant. Premièrement, la prise en charge dépend du statut de la victime (salariée ou non), les victimes non-salariées ne pouvant prétendre à aucune prise en charge directe ni de la part de l'exploitant minier, ni de la Caisse nationale de sécurité sociale.

Deuxièmement, à l'égard des victimes salariées, non seulement la prise en charge des pathologies liées à l'exploitation minière repose sur un système de listes de maladies professionnelles limitativement énumérées qui présente de nombreux inconvénients en termes d'inexhaustivité, mais en plus, ces listes sont très peu évolutives. Qui plus est, la législation actuelle ignore la réalité selon laquelle, les maladies contractées pendant l'activité minière sont susceptibles de se manifester longtemps après la fin des exploitations.

Bien plus, la prise en charge des maladies professionnelles en droit Camerounais se fait sur la base du principe de la réparation forfaitaire qui est d'ailleurs un principe d'ordre public[1]. Non seulement le montant de la réparation est limité par la législation, mais en plus, il est interdit à la victime de réclamer à l'auteur quelque complément de réparation que ce soit sur le terrain du droit commun. En fin de compte, comme le relève le Professeur Jean Marie Tchakoua, « le principe de la réparation forfaitaire conduit à ne retenir que certains chefs de préjudice à réparer ; et dans ces chefs de préjudice, le montant de la réparation n'est très souvent pas à la mesure du préjudice souffert. En cela, il pourrait être vu comme une menace injustifiée aux intérêts des travailleurs. C'est pourquoi beaucoup d'auteurs appellent tantôt à son abandon, tantôt à permettre à la victime de compléter la réparation obtenue dans le système des forfaits par le recours au droit commun»[2].

441- Pour faire face à ces inconvénients du régime actuel de prise en charge des maladies professionnelles, le législateur camerounais a retenu le

[1] J. M. TCHAKOUA, Obs. sous CS, arrêt n° 91/S du 18 septembre 1980, aff. Compagnies Assurances Générales c/ Eyango François, *in* J. M. TCHAKOUA (dir.), *Les grandes décisions du droit du travail et de la sécurité sociale*, éd. JusPrint, 2016, p. 825.

[2] J. M. TCHAKOUA *op. cit.*, p. 827.

principe de faveur, en vertu duquel la loi étrangère applicable dans le pays d'origine de l'entreprise minière, lorsqu'elle est plus favorable, doit l'emporter sur la loi nationale. Dans la pratique, l'application de ce principe de faveur présente de nombreuses limites. Quand bien même ce principe de faveur serait respecté, il conduit à des distorsions qui tiennent à la nationalité de l'exploitant, voire à une prise en charge à géométrie variable des malades par les exploitants miniers opérant au Cameroun.

Il est donc indispensable qu'existe un dispositif spécifique et efficace de prise en charge des maladies liées à l'exploitation minière. Cela passe par l'adaptation de la législation aux spécificités de ces maladies ainsi que par la modernisation des dispositifs de leur prise en charge. C'est la raison pour laquelle, nous plaidons entre autres, pour une extension du bénéfice de la sécurité sociale à toutes les victimes d'affections liées à l'exploitation minière, salariées ou non ; ainsi que pour la création d'un fonds d'indemnisation des victimes de maladies liées à l'exploitation minière. Cette contrepartie à l'exploitation minière, tout en étant à la charge des exploitants, est nécessaire pour une meilleure conciliation de cette dernière avec les considérations sociales et environnementales.

Chapitre 2

L'organisation insatisfaisante de la prise en charge des accidents miniers et des victimes

442- Généralement, en matière d'exploitation minière, « [l]a responsabilité et la réparation évoquent l'accident ; l'accident évoque la catastrophe »[1]. Le terme « accident » désigne « *tout événement involontaire, y compris les fausses manœuvres, les défaillances d'équipements ou d'autres anomalies dont les conséquences réelles ou potentielles ne sont pas négligeables du point de vue de la protection ou de la sûreté* »[2]. L'accident minier est donc tout phénomène (soudain ou progressif)[3] imprévu qui peut provoquer de graves catastrophes telles que les inondations, les explosions et les effondrements des plafonds, des fronts de taille ou des parois etc. Qu'il s'agisse des exploitations minières artisanales ou des mines industrielles, toutes les mines, quelle que soit leur taille, constituent des milieux de travail complexes, sujets à des changements imprévus et soudains qui peuvent provoquer des accidents lourds de conséquences tant sur le plan environnemental que sur le plan humain. Pour bon nombre de pays dans le monde, l'exploitation minière demeure l'activité la plus dangereuse, si l'on s'en tient au rapport entre le nombre d'individus exposés aux risques et au nombre d'atteintes à la santé et à la vie pouvant en découler[4]. Tel que mentionné plus haut, le secteur minier n'emploie qu'à peine 1 % de la main-d'œuvre mondiale, mais il est à l'origine d'environ 8 % des accidents de travail mortels (environ 15 000 par année). Même s'« il n'existe pas de statistiques fiables sur le nombre des blessés, celui-ci reste très élevé, au même titre que le nombre des cas de maladies directement liées au travail dans les mines (pneumoconioses, pertes auditives, troubles induits par les vibrations) et qui mènent à une incapacité précoce, voire à la mort »[5].

---

[1] F. OST, « La responsabilité, fil d'Ariane du droit de l'environnement », précité, p. 289.

[2] Cf. art. 4 de la loi n° 2019/012 du 19 juillet 2019 portant cadre général de sûreté radiologique et nucléaire, de sécurité nucléaire, de responsabilité civile et de l'application des garanties.

[3] Le terme « soudain » sous-entend l'absence de signes avant-coureurs, car selon le Dictionnaire Robert, la soudaineté est « le caractère de ce qui est rapide et imprévu ». Or en matière d'exploitation minière, il convient également de prendre en compte les affaissements progressifs comme faisant partie des accidents miniers. Le critère de soudaineté à lui seul ne suffit donc pas.

[4] Voir BIT : « L'exploitation minière: un travail dangereux », disponible à l'adresse internet suivante : http://www.ilo.org/safework/areasofwork/hazardous-work/WCMS_356571/lang--fr/index.htm, consulté le 05 mai 2017.

[5] Voir http://www.ilocis.org/fr/documents/ilo074.htm, consulté le 6 mars 2020.

L'une des causes de la fréquence élevée des accidents dans l'industrie minière est le fait que « le cadre de travail des mineurs change constamment au cours d'une journée, voire au cours d'un poste de travail. Ceux dont la tâche consiste à creuser les voies souterraines et à assurer la stabilité des terrains encaissants ne voient pas la lumière du jour et travaillent dans une atmosphère dépourvue d'aérage naturel. En dépit des efforts déployés pour améliorer la sécurité des mineurs, le nombre de décès, de lésions et de maladies chez cette catégorie de travailleurs demeure relativement élevé, ce qui signifie que le travail dans les mines demeure l'emploi le plus dangereux, si l'on s'en tient aux effectifs de cette profession »[1].

443- Les accidents miniers sont de divers ordres : affaissement, effondrement, fontis, inondations, émanations de gaz dangereux, pollution des sols ou des eaux, émissions de rayonnements ionisants etc. De graves catastrophes minières survenues ces dernières années ont retenu l'attention du monde entier et mis en lumière les dangers qui menacent l'intégrité, la santé et la vie des travailleurs de ce secteur. À titre d'illustration, on peut citer entre autres la catastrophe « de Pasta de Conchos, survenue en 2006 au Mexique (65 morts), l'inondation de la mine de charbon de Shandong survenue en 2007 en Chine (181 morts), la catastrophe d'UpperBig Branch survenue en 2010 en Virginie-Occidentale aux Etats-Unis (29 morts), l'accident de la mine de Copiapó survenu en 2010 au Chili, la catastrophe de Pike River survenue en 2010 en Nouvelle-Zélande (29 morts) et la catastrophe de Soma survenue en 2014 en Turquie (301 morts)[2] »[3] etc. La plupart de ces accidents se sont produits dans des mines d'extraction souterraine classées parmi les activités économiques les plus dangereuses pour la sécurité et la santé des travailleurs[4].

444- Outre les effondrements et les éboulements de terrain, les risques de rupture des bassins de rétention des rejets miniers figurent également parmi les accidents miniers les plus fréquents. En effet, quelles que soient les précautions prises, le risque de bris de bassins de rétention demeure toujours, puisque les installations que l'on érige pour contenir les résidus miniers

---

[1] Voir N. S. JENNINGS, « Les mines et les carrières: un aperçu. Généralités sur les industries extractives », in MAGER STELLMAN (J.) (dir.), *Encyclopédie de sécurité et de santé au travail*, Volume 3, BIT, Chapitre 74, http://www.ilocis.org/fr/documents/ilo074.htm, consulté le 6 mars 2020.

[2] Voir BIT, *Œuvrer ensemble pour promouvoir un milieu de travail sûr et salubre*, Conférence internationale du travail, 106e session, ILC.106/III/1B, Genève, 2017, p. 4.

[3] *Ibid. p. 4,* disponible à l'adresse http://www.ilo.int/wcmsp5/groups/public/---ed_norm/---elconf/documents/meetingdocument/wcms_543633.pdf consultée le 6 mars 2020.

[4] BIT: *Recueil de directives pratiques sur la sécurité et la santé dans les mines de charbon souterraines*, Programme des activités sectorielles, Genève, 2006, 221 p.

qu'ils soient liquides, solides ou pâteux, doivent être conçues pour résister des centaines d'années. Ces risques sont donc bien réels, puisqu'on note la rupture de plus d'une trentaine de bassins au cours des vingt dernières années à travers le monde[1]. Parmi les ruptures les plus importantes, il y a celui de la mine d'or Omai en Guyane (1995), alors opérée par la compagnie canadienne Cambior de Montréal, où plus de 4 millions de mètres cubes[2] de pulpe riche en cyanure et autres polluants se sont déversés dans la rivière Essiquibo, tuant instantanément des centaines de milliers de poissons. Quelques jours plus tard, des mammifères ont été aperçus flottant dans la rivière. Deux mois après l'incident, des populations locales se plaignaient de démangeaisons cutanées et de lésions buccales suite à la consommation de l'eau en aval de l'incident. Notons également l'incident de la mine El Porco en Bolivie (1996), où 400 000 tonnes de pulpe ont contaminé la rivière Pilocomayo jusqu'à plus de 300 km en aval[3] ; ou encore la rupture en l'an 2000 d'une digue des bassins de décantation de la mine d'or et d'argent de Baia Mare (Roumanie) qui avait provoqué le déversement de plus de 100 000 m^3 d'eau chargée de cyanure de sodium et de métaux lourds dans les rivières (notamment la rivière Tisza). Cet accident avait été qualifié de pire désastre écologique en Europe de l'Est depuis l'accident nucléaire de Tchernobyl en Ukraine. En novembre 2015, une rupture de digue dans la mine de Samarco au Brésil avait entraîné le décès de 19 personnes et engendré près de 40 milliards d'euros de dégâts.

445- Au Cameroun, même si aucun sinistre minier majeur n'est intervenu dans les dernières années, plusieurs accidents miniers mortels sont récurrents dans la région de l'Est qui concentre le plus grand nombre de sites miniers. En 2017, l'ONG Forêts et Développement Rural (FODER) affirme qu'au moins un cinquante personnes ont trouvé la mort dans des trous miniers ouverts et abandonnés par des exploitants d'or dans la région de l'Est Cameroun[4]. Ce chiffre a été porté à 100 par la même ONG pour la période 2017-2018[5]. Ces décès sont dus en grande partie à des éboulements

---

[1] L. UGO, « Enjeux environnementaux associés aux mines aurifères : le Nord du Québec et du Canada », *Communication présentée au Congrès de l'ACFAS*, Université McGill, Montréal, 18 mai 2006, p. 6, disponible à l'adresse : http://www.ieim.uqam.ca/IMG/pdf/Lapointe_ACFAS2006_Final.pdf, consulté le 24 octobre 2018.

[2] Ce qui correspond minimalement à la même quantité en poids, soit plus de 4 000 000 de tonnes de pulpe.

[3] L. UGO, « Enjeux environnementaux associés aux mines aurifères … », précité, p. 9.

[4] Voir http://mobile.apanews.net/pays/cameroun/news/cameroun-une-petition-contre-les-trous-miniers-qui-tuent, consulté le 1er novembre 2018.

[5] Voir FODER, *Memo à l'attention du Ministère des mines, de l'industrie et du développement technologique*, février 2019, p. 3, disponible sur le site : http://forest4dev.org/, consulté le 16 juin 2019.

de terrain et à des noyades dans des trous miniers ouverts et abandonnés par les exploitants[1].

446- Le taux élevé d'accidents dans l'exploitation minière artisanale pose un problème particulier, car très souvent, elle est illégale et échappe de ce fait à la surveillance des autorités compétentes (nationales ou locales). A l'échelle mondiale, l'exploitation minière artisanale est pratiquée par près de 13 millions de travailleurs qui courent de nombreux risques au quotidien tels que l'exposition au mercure et à d'autres produits chimiques, le manque d'espace et d'aération insuffisante, les explosions, les chutes de pierres, l'utilisation du matériel inadéquat… pratiques qui peuvent entraîner des accidents et de graves blessures, voire la mort[2]. Dans les petites exploitations minières qui emploient plus de 6 millions de travailleurs à travers le monde, « le taux d'accidents est malheureusement six à sept fois plus élevé que dans les grandes exploitations, et ce, même dans les pays industriels… Cela ne signifie cependant pas qu'il n'existe pas d'exploitations de petite taille où les règles de sécurité et de santé sont respectées, mais leur nombre est très restreint »[3].

447- De manière générale, « les petits exploitants ne semblent guère enclins à utiliser les technologies accessibles et peu coûteuses pour atténuer les effets sur l'environnement et sur la santé de leurs opérations, comme par exemple la récupération du mercure. Souvent, ils n'ont aucune motivation à le faire, le coût du mercure n'étant pas un facteur limitant. De plus, dans bien des cas, et surtout en ce qui concerne les mineurs faisant partie de la catégorie des travailleurs migrants, les petits exploitants ne voient aucun intérêt à préserver l'environnement, puisqu'ils n'envisagent aucune utilisation du site en fin d'exploitation... Il faut donc leur faire comprendre qu'ils peuvent, sans que cela ne leur impose trop de contraintes, modifier leurs méthodes d'exploitation de façon qu'elles soient à la fois plus rentables

---

1 Les accidents miniers au Cameroun sont suffisamment documentés par des vidéos sur Internet. Voir par exemple : *Les dangers de l'exploitation minière illégale au Cameroun*, disponible à l'adresse : https://www.youtube.com/watch?v=1R1snLZ5EA0 ; *Tension dans les mines d'or de l'est du Cameroun*, https://www.youtube.com/watch?v=duINtyFDK_M ; *Cameroun : Des mines d'or abandonnées détruisent l'environnement*, disponible à l'adresse : https://www.youtube.com/watch?v=vl5ArmJ_1gU ; *L'or d'Eseka au Cameroun (vidéo)*, disponible à l'adresse : https://www.youtube.com/watch?v=CzWEiqxxrBo, consultés le 1er novembre 2018.

2 BIT: « Le point sur les petites exploitations minières, fiche d'information, 2003 »,Voir http://www.ilo.org/wcmsp5/groups/public/---dgreports/---dcomm/documents/publication/wcms_067582.pdf [en anglais] consulté le05 mai 2017.

3 N. S. JENNINGS, « Les mines et les carrières: un aperçu. Généralités sur les industries extractives », in MAGER STELLMAN (J.) (dir.), *Encyclopédie de sécurité et de santé au travail*, Volume 3, BIT, Chapitre 74, http://www.ilocis.org/fr/documents/ilo074.htm consulté le 6 mars 2020.

et moins dommageables pour la santé et l'environnement, tout en contribuant à la prospérité du pays »[1]. Une telle attitude participe à l'objectif de conciliation entre le développement économique par l'exploitation minière et la prise en compte des considérations environnementales, humaines et sociales.

448- L'un des défis pour le droit est donc de saisir l'insaisissable des accidents miniers souvent présentés comme une fatalité. En effet, l'imagerie populaire s'est accoutumée à cette idée que le progrès économique et social devrait nécessairement se traduire par une certaine dégradation de la qualité de vie. Comme l'écrit François Ost, « Tout se passe comme s'il était jugé normal, en tout cas inévitable, qu'un certain tribut soit payé au progrès ; l'idée est d'autant plus facilement acceptée que la traite est tirée sur le compte de la nature ou au débit des générations futures. La vie sociale s'accompagne de contraintes, rappelle-t-on, et le progrès ne va pas sans nuisances. »[2].

La recherche de la conciliation entre le développement économique par l'exploitation minière et la protection des droits fondamentaux nécessite que soit mis en place, un régime spécifique de prise en charge des accidents miniers et des accidentés. Tel n'est pas encore le cas en droit camerounais où en l'absence d'un tel régime, on continue d'appliquer les mécanismes généraux de prise en charge en cas d'accident (Section I). La présentation des limites de ces mécanismes de droit commun permet de mettre en évidence, l'urgence de la modernisation du système de prise en charge des accidents miniers (Section II).

Section I : L'absence d'un régime spécifique de prise en charge des accidents miniers et des accidentés

449- Comme pour les maladies professionnelles, le Cameroun ne dispose pas d'un régime spécifique de prise en charge des accidents dans l'industrie extractive. Comme nous l'avons relevé plus haut, le Code minier renvoie au droit commun pour ce qui est de la prise en charge des accidents liés à l'exploitation minière[3]. Pour cela, il convient d'appliquer les règles du droit du travail et de la sécurité sociale pour des accidents survenus au cours l'exploitation minière, notamment la la loi n°77/11 du 13 juillet 1977 portant

---

[1] *Ibid.*

[2] F. OST, « La responsabilité, fil d'Ariane du droit de l'environnement », précité, pp. 289-290.

[3] Selon l'article 133 alinéa 2 de ce texte, « *Les règles de santé, de sécurité, et d'hygiène applicables aux travaux de prospection, de recherche et d'exploitation ainsi qu'au transport, au stockage et à l'utilisation des substances minérales ou dangereuses doivent être conformes à la législation et à la réglementation en vigueur* ».

réparation et prévention des accidents de travail et des maladies professionnelles.

Lorsqu'on sait que cette prise en charge se limite aux salariés ; que l'exploitation minière est une activité très dangereuse, produisant des effets néfastes au-delà du périmètre du titre minier, et au-delà des seuls travailleurs impliqués dans l'exploitation, il y a lieu de relever *ipso facto*, les limites du droit commun dans la prise en charge efficace des accidents miniers et des accidentés. Les raisons évoquées pour les maladies professionnelles pouvant être transposées *mutatis mutandis*, il convient ici d'examiner les raisons tenant à l'absence d'un régime spécifique de prise en charge des accidents miniers (I). Il convient également d'examiner les implications juridiques de cette absence d'un régime spécifique sur la prise en charge des conséquences des accidents miniers et des accidentés (II).

I- Les raisons de l'absence d'un régime spécifique de prise en charge des accidents miniers

450- L'absence d'un régime spécifique de prise en charge des accidents miniers se justifie par plusieurs autres raisons. Outre le fait que l'exploitation minière, surtout dans son volet industriel, est une activité relativement récente au Cameroun, on peut par exemple évoquer l'absence de ratification par le Cameroun de plusieurs conventions de l'OIT sur la santé et la sécurité au travail (A). Au plan strictement interne, on peut également évoquer la vétusté des textes camerounais applicables en matière de sécurité et de santé au travail (B).

A- L'absence de ratification par le Cameroun des conventions sur la santé et la sécurité au travail

451- La promotion des conditions et d'un milieu de travail décents, sûrs et salubres est un objectif permanent de l'action de l'Organisation internationale du Travail (OIT) depuis sa création en 1919. En un siècle d'existence, l'OIT a élaboré un ensemble d'instruments internationaux et de documents d'orientation destinés à prévenir et à gérer les risques et les dangers sur le lieu de travail. C'est le cas notamment de la Convention n° 155 de 1981sur la sécurité et la santé des travailleurs, de la recommandation n° 164 qui l'accompagne et son protocole de 2002. Ces instruments et bien d'autres qui instituent un cadre de référence pour l'élaboration et la mise en œuvre de systèmes nationaux de sécurité et de santé au travail (et notamment de prise en charge des risques professionnels), n'ont pas été ratifiés par le Cameroun (1). Il en est de même dans le domaine spécifique des industries extractives, où plusieurs conventions n'ont pas été ratifiées, notamment la

Convention n° 176 de 1995 concernant la sécurité et la santé dans les mines et la recommandation n° 183 qui l'accompagne (2).

1- L'absence de ratification des conventions générales sur la sécurité au travail

452- Plusieurs conventions s'intéressent de manière générale à la santé et la sécurité au travail. Aucune d'entre elles n'a cependant été ratifiée par le Cameroun, contrairement à d'autres pays africains. on peut citer entre autres :

- la Convention n° 81 de l'OIT de 1947 sur l'inspection du travail. Cette Convention a fait l'objet d'un Protocole en 1995.
- la Convention n° 121 de l'OIT de 1964 sur les prestations en cas d'accidents du travail et de maladies professionnelles et la Recommandation n° 121 qui l'accompagne ;
- la Convention n° 139 de l'OIT de 1974 sur le cancer professionnel et la Recommandation n° 147 qui l'accompagne ;
- la Convention n° 148 de l'OIT de 1977 sur le milieu de travail (pollution de l'air, bruit et vibrations) et la Recommandation n° 156 qui l'accompagne ;
- la Convention n° 155 de l'OIT de 1981 concernant la sécurité, la santé des travailleurs et le milieu de travail et la Recommandation n° 164 qui l'accompagne ;
- la Convention n° 161 de l'OIT de 1985 sur les services de santé au travail et la Recommandation n° 171 qui l'accompagne ;
- la Convention n° 162 de l'OIT de 1986 sur l'amiante et la Recommandation n° 172 qui l'accompagne ;
- la Convention n° 170 de l'OIT de 1990 sur les produits chimiques et la Recommandation n° 177 qui l'accompagne ;
- la Convention n° 174 de l'OIT de 1993 sur la prévention des accidents industriels majeurs et la Recommandation n° 181 qui l'accompagne ;
- la Recommandation n° 194 de l'OIT de 2002 sur la liste des maladies professionnelles ;
- la Convention n°187 de l'OIT de 2006 relative au cadre promotionnel pour la sécurité et la santé au travail.
- la recommandation n° 197 de l'OIT de 2006 concernant le cadre promotionnel pour la sécurité et la santé au travail. Compte tenu du fait que l'Agenda du développement durable à l'horizon 2030 met l'accent sur la santé et la sécurité au travail, ces instruments de l'OIT sont des outils essentiels pour les pays qui souhaitent progresser vers la réalisation de la cible 8.8 des ODD, à savoir la promotion de la sécurité sur le lieu de travail pour tous les travailleurs.

2- L'absence de ratification des conventions spécifiques sur la sécurité dans les mines

453- Plusieurs conventions de l'OIT s'intéressent de manière spécifique aux questions de santé et de sécurité dans les mines. Il s'agit de manière chronologique, de :

- la Convention n° 31 de 1931 limitant la durée du travail dans les mines (mines de charbon) qui a été révisée en 1935 par la Convention n° 46 de l'OIT. Compte tenu de la dangerosité de l'activité minière, la durée journalière de travail prévue par ce texte était plus favorable que celle prévue par le droit commun. Malheureusement, cette convention a été retirée par décision de la Conférence internationale du Travail à sa 88e session en 2000[1].
- la Convention n° 45 de 1935 sur les travaux souterrains des femmes. Cette convention entrée en vigueur le 30 mai 1937 concerne l'emploi des femmes aux travaux souterrains dans les mines de toutes catégories. Selon l'article 2 de cette convention, « *Aucune personne du sexe féminin, quel que soit son âge, ne peut être employée aux travaux souterrains dans les mines* ».
- la recommandation n° 82 de 1947 sur l'inspection du travail dans les mines et les transports ;
- la recommandation n° 114 de l'OIT de 1960 sur la protection des travailleurs contre les radiations ionisantes ;
- la convention n° 123 de 1965 sur l'âge minimum pour les travaux souterrains et la Recommandation n° 124 qui l'accompagne. Selon l'article 2 alinéa 3 de ce texte, l'âge minimum pour l'accès aux travaux souterrains dans les mines ne peut, en aucun cas, être inférieur à seize ans.
- La Convention n° 124 de 1965 concernant l'examen médical d'aptitude des adolescents à l'emploi aux travaux souterrains dans les mines ;
- la recommandation n° 125 de 1965 sur les conditions d'emploi des adolescents occupés aux travaux souterrains dans les mines.
- la Convention n° 176 de 1995 concernant la sécurité et la santé dans les mines et la recommandation n° 183 qui l'accompagne.

454- De tous ces textes, l'instrument international le plus pertinent du secteur extractif concernant la sécurité et la santé est la Convention n° 176. Adoptée en 1995, elle est entrée en vigueur en 1998. Au 16 juin 2019, elle n'avait été ratifiée que par 33 pays, le Mozambique étant le 33e pays à l'avoir ratifiée le 14 juin 2018. Le préambule de cette convention souligne

---

[1] Voir https://www.ilo.org/dyn/normlex/fr/f?p=NORMLEXPUB:12100:0::NO::P12100_ILO_CODE:C031, consulté le 16 juin 2019.

d'emblée la nécessité de prévenir tout accident mortel, lésion ou atteinte à la santé que pourraient subir les travailleurs ou la population, résultant de l'industrie extractive.

Cette convention avait été adoptée dans un contexte où les normes existantes concernant les mines[1] étaient devenues insuffisantes pour parer aux dangers de ce secteur, en raison entre autres, de l'évolution considérable des techniques extractives. Il est donc apparu nécessaire d'adopter des normes actualisées pour les autorités chargées de la réglementation de ce secteur[2]. Cette nécessité ne semble pas encore avoir été clairement perçue par les autorités camerounaises qui, non seulement n'ont pas encore ratifié ladite convention, mais qui en plus, continuent d'avoir une conception dépassée de la santé et de la sécurité au travail, conception contenue dans des textes pour la plupart vétustes et dépassés.

B- La désuétude des textes applicables en matière de sécurité au travail

455- Comme le relève un auteur, « la situation des travailleurs en manque de protection est un phénomène très complexe au Cameroun »[3]. L'analyse du droit camerounais du travail montre une grande distorsion entre les textes et la pratique. Si les textes ne sont pas parfaits, la pratique est moins satisfaisante, sans doute parce que par moment, le législateur ne se soucie pas assez du contexte d'application des textes. Ce qui conduit à un taux d'ineffectivité du droit du travail et de la prévoyance sociale très élevé[4]. Ces textes datent pour la plupart de la décennie 70. Ce qui conduit à l'application d'une conception dépassée de la sécurité (1) qui ne prévoit pas par exemple des dispositions sur le droit de retrait qui aurait pu permettre d'éviter un grand nombre d'accidents et même de décès liés à l'exploitation minière (2).

---

[1] La convention n° 45 des travaux souterrains (femmes), 1935; la convention n° 46 (révisée) sur la durée du travail (mines de charbon), 1935; la recommandation n° 82 sur l'inspection du travail (mines et transports), 1947; la convention n° 123 sur l'âge minimum (travaux souterrains), 1965; la recommandation n° 124 sur l'âge minimum (travaux souterrains), 1965; la recommandation n° 125 sur les conditions d'emploi des adolescents (travaux souterrains), 1965.

[2] BIT: *La sécurité et la santé dans les mines*, Rapport V (1), CIT, 81e session, Genève, 1994, p. 1.

[3] P. G. POUGOUE, *Cameroun : situation de travail et protection des travailleurs,* Rapport précité, p. 2.

[4] *Ibid.*, p.25.

1- Une conception dépassée de la sécurité au travail

456- Le Professeur Paul Gérard Pougoué affirme que le législateur camerounais « a gardé une conception un peu dépassée de la sécurité, puisqu'il ne prévoit aucune disposition propre à donner au travailleur suffisamment de responsabilités dans sa sécurité »[1]. Selon lui, « L'article 95 du Code du travail dispose que la réglementation camerounaise des conditions d'hygiène et de sécurité, tout en prenant en compte les conditions et contingences locales, tendra à assurer aux travailleurs des normes d'hygiène et de sécurité conformes à celles recommandées par l'OIT et d'autres organismes techniques reconnus sur le plan international. Mais il faudrait reconnaître que le législateur a gardé une conception un peu dépassée de la sécurité, puisqu'il ne prévoit aucune disposition propre à donner au travailleur suffisamment de responsabilités dans sa sécurité. »[2]. Dans un tel contexte, « on peut se demander si le salarié peut utilement opposer son contrat de travail à une dégradation de sa situation provenant d'un élément ressortissant aux conditions de travail au lieu de travail »[3]. Autrement dit, un travailleur du secteur minier peut-il exercer son droit de retrait d'une situation de travail présentant un danger pour sa santé et sa vie ? Une réponse négative s'impose, puisque le droit camerounais ne prévoit pas de dispositions sur le droit de retrait.

2- L'absence de dispositions internes sur le droit de retrait

457- Le droit de retrait est le droit pour le salarié de se retirer d'une situation de travail présentant un danger grave et imminent pour sa vie ou sa santé. Plusieurs conventions de l'OIT prévoient le droit de retrait d'une situation de travail présentant un danger pour la personne qui l'exerce. C'est le cas notamment de la Convention n° 167 de 1988 sur la sécurité et la santé dans la construction[4] ou encore de la Convention n° 184 de 2001 sur la sécurité et la santé dans l'agriculture[5]. C'est le cas également de la Convention n° 176 sur la sécurité et la santé dans les mines[6]. Faute de ratification de toutes ces conventions par le Cameroun, le droit de retrait n'est pas encore consacré en droit interne, ce qui ne rend pas les salariés directement responsables de la prise en main de leur sécurité au travail. Il convient cependant de s'interroger sur les conditions (a), ainsi que sur les

---

[1] *Ibid.*, p. 28.
[2] *Ibidem.*
[3] *Ibid.*, p. 12.
[4] Cf. art. 12 al. 1 de la Convention n° 167 de 1988 sur la sécurité et la santé dans la construction.
[5] Cf. art. 4 al. 3 de la Convention n° 184 de 2001 sur la sécurité et la santé dans l'agriculture.
[6] Cf. art. 13 de la Convention n° 176 de l'OIT sur la sécurité et la santé dans les mines.

effets (b) de l'exercice d'un tel droit, afin d'en mesurer tous les avantages s'ils étaient effectivement introduits en droit camerounais.

a) Les conditions d'exercice du droit de retrait

458- La Convention n° 176 de l'OIT sur la sécurité et la santé dans les mines affirme sans ambages que les travailleurs ont le droit « d'être informés, formés et consultés de manière effective, ainsi que de participer à la préparation et à la mise en œuvre de mesures relatives à la sécurité et à la santé au sujet des dangers et des risques auxquels ils sont exposés dans l'industrie minière »[1]. L'article 13, paragraphe 1(e), de ce texte ajoute que : « *La législation nationale [...] devra reconnaître aux travailleurs le droit [...] de s'écarter de tout endroit dans la mine lorsqu'il y a des motifs raisonnables de penser qu'il existe une situation présentant un danger sérieux pour leur sécurité ou leur santé* »[2].

459- Pour ce qui est des conditions d'exercice de ce droit, le travailleur qui se retire d'une telle situation doit la signaler « immédiatement » à son « supérieur hiérarchique direct»[3]. À titre de droit comparé, l'article L. 4131-1 du Code du travail français dispose que, « *Le travailleur alerte immédiatement l'employeur de toute situation de travail dont il a un motif raisonnable de penser qu'elle présente un danger grave et imminent pour sa vie ou sa santé ainsi que de toute défectuosité qu'il constate dans les systèmes de protection. Il peut se retirer d'une telle situation. L'employeur ne peut demander au travailleur qui a fait usage de son droit de retrait de reprendre son activité dans une situation de travail où persiste un danger grave et imminent résultant notamment d'une défectuosité du système de protection.* »[4]. À la différence des procédures d'alerte attachées à certaines

---

[1] Cf. préambule de la Convention n° 176 de l'OIT sur la sécurité et la santé dans les mines ; Voir également, Voir BIT : *Œuvrer ensemble pour promouvoir un milieu de travail sûr et salubre,* CIT, 106e session, ILC.106/III/1B, Genève 2017, p. 83, disponible sur Internet à l'adresse :
http://www.ilo.int/wcmsp5/groups/public/---ed_norm/---elconf/documents/meetingdocument/wcms_543633.pdf consulté le 5 mars 2020, p. 106. p. 227.

[2] Voir BIT : *Œuvrer ensemble pour promouvoir un milieu de travail sûr et salubre,* précité, p. 106.

[3] Cf. art. 14 alinéa c) de la Convention n° 176 de l'OIT sur la sécurité et la santé dans les mines.

[4] Voir :
https://www.legifrance.gouv.fr/affichCodeArticle.do?idArticle=LEGIARTI000006903155&cidTexte=LEGITEXT000006072050&dateTexte=20080501, consulté le 6 mars 2020.

institutions représentatives, le droit de retrait est un droit individuel, mais qui peut s'exercer collectivement[1].

460- Il convient de relever que contrairement aux Conventions n° 167 (sur la sécurité et la santé dans la construction, 1988) et 184 (sur la sécurité et la santé dans l'agriculture, 2001) de l'OIT qui conditionnent successivement le droit de retrait à l'existence d'un péril imminent et grave (pour la première) et à l'existence d'un risque imminent et grave (pour la seconde), la convention n° 176 sur la sécurité et la santé dans les mines ne requiert pas que ce danger soit imminent. Elle requiert seulement qu'il y ait des « motifs raisonnables de penser » que la situation présente un tel danger. Peu importe qu'après enquête, celui-ci soit moins important ou inexistant. La crainte raisonnable du salarié suffit. Il doit seulement avoir pu croire *in concreto*, à l'existence d'un danger grave et imminent. Une telle décision peut être fondée sur la formation du travailleur ou sur son expérience personnelle qui lui donne des raisons de penser qu'il y a un risque imminent pour sa vie ou pour sa santé. Il revient aux juges du fond d'exercer leur pouvoir d'appréciation souveraine selon les arguments invoqués par le travailleur[2].

b) Les effets de l'exercice du droit de retrait

461- Pour ce qui est des effets de l'exercice du droit de retrait, le travailleur qui quitte son poste de travail « en ayant un motif raisonnable de penser qu'il présente un danger imminent et grave pour la vie et la santé ne doit pas être licencié, discriminé ou désavantagé pour une telle action »[3]. A ce sujet, la Convention n° 155 de l'OIT de 1981 sur la sécurité et la santé au travail dispose clairement qu'« *un travailleur qui s'est retiré d'une situation de travail dont il avait un motif raisonnable de penser qu'elle présente un péril grave et imminent pour sa vie ou sa santé devra être protégé contre les conséquences injustifiées* ». Dans le même sens, l'article L. 4131-3 du Code du travail français dispose qu' : « *Aucune sanction, aucune retenue de salaire ne peut être prise à l'encontre d'un travailleur ou d'un groupe de travailleurs qui se sont retirés d'une situation de travail dont ils avaient un*

---

[1] À titre d'exemple, en cas de risque d'écroulement d'une structure dans un chantier, chaque employé sur le chantier étant en danger, l'ensemble des salariés sur place peut user de son droit de retrait. Le droit de retrait est fondé sur l'article L. 4131-1 du Code du travail pour les salariés et sur l'article 5-6 du décret n° 82-453 du 28 mai 1982 pour les fonctionnaires.

[2] D. A. WANTOU, *La protection de la santé et de la sécurité des travailleurs en Afrique à la lumière du droit français : l'exemple du Cameroun,* Thèse précitée, p. 149.

[3] Voir BIT : *Œuvrer ensemble pour promouvoir un milieu de travail sûr et salubre,* CIT, 106e session, ILC.106/III/1B, Genève 2017, p. 107, disponible sur Internet à l'adresse : http://www.ilo.int/wcmsp5/groups/public/---ed_norm/---elconf/documents/meetingdocument/wcms_543633.pdf consulté le 8 mars 2020.

motif raisonnable de penser qu'elle présentait un danger grave et imminent pour la vie ou pour la santé de chacun d'eux »[1]. Au regard de ces dispositions, il y a lieu d'affirmer que lorsqu'elle est objectivement justifiée, le retrait du travailleur d'un poste de travail dangereux ne doit pas être considéré comme un abandon de poste[2].

462- Néanmoins, il convient de relever que le risque évité pour soi-même ne doit pas l'être au prix du risque déporté sur les autres travailleurs. À ce sujet, la chambre sociale de la Cour de cassation française avait retenu l'existence d'une faute grave justifiant le licenciement d'un travailleur qui avait abandonné son poste en faisant courir un risque d'accident à un autre salarié travaillant sur le même poste que lui[3].

463- Au demeurant, la reconnaissance du droit de retrait par le législateur camerounais serait une avancée significative dans le système de prévention des risques professionnels dans le secteur minier, prévention qui contribuerait du même coup à la limitation des frais liés aux prises en charge. En effet, compte tenu du fait que l'emploi se fait rare, les travailleurs acceptent souvent sans trop se plaindre, des emplois qui leur sont proposés, parfois dans des conditions de sécurité les plus dangereuses. En un mot, il faut dire que dans les entreprises, la sécurité des travailleurs n'est pas la préoccupation première[4].

464- En l'absence de consécration expresse du droit de retrait dans l'ordre juridique interne, il aurait été souhaitable que le juge reconnaisse et applique le « principe général du droit de retrait »[5] comme l'avait fait son homologue français avant sa consécration légale. Comme l'affirme la doctrine, c'est à l'appui d'une technique juridique spécifique utilisée en

---

[1] Voir cette disposition sur légifrance à l'adresse : https://www.legifrance.gouv.fr/affichCodeArticle.do?idArticle=LEGIARTI000006903157&cidTexte=LEGITEXT000006072050&dateTexte=20080501, consultée le 6 mars 2020.

[2] « Au Cameroun par exemple, le gouvernement indique que tout travailleur qui se retire de lui-même d'une situation dangereuse sans en informer au préalable son employeur ou le comité chargé de la sécurité et de la santé est considéré comme ayant rompu son contrat de travail ». Voir BIT, *Etude d'ensemble relative à la convention (n° 155), à la recommandation (n° 164) sur la sécurité et la santé des travailleurs, 1981, et au protocole de 2002 relatif à la convention sur la sécurité et la santé au travail, 1981,* Rapport III (Partie 1B), Conférence internationale du Travail, 98e session, Genève, 2009, p. 59.

[3] Cass. Soc., 15 avril 1983, décision non publiée, citée par O. GODARD, « Les responsabilités en cas de danger grave et imminent », *JCP E.,* 1984, II, 14215, p. 224.

[4] P. G. POUGOUE, *Rapport précité,* p. 29.

[5] Sur ce principe, voir C. MOULIN, « Le droit de retrait, principe général du droit du travail ? », *Droit social,* 1996, p. 1034 ; P. PORTET, « Le droit des agents des collectivités territoriales de se retirer des situations dangereuses: un nouveau principe général », *LPA,* 23 juill. 1997, n° 88, p. 35.

l'absence de textes particuliers sur le droit de retrait concernant la fonction publique territoriale, que le juge français a élevé le droit de retrait au rang de principe général du droit du travail[1]. Considéré comme l'un des outils majeurs de la prévention des risques et des accidents en milieu professionnel, le droit de retrait dans une acception la plus profonde, est «l'expression d'un principe prolongeant dans la vie professionnelle un droit fondamental de la personne, son droit à l'intégrité physique »[2].

465- Au regard de ce qui précède, il y a lieu de penser que, même si le droit de retrait n'est pas expressément reconnu en droit du travail camerounais, il existe des outils juridiques sur lesquels le salarié pourrait se fonder pour exercer son droit de retrait d'une situation dangereuse. D'une part, au nom du respect du droit à la vie ou du droit à la sécurité contenu dans les conventions internationales de protection des droits de l'homme, ratifiées par le Cameroun. D'autre part, il peut se fonder sur la constitution camerounaise du 18 janvier 1996 qui énonce clairement que « *La liberté et la sécurité sont garanties à chaque individu dans le respect des droits d'autrui...* »[3] ; ou encore « *Toute personne a droit à la vie et à l'intégrité physique et morale. Elle doit être traitée en toute circonstance avec humanité* »[4].

Tous les manquements du régime du positif de prise en charge des accidents miniers sus évoqués ont des implications sur les victimes et sur leurs ayants droit.

II- Les implications de l'absence d'un régime spécifique de prise en charge des conséquences des accidents miniers et des accidentés

466- Autoriser l'exploitation minière pour l'État, comme exploiter une mine pour l'exploitant, reviennent à accepter le risque que cette activité puisse causer des dommages environnementaux et sociaux, y compris irréversibles, et par ricochet de prendre en charge le risque financier qui en résulte[5]. La conciliation entre l'exploitation minière et la protection des droits fondamentaux ne peut être réalisée qu'à la condition que les atteintes soient identifiées préalablement à l'autorisation et à l'exploitation, et que

---

[1] Voir N. BEDDIAR, « Le droit de retrait des agents publics : un recours fragile ? », *Les Cahiers Dynamiques*, 2014/2 n° 60, pp. 44-53.

[2] Voir A. BOUSIGNES, « Le droit des salariés de se retirer d'une situation dangereuse pour leur intégrité physique », *Droit social*, 1996, p. 279 et s.

[3] Voir le préambule (3e tiret) de loi constitutionnelle n° 96-06 du 18 janvier 1996 portant révision de la Constitution du 02 juin 1972.

[4] Voir le préambule (12e tiret) de loi constitutionnelle n° 96-06 du 18 janvier 1996 portant révision de la Constitution du 02 juin 1972.

[5] A. TOMADINI, *La liberté d'entreprendre et la protection de l'environnement. Contribution à l'étude des mécanismes et de conciliation*, Thèse précitée, n° 467, p. 357.

celles qui en résultent soient prises en charge. Or, en l'état actuel du droit camerounais, en l'absence d'un régime spécifique de prise en charge des accidents miniers et de ses conséquences sur le plan environnemental et humain, la prise en charge demeure encore insatisfaisante (A). Il en est de même de la prise en charge des accidents miniers ayant entraîné le décès des victimes (B).

A- Une prise en charge insatisfaisante des conséquences des accidents miniers et des victimes

467- En droit camerounais, la prise en charge insatisfaisante des accidents miniers et des victimes se justifie d'une part par le fait que beaucoup d'entreprises minières font souvent preuve de mauvaise foi pour reconnaître qu'il y a eu un tel accident (1). D'autre part, beaucoup sont encore réticentes pour affilier leurs employés à la Caisse nationale de prévoyance sociale (CNPS). Comme conséquence de cette réticence, on a une prise en compte insatisfaisante des accidents miniers par cet organisme de sécurité sociale lorsque les employés ne sont pas immatriculés (2).

1- Une prise en charge insatisfaisante des victimes travailleuses de la mine par les entreprises minières

468- La mise en œuvre d'un mécanisme efficace de prise en charge des accidents miniers passe par une approche coopérative qui associe les employeurs, les travailleurs et leurs représentants, les organismes de santé au travail et de santé publique ainsi que les autorités compétentes[1]. Lors de la survenance d'un accident minier, l'exploitant doit satisfaire à certaines exigences permettant la réparation du dommage corporel causé au travailleur. À titre d'illustration, il est tenu d'assurer les soins de première nécessité à la victime, d'aviser le médecin de l'entreprise ou le médecin le plus proche du lieu de l'accident. Par ailleurs, il doit déclarer l'accident, en adressant à la CNPS et à l'inspecteur du travail du ressort dans les trois jours ouvrables qui suivent l'accident, une déclaration en trois exemplaires sur un imprimé prévu à cet effet. En outre, il doit retirer auprès de la CNPS, les « feuillets d'accident » à remettre au médecin traitant, qui se doit à son tour d'y porter tous les actes médicaux accomplis et autres prestations en nature.

Dans la pratique cependant, la prise en charge des accidents est loin de refléter la lettre des dispositions légales sus évoquées. Concrètement, les exploitants miniers sont presque indifférents face aux accidents de travail et aux décès des travailleurs engagés sur leurs chantiers. Comme l'a relevé un

[1] BIT: *Recueil de directives pratiques sur la sécurité et la santé dans les mines de charbon souterraines*, Programme des activités sectorielles, Genève, 2006, p. 181.

auteur, « les employeurs ne trouvent pas grand intérêt à investir dans le domaine de la sécurité. Ils ne risquent presque rien en violant les textes »[1].

469- À titre d'illustration, une étude menée par l'ONG Forêts et développement rural (Foder) dans la région de l'Est révèle que « Les entreprises minières localisées dans les arrondissements de Bétaré-Oya et Ngoura n'ont signé aucune convention de prise en charge des employés avec les hôpitaux publics présents dans leurs aires de santé. Les accidentés des chantiers miniers détenus par les Chinois sont soit transférés dans les centres de santé chinois présents à Bétaré-Oya. Uniquement les cas graves sont transférés dans les hôpitaux publics. Durant la période de janvier 2012 à septembre 2015, l'on recense 9 employés victimes d'accidents de travail graves transférés à l'hôpital de district de Bétaré-Oya »[2]. Lorsqu'on sait que dans la réalité, les statistiques ne sont malheureusement pas actualisées de façon régulière, il y a lieu de croire que la situation est vraiment préoccupante.

Cette prise en charge insatisfaisante des victimes des accidents miniers se justifie aussi par le fait que l'administration du travail n'a pas toujours les moyens d'assurer les contrôles nécessaires. « Conscients de ces carences, les employeurs se laissent aller à la facilité et rangent les dispositions sur l'hygiène et la sécurité. L'annuaire statistique nationale a pu constater qu'en 1994, le Cameroun ne comptait que 26 médecins du travail alors que le nombre était deux fois plus grand en 1986 »[3]. En un mot, il faut dire que dans les entreprises minières, la sécurité des travailleurs n'est pas la préoccupation première.

2- Une prise en charge insatisfaisante des accidents miniers et des victimes extérieures par la sécurité sociale

470- La sécurité sociale est la protection que l'Etat offre aux individus et aux familles afin de leur assurer l'accès aux soins de santé et de leur garantir une sécurité financière, en particulier en cas de retraite, de chômage, de maladie, d'invalidité, d'accident de travail, de maternité ou de perte du soutien financier. La sécurité sociale au Cameroun prend en charge les branches suivantes : la branche des prestations familiales (maternité et charges familiales), la branche des risques professionnels (accidents du travail et les maladies professionnelles) et la branche de l'assurance-pension

---

[1] P. G. POUGOUE, *Rapport précité,* p. 28.

[2] Voir J. L. CHEKOUA et B. NGALIM YONGABI, *Conditions de travail dans les entreprises minières de la région de l'Est*, précité, p. 16. Voir également le site : http://www.camer.be/59717/11:1/cameroun-le-calvaire-des-employes-des-societes-minieres-de-la-region-de-l39est-cameroon.html, consulté le 8 mars 2020.

[3] P. G. POUGOUE, *Cameroun : situation de travail et protection des travailleurs, Rapport final, op. cit*, p. 28.

(vieillesse, invalidités et décès). Dans le cadre de ce chapitre, seule nous intéresse la branche des risques professionnels et spécifiquement la prise en charge des accidents.

En droit camerounais, la prise en charge des accidents miniers par la sécurité sociale s'avère encore insatisfaisante pour plusieurs raisons. Entre autres, on peut relever la réticence des entreprises minières dans l'affiliation de leurs employés à la CNPS (a), le caractère dérisoire des prestations fournies aux travailleurs victimes d'accidents (b) et surtout, l'exclusion des victimes tierces (non embauchées dans l'entreprise minière) du régime de la couverture sociale (c).

a) La réticence des entreprises minières dans l'affiliation de leurs employés à la CNPS

471- Aux termes de l'article 7 de la loi du 13 juillet 1977 portant réparation et prévention des accidents du travail et des maladies professionnelles, tout employeur est tenu d'affilier ses employés à la Caisse Nationale de Prévoyance Sociale (CNPS). Dans la pratique cependant, une étude révèle la réticence des entreprises minières à faire affilier leurs employés à la CNPS. Selon cette étude, une mission conjointe MINEFOP-FODER effectuée dans les entreprises minières à l'Est révèle que sur trente entreprises minières visitées, seulement 8 d'entre elles figuraient dans le répertoire d'affiliation à la CNPS. Sur les huit, cinq étaient endettées et prélevaient les cotisations sociales sur les salaires des employés sans les reverser à la CNPS[1]. Bien plus, aucune d'elles n'avait signé de convention de prise en charge des employés avec les hôpitaux publics présents dans leurs aires de santé. Par conséquent, seules les victimes d'accidents graves ont été transférées dans les hôpitaux publics, les cas mineurs ayant dû pourvoir par leurs propres moyens à leurs soins.

472- Faisant le même constat de réticence des employeurs dans l'affiliation de leurs employés, l'Annuaire statistique de la CNPS n'a recensé en 2016 que 147 employeurs ayant procédé à l'immatriculation de leurs employés à la CNPS[2], contre 138 en 2018[3]. S'agissant des travailleurs, en 2018, on dénombrait 5193 travailleurs immatriculés du secteur extractif sur un total de 780 745 employés immatriculés au Cameroun, ce qui ne représente que 0,67 %[4]. Selon la même source, seulement 3 cas d'accidents

[1] Voir W. TCHANGO, « Les employés de la mine dans l'étau de la précarité », *in Ressources, Bulletin d'information destiné à la promotion de la gestion durable des ressources naturelles*, n° 002, mai 2016, p. 20.
[2] CNPS, *Annuaire statistique 2016*, pp. 10-11.
[3] CNPS, *Annuaire statistique 2018*, p. 11.
[4] CNPS, *Annuaire statistique 2018*, p. 13.

de travail dans le secteur extractif (2 cas de blessures et 1 cas de fracture) ont été pris en charge par la CNPS en 2018[1] contre 6 cas en 2016[2].

473- De manière générale, on note une certaine réticence de ces derniers à procéder à l'immatriculation de leurs employés à la CNPS. À la Caisse Nationale de Prévoyance Sociale (CNPS) de Bertoua dans la région de l'Est où se trouve le plus grand nombre de sites miniers, les responsables affirment que théoriquement, aucun accident ayant entrainé l'arrêt du travail d'un employé des sociétés minières n'a été déclaré jusqu'à ce jour. Dans la réalité pourtant, on en dénombre plusieurs cas. Comme l'affirme le Professeur Paul Gérard Pougoué, « la faible couverture du territoire national par les services chargés du contrôle de l'application des normes a causé un taux élevé d'ineffectivité de la législation du travail et surtout de la prévoyance sociale, au point de segmenter le monde du travail camerounais en deux grands blocs : le bloc des travailleurs bénéficiant de la protection légale et le bloc, plus important, des travailleurs qu'on pourrait dire au noir »[3]. Selon cet auteur, « [o]n pourrait, sans exagération, situer à moins de 10 % le taux général d'effectivité des dispositions sur l'hygiène et la sécurité au travail. Ce taux est certes assez élevé dans certaines grandes unités de production, où les contrôles de l'inspecteur du travail peuvent être plus réguliers. Il est en revanche pratiquement nul dans les petites unités de production, très souvent inconnues des services de contrôle »[4].

474- Pourtant, pour éviter que les employés soient sans protection sociale, le législateur a opté pour une prise en charge systématique de toutes les victimes de risques professionnels par la CNPS, que l'employeur soit affilié ou non, quitte à exercer une action récursoire contre ce dernier. À cet effet, l'article 17 alinéa 6 de la loi du 13 juillet 1977 prévoit que « *Dans tous les cas, la Caisse Nationale de Prévoyance Sociale prend en charge les accidents du travail et maladies professionnelles survenus au cours d'un travail exercé pour le compte d'un employeur non immatriculé et exerce un recours contre l'employeur intéressé pour la récupération des prestations servies ou en dommages-intérêts* ». Dans la pratique, la mise en œuvre de cette disposition s'avère difficile : d'une part, les salariés ne sont pas toujours informés de leurs droits. D'autre part, quand l'accident se produit, la constatation de l'accident, voire sa prise en charge, n'est pas systématique telle que prévue par la législation.

---

[1] CNPS, *Annuaire statistique 2018*, p. 37.
[2] CNPS, *Annuaire statistique 2016*, p. 47.
[3] P. G. POUGOUE, *Cameroun : situation de travail et protection des travailleurs, Rapport précité*, p. 1. Voir également https://www.etudier.com/dissertations/Le-Droit-Du-Travail-Au-Cameroun/198138.html, consulté le 8 mars 2020.
[4] *Ibid.*, p. 25, note 31.

475- Pourtant, comme l'affirme un auteur, « La sécurité sociale est un mécanisme d'indemnisation efficace. Elle est de plus en plus considérée comme le système le plus approprié à la prise en charge des dommages corporels et destinée, à ce titre, à supplanter la responsabilité civile »[1]. Contrairement à la responsabilité civile, le plus grand mérite de la sécurité sociale est la rapidité, car les victimes sont directement indemnisées sans devoir rechercher la responsabilité de l'employeur. Elle couvre, dans les meilleurs délais, les frais relatifs aux soins médicaux engagés jusqu'à ce que l'employeur soit déclaré responsable. En principe, l'indemnisation par la sécurité sociale a lieu en dehors de tout procès et, par conséquent, en l'absence de toute opposition entre le créancier et le débiteur de l'indemnité. Il n'est pas nécessaire que l'auteur du dommage soit identifié et que son rôle actif dans la réalisation du dommage soit démontré. Au cas où l'auteur des dommages reste inconnu ou si sa responsabilité n'est pas établie, le système de sécurité sociale permet d'éviter à la victime de tomber dans le dénuement en lui apportant le minimum vital[2].

Tous ces avantages remarquables de la sécurité sociale doivent fréquemment être présentés et expliqués aux entreprises minières afin de susciter leur adhésion massive, pour le plus grand bien de leurs employés.

b) Le caractère dérisoire des prestations fournies aux travailleurs victimes d'accidents miniers

476- Même si la sécurité sociale présente des avantages considérables, elle est loin d'être une panacée[3]. En effet, les prestations fournies par la CNPS sont parfois insuffisantes. Celle-ci ne garantit pas la réparation intégrale ; elle ne prend en charge de manière forfaitaire qu'une partie, parfois minime, des préjudices subis par la victime. Comme l'affirme un auteur, « Les travailleurs atteints d'une incapacité permanente bénéficient

---

[1] A. L. MILLER, « La réparation des dommages corporels par la sécurité sociale », *RIT*, vol. 124, n° 12, mars-avril 1985, p. 205, cité par L. NZOSABA, *A la recherche d'un système d'indemnisation des victimes d'accidents de la circulation routière adapté au contexte socio-économique africain*, Thèse, Université catholique de Louvain, 2005, p. 292, note 906.

[2] L. NZOSABA, *A la recherche d'un système d'indemnisation des victimes d'accidents de la circulation routière adapté au contexte socio-économique africain*, Thèse précitée, p. 292.

[3] Dans les pays riches, on ne cesse d'exprimer des inquiétudes quant à l'avenir de la sécurité sociale. On redoute notamment de l'insuffisance des cotisations d'aujourd'hui pour payer les prestations de demain. Sur cette question, voir D. KESSLER, « Retraites en Europe : quel avenir ? » *in Risques*, n° 15, 1993, pp. 9 à 30 ; D. STRAUSS-KAHN, « Quelques problèmes économiques posés pour l'avenir de la protection sociale en Europe », *in Bull ass.*, 1985, p. 47 ; H. RIFFAULT, « De quelques attitudes à l'égard des pensions de retraite » *in Bull., ass.*, 1985, p. 8 ; R. DIELEMANS, « Le problème de la sécurité sociale et spécialement les pensions en Europe», *in Bull., ass.*, p. 67 ; J. J. GOLLIER, *L'avenir des retraites*, L'Argus, Paris, 1987, cités par L. NZOSABA, *A la recherche d'un système d'indemnisation des victimes d'accidents de la circulation routière adapté au contexte socio-économique africain*, Thèse précitée, p. 293, note 909.

d'une compensation pour la perte de leurs revenus professionnels. Le montant des indemnités octroyées est fonction du taux d'incapacité et de la rémunération mensuelle moyenne mais ce montant n'atteint jamais la totalité du salaire du travailleur, victime d'accident »[1]. Ce qui démontre bien le caractère dérisoire des prestations.

La situation est encore plus préoccupante lorsqu'il s'agit des victimes d'accidents miniers non employées par l'entreprise minière (victimes tierces), celles-ci étant purement et simplement exclues du bénéfice de prise en charge par la sécurité sociale.

c) L'exclusion des victimes d'accidents tierces du bénéfice de la couverture sociale

477- Par rapport aux deux principes de sécurité sociale présentés plus haut, le Cameroun se situe dans la conception bismarckienne (système assuranciel) comme dans la plupart des pays en développement. Ce système ne couvre que les salariés et les prestations fournies sont fonction du nombre d'années ainsi que du montant des cotisations[2].

Ce qui détermine l'intervention de la sécurité sociale en cas d'accident minier, c'est le fait que la victime soit employée par la mine concernée au moment de l'accident. Autrement dit, pour bénéficier de la sécurité sociale en cas d'accident, il faut être un travailleur salarié, employé par la mine au moment de l'accident ; ce qui entraîne *ipso facto*, l'exclusion des victimes d'accidents miniers non salariées par l'exploitant, du bénéfice de la couverture sociale. En effet, tous les travailleurs salariés doivent être affiliés à la Caisse nationale de prévoyance sociale (CNPS)[3]. Une fois immatriculés à la CNPS, l'employeur et l'employé partagent alors la charge des contributions à reverser à la caisse nationale de prévoyance sociale[4]. La réglementation va plus loin en obligeant les employeurs à affilier leurs employés à la CNPS dans les 8 jours qui suivent leur recrutement, car seuls les employés qui auront régulièrement versé leurs cotisations bénéficieront d'une prise en charge en cas d'accidents du travail, de maladies professionnelles, de retraite et de décès.

[1] L. NZOSABA, Thèse précitée, p. 301.

[2] Voir P. MAILLARD, *Votre retraite ? Régimes de base, Épargne salariale. Régimes complémentaires en France et dans neufpays étrangers*, Paris, Castelange diffusion, 1990, p. 24, cité par L. NZOSABA, Thèse précitée, p. 291, note 905.

[3] Cf. article 1er du décret 74/733 du 19 août 1974 fixant les modalités d'application de la loi n° 69-LF-18 du 10 novembre 1969 instituant un régime d'assurance pensions de vieillesse, d'invalidité et de décès.

[4] Article 11 du décret 74/733 du 19 août 1974 ci-dessus cité.

B- Une prise en charge insatisfaisante en cas de décès de la victime

478- En cas de décès de la victime, consécutif à un accident de travail, les ayants droit ont droit à une rente de survivants (1) et à l'allocation de frais funéraires[1] (2). Dans l'un et l'autre cas, la prise en charge s'avère insatisfaisante en ce sens qu'elle reste fondée sur le principe de la réparation forfaitaire des risques professionnels.

1- L'allocation forfaitaire de frais funéraires

479- L'allocation de frais funéraires est la prestation accordée aux ayants droit d'un assuré décédé des suites d'un accident du travail ou d'une maladie professionnelle ; du titulaire d'une rente d'incapacité permanente décédé des suites des conséquences de l'accident du travail ou de la maladie professionnelle à l'origine de sa rente[2].

En cas d'accident suivi du décès de la victime, la réglementation camerounaise décrit de manière limitative les frais funéraires qui sont pris en charge par la CNPS. À cet effet, l'allocation de frais funéraires comprend la fourniture d'un cercueil ordinaire ou zingué selon que le lieu du décès se confond ou non avec celui de sépulture ; le transport de la dépouille mortelle du lieu de décès de la victime au lieu de résidence, à son lieu de recrutement ou à tout autre lieu d'inhumation choisi par la famille ; le transport de la famille et des bagages du lieu du décès au lieu de résidence habituelle[3].

480- Comme on le voit, les frais pris en charge ou remboursés par la CNPS sont strictement encadrés en cas de décès d'un travailleur victime de risques professionnels. Qui plus est, cette prise en charge ou ce remboursement ne concerne que les ayants droit d'une victime salariée, excluant de ce fait la prise en charge des victimes d'accidents miniers non employées par la mine et leurs ayants droit. Sans doute, la création d'un fonds d'indemnisation des accidents miniers affectant ls victimes non employées par la mine permettrait de mettre un terme à cette discrimination, permettant ainsi aux victimes d'obtenir une indemnisation sans devoir nécessairement engager un contentieux.

---

[1] Cf. art. 29 de la loi du 13 juillet 1977.

[2] Voir https://www.cleiss.fr/docs/regimes/regime_cameroun.html, consulté le 7 mars 2020.

[3] Voir https://www.cnps.cm/index.php/fr/a-propos/prestations-servies/risques-professionnels, consulté le 22 juin 2019. Voir égal. https://www.cleiss.fr/docs/regimes/regime_cameroun.html, consulté le 7 mars 2020.

2- L'allocation forfaitaire des rentes de survivants aux ayants droit

481- En cas de survenance des risques professionnels, les bénéficiaires des prestations sont nombreux et variés. Il y a entre autres les travailleurs eux-mêmes, et en cas d'accident suivi du décès de la victime, les ayants droit de celle-ci, notamment le conjoint survivant, le conjoint divorcé ou séparé de corps ayant obtenu une pension alimentaire, ainsi que les enfants de la victime tel que défini par la réglementation relative aux risques professionnels[1].

Aux termes de l'article 31 de la loi du 13 juillet 1977, « *Le montant total des rentes de survivants est égal à la rente d'incapacité permanente totale à laquelle aurait eu droit la victime* ». Ce montant est déterminé conformément aux dispositions des articles 23 et suivants de la loi du 13 juillet 1977[2]. Ce montant est ensuite réparti aux ayants droit selon des coefficients déterminés par la loi. Ils sont de 5 % pour chaque veuve ou veuf ; 4 % pour chaque orphelin de père et de mère ; 3 % pour chaque orphelin de père ou de mère et 2 % pour chaque ascendant[3].

L'alinéa 3 de la même disposition précise que « *le droit à la rente de conjoint s'éteint en cas de décès ou de remariage avec une personne jouissant d'un revenu imposable ; le droit à la rente d'orphelin cesse dès qu'il n'ouvre plus droit aux prestations familiales ; le droit à la rente d'ascendant cesse à son décès* ». En cas de décès d'un ayant droit avant l'attribution de la rente, ce dernier ne prend pas part au partage de celle-ci[4].

Bien évidemment, les ayant droit des victimes d'accidents miniers non salariées n'ont pas droit à ces rentes de survivant. D'où la nécessité de mettre en place un fonds d'indemnisation des dégâts miniers qui prendrait en charge indistinctement toutes les atteintes à la santé et à la vie liées à l'exploitation minière, indépendamment de leur statut d'employé ou non de la mine. Tous ces inconvénients et bien d'autres appellent de manière urgente, la nécessité d'une modernisation du système de prise en charge des accidents miniers.

---

[1] Aux termes de l'article 30 de la loi du 13 juillet 1977, « *Sont considérés comme ayants droit : les conjoints survivants; les conjoints divorcés ou séparés de corps ayant obtenu une pension alimentaire; les enfants de la victime tels qu'ils sont définis par le code des prestations familiales; les ascendants qui étaient à la charge de la victime. Le conjoint condamné pour abandon de famille est déchu de ses droits à la rente de survivants. Il en est de même de celui qui a été déchu de sa puissance paternelle, sauf s'il vient à être restitué de sa puissance paternelle* ».

[2] L'article 23 de la loi du 13 juillet 1977 se lit comme suit : « *En cas d'incapacité permanente totale, la victime a droit à une rente d'incapacité totale d'un montant mensuel égal à quatre-vingt-cinq pour cent (85%) de sa rémunération mensuelle moyenne;* ».

[3] Cf. art. 31 alinéa 2 de la loi du 13 juillet 1977.

[4] Cf. art. 31 alinéa 4 de la loi du 13 juillet 1977.

Section II : La modernisation du dispositif de prise en charge des conséquences des accidents miniers et des victimes

482- Les accidents de travail et « les catastrophes peuvent se produire dans tous les secteurs, mais les risques sont particulièrement aigus dans l'industrie minière (…). Les procédures à suivre pour les interventions dans les situations d'urgence et les dispositions à prendre pour le sauvetage des personnes qui ne peuvent se sauver elles-mêmes ou qui sont bloquées dans la mine sont donc des éléments essentiels de la sécurité dans les mines »[1].

Tel que relevé plus haut, l'amélioration des mécanismes de prise en charge en cas d'accident minier passe par la ratification des conventions sus visées en rapport avec la santé et la sécurité dans les mines et l'adoption au niveau interne des mécanismes de prise en charge qui tiennent compte de la spécificité de l'industrie minière. La Convention n° 176 de l'OIT sur la santé et la sécurité dans les mines prévoit que « *Les mesures visant à assurer l'application de la convention devront être prescrites par la législation nationale* »[2]. Cette législation doit prévoir des « *prescriptions à suivre en matière de sauvetage dans les mines, de premiers soins ainsi que les services médicaux appropriés* »[3].

Comme on le voit, la ratification des textes sus évoqués permet non seulement d'améliorer les mesures visant à éviter la continuation des atteintes en cas d'accident (I) ; elle permet également d'améliorer les mesures de prise en charge des accidentés (II). Plusieurs évolutions proposées apparaissent légitimes sur la base du retour d'expérience du régime actuel.

I- La nécessaire amélioration des mesures visant à limiter les conséquences de l'accident

483- La survenance d'un accident minier est susceptible de causer des atteintes à l'environnement, à la santé et à la vie des travailleurs et même des populations locales. C'est la raison pour laquelle les accidents miniers doivent être rapidement et efficacement maîtrisés, car une situation d'urgence qui se prolonge s'aggrave au fur et à mesure que le temps passe. D'où la nécessité que soient prises des mesures visant à éviter le renouvellement de l'accident (A). D'autre part, la mise en œuvre des mesures visant à éviter la continuation des atteintes à la santé et à la vie

---

[1] Voir BIT : *Œuvrer ensemble pour promouvoir un milieu de travail sûr et salubre,* CIT, 106e session, ILC.106/III/1B, Genève 2017, p. 146, disponible sur Internet à l'adresse : http://www.ilo.int/wcmsp5/groups/public/---ed_norm/---elconf/documents/meetingdocument/wcms_543633.pdf consulté le 5 mars 2020.

[2] Cf. art. 4 alinéa 1 de la Convention n° 176 de l'OIT sur la sécurité et la santé dans les mines.

[3] Cf. art. 5 alinéa 4 a) de la Convention n° 176 de l'OIT sur la sécurité et la santé dans les mines.

s'avère également indispensable (B). Au regard du contexte actuel, ces mesures méritent d'être améliorées.

A- L'amélioration des mesures visant à limiter les conséquences de l'accident et à éviter son renouvellement

484- Pour ce qui est des mesures visant à éviter le renouvellement de l'accident, il convient de distinguer les mesures qui doivent être prises immédiatement après la survenance de l'accident, que l'on pourrait qualifier de mesures conservatoires (1), des mesures qui doivent être prises ultérieurement à celles-ci en vue d'éviter le renouvellement de l'accident (2).

1- Le caractère stratégique des mesures conservatoires

485- En temps normal, le respect des procédures d'intervention dans la mine peut se heurter au facteur temps. C'est ce qui justifie que des mesures d'urgence ou conservatoires soient prises en cas d'accident. L'adoption de ces mesures nécessite non seulement des compétences techniques et juridiques certaines, mais encore une bonne connaissance des différents services et organismes susceptibles d'intervenir[1].

En effet, l'urgence de la situation suppose notamment des mesures de sécurisation du site (a), d'information des autorités compétentes (b) et de suspension des travaux qui doivent être prises par l'exploitant minier (c).

a) La sécurisation du site accidenté par le balisage des zones dangereuses

486- La survenance d'un accident minier nécessite la prise des mesures d'urgence afin de limiter les dégâts et d'éviter le renouvellement de l'accident. D'où l'utilité des garanties de non-répétition du sinistre. Ces mesures incombent à la fois aux autorités administratives[2] et à l'exploitant minier.

À l'égard des autorités administratives, l'article 133 alinéa 6 du Code minier de 2016 dispose qu'« *[e]n cas de péril imminent ou d'accident dans un chantier ou une exploitation, l'Administration en charge des mines, les officiers de police judiciaire et les autres autorités compétentes prennent toutes les mesures nécessaires pour faire cesser le danger et en prévenir les*

---

[1] G. CANIVET et D. GUIHAL, « Protection de l'environnement par le droit pénal : l'exigence de formation et de spécialisation des magistrats », précité.

[2] À titre de droit comparé, les Etats-Unis ont adopté en 2006, une loi sur la réaction aux situations d'urgence dans les mines. Voir ''Mine Improvement and New Emergency Response Act of 2006'' ou ''MINER Act'', *Pub. L.* 109-236, 15 juin 2006, 120 Stat. 493.

suites... »[1]. Ces mesures ont pour finalité de supprimer la cause de l'accident et de conserver l'environnement dans son état actuel, afin d'éviter l'aggravation des dommages. Compte tenu de l'urgence, de telles mesures doivent être prises dans de brefs délais, l'intervention immédiate devant être de rigueur. Ces mesures prises dans l'urgence doivent être temporaires (en ce sens qu'elles ne doivent subsister que tant que durera le dommage ou le risque de dommage) et avoir pour finalité d'inciter, voire obliger l'exploitant minier à se conformer aux formalités requises.

487- À l'égard des exploitants miniers, l'article 134 alinéa 1 *in medio* du Code minier de 2016 les oblige à « prendre toutes les mesures nécessaires pour circonscrire... »[2] tout sinistre survenu sur leur site. C'est le cas notamment des mesures visant à délimiter les zones exposées aux risques, dites « zones de danger », en tenant compte de la nature et de l'intensité des risques encourus, afin d'y interdire tout type de travaux (construction d'ouvrage, d'aménagement ou d'exploitation agricole, forestière, artisanale, commerciale ou industrielle...) ou de prescrire les conditions dans lesquelles ils doivent être réalisés, utilisés ou exploités. En plus des zones de danger, le droit français prévoit de délimiter les zones dites « zones de précaution », qui ne sont pas directement exposées aux risques, mais où les constructions et les aménagements sus évoqués pourraient aggraver les risques ou en provoquer de nouveaux. Cette délimitation permet d'y prévoir des mesures d'interdiction ou des prescriptions[3]. Cette opération de balisage a pour objet de circonscrire la zone sinistrée afin de limiter les effets de l'accident susceptibles de survenir dans une mine. Tel n'est pas toujours le cas au Cameroun où le balisage des zones dangereuses n'est toujours pas systématiquement effectué après un accident, occasionnant ainsi des cas de noyade et d'autres accidents mortels enregistrés par les services de santé[4].

b) L'arrêt des travaux en cas d'accident grave

488- En cas d'accident grave, l'arrêt des travaux, qui entraîne inéluctablement un arrêt de la production, constitue une mesure favorable à la préservation de l'environnement, à la santé et la sécurité des travailleurs. Ce qui illustre la nécessité d'une conciliation entre ces deux impératifs. C'est sans doute la raison pour laquelle le législateur a prévu l'arrêt des travaux en

---

[1] Cf. art. 133 alinéa 6 de la loi n° 2016/17 du 14 déc. 2016 portant Code minier.
[2] Cf. art. 134 al. 1 *in medio* de la loi n° 2016/17 du 14 décembre 2016 portant Code minier.
[3] Voir I. VAULONT et J.-L. VO VAN QUI, *L'indemnisation des dégâts miniers,* Rapport précité, p. 24.
[4] W. TCHANGO, « Conditions de travail : les employés de la mine dans l'étau de la précarité », *in Ressources, Bull. d'information destiné à la promotion de la gestion durable des ressources naturelles,* n° 002, mai 2016, p. 20.

cas d'accident grave. Cette obligation d'arrêt des travaux incombe à la fois au ministre en charge des mines ainsi qu'à l'exploitant minier.

489- D'une part, pour éviter la survenance ou la répétition des accidents, lorsque la mine présente un danger pour la sécurité de ses travailleurs et des tiers, le ministre des Mines peut ordonner la suspension temporaire des activités, voire ordonner la fermeture temporaire de la mine. À titre d'illustration, la loi du 19 juillet 2019 portant cadre général de sûreté radiologique et nucléaire prévoit qu'en cas d'inobservation des règles de l'art minier, l'administration compétente peut « *...prononcer à titre conservatoire, la suspension de l'autorisation, jusqu'à exécution des conditions imposées.*»[1]. On peut regretter l'absence de rigueur ou de fermeté des dispositions légales, qui auraient dû prescrire une obligation d'arrêt des travaux en cas de risques avérés ou potentiels d'atteintes à l'environnement, à la santé et à la vie, résultant du non-respect des obligations légales.

490- D'autre part, lorsqu'un accident grave survient, l'exploitant minier n'a pas à attendre la décision du ministre chargé des mines. Il doit arrêter les travaux de sa propre initiative et laisser les lieux en l'état, lorsque la reprise des travaux peut compromettre la sécurité des personnes, des biens, la protection de l'environnement et des installations. Dans ce cas, les travaux ne peuvent reprendre et l'état des lieux modifié, qu'après enquête et sur autorisation du ministre chargé des mines[2].

491- L'analyse des dispositions sus évoquées permet de constater que l'objectif de protection de la santé et de la sécurité prime sur l'objectif d'exploitation et de production, car après l'arrêt des travaux, ceux-ci ne peuvent reprendre que s'ils ne compromettent pas la santé et la sécurité.

En pratique cependant, il convient de constater que l'objectif de protection de la santé et de la sécurité entre parfois en concurrence avec l'objectif de production, et il convient alors de favoriser l'un au détriment de l'autre. Compte tenu du fait que le législateur a voulu responsabiliser les exploitants miniers en leur laissant la latitude d'arrêter les travaux en cas d'accident grave, cette disposition pose une difficulté concernant l'appréciation de la gravité de l'accident. En effet, il y a lieu de se demander

---

[1] Cf. article 98 alinéa 2 de la loi n° 2019/012 du 19 juillet 2019 portant cadre général de sûreté radiologique et nucléaire, de sécurité nucléaire, de responsabilité civile et de l'application des garanties.

[2] Cf. article 117 du Décret de 2002 portant application du Code minier de 2001. Cette disposition prévoit qu' « *[a]près un accident grave, l'exploitant doit arrêter les travaux et laisser les lieux en l'état lorsque la reprise des travaux peut compromettre la sécurité des personnes, des biens, la protection de l'environnement et des installations minières ou de la carrière. Dans ce cas, les travaux ne peuvent reprendre et l'état des lieux modifié qu'après enquête et sur autorisation du Ministre chargé des mines* ».

quels sont les critères permettant à un exploitant de considérer qu'un accident minier présente la gravité nécessaire lui imposant de procéder à l'arrêt des travaux ?

Face à cette interrogation, l'article 117 du décret d'application du Code minier de 2001 donne des indices en précisant qu'il y a gravité lorsque la reprise des travaux à la suite d'un accident minier « *peut compromettre la sécurité des personnes, des biens, la protection de l'environnement et des installations minières...* ». Autrement dit, lorsque la poursuite des travaux à la suite d'un accident n'est pas de nature à porter atteinte aux intérêts humains et matériels sus évoqués, il n'y a pas lieu d'arrêter les travaux.

En tout état de cause, après la survenance d'un accident minier, il y a lieu de prendre des mesures destinées à éviter la continuation des atteintes à la santé et à la vie.

2- Les autres mesures consécutives aux mesures conservatoires

Après avoir sécurisé le site accidenté et arrêté les travaux d'exploration ou d'exploitation le cas échéant, l'exploitant minier doit immédiatement informer les autorités compétentes (a) afin que celles-ci prennent les mesures qui s'imposent, notamment en ouvrant une enquête sur les causes de l'accident, enquête dont le résultat permettra de déceler les causes, d'établir les responsabilités et de faire des propositions en vue d'éviter le renouvellement de l'accident (b).

a) L'information des autorités compétentes

492- Aux termes de l'article 133 alinéa 5 du Code minier, « *Tout accident survenu ou tout danger identifié dans un chantier, une mine, une carrière ou dans leurs dépendances doit être porté à la connaissance des Administrations en charge des mines, de la santé et de la sécurité au travail dans le délai prescrit par la réglementation en vigueur* ». Cette disposition appelle au moins deux observations : les destinataires de l'information et le moment de l'information.

493- D'une part, s'agissant des destinataires de l'information, il y a *d'abord* les administrations en charge des mines, de la santé et de la sécurité au travail. En effet, dès la survenance d'un accident ou en cas d'imminence de celui-ci, l'exploitant minier est tenu d'informer le Délégué départemental des mines qui se chargera à son tour d'informer ses supérieurs dans les 24 heures qui suivent, en vue de prendre des mesures propres à faire cesser le danger lorsque la sécurité de personnes ou des biens est en jeu[1]. Le décret

[1] Voir les art. 111 et 116 du décret d'application du Code minier de 2001. En l'absence du décret d'application du Code minier de 2016, celui-ci continue d'être appliqué.

d'application du Code minier de 2001 oblige également les exploitants miniers à informer par écrit le ministre des Mines, l'inspection du travail compétent et les autorités administratives locales de tous accidents survenus au cours de la prospection, de la recherche ou de l'extraction[1].

494- *Ensuite*, les autorités compétentes doivent en retour, informer le public. Il s'agit là d'une obligation générale d'information qui a été rappelée dans un autre contexte par la Cour européenne des droits de l'homme (CEDH) dans *l'affaire Tatar c. Roumanie*. Dans cette affaire, la CEDH déclare qu'en cas d'accident minier, les autorités doivent informer le public des conséquences néfastes de l'accident, des mesures de prévention d'un futur accident similaire et des mesures de nature à pallier les risques pour la santé humaine et l'environnement en cas de reproduction d'un tel évènement[2].

495- *Enfin*, l'exploitant minier est également tenu d'informer la caisse nationale de prévoyance sociale (CNPS) des accidents du travail subséquents. En effet, le législateur camerounais a opté pour l'obligation de déclaration systématique des risques professionnels[3] au détriment de l'obligation de déclaration sélective selon laquelle, seuls les accidents les plus graves ou susceptibles d'avoir une certaine gravité doivent donner lieu à déclaration. Cette obligation dite de la déclaration systématique des risques professionnels impose de porter à la connaissance de la CNPS, l'ensemble des faits susceptibles de porter atteinte à l'organisme du travailleur à court, moyen ou long terme. L'omission par l'employeur de les déclarer est punie d'une peine d'amende de 50 000 à 500 000 francs CFA et d'une peine d'emprisonnement d'un à six mois ou de l'une de ces deux peines seulement[4].

496- D'autre part, s'agissant du moment où l'information doit être donnée, il convient de relever que, non seulement l'information des autorités compétentes doit se faire immédiatement après la survenance d'un accident minier ainsi que le précise l'article 17 alinéa 2 de la loi du 13 juillet 1977, mais en outre, tous les accidents survenus dans une installation doivent figurer dans le rapport d'activité annuel de l'exploitant minier concerné. Le

---

[1] Voir art. 115 du décret d'application du Code minier de 2001. En l'absence du décret d'application du Code minier de 2016, celui-ci continue d'être appliqué.

[2] CourEDH, du 27 janvier 2009, *Tătar c. Roumanie*, § 101 et 122.

[3] Cf. art. 17 alinéa 2 de la loi n° 77/11 du 13 juillet 1977 portant prévention et réparation des risques professionnels. Selon ce texte, « *L'employeur est tenu de déclarer dans un délai de trois jours ouvrables **tout accident** du travail survenu ou toute maladie professionnelle constatée dans l'entreprise...* ».

[4] Voir article 46 alinéa 1 de la loi n° 77/11 du 13 juillet 1977 portant prévention et réparation des risques professionnels.

fondement juridique de cette obligation de déclaration est l'article 115 du décret d'application du Code minier de 2001 qui dispose que « *[s]ous réserve de la législation sociale relative aux déclarations d'accidents du travail, les accidents survenus au cours d'une reconnaissance, d'une recherche ou d'une exploitation doivent faire l'objet d'un rapport écrit, adressé au ministre chargé des mines, à l'inspection du travail territorialement compétente et aux autorités administratives locales* ».

À ce sujet, la Convention minière du 31 juillet 2002 entre la République du Cameroun et Geovic Cameroon SA prévoit que la société Geovic est tenue de « *faire parvenir aux ministres chargés respectivement des mines et de la géologie, de l'industrie et de l'environnement avant le 31 mars de chaque année, un rapport d'activités relatif à l'exercice fiscal précédent. Ce rapport contiendra notamment : (...) la liste des accidents ayant eu pour résultat une cessation d'opérations ainsi que des incidents significatifs en matière de protection de l'environnement, en précisant les caractéristiques de ceux-ci ainsi que les mesures prises pour en empêcher le renouvellement ou pour en limiter les conséquences* »[1]. La même disposition est reprise dans la Convention minière entre l'Etat du Cameroun et C&K Mining signée le 9 juillet 2010[2].

497- Pour rendre obligatoire l'obligation de déclaration des accidents miniers, le législateur camerounais punit d'un emprisonnement de cinq à dix ans et d'une amende de deux millions à vingt millions de francs CFA, toute personne qui s'abstient de porter à la connaissance de l'Administration en charge des mines, les cas d'accident survenu ou de dangers identifiés dans un chantier, dans une exploitation ou dans ses dépendances[3].

b) L'enquête conjointe menée par les administrations compétentes des ministères des Mines, du Travail et de la Santé.

498- L'article 134 alinéa 1 *in fine* du Code minier de 2016 dispose qu'en cas d'accident survenu dans une mine ou une carrière ou dans leurs dépendances, « *[l]es administrations concernées mènent conjointement l'enquête pour déterminer les causes de l'accident et dressent un rapport assorti de propositions en vue de la prévention* » de la survenance de nouveaux accidents. L'expression « administrations concernées », employée par cette disposition inclut conformément à l'alinéa 2, l'Administration en charge des mines, les officiers de police judiciaire et les « autres autorités

[1] Cf. article 7.4 c) de la *Convention minière entre la République du Cameroun et Geovic Cameroon SA* signée le 31 juillet 2002.
[2] Cf. article 15 alinéa 2 de la *Convention minière entre la République du Cameroun et C&K Mining* signée le 9 juillet 2010.
[3] Cf. art. 221 al. 1 & 2 du C. min.

compétentes ». Conformément à la réglementation en vigueur, on peut également inclure au rang de ces « autres autorités compétentes », les inspecteurs du travail territorialement compétents. En effet, selon l'article 107 du Code du travail, les inspecteurs du travail territorialement compétents « *ont l'initiative de leurs tournées et de leurs enquêtes dans le cadre de la législation et de la réglementation du travail* ». Munis des pièces justificatives de leurs fonctions, ils sont autorisés à pénétrer librement dans l'entreprise aux fins d'inspection sans avertissement préalable, afin de procéder à tous examens, contrôle ou enquêtes jugés nécessaires pour s'assurer que les dispositions légales et réglementaires en vigueur sont effectivement observées[1]. Ils ont compétence pour constater par procès-verbal faisant foi jusqu'à preuve du contraire, les infractions aux normes du travail et sont habilités à poursuivre directement en justice, devant la juridiction compétente, les auteurs de telles infractions.

499- L'autre institution habilitée à mener des enquêtes en cas d'accident minier est la Caisse nationale de prévoyance sociale (CNPS) qui dispose d'un service spécialisé dans la prévention des risques professionnels (accidents de travail et maladies professionnelles), service créé par la loi n° 68/LF du 18 novembre 1968 portant organisation de la prévention des accidents du travail et des maladies professionnelles[2]. Aux termes de l'article 2 de ce texte, le service sus visé peut procéder sur toute l'étendue du territoire national à toutes enquêtes et études concourant à l'établissement des statistiques différenciées sur les accidents de travail et les maladies professionnelles constatées ; sur les causes, les circonstances dans lesquelles ils sont intervenus, leur fréquence et leur gravité… ; procéder à toutes enquêtes jugées utiles en ce qui concerne l'état sanitaire et social des travailleurs et les conditions d'hygiène et de sécurité dans lesquelles ils exercent leurs activités… Cette enquête semble ne pas être obligatoire, puisque l'article 7 du décret n° 78-546 du 28 décembre 1978 fixant les modalités de déclaration et la procédure d'enquête en matière d'accidents du travail ou de maladies professionnelles dispose que « la Caisse Nationale de Prévoyance Sociale PEUT prescrire une enquête »[3]. L'enquête ne devient obligatoire que lorsque l'accident paraît devoir être un accident de trajet ou avoir entraîné une incapacité permanente totale ou en cas de décès[4]. Dans ce cas, l'enquête est effectuée par « *l'Inspecteur du Travail ou un agent assermenté relevant de son autorité ou à défaut le Médecin-inspecteur du*

[1] Cf. art. 108 de la loi n° 92/007 du 14 août 1992 portant Code du travail.
[2] Voir la loi no 68-LF-18 du 18 novembre 1968 portant organisation de la prévention des accidents du travail et des maladies professionnelles.
[3] Cf. art. 7 du décret n° 78-546 du 28 décembre 1978 fixant les modalités de déclaration et la procédure d'enquête en matière d'accidents du travail ou de maladies professionnelles.
[4] Cf. art. 7 alinéa 2 du décret n° 78-546 du 28 décembre 1978 ci-dessus cité.

Travail ou le contrôleur d'hygiène et de sécurité »[1]. « *Dans les localités où ceux-ci n'existent pas, l'enquête peut être menée par les officiers de police judiciaire selon les règles en usage dans leur profession* »[2].

500- Sur la procédure d'enquête proprement dite, le décret du 28 décembre 1978 sus visé prévoit que celle-ci est contradictoire. L'enquêteur doit de ce fait entendre les témoins en présence de l'employeur ou son préposé, ainsi que la victime ou de ses ayants cause. Celle-ci peut se faire assister par une personne de son choix. Il en est de même en cas d'accident mortel, où les ayants cause peuvent également se faire assister par une personne de leur choix. Lorsqu'elle est dans l'impossibilité d'assister à l'enquête, l'enquêteur se transporte auprès d'elle pour recueillir ses déclarations.

501- De manière générale, dès lors qu'elles ont connaissance d'un accident minier, les autorités sus évoquées sont tenues de mener d'office une enquête officielle indépendante, impartiale et effective sur les circonstances dans lesquelles il s'est produit, susceptible de mener à l'identification et à la sanction des responsables. La procédure doit en principe pouvoir aboutir à la poursuite des responsables devant les juridictions compétentes[3]. À cet effet, l'article 9 du décret du 28 décembre 1978 sus évoqué prévoit que « *l'enquêteur doit recueillir tous les renseignements permettant d'établir les causes, la nature, les circonstances de temps et de lieu de l'accident et, éventuellement l'existence d'une faute susceptible d'influer sur la réparation, ainsi que les responsabilités encourues* ». Dans *l'affaire SERAC contre Nigéria*, la Commission africaine a exhorté l'Etat du Nigéria à mener des enquêtes et à poursuivre en justice les responsables des violations des droits de l'homme[4].

À titre de droit comparé, la Cour interaméricaine des droits de l'homme a également affirmé que « l'obligation d'enquêter doit être réalisée en respectant le principe de due diligence (diligence raisonnable), afin d'éviter l'impunité et la répétition des violations ». Dans *l'affaire Öneryildiz*, la Cour européenne des droits de l'homme déclare que ces principes s'imposent « dans le domaine des activités dangereuses, lorsque celles-ci on entraîné mort d'homme à la suite d'évènements survenus sous la responsabilité des pouvoirs publics »[5].

---

[1] *Ibid.*

[2] Cf. art. 7 alinéa 3 du décret du 28 décembre 1978 ci-dessus cité.

[3] Cf art. 109 du Code du travail.

[4] Voir CommAfrDH, SERAC c. Nigeria, 13 octobre 2001, *Social and Economic Rights Action Center, Center for economic and Social Rights v. Nigerie (SERAC c. Nigeria)*, communication n° 155/96, 30e session ordinaire, dispositif, https://www.achpr.org/fr_sessions/descions?id=134, consulté le 8 mars 2020.

[5] Voir CEDH, *Öneryildiz c. Turquie* [GC], 30 nov. 2004, n° 48939/99, CEDH 2004-XII, § 90.

B- Les mesures destinées à éviter la continuation des atteintes à la santé et à la vie

502- Dans le but de la préservation de la santé et de la vie des travailleurs du secteur minier en cas d'accident, l'article 116 du décret d'application du Code minier de 2001[1] prévoit qu'« *en cas d'accident mortel, l'exploitant doit prendre toute mesure conservatoire pour assurer la sécurité des employés sur le site* ». L'objectif essentiel des mesures consécutives à la survenance d'un accident minier est d'assurer l'arrêt de ses conséquences dommageables.

Pour éviter l'aggravation des atteintes à la santé et à la vie, l'exploitant minier doit administrer les soins de premier secours aux victimes d'accidents miniers (1). En cas de défaillance de l'exploitant minier, c'est à l'Administration de se substituer à ce dernier dans cette tâche (2).

1- L'administration des soins de premiers secours aux victimes des accidents miniers

503- Au niveau international, l'article 18 de la Convention n° 155 de l'OIT concernant la sécurité, la santé des travailleurs et le milieu de travail dispose que « *les employeurs devront être tenus de prévoir, en cas de besoin, des mesures permettant de faire face aux situations d'urgence et aux accidents, y compris des moyens suffisants pour l'administration des premiers secours* »[2]. De manière spécifique, l'article 9 alinéa d) de la Convention n° 176 de l'OIT sur la sécurité et la santé dans les mines prévoit que lorsque des travailleurs sont exposés à des dangers d'ordre divers, l'employeur est tenu d'« *assurer aux travailleurs qui ont souffert d'une lésion ou d'une maladie sur le lieu de travail les premiers soins...* »[3]. Cette disposition est quasi identique à l'article 31 de la Convention n° 167 sur la sécurité et la santé dans la construction[4].

---

[1] En attendant que le décret d'application du Code minier de 2016 soit adopté, le texte ci-dessus continue de s'appliquer.

[2] Cf. art. 18 de la Convention n° 155 de l'OIT concernant la sécurité et la santé des travailleurs (1981).

[3] Cf. art. 9 alinéa d) de la Convention n° 176 de l'OIT sur la sécurité et la santé dans les mines.

[4] L'article 31 de la Convention n° 167 sur la sécurité et la santé dans la construction, se lit comme suit : « *Il doit incomber à l'employeur de s'assurer que les premiers secours, y compris le personnel formé à cette fin, puissent être fournis à tout moment. Des mesures doivent être prises pour assurer l'évacuation, pour soins médicaux, des travailleurs accidentés ou victimes d'une maladie soudaine* ». Voir BIT : *Œuvrer ensemble pour promouvoir un milieu de travail sûr et salubre,* CIT, 106e session, ILC.106/III/1B, Genève 2017, p. 217, disponible sur Internet à l'adresse : http://www.ilo.int/wcmsp5/groups/public/---ed_norm/---elconf/documents/meetingdocument/wcms_543633.pdf consulté le 5 mars 2020.

504- Généralement, l'administration des soins de premiers secours relève du ressort de l'agent infirmier ou du médecin du travail, lorsqu'il y en a un dans l'entreprise. Selon la taille et l'activité de l'entreprise, les moyens exigés par le législateur vont de la simple trousse de premiers secours aux systèmes en bonne et due forme de réaction aux situations d'urgence, en passant par les procédures de planification, d'évacuation et les dispositifs de lutte contre les incendies, de même que la coordination avec les services publics de réaction aux situations d'urgence.

505- En somme, la mise en œuvre d'un programme efficace de premiers secours passe par une approche coopérative qui associe les employeurs, les travailleurs et leurs représentants, les organismes de santé au travail et de santé publique ainsi que l'autorité compétente. Lorsque l'entreprise est dans l'incapacité d'assurer de manière adéquate les soins nécessaires aux victimes, elle doit les évacuer vers la formation sanitaire la plus proche. À cet effet, l'article 102 du Code du travail fait obligation à l'employeur de « *faire évacuer sur la formation médicale la plus proche les blessés ou les malades transportables, non susceptibles d'être traités par les moyens dont il dispose* ». Reste à savoir si la formation la plus proche est toujours celle qui dispose d'un plateau technique approprié pour la prise en charge des victimes des accidents.

En cas de défaillance de l'employeur, l'administration devrait se substituer à lui pour assurer la prise en charge des victimes des accidents miniers.

2- La substitution de l'administration à l'exploitant minier défaillant

506- « *En cas d'accident survenu dans une mine ou une carrière ou dans leurs dépendances, ou en cas de danger identifié, le titulaire de l'autorisation, du titre minier ou de carrière est tenu de prendre toutes les mesures nécessaires pour circonscrire ou prévenir le sinistre et/ou le faire réparer par les organismes compétents, conformément à la réglementation en vigueur* »[1]. Cependant, il peut arriver que le titulaire du titre minier ou le bénéficiaire d'une autorisation soit dans l'incapacité de prévenir ou de circonscrire le sinistre par ses propres moyens. Auquel cas, il doit informer les autorités compétentes afin que des mesures appropriées soient prises[2]. À cet effet, l'article 102 du Code du travail dispose que si l'employeur est dépourvu dans l'immédiat des moyens appropriés nécessaires à la prise en charge des travailleurs accidentés, il doit en aviser d'urgence l'autorité administrative la plus proche afin que cette dernière puisse procéder à leur

[1] Cf. art. 134 alinéa 1 de la loi n°2016/17 du 14 décembre 2016 portant Code minier.

[2] Voir art. 134 al. 1 de la loi n°2016/17 du 14 décembre 2016 portant Code minier.

évacuation ou à leur procurer des soins nécessités par leur état[1]. Cependant, si les blessés ou les malades ne sont pas transportables, l'autorité administrative saisie par l'employeur doit faire procéder à une intervention médicale sur place. Tous les frais occasionnés de ce fait doivent être remboursés par l'employeur à l'administration sur la base des tarifs officiels[2].

507- De manière spécifique, le Code minier précise à l'article 133 alinéa 6 *in fine* qu'« *[e]n cas d'urgence ou de refus des titulaires des titres miniers de se conformer aux mesures édictées, elles sont exécutées d'office aux frais des intéressés, le cas échéant* »[3]. Dans le même sens, l'article 134 (2) du même texte dispose que « *lorsque le titulaire du titre minier ou de carrière, ou le bénéficiaire d'une autorisation est dans l'incapacité de prévenir ou de circonscrire le sinistre par ses propres moyens, l'administration en charge des mines, les officiers de police judiciaire et les autres autorités compétentes prennent, aux frais des intéressés, toutes les mesures nécessaires pour faire cesser le danger et en prévenir la répétition* »[4].

Outre l'amélioration des mesures visant à limiter les conséquences de l'accident et à éviter la continuation des atteintes, il convient également de proposer des mesures en vue de l'amélioration de la prise en charge des accidentés.

II- L'amélioration des mesures de prise en charge des victimes

508- Les risques d'accidents sont particulièrement élevés dans l'industrie minière où les mineurs se heurtent à tout un ensemble de circonstances propres à leur milieu de travail. Certains travaillent en étant privés de lumière ou de ventilations naturelles, créant des cavités dans la terre en extrayant du minerai et en veillant à éviter toute réaction immédiate au niveau des strates environnantes. De telles conditions de travail sont à l'origine du nombre important d'accidents et de décès touchant les mineurs. « Plusieurs grandes catastrophes minières se sont produites au cours de la décennie écoulée, qui ont coûté la vie à de nombreux travailleurs… C'est pourquoi, des procédures et des dispositions spéciales sont nécessaires pour protéger les travailleurs en cas d'urgence »[5]. Le BIT fait observer dans son

---

[1] Cf. article 102 alinéa 2 du Code du travail.
[2] Cf. article 102, alinéas 3 et 4 du Code du travail.
[3] Voir art. 133 al. 6 de la loi n°2016/17 du 14 décembre 2016 portant Code minier.
[4] Voir art. 134 al. 2 de la loi n°2016/17 du 14 décembre 2016 portant Code minier.
[5] Voir BIT, *Œuvrer ensemble pour promouvoir un milieu de travail sûr et salubre*, Conférence internationale du travail, 106e session, ILC.106/III/1B, Genève, 2017, p. 146.
[5] *Ibid. p. 4,* disponible à l'adresse http://www.ilo.int/wcmsp5/groups/public/---ed_norm/---elconf/documents/meetingdocument/wcms_543633.pdf consultée le 6 mars 2020.

rapport de 1994 sur la santé et la sécurité dans les mines qu'« à la suite d'accidents graves tels que les explosions, les incendies souterrains, les éboulements, les coups de charge, l'irruption d'eau ou de matières semi-solides, les mineurs de fond sont souvent dans l'impossibilité de s'échapper : bloqués à des milliers de mètres sous terre et dans une atmosphère toxique, ils sont privés des quantités vitales d'air, d'eau et d'aliments dont ils auraient besoin pendant les longues et dangereuses opérations de secours »[1].

Ce retour d'expérience permet de proposer des mesures pouvant permettre la prise en charge des accidentés par les entreprises minières ainsi que par la sécurité sociale. Au vu du risque élevé d'accidents dans l'industrie minière, il est nécessaire d'adopter et d'appliquer des mesures d'intervention dans des situations d'urgence et des mesures de sauvetage dans les mines, notamment en exigeant un plan d'intervention d'urgence pour chaque mine. Il convient pour cela de montrer l'importance cruciale des mesures de sauvetage et des moyens d'intervention en cas d'urgence (A) et la nécessité d'une prise en charge adéquate des accidents miniers et des accidentés par les mécanismes de mutualisation du risque (B).

A- L'amélioration des moyens de sauvetage et d'intervention en cas d'urgence dans les mines

509- Les procédures à suivre pour les interventions dans les situations d'urgence et les dispositions à prendre pour le sauvetage des personnes qui ne peuvent se sauver elles-mêmes ou qui sont bloquées dans la mine sont des éléments essentiels pour une prise en charge efficace des victimes dans les mines. Selon une métaphore empruntée à Claude Lienhard, la prise en charge peut être comparée à un parcours dont on peut scander les étapes pour la victime. Ces étapes peuvent se décliner en droits : le droit d'être informé des risques ; le droit d'être secouru ; le droit d'être aidé ; le droit à la pudeur médiatique ; le droit à être indemnisé intégralement ; le droit de participer à la recherche de la vérité ; le droit d'organiser une défense collective[2] etc.

En vue d'améliorer la prise en charge des accidentés, il est nécessaire d'adopter et d'appliquer des mesures d'intervention dans des situations d'urgence et des mesures de sauvetage dans les mines, notamment en exigeant l'activation du plan d'intervention d'urgence pour chaque mine (1), et la nécessité d'informer les victimes potentielles (2).

---

[1] BIT: *La santé et la sécurité dans les mines*, rapport V (1), CIT, 81e session, Genève, 1994, p. 18.

[2] C. LIENHARD, « La part réservataire des victimes dans le processus pénal », *Daloloz actualité*, 24 nov. 2017, disponible à l'adresse : https://www.dalloz-actualite.fr/chronique/part-reservataire-des-victimes-dans-processus-penal#.XQfk1bwzZdg, consulté le 17 juin 2019.

1- L'activation du plan d'intervention d'urgence

510- À des situations exceptionnelles doivent correspondre des dispositifs exceptionnels. Il en va ainsi pour l'organisation des secours et des plans d'intervention en cas d'urgence. C'est le cas notamment lorsque survient un accident, entendu comme un « événement imprévu capable d'affecter la sécurité ou la santé des personnes ou la bonne marche des opérations, et qui requiert une intervention rapide et appropriée afin de se rendre maître de la situation et de limiter le plus possible les dommages »[1]. D'où la nécessité de mettre en place un plan d'intervention d'urgence en cas d'accident dans les mines.

Selon l'article 2 du décret n°98/031 du 9 mars 1998 portant organisation des plans d'urgence et des secours en cas de catastrophe ou de risque majeur, « *Le plan d'urgence est l'ensemble des mesures d'intervention rapide qui doivent être prises pour faire face à des catastrophes ou à des risques majeurs survenant sur l'étendue du territoire* ». Dans l'exploitation minière, en raison du risque élevé d'accidents, un plan d'intervention d'urgence doit être prévu par tout exploitant (a). Cependant, tout risque majeur ou toute catastrophe minière appelle l'intervention des autorités publiques compétentes (b).

a) L'activation du plan d'urgence par les entreprises minières

511- Dans toute mine, l'aggravation des atteintes à la santé et à la vie est souvent le résultat de l'absence ou de la défaillance de systèmes destinés à prévenir ou à contrôler les circonstances susceptibles de provoquer des incidents pouvant conduire à une catastrophe. À cet effet, la Convention n° 176 de l'OIT sur la sécurité et la santé dans les mines requiert que les employeurs préparent pour chaque mine un plan d'action d'urgence en vue de faire face aux catastrophes industrielles et naturelles raisonnablement prévisibles[2]. Conformément à la Recommandation n° 183 qui accompagne cette Convention, ce plan devrait comporter des plans d'urgence efficaces sur site ; des dispositions pour l'arrêt du travail et l'évacuation des travailleurs en cas d'urgence ; une formation appropriée relative aux procédures d'urgence et à l'utilisation des équipements ; une protection appropriée de la population et de l'environnement; et l'information et la consultation des organes et organisations idoines[3].

---

[1] G. A. GIBSON, « Les interventions en cas d'urgence », *in* MAGER STELLMAN (J.) (dir.), *Encyclopédie de sécurité et de santé au travail*, Vol. 3, p. 74.51, http://ilocis.org/fr/documents/ILO074.htm, consulté le 8 mars 2020.

[2] Cf. article 8 de la Convention n° 176.

[3] Paragraphe 19 de la recommandation n° 183.

512- En Europe par exemple, tous les Etats membres de l'Union européenne (UE) sont tenus de se conformer à la directive concernant les dangers liés aux accidents majeurs[1]. Dans le même sens, les pays ayant ratifié la Convention n° 174 de l'OIT de 1993 sur la prévention des accidents industriels majeurs[2], ont l'obligation de mettre en place des systèmes rigoureux de réaction aux situations d'urgence dans les entreprises à haut risque où sont manipulés des matériaux extrêmement dangereux, tels que les produits chimiques toxiques, inflammables ou explosifs, en larges quantités.

513- En droit camerounais, l'article 12 de la loi n°98/015 du 14 juillet 1998 relative aux établissements classés dangereux, insalubres ou incommodes dispose que « *L'exploitant de tout établissement classé est tenu d'établir un plan d'urgence propre à assurer l'alerte des autorités compétentes et des populations avoisinantes en cas de sinistre ou de menace de sinistre, l'évacuation du personnel, ainsi que les moyens pour circonscrire les causes du sinistre. Le plan d'urgence doit être agréé par les Administrations compétentes qui s'assurent périodiquement du bon état et de la fiabilité des matériels prévus pour la mise en œuvre dudit plan* »[3].

Dans le même sens, l'article 3 du décret n° 99/818/PM du 09 novembre 1999 fixant les modalités d'implantation et d'exploitation des établissements classés dangereux, insalubres ou incommodes prévoit que la demande d'autorisation des établissements classés de la première classe doit être accompagnée d'une étude des dangers et d'un plan d'urgence établi conformément à la législation et à la réglementation en vigueur. Ce plan d'urgence doit être agréé par une commission composée d'un représentant du ministre chargé des établissements classés (président) ; d'un représentant du ministre de l'Administration territoriale ; d'un représentant du ministre de la Défense ; d'un représentant du ministre de l'Environnement ; et d'un représentant du Délégué Général à la Sûreté Nationale[4].

---

[1] Directive 96/82/CE du Conseil du 9 décembre 1996 concernant la maîtrise des dangers liés aux accidents majeurs impliquant des substances dangereuses et son application élargie par la directive 2003/105/CE

[2] Au 17 juin 2019, seulement 18 pays avaient ratifié cette Convention. Il s'agit des pays suivants : Albanie, Arabie saoudite, Arménie, Belgique, Bosnie-Herzégovine, Brésil, Colombie, Estonie, Finlande, Inde, Liban, Luxembourg, Pays-Bas, Russie, Slovénie, Suède, Ukraine et Zimbabwe. Voir https://www.ilo.org/dyn/normlex/fr/f?p=1000:11300:0::NO:11300:P11300_INSTRUMENT_ID:312319, consulté le 17 juin 2019.

[3] Cf. art. 12 de la loi n°98/015 du 14 juillet 1998 relative aux établissements classés dangereux, insalubres ou incommodes.

[4] Cf. Article 18 al. 1 du décret n° 99/818/PM du 09 novembre 1999 fixant les modalités d'implantation et d'exploitation des établissements classés dangereux, insalubres ou incommodes.

514- L'exploitation minière se faisant souvent dans des zones éloignées des grandes agglomérations, « le transport jusqu'à un centre médical en cas d'urgence peut s'avérer difficile et dépendre des conditions météorologiques. Il importe à cet effet d'établir et de tester un plan d'évacuation et de communication en cas d'urgence, et ce, avant le début des travaux »[1]. Généralement, « on peut penser que la sécurité sur le terrain est une question de bon sens, mais le bon sens n'est pas forcément le même dans toutes les cultures. Les sociétés minières devraient mettre à la disposition de leurs personnels un manuel de sécurité traitant des problèmes propres à la région où ils sont affectés. Un tel manuel pourrait servir d'ouvrage de base lors des réunions d'orientation, des séances de formation à la sécurité et des réunions périodiques sur les questions de sécurité »[2].

515- Un plan d'intervention d'urgence est donc obligatoire dans chaque mine. Aux Etats-Unis par exemple, les mines souterraines doivent élaborer et adopter un plan écrit d'intervention en cas d'accident, qui prévoie les modalités d'évacuation de toutes les personnes menacées et les secours à apporter à ceux qui restent bloqués sous terre. Le plan d'intervention en cas d'accident doit être soumis à l'approbation de l'autorité compétente, qui tient compte des commentaires des mineurs ou de leurs représentants, et doit être revu tous les six mois. Ce plan doit être établi sur la base des données scientifiques crédibles les plus récentes, être réalisable sur le plan technique avec des moyens disponibles dans le commerce, tenir compte des caractéristiques physiques de la mine et incorporer les améliorations apportées au système de sécurité des mines sur la base de l'expérience[3].

516- En attendant que de telles dispositions soient prévues par le Code minier camerounais, on peut se féliciter des dispositions du décret d'application du Code pétrolier qui prévoit la mise en place d'un système de prévention d'accidents et des plans d'urgence à adopter en cas de sinistre ou de menace présentant un danger pour l'environnement et la sécurité des populations et des biens. Ce texte prévoit également la minimisation des dommages causés à l'environnement sur le périmètre contractuel résultant des opérations pétrolières[4].

---

[1] Voir W. S. MITCHELL et C. S. MITCHELL, « La recherche minière », disponible à l'adresse : https://geologie-miniere.blogspot.com/2018/01/la-recherche-miniere.html, consultée le 4 mars 2020.

[2] *Ibid.*.

[3] Cf. article 2 de la loi sur l'amélioration des conditions de travail dans les mines et sur les nouvelles mesures d'urgence, 2006 (''Mine Improvement and New Emergency Response Act of 2006''), *Pub. L.* 109-236, 15 juin 2006, 120 Stat. 493 ; Voir Etats-Unis – CEACR, convention n° 176, demande directe, publiée en 2010.

[4] Voir le Titre X du décret n° 485/PM/2000 du 30 juin 2000 fixant les modalités d'application de la loi n° 99/013 du 22 décembre 1999 portant code pétrolier.

517- Ce qui précède démontre la nécessité de prévoir également dans le domaine de la mine solide, un plan d'urgence dans le cadre du plan de gestion environnemental et social (PGES), afin de réagir promptement aux situations d'urgence telles que des explosions, des feux, des inondations, des glissements de terrain, des déversements majeurs, des fuites d'eau, des effondrements des parois ou des parcs à résidus etc. Une évaluation des risques devrait être réalisée afin de déterminer les moyens éventuels d'intervention dans ces situations d'urgence, ainsi que leurs conséquences possibles.

518- Le plan d'intervention en cas d'urgence ne doit pas être rigide. Il doit être souple pour être adapté au fur et à mesure que de nouvelles informations seront disponibles[1]. C'est la raison pour laquelle, il doit être établi sur la base des données scientifiques crédibles les plus récentes, être réalisable sur le plan technique avec des moyens disponibles dans le commerce, tenir compte des caractéristiques physiques de la mine et incorporer les améliorations apportées au système de sécurité des mines sur la base de l'expérience[2].

b) L'activation du plan d'urgence par les autorités compétentes

519- Selon l'article 133 alinéa 5 du Code minier, « *Tout accident survenu ou tout danger identifié dans un chantier, une mine, une carrière ou dans leurs dépendances doit être porté à la connaissance des Administrations en charge des mines, de la santé et de la sécurité au travail dans le délai prescrit par la réglementation en vigueur* ».

Selon l'ampleur de la catastrophe ou du risque encouru, le déclenchement du plan d'urgence se fait par le préfet au niveau du département, par le gouverneur au niveau de la région ou par le secrétaire général de la Présidence de la République, au niveau national[3]. Les effets des catastrophes ou des risques miniers étant généralement circonscrits dans une localité bien précise, le déclenchement du plan d'urgence se fera le plus souvent par le préfet. Mais rien n'exclut que ces effets puissent s'étendre dans une ou plusieurs régions du pays comme ce fut le cas en Roumanie où le 30 janvier 2000, un accident minier (la rupture d'une digue des bassins de décantation de la mine d'or et d'argent) avait provoqué le déversement de plus de 100 000 m^3 d'eau chargée de cyanure de sodium et de métaux lourds dans les

---

[1] J. GRATZFELD, *Industries extractives dans les zones arides et semi-arides. Planification et gestion de l'environnement*, *op. cit.*, p. 63.

[2] À titre de droit comparé, voir l'article 2 de la loi américaine sur l'amélioration des conditions de travail dans les mines et sur les nouvelles mesures d'urgence, 2006. Voir *Etats-Unis* – CEACR, convention n° 176, demande directe, publiée en 2010.

[3] Cf. article 2 du décret n°98/031 du 9 mars 1998 portant organisation des plans d'urgence et des secours en cas de catastrophe ou de risque majeur.

rivières de la région Baia Mare (notamment la rivière Tisza), jusqu'à la mer Noire en passant par le delta du Danube. Un accident similaire s'était également produit en Guyane où la société Cambior avait déversé accidentellement 3.4 millions de m^3 d'eau cyanurée à la mine d'Omai. En pareilles circonstances, le plan d'urgence doit être déclenché soit au niveau régional par le gouverneur si les effets de la catastrophe minière se limitent à une région, soit au niveau national par le secrétaire général de la Présidence de la République.

Quoi qu'il en soit, l'autorité compétente déclenche le plan d'urgence, dès lors qu'elle est « *en possession des renseignements sûrs, ne donnant lieu à aucun doute sur la nature et l'ampleur de la catastrophe ou du risque majeur* »[1]. À cet effet, celle-ci doit diffuser l'alerte, engager immédiatement des secours d'urgence, informer ses supérieurs hiérarchiques, mobiliser les moyens humains, matériels et financiers nécessaires, convoquer immédiatent le Comité de crise et informer le public[2].

2- L'information des populations exposées aux risques

520- L'information des travailleurs miniers et des populations riveraines des sites miniers avant, pendant ou après la survenance d'un accident minier permet à ceux-ci de prendre des mesures nécessaires pour se mettre à l'abri du danger. Dans de telles circonstances, le droit de savoir apparaît comme une composante manifeste du droit au bien-être[3]. Ce droit qui existe dans plusieurs législations étrangères n'est pas encore consacré par le droit minier camerounais.

521- En droit européen par exemple, le droit à l'information a émergé avec force dans un *arrêt Guerra et autres c. Italie* du 19 février 1998, rendu à propos d'une affaire dans laquelle « *les requérantes sont restées [...] dans l'attente d'informations essentielles qui leur auraient permis d'évaluer les risques pouvant résulter pour elles et leurs proches du fait de continuer à résider sur le territoire de Manfredonia, une commune aussi exposée au danger en cas d'accident dans l'enceinte de l'usine* »[4]. Au-delà de la protection de la santé des personnes, c'est bien ici la promotion de leur bien-être qui est assurée par la prise en compte des sentiments des intéressés face

---

[1] Cf. article 3 alinéa 2 du décret n°98/031 du 9 mars 1998 portant organisation des plans d'urgence et des secours en cas de catastrophe ou de risque majeur.

[2] Cf. article 3 alinéa 3 du décret n°98/031 du 9 mars 1998 ci-dessus cité.

[3] P. STEICHEN, « Le bien-être au cœur du droit à un environnement sain. L'apport de la jurisprudence de la Cour européenne des droits de l'homme », *in* M. TORRE-SCHAUB (dir.), *Le bien-être et le droit*, éd. Publications de la Sorbonne, Paris, 2016, p. 46.

[4] Voir CourEDH, 19 février 1998, *Guerra et autres c. Italie*, disponible sur internet à l'adresse : https://www.doctrine.fr/d/CEDH/HFJUD/GRANDCHAMBER/1998/CEDH001-62696, consulté le 3 mars 2020.

à la rétention abusive d'informations aussi capitales. La rétention de telles informations est susceptible d'engendrer un réel mal-être que la Cour n'hésite pas à sanctionner. Ce droit à l'information est considérablement renforcé lorsque l'Etat lui-même exploite les activités à risque[1].

522- Dans l'affaire *Tătar c. Roumanie* du 27 janvier 2009, la CEDH affirme que les autorités nationales « *avaient le devoir de fournir des informations suffisantes et détaillées quant aux conséquences passées, présentes et futures de l'accident écologique sur leur santé et l'environnement* ». Elles avaient en outre le devoir de fournir des « *recommandations pour la prise en charge des populations qui seraient soumises à des évènements comparables à l'avenir* »[2]. Ainsi, la Cour conforte-t-elle l'idée qu'il est nécessaire de protéger non seulement l'homme d'aujourd'hui, mais aussi l'homme de demain, contre les catastrophes écologiques à venir. Cette nouvelle perspective devrait nécessairement influencer les arbitrages qui peuvent affecter l'appréciation du droit à un environnement sain lorsqu'il est mis en concurrence avec d'autres intérêts[3].

B- L'amélioration de la prise en charge des accidents miniers et des accidentés par les mécanismes de mutualisation du risque

523- Compte tenu du coût parfois très élevé de prise en charge des dégâts causés par les accidents miniers, il est serait souhaitable d'imposer aux opérateurs miniers, certaines obligations visant à garantir l'indemnisation des victimes comme l'obligation de souscrire à une assurance ou de contribuer au fonctionnement d'un fonds de garantie d'indemnisation. Ces outils articulent les concepts de mutualisation et de solidarité.

En cas d'accident minier, l'amélioration de la prise en charge des dommages causés à l'environnement suppose qu'une obligation de souscrire à une police d'assurance couvrant de tels risques soit imposée aux exploitants miniers (1). Pour ce qui est des dommages causés aux personnes, des efforts méritent d'être faits par la sécurité sociale afin d'améliorer leur prise en charge (2).

1- L'amélioration de la prise en charge des accidents miniers par l'imposition des assurances obligatoires

524- L'obligation de souscription à une police d'assurance est intimement liée au besoin de sécurité. C'est un enjeu à la fois patrimonial et

[1] Voir Cour EDH, 9 juin 1998, *Mac Ginley et Egan c. Royaume-Uni*, § 97.
[2] Voir CourEDH, 27 janvier 2009, *Tătar c. Roumanie,* § 112.
[3] P. STEICHEN, « Le bien-être au cœur du droit à un environnement sain. L'apport de la jurisprudence de la Cour européenne des droits de l'homme », précité, p.49.

environnemental. Comme l'a souligné la doctrine, il est manifeste que la responsabilité sans assurance n'est que « pure théorie »[1]. Selon le Professeur Viney, « [l]e développement et l'extension des responsabilités civiles, s'ils ne sont pas accompagnés d'un développement parallèle de l'assurance, risquent en effet d'apporter une protection purement théorique »[2].

525- Ainsi, aux termes de l'article 133 alinéa 7 du Code minier, «*…tous les titulaires des titres miniers, des autorisations et des permis d'exploitation des carrières à l'exception des artisans miniers et des exploitants des carrières artisanales à des fins domestiques sont tenus de souscrire une police d'assurance de nature à couvrir toute responsabilité civile et tout dommage pouvant résulter de leurs activités, dans les conditions et suivant les modalités fixés par voie réglementaire* ». Cette obligation de souscription à une police d'assurance est réitérée dans le domaine pétrolier où le décret d'application du Code pétrolier de 1999 impose aux compagnies pétrolières, l'obligation de souscription des polices d'assurances couvrant les dommages aux personnes et aux biens résultant des opérations pétrolières[3].

Dans le domaine de l'exploitation des substances radioactives, l'article 91 loi du 19 juillet 2019 sur la sûreté radioactive et nucléaire dispose également que « *[l]'exploitant d'une installation nucléaire doit, en fonction des dommages susceptibles d'être causés par une matière nucléaire, souscrire une police d'assurance ou une autre garantie financière couvrant sa responsabilité pour les dommages résultant de cette matière nucléaire* »[4]. La loi du 30 janvier 1995 sur la radioprotection, abrogée par la loi du 19 juillet 2019 sus mentionnée, semblait plus explicite à ce sujet en disposant que « *L'exploitant d'une source radioactive ou d'une installation nucléaire est tenu de couvrir par une police d'assurance étendue aux personnes, aux biens et à l'environnement, les risques liés au fonctionnement de ladite source ou installation. La police d'assurance doit être présentée à toute réquisition de l'autorité compétente* »[5]. Malgré cette ferme injonction faite aux exploitants miniers (l'exploitant/les exploitants est/sont tenu(s)), on constate encore beaucoup de réticentes de la part des entreprises minières.

---

[1] A. FAVRE-ROCHEX, G. COURTIER et G. DURRY, *Le droit des assurances obligatoires*, LGDJ, Coll. Droit des affaires, 2000, p. 31.

[2] G. VINEY, *Introduction à la responsabilité*, 3e éd., LGDJ, coll. Traités, 2008, p. 139.

[3] Cf. titre X du décret d'application du Code pétrolier de 1999.

[4] Cf. art. 91 de la loi n° 2019/012 du 19 juillet 2019 portant cadre général de sûreté radiologique et nucléaire, de sécurité nucléaire, de responsabilité civile et de l'application des garanties.

[5] Cf. art. 12 de la loi n°95/08 du 30 janvier 1995 portant sur la radioprotection, abrogée par la loi du 19 juillet 2019 portant cadre général de sûreté radiologique et nucléaire, de sécurité nucléaire, de responsabilité civile et de l'application des garanties.

526- En l'absence de telles assurances obligatoires, la réparation en tant que principe d'imputation des coûts des coûts souffrirait de nombreuses insuffisances. Si le recours aux assurances était laissé à la discrétion des opérateurs miniers, il est inévitable que la quasi-totalité d'entre eux ne ferait pas cette démarche volontaire, qui selon eux, alourdit considérablement leurs coûts de production[1]. Comme le relève le Professeur Genévière Viney, il apparaît que tant que l'assurance n'est pas obligatoire, beaucoup d'éventuels responsables la négligent et cette propension est même inversement proportionnelle à la solvabilité des intéressés[2].

527- Au-delà de son intérêt en matière de prise en charge indemnitaire des atteintes, l'assurance constitue un véritable soutien pour les opérateurs, en ce sens que la gestion de l'aléa et le paiement du montant parfois prohibitif de la réparation des atteintes sont délégués à l'assureur. Ce qui leur permet de limiter considérablement les coûts liés à la réparation de tels risques, leur participation à la réparation se limitant uniquement au paiement des primes d'assurance, primes qui constituent des charges d'exploitation qui viennent en déduction du bénéfice imposable[3]. Comme le relève le professeur Anne-Sophie Barthez, entre le cout de l'assurance et le coût inconnu de la possible indemnisation, l'opérateur a tôt fait de choisir la première branche de l'alternative, ou à tout le moins le devrait[4].

2- L'amélioration de la prise en charge des accidentés par la sécurité sociale

528- L'Institut National de la Statistique révèle qu'en 2014, 12,2 % de travailleurs ont été victimes d'un accident de travail. Pour la même année, on dénombrait seulement 5,3 % de travailleurs couverts par une assurance dans le cadre de leur principale activité[5]. Ces chiffres témoignent de la faible prise en charge des victimes des risques professionnels par la sécurité sociale.

En vue d'une meilleure conciliation entre l'exploitation minière et la protection des droits des victimes des accidents miniers, il convient d'améliorer la prise en charge des travailleurs miniers par la sécurité sociale d'une part (a), de même qu'il convient d'étendre le bénéfice de la sécurité sociale aux victimes d'accidents miniers non salariées (b).

---

[1] A. TOMADINI, Thèse précitée, n° 383, p. 298 et s.

[2] G. VINEY, *Introduction à la responsabilité*, 3e éd., LGDJ, coll. Traités, 2008, § 62, p. 139.

[3] Voir A.-Th. LEMASSON, « Réflexion générale sur le droit commun de l'assurance obligatoire », § 2, cité par A. TOMADINI, Thèse précitée, n° 384, p. 300 et p. 302, note 50.

[4] A.-S. BARTHEZ, « Environnement, assurance et garantie », *Envir.* 2009, n° 6, dossier n° 8.

[5] Institut National de la statistique, *Annuaire statistique du Cameroun, Chapitre 9 : Travail, protection sociale et assurance*, édition 2015, p. 170.

a) L'amélioration de la prise en charge des travailleurs miniers par la sécurité sociale

529- En cas de survenance d'un accident minier, les travailleurs victimes peuvent aspirer à une prise en charge du risque professionnel à l'issue d'une procédure qui peut être non contentieuse ou contentieuse.

530- Pour ce qui est de la prise en charge non contentieuse, l'exploitant minier doit satisfaire à certaines exigences permettant la réparation du dommage causé au travailleur. À cet effet, il est tenu d'assurer les soins de première nécessité à la victime ; d'aviser le médecin de l'entreprise ou le médecin le plus proche du lieu de l'accident ; de déclarer l'accident en adressant à la CNPS et à l'inspection du travail du ressort dans les trois jours ouvrables qui suivent l'accident une déclaration en trois exemplaires sur un imprimé prévu à cet effet ; de retirer auprès de la CNPS les « feuillets d'accident » à remettre au médecin traitant qui doit y porter tous les actes médicaux accomplis et autres prestations en nature. A cet imprimé doivent être jointes plusieurs pièces, notamment : le procès-verbal d'enquête de l'inspecteur du travail du ressort, de la police, de la gendarmerie ou d'agent assermenté de la CNPS en cas d'accident de trajet ou d'accident de travail suivi du décès ; les bulletins de paie des trois derniers mois précédant la date de survenance de l'accident ; le certificat médical final qui fixe la date de guérison ou de consolidation et de reprise du service ainsi que le cas échéant, le taux d'incapacité partielle permanente (IPP) ou d'incapacité permanente totale (IPT) ; le certificat de genre de mort qui décrit au plan médical, les lésions ayant été à l'origine du décès de la victime.

En cas de carence de l'employeur, la déclaration peut être faite par la victime ou ses ayants droit dans un délai de trois ans[1]. Ces derniers disposent d'assez de temps pour introduire leur déclaration, même si la période de guérison ou tout au moins de récupération est relativement longue, ou s'ils ignorent l'étendue de leurs droits. Cette solution est louable parce qu'elle prend particulièrement en compte l'intérêt des travailleurs.

531- Au titre de la prise en charge de l'accident de travail, les prestations ci-après peuvent être versées à la victime : le remboursement ou la prise en charge par la CNPS des frais médicaux, chirurgicaux, pharmaceutiques, d'hospitalisation, de radiographie ou de laboratoire, de transport de sa résidence habituelle au centre médical hospitalier, de prothèse, d'orthopédie, de rééducation fonctionnelle, de réadaptation ou de la reconversion professionnelle, et éventuellement les frais de transport et de séjour de l'accompagnateur si l'état de la victime nécessite une telle assistance ;

[1] Cf. art. 17 alinéa 3 de la loi n° 77-11 du 13 juillet 1977 portant réparation et prévention des accidents du travail et des maladies professionnelles.

l'indemnité journalière, c'est-à-dire la contrepartie du salaire que verse la CNPS à la victime d'un accident de travail ou d'une maladie professionnelle. Elle couvre la période allant du premier jour d'arrêt de travail jusqu'à la guérison complète ou de sa consolidation jusqu'à la veille de son décès. Le montant de cette indemnité est égal au deux tiers de la rémunération journalière de la victime obtenue elle-même en divisant par trente sa rémunération mensuelle ; la rente d'incapacité permanente partielle ; en cas de décès de la victime, les ayants droit peuvent percevoir la rente de survivants et l'allocation de frais funéraires.

532- Compte tenu du fait que le système de protection sociale actuel n'assure pas une prise en charge intégrale, mais seulement forfaitaire des accidents de travail et des maladies professionnelles, il y a lieu de permettre à la victime d'exercer un recours complémentaire en cas de faute intentionnelle ou inexcusable de l'employeur. L'existence d'une faute de la part de ce dernier sera caractérisée en cas de non-respect de la réglementation relative à la prévention. Cela permet à la victime de contester la proposition faite par la CNPS, et à défaut de transaction, de saisir le tribunal pour invoquer la réparation de l'ensemble des préjudices subis. Ce qui ouvre la possibilité d'un recours subrogatoire de la CNPS à l'encontre de l'employeur. À cet effet, une intervention du législateur est nécessaire pour déterminer le niveau de faute inexcusable ouvrant droit à une réparation complémentaire.

533- S'agissant de la prise en charge contentieuse, il convient de relever que même lorsque la déclaration de l'accident a été faite par l'employeur dans les délais, il peut arriver qu'il y ait contestation quant au paiement de ces prestations. Alors naît le contentieux de la réparation des risques professionnels.

En principe, au sens de l'article 2 de la loi du 13 juillet 1977 portant réparation et prévention des accidents du travail et des maladies professionnelles[1], tout accident qui se produit sur le lieu et au temps de

---

[1] Selon cette disposition, « *1) Est considéré comme accident du travail quelle qu'en soit la cause, l'accident survenu à tout travailleur tel que défini à l'article 1er paragraphe 2 du Code du Travail : a) par le fait ou à l'occasion du travail ; b) pendant le trajet d'aller et retour entre : sa résidence principale ou une résidence secondaire présentant un certain caractère de stabilité et son lieu de travail ; le lieu de travail et le restaurant, la cantine ou, d'une manière générale, le lieu où il prend habituellement ses repas. C) pendant les voyages dont les frais sont mis à la charge de l'employeur en application du Code du Travail. 2) Les dispositions des alinéas b et c ci-dessus sont applicables dans la mesure où le parcours n'a pas été interrompu ou détourné par un motif dicté par l'intérêt personnel et étranger aux nécessités essentielles de la vie courante ou indépendant de l'emploi* ». Cf. art. 2 de la loi du 13 juillet 1977 portant réparation et prévention des accidents du travail et des maladies professionnelles, disponible sur :

travail est présumé être un accident du travail. C'est d'ailleurs la même définition qui est retenue par le juge français[1]. Toutefois, cette présomption légale d'imputabilité de l'accident au travail peut disparaître au cas où le salarié s'est soustrait à l'autorité de son employeur. Est également considéré comme un accident du travail, tout accident survenu à l'occasion d'une mission effectuée sur ordre et pour le compte de l'employeur. Il importe à cet effet de faire une distinction entre les actes qui se rattachent à l'exécution de la mission et les actes de la vie courante. Ainsi, le travailleur reste en principe couvert si l'accident s'est produit au moment où il accomplissait un acte professionnel rattachable à l'exécution de sa mission[2].

534- Est également assimilé à l'accident de travail, l'accident de trajet survenu à un travailleur pendant le trajet aller-retour entre sa résidence principale ou secondaire habituelle présentant un caractère de stabilité et son lieu de travail. « Pour reconnaître à l'accident de trajet son caractère professionnel, il faut que le parcours, effectué pour les besoins du travail qui va ou vient de s'accomplir, n'ait pas été interrompu ou détourné pour un motif dicté par l'intérêt personnel et étranger aux nécessités essentielles de la vie courante ou indépendant de l'emploi »[3]. L'accident de travail *stricto sensu* ou l'accident de trajet peut entrainer des lésions corporelles (physiques) ou psychiques. Au demeurant, il appartient aux juges d'apprécier souverainement s'il y a ou non accident du travail[4].

535- L'article 42 de la loi du 13 juillet 1977 attribue compétence à la commission nationale du contentieux[5] de la prévoyance sociale en cas de « contestations relatives à l'affiliation, au recouvrement des cotisations et au paiement des prestations »[6]. Mais depuis la loi n° 84/006 du 4 juillet 1984 modifiant l'ordonnance n° 73/17 du 22 mai 1973 portant organisation de la prévoyance sociale, le contentieux a été décentralisé et on peut logiquement penser que ce sont les commissions provinciales du contentieux de la prévoyance sociale qui sont compétentes pour connaître de tels litiges[7].

---

https://www.ilo.org/dyn/natlex/docs/MONOGRAPH/13468/87371/F-1486994511/CMR-13468.pdf, consulté le 8 mars 2020.

[1] Voir Cass. Soc., 19 juillet 2001.

[2] Voir L. NOAH MANGA, *Pratique des relations du travail au Cameroun, par l'exemple et les chiffres,* L'Harmattan, Paris, 2010, p. 19.

[3] *Ibid.,* p. 23.

[4] Voir Cour d'Appel de Yaoundé, 8 mai 1985.

[5] La commission nationale du contentieux de la prévoyance sociale avait été créée par l'ordonnance n° 73-17 du 22 mai 1973 portant organisation de la prévoyance sociale.

[6] Cf. art. 42 de la loi du 13 juillet 1977 portant réparation et prévention des accidents du travail et des maladies professionnelles.

[7]Voir A. FOKO, *Les risques professionnels en droit social,* cours polycopié de DEA en droit privé, Université de Ngaoundéré, promotion 2007-2008, p. 16.

536- La commission provinciale du contentieux de la prévoyance sociale est présidée par un magistrat assisté d'un assesseur employé et d'un assesseur employeur, le secrétariat étant assuré par l'inspecteur du travail du ressort. Conformément à l'article 26 de la loi de 1984 sus visée, elle statue en premier ressort et peut rendre des décisions par défaut, contradictoires ou réputés contradictoires. Ses décisions sont susceptibles de recours, notamment par voie d'opposition et d'appel. L'opposition doit s'effectuer par voie de requête dans un délai de quinze (15) jours outre les délais de distance après la signification de la décision de la commission provinciale du contentieux de la prévoyance sociale qui a lieu par lettre recommandée avec accusé de réception. L'appel se fait devant la Cour d'appel territorialement compétente, dans un délai de quinze (15) jours à compter du jour du prononcé du jugement si le demandeur ou son représentant était présent à l'audience, ou à compter du jour de la signification lorsqu'il y a prescription du délai d'opposition. Cette voie de recours est déclenchée à travers une simple lettre recommandée adressée au secrétariat de la commission provinciale du contentieux de la prévoyance sociale qui doit la transmettre dans la huitaine au greffe de la Cour d'appel.

À l'issue de cette étape, la décision rendue peut donner lieu à un pourvoi en cassation devant la Cour suprême. Mais aucune réparation ne peut être accordée en cas de crime ou de délit commis par la victime ou en cas de faute intentionnelle de cette dernière.

b) La nécessité d'une extension de la prise en charge aux victimes d'accidents miniers non salariées de la mine

537- Lorsqu'on sait que la sécurité sociale camerounaise ne couvre que les travailleurs victimes de risques professionnels, il devient impérieux d'étendre les mécanismes de prise en charge aux victimes d'accidents miniers non salariées de l'entreprise minière. Une telle extension participerait d'une meilleure conciliation entre le développement économique par l'exploitation minière avec la protection des droits fondamentaux. Elle a l'avantage de protéger les victimes contre l'injustice qui consisterait à laisser les atteintes dont elles sont l'objet sans prise en charge.

538- À défaut de l'extension de la sécurité sociale à ces victimes, elles peuvent être prises en charge par des mécanismes de socialisation du risque tels que les fonds de garantie ou les assurances. À cet effet, une obligation de souscription à une police d'assurance mériterait d'être imposée à tous les exploitants miniers, afin de faciliter la prise en charge des personnes non salariées de l'entreprise minière, victimes d'accidents miniers.

Conclusion du Chapitre 2

539- L'exploitation minière est susceptible de provoquer des mouvements de terrain, des inondations, la pollution des eaux, les émissions de gaz... Ce qui démontre suffisamment que cette activité est hautement risquée, même si les pouvoirs publics ne semblent pas encore avoir pris la pleine mesure de ces risques en mettant sur pied une réglementation sectorielle pour préserver la santé et la sécurité dans l'exploitation minière. À cet effet, il convient de relever pour le déplorer, l'absence d'un régime spécifique de prise en charge des accidents miniers. Cette absence d'une réglementation sectorielle a pour conséquence inévitable, le non-respect de la réglementation en matière de protection sociale des travailleurs miniers : pas d'affiliation des travailleurs du secteur minier à la CNPS, faible prise en charge des accidents liés au travail, absence de prise en charge des victimes d'accidents miniers non salariées de l'entreprise minière etc.

540- Pour inverser cette situation, des actions concrètes doivent être réalisées telles que l'organisation des séances d'éducation ouvrière et de sensibilisation des travailleurs sur leurs droits et obligations ; l'organisation des séances de sensibilisation des chefs d'entreprises d'exploitation minière sur le respect de la réglementation en matière d'emploi/travail décent. Il convient surtout d'adopter une réglementation spécifique à la prise en charge des accidents miniers, notamment de l'environnement et des victimes.

Conclusion du Titre I

541- Le sujet de la prise en charge des dégâts miniers est très sensible pour les travailleurs miniers et les populations des zones d'exploitation minière. À cet effet, il nous a semblé nécessaire d'initier une réflexion globale sur l'effectivité de la prise en charge des maladies et des accidents causés par l'activité minière à la lumière du droit positif. De cette étude de *lege lata*, il apparaît que la prise en charge des dégâts miniers est rendue extrêmement difficile du fait de l'absence d'un régime spécifique de prise en charge ; de la non-ratification par le Cameroun de certaines conventions sur la santé et la sécurité ; de la désuétude des textes applicables en droit interne ; des difficultés d'identification des responsabilités ; de la mauvaise foi de certaines compagnies minières ; de la lenteur des procédures etc. Comme on le voit, l'architecture du dispositif de prise en charge des atteintes à l'environnement, à la santé et à la vie apparaît très insatisfaisante, d'où la nécessité de moderniser certains aspects de sa mise en œuvre.

542- Ce constat mitigé nous a permis de proposer des mesures d'amélioration de ce dispositif de prise en charge des dégâts miniers. La philosophie actuelle étant de limiter la protection sociale aux salariés du secteur minier et à leur famille, nous avons proposé un élargissement du dispositif en faveur de toutes les victimes de dégâts miniers, salariées ou non. Pour des raisons d'équité et de justice sociale, il convient d'élargir le champ de la protection sociale « en faveur des victimes les plus démunies devant la durée, le coût et la complexité des procédures judiciaires normales pour obtenir une indemnisation »[1], quelle que soit la nature des dommages. A défaut d'une extension du bénéfice de la sécurité sociale, on peut faire recours aux mécanismes de mutualisation du risque tels que les fonds de garantie et les assurances. De ce point de vue, il convient d'imposer aux compagnies minières une obligation de souscription aux contrats d'assurance susceptibles de prendre en charge tous les dégâts humains et environnementaux résultant de leurs activités. Cela induirait certes un surcoût d'exploitation pour les entreprises minières, mais un surcoût modeste et utile. Les mécanismes de prise en charge doivent voir leur potentiel amplifié en tant qu'outil de protection de l'environnement, de la santé et de la vie des populations. Une telle amplification participerait de l'objectif de conciliation entre le développement économique par l'exploitation minière et la protection des droits fondamentaux.

[1] Voir I. VAULONT et J.-L. VO VAN QUI, *L'indemnisation des dégâts miniers,* Rapport précité, p. 103.

TITRE II

LA CONCILIATION PAR LA RÉPARATION DES ATTEINTES À LA SANTE ET À LA VIE

543- Si la prévention se tourne principalement vers l'avenir (considération d'un mal futur en prenant en compte les éléments passés qui permettent de l'anticiper)[1], la réparation quant à elle se tourne principalement vers le présent (considération d'un mal actuel)[2] et dans une moindre mesure, vers le futur. Ainsi, lorsque les mesures préventives n'ont pas atteint leur but, celui d'assurer l'évitement des atteintes, il reste en définitive la possibilité d'engager la responsabilité des auteurs des violations des prescriptions légales en offrant aux victimes des recours utiles pouvant aboutir à la réparation. Selon la jurisprudence, réparer un dommage, c'est rétablir « aussi exactement que possible, l'équilibre détruit par le dommage »[3]. Cette décision peut être critiquée en ce sens que rétablir l'équilibre ne signifie pas toujours rétablir l'exact élément antérieur. En effet, l'équilibre peut passer par une remise en l'état identique comme par la compensation.

544- Comme le relève Madame Aurélie Tomadini, le principe de réparation repose sur l'idée de responsabilité[4]. Selon cette auteure, la réparation est la conséquence juridique de la responsabilité des sujets de droit[5]. Paul Ricœur souligne le flou qui entoure ce concept de

[1] La prévention joue sur deux temporalités (passé et futur) en faisant un aller et retour constant entre le passé et le futur.

[2] La réparation prend comme référence, un élément actuel qui est le dommage, en vue de sa réparation et de sa remise en l'état future. Elle n'est donc pas que tournée vers le présent. Par exemple, une compensation écologique (qui est une forme de réparation), qui met 30 ans. De même, lorsqu'on a des dommages qui ne sont pas consolidés en matière médicale (tels que des accidents), on peut prévoir des réparations dans le futur. *Contra,* M. VAN DE KERCHOVE, « Les fonctions de la sanction pénale. Entre droit et philosophie », *Caisse nationale d'allocations familiales (CNAF), Informations sociales,* 2005/7 n° 127, p. 29.

[3] Voir Cass. Civ. 2e, 16 déc. 1970, *Bull.* n° 346 ; Cass. civ., 13 mars 2019, 18-13.059 18-13.075, Inédit ; Cass. civ., 3e, 18 avril 2019, 18-11.582, Inédit ; Cass. civ. 1re, 9 mai 2019, 18-14.839, Inédit ; Cass. soc., 29 mai 2019, 17-23.028, Publié au bulletin ; Cass. Com., 9 juillet 2019, 18-14.031 18-14.453, Inédit.

[4] Voir A. TOMADINI, *La liberté d'entreprendre et la protection de l'environnement. Contribution à l'étude des mécanismes et de conciliation,* Thèse précitée, n° 468, p. 230.

[5] *Ibid.,* note 5, p. 230.

responsabilité[1]. « Dans un premier temps, il montre la "filiation sémantique" entre responsabilité et imputation : la responsabilité passe par le fait de pouvoir imputer une action à une personne ; ou encore, de la lui attribuer en tant qu'elle en est le "véritable auteur" »[2]. Dans un second temps, l'auteur estime que la responsabilité amène à « faire les comptes », en ce sens qu'il existe un lien obligé entre responsabilité et gestion[3].

545- En effet, la responsabilité peut revêtir plusieurs formes : elle peut être morale[4], juridique, économique etc. Mais c'est le principe de responsabilité dans son sens juridique, entendu comme l'obligation de répondre d'un dommage et d'en assumer les conséquences, qui permet la réalisation de l'objectif de conciliation entre l'exploitation minière et la protection des droits fondamentaux. Comme le relève Madame Aurélie Tomadini, « Qu'elle soit économique et/ou juridique, la responsabilité constitue une contrepartie à l'exercice des activités économiques et aux libertés qui s'y rattachent »[5]. D'une manière générale, la responsabilité joue un rôle prépondérant dans toute structure juridique, car non seulement elle détermine et indique le niveau d'intégration du système, mais précise également quels sont les concepts les plus importants concernant la nature des droits et des obligations, les conséquences de sa violation et les fondements éthiques sur lesquels repose l'ensemble de ses normes[6].

546- Dans l'exploitation minière, lorsque toutes les précautions qui auraient pu être prises pour protéger les droits fondamentaux ont manqué à leur objectif, il devient nécessaire de réparer les atteintes qui les affectent. Il convient pour cela d'examiner les différents mécanismes d'imputation de la réparation (qui doit réparer ? qui est redevable de la réparation ?), ainsi que

---

[1] P. RICŒUR, « Le concept de responsabilité, Essai d'analyse sémantique », *Esprit*, novembre 1994, p. 28-48, repris *in Le Juste 1*, éd. Esprit, 1995, pp. 41-70, cité par M. JAEGER, « Du principe de responsabilité au processus de responsabilisation », *Vie sociale* 2009, N° 3, p. 73, https://www.cairn.info/revue-vie-sociale-2009-3-page-71.html, consulté le 8 mars 2020.

[2] *Ibid.*

[3] *Ibid.*

[4] La responsabilité morale (à ne pas confondre avec le préjudice moral) ne permet pas de réparer parce qu'elle n'engage pas. Elle n'engage que parce que la personne veut bien s'engager. En effet, elle permet de faire prendre conscience à la personne pour lui faire comprendre qu'elle doit s'engager. Par exemple, en cas de survenance d'un dommage dont le montant de la réparation est plafonné, la responsabilité morale de l'exploitant peut l'amener à aller au-delà du plafond de la réparation. Toutefois, il convient de reconnaître qu'en matière d'exploitation minière, la responsabilité morale peut paraître insuffisante. Sans responsabilité juridique, l'objectif de conciliation entre le développement économique par l'exploitation minière et la protection des droits fondamentaux est voué à l'échec.

[5] A. TOMADINI, Thèse *op. cit.*, n° 374, pp. 293-294.

[6] P.-M. DUPUY, « The International Law of State Responsability : Revolution or Evolution ? », *M.J.I.L.*, vol. 11, 1989, p. 126.

les différentes modalités de la réparation (comment réparer ?). La responsabilité poursuit en effet trois objectifs principaux : d'une part, elle vise la réparation du dommage ; d'autre part, elle détermine la répartition de la charge de cette réparation entre les différents acteurs. Enfin, elle a une fonction normative en dissuadant, et donc en prévenant de nouveaux dommages, ou en régulant les activités potentiellement dommageables[1]. Ainsi que l'affirme Marcel Jaeger, « la chaîne peut être établie entre la liberté du sujet, la décision, l'action, l'évaluation, puis, éventuellement, la sanction qui se traduit par une peine et/ou par l'obligation de réparer. La responsabilité engage toutes ces dimensions »[2].

547- En effet, lorsque l'exploitant cause un dommage à l'environnement, il peut encourir deux types de responsabilités : la responsabilité pour les atteintes à l'environnement (préjudice écologique pur) et la responsabilité pour les dommages à la personne. La conjonction des deux approches permet de dire que le dommage écologique se traduit par les dommages à la personne et par les dommages à l'environnement en tant que tel. Ici, nous ne nous préoccupons pas des dommages à l'environnement en tant que tel, mais des dommages à l'environnement en ce qu'ils portent atteinte à la personne.

548- Les dommages qui sont portés aux personnes sont susceptibles de porter atteinte à leurs droits fondamentaux à savoir le droit à la santé et le droit à la vie. Or leur sauvegarde est étroitement liée à leur effectivité, c'est-à-dire à leur application concrète. Autrement dit, leur affirmation seule ne suffit pas ; c'est leur « activation » qui compte, leur protection étant l'affaire de tous : État, entreprises et individus eux-mêmes. En effet, l'État a l'obligation prioritaire de garantir le respect universel des droits fondamentaux de l'homme en mettant en place, un cadre législatif conséquent. Il doit ensuite veiller à ce que nul ne subisse un préjudice de la part d'un tiers (y compris d'une entreprise). Pour cela, il doit faciliter l'activation des textes en permettant aux victimes de se retourner contre les responsables, notamment en saisissant les juridictions compétentes. Comme troisième obligation, l'État doit veiller à ce que les décisions de justice soient appliquées.

Concernant ces obligations de l'État, le principe 25 des Principes directeurs de l'ONU relatifs aux entreprises et aux droits de l'homme affirme que « *les États doivent prendre des mesures appropriées pour assurer, par le biais de moyens judiciaires, administratifs, législatifs ou autres, que lorsque de telles atteintes se produisent sur leur territoire et/ou sous leur juridiction,*

---

[1] C. CANS, « Avant-propos », *in* C. CANS (dir.), *La responsabilité environnementale : prévention, imputation, réparation,* Dalloz 2009, p. XVIII.

[2] M. JAEGER, « Du principe de responsabilité au processus de responsabilisation », *Vie sociale* 2009, N° 3, p. 74.

les parties touchées ont accès à un recours effectif »[1]. Dans le même sens, le CODESC déclare au paragraphe 49 de son Observation générale n° 24 (2017) que « *[l]es victimes de violations devraient avoir accès à des mesures de réparation lorsque les droits au titre du Pacte sont en jeu, et ce, que la responsabilité pénale soit ou non engagée* »[2]. À cet effet, « *Les États parties doivent prévoir des moyens de réparation appropriés pour les individus ou groupes lésés et faire en sorte que les entreprises répondent de leurs actes* »[3]. Cela se traduit de préférence, par la garantie accordée aux victimes des atteintes d'accéder à des organes judiciaires indépendants et impartiaux. Le CODESC relève à ce propos que les autres moyens utilisés pour garantir l'établissement des responsabilités risquent d'être inopérants s'ils ne sont pas renforcés ou complétés par des recours juridictionnels[4].

549- Il convient de distinguer les mécanismes judiciaires de réparation des atteintes à la santé et à la vie (Chapitre 1) des mécanismes alternatifs aux mécanismes judiciaires concourant à la même finalité (Chapitre 2).

---

[1] Conseil des droits de l'homme des Nations Unies (2011b), *Principes directeurs des Nations Unies relatifs aux entreprises et aux droits de l'homme*, John Ruggie, HR/PUB/11/4, 16 juin 2011, principe 25. Voir également HAUT-COMMISSARIAT DES DROITS DE L'HOMME DE L'ONU, *Principes directeurs relatifs aux entreprises et aux droits de l'homme. Mise en œuvre du cadre de référence ''protéger, respecter et réparer'' des Nations Unies*, New York et Genève, 2011, p. 31, disponible sur internet à l'adresse :
https://www.ohchr.org/documents/publications/guidingprinciplesbusinesshr_fr.pdf, consultée le 8 mars 2020.

[2] Voir A/HRC/32/19, annexe, « Directives visant à améliorer la responsabilisation des entreprises et l'accès à des voies de recours dans les affaires de violations des droits de l'homme commises par des entreprises » (voir, en particulier, les objectifs stratégiques 4 à 8) ; voir aussi les Principes relatifs à la criminalité des entreprises, qui ont été établis en octobre 2016 par la Commission indépendante d'experts, créée par l'International Corporate Accountability Roundtable et Amnesty International.

[3] Voir Observation générale nº 9 (1998) sur l'application du Pacte au niveau national, par. 2. ; Voir également l'Observation générale n° 24 (2017) § 39.

[4] *Ibid.*, par. 3. Voir aussi *I. D. G.* c. *Espagne*, par. 14 et 15.

Chapitre 1

La réparation des atteintes à la santé et à la vie par le recours aux mécanismes judiciaires

550- La notion de responsabilité permet la réalisation de l'objectif de conciliation entre le développement économique par l'exploitation minière et la protection des droits fondamentaux que sont le droit à la santé et le droit à la vie, en ce sens que la responsabilité constitue la contrepartie nécessaire à l'exercice des activités économiques et aux libertés qui s'y rattachent[1]. À cet effet, l'État a l'obligation de fournir aux victimes, les moyens d'obtenir réparation des atteintes dont ils sont l'objet. Autrement dit, il a l'obligation de permettre aux victimes d'obtenir réparation auprès des responsables des atteintes. La réparation suppose donc au préalable que les victimes qui cherchent à obtenir réparation puissent avoir accès sans délai à une autorité publique indépendante, en mesure de déterminer si une violation a eu lieu et d'ordonner qu'il y soit mis fin et que le préjudice subi soit réparé.

551- Pour obtenir la réparation des violations de leurs droits, les victimes disposent de plusieurs fondements qui sont aussi bien des fondements internationaux que des fondements nationaux. Le fondement principiel est bien évidemment le droit interne (Code civil, Code minier, Code pénal...), mais les victimes peuvent également invoquer les instruments juridiques internationaux ratifiés par le Cameroun. Ainsi, conformément aux droits qu'elles tiennent du Pacte international relatif aux droits économiques, sociaux et culturels (PIDESC), l'Observation générale n° 24 (2017) du Comité chargé de veiller à l'application de ce Pacte (le CODESC) affirme que « *les victimes doivent souvent porter plainte à titre individuel contre l'État, en s'appuyant soit sur les dispositions du Pacte lui-même, soit sur les dispositions constitutionnelles ou législatives qui incorporent les garanties du Pacte en droit interne. Cependant, lorsque la violation est directement imputable à une entreprise, les victimes devraient pouvoir attaquer ladite entreprise en justice, soit en invoquant directement le Pacte (...), soit en s'appuyant sur la législation qui incorpore les dispositions du Pacte dans l'ordre juridique interne. À cet égard, les recours civils contribuent*

[1] Dans le même sens, Voir A. TOMADINI, *La liberté d'entreprendre et la protection de l'environnement. Contribution à l'étude des mécanismes et de conciliation*, Thèse précitée, n° 374, pp. 293-294.

grandement à garantir l'accès à la justice aux victimes de violations des droits énoncés dans le Pacte »[1].

552- Deux principaux acteurs de l'exploitation minière sont expressément visés par cette disposition comme pouvant être à l'origine des atteintes aux droits fondamentaux. Il s'agit de l'Etat d'une part, et des exploitants miniers d'autre part. De même, plusieurs fondements juridiques de la violation des droits fondamentaux sont expressément évoqués : les conventions internationales et les dispositions constitutionnelles et législatives qui les incorporent en droit interne. Malgré cette consécration au plus haut niveau de la hiérarchie des normes juridiques et la détermination de ses titulaires et débiteurs, il y a lieu de se demander si les droits fondamentaux, notamment le droit à un environnement sain, le droit à la santé et le droit à la vie bénéficient de la justiciabilité nécessaire à leur pleine effectivité ?[2] Autrement dit, dans quelle mesure le recours au juge permet-il d'assurer le passage de l'énoncé de ces droits fondamentaux à leur concrétisation ?[3]

553- En effet, « [p]arce qu'il présente des caractéristiques propres, le droit à la protection de la santé bénéficie d'une garantie juridictionnelle relativement conséquente... Ainsi, les liens qu'il peut entretenir avec le droit à la vie lui permettent d'être garanti par les mécanismes traditionnellement utilisés au profit des droits dits libertés et destinés en l'occurrence à défendre la santé de l'individu contre une éventuelle immixtion de l'État »[4]. À cet effet, la démarche normale en cas d'atteintes à l'environnement générant des atteintes à la santé ou à la vie, ou en cas d'atteintes directes à la santé et à la vie, considérés par la victime comme résultant d'une activité minière, est pour celle-ci ou pour ses ayants droit, de demander réparation auprès de l'exploitant, et en cas de défaillance dans la surveillance ou de disparition de celui-ci, de demander réparation à l'Etat. Si l'Etat et l'exploitant ne donnent pas satisfaction dès qu'elles sont saisies (contestation de sa responsabilité,

---

[1] Voir CODESC, *Observation générale n° 24 (2017) sur les obligations des États…*, *op. cit.*, § 51.

[2] Sur la question de l'effectivité du droit à la protection de la santé, voir D. ROMAN, « L'effectivité des droits fondamentaux dans le secteur de la santé sous le prisme du droit européen », in S. J. CASALI BAHIA (dir.), *A efetividafe dos direitos fundamentais no Mercosul e na Uniao Européia, Pagiane Editoria*, Salvador de Bahia, 2010, pp. 165 s. ; Voir également T. GRÜNDLER, « L'effectivité du droit à la protection de la santé », *Revue générale de droit médical*, n° 4, 2010, pp. 83-100.

[3] V. CHAMPEIL-DESPLATS, « Effectivité des droits de l'Homme ; approche théorique », *in* V. CHAMPEIL-DESPLATS et D. LOCHAK (dir.), *A la recherche de l'effectivité des droits de l'Homme*, PU Paris 10, 2008, p. 14.

[4] Voir T. GRÜNDLER, « Section 1. Le droit à la protection de la santé », *La Revue des droits de l'homme,* 30 juin 2012, URL : http://revdh.revues.org/135, consulté le 17 avril 2018, p. 220.

proposition d'une réparation jugée insuffisante…), la victime ou ses ayants droit peuvent se tourner vers le juge en vue d'obtenir réparation.

De ce fait, le juge apparait comme le garant du respect des droits fondamentaux. Il est l'élément déterminant dans leur mise en œuvre, ce qui permet ainsi d'obtenir la condamnation des auteurs du dommage à la réparation des dommages, qu'ils soient auteurs directs (les exploitants) ou indirects (l'Etat). Il revient alors au juge, au gré des contentieux, de mieux cerner les obligations de chaque débiteur.

554- En cas d'atteintes à la santé et à la vie liées à l'exploitation minière, la compétence de principe est celle du juge civil, sur le fondement de l'article 1382 du Code civil français de 1804 dans sa version applicable au Cameroun[1]. À titre d'illustration, l'article 93 alinéa 1 de la loi sur la sûreté radioactive et nucléaire, qui peut être invoquée pour l'exploitation des substances radioactives telles que l'uranium, dispose que « *[l]a responsabilité civile du titulaire de l'autorisation d'une activité ou d'une pratique impliquant une source de rayonnements ionisants autre que celle d'une matière nucléaire relève du droit commun* »[2]. Même en France, le droit minier français depuis son cadre juridique initial[3], admet qu'en dehors de quelques particularités, les règles de la responsabilité délictuelle de l'explorateur ou de l'exploitant, y compris lorsque ce dernier est une personne publique, sont les règles communes définies en 1804 dans le Code civil et les litiges sont appréciés par la juridiction civile[4].

Bien plus, l'article 206 du Code minier dispose que « *[l]a responsabilité civile du titulaire d'un titre d'exploitation ou de tout mandataire commis par l'intéressé, est absolue et totale en cas de commission d'une infraction* ». Autrement dit, en cas d'accident, qui ne résulte pas nécessairement de la commission d'une infraction, on ne se réfère pas au Code minier, mais au Code civil. Sur le plan de la responsabilité civile, il existe donc deux fondements pour la réparation du dommage minier. Le fondement civil classique (article 1382 du Code civil) et le fondement spécifique de l'article 206 en cas de commission d'une infraction.

555- En dehors du juge civil, d'autres juges peuvent également être compétents pour connaître de la réparation des dommages liés à

---

[1] Le Cameroun applique le Code civil napoléon de 1804 dans sa version d'avant 1960, c'est-à-dire la version valable avant son accession à la souveraineté internationale le 1er janvier 1960.

[2] Cf. article 93 alinéa 1 de la loi n° 2019/012 du 19 juillet 2019 portant cadre général de sûreté radiologique et nucléaire, de sécurité nucléaire, de responsabilité civile et de l'application des garanties.

[3] Cf. article 72 du Code minier français issu de la loi du 21 avril 1810.

[4] Voir I. VAULONT et J.-L. VO VAN QUI, *L'indemnisation des dégâts miniers,* Rapport précité, p. 28.

l'exploitation minière. D'une part, la compétence du juge pénal peut être retenue en cas de commission d'une infraction. D'autre part, la compétence du juge administratif peut être invoquée lorsque l'enchaînement des évènements révèle par exemple une faute de l'administration pouvant être une carence fautive de l'État (défaut de surveillance, insuffisance des mesures prises…) ou un excès de pouvoir d'un agent de l'action de l'administration.

En s'inspirant des règles du droit comparé, notamment celles du droit français, il convient de relever une contribution limitée du droit classique de la responsabilité civile à la réparation des atteintes à la santé et la vie (Section I). Cette constatation permet de proposer le renouvellement des règles de mise en jeu de la responsabilité des auteurs des atteintes (Section II).

Section I : La contribution limitée du droit classique de la responsabilité à la réparation des atteintes à la santé et la vie

556- En cas d'atteinte à la santé et à la vie, quelle qu'en soit la source, le référent de base en matière de réparation est le Code civil, notamment l'article 1382 et dans une moindre mesure l'article 1384 alinéa 1er. Ces dispositions ne sont pas toujours adaptées pour la réparation des dommages miniers. En effet, en matière d'exploitation minière, les dégradations environnementales (la pureté de l'air et de l'eau, l'innocuité des sols etc.) engendrent des nuisances diffuses sur la santé et la vie qui ne lèsent pas seulement les générations présentes, mais obèrent également l'avenir des générations futures. À cet effet, le Code civil peut paraître inadapté lorsqu'il s'agit de la réparation du dommage écologique attentatoire à la santé et à la vie. Il paraît inadapté en raison de la source de l'atteinte. En effet, lorsque l'atteinte résulte d'un comportement humain, elle paraît plus facile à déterminer et à réparer que lorsqu'elle résulte d'une dégradation environnementale. La difficulté résulte du fait que dans cette dernière hypothèse, il convient de réparer deux choses : l'atteinte à l'environnement et l'atteinte à l'individu. Or selon une formule d'origine doctrinale bien connue, « le propre de la responsabilité civile est de rétablir aussi exactement que possible l'équilibre détruit par le dommage et de replacer la victime, aux dépens du responsable, dans la situation où elle se serait trouvée si l'acte dommageable n'avait pas eu lieu »[1]. Or en cas de dégâts miniers, la

[1] Cette formule est de R. SAVATIER, *Traité de la responsabilité civile en droit français*, t. 2, 2e éd., 1951, LGDJ, no 601. Pour une application jurisprudentielle, Voir Cass. Civ. 2e, 28 oct. 1954, Bull. civ. II, no 328, JCP 1955. II. 8765, RTD civ. 1955, 324, obs. H. et L. Mazeaud. ; Cass. civ., 2e, du 25 mai 1960, Publié au bulletin ; Cass. civ., 13 mars 2019, 18-13.059 18-13.075, Inédit ; Cass. civ., 3e, 18 avril 2019, 18-11.582, Inédit ; Cass. civ. 1ère, 9 mai 2019,

restauration de l'équilibre détruit par le dommage et le replacement de la victime dans sa situation initiale semblent parfois impossibles. C'est le cas notamment en cas de dommages irréversibles pour lesquels la réparation primaire n'a aucun effet[1]. À cet effet, la question de la réparation du dommage environnemental attentatoire à la santé et à la vie apparaît aujourd'hui comme l'une des plus importantes du droit de la responsabilité[2], surtout avec la reconnaissance du droit à un environnement sain qui constitue le fondement des demandes en réparation des préjudices sanitaires et environnementaux par l'ensemble des citoyens[3].

557- Face aux insuffisances du Code civil, la jurisprudence avait déjà apporté sa contribution à l'amélioration du mécanisme de la responsabilité civile avec la théorie du trouble anormal de voisinage. Dans un contexte où il devenait de plus en plus difficile de prouver la responsabilité en matière de voisinage, cette théorie a été créée pour simplifier la tâche du voisin affecté par le trouble en consacrant une responsabilité objective, ce qui permet par ricochet de faciliter la réparation. Le juge dispose à cet effet d'une large latitude d'appréciation pour déterminer par exemple si le trouble ou le dommage considéré dépasse les charges ordinaires ou les inconvénients normaux du voisinage. Cette théorie a toujours été considérée comme l'un des fondements privilégiés de l'action en matière de réparation des atteintes à l'environnement, à la santé et à la vie. « *La protection de l'environnement [étant] un devoir pour tous* »[4], on aurait pu s'attendre à ce que le voisin (l'exploitant minier) apparaisse comme le premier défenseur de l'environnement. Mais à bien y regarder, le voisin semble parfois défendre non seulement son environnement, mais surtout sa propre santé dans le cadre des nuisances sonores, olfactives et visuelles[5]. Pour le bruit en particulier, il convient par exemple de rechercher si ce bruit résulte d'activités domestiques[6], ou s'il est le fruit de travaux réguliers[7]. Le juge doit ici tenir

18-14.839, Inédit ; Cass. soc., 29 mai 2019, 17-23.028, Publié au bulletin, n° 342 ; Cass. Com., 9 juillet 2019, 18-14.031 18-14.453, Inédit.

[1] Voir à ce sujet E. CORNU-THENARD, « La réparation du dommage environnemental : étude comparative de la directive 2004/35/CE du 21 avril 2004 sur la responsabilité environnementale et de l'US Oil Pollution Act », *Revue Juridique de l'Environnement*, n° 2, 2008, p. 185.

[2] Y. AGUILA, « Dix propositions pour mieux réparer le dommage environnemental », *Env.*, n° 7, juil. 2012, p. 8.

[3] En ce sens, L. Le CORRE, « Marée noire de l'Erika : vers une réparation du préjudice écologique ? », *Droit de l'environnement*, n° 97, avril 2002, p. 93.

[4] Voir la Constitution de la République du Cameroun du 18 janvier 1996, Préambule, 21e tiret.

[5] M.-P. CAMPROUX-DUFFRENE, « La gestion de l'incertitude santé-environnement en droit civil de la réparation. ''Quelles atteintes ? Quelles réparations'' ? », *in* Ph. BILLET et al. (dir), *Droit de l'environnement et protection de la santé*, éd. L'Harmattan, collection Logiques Juridiques, 2009, p. 272.

[6] Civ. 2e Ch., 24 mai 1971, Bull. clv. Il, n° 189, p. 135.

[7] Tl Versailles, 27 juin 1987, D. 1988, som. 15.

compte des circonstances de temps et de lieux, ce qui est naturel, mais aussi des circonstances particulières liées à l'état des personnes auteures du bruit[1].

558- Cette contribution jurisprudentielle, certes louable, demeure insuffisante. En matière d'atteintes à l'environnement, à la santé et à la vie, liées à l'exploitation minière, le mécanisme civil de réparation des atteintes présente des limites. En cas de catastrophes accidentelles ou en cas de dommages sériels, le mécanisme de la responsabilité civile ne suffit pas à garantir l'effectivité de la réparation, étant donné les particularités de l'atteinte à l'environnement (qui appellent des modalités et des temporalités particulières de réparation) et les sommes en jeu[2] pour la remise en l'état en vue de faire cesser les atteintes. Après avoir présenté l'inadaptation du droit de la responsabilité civile à la réparation du dommage écologique attentatoire à la santé et à la vie (I), il convient de proposer des améliorations pour une meilleure réparation de ces dommages (II).

I- L'inadaptation du droit de la responsabilité civile à la réparation du dommage écologique attentatoire à la santé et à la vie

559- En raison de son caractère anthropocentré, notamment la référence expresse faite au préjudice subi par « autrui » à l'article 1382 du Code civil, le droit classique de la responsabilité civile ne permet que l'indemnisation des préjudices subis par les personnes juridiques. C'est sous la pression des associations de défense de l'environnement que les dommages environnementaux ont enfin été reconnus par la jurisprudence. Dans un premier temps, ils n'ont été réparés que de manière indirecte par les tribunaux, par le biais de l'indemnisation du préjudice subi par certaines personnes juridiques lors d'atteintes à l'environnement[3]. Le changement de paradigme, d'un droit originellement anthropocentré à un droit allocentré, qui s'est traduit par la consécration de l'autonomie du « préjudice écologique pur » est récent et résulte principalement de l'*arrêt Erika* rendu par la chambre criminelle de la Cour de cassation française le 25 septembre 2012[4].

---

[1] Voir de manière générale C. CANS, J. MAKOWIAK et E. DEJEAN, *Code de l'environnement annoté et commenté,* Dalloz 2019, p. 2633 et s.

[2] M.-P. CAMPROUX-DUFFRENE, « Réflexion sur l'indemnisation des victimes de catastrophes technologiques », *Gaz. Pal.,* 21-22 fév. 1998, 1, doct., p. 337.

[3] Dans l'affaire dite *du balbuzard-pêcheur*, la Cour de cassation française déclare que la destruction de ce rapace avait causé à l'association de protection des oiseaux « *un préjudice moral direct personnel en liaison avec le but et l'objet de ses activités* ». Voir Cass. 1re civ., 16 nov. 1982, n° 81-15550.

[4] Voir Cass. crim., 25 sept. 2012, n° 10-82938 : *D.* 2012, p. 2711, note Ph. Delebecque ; *JCP G* 2012, p. 2095, note K. Le Couviour ; *RTD civ.* 2013, p. 119, obs. Ph. Jourdain ; *Gaz. Pal.* 25 oct. 2012, n° 299, p. 8, obs. B. Parance ; *Environnement* 2013, p. 19, obs. M. Boutonnet ; F.-G. TRÉBULLE, « Quelle prise en compte pour le préjudice écologique après

Compte tenu du fait que la reconnaissance du préjudice écologique pur permet de « réparer l'environnement pour l'environnement »[1], nous n'y consacrerons pas d'amples développements, puisque l'objet de notre étude est la réparation des atteintes à l'environnement, attentatoires à la santé et à la vie. À cet effet, seul le préjudice écologique nous intéresse.

560- Selon l'article 1247 du Code civil, le préjudice écologique est « *une atteinte non négligeable aux éléments ou aux fonctions des écosystèmes ou aux bénéfices collectifs tirés par l'homme de l'environnement* »[2]. Cette définition s'écarte de celle retenue jusqu'alors par la jurisprudence[3] et se rapproche de celle donnée par la doctrine[4]. Le fait pour le législateur français d'avoir défini le préjudice écologique comme une atteinte aux « *bénéfices collectifs tirés par l'homme de l'environnement* », permet de comprendre qu'en cas d'atteinte à l'environnement attentatoire à la santé et à la vie, le juge va condamner l'exploitant à la réparation du milieu (remise en l'état) pour éviter la continuation du dommage à la personne. Autrement dit, l'office du juge va être de deux temps : d'une part, il va condamner l'exploitant à la réparation des dommages à la personne (physiques, psychiques ou matériels) ; d'autre part, il va le condamner à la remise en l'état du milieu pour éviter qu'il y ait perpétuation du dommage, parce que dès lors que l'environnement va refonctionner normalement, il n'y aura plus d'atteintes.

561- En droit positif camerounais, la réparation du préjudice écologique qui porte atteinte à la santé et à la vie n'est admise que de manière exceptionnelle par la jurisprudence. Soit à cause de l'insuffisance du droit classique de la responsabilité civile, soit à cause de l'inculture de certains juges. Traditionnellement, la mise en œuvre de la responsabilité civile d'un exploitant suppose la réunion de trois conditions : un fait générateur, un dommage et un lien de causalité. Pour qu'elle soit identifiée comme dommage réparable, toute atteinte perpétrée à l'environnement, à la santé ou à la vie doit être qualifiée de dommage certain et de dommage direct. Or,

---

l'Erika », *Environnement*, 2013, p. 19 ; M. BACACHE, « Quelle réparation pour le préjudice écologique », *Environnement*, 2013, p. 26.

[1] C''est nous qui le soulignons.

[2] Voir l'art. 1386-19-1 français cité par E. JEANMAIRE, *La réparation du préjudice en droit du travail*, Thèse, Université de Lorraine, 2016, p.121, https://hal.univ-lorraine.fr/tel-01752347/document consultée le 6 mas 2020.

[3] Selon la jurisprudence, le préjudice écologique désigne toute « atteinte directe ou indirecte portée à l'environnement et découlant de l'infraction ». Voir Cass. Crim. 22 mars 2016, n°13-87650.

[4] Selon les Professeurs Laurent Neyret et Gilles Martin, le préjudice écologique désigne toute « atteinte aux éléments et/ou aux fonctions des écosystèmes, au-delà et indépendamment de leurs répercussions sur les intérêts humains ». Voir L. NEYRET et G. MARTIN, *Nomenclature des préjudices environnementaux*, LGDJ, Coll. Droit des affaires, 2012, 384 p.

l'évidence n'est pas toujours au rendez-vous pour chacune de ces deux caractéristiques en matière de santé et d'environnement[1]. Cette difficile détermination des critères du dommage réparable (A) débouche inéluctablement sur une réparation insatisfaisante du dommage environnemental attentatoire à la santé et à la vie (B).

A- La difficile détermination des critères du dommage réparable

562- Le dommage est une atteinte factuelle à la personne ou à la chose. Il désigne à proprement parler, une lésion subie, qui s'apprécie au siège de cette lésion[2]. Le bruit d'un engin, la pollution d'un marais, un cancer de la plèvre, la contamination de la peau… sont des atteintes ou des dommages pouvant résulter de l'exploitation minière. Le dommage est à distinguer du préjudice qui est en effet la conséquence juridique d'une atteinte factuelle. Il consiste en la lésion d'un droit ou d'un intérêt juridiquement protégé[3]. Il est la répercussion de cette atteinte factuelle sur le sujet de droit, d'une part sur son patrimoine, ses avoirs, à travers ses droits patrimoniaux, et, d'autre part sur sa personne, son être, voire son bien-être, à travers ses droits extrapatrimoniaux. Pour reprendre l'exemple donné par Cyril Bloch, une atteinte à l'intégrité physique, c'est-à-dire le dommage corporel, peut engendrer des préjudices patrimoniaux (perte de salaire, frais médicaux…) et des préjudices extrapatrimoniaux (souffrances morales, diminution du bien-être)[4]. Pour ouvrir droit à réparation, il faut que les atteintes puissent être qualifiées de dommages réparables (le dommage étant la conséquence juridique de l'atteinte). Une fois qualifiées de dommages réparables, comment les atteintes à la santé et à la vie résultant d'une atteinte à l'environnement peuvent-elles être réparées effectivement[5] ?

En effet, les questions qui se posent ici peuvent se regrouper autour de deux axes en droit de la réparation, à savoir : quelles sont, au cours de l'exploitation minière, les atteintes portées à l'environnement, attentatoires à la santé et à la vie, qui sont susceptibles de donner lieu à réparation ? D'autre part, comment s'effectue la preuve de ces dommages ? Ces questions prennent tout leur sens, surtout lorsqu'on sait que la certitude ou l'incertitude

---

[1] M.-P. CAMPROUX-DUFFRENE, « La gestion de l'incertitude santé-environnement en droit civil de la réparation. ''Quelles atteintes ? Quelles réparations'' ? », *in* Ph. BILLET et al. (dir), *Droit de l'environnement et protection de la santé*, éd. L'Harmattan, collection Logiques Juridiques, 2009, p. 261.

[2] C. BLOCH, « La notion de préjudice », *in* Ph. Le TOURNEAU (dir.), *Droit de la responsabilité et des contrats, régimes d'indemnisation*, 11e éd., Coll. Dalloz Action, 2018-2019, n° 2122.12, p. 505.

[3] P. BRUN, *Responsabilité civile extracontractuelle*, Litec, 2014, n° 174.

[4] C. BLOCH, « La notion de préjudice », précité, p. 505.

[5] En sachant qu'une réparation symbolique correspond à sa reconnaissance juridique mais pas à une réparation véritable.

apparaît comme formant la toile de fond de ces questions du lien de causalité.

563- Jusqu'à une période relativement récente, la responsabilité environnementale s'est essentiellement développée à partir du droit commun de la responsabilité[1]. Hormis certains domaines, la responsabilité civile encourue pour atteinte à l'environnement était fondée sur l'article 1382 ou l'article 1384 alinéa 1er du Code civil, ou encore sur la théorie des troubles de voisinage[2] ci-dessus évoquée. Ainsi, pour être retenue comme dommage réparable, toute atteinte portée à l'environnement, à la santé ou à la vie doit être qualifiée de dommage certain (mesurable, chiffrable, objet d'évaluation) d'une part (1) et de dommage direct, ce qui nous renvoie au problème de la preuve du lien cause-effet d'autre part (2).

1- De la certitude du dommage réparable à la notion de seuil de gravité

564- Notre propos consiste ici à observer comment le droit intègre la notion de certitude et dans une moindre mesure, la notion d'incertitude[3] dans la réparation des dommages. En effet, l'exigence de certitude du dommage soulève des difficultés, selon qu'il s'agit d'une atteinte à la santé ou d'une atteinte à l'environnement.

565- *En matière de santé*, si on prend l'exemple de l'explosion d'une mine, les personnes atteintes dans leur corps vivant[4] vont, en tant que victimes, pouvoir agir en vertu d'un dommage qualifié de dommage corporel parfaitement identifié juridiquement. Par contre, les choses ne sont pas aussi simples en cas d'incertitudes scientifiques. Cette incertitude scientifique

---

[1] F. G. TREBULLE, « Les techniques contentieuses au service de l'environnement. Le contentieux civil », https://www.courdecassation.fr/venements_23/colloques_4/2005_2033/intervention_m._trebulle_8133.html, consulté le 10 mai 2018 ;

[2] O. BERG, « La notion de risque de développement en matière de responsabilité du fait des produits défectueux », *JCP* 1996, I, p. 3945 ; J. CALAIS-AULOIS, « Le risque de développement : une exonération contestable », *in Mélange R. CABRILLAC*, Litec, 1999, p. 81 ; C. LARROUMET, « La notion de risque de développement, risque du XXIe siècle », *in Clés pour le siècle*, Dalloz, 2000, p. 1610 ; P. OUDOT, « Le risque de développement. Contribution au maintien du droit à réparation », *Editions Universitaires de Dijon*, 2005 ; P. OUDOT, « La responsabilité environnementale et le risque de développement », *in* C. CANS (dir.), *La responsabilité environnementale : prévention, imputation, réparation*, Dalloz 2009, p. 163.

[3] Voir M.-P. CAMPROUX-DUFFRENE, « La gestion de l'incertitude santé-environnement en droit civil de la réparation. ''Quelles atteintes ? Quelles réparations'' ? », *in* Ph. BILLET et al. (dir), *Droit de l'environnement et protection de la santé*, éd. L'Harmattan, collection Logiques Juridiques, 2009, p. 261.

[4] Puisque c'est bien de cela dont il est question lorsque l'on parle de santé.

s'explique en grande partie par le fait que l'atteinte porte sur le vivant. Ainsi, certains produits utilisés dans l'industrie minière peuvent ne révéler leurs effets sur la santé qu'au bout d'un certain temps. De même, les exploitants miniers utilisent souvent des produits chimiques dont les effets sur la santé ne sont pas encore suffisamment documentés sur le plan scientifique. Dans de telles hypothèses, la certitude juridique du dommage peut se heurter à l'incertitude scientifique et empêcher la réparation du dommage.

566- *En matière d'environnement*, l'on connait bien la distinction entre le dommage écologique dérivé et le dommage écologique pur. Comme l'écrit le Professeur Michel Prieur, le dommage écologique pur affecte « le milieu naturel dans ses éléments inappropriés et inappropriables sans qu'aucun intérêt humain soit directement et immédiatement lésé »[1], contrairement au dommage écologique dérivé qui ne touche que « des patrimoines identifiables et particuliers »[2]. Cette distinction permet de remarquer que face à un dommage écologique pur, il existe souvent des doutes sur les effets véritablement destructeurs de certains rejets sur le milieu naturel[3] et leurs répercussions probables sur la santé humaine. À titre d'illustration, dans *l'affaire de l'Amoco Cadiz* de 1978, le juge américain avait écarté la réparation de nombreux préjudices présentés comme seulement éventuels[4].

567- Au demeurant, le préjudice causé à l'environnement, du moins dans la vision classique, n'acquiert la réalité nécessaire à sa réparation que lorsqu'il se traduit par l'atteinte à un intérêt juridiquement protégé. Dans un tel contexte, la certitude du dommage est d'autant plus difficile à établir que les experts sont souvent en désaccord sur les seuils de gravité ou de toxicité. Bien plus, les organes régionaux de protection des droits humains ne protègent le droit à un environnement sain que dans la mesure où les dommages occasionnés atteignent un certain seuil de gravité. En d'autres termes, ils admettent que le bien-être économique des États ou le maintien des emplois, qui dépendent des activités économiques en général ou de l'exploitation des ressources naturelles en particulier, constitue un but

---

[1] Voir M. PRIEUR et al., Le droit de l'environnement, 7e éd. Précis Dalloz, 2016, n° 947, cité par M.-P. CAMPROUX-DUFFRENE, « La loi du 19 mai 1998 sur la responsabilité du fait des produits défectueux et la protection de l'environnement », Revue juridique de l'Environnement, *n° 2, 1999, p. 1*93.

[2] *Ibid.*

[3] Dans l'affaire de l'Amoco Cadiz de 1978, le juge américain avait écarté la réparation de nombreux préjudices présentés comme seulement éventuels.

[4] G.-J. MARTIN, « La responsabilité pour dommages causés à l'environnement, un sujet d'actualité ? », Colloque entreprise et environnement du 17 mai 1999, *in Droit et ville* n° 47/99.

légitime, et à ce titre, justifie un certain degré d'atteinte à l'environnement, voire à la santé[1].

568- L'exigence d'un seuil[2] minimal de gravité se retrouve clairement dans la jurisprudence du Comité des droits de l'homme de l'ONU, lequel a jugé que les mesures ayant un impact limité sur le mode de vie des personnes appartenant à des minorités ne violent pas nécessairement l'article 27[3]. L'exigence d'un seuil minimal de gravité se retrouve également dans l'*affaire Lars et Astrid Fägerskiöld c. Suède*, où la Cour européenne des droits de l'homme a jugé que le bruit et les reflets de lumière provoqués par trois éoliennes, dont la plus proche était située à 371 mètres de la résidence secondaire des requérants, n'atteignaient pas un niveau de gravité suffisant pour provoquer l'application de l'article 8 de la CEDH[4]. Dans une autre décision, la CEDH affirme clairement qu'il faut qu'un individu pâtisse « *directement et gravement* »[5] d'une pollution pour que l'article 8 soit applicable.

569- En somme, l'exigence de la certitude du dommage réparable ou encore l'exigence d'un certain seuil de gravité peut être un obstacle à la réparation du dommage écologique attentatoire à la santé et à la vie. Il en est de même de l'établissement du lien causal qui peut ne pas être une évidence, surtout en ce qui concerne les atteintes liées à l'exploitation minière qui se produisent parfois longtemps après la fin de l'exploitation.

2- La complexité de l'établissement du lien causal

570- Après le caractère certain, le caractère direct constitue selon le droit de la responsabilité civile, le second critère de reconnaissance du dommage réparable. Ce caractère direct du dommage concerne la causalité, c'est-à-dire le fait que le dommage soit relié à un évènement. Comme l'affirme la doctrine, les caractères direct et prouvé concernent en fait un problème se

---

[1] M. AILINCAI, « Exploitation des ressources naturelles et droit à un environnement sain », précité, p. 90.

[2] Sur la notion des seuils, voir M.-P. GREVECHE, *La notion de seuil en droit de l'environnement*, Thèse, Université de Paris 1- Sorbonne, 2002.

[3] Voir CCPR, *Affaire Ilmari Länsman et al. c. Finlande*, Communication n° 511/1992, Doc. N.U. CCPR/C/52/D/511/1992, 8 novembre 1994, § 9.4.

[4] Voir CourEDH, déc. du 26 février 2008, *Lars et Astrid Fägerskiöld c. Suède*. Pour d'autres exemples, Cf. CourEDH, 21 juillet 2009, *Léon et Agnieszka c. Pologne*, § 104 ; CourEDH, 3 juillet 2012, *Martinez Martinez et Pino Manzano c. Espagne* § 45-46. Voir aussi L. KIOUSOPOULO, « La dimension écologique de la Convention européenne des droits de l'homme et les limites du contrôle juridictionnel », in *La Convention européenne des droits de l'homme, un instrument vivant*, Mélanges en l'honneur de Christos L. Rozakis, Bruylant, 2011, spéc. p. 269.

[5] Voir CourEDH, déc. du 27 janvier 2009, *Tătar c. Roumanie,* § 86.

rattachant moins aux caractères du préjudice lui-même qu'au rapport de causalité unissant le dommage à son fait générateur[1]. Or l'existence d'un lien de causalité entre le dommage et le fait générateur est souvent problématique et les raisons sont multiples en santé et en environnement : le facteur temps, la pluralité des facteurs dommageables, le manque de connaissances scientifiques… sont autant d'obstacles à la lisibilité d'un lien de causalité[2]. Comme l'affirme Maryse Deguergue, il y a peu de domaines où les « affres » de la causalité se font ressentir avec autant d'acuité qu'en matière d'environnement, car la causalité scientifique, prééminente ici, complique passablement l'identification de la cause juridique déterminante qui a normalement pour conséquence d'imputer le dommage à un exploitant donné – le pollueur qui doit finalement payer[3]. Comme on peut le constater, l'exigence d'un lien de causalité particulièrement prégnant, excluant de ce fait toute présomption, peut faire douter de l'efficience de la réparation des atteintes à la santé et à la vie[4].

571- L'exploitation minière et les incertitudes scientifiques qui planent autour des effets possibles de cette activité permettent de questionner le lien de causalité en renforçant la nécessité d'une réflexion théorique dans ce domaine. Un examen de la jurisprudence s'avère pour cela indispensable afin de savoir comment le juge appréhende la notion de causalité (a) ainsi que les éléments de preuve de la causalité (b)[5].

a) La notion de causalité

572- Pour qu'il y ait un responsable, il faut un lien de causalité entre le fait générateur et le dommage. La causalité est donc ce pont qui relie le dommage au fait générateur. La notion de causalité a plusieurs fondements

---

[1] Voir B. BOLLECKER-STERN, *Le préjudice dans la théorie de la responsabilité internationale,* Paris, Pedone, 1973, et P.-M. DUPUY, *La responsabilité internationale des Etats pour les dommages d'origine technologique et industrielle, Paris,* Pedone, 1977pp. 247 ss., à propos de la causalité dans la responsabilité objective en droit international public.

[2] M.-P. CAMPROUX-DUFFRENE, « La gestion de l'incertitude santé-environnement en droit civil de la réparation. ''Quelles atteintes ? Quelles réparations'' ? », *in* Ph. BILLET et al. (dir), *Droit de l'environnement et protection de la santé*, éd. L'Harmattan, collection Logiques Juridiques, 2009, p. 267.

[3] M. DEGUERGUE, « Le sens de la responsabilité environnementale », in *Terres du droit*, Mélanges en l'honneur d'Yves Jegouzo, Dalloz 2009, p. 580.

[4] Il est souvent assez difficile d'établir le lien de causalité entre une pollution et une affection. C'est notamment le cas à propos des radiations ionisantes.

[5] Nous empruntons cette distinction à A. POMMADE, « L'établissement du lien de causalité entre le dommage subi et l'exploitation des ressources », *in* M. AILINCAI et S. LAVOREL (dir.), *Exploitation des ressources naturelles et protection des droits de l'homme,* éd. A. PEDONE, Paris, 2013, p. 121.

textuels parmi lesquels on peut citer les articles 1382[1], 1383[2] et 1384[3] du Code civil.

Il existe différentes manières de concevoir la causalité. Partant du fait que le dommage est parfois précédé d'un enchaînement ou d'une succession d'événements qui peuvent avoir plus ou moins contribué à sa réalisation, la difficulté du droit de la responsabilité consiste le plus souvent à choisir parmi ces antécédents, celui ou ceux que l'on considère comme cause(s) du dommage. Il existe à cet effet deux conceptions de la causalité : d'une part, la théorie de l'équivalence des conditions (conception large de la causalité) considère comme fait causal, tout événement sans lequel le dommage n'aurait pas eu lieu. Par conséquent, tous les événements qui participent à la chaîne causale doivent être considérés comme causes du dommage. D'autre part, la théorie de la causalité adéquate (conception plus étroite de la causalité) quant à elle considère comme causal, l'événement qui selon la nature des choses était de nature à provoquer le dommage, c'est-à-dire celui qui devrait à nouveau le causer dans les mêmes conditions. Face à ces deux conceptions de la causalité, il convient de relever que la grande majorité des décisions se réfèrent à la théorie de la causalité adéquate.

573- L'exploitation minière peut porter atteinte à l'environnement naturel (cours d'eau, espaces boisés, sol etc.) et à la santé humaine (développement des maladies, aggravation de l'état de santé etc.), que ce soit de manière directe ou indirecte. Pour la réparation des dommages subis, les requérants invoquent généralement leur droit à un environnement sain, c'est-à-dire à un environnement qui ne nuise pas à leur santé. La question qui retient l'attention est donc celle de savoir comment le juge apprécie-t-il le lien de causalité entre l'exploitation minière et les atteintes aux droits fondamentaux que sont la santé et la vie ? La jurisprudence camerounaise étant absente sur le sujet, il convient de faire recours à la jurisprudence d'emprunt afin de cerner la notion de lien de causalité développée par le juge et de comprendre son raisonnement.

574- Dans son opinion concordante annexée à l'arrêt *Băcilă c. Roumanie* du 30 mars 2010, le juge Zupančič souligne qu'une approche selon la « *conséquence directe* » pose aujourd'hui problème car le juge doit prendre

---

[1] L'article 1382 du Code civil vise le fait de l'homme « *qui cause* » un dommage.

[2] L'article 1383 du Code civil évoque le dommage que le fait de l'homme « *a causé* ».

[3] Cette disposition concerne la théorie du « risque autorité » selon laquelle, *« on est responsable non seulement du dommage* que l'on cause *par son propre fait, mais encore* de celui qui est causé *par le fait des personnes dont on doit répondre, ou des choses que l'on a sous sa garde.»*. Cf. art. 1384 alinéa 1er du Code civil français Nappoléon dans sa version applicable au Cameroun.

désormais en compte une « *chaîne causale* »[1]. Aussi précise-t-il que la théorie de la causalité envisagée de manière classique est une barrière[2].

575- L'affaire *Tătar et al. c. Roumanie*[3] rendue le 27 janvier 2009 par la Cour européenne des droits de l'homme peut ainsi être citée comme un exemple dans lequel le juge a fait évoluer la notion de causalité. Elle oppose la Roumanie à deux de ses ressortissants suite à un accident survenu le 30 janvier 2000 au cours de l'exploitation de minerais d'or par la société S.C. Aurul Baia Mare SA. En provoquant la libération de plusieurs dizaines de tonnes de cyanure de sodium, l'accident avait engendré une pollution extrêmement importante des sols et des eaux de la région. Résidant à proximité de l'exploitation, les requérants dénonçaient le procédé technologique employé par la société aux fins d'extraction au motif qu'il représentait un danger pour leur vie, et demandaient la réparation des préjudices matériel et moral. Dans cette affaire, le juge de la CEDH adopte un comportement contradictoire : en même temps qu'il adopte une approche assouplie du lien de causalité en admettant un « *raisonnement probabiliste* », il apprécie également strictement les conditions requises pour établir cette probabilité causale.

576- L'assouplissement se manifeste par le fait que le juge semble avoir délaissé la notion de « *lien de causalité établi* » au profit de celle de « *lien de causalité suffisamment établi* »[4]. Dès lors, la notion de causalité n'est plus appréciée selon une logique binaire (certain/incertain), mais selon un pourcentage. Cette approche incite à penser la causalité en termes de degrés à partir desquels la certitude de son existence apparaîtra ou non satisfaisante. La Cour semble ainsi avoir réalisé un relâchement artificiel de la sévérité de son appréciation des éléments de preuve. Cependant, comme nous le verrons plus bas, le juge adopte certes un « *raisonnement probabiliste* », mais en même temps, il apprécie strictement les conditions requises pour établir cette probabilité causale. Il y a donc un assouplissement très relatif[5].

---

[1] Le modèle de la causalité consiste en un système de représentation des éventualités (états et évènements) liées entre elles sur une chaîne causale. Lorsque les éventualités impliquées sont contigües, la causalité est dite *directe*. Lorsqu'au moins un évènement constitue l'interface entre deux évènements, la causalité est dite *indirecte*. Voir également J. MOESCHLER, C. CHEVALLIER, T. CASTELAIN et J.-B. VAN DER HENST, « Le raisonnement causal : de la pragmatique du discours à la pragmatique expérimentale », *in Nouveaux cahiers de linguistique française*, n° 27, 2006, p. 245.

[2] Voir § 8 de l'arrêt.

[3] Voir CourEDH, 27 janvier 2009, *Tătar c. Roumanie*, n° 67021/01.

[4] Voir § 106 de l'arrêt.

[5] Voir A. POMMADE, « L'établissement du lien de causalité entre le dommage subi et l'exploitation des ressources », *in* M. AILINCAI et S. LAVOREL (dir.), *Exploitation des ressources naturelles et protection des droits de l'homme,* éd. A. PEDONE, Paris, 2013, p. 128.

En somme, le lien de causalité fait donc partie de ces notions évolutives que le juge doit modeler, adapter, plier en fonction des évolutions sociétales[1]. L'office du juge n'est-il pas également de s'efforcer à pallier les lacunes législatives, si ce n'est d'anticiper les évolutions du droit ?

b) Les éléments de preuve de la causalité

577- Si l'environnement est de mieux en mieux connu et surveillé, et la médecine de mieux en mieux performante, le champ de la « santé environnementale »[2] continue à poser des problèmes complexes au croisement de ces deux domaines. Cette complication provient essentiellement des incertitudes scientifiques qui persistent et qui s'accommodent mal de la théorie juridique de la causalité adéquate.

En effet, lorsque la relation causale est *scientifiquement établie*, des mesures de prévention, conditionnées par l'environnement socio-économique, doivent être mises en œuvre. Il en est ainsi par exemple du rôle de l'amiante sur la survenue du mésothéliome pleural, des rayonnements ionisants de certaines substances radioactives telles que l'uranium sur certains cancers cutanés ou encore du rôle des nuisances sonores sur l'audition, notamment chez les mineurs.

578- Par contre, lorsqu'une relation causale est *suspectée* entre une perturbation environnementale et une ou plusieurs atteintes à la santé et à la vie, la gestion du risque va dépendre du niveau de preuve scientifique apportée à cette relation.

En effet, si la relation causale reste *incertaine*, mais que le risque identifié est celui d'un danger susceptible d'atteindre sévèrement la population, de manière irréversible et coûteuse pour la société, il est légitime de prendre une décision en application du principe de précaution, de manière proportionnée et à coût économiquement acceptable. La population doit alors être informée d'emblée que cette décision peut être révisée, notamment après l'obtention des résultats du programme de recherche, épidémiologique en particulier, qui doit naturellement accompagner toute décision de ce type.

---

[1] *Ibid*, p. 121.

[2] En 1994, lors de la conférence d'Helsinki, l'OMS a proposé une première définition de la santé environnementale : « la santé environnementale comprend les aspects de la santé humaine, y compris la qualité de la vie, qui sont déterminés par les facteurs physiques, chimiques, biologiques, sociaux, psychosociaux et esthétiques de notre environnement. Elle concerne également la politique et les pratiques de gestion, de résorption, de contrôle et de prévention des facteurs environnementaux susceptibles d'affecter la santé des générations actuelles et futures ». Voir https://espaceadherent.mgefi.fr/prevention/sante-et-environnement.html, consulté le 5 mars 2020. En France, on parle aussi de santé-environnement ou d'environnement-santé. Voir l'adresse Internet : https://www.novethic.fr/lexique/detail/sante-environnementale.html, consultée le 15 septembre 2019.

579- Dans l'arrêt *Fadeïeva c. Russie* du 9 juin 2005, la Cour européenne des droits de l'homme avait estimé que la causalité pouvait être constatée en présence d'éléments de preuve indirects et de présomptions concordantes[1]. Il s'agit en effet d'établir le lien de causalité à partir d'une incertitude scientifique et en ayant recours à des présomptions de fait[2].

La démarche est identique dans *l'affaire Tătar et al. c. Roumanie* ci-dessus citée, où le juge adopte un « raisonnement probabiliste » en affirmant que la probabilité peut être envisagée lorsque la situation met en jeu une « *incertitude scientifique* ». Ainsi, l'incertitude devient à la fois la condition du recours au raisonnement probabiliste et pourrait-on dire, le commencement de preuve d'une probabilité causale. L'incertitude est alors considérée comme un élément générateur du raisonnement probabiliste[3]. Par ailleurs, la Cour estime que la probabilité causale est établie lorsque cette incertitude est corroborée par des « *éléments statistiques suffisants et convaincants* ».

580- D'un côté, ces éléments statistiques doivent être *convaincants*. On peut regretter que la CEDH n'ait pas davantage donné des précisions sur cette caractéristique. Dès lors, on peut être amené à se poser la question de savoir, de quelle nature doivent être les documents contenant ces éléments statistiques ? Juridiques ? Scientifiques ? Doivent-ils émaner d'une autorité officielle ? Quel degré de normativité doivent-ils présenter ? etc. Outre les interrogations posées quant au support présentant l'élément statistique, il est intéressant de s'arrêter sur l'élément lui-même.

En effet, la force de conviction des éléments statistiques est par elle-même difficile à établir. Par conséquent, elle est laissée à l'appréciation souveraine des juges du fond. Dès lors, quelle information fournie permet de caractériser l'élément statistique de « convaincant » ? Plus concrètement, dans un site minier, à partir de quel pourcentage de cyanure de sodium dans l'eau, l'absorption de cette dernière est susceptible de causer un préjudice ? De plus, suffit-il que le texte du document adopte un ton descriptif ou doit-il présenter un ton affirmatif ? Les arrêts *Fadeïeva c. Russie* et *Tătar et al. c. Roumanie* ne permettent pas de répondre à ces questions. L'arrêt *Tătar et al. c. Roumanie* se contente d'affirmer que le « document » émis par l'hôpital ne permet pas d'emporter la conviction des juges. Pour autant, on peut suggérer qu'un élément statistique considéré comme convaincant par le juge

---

[1] Voir CourEDH, 9 juin 2005, *Fadeïeva c. Russie*, § 88.

[2] J. FLOUR, J.-L. AUBERT et E. SAVAUX, *Les Obligations, le fait juridique*, Sirey, 2009, p. 189.

[3] A. POMMADE, « L'établissement du lien de causalité entre le dommage subi et l'exploitation des ressources », *in* M. AILINCAI et S. LAVOREL (dir.), *Exploitation des ressources naturelles et protection des droits de l'homme,* éd. A. PEDONE, Paris, 2013, p. 129.

constitue, à lui seul, un commencement de preuve de probabilité causale, puisque la CEDH ne paraît pas formellement exclure cette hypothèse[1].

581- De l'autre, ces éléments statistiques doivent être *suffisants.* Cela suppose une pluralité d'éléments, juridiquement, un faisceau d'indices. C'est sans doute en partie la raison pour laquelle, la Cour estime que la production du document réalisé par un hôpital de Baia Mare est insuffisante pour établir la probabilité causale. Dans l'affaire *Băcilă c. Roumanie* du 30 mars 2010[2], la Cour a relevé que les documents médicaux attestaient de l'impact de la pollution sur la dégradation de la santé, alors que dans l'arrêt *Tătar et al. c. Roumanie,* un seul document médical avait été fourni. Cette position laisse penser que la pluralité peut s'entendre simplement de plus d'un seul document. À titre de comparaison, dans *l'arrêt Fadeïeva c. Russie* de 2005, la Cour avait reconnu que la causalité pouvait résulter d'un « *faisceau d'indices ou de présomptions non réfutées suffisamment graves, précises et concordantes* ». Elle avait alors requis que soit apportée une « *preuve au-delà du doute raisonnable* » par le recours à ces faisceaux ou présomption[3]. Dans *l'arrêt Brânduşe c. Roumanie* du 7 avril 2009, la Cour a déduit que même si l'altération de la santé n'est pas relevée chez le prisonnier, la décharge et la pollution qu'elle génère produit des effets dangereux pour la santé, et de ce fait reconnu l'existence du lien de causalité[4].

582- Pour ce qui est de la charge de la preuve, la Cour européenne des droits de l'homme affirme dans *l'affaire Tătar* que la victime doit apporter la preuve de causalité. Selon elle, la simple preuve de l'exposition au risque ne postule pas l'existence du lien de causalité avec le préjudice allégué. La CEDH précise que le gouvernement roumain a apporté la preuve de l'absence de causalité entre les maladies et le cyanure de sodium[5], alors qu'elle estime que les requérants n'ont pas apporté la preuve contraire[6]. Dans son opinion partiellement dissidente, le juge Zupančič a d'ailleurs dénoncé ce positionnement, interpellant la Cour sur la question de savoir si les victimes sont réellement en mesure d'apporter la preuve de cette probabilité. Il a ainsi mis en exergue une *probatio diabolica* incombant aux victimes.

583- Fort heureusement, *l'arrêt Băcilă c. Roumanie* a permis à la Cour de rectifier sa position, car dans cette affaire, la Cour a souligné qu'elle tenait compte de la difficulté rencontrée par les requérants à rapporter les

---

[1] *Ibid.,* p. 130.
[2] Voir CourEDH, 30 mars 2010, *Băcilă c. Roumanie*, n° 19234/04.
[3] Voir CourEDH, 2005, *Fadeïeva c. Russie*, § 79.
[4] Voir CourEDH, 7 avril 2009, *Brânduşe c. Roumanie.*
[5] Voir § 78-79 de l'arrêt.
[6] Voir § 105 de l'arrêt.

éléments de preuve. Ainsi que le laisse suggérer l'opinion concordante du juge Zupančič émise dans cette affaire, ce n'est pas tant le poids des preuves apportées par la requérante que l'absence de justification par l'Etat de son inaction face au fonctionnement d'une usine polluante qui a fait la différence.

584- En conséquence, si dans *l'affaire Tătar*, ce sont le nombre et la nature des preuves apportées qui ont été prépondérants, dans l'affaire *Băcilă* en revanche, c'est la difficulté de l'Etat à justifier de son inertie ou de ses actes qui a été pris en compte. La nuance est d'importance, car dans ce dernier arrêt, la Cour semble clairement favoriser la victime et non l'Etat[1].

En fin de compte, quand bien même les dommages seraient qualifiés de réparables par le juge, la réparation des atteintes liées à l'exploitation minière s'avère encore insatisfaisante.

B- La réparation insatisfaisante du dommage environnemental attentatoire à la santé

585- La question que l'on peut se poser ici est celle de savoir sur quels mécanismes juridiques repose la réparation des atteintes à l'environnement, à la santé et à la vie, liés à l'exploitation minière ? Bien plus, pourquoi ces mécanismes ne fonctionnent-ils pas correctement, rendant ainsi incertaine la réparation ?

En effet, ce qui caractérise le dommage écologique, comme c'est le cas avec l'exploitation minière, c'est qu'il est très souvent diffus, fréquemment différé, souvent futur. Cela est particulièrement vrai lorsque le dommage écologique est préjudiciable à la santé[2]. D'une part, la réparation des atteintes liées à l'exploitation minière n'est pas satisfaisante à cause de l'absence de prise en compte des dommages diffus, tardifs et sériels par le droit positif (1). D'autre part, les juges préfèrent le plus souvent la réparation par équivalent des dommages environnementaux au détriment de la réparation en nature (2). Ce qui est quelque peu critiquable dans le domaine de l'exploitation minière où la plupart des atteintes sont d'abord causées à la nature avant de se répercuter sur les humains.

---

[1] A. POMMADE, « L'établissement du lien de causalité entre le dommage subi et l'exploitation des ressources », *in* M. AILINCAI et S. LAVOREL (dir.), *Exploitation des ressources naturelles et protection des droits de l'homme,* éd. A. PEDONE, Paris, 2013, p. 131.

[2] P.-M. DUPUY, « Le droit à la santé et la protection de l'environnement », in *Colloque de l'Académie de droit international de la Haye sur « Le droit à la santé en tant que droit de l'homme »*, La Haye, 27-29 juin 1978, Leyde, A.W Sijthoff et Noordhoff, 1979, p. 391.

1- L'absence de prise en compte des dommages diffus, tardifs et sériels

586- Les atteintes à la santé et à la vie peuvent présenter un *caractère diffus*, notamment lorsque le dommage résulte d'une pluralité de causes, ou bien lorsqu'il est impossible, faute de connaissances scientifiques suffisantes, d'évaluer convenablement le préjudice causé. Cette pluralité de causes ou ces incertitudes scientifiques s'accommodent mal avec la théorie juridique de la causalité adéquate. C'est le cas par exemple de l'effet de certaines substances chimiques utilisées dans l'exploitation minière sur la santé qui défient les règles ordinaires de la responsabilité et de la réparation. Elles mettent notamment en évidence le caractère diffus du dommage et la difficulté de l'imputer à une seule cause. On se contentera, pour en porter témoignage, de citer le rapport du PNUE sur « la santé de l'homme et l'hygiène du milieu »[1] qui affirme que : « *Les effets des substances chimiques sur la santé de l'homme dépendent de leurs propriétés physiques et chimiques, de la fréquence, de la durée, du niveau et du taux d'exposition, de l'absorption de ces substances, du métabolisme et de la capacité de résistance de l'organisme humain. L'effet peut aussi être modifié par le débit d'absorption de la dose totale. Certaines constatations permettent de conclure que des modifications soudaines de l'exposition à des produits chimiques peuvent faire courir des risques particuliers à la santé. En outre, la réaction de l'homme aux substances chimiques est modifiée par des facteurs professionnels, psychologiques et sociaux, et dépend du sexe, de l'âge et de l'état de santé (... .). Le mercure, le cadmium, le plomb et le fluor ont des substances chimiques particulièrement dangereuses pour l'environnement, parce qu'elles peuvent s'accumuler dans l'organisme humain et provoquer des maladies à évolution lente et insidieuse* ». Ainsi, les produits chimiques, en dehors des hypothèses d'exposition brutale et massive à une substance toxique, comme dans le cas célèbre de l'accident de Seveso[2], provoquent-ils des dommages cumulatifs, indirects (notamment lorsque le facteur nocif remonte la chaine alimentaire tel qu'observé dans l'accident de Minamata[3]) et différés. Comme le relève la doctrine, « [l]'accident collectif se distingue de l'accident sériel qui certes a une cause

---

[1] Doc. PNUE, Rapport n° 2, intitulé « Santé de l'homme et hygiène du milieu », Rapport du Directeur exécutif 1977 (janvier 1978), p. 17.

[2] Accident survenu à Seveso (Italie), en 1976, à partir d'une usine produisant du dioxyde de titane. Un large secteur autour de l'usine a dû être évacué et l'on ignore encore l'ampleur exacte des dommages causés à la santé par cet accident, notamment du point de vue génétique.

[3] On sait que les rejets à la mer de déchets à forte teneur de mercure avaient provoqué la mort de nombreuses personnes ayant ingéré du poisson pêché pourtant relativement loin de la zone d'émission. Des malformations génitales et des invalidités perpétuelles avaient également dû être déplorées.

générique génératrice unique, mais des effets éclatés dans le temps et différés »[1].

587- Dans le cas des *dommages sériels* (ensemble de dommages et/ou de faits dommageables ayant une même cause technique)[2], on constate généralement que, dans l'incertitude de la cause du dommage, les premières victimes ne sont pas souvent indemnisées. L'une des difficultés de la mise en œuvre de la responsabilité dans ce type de dommages tient à l'incertitude de la causalité. Bien plus, la définition du dommage réparable exclut généralement les victimes indirectes, ainsi que les victimes de dommages non substantiels et/ou progressifs. Mais plus le nombre de victimes augmente, plus les scientifiques acquièrent la certitude de l'existence d'un lien de causalité, par exemple entre l'utilisation d'une technologie et la maladie. Partant de là, les victimes suivantes sont indemnisées, parce que les juges assouplissent leurs exigences et le législateur peut alors consacrer cette présomption de causalité dans des lois spécifiques[3]. Une évolution du droit est donc possible dans ce sens, car dans ce cas, l'on se retrouve face à ce que la doctrine a qualifié de « risque de développement », qui est un « risque de la connaissance, de la perception et des changements dans la perception »[4].

588- Pour les *dommages tardifs* (dommages qui se manifestent plusieurs années après l'exposition à la source d'atteintes), des limites de la réparation apparaissent, liées notamment à l'écoulement du temps. Ces dommages ne sont pas généralement réparés, bien qu'ils puissent être qualifiés de dommages réparables. Le déclenchement d'une maladie vingt ans après l'exposition, ou la découverte d'une pollution des sols soixante-dix ans après[5], peut empêcher tout simplement la réparation par le jeu des

---

[1] Cité par C. LIENHARD, « Les spécificités de l'indemnisation des victimes d'accidents collectifs », *Gazette du Palais,* n°081, 22 mars 2014.

[2] Ce qui caractérise le dommage en série, selon un auteur, c'est « un éparpillement ou un émiettement dans le temps et l'espace des éléments constitutifs de la responsabilité. ». Voir B. DUBUISSON, « Les dommages en série : responsabilité, assurance et indemnisation », *R.G.A.R.,* 2015, p. 15182. Voir également le site http://www.moureu-avocats.fr/sinistre-seriel-risques-industriels/, consulté le 15 septembre 2019.

[3] Ces deux catégories de victimes subissent un traitement inégal alors que leur dommage provient d'un même fait générateur, mais cette inégalité est déjà consacrée légalement en droit français en matière de responsabilité du fait des produits défectueux par le biais de la notion du **risque de développement** à travers l'article 1386-11 du Code civil.

[4] F. EWALD, « La véritable nature du risque de développement et sa garantie », *Risques,* 1993, n° 14, p. 9, cité par P. OUDOT, « La responsabilité environnementale et le risque de développement », *op. cit.,* p. 167.

[5] Voir dans ce sens l'arrêt de la CA de Paris, 13 fév. 2003, *JCP* 2003, II, 10075. En l'espèce, une société avait cédé en 1994 à une société civile immobilière, un terrain à usage industriel, pour y construire un ensemble immobilier à usage d'habitation. Or fut découverte une pollution produite entre 1928 et 1941, rattachée à l'activité du précédent propriétaire. Ce manquement du vendeur à son obligation d'information vis-à-vis de son acheteur, de

prescriptions de l'action[1]. La théorie classique admet sans doute certains assouplissements à la règle de transitivité absolue du dommage, acceptant parfois de prendre en considération ce qu'à propos de l'analyse des « dommages indirects dans les arbitrages internationaux », Maurice Hauriou appelait des « dommages éloignés »[2].

2- La préférence pour la réparation par équivalent des dommages environnementaux attentatoires à la santé et à la vie au détriment de la réparation en nature

589- Tel que relevé plus haut, réparer un dommage c'est rétablir « aussi exactement que possible l'équilibre détruit par le dommage »[3]. Dans la pratique, « les juridictions judiciaires ordonnent le plus souvent une réparation par équivalent monétaire. Ce qui amène tout de même à se poser la question de savoir d'une part, si le juge tient compte du fait que les atteintes à l'environnement ont généralement des répercussions sur la santé et la vie humaines ? D'autre part, on peut également se demander si le juge opère vraiment un choix judicieux entre la réparation par équivalent et la réparation en nature ? Bien plus, en cas de choix de la réparation par équivalent, comment chiffrer en argent les différents préjudices ? Par ailleurs, les bénéficiaires de ces sommes, en vertu du principe de la libre disposition des fonds qui leur sont alloués, sont-ils tenus de les affecter à une action réparatrice ? En effet, le juge devrait disposer d'un instrument organisant les modalités de la réparation. Comme le relève un auteur, « cet outil n'existe pas actuellement en droit civil, le Code civil étant muet sur les formes de la réparation »[4].

590- Compte tenu du fait que les dégradations environnementales liées à l'exploitation minière portent atteinte par ricochet à la santé et à la vie, le juge devrait en tenir compte dans sa décision. D'une part, il doit condamner

---

l'existence d'une ICPE sur le terrain vendu, a été condamné par la CA de Paris qui a ordonné la remise en état le site pollué.

[1] Par exemple, lorsque sont applicables les articles 1386 et suivant du Code civil français relatif à la responsabilité du fait des produits défectueux, le délai de prescription de l'action est de dix ans après la mise en circulation du bien défectueux et non point à partir de la découverte du dommage contrairement à la règle édictée par le Code civil régissant le droit commun de la responsabilité civile.

[2] M. HAURIOU, « Les dommages indirects dans les arbitrages internationaux », *RGDIP,* 1924, pp. 210-212.

[3] Voir Cass. Civ. 2e, 16 déc. 1970, *Bull.* n° 346 ; Cass. civ., 13 mars 2019, 18-13.059 18-13.075, Inédit ; Cass. civ., 3e, 18 avril 2019, 18-11.582, Inédit ; Cass. civ. 1re, 9 mai 2019, 18-14.839, Inédit ; Cass. soc., 29 mai 2019, 17-23.028, Publié au bulletin ; Cass. Com., 9 juillet 2019, 18-14.031 18-14.453, Inédit.

[4] Y. AGUILA, « Dix propositions pour mieux réparer le dommage environnemental », *Env.*, n° 7, juil. 2012, p. 4.

l'exploitant à la réparation des dommages à la personne (dommages physiques, psychiques ou matériels...) ; d'autre part, il doit également le condamner à la remise en l'état du milieu pour éviter qu'il y ait continuation des atteintes. Il convient pour cela de bien choisir les modalités de réparation qu'il convient d'accorder aux demandeurs[1]. Ainsi, lorsqu'il s'agit d'une atteinte à l'environnement attentatoire à la santé, la réparation doit être à la fois une réparation en nature et par équivalent. La réparation par nature a pour but de remettre l'environnement dans l'état où il se trouvait avant que l'acte dommageable ne se produise. Par contre, la réparation en nature étant parfois impossible pour les dommages irréversibles ainsi que pour la réparation de certains dommages subis par les personnes, seule la réparation par équivalent par le biais de l'octroi des dommages et intérêts paraît adaptée. D'où l'importance que la réparation ne se réduise pas à l'un ou l'autre de ces mécanismes, mais à un choix judicieux entre la réparation par équivalent et la réparation en nature.

591- Initialement, la réparation des dommages miniers était une réparation physique (en nature). Mais peu à peu, on a évolué vers la réparation financière, ce qui génère parfois des conséquences surprenantes. En effet, la réparation financière présente certains inconvénients, notamment le fait qu'elle peut ne pas couvrir en fin de compte les dépenses réelles de remise en état[2]. Dans la mesure où, dans l'exploitation minière, les atteintes sont souvent perpétrées à des valeurs fondamentales à l'instar de l'environnement, de la santé et de la vie, la réparation en argent peut parfois n'être qu'un pis aller. La réparation en nature doit donc être la priorité, encore faut-il que cela soit possible.

Compte tenu du fait que dans l'exploitation minière, la réparation des atteintes à l'environnement, à la santé et à la vie peut se faire par restitution, indemnisation, réadaptation, satisfaction ou garantie de non-répétition[3], il convient de choisir judicieusement les modalités de la réparation qu'il convient d'accorder aux demandeurs[4], en prenant en considération les vues des personnes lésées. Comme le propose la doctrine, « les modalités de la

---

[1] Voir Cass. Civ. 3e, 10 déc. 1969, *JCP*. 1970, II, 323.

[2] I. VAULONT et J.-L. VO VAN QUI, *L'indemnisation des dégâts miniers*, Rapport précité, p. 71.

[3] Voir résolution 60/147 de l'Assemblée générale de l'Onu, 16 déc. 2005 sur les « Principes fondamentaux et directives concernant le droit à un recours et à réparation des victimes de violations flagrantes du droit international des droits de l'homme et de violations graves du droit international humanitaire », partie IX, « Réparation du préjudice subi », AG-NU, Annexe, *Doc.* E/CN.4/2000/62, Principe 21. Selon cette résolution, le terme réparation peut être élargi pour couvrir aussi la *satisfaction* et la *garantie de non-répétition*. Voir MEDEDODE HOUEDJISSIN, *Les victimes devant les juridictions pénales internationales*, Thèse, Université de Grenoble, p. 271, note 719, https://tel.archives-ouvertes.fr/tel-00628543/document, consulté le 5 mars 2020.

[4] Voir Cass. Civ. 3e, 10 déc. 1969, *JCP*. 1970, II, 323.

réparation du dommage environnemental devant le juge civil doivent être définies avec clarté dans la loi, pour mettre fin aux hésitations de la jurisprudence. Il faut en particulier donner clairement la priorité à la réparation en nature »[1]. C'est ce qu'a fait le législateur français qui, grâce à la loi du 8 août 2016 pour la reconquête de la biodiversité, de la nature et des paysages[2], a introduit dans le Code civil, l'article 1249 qui prévoit que la réparation du préjudice écologique s'effectue en priorité en nature. Ce n'est que dans le cas d'une impossibilité de réparation en nature que le juge pourra allouer des dommages et intérêts.

II- La nécessaire amélioration de la réparation du dommage écologique attentatoire à la santé et à la vie

592- L'approche par la faute a montré ses limites, liées aux spécificités du dommage écologique : tantôt la victime ne trouve pas l'exploitant auteur du dommage, tantôt elle l'identifie, mais il parvient à dégager sa responsabilité (en arguant de la force majeure ou de la prescription par exemple), tantôt le juge condamne un responsable qui s'avère insolvable. La question se pose de savoir, par quels mécanismes juridiques la réparation des atteintes à l'environnement, attentatoires à la santé et à la vie, résultant d'une exploitation minière, peut-elle être efficacement réalisée ?

L'inefficacité de certains mécanismes récemment mis au point, conjuguée à la gravité particulière des dommages à la santé et à la vie résultant de l'exploitation minière, constituent sans nul doute une incitation à la recherche de solutions nouvelles. On peut classer ces efforts novateurs autour de deux grands axes. D'une part, on a des tentatives de modification du fondement de la responsabilité (A), d'autre part, on a des tentatives d'assouplissement des règles procédurales (B).

A- La modification du fondement de la responsabilité

593- L'activité minière comporte des risques importants de dommages à l'environnement, attentatoires à la santé et à la vie, y compris lorsqu'elle est conduite selon les règles de l'art. Compte tenu du fait que la preuve du lien de causalité entre l'activité minière et les dommages, *a fortiori* celle de la faute de l'exploitant dans l'exercice de son activité, est parfois difficile à apporter par la victime[3], il devient quasiment impossible d'établir la responsabilité de l'exploitant. Lorsqu'on sait que dans un régime de

---

[1] Y. AGUILA, « Dix propositions pour mieux réparer le dommage environnemental », *précité*.

[2] Voir la Loi n° 2016-1087 du 8 août 2016 pour la reconquête de la biodiversité, de la nature et des paysages, JORF n°0184 du 9 août 2016.

[3] Voir I. VAULONT et J.-L. VO VAN QUI, *L'indemnisation des dégâts miniers,* Rapport précité, p. 27.

responsabilité pour faute, la charge de la preuve incombe à la victime, celle-ci se trouve généralement désarmée et il importe de la décharger du fardeau de la preuve. D'où la nécessité de passer d'une responsabilité pour faute (responsabilité subjective) à une responsabilité sans faute (responsabilité objective) (1). À l'inverse, pour éviter de faire peser des risques trop lourds qui seraient de nature à décourager les exploitants miniers potentiels, l'institution d'une assurance ou d'un fonds d'indemnisation pour la prise en charge des risques miniers seraient des garanties nécessaires à cette objectivation de responsabilité (2).

1- D'une responsabilité pour faute à une responsabilité de plein droit de l'exploitant minier

594- Pour une meilleure réparation des atteintes à la santé et à la vie liées à l'exploitation minière, il convient de transformer la responsabilité civile, notamment son régime à travers son fondement (développement des responsabilités sans faute) et sa nature (responsabilité de plein droit). C'est ce qu'a fait le législateur français en adoptant l'article L.155-3 du Code minier. Cette disposition figurait déjà dans la loi 30 mars 1999 relative à la responsabilité en matière de dommages consécutifs à l'exploitation minière et même dans la loi du 15 juillet 1994 relative à la responsabilité de l'exploitant d'une exploitation minière[1]. Tous ces textes présentent une particularité notable : la responsabilité de plein droit de l'exploitant pour les dommages liés à son activité et une responsabilité subsidiaire de l'État à cet égard[2].

595- Le recours à la responsabilité sans faute participe de la recherche d'un équilibre entre l'exploitation minière et la protection des droits fondamentaux. Dans le domaine des risques professionnels, le droit camerounais a déjà consacré « un régime d'indemnisation des accidents de travail et des maladies professionnelles dérogatoire du droit commun »[3]. Il s'est pour cela inspiré de la loi française du 9 avril 1898 sur les accidents de travail qui avait écarté le régime de la responsabilité civile fondée sur les

---

[1] La loi du 15 juillet 1994, consacrait déjà une responsabilité objective du titulaire du titre minier pendant l'exploitation, dont celui-ci ne pouvait s'exonérer qu'en prouvant la cause étrangère. Mais faute de précisions contraires, le texte n'avait pas vocation à s'appliquer aux dommages survenant après l'arrêt des travaux miniers. Voir Ph. YOLKA, « Nouvelles perspectives du droit minier : la loi n° 99-245 du 30 mars 1999 », *Cahiers juridiques de l'électricité et du gaz* n° 561, Janvier 2000, chron. 100000.

[2] Voir B. WERTENSCHLAG, « La responsabilité de l'exploitant pour dommages consécutifs à l'exploitation minière », *La Semaine Juridique Notariale et Immobilière* n° 51, 22 Décembre 2000, p. 1831.

[3] D. A. WANTOU, *La protection de la santé et de la sécurité des travailleurs en Afrique à la lumière du droit français : l'exemple du Cameroun*, Thèse précitée, p. 208.

articles 1382 et 1383 du Code civil, et dispensé le salarié du fardeau de la preuve en contrepartie de la réparation forfaitaire du préjudice subi. Ainsi, l'article 1er alinéa 2 de la loi camerounaise du 13 juillet 1977 portant réparation et prévention des accidents du travail et des maladies professionnelles, confie la couverture et la gestion des risques professionnels à la caisse nationale de prévoyance sociale (CNPS), même pour les accidents du travail et les maladies professionnelles dont sont victimes les travailleurs d'un employeur non immatriculé, quitte à exercer plus tard un recours contre l'employeur pour la récupération des prestations servies ou en dommages-intérêts[1].

Cependant, compte tenu du fait que cette réparation ne concerne que les travailleurs salariés, il y a lieu également d'envisager un mécanisme d'objectivation qui s'étendrait aussi aux victimes des atteintes non salariées de l'entreprise minière.

596- Contrairement au droit camerounais, le Code minier français se prononce clairement en faveur d'une responsabilité objective de l'explorateur ou de l'exploitant minier. Selon l'article L. 155-3 du Code minier français dans sa rédaction issue de l'ordonnance n° 2011-91 du 20 janvier 2011, « *[l]'explorateur ou l'exploitant, ou à défaut le titulaire du titre minier, est responsable des dommages causés par son activité. Il peut toutefois s'exonérer de sa responsabilité en apportant la preuve d'une cause étrangère…*»[2].

La cause étrangère est généralement « confondue avec la force majeure alors qu'il s'agit là de deux notions bien distinctes. La cause étrangère consiste en un fait ou un événement dont la survenance a pour effet de rompre le lien de causalité entre le fait générateur de responsabilités et le dommage. Par contre, la force majeure ne consiste pas en un fait, mais en plusieurs caractères que la cause étrangère est susceptible d'endosser. Plus précisément, selon que la cause étrangère revêt ou non les caractères de la force majeure, ses effets quant à l'exonération de l'auteur du dommage ne

---

[1] Cf. art. 17 alinéa 6 de la loi n° 77-11 du 13 juillet 1977 portant réparation et prévention des accidents du travail et des maladies Professionnelles.

[2] Voir Ordonnance n° 2011-91 du 20 janvier 2011 portant codification de la partie législative du code minier. Cette disposition correspond à l'article 75-1 du Code minier issu de loi n° 99-245 du 30 mars 1999 relative à la responsabilité en matière de dommages consécutifs à l'exploitation minière et à la prévention des risques miniers après la fin de l'exploitation, disponible sur légifrance à l'adresse : https://www.legifrance.gouv.fr/affichCodeArticle.do?idArticle=LEGIARTI000023504839&cidTexte=LEGITEXT000023501962&dateTexte=20110301, consulté le 3 mars 2020.

seront pas les mêmes »[1]. Classiquement, on attribue à la force majeure trois attributs suivants : l'extériorité[2], l'imprévisibilité[3] et l'irrésistibilité[4].

Lorsque la cause étrangère revêt les caractères de la force majeure, l'auteur du dommage est en principe[5] pleinement exonéré de sa responsabilité. Dans cette hypothèse, la cause étrangère revêtant les caractères de la force majeure a pour effet de faire obstacle à la naissance de l'obligation de réparation, dans la mesure où le lien de causalité est totalement rompu. L'article 34 alinéa 3 de la Convention minière entre la République du Cameroun et l'entreprise minière C&K Mining énumère quelques exemples de force majeure. Cette disposition cite entre autres, les tremblements de terre, les grèves extérieures à la Société d'exploitation, les émeutes, les insurrections, les troubles civils, les sabotages, les actes de terrorisme, les guerres, les embargos, les épidémies, les inondations, les incendies ou encore la foudre[6].

Par contre, lorsque la cause étrangère ne revêt pas les caractéristiques de la force majeure, il convient de distinguer selon que la cause étrangère consiste en une faute de la victime (exonération partielle)[7] ou selon qu'elle se manifeste sous la forme du cas fortuit (pas d'exonération de

---

[1] Voir A. BAMDE, https://aurelienbamde.com/2016/09/25/le-lien-de-causalite/, consulté le 5 mars 2020.

[2] « On dit de la force majeure qu'elle doit être extérieure, en ce sens que sa survenance ne doit pas être imputable à l'auteur du dommage ». Voir A. BAMDE, https://aurelienbamde.com/2016/09/25/le-lien-de-causalite/, consulté le 5 mars 2020.

[3] « L'imprévisibilité suppose que le défendeur n'a pas pu prévoir la réalisation de la cause étrangère. Autrement dit, il n'a pas pu prendre les précautions nécessaires pour empêcher la production du dommage, dans la mesure où rien ne lui permettait de l'anticiper ». Voir A. BAMDE, précité.

[4] « Par irrésistible, il faut entendre l'impossibilité pour l'auteur du dommage d'exécuter l'obligation dont il est débiteur. Autrement dit, il est dans l'incapacité absolue d'empêcher que la cause étrangère ne survienne ». Voir A. BAMDE, précité.

[5] Les exceptions concernent la faute de l'auteur du dommage (Cass. com., 19 juin 1951) ; la responsabilité en matière d'accidents de la circulation (art. 2 de loi française n° 85-677 du 5 juillet 1985 tendant à l'amélioration de la situation des victimes d'accidents de la circulation et à l'accélération des procédures d'indemnisation qui interdit toute possibilité d'exonération), la responsabilité du fait des produits défectueux (art. 1245 alinéas 10, 13 et 14 du Code civil français) et les aménagements contractuels de responsabilité (parties sont-elles libres, de prévoir des causes limitatives de responsabilité, en excluant, par exemple, certaines causes d'exonération). Sur l'ensemble de la question, Voir A. BAMDE, https://aurelienbamde.com/2016/09/25/le-lien-de-causalite/, consulté le 5 mars 2020.

[6] La Convention minière entre la République du Cameroun et C&K Mining Inc. avait été signée le 09 juillet 2010.

[7] « Dans l'hypothèse où la cause étrangère ne revêt pas les caractères de la force majeure, la faute de la victime, qui a concouru à la réalisation du préjudice, exonère partiellement le défendeur de sa responsabilité, au prorata du degré d'implication de chacun dans la production du dommage ». Voir Cass. civ. 2e, 11 avr. 2002 ; Cass. civ. 2e, 29 avr. 2004 ; Cass. civ. 2e, 22 oct. 2009, cité par Voir A. BAMDE, précité.

responsabilité)[1], du fait d'un tiers (exonération partielle ou non selon le cas)[2] ou encore du fait non-fautif de la victime (pas d'exonération de responsabilité)[3].

597- Au regard de ce qui précède, il est indispensable de déconnecter l'indemnisation des dommages miniers de la reconnaissance de la faute. Le régime d'objectivation de la responsabilité civile délictuelle, plus protecteur des victimes que le régime pour faute du Code civil, est d'origine prétorienne. Avant sa consécration textuelle, il a progressivement été construit par le juge français en deux étapes. Premièrement, il s'est prononcé en 1841 pour un régime de présomption de faute[4] ; deuxièmement, il s'est prononcé en 1852 pour un régime de présomption de responsabilité[5],

---

[1] « Dans l'hypothèse où le cas fortuit (événement naturel ou action collective) ne revêt pas les caractères de la force majeure, l'auteur du dommage ne saurait bénéficier d'une exonération, même partielle, de sa responsabilité (*Cass. civ. 2e, 30 juin 1971).* Il est tenu d'indemniser la victime du préjudice pour le tout ». Voir A. BAMDE, https://aurelienbamde.com/2016/09/25/le-lien-de-causalite/, consulté le 5 mars 2020.

[2] « Dans l'hypothèse où le fait d'un tiers ne revêt pas les caractères de la force majeure, il convient de distinguer deux situations : d'une part, si la responsabilité de l'auteur du dommage est recherchée sur le fondement de la faute, celui-ci pourra s'exonérer de sa responsabilité à concurrence du degré d'implication du fait du tiers dans la production du dommage. Autrement dit, la victime pourra rechercher la responsabilité du défendeur et du tiers *in solidum.* D'autre part, si la responsabilité de l'auteur du dommage est recherchée sur le fondement d'une responsabilité objective, ce dernier ne pourra pas s'exonérer de sa responsabilité. Il sera tenu de réparer le dommage subi par la victime dans son intégralité, à charge pour lui d'exercer un recours contre le tiers afin d'obtenir, par ce biais, un partage de responsabilité ». Voir A. BAMDE, https://aurelienbamde.com/2016/09/25/causes-dexoneration-cause-etrangere-et-force-majeure/, consultée le 16 septembre 2019.

[3] La Cour de cassation considère que lorsque le fait non-fautif de la victime a concouru à la production du dommage, le défendeur n'est pas fondé à s'exonérer de sa responsabilité. Dans un *arrêt Desmares du 21 juillet 1982,* la Cour de cassation française a jugé en ce sens que « *seul un événement constituant un cas de force majeure exonère le gardien de la chose, instrument du dommage, de la responsabilité par lui encourue par application de l'article 1384, alinéa 1, du Code civil ; que, dès lors, le comportement de la victime, s'il n'a pas été pour le gardien imprévisible et irrésistible,* ***ne peut l'en exonérer, même partiellement*** » (*Cass. Civ. 2e, 21 juill. 1982*). C'est le système du tout ou rien qui est ici instauré par la Cour de cassation. Autrement dit, soit le fait non-fautif de la victime revêt les caractères de la force majeure, auquel cas l'exonération est totale, soit il ne revêt pas les caractères de la force majeure et, dans ce cas, l'auteur du dommage est infondé à s'exonérer de sa responsabilité, même partiellement ! Si la jurisprudence Desmares a été abandonnée par la Cour de cassation, notamment dans trois arrêts du 6 avril 1987, lorsqu'une faute est imputable à la victime (*Cass. civ. 2e, 6 avr. 1987*), elle a toujours vocation à s'appliquer lorsque le comportement de celle-ci est non-fautif.

[4] Cass, 7 janvier 1841, de Davenède, cité par I. VAULONT et J.-L. VO VAN QUI, *L'indemnisation des dégâts miniers,* Rapport précité, p. 27, note 28.

[5] Cass, 16 novembre 1852, Mines de la Loire, cité par I. VAULONT et J.-L. VO VAN QUI, précité.

autrement dit, pour un régime de responsabilité sans faute[1] complété d'un renversement de la charge de la preuve en 1994[2].

598- Compte tenu du fait qu'en droit français, l'opérateur minier ne peut être exonéré de sa responsabilité qu'en apportant la preuve d'une cause étrangère à son activité, le législateur instaure un système de responsabilité objective. Cette responsabilité objective de l'exploitant minier ne tombe que dans deux cas : par la preuve d'une cause étrangère, c'est-à-dire un fait extérieur à la volonté de l'exploitant, ou par la preuve d'une force majeure (cause étrangère présentant les caractères d'extériorité, d'imprévisibilité et d'irrésistibilité). Autrement dit, la responsabilité de l'exploitant minier ne tombe pas par la seule démonstration qu'il n'avait pas commis de faute. L'exploitant est tenu de réparer les dommages résultant de son activité, sauf en cas de survenance d'une cause étrangère ou d'un cas de force majeure. Une telle piste d'objectivation de la responsabilité des exploitants miniers mérite d'être suivie par le législateur camerounais, en vue d'une meilleure réparation des atteintes à la santé et à la vie résultant de l'exploitation minière.

599- Toutefois, il convient de souligner que l'objectivation de la responsabilité n'est pas exempte de critiques. Par exemple, François Ost, voit en la suppression de la faute un réel danger. Selon lui, « en banalisant la faute, en l'escamotant même au profit de mécanismes automatiques et parfois collectifs de réparation, on déresponsabilise les opérateurs économiques »[3]. Selon d'autres auteurs, cette suppression de la faute conduirait à l'immobilisme des exploitants miniers[4]. Pour une partie de la doctrine privatiste, « une responsabilité sans faute est une fiction, peut-être dictée par de nobles considérations de politique juridique, mais qui ne peuvent faire disparaître la contradiction dans les termes »[5]. Christian Atias

---

[1] Le «*risque de mouvements du sol [est la] contrepartie normale de toute exploitation minière*» Cass, novembre 1987, n° de pourvoi: 86-13455.

[2] Voir la loi n° 94-588 du 15 juillet 1994 modifiant certaines dispositions du code minier et l'article L. 711-12 du code du travail, JO n° 163 du 16 juillet 1994. En effet, selon l'article 75-1 de cette loi, « *L'exploitant ou le titulaire d'un permis exclusif de recherches est responsable des dommages causés par son activité. Il peut toutefois s'exonérer de sa responsabilité en apportant la preuve d'une cause étrangère* ». Voir http://www.mineralinfo.fr/sites/default/files/upload/documents/20171122_code_minier_lr_v1 0-0-0-print.pdf, consulté le 5 mars 2020.

[3] Voir F. OST, « La responsabilité, fil d'Ariane du droit de l'environnement », précité, pp. 288-289.

[4] Ph. Le TOURNEAU, « Responsabilité : généralités », *in Rép. droit civil, Dalloz*, 2009, § 118.

[5] *Ibid.*, § 107.

parle à ce sujet d'un impossible divorce entre la faute et la responsabilité civile[1].

Malgré la pertinence de ces analyses, le principe de responsabilité sans faute trouve aujourd'hui un intérêt public et pratique, puisqu'il permet la réparation des atteintes, indépendamment du comportement de leurs auteurs. La mutualisation des risques par le recours aux mécanismes assurantiels apparaît de ce fait comme une garantie nécessaire à l'objectivation de la responsabilité.

2- Les garanties de l'objectivation de la responsabilité : la mutualisation des risques ou le recours aux mécanismes assurantiels

600- L'assurance est définie comme « une convention par laquelle, en contrepartie d'une prime, l'assureur s'engage à garantir l'assuré en cas de réalisation d'un risque prévu par le contrat »[2]. « Parce qu'elle apporte une protection financière contre des risques par nature incertains et permet ainsi de se prémunir contre les aléas du futur, l'assurance répond au besoin de sécurité des hommes »[3], et dans une large mesure, au besoin de protection de l'environnement. Compte tenu du fait que le risque d'atteintes à l'environnement, à la santé et à la vie est très élevé dans l'exploitation minière, la responsabilité pour faute des exploitants miniers se traduit sans doute par une augmentation des primes d'assurance, et le cas échéant, par des difficultés accrues pour l'assurance de certaines activités minières.

601- L'objectivation de la responsabilité, qui instaure une responsabilité de plein droit, implique nécessairement des mécanismes de garantie du risque, imposant à l'exploitant qui a causé un dommage de le réparer, même s'il apporte la preuve qu'il n'a commis aucune faute. Avec l'objectivation de la responsabilité, le centre de gravité du droit de la responsabilité passe de l'auteur du dommage à la victime[4]. Ainsi, la « théorie du risque »[5] prend le

---

[1] Voir Chr. ATIAS, « L'impossible divorce de la faute et de la responsabilité civile », *Rec. D.* 1997, p. 4. Même si la faute persiste comme fondement de la responsabilité, elle change de terrain : ce n'est plus nécessairement la faute qui entraîne le dédommagement, mais le risque auquel l'exploitant minier expose autrui (employés et populations riveraines).

[2] M. CHAGNY et L. PERDRIX, *Droit des assurances,* 2e éd., LGDJ, Coll. Manuel, 2013, p. 28.

[3] *Ibid.,* p. 17.

[4] Ph. Le TOURNEAU, « Responsabilité : généralités », *in Rép. droit civil, Dalloz*, 2009, § 161.

[5] Contrairement à la « théorie de la garantie » invntée par Boris Starck, la « théorie du risque » a été mise mise sur pied par Saleilles et Josserand. Elle a plusieurs variantes : « la théorie du risque profit » (elle signifie que la personne qui a profité de l'activité à l'origine du risque ayant entrainé le dommage doit être considéré comme responsable. Ainsi, dès lors qu'on entreprend une activité dangereuse comme l'exploitation minière, dont on tire profit, il

relais de l'imputation de la faute, et les mécanismes de solidarité financière et de mutualisation des risques (fonds d'indemnisation et, à la limite, interventions publiques financées par l'impôt…) se substituent aux réparations privées[1]. En effet, la mutualisation des risques par le recours aux fonds d'indemnisation permet de dégager des moyens nécessaires à la réparation des atteintes liées à l'exploitation minière. Dans ces conditions, force est de constater que l'objectivation de responsabilité et les mécanismes financiers de réparation qui en découlent, participent de la recherche de l'équilibre entre le développement économique par l'exploitation minière et la protection des droits fondamentaux.

602- C » est sans doute pour atteindre cet objectif de conciliation, que le recours aux mécanismes assurantiels est rendu obligatoire à l'égard des travailleurs salariés. D'une part, la loi portant réparation et prévention des accidents du travail et des maladies professionnelles dispose que « *[t]out employeur… est tenu de s'affilier à la Caisse Nationale de Prévoyance Sociale* »[2]. D'autre part, et de manière spécifique, l'article 133 (7) du Code minier dispose que « ... *tous les titulaires des titres miniers, des autorisations et des permis d'exploitation des carrières à l'exception des artisans miniers et des exploitants des carrières artisanales à des fins domestiques sont tenus de souscrire une police d'assurance de nature à couvrir toute responsabilité civile et tout dommage pouvant résulter de leurs activités, dans les conditions et suivant les modalités fixées par voie réglementaire* ».

603- Il est évident que si le recours aux assurances était laissé à la discrétion des exploitants miniers, bon nombre d'entre eux ne satisferaient pas à cette exigence. Comme le constate le Professeur Geneviève Viney, il apparaît que tant que l'assurance n'est pas obligatoire, beaucoup d'éventuels responsables ne la souscrivent pas, et cette propension est même inversement proportionnelle à la solvabilité des intéressés. Plus loin, elle affirme que « le développement et l'extension des responsabilités civiles, s'ils ne sont pas accompagnés d'un développement parallèle de l'assurance, risquent en effet

---

est équitable que l'on supporte aussi les risques qu'elle entraîne) ; la « théorie du risque créé » (elle signifie que celui qui a donné naissance au risque de survenance du dommage est responsable) ; et la « théorie du risque autorité » (elle est plus récente et traduit les différentes hypothèses de la responsabilité du fait d'autrui). https://cours-de-droit.net/de-la-responsabilite-pour-faute-a-la-theorie-du-risque-et-la-theorie-g-a121606280/, consulté le 7 mars 2020.

[1] Voir F. OST, « La responsabilité, fil d'Ariane du droit de l'environnement », précité, pp. 287-288.

[2] Selon les dispositions de l'article 7 de la loi n° 77-11 du 13 juillet 1977 portant réparation et prévention des accidents du travail et des maladies professionnelles, « *Tout employeur utilisant les services des personnes visées à l'article 1er du paragraphe 2 du code du travail est tenu de s'affilier à la Caisse Nationale de Prévoyance Sociale* ».

d'apporter une protection purement théorique »[1]. Dans le même sens, d'autres auteurs affirment que la responsabilité sans assurance n'est que « pure théorie »[2].

604- Malgré la consécration d'un régime de responsabilité objective (avec une réparation plafonnée), il demeure nécessaire de maintenir en vigueur des possibilités de mise en cause de la responsabilité civile (réparation intégrale), et parfois même pénale, des exploitants fautifs. En effet, le plafonnement des montants de la réparation qui accompagne les systèmes de responsabilité objective conduit souvent les plaideurs à préférer suivre les voies classiques de la responsabilité pour faute qui, quoique plus aléatoires, se révèlent parfois plus rentables. Les victimes de la marée noire de l'Amoco-Çadiz l'ont bien compris, eux qui ont préféré aller plaider aux États-Unis, sur la base de la responsabilité classique, plutôt que de bénéficier en France du système de responsabilité objective (plafonnée) mis en place par la Convention de Bruxelles du 29 novembre 1969 sur la responsabilité pour les dommages dus à la pollution par les hydrocarbures[3]. Il est également indispensable qu'en cas d'intervention de la compagnie d'assurance ou du fonds d'indemnisation (indispensable souvent pour assurer un dédommagement certain des victimes), soit maintenue la possibilité d'une action récursoire de ceux-ci à rencontre de l'opérateur économique dont la responsabilité pourrait être établie[4].

B- L'assouplissement des règles procédurales

605- De nombreuses demandes d'évolution des règles de mise en œuvre de la responsabilité en cas de dégâts miniers ont été formulées par la doctrine et les associations de défense des victimes notamment. Une étude approfondie permet d'envisager le renversement de la charge de la preuve du dommage (1) et la précision de l'étendue du dommage minier réparable (2).

1- Le renversement de la charge de la preuve du dommage minier réparable

606- En droit civil, dans le cadre du régime de la responsabilité pour faute, « la preuve est la démonstration de la réalité d'un fait, d'un état, d'une circonstance ou d'une obligation, dans le but de faire valoir une prétention,

---

[1] G. VINEY, *Introduction à la responsabilité*, 3e éd., LGDJ, coll. Traités, 2008, § 62, p. 139.
[2] A. FAVRE-ROCHEX, G. COURTIER et G. DURRY, *Le droit des assurances obligatoires*, LGDJ, coll. Droit des affaires, 2000, p. 31.
[3] Voir J. P. BEURIER, *Droit international de l'environnement*, 5e éd. Pedone, 2017, pp. 128-130.
[4] Voir F. OST, « La responsabilité, fil d'Ariane du droit de l'environnement », précité, pp. 288-289.

c'est-à-dire l'objet d'une demande »[1] à laquelle une partie engagée dans une procédure judiciaire sollicite qu'il lui soit fait droit. Il s'agit d'une notion fondamentale, car en cas de contestation, ne pas pouvoir prouver son droit revient à ne pas en avoir.

En cas d'atteintes à la santé ou à la vie résultant de l'exploitation minière, la victime ou ses ayants droit doivent d'abord faire la preuve que le dommage est d'origine minière, ce qui n'est pas toujours évident. Bien plus, l'exploitant peut dégager sa responsabilité s'il peut prouver que le dommage invoqué ne résulte pas de son activité. Lorsque l'exploitant n'a pas la volonté de régler ces différends à l'amiable, la victime peut faire face à des années de procédures qui peuvent être fort coûteuses pour elle. Cette confrontation inégale, qui aboutit à ce que certaines victimes renoncent à défendre leurs droits, peut être perçue comme une injustice[2].

607- Ainsi, face aux difficultés rencontrées par certaines victimes (dans un régime de responsabilité pour faute), pour obtenir la réparation de leur dommage, il convient dans un régime de responsabilité sans faute, de les décharger du fardeau de la preuve. Ce renversement de la charge de la preuve est nécessaire pour faciliter l'accès de la victime à la réparation pour la victime qui voudrait faire valoir ses droits devant les juridictions. Dans son observation générale n° 24 (2017), le CODESC déclare que « *D'autres obstacles se posent à l'accès effectif à des voies de recours pour les victimes de violations des droits de l'homme dues aux activités des entreprises, notamment la difficulté d'accéder aux renseignements et aux éléments de preuve qui leur permettront d'étayer leur plainte, car bon nombre d'entre eux sont souvent entre les mains de l'entreprise défenderesse* »[3]. À cet effet, « *il pourra être justifié de déplacer la charge de la preuve lorsque les faits et les événements à prendre en considération pour donner suite à une plainte relèvent, complètement ou en partie, de la connaissance exclusive de l'entreprise défenderesse* »[4].

---

[1] Voir, https://www.huissier-bellet.fr/les-constats, consulté le 5 mars 2020.

[2] I. VAULONT et J.-L. VO VAN QUI, *L'indemnisation des dégâts miniers,* Rapport précité, pp. 96-97.

[3] Voir Comité des droits économiques, sociaux et culturels, *Observation générale n° 24 (2017) sur les obligations des États en vertu du Pacte international relatif aux droits économiques, sociaux et culturels dans le contexte des activités des entreprises*, adoptée par le CODESC lors de sa 61e session (29 mai-23 juin 2017, Distr. générale 10 août 2017, E/C.12/GC/24, § 42.

[4] Le CODESC l'a fait observer dans le contexte particulier des poursuites pour allégations de discrimination : voir observation générale n° 20, par. 40. Voir aussi A/HRC/32/19, annexe, par. 12.5 (pour les affaires civiles) et par. 1.7 (pour les affaires pénales et quasi pénales).

2- La précision de l'étendue spatio-temporelle du dommage minier réparable

608- Pour améliorer la réparation des atteintes à la santé et à la vie liées à l'exploitation minière, il convient de préciser le domaine ou l'étendue du dommage minier réparable, à la fois dans le temps et dans l'espace. Généralement, par application de la méthode sectorielle, seul le secteur réglementé retient pleinement l'attention du législateur, les autres secteurs, non moins dignes d'intérêt, étant relégués au second plan, quand ils ne restent pas purement et simplement dans l'ombre. Dès lors, le droit ne prend en charge, au mieux, qu'une partie des impacts. Il convient de ce fait de bien préciser l'étendue spatio-temporelle du dommage minier réparable.

609- *Du point de vue spatial*, la responsabilité de l'exploitant minier ne doit pas simplement être limitée au périmètre du titre minier. À ce sujet, l'article L. 155-3 du Code minier français dans sa rédaction issue de l'ordonnance n° 2011-91 du 20 janvier 2011[1] précise clairement que « *Cette responsabilité n'est pas limitée au périmètre du titre minier ni à la durée de validité du titre* »[2]. Autrement dit, dès lors que le fait générateur d'un sinistre est bien lié à l'activité minière de l'exploitant, la responsabilité de ce dernier doit être établie à raison de dommages, même très éloignés de la mine et apparus hors de son périmètre, à la condition toutefois qu'il soit clairement établi un lien de causalité entre le fait générateur (l'activité minière) et le dommage.

610- *Du point de vue temporel,* la responsabilité de l'exploitant minier ne doit pas non plus se limiter aux dommages survenant pendant la durée de la concession. À cet effet, l'article 136 alinéa 5 du Code minier dispose que « *l'ancien exploitant demeure responsable de tout préjudice découvert ultérieurement en relation avec ses précédentes activités sur le site* »[3]. Depuis 1900, le juge français a constamment considéré que la responsabilité

---

[1] Voir Ordonnance n° 2011-91 du 20 janvier 2011 portant codification de la partie législative du code minier. Cette disposition correspond à l'article 75-1 du Code minier issu de loi n° 99-245 du 30 mars 1999 relative à la responsabilité en matière de dommages consécutifs à l'exploitation minière et à la prévention des risques miniers après la fin de l'exploitation, disponible sur légifrance à l'adresse : https://www.legifrance.gouv.fr/affichCodeArticle.do?idArticle=LEGIARTI000023504839&cidTexte=LEGITEXT000023501962&dateTexte=20110301. Pour une meilleure correspondance entre les dispositions des deux Codes, V. http://www.mineralinfo.fr/sites/default/files/upload/documents/20171122_code_minier_lr_v10-0-0-print.pdf, consulté le 3 juillet 2019.

[2] Cf. art. L. 155-3 du Code minier français, disponible sur légifrance à l'adresse : https://www.legifrance.gouv.fr/affichCodeArticle.do?idArticle=LEGIARTI000023504839&cidTexte=LEGITEXT000023501962&dateTexte=20110301, consultée le 4 mars 2020.

[3] Cf. art. 136 alinéa 5 de la loi n°2016/17 du 14 décembre 2016 portant Code minier.

de l'exploitant minier a un caractère personnel. Autrement dit, elle ne se transmet pas d'un exploitant à l'autre en même temps que le titre minier, mais demeure la responsabilité de la personne juridique qui avait la qualité d'exploitant au moment de l'activité ayant causé le dommage[1].

611- Au regard de ce qui précède, il convient de promouvoir une approche globale fondée sur la notion de « cycle de vie », en intégrant le fait que les activités minières (exploration, exploitation, fermeture et post-fermeture) ont des impacts sur plusieurs parties prenantes différentes et sur les diverses composantes de l'environnement, localement et globalement. Ces impacts peuvent se produire sur une durée temporelle qui excède la vie de la mine. Ainsi, dans une vision optimale de la responsabilité des entreprises minières, celles-ci peuvent évaluer la performance de leurs activités en matière de développement durable, en communiquer les résultats puis en rendre compte aux parties prenantes pour chacune des étapes du cycle de vie[2]. Afin d'encourager la démarche de durabilité dans le secteur minier, il est indispensable d'avoir une vision à long terme avec une portée globale des enjeux. Une telle vision permet de mettre en place des mesures optimales de minimisation des impacts de l'industrie minière sur les générations actuelles et futures.

612- Il est souvent arrivé « *que d'anciens concessionnaires soient recherchés longtemps après l'arrêt des travaux pour des dégâts résultant d'exploitations abandonnées*»[3]. Mais est-ce pour autant dire que la responsabilité des exploitants miniers est une responsabilité sans fin ? Compte tenu du fait que « Le pouvoir de police ne s'éteint jamais »[4], on aurait pu croire l'ordre public intemporel, compte tenu des intérêts protégés, permettant ainsi à l'autorité administrative (préfet), de mettre en œuvre ses pouvoirs de police aussi longtemps que subsiste l'un des dangers ou inconvénients pour ces intérêts[5].

613- Tel n'est pourtant pas le cas, puisque le principe de sécurité juridique s'oppose à des obligations perpétuelles. D'où la nécessité d'un « rééquilibrage opportun [libérant] les exploitants de leurs obligations, sous l'effet conjugué de l'écoulement du temps et de l'inaction de

---

[1] I. VAULONT et J.-L. VO VAN QUI, *L'indemnisation des dégâts miniers,* Rapport précité, p. 28.

[2] CHAIRE EN ECO-CONSEIL, *L'industrie minière et le développement durable*, *op. cit.*, p. 46.

[3] C. cass., civ. 2e, 23 nov. 1988, n° de pourvoi: 87-16965, publié au bulletin.

[4] Voir les conclusions de M. Guyomar sous CE. ass, 8 juillet 2005, n° 247976, *AJDA,* 2005, 1829.

[5] Ph. BILLET, obs. sous CE. ass., 8 juillet 2005, *in* Ph. BILLET et E. NAIM-GESBERT (dir.), *Les grands arrêts du droit de l'environnement*, Dalloz 2017, p. 363.

l'administration »[1]. Dans *l'arrêt Société Alusuisse-Lonza-France* du 8 juillet 2005[2], le juge avait clairement décidé que « les principes dont s'inspire l'article 2262 du Code civil font obstacle à ce que le préfet impose à l'exploitant, à son ayant droit ou à la personne qui s'est substituée à lui la charge financière des mesures à prendre au titre de la remise en état d'un site lorsque plus de trente ans se sont écoulés depuis la date à laquelle la cessation d'activité a été portée à la connaissance de l'administration, sauf dans le cas où les dangers ou inconvénients présentés par le site auraient été dissimulés »[3]. Autrement dit, à défaut de prescription spéciale plus courte, il convient d'appliquer la prescription trentenaire de l'article 2262 du Code civil.

614- A titre d'illustration, en matière d'exploitation des substances radioactives, la loi camerounaise du 19 juillet 2019 sur la sûreté radioactive et nucléaire est assez précise sur la question. Selon l'article 92 de ce texte, « *Le droit à la réparation des dommages nucléaires est éteint si aucune action n'est intentée : dans un délai de trente (30) ans à compter de la date de l'accident nucléaire en cas de décès ou de dommage aux personnes ; dans un délai de dix (10) ans à compter de la date de l'accident nucléaire pour tous les autres dommages nucléaires* »[4]. Dans le même sens, l'article L. 152-1 du Code français de l'environnement dans sa rédaction issue de la loi française du 8 août 2016, dite loi pour la reconquête de la biodiversité, de la nature et des paysages[5], prévoit une prescription spéciale de dix sans. Selon ce texte, « *[l]es obligations financières liées à la réparation des dommages causés à l'environnement par les installations, travaux, ouvrages et activités régis par le présent code se prescrivent dix ans à compter du jour où le titulaire de l'action a connu ou aurait dû connaitre la manifestation du dommage* »[6].

---

[1] Voir les conclusions du Commissaire du gouvernement Mathias Guyomar sous CE. ass, 8 juillet 2005, n° 247976, *AJDA,* 2005, 1829.

[2] CE. ass, 8 juillet 2005, n° 247976, *AJDA,* 2005, 1829, concl. M. GUYOMAR et obs. C. LANDAIS et N. LENICA ; *JCP A*, 2006, n° 1014, note D. KOKOROKO ; *RFDA* 2006, 375, obs. B. Plessix ; *Dr. adm.*, 2005, n° 138 ; *Dr. env.*, 2005, n° 132, obs. M. GROS et D. DEHARBE ; *Env.* 2005, n° 67, obs. P. TROUILLY ; *LPA,* 29 sept. 2005, n° 190, p. 5 obs. Fr. BRAUD et A. MOUSTARDIER ; *JCP* 2006, II, 10001, obs. Fr.-G. TREBULLE.

[3] **Voir C. E., Ass., 08/07/2005, 247976, Rec. Lebon,** *https://www.conseil-etat.fr/ressources/decisions-contentieuses/dernieres-decisions-importantes/analyse-n-247976-societe-alusuisse-lonza-france*, **consulté le 4 avril 2019.**

[4] Cf. article 92 de la loi n° 2019/012 du 19 juillet 2019 portant cadre général de sûreté radiologique et nucléaire, de sécurité nucléaire, de responsabilité civile et de l'application des garanties.

[5] Voir Loi n° 2016-1087du 8 août 2016, JORF n°0184 du 9 août 2016.

[6] Cf. art. L. 152-1 du Code français de l'environnement, disponible sur légifrance à l'adresse : https://www.legifrance.gouv.fr/affichCodeArticle.do?idArticle=LEGIARTI000033033531&cidTexte=LEGITEXT000006074220&dateTexte=20160810, consulté le 7 juin 2017.

615- En matière d'atteintes à l'environnement, attentatoires à la santé et à la vie, deux points de départ pour le délai de prescription sont en principe envisageables : le jour où il y a eu atteinte à l'environnement et le jour où l'atteinte à l'environnement a causé le dommage. Imaginons un déversement de mercure par un exploitant minier dans la nature qui va plus tard polluer la nappe phréatique. Entre le moment de la pollution du sol et celui de la pollution de la nappe phréatique (réalisation effective du dommage), dix ans, vingt ans, voire plus peuvent s'écouler. Dans ce cas, il faut prendre comme point de départ du délai de prescription, non pas le jour du déversement, mais le jour de la réalisation effective de l'atteinte.

Parvenu au terme de cette section, le constat est clair : le droit civil classique de la responsabilité ne permet pas aujourd'hui de répondre clairement à l'objectif de réparation des atteintes à l'environnement, à la santé et à la vie dans l'exploitation minière. D'où la nécessité de l'adapter aux défis de notre temps.

Section II : Le renouvellement des règles de mise en jeu de la responsabilité

616- Tel que relevé plus haut, l'inefficacité du droit classique de la responsabilité civile pour la réparation des dommages miniers se justifie par le fait que ces dommages sont pour la plupart des dommages écologiques pouvant avoir une incidence sur la santé et sur la vie. Or, comme le relève le Professeur François Ost, le droit de la responsabilité écologique obéit à des règles spécifiques. Selon cet auteur, le droit de la responsabilité écologique apparaît comme « un dispositif complexe dont les différents éléments constitutifs sont en relation d'interaction dialectique; en amont : la prévention sous toutes ses formes; au centre : la faute, pénale dans les cas les plus scandaleux, civile dans les hypothèses de responsabilité bien individualisée; en bordure du centre, les extensions de la responsabilité : présomptions, simples ou irréfragables, de faute, puis, au terme de l'évolution, la responsabilité objective : dans ce cas, le risque qui occupe la première place et le droit de la responsabilité a changé de centre de gravité ; finalement, en aval : l'assurance et les fonds de compensation »[1]. La prise en compte de toutes ces considérations nécessite donc un renouvellement des règles de mise en jeu de la responsabilité dans l'exploitation minière. Pour une meilleure réparation des dégâts liés à l'exploitation minière, le droit civil est amené à accueillir des principes du droit de l'environnement, principes qui n'ont malheureusement pas été conçus dans la perspective interpersonnelle qui est celle du droit civil, mais qui pourtant sont devenus

[1] Voir F. OST, « La responsabilité, fil d'Ariane du droit de l'environnement », précité, pp. 286-287.

incontournables, notamment avec l'émergence de nouveaux aspects de l'ordre public[1].

617- En droit européen par exemple, le droit de la responsabilité environnementale connaît de profondes transformations. À titre d'illustration, deux directives datant respectivement de 1985[2] et de 2004[3] ont mis en place un régime *sui generis*, permettant la réparation du dommage écologique. Ces deux textes consacrent ce que la doctrine appelle « le risque de développement »[4], pour désigner ces situations limites où l'événement dommageable a lieu alors même que tout a été mis en œuvre pour l'éviter et qu'aucune faute ne peut être reprochée à l'auteur du dommage en l'état des connaissances scientifiques et techniques. Dans le même sillage, on peut évoquer la Convention de Lugano de 1993 sur la responsabilité civile des dommages résultant d'activités dangereuses pour l'environnement, qui reconnait également le risque le développement[5], et qui a été à l'origine de nombreux changements dans le domaine de la responsabilité environnementale.

En ce qui concerne la réparation des dommages miniers, le renouvellement des règles de mise en jeu de la responsabilité suppose de mettre en avant le rôle stratégique de la répression pénale des atteintes (I) et de dépasser les règles classiques de mise en jeu de la responsabilité (II).

I- Le rôle stratégique de la répression pénale des atteintes

618- Les dommages liés à l'exploitation minière étant avant tout des dommages environnementaux pouvant être attentatoires à la santé et à la vie, il convient de relever que le droit pénal intervient de plus en plus en droit de l'environnement, en vue d'une répression efficace de la délinquance écologique[6]. L'efficacité du droit de pénal est fondée sur l'application des

---

[1] F.-G. TREBULLE, « Réflexions introductives », *in* C. CANS (dir.), *La responsabilité environnementale : prévention, imputation, réparation*, Dalloz 2009, p. 4.

[2] Voir la directive n° 85-374 du 25 avril 1985 sur la responsabilité du fait des produits défectueux, JOCE L 210 du 7 août 1985 p. 29.

[3] Voir la directive n° 2004-35 du 21 avril 2004 sur la responsabilité environnementale, Journal officiel de l'Union européenne, L 143/65 du 30 avril 2004.

[4] P. OUDOT, « La responsabilité environnementale et le risque de développement », *in* C. CANS (dir.), *La responsabilité environnementale : prévention, imputation, réparation*, Dalloz 2009, p. 163.

[5] Cf. article 35.1, b de la *Convention sur la responsabilité civile des dommages résultant d'activités dangereuses pour l'environnement,* Lugano, 1993.

[6] Sur le droit répressif de l'environnement, Voir A. VAN LANG, « Doit répressif de l'environnement : perspectives en droit administratif », *RJE,* H.S. 2014, pp. 33-46 ; D. GUIHAL, J.-H. ROBERT et Th. FOSSIER, *Doit répressif de l'environnement*, 4e éd., Economica, Paris, 2016, 1062 p.

mesures capables de prévenir les atteintes, en même temps de les faire cesser et de réparer leurs conséquences une fois le dommage produit.

619- En matière pénale, la responsabilité est l'obligation pour une personne impliquée dans une infraction d'en assumer la conséquence pénale, c'est-à-dire, de subir la sanction attachée à cette infraction, cette sanction étant punitive et préventive[1]. Il est question de punir les infractions commises pour le compte des personnes morales, par leurs organes ou par leurs représentants[2] (Directeur Général, Président Directeur Général, Président du Conseil d'Administration, administrateur général...). Comme le relève le Professeur François-Guy Trebulle, « L'étude de la responsabilité en matière environnementale doit reposer sur une analyse qui intègre les divers aspects de droit privé, public et pénal »[3]. Si les tentatives d'adaptation des mécanismes classiques de mise en œuvre de la responsabilité sont encore balbutiantes, le rôle stratégique de la répression pénale est en revanche généralement reconnu[4]. Ainsi, dans son Observation générale n° 24 (2017), le CODESC rappelle que « *Les violations du Pacte les plus graves devraient engager la responsabilité pénale des entreprises et/ou des individus en cause* »[5]. En effet, le droit pénal assure le rôle stratégique de protection pénale des personnes. On entend par protection pénale des personnes, l'ensemble du dispositif normatif qui considère la personne comme un bien juridique et s'exprime à travers les normes d'incrimination et de sanction. Partant de cette définition, il s'agit de mettre en lumière les questions pénales que soulève l'exploitation minière.

620- Pour appréhender le rôle stratégique de la répression pénale des atteintes à la santé et à la vie liées à l'exploitation minière, il convient de partir du droit positif, pour dégager de manière critique et constructive, les lacunes visibles et les solutions de correction possibles pour atteindre le standard minimum de protection pénale des personnes dans l'exploitation minière tel que prévu dans des instruments internationaux pertinents.

En général, la protection pénale des personnes exposées au risque que présente l'exploitation minière provient de certaines dispositions du Code pénal camerounais lorsqu'il s'agit de protéger directement la personne elle-

---

[1] Voir F. DESPORTES et F. Le GUNEHEC, *Droit pénal général*, op.cit., p. 391 et s ; J. PRADEL, *Droit pénal général*, Paris, Cujas, 15e éd., 2004, p. 367 et s.

[2] Cf. article 74-1 du Code pénal.

[3] F. G. TREBULLE, « Réflexions introductives », *in* C. CANS (dir.), *La responsabilité environnementale : prévention, imputation, réparation*, Dalloz 2009, p. 3.

[4] G. CANIVET et D. GUIHAL, « Protection de l'environnement par le droit pénal : l'exigence de formation et de spécialisation des magistrats », précité.

[5] Voir Comité des droits économiques, sociaux et culturels, *Observation générale n° 24 (2017) sur les obligations des États en vertu du Pacte international relatif aux droits économiques, sociaux et culturels dans le contexte des activités des entreprises*, adoptée par le CODESC à sa 61e session (29 mai-23 juin 2017, Distr. générale 10 août 2017, E/C.12/GC/24, § 49.

même et de certaines dispositions de la loi-cadre de 1996 sur la protection de l'environnement qui protège indirectement la personne à travers une définition des infractions environnementales. À ces textes non exhaustifs, il convient également de mentionner le Code minier dont le Chapitre III du Titre X est intitulé : De la répression des infractions liées aux activités minières. Jadis concentré uniquement sur la mise en œuvre de la responsabilité pénale des personnes physiques (A), le Code pénal et le Code minier actuellement en vigueur ont innové en introduisant dans le corpus normatif, la responsabilité pénale des personnes morales (B).

A- La répression des atteintes à la santé et à la vie par la mise en œuvre de la responsabilité pénale des personnes physiques

621- Lorsqu'on évoque l'hypothèse de la responsabilité pénale des personnes physiques en matière minière pour atteintes à la santé et à la vie, cela revient à s'interroger sur l'existence d'un régime spécifique de protection pénale face aux risques d'atteintes susceptibles de provenir de l'exploitation minière. En d'autres termes, la question est de savoir si le développement de l'exploitation minière au Cameroun s'est accompagné d'un renforcement de la politique pénale en matière de protection des personnes ? Autrement dit, la répression des atteintes à la personne et à la vie, résultant de l'exploitation minière, relève-t-elle du régime normal (droit pénal général) ou du régime spécifique (droit pénal spécial) ?

De *lege lata,* il n'existe pas un régime spécifique de protection pénale des personnes exposées au risque de l'industrie extractive au Cameroun. Le Code minier et même le Code pétrolier prévoient certes des infractions, mais renvoient pour l'essentiel au Code pénal[1]. Une telle réalité n'est pas propre au droit minier. En effet, dans des branches particulières du droit, l'incrimination par renvoi est la règle, la définition d'infractions autonomes, c'est-à-dire dont les éléments constitutifs sont déterminés par une seule disposition, l'exception.

622- C'est donc principalement dans le Code pénal et dans le Code minier qu'il convient de rechercher les aspects essentiels du régime de protection des personnes. Toutefois, certaines infractions prévues par le Code pénal et des lois spéciales, sans être propres au droit minier, peuvent servir de fondements à des poursuites en cas d'atteinte aux personnes. Le recoupement des textes effectué montre que ce régime positif s'articule

---

[1] Le Chapitre III du Titre X du Code minier est intitulé : *De la répression des infractions liées aux activités minières,* mais l'article 216 (1) du Code minier renvoie pour l'essentiel au Code pénal. Selon cette disposition, « *Nonobstant les infractions prévues par le Code Pénal, peuvent constituer des infractions dans le cadre des activités minières, la violation des dispositions de la présente loi* ».

autour de la répression des infractions pénales non minières (1) et des infractions pénales minières portant atteinte à la santé et à la vie dans l'exploitation minière d'une part (2) ; et du délit de mise en danger d'autrui d'autre part (3).

1- La répression des infractions pénales non minières portant atteinte à la santé et à la vie

623- Les infractions pénales punissant les comportements délictueux pouvant être reprochés aux exploitants miniers sont nombreuses. À titre d'illustration, l'article 262 du Code pénal camerounais peut être invoqué à l'encontre des exploitants miniers par les victimes des pollutions de toutes sortes (de l'air, de l'eau, du sol). Ce texte punit « *d'un emprisonnement de quinze (15) jours à six (06) mois et d'une amende de cinq mille (5 000) à un million (1 000 000) de francs ou de l'une de ces deux peines seulement celui qui, par son activité : a) pollue une eau potable susceptible d'être utilisée par autrui ; b) pollue l'atmosphère au point de la rendre nuisible à la santé publique* ».

624- On peut aussi invoquer l'article 289 du Code pénal sur l'homicide et les blessures involontaires. Ce texte punit « *d'un emprisonnement de trois (03) mois à cinq (05) ans et d'une amende de dix mille (10 000) à cinq cents mille (500 000) francs, ou de l'une de ces deux peines seulement, celui qui, par maladresse, négligence, imprudence ou inobservation des règlements, cause la mort ou des blessures, maladies ou incapacités de travail...* ». Les alinéas 2 et 3 de ce texte renvoient d'ailleurs aux infractions des articles 227 et 228 dont les circonstances constituent en l'espèce une circonstance aggravante. À la lumière de ces dispositions, les entreprises minières qui polluent ou qui exposent les populations à des polluants peuvent donc être condamnées pour des délits comme celui d'activités dangereuses (art. 228 CP) ou même pour homicide involontaire dans le cas où il y aurait morts d'hommes.

625- Comme infraction non minière pouvant être invoquée à l'encontre des exploitants miniers pour atteinte à la santé et à la vie, on peut également invoquer l'article 293 du Code pénal qui réprime les pratiques esclavagistes. Ce texte dispose en son alinéa 1 (a), qu'« *est puni d'un emprisonnement de dix (10) à vingt (20) ans, celui qui réduit ou maintient une personne en esclavage* ». La lutte contre l'esclavage est dans le domaine de l'industrie extractive, un enjeu de taille qui amène à poser la question de savoir si l'infraction de l'article 293 du Code pénal peut englober le travail forcé, la réduction à l'esclavage et la réduction en servitude ?

À cette interrogation, il convient de répondre par l'affirmative, car à notre avis, cette incrimination universalise l'obligation des employeurs de respecter des conditions de travail compatibles avec la dignité humaine, et qui protègent pénalement non seulement contre le recrutement des enfants dans les sites miniers, mais aussi contre le non respect des normes internationales du droit du travail. En effet, la non extension de l'article 293 du Code pénal aux infractions connexes ci-dessus citées conduirait à un affaiblissement du tissu législatif local.

Au regard de ce qui précède, il y a lieu de dire que les entreprises minières doivent s'efforcer d'empêcher ou d'atténuer toute incidence négative de leurs activités sur la santé et la vie. Il doit en être de même dans le cas où elles n'y ont pas contribué, mais où cette incidence est néanmoins directement liée à leurs activités, en vertu d'une relation d'affaires. Ceci ne doit pas être interprété comme transférant la responsabilité de l'entité à l'origine d'une incidence négative sur l'entreprise minière avec laquelle elle entretient une relation d'affaires, sinon il y aurait consécration de la responsabilité pénale du fait d'autrui ; ce qui constituerait une dérogation au principe de la personnalité de la peine.

2- La répression des infractions pénales minières portant atteinte à la santé et à la vie

626- Pour que l'entreprise minière soit réconciliée avec le citoyen, bref pour que l'exploitation des ressources naturelles soit réconciliée avec la satisfaction des besoins humains, le court terme avec l'avenir, il faut concilier la recherche du profit et le développement durable. Considéré comme le standard ou le modèle de référence du développement international depuis le sommet de Rio de 1992, sa mise en œuvre se traduit en droit interne par une criminalisation croissante des comportements délictueux des opérateurs économiques portant atteinte à l'environnement, à la santé et à la vie. C'est le cas notamment dans l'exploitation minière.

627- Ainsi, aux termes de l'article 216 alinéa 2 du Code minier, « *Constituent notamment des infractions minières, les manquements répétés aux obligations administratives sanctionnées par le retrait des titres ou des autorisations d'exploitation ou par la nullité des titres et autorisations* ».

Dans le même sens, l'article 221 alinéa 2 du Code minier punit d'un emprisonnement de cinq à dix ans et d'une amende de 2.000.000 à 20.000.000 FCFA, « *celui qui s'abstient de porter à la connaissance de l'Administration en charge des mines les cas d'accidents survenus ou de danger identifié dans un chantier, dans une exploitation ou dans les dépendances* ». Les mêmes peines sont prévues pour celui qui exerce une activité extractive dans une zone interdite ou protégée[1].

Enfin, le Code minier punit « *d'un emprisonnement de six mois à trois ans et d'une amende de 500.000 à 10.000.000 FCFA, ou de l'une de ces deux peines seulement, le titulaire d'un titre ou d'une autorisation d'exploitation qui se livre à des activités régies par la présente loi sans se conformer aux règles relatives à la sécurité, à l'hygiène et à la protection de l'environnement* »[2].

628- Dans le Code pénal[3], on peut mentionner l'article 227 alinéa (c) qui punit d'« *un emprisonnement de trois (03) à dix (10) ans et d'une amende de cinq mille (5 000) à un million (1 000 000) de francs, celui qui, même s'il est propriétaire, met le feu directement ou indirectement ...aux mines ou à leurs dépendances lorsqu'elles sont exploitées...* ».

629- On peut également invoquer les articles 229 et 229-1, respectivement sur les substances explosives et les déchets toxiques. Le premier texte (art. 229) sur les substances explosives punit « *d'un emprisonnement de un (01) mois à un (01) an et d'une amende de deux mille (2 000) à cent mille (100 000) francs ou de l'une de ces deux peines seulement, celui qui enfreint la réglementation concernant la fabrication, la conservation, le transport, l'importation, l'exportation et le commerce de substances explosives* ». Le second texte (art. 229-1) sur les déchets toxiques punit « *d'un emprisonnement de cinq (05) mois à dix (10) ans et d'une amende de cinq millions (5 000 000) à cinq cents millions (500 000 000) de francs, toute personne non autorisée qui ne procède pas à l'élimination immédiate des déchets toxiques ou dangereux générés par son entreprise* ». L'alinéa 3 ajoute que « *la juridiction saisie ordonne à toute personne reconnue coupable d'avoir introduit, produit, stocké, détenu, transporté, fait transiter ou déversé des déchets toxiques ou dangereux, de les éliminer immédiatement et de restituer les lieux en leur état antérieur. La juridiction peut en outre ordonner la fermeture de l'établissement* ». Au regard de cette disposition, les entreprises minières peuvent être condamnées avec leurs dirigeants au titre du délit de manipulation de substances explosives prévu à l'article 229.

3- L'application de la théorie de la mise en danger d'autrui

630- Du point de vue pénal, l'exploitation minière est appréhendée sous l'angle de sa dangerosité. Le concept de dangerosité tient à la pluralité des

---

[1] Cf. art. 221 al. 3 de la loi n°2016/17 du 14 décembre 2016 portant Code minier.
[2] Cf. art. 224 de la loi n°2016/17 du 14 décembre 2016 portant Code minier.
[3] Voir loi n° 2016/007 du 12 juillet 2016 portant Code pénal.

risques de l'exploitation minière pour les personnes : risque d'atteinte à la vie ou de mutilation physique des mineurs par suite d'explosion, de risque environnemental et d'atteinte à la santé des personnes, de risque d'exposition à des substances cancérigènes… On peut citer par exemple le scandale écologique et sanitaire provoqué par l'exploitation minière en Equateur avec *l'affaire Chevron contre Texaco*[1] portée devant plusieurs juridictions nationales[2]. Une revue de la littérature sur les atrocités de l'exploitation minière permet de mettre en lumière plusieurs autres cas qui illustrent bien le caractère criminogène de ce secteur d'activité. Cette menace criminologique pour les droits fondamentaux de la personne appelle, sur le fondement du principe de la nécessité des incriminations, une réaction pénale spécifique en vue d'une protection pénale efficace des personnes.

631- Le délit de mise en danger de la vie d'autrui consiste à *« exposer directement autrui à un risque immédiat de mort ou de blessures de nature à entraîner une mutilation ou une infirmité permanente par la violation manifestement délibérée d'une obligation particulière de sécurité ou de prudence imposée par la loi ou le règlement… »*[3]. Autrement dit, le délit de mise en danger c'est le comportement conscient ou sachant de l'infracteur, qui sait pertinemment que son activité peut causer des dommages, et qui ne s'abstient pas. C'est le fait pour le délinquant d'avoir une conscience effective que son activité peut mettre en danger la santé et la vie des personnes, mais qui continue de le faire. La théorie de la mise en danger tient ici au fait que la majeure partie du droit pénal minier concerne des délits abstraits ou des infractions réglementaires.

632- Généralement, le délit de mise en danger est classé comme un délit abstrait et s'oppose au délit de lésion (concret). Mais selon les circonstances, la mise en danger peut être abstraite (l'auteur ne fait que créer un état de danger en mettant en péril un bien juridique) ou concrète (l'auteur lèse un bien juridique). C'est la raison pour laquelle la doctrine estime qu'« un droit pénal de l'environnement idéal devrait consister en une combinaison de ces différents types de dispositions pénales... D'après cette doctrine-là, il faut

---

[1] Pour plus d'informations, Voir http://texacotoxico.net/fr/

[2] Les autochtones équatories avaient obtenu une première condamnation contre Chevron en Équateur en 2011. Le groupe pétrolier n'ayant pas d'actifs dans ce pays, les plaignants se sont finalement tournés vers des juridictions de plusieurs pays, dont les États-Unis, le Canada, le Brésil ou l'Argentine, pour tenter de faire appliquer cette décision. Voir https://www.sciencesetavenir.fr/nature-environnement/pollution/chevron-marque-un-point-contre-les-equatoriens_132757, consulté le 30 juin 2029.

[3] À titre de droit comparé, voir l'article 223-1 du Code pénal français, disponible sur légifrance à l'adresse : https://www.legifrance.gouv.fr/affichCodeArticle.do?idArticle=LEGIARTI000024042637&cidTexte=LEGITEXT000006070719&dateTexte=20110519, consultée le 19 janvier 2019.

une combinaison des délits qui punissent d'abord la mise en danger abstraite de l'environnement, puis la mise en danger concrète de l'environnement et en plus un délit autonome dans le cas où une émission présente en outre un danger pour la santé humaine »[1]. Partant de ce constat, on peut relever plusieurs dispositions pénales sur la mise en danger d'autrui dans l'exploitation minière.

633- Le texte de base en matière de mise en danger d'autrui est l'article 228 du Code pénal sur les activités dangereuses. Aux termes de l'alinéa 1 de ce texte, « *Est puni d'un emprisonnement de six (06) jours à six (06) mois, celui qui ne prend pas les précautions nécessaires pour éviter à autrui des dommages corporels pouvant résulter de son activité dangereuse* ». L'alinéa 2 (a) et (b) de ce texte qui parle de l'emploi d'explosifs punit « *d'un emprisonnement de trois (03) mois à trois (03) ans et d'une amende de cinq mille (5 000) à cinq cent mille (500 000) francs ou de l'une de ces deux peines seulement, celui qui, par une imprudence grave, risque de mettre autrui en danger en se servant du feu, d'explosifs, de combustibles ou de moyens mécaniques ou électriques ; en détruisant, même partiellement, des ouvrages ou édifices non habités même s'il en est le propriétaire...* ». À notre avis, il conviendrait d'ajouter un alinéa spécifiquement consacré au cas où l'activité dangereuse serait celle d'une personne morale.

634- En définitive, l'enjeu de la responsabilité pénale pour la protection pénale des personnes est indéniable. Elle s'inscrit dans une logique de prise de conscience de la nécessité de tenir compte de l'impact des activités des entreprises minières sur les droits de l'Homme. Cette responsabilité va en droite ligne des principes directeurs relatifs aux entreprises et aux droits de l'Homme, adoptés par le Conseil des droits de l'Homme de l'ONU en 2011.

A côté de la responsabilité pénale des personnes physiques, le régime de la répression pénale des atteintes à la santé et à la vie est complété par la responsabilité pénale des personnes morales.

B- La répression des atteintes par la mise en œuvre de la responsabilité pénale des personnes morales

635- L'enjeu de la responsabilité des personnes morales est que son champ de prédilection est le droit pénal économique, or c'est précisément dans ce domaine qu'interviennent les entreprises extractives. La mise en

[1] M. G. FAURE, « Vers un nouveau modèle de protection de l'environnement par le droit pénal », *Revue européenne de droit de l'environnement,* 2005, 9-1, p. 9. Sur la différence entre la mise en danger abstraite et concrète, Voir H. ENGELHARD, « Protection de l'environnement pas le Code pénal », *Revue de droit pénal et de criminologie*, 1991, pp. 300-301.

œuvre de la responsabilité pénale des personnes morales en droit de l'environnement constitue également une question fondamentale, dans la mesure où la société civile est en demande croissante de prise en compte des impacts environnementaux et sociaux des activités des opérateurs économiques. Cette responsabilité est une problématique profondément d'actualité dans la mesure où elle répond aux besoins des citoyens et des ONG qui militent pour une meilleure prise en compte de la protection de l'environnement et des droits fondamentaux.

636- Cette pénalisation des agissements des personnes morales se justifie par les limites du régime classique quant à la détermination de l'auteur de l'infraction. Elle se justifie également par l'idée de la nécessité pour le droit pénal, de saisir la criminalité des êtres collectifs, criminalité qui n'est en réalité qu'une variante des formes actuelles de collectivisation du phénomène criminel de notre société. En partant de cette idée de nécessité, la philosophie de la nouvelle responsabilité semble directement prendre le sens de l'adaptation du droit au fait[1] et, par conséquent, place le droit pénal entre dogmatisme classique et utilitarisme moderne[2].

637- En effet, ni le Code minier de 2001, ni le Code pénal jusqu'en 2016, n'avaient envisagé l'hypothèse de la responsabilité pénale des personnes morales. Cette responsabilité n'était contenue que dans certaines lois spécifiques telle que la loi de 1989 sur les déchets toxiques et dangereux[3], celle de 1994 portant sur le régime des forêts, de la faune et de la pêche[4] et bien d'autres[5]. Mais face à l'accroissement des cas spéciaux

---

[1] Voir Ch. ATIAS et D. LINOTTE, « Le mythe de l'adaptation du fait au droit », *D.* 1977, chron. p. 251 et s.

[2] Voir G. NTONO TSIMI, « Le devenir de la responsabilité pénale des personnes morales en droit camerounais. Des dispositions spéciales vers un énoncé général ? », *Archives de politique criminelle,* 2011/1 n° 33, p. 227, disponible à l'adresse : https://www.cairn.info/revue-archives-de-politique-criminelle-2011-1-page-221.htm, consultée le 5 mars 2020.

[3] Cf. article 4 alinéa 3 *in fine* de la loi n° 89/027 du 29 décembre 1989 portant sur les déchets toxiques et dangereux.

[4] Cf. article 150 de la loi n°94/01 du 20 janvier 1994 portant sur le régime des forêts, de la faune et de la pêche.

[5] On peut également citer la loi n°99/015 du 22 décembre 1999 portant création et organisation d'un marché financier dont l'art. 35 (1) dispose ce qui suit : *« Est punie d'une amende de 500.000 à 5000.000 francs CFA, toute personne physique ou morale qui (...) »*. ; il convient également de mentionner la loi n°05/015 du 29 décembre 2005 relative à la lutte contre la traite et le trafic des enfants. Selon l'article 7 de ce texte, *«Nonobstant la responsabilité pénale de leurs dirigeants, les personnes morales peuvent être déclarées pénalement responsables et condamnées aux amendes ci-dessus prévues lorsque les infractions ont été commises par lesdits dirigeants, agissant dans l'exercice de leurs fonctions »* ; on peut enfin citer la loi n°2010/012 du 21 décembre 2010 relative à la cybersécurité et à la cybercriminalité au Cameroun dont article 64 (1) dispose que *« Les personnes morales sont*

introduisant la responsabilité pénale des personnes morales dans la sphère juridique, le législateur a enfin décidé de donner un relief philosophique plus accusé à la nouvelle institution du fait de son inscription dans le nouveau Code pénal de 2016[1]. Cette responsabilité a été reprise et réaffirmée par le Code minier de 2016[2] pour ce qui est des entreprises minières.

Au regard de ce qui précède, il convient de préciser le domaine de la responsabilité des personnes morales (1), ainsi que le régime des sanctions applicables en cas d'engagement de leur responsabilité (2).

1- Le domaine de la responsabilité pénale des personnes morales

638- Pour une meilleure réparation des atteintes à la santé et à la vie résultant de l'exploitation minière, un régime de responsabilité pénale plus ambitieux a été mis en place. Cette responsabilité pénale des personnes morales permet d'engager la responsabilité des sociétés mères ou donneuses d'ordre vis-à-vis de leurs filiales, non seulement pour le dommage qu'elles causent par leur propre fait, mais encore pour celui qui est causé par le fait des personnes (morales/physiques) dont elles doivent répondre. Il convient à cet effet de distinguer le domaine *ratione personae* de la responsabilité pénale des entreprises minières (1) du domaine *ratione materiae* (2).

a) Le domaine *ratione personae* de la responsabilité pénale des personnes morales

639- La question que l'on est en droit de se poser ici est celle de savoir quels sont exactement parmi les acteurs de l'exploitation minière, les groupements qui sont susceptibles de voir leur responsabilité pénale engagée en cas de commission d'une infraction portant atteinte à la santé et à la vie des populations ?

640- À la lecture des dispositions du Code pénal et du Code minier, il y a lieu d'affirmer que le législateur a retenu une conception extensive du champ

---

pénalement responsables des infractions commises pour leur compte, par leurs organes dirigeants ». A l'échelle sous-régionale, mention peut également être faite, à titre illustratif, du règlement communautaire CEMAC17, n°01/031 du 4 avril 2003 portant prévention et répression du blanchiment des capitaux et du financement du terrorisme en Afrique centrale. L'article 46 de ce texte dispose que *« Les personnes morales autres que l'Etat, pour le compte ou au bénéfice desquelles le blanchiment des capitaux a été commis par l'un de leurs organes, ou représentants, sont punis d'amende ... ».* Sur l'ensemble de la question, Voir G. NTONO TSIMI, « Le devenir de la responsabilité pénale des personnes morales en droit camerounais. Des dispositions spéciales vers un énoncé général ? », *Archives de politique criminelle,* 2011/1 n° 33, p. 227, disponible à l'adresse : https://www.cairn.info/revue-archives-de-politique-criminelle-2011-1-page-221.htm, consultée le 5 mars 2020.

[1] Voir le loi n° 2016/007 du 12 juillet 2016 portant Code pénal.

[2] Voir la loi n° 2016/017 du 14 décembre 2016 portant Code minier.

personnel de la mise en cause de la responsabilité des êtres moraux selon laquelle, la menace pénale peut peser de manière globale sur toutes *« les personnes morales »*[1]. Cette manière de baliser les contours de la nouvelle responsabilité, du point de vue des sujets concernés, revêt une importance indéniable dans la mesure où elle est en harmonie avec un principe fondamental du droit pénal, à savoir le principe d'égalité devant la loi pénale. Ce principe se traduit par l'admission de la responsabilité pénale de toute personne morale, qu'elle soit de droit privé ou de droit public, civile ou commerciale, nationale ou étrangère.

641- L'exception à ce principe réside dans l'exclusion de la responsabilité pénale de l'Etat[2]. En effet, aux termes de l'article 74-1 alinéas a) et b) du Code pénal, « *Les personnes morales sont pénalement responsables des infractions commises, pour leur compte, par leurs organes ou représentants. Les dispositions du paragraphe a ci-dessus ne sont pas applicables à l'Etat et à ses démembrements* »[3]. Dans le même sens, l'article 217 alinéas 1 et 2 du Code minier dispose que « *Les personnes morales sont responsables pénalement des infractions commises pour leur compte, par leurs organes, leurs mandataires ou leurs représentants. Les dispositions de l'alinéa 1 ci-dessus ne sont pas applicables à l'Etat et à ses démembrements* »[4]. Cette disposition amène à se poser la question de savoir s'il faut exclure la responsabilité pénale de toutes les personnes morales de droit public ? Imaginons une entreprise minière détenue par l'État qui commet une infraction. Au regard des dispositions du Code pénal et du Code minier ci-dessus citées, peut-elle être pénalement responsable ?

642- L'unanimité semble se dégager au sujet de cette exclusion de la responsabilité pénale de l'Etat. D'une part, la doctrine soutient que l'État étant le détenteur du monopole du droit de punir, tout au moins en droit interne, il ne peut se voir infliger une sanction à lui-même. D'autre part, la souveraineté de l'État permet de justifier son irresponsabilité pénale. Par ailleurs, une admission de la responsabilité pénale de l'État conduirait à une certaine dénaturation d'un pan entier du contentieux administratif qui serait déporté devant les juridictions répressives.

643- Bien que pertinents, ces arguments ne sont pas exempts de tout reproche. D'une part, comme l'a démontré une étude du Conseil d'État

---

[1] Cf. article 74 alinéa 1 (a) du Code pénal et art. 217 al. 1 du Code minier.

[2] Voir E. PICARD, « La responsabilité pénale des personnes morales de droit public : fondements et champ d'application », *Rev. des Soc.*, 1993, p. 268 et s ; F. DESPORTES et F. Le GUNEHEC « Présentation des dispositions du nouveau code pénal », *JCP*, 1992, I, 3615, n° 28.

[3] Cf. article 74-1 alinéas a) et b) de la loi n° 2016/007 du 12 juillet 2016 portant Code pénal.

[4] Cf. art. 217 alinéas 1 et 2 de la loi n° 2016/17 du 14 déc. 2016 portant Code minier.

français de 1996[1], « il ne semble pas que le principe de la séparation des autorités administratives et judiciaires interdise de mettre en cause devant le juge répressif la responsabilité pénale de l'Etat. Comme pour les autres personnes morales, l'État est susceptible d'être condamné au plan pénal par les juridictions répressives (...). Sous cet angle, la responsabilité pénale de l'État n'apparaît pas différente de celle des autres personnes publiques »[2]. D'autre part, l'argument tiré de la souveraineté de l'État n'apparaît pas non plus décisif, dès lors que la responsabilité civile de l'État est déjà susceptible d'être mise en cause[3]. Bien plus, les démembrements de l'État n'ont pas de souveraineté.

C'est ce qui justifie le fait que le législateur français ait opéré une distinction entre les différentes personnes morales de droit public. D'emblée, l'article 121-2 du Code pénal reconnaît la nature particulière de l'État, en excluant de ce fait sa responsabilité pénale[4]. Par contre, le Code reconnaît, quoique de manière restrictive, la responsabilité pénale des collectivités territoriales[5] en prévoyant des modalités particulières de mise en œuvre de cette responsabilité[6]. Ainsi, selon l'article 121-2 du Code pénal français, les collectivités territoriales « *ne sont responsables pénalement que des infractions commises dans l'exercice d'activités susceptibles de faire l'objet de conventions de délégation de service public* »[7]. Autrement dit, il doit s'agir d'une activité de service public (administrative ou industrielle et

---

[1] Conseil d'Etat, *La responsabilité pénale des agents publics en cas d'infractions non-intentionnelles*, Rapport du groupe de travail présidé par M. Jacques Fournier au nom du Conseil d'Etat, La Documentation française, Coll. Les études du Conseil d'Etat, Paris, 1996, cité par le GROUPE D'ETUDE SUR LA RESPONSABILITE PENALE DES DECIDEURS PUBLICS, *Rapport au Garde des Sceaux*, 16 décembre 1989, p. 121, https://www.vie-publique.fr/sites/default/files/rapport/pdf/004000404.pdf, consulté le 4 mars 2020.

[2] Voir GROUPE D'ETUDE SUR LA RESPONSABILITE PENALE DES DECIDEURS PUBLICS, Rapport précité, p. 42.

[3] Voir à ce sujet la question écrite n° 23478 de M. Bernard Plasait au Sénat lors de la 11e législature, à l'attention du garde des sceaux français, publiée dans le JO Sénat du 16/03/2000, p. 925.

[4] L'irresponsabilité pénale de l'État n'empêche pas pour autant la recherche de sa responsabilité, sur d'autres fondements (responsabilité contractuelle, délictuelle, quasi-délictuelle).

[5] Pour en savoir plus, Voir C. GUETTIER, « La responsabilité pénale des collectivités territoriales en question(s) », *in Les collectivités locales*, Mélanges en l'honneur de Jacques Moreau, Paris, Économica, 2003, p. 201 et s. ; A. LÉVY, « Jurisprudence sur la responsabilité pénale des personnes publiques », *Dr. Adm.*, 1re partie, juin 2004, étude 12, 2e partie, juillet 2004, étude 14.

[6] L'article 121-2 du Code pénal français pose le principe selon lequel « *les personnes morales, à l'exclusion de l'État, sont responsables pénalement, selon les distinctions des articles 121-4 à 121-7, des infractions commises, pour leur compte, par leurs organes ou représentants* ». Voir :
https://www.legifrance.gouv.fr/affichCodeArticle.do?idArticle=LEGIARTI000006417204&cidTexte=LEGITEXT000006070719&dateTexte=20051231, consulté le 5 mars 2020.

[7] Cf. art. 121-2 al. 2 du Code pénal français.

commerciale) pouvant faire l'objet d'une délégation. Cette solution pragmatique retenue par le législateur français mérite d'être adoptée en droit camerounais.

644- Pour qu'une infraction soit imputable à une personne morale, il faut qu'elle ait été réalisée par ses organes, par ses représentants ou pour son compte. Les organes des personnes morales varient en fonction de la personne morale considérée. En pratique, les représentants d'une personne sont ses mandataires ou les personnes titulaires d'une délégation de compétence. Ainsi, les organes des collectivités territoriales peuvent être les autorités collégiales (les assemblées délibérantes et les organes collégiaux d'exercice de la fonction exécutive, tels que les conseils régionaux et les conseils municipaux) ainsi que les autorités individuelles (les exécutifs locaux tels que les maires, les présidents de conseils régionaux)[1]. Dans les autres personnes morales (de droit public ou de droit privé), il s'agira essentiellement des présidents et, le cas échéant, des vice-présidents des conseils d'administration, des directeurs généraux (DG), des présidents directeurs généraux (PDG), des administrateurs généraux etc.

645- Ainsi, du point de vue *ratione personae*, en dehors de l'Etat (dont la responsabilité pénale est exclue) et des collectivités territoriales (dont la responsabilité pénale est strictement encadrée), les autres personnes morales de droit public encourent une responsabilité pénale dans les mêmes conditions que les personnes morales de droit privé. À cet effet les juridictions répressives peuvent rechercher la responsabilité pénale des établissements publics, qu'ils exercent des missions administratives (EPA) ou industrielles et commerciales (EPIC).

En ce qui concerne les personnes morales de droit privé comme les entreprises minières, rien ne fait obstacle à la reconnaissance de la responsabilité pénale de la société mère pour être complice des actes illicites de sa filiale étrangère. Un tel raisonnement a été appliqué dans *l'affaire de l'Erika* du 25 septembre 2012[2]. S'agissant particulièrement de la responsabilité pénale des entreprises minières multinationales, le collectif français Sherpa développe depuis quelques années un plaidoyer pour une définition internationale de la responsabilité pénale des multinationales extractives.

---

[1] Voir les articles 55 et suivants de la Constitution camerounaise du 18 janvier 1996.

[2] L'affréteur du navire était la filiale de Total (Total Transport). Voir Cass. crim., 25 sept. 2012, n° 10-82938 : *D.* 2012, p. 2711, note Ph. Delebecque ; *JCP G* 2012, p. 2095, note K. Le Couviour ; *RTD civ.* 2013, p. 119, obs. Ph. Jourdain ; *Gaz. Pal.* 25 oct. 2012, n° 299, p. 8, obs. B. Parance ; *Environnement* 2013, p. 19, obs. M. Boutonnet ; F.-G. TRÉBULLE, « Quelle prise en compte pour le préjudice écologique après l'Erika », *Environnement*, 2013, p. 19 ; M. BACACHE, « Quelle réparation pour le préjudice écologique », *Environnement*, 2013, p. 26.

646- Il convient cependant de s'interroger sur le point de savoir si l'utilisation de l'expression générique « personnes morales » par l'article 74 alinéa 1 du Code pénal signifie que seules les collectivités dotées de la personnalité juridique peuvent être déclarées pénalement responsables ?

À notre avis, limiter la responsabilité pénale des personnes morales aux seuls groupements dotés de la personnalité morale, serait faire de cette dernière (la personnalité morale) un élément déterminant de la répression pénale, notamment une condition d'existence de celle-ci. Ce qui conduirait inéluctablement à exclure du champ de la responsabilité pénale, les groupements sans personnalité morale comme les associations non déclarées, les sociétés de fait ou même celles créées de fait. Raisonner de la sorte serait consacrer la fiction juridique au mépris de la réalité[1] criminologique ou de la capacité criminelle de ces collectivités.

647- Il apparaît donc clairement que le juge doit s'approprier le concept de « personne morale » et lui donner un sens opératoire adapté aux exigences de la responsabilité pénale. Cela est d'ailleurs en adéquation avec l'autonomisation des concepts pénaux, qui résulte de la prise en compte de la théorie de la réalité criminelle, pour rendre opportun et pertinent l'entrée dans le champ pénal des personnes morales[2]. L'ancien Code pénal et même celui actuellement en vigueur y ont déjà eu recours en ce qui concerne le domicile, en proposant une conception différente de celle du droit civil (pour préciser les contours de l'incrimination de violation de domicile), ou encore s'agissant du fonctionnaire, dont le législateur propose une définition large, radicalement distincte de celle du droit de la fonction publique[3].

---

[1] « La doctrine se disputait, certains auteurs en faveur de la réalité de la personne morale, d'autres en faveur de la fiction de la personne morale. Par un arrêt de principe, la deuxième chambre civile de la Cour de cassation, le 28 janvier 1954, a tranché la controverse universitaire, en imposant la thèse de la réalité de la personne morale ». Voir https://mafr.fr/fr/article/cour-de-cassation-deuxieme-chambre-civile-3/, consulté le 11 déc. 2019. Sur cet arrêt de principe, Voir Cass. Civ. 2e, *Comité d'établissement Saint-chamond*, 28 janvier 1954, n° de pourvoi: 54-07081, Bull. n° 32, p. 20.

[2] G. NTONO TSIMI, « Le devenir de la responsabilité pénale des personnes morales en droit camerounais. Des dispositions spéciales vers un énoncé général ? », *Archives de politique criminelle,* 2011/1 n° 33, p. 233, disponible à l'adresse : https://www.cairn.info/revue-archives-de-politique-criminelle-2011-1-page-221.htm, consultée le 5 mars 2020.

[3] Aux termes de l'article 131 du Code pénal, *« Est considéré comme fonctionnaire pour l'application de toute loi pénale, tout magistrat, tout officier public ou ministériel, tout préposé ou commis de l'Etat ou de toute autre personne morale de droit public, d'une société d'Etat ou d'économie mixte, d'un officier public ou ministériel, tout militaire des forces armées ou de gendarmerie, tout agent de la sûreté nationale ou de l'administration pénitentiaire et toute autre personne chargée même occasionnellement d'un service, d'une mission, ou d'un mandat public,agissant dans l'exercice ou à l'occasion de l'exercice de ses fonctions ».*

648- Au regard de ce qui précède, la mise en œuvre de la responsabilité pénale des groupements non dotés de la personnalité morale pourrait contribuer à limiter les hypothèses de fraude à la loi pénale pouvant découler du lien légal établi entre personnalité morale et responsabilité pénale, l'une des hypothèses les plus en vue étant celle de la fusion-absorption. À titre de droit comparé, la Cour de cassation française a eu à décider que, *« la fusion faisant perdre son existence juridique à la société absorbée, l'action publique est éteinte à son égard»*[1]. Dans ce sens, les groupements seraient tentés de contourner la loi par le recours aux fusions-absorptions frauduleuses ou encore des dissolutions frauduleuses[2].

649- Ces fusions-absorptions frauduleuses auraient pour conséquence de transférer la responsabilité pénale de l'entreprise auteure des infractions à l'entreprise absorbante. Or, l'on s'aperçoit qu'une transmission de la responsabilité pénale de l'entreprise minière absorbée à la société absorbante heurte le principe de la personnalité des peines en vertu duquel, seule la personne déclarée pénalement responsable doit subir les conséquences de la répression.

Quoi qu'il en soit, la théorie de la réalité criminelle a déjà été prise en compte au sujet de la détermination du champ matériel de la nouvelle responsabilité[3].

b) Le domaine *ratione materiae* de la responsabilité pénale des entreprises minières

650- Après la question de la détermination des groupements susceptibles d'être pénalement responsables, l'autre aspect, non moins important du champ d'application de la répression des personnes morales, est celui de la détermination des atteintes pour lesquelles cette responsabilité peut être retenue. Il convient de distinguer entre la nature de l'infraction qui renvoie à une forme spécifique d'atteinte et le domaine de l'atteinte qui renvoie de manière générale aux valeurs sociales protégées.

Appliquée aux personnes morales, la notion d'infraction revêt une signification particulière et conduit à l'application de règles spécifiques tenant à la notion d'infractions susceptibles d'être commises par ces

---

[1] Voir Cass. Crim. 9 sept 2009, n°8-87. 312, FS-D, Juris-Data n°2009-049715. Lire à ce sujet les commentaires de R. SALOMON, « La société absorbante peut-elle se voir reprocher les infractions commises par la société absorbée ? », *Droit des Sociétés*, n°11, 2009, comm. 213.

[2] M. SEGONDS, « Frauder l'article 121-2 du Code pénal », *Droit pénal*, n°9, 2009, étude 18.

[3] G. NTONO TSIMI, « Le devenir de la responsabilité pénale des personnes morales en droit camerounais. Des dispositions spéciales vers un énoncé général ? », *Archives de politique criminelle,* 2011/1 n° 33, p. 234, disponible à l'adresse : https://www.cairn.info/revue-archives-de-politique-criminelle-2011-1-page-221.htm, consultée le 5 mars 2020.

personnes. Ainsi, la question se pose de savoir si toute infraction peut être imputée à une personne morale ?

La réponse à cette question mérite d'être nuancée. À l'origine, les infractions imputables aux personnes morales étaient limitées aux seuls cas prévus par la loi et les règlements, en vertu du principe de spécialité. Ce qui permettait ainsi de cantonner le champ d'application *ratione materiae* des infractions susceptibles de leur être imputées. Ainsi, en raison de leur nature particulière, les sanctions applicables aux personnes morales sont en partie différentes de celles pouvant être infligées aux personnes physiques. Concrètement, il s'agissait pour le législateur d'éviter les situations absurdes dans lesquelles des personnes morales seraient accusées d'infractions qu'elles ne peuvent matériellement commettre, telles qu'une agression à main armée ou un viol[1], le harcèlement sexuel, la violation de domicile..., ou encore faire l'objet de sanctions privatives de liberté (emprisonnement).

Quoique logique en théorie, le principe de la spécialité a cependant entraîné de nombreuses difficultés pratiques, tenant à l'interprétation des dispositions du Code pénal. Pour y mettre fin, le législateur français a, par la loi du 9 mars 2004, dite Perben II, supprimé le principe de spécialité et étendu la responsabilité pénale des personnes morales à toutes les infractions recensées par le Code pénal[2]. Désormais, la notion d'infraction susceptible d'être retenue à l'encontre des personnes morales ne présente plus de particularités, celles-ci pouvant être sanctionnées pour les mêmes comportements fautifs que les personnes physiques. Cela est vrai dans la mesure où la responsabilité pénale des personnes morales est une responsabilité par intermédiation, engagée pour des infractions commises « *pour leurs comptes, par leurs organes ou représentants* ».

Cependant, la peine principalement encourue par les personnes morales est l'amende. À l'encontre des personnes morales de droit public, le juge répressif ne saurait prononcer des sanctions prévoyant la dissolution ou le placement sous surveillance judiciaire[3], car une telle sanction porterait atteinte au principe de continuité du service public. Au titre des sanctions accessoires, les juges répressifs peuvent contraindre la personne morale condamnée à un affichage ou une diffusion de la décision, mais également prononcer la confiscation de certains biens (ne relevant toutefois pas du domaine public), exclure les personnes des procédures de marchés publics,

---

[1] Voir S. MARTIN, « La responsabilité pénale des personnes morales de droit public », disponible à l'adresse Internet : https://www.carrieres-publiques.com/actualite-fonction-publique-la-responsabilite-penale-des-personnes-morales-de-droit-public-d-212, consultée le 20 septembre 2019.

[2] Lire à ce sujet, P. RAIMBAULT, « La discrète généralisation de la responsabilité pénale des personnes morales », *AJDA*, 2004, p. 2427 et s.

[3] Cf. art. 131-39 du code pénal français.

leur interdire d'exercer directement ou indirectement une ou plusieurs activités professionnelles ou sociales, etc[1].

651- Ainsi, à la question de savoir si une personne morale peut porter atteinte aux différentes valeurs sociales protégées par les normes pénales, la réponse semble plutôt positive au regard de l'évolution du droit camerounais. En effet, au regard de ce qui précède, la responsabilité des personnes morales semble être admise dans tous les domaines. Chronologiquement, il y a eu le domaine des atteintes à l'environnement, puis le domaine des atteintes aux activités économiques, puis celui des atteintes à l'intégrité physique des individus, et tout récemment, le domaine des atteintes à la sécurité et à la vie privée des individus.

652- Dans ce que l'on peut considérer comme domaine d'émergence de cette responsabilité à savoir le domaine de l'environnement, la loi du 29 décembre 1989 portant sur les déchets toxiques et dangereux, interdit *« l'introduction, la production, le stockage, la détention, le transport, le transit et le déversement sur le territoire national des déchets toxiques et/ou dangereux sous toutes leurs formes »*[2]. Cette disposition devrait être lue conjointement avec la loi n° 2019/012 du 19 juillet 2019 portant cadre général de sûreté radiologique et nucléaire, de sécurité nucléaire, de responsabilité civile et de l'application des garanties[3] et la loi-cadre du 5 août 1996 relative à la gestion de l'environnement, notamment en ses articles 80, 81 et 82. Ce dernier texte punit toute personne qui pollue, dégrade les sols et sous-sols et altère la qualité de l'air et des eaux. Si ces textes établissent clairement que les infractions de manipulation des déchets toxiques, des substances dangereuses et de pollution sont imputables aux personnes morales, il convient de relever qu'il n'y a pas de cloison étanche entre les atteintes à l'environnement et les atteintes corporelles. Dans ce sens, l'article 2 de la loi du 29 décembre 1989 considère comme déchets toxiques et/ou dangereux les déchets présentant un danger pour la vie des personnes. Il est dès lors possible que par le biais de ces atteintes liées aux déchets toxiques, des infractions telles les blessures graves ou légères, les homicides intentionnels et non intentionnels prévus dans le Code pénal soient imputables aux personnes morales.

653- S'agissant du domaine des atteintes aux personnes proprement dites, on peut par exemple évoquer le procès intenté contre la compagnie minière australo-canadienne *Anvil Mining* pour complicité dans le massacre

---

[1] Cf. art. 131-39 du Code pénal français.

[2] Cf. art. 1er de la loi n° 89/027 du 29 décembre 1989 portant sur les déchets toxiques et dangereux.

[3] Cette loi est venue abroger celle du 30 janvier 1995 portant sur la radioprotection.

de Kilwa (Katanga) en République démocratique du Congo. Les faits de la cause sont les suivants : « En octobre 2004, au moins 73 personnes avaient été tuées par des militaires avec le soutien d'une compagnie minière australo-canadienne, Anvil Mining. Ces personnes étaient accusées d'être complices d'un nouveau groupe rebelle. Treize ans plus tard, la Commission africaine des droits de l'homme a donné raison aux victimes du massacre de Kilwa »[1], grâce au soutien de l'ONG *Rights and accountability in development (RAID)* qui a soutenu les victimes dans cette démarche. Selon Anneke Van Woudenberg qui a suivi ce dossier pour l'ONG, la compagnie minière avait « *fourni un avion, des voitures, du carburant, de la nourriture et plusieurs autres choses pour assister l'armée dans ce massacre* »[2]. En 2007, l'affaire avait été jugée par la justice congolaise qui avait alors acquitté tous les accusés, aussi bien les militaires que les employés de la compagnie. Dans un rapport daté du 4 août 2017, la Commission africaine des droits de l'homme et des peuples (CADH) a reconnu la responsabilité de l'entreprise minière Anvil Mining pour « *son rôle dans les violations, qui a consisté à fournir un soutien logistique aux soldats qui ont bombardé sans discernement des civils, exécuté sommairement au moins 28 personnes et éliminé beaucoup d'autres après la tentative d'un petit groupe de rebelles légèrement armés de prendre le contrôle de la ville* »[3].

654- Au Cameroun, la loi du 29 décembre 2005 relative à la lutte contre le trafic et la traite des enfants prévoit que le trafic des enfants, la traite des enfants, l'exploitation des enfants ou encore la mise en garde des enfants puissent être imputées aux personnes morales. Cette loi qui fait de la responsabilité pénale des personnes morales un instrument supplémentaire dans la protection juridique de l'enfant, semble aussi extensible en matière de protection de la dignité humaine. Aussi, cette responsabilité peut être étendue aux incriminations de prostitution ou de proxénétisme prévues dans le Code pénal ou encore de terrorisme prévu dans les instruments internationaux ratifiés par le Cameroun.

Cette dynamique du législateur qui va des atteintes à l'environnement, aux atteintes aux personnes révèle qu'il n'existe pas par nature, un domaine pénal qui soit insusceptible d'être touché par des êtres collectifs[4].

---

[1] Voir http://www.rfi.fr/fr/afrique/20170806-rdc-massacre-kilwa-rdc-anvil-mining-justice-gouvernement-condamne-raid-2-millions-d, consulté le 15 février 2017.
[2] Voir http://www.cadtm.org/Le-massacre-de-Kilwa-Anvil-Mining, consulté le 26/06/ 2019.
[3] *Ibid.*
[4] G. NTONO TSIMI, « Le devenir de la responsabilité pénale des personnes morales en droit camerounais. Des dispositions spéciales vers un énoncé général ?», *Archives de politique criminelle,* 2011/1 n° 33, p. 235, disponible à l'adresse : https://www.cairn.info/revue-archives-de-politique-criminelle-2011-1-page-221.htm, consultée le 5 mars 2020.

2- Le régime des sanctions applicables à la responsabilité pénale des personnes morales

655- Si l'on définit la sanction comme la réponse du droit à la violation d'une règle de portée juridique, l'on note que les sanctions pénales, par opposition à celles civiles, accompagnent naturellement les incriminations pénales. Aussi, sont-elles qualifiées de « peines ».

Les questions qui se posent ici sont celles de savoir, quel type de sanction envisager pour les personnes morales qui sont des êtres dépourvus de sentiment, de réalité corporelle et donc en principe incapables de souffrir ? Quelle peine pourrait être appliquée à une personne morale coupable d'homicide involontaire ? Corrélativement à ce problème, une autre question est de savoir quelle peine appliquer à un groupement lorsque l'infraction qui lui est imputée est punie uniquement d'une peine d'emprisonnement non prévue dans la pénologie des personnes morales ?

L'intérêt de soulever ces questions est de pouvoir déterminer le travail du juge dans le choix de la peine applicable aux personnes morales afin que son intervention reste conforme au sacro-saint principe de la légalité criminelle. L'examen de la typologie des sanctions applicables aux personnes morales (a) sera suivi par l'étude des hypothèses de cumul de la responsabilité des personnes morales avec celle de leurs dirigeants personnes physiques ou morales (b).

a) La typologie des sanctions applicables aux personnes morales

656- Malgré leur diversité, les sanctions pénales reposent toujours sur l'idée de punition et c'est dans cette dimension punitive que les peines trouvent leur singularité. Mais à cette finalité, le droit pénitentiaire sous l'influence des doctrines classiques et de l'école de la défense sociale nouvelle ajoutent la « cessation de l'illicite », l'amendement du délinquant et sa réadaptation ou sa réinsertion dans la société. Partant de cette philosophie, le législateur détermine un régime général de peines susceptibles d'être appliqué au délinquant en distinguant de manière abstraite entre peine principale, peine complémentaire, peine accessoire et/ou mesure de sûreté.

Eu égard à ce qui précède le législateur, au sujet des peines applicables aux personnes morales, envisage dans le Code pénal, des peines principales[1], des peines accessoires[2] et des mesures de sûreté[3]. Du point de vue technique, le législateur prévoit des peines portant atteinte à la réputation des groupes criminels, celles visant leur patrimoine, celles visant leur activité et enfin celles visant l'existence même des groupements. Comme peines principales

[1] Art. 18 b) du Code pénal.
[2] Art. 19 (b) du Code pénal.
[3] Art. 20 (b) du Code pénal.

susceptibles d'être appliquées aux entreprises minières auteures des atteintes à l'environnement, à la santé et à la vie, on peut citer la dissolution, la fermeture provisoire ou définitive de l'établissement et l'amende.

657- *La dissolution*[1] d'une entreprise est comparable à la peine capitale, en ce sens qu'elle constitue la peine la plus élevée susceptible d'être prononcée contre une personne morale. Cette mesure extrême, similaire à la peine capitale prononcée à l'égard des personnes physiques, ne se justifie que s'il est établi que le groupement n'existe que dans le but d'abriter des activités illicites ou pour assurer l'impunité de ses membres. Dans une telle hypothèse, il convient d'envisager sa dissolution pure et simple. Cette sanction suprême vise principalement la préservation de l'ordre public. Elle marque donc la mort de cette personne morale qui commet une faute très grave dans l'exercice de ses activités. La décision de dissolution comporte généralement le renvoi de la personne morale devant la juridiction compétente pour procéder à sa liquidation à la diligence du Ministère public.

658- *La fermeture provisoire ou définitive de l'établissement*[2] emporte l'interdiction pour l'entreprise minière en cause d'exercer l'activité de son objet social pendant la durée de la fermeture, étant observé que lorsqu'il s'agit d'une fermeture temporaire, celle-ci ne peut excéder cinq (5) ans et le sursis ne peut être prononcé. Pareilles sanctions seraient spécialement adaptées aux situations dans lesquelles l'activité visée présente de graves dangers pour la population, comme des risques importants de pollution, d'atteinte à la santé publique voire d'atteinte à la vie. Si les peines sont modulées dans le temps, c'est pour offrir à l'entreprise sanctionnée, l'opportunité de s'amender et/ou d'adopter des procédés plus sûrs.

659- *L'amende*[3] est une peine pécuniaire en vertu de laquelle la personne morale condamnée verse ou fait verser au Trésor public le montant fixé par la décision de condamnation. Le choix de l'amende, peine prévue par toutes les lois spéciales organisant la responsabilité des entités collectives au Cameroun, a pour objectif la réduction de l'attrait du comportement illicite dans le chef des groupements, sur la base d'une analyse coût/bénéfice du phénomène criminel[4]. La question que l'on est en droit de se poser ici est

---

[1] Art. 8 (b) du Code pénal.
[2] Cf. article 18 al. b) et 25-3 du Code pénal.
[3] Cf. article 25-1 du Code pénal.
[4] W. CASSIERS, « La responsabilité pénale des personnes morales : une solution en trompe-l'œil ? », *RDPC*, 1999, p. 838, cité par G. NTONO TSIMI, « Le devenir de la responsabilité pénale des personnes morales en droit camerounais. Des dispositions spéciales vers un énonce général ? », *Archives de politique criminelle*, 2011/1 n° 33, p. 242, disponible à l'adresse : https://www.cairn.info/revue-archives-de-politique-criminelle-2011-1-page-221.htm, consultée le 5 mars 2020.

celle de savoir si les personnes morales se verront appliquer les mêmes amendes que les personnes physiques ? La réponse est évidemment négative, car une solution affirmative ne serait pas conforme au principe de l'égalité pénale dans la mesure où les personnes morales ont presque toujours une puissance financière plus importante que celle des personnes physiques[1]. De même, elle pourrait méconnaître le principe de la proportionnalité des peines en violant la règle de la proportionnalité entre la gravité de l'infraction et le montant de l'amende[2]. En effet, la peine d'amende a deux particularités : d'une part, pour une infraction donnée, le maximum de l'amende applicable aux personnes morales est égal au quintuple de celui prévu pour les personnes physiques[3]. D'autre part, lorsqu'une personne morale est coupable d'une infraction pour laquelle seule une peine d'emprisonnement est prévue, l'amende encourue est d'un million à cinq cents millions de francs[4].

660- En dehors des peines principales ci-dessus examinées, l'article 19 du Code pénal prévoit également des peines accessoires spécifiques pour la répression des infractions commises par les personnes morales pénalement responsables. Il s'agit notamment de « *l'interdiction pour une durée déterminée, de s'investir directement ou indirectement dans l'une ou plusieurs des activités prévues par son objet social ; le placement sous surveillance judiciaire pendant une durée déterminée ; la fermeture, pour une durée déterminée, des établissements ou succursales ayant servi à la commission des faits incriminés ; la publication de la décision ou sa diffusion par voie de médias, sans préjudice de toutes autres peines accessoires prévues par les textes spéciaux* »[5].

661- L'interdiction pour une durée déterminée d'exercer directement ou indirectement une ou plusieurs des activités de l'objet social et la fermeture pour une durée déterminée des établissements ou des succursales ayant servi à la commission des faits incriminés, permettent de frapper les personnes morales directement au niveau de leur activité. Par contre, la publication du jugement a pour objet de nuire à la réputation des personnes morales coupables d'infractions. L'objectif d'une telle sanction réside dans l'effet de stigmatisation sociale qui en est attendu. Elle consiste, comme l'a affirmé un

---

[1] En droit français comme en droit camerounais, l'article 131-38 du Code pénal français et l'article 25-1 alinéa 2 du Code pénal camerounais prévoient respectivement la règle de l'amende quintuplée pour la personne morale.

[2] M. VERON, « Où en est-on ? », Comm. de la L. n°2009-526, du 12 mai 2009, de simplification et de clarification du droit et d'allègement des procédures, *Droit pénal*, n°7, juillet 2009, comm. 92, cité par G. NTONO TSIMI, *op. cit.*, p. 243.

[3] Cf. art. 25-1 alinéa 2 du Code pénal. À titre de droit comparé, l'article 131-38 du Code pénal français prévoit exactement la même sanction.

[4] Cf. art. 25-1 alinéa 3 du Code pénal.

[5] Cf. art. 19 alinéa b de la loi n° 2016/007 du 12 juillet 2016 portant Code pénal.

auteur, à mortifier l'agent criminel collectif par l'annonce publique de son indignité et des pratiques illicites dont il use[1]. Cette sanction réputationnelle se traduit en anglais par le concept du «*name and shame*» (montrer du doigt) qui fait office de punition et peut encourager les entreprises minières à respecter leurs cahiers de charges. Cette mesure paraît particulièrement adaptée aux sociétés minières souvent soucieuses de leur image vis-à-vis de leurs partenaires économiques et de leur clientèle.

662- Outre les peines principales et les peines accessoires ci-dessus développées, le Code pénal prévoit également à l'encontre des personnes morales délinquantes, des mesures de sûreté. C'est le cas notamment de l'interdiction de s'investir dans une activité précise pour une durée déterminée. C'est le cas également de la confiscation qui peut concerner les bénéfices indûment réalisés par la personne morale et/ou le *corpus delicti.* C'est enfin le cas du placement sous surveillance judiciaire pour une durée déterminée.

663- Cette classification légale des sanctions est complétée par le pouvoir du juge dans le choix de telle ou telle peine spécifique et plus précisément dans les critères dudit choix. À ce sujet, l'article 93 du Code pénal camerounais dispose que *« La peine ou la mesure prononcée dans les limites fixées ou autorisées par la loi doit toujours être fonction des circonstances de l'infraction, du danger qu'elle présente pour l'ordre public, de la personnalité du condamné et de ses possibilités de reclassement et des possibilités pratiques d'exécution »*[2]. Il ressort de cette disposition que l'application d'une peine à un délinquant se fait nécessairement *in concreto.* Autrement dit, elle tient toujours compte de sa dangerosité et de ses spécificités physiques ou intellectuelles.

b) Les hypothèses de cumul de la responsabilité des personnes morales avec celle de leurs dirigeants

664- La distinction de la responsabilité des personnes morales de celle de leurs dirigeants (personnes physiques ou morales) ne doit pas occulter le fait qu'il y a des hypothèses dans lesquelles les deux types de responsabilités peuvent être cumulés. Cette application de la solidarité entre les entreprises et leurs dirigeants amène à distinguer la situation des dirigeants personnes physiques de celle des dirigeants personnes morales, notamment dans les groupes de société.

---

[1] J. C. COFFEE, « No soul to damn, no body to kick : an unscandalized inquiry into the problem of corporate punishment », 79 *Michigan Law Review*, 1981, p.424.
[2] Cf. art. 93 de la loi n°2016/007 du 12 juillet 2016 portant Code pénal.

665- Pour ce qui est de la solidarité entre les entreprises minières et leurs dirigeants personnes physiques, les textes permettent de sanctionner non seulement la structure, mais également les personnes physiques ou leurs représentants qui ont agi pour le compte de la personne morale, étant entendu que la responsabilité pénale des auteurs des faits incriminés peut se cumuler avec celle de la personne morale. Que ce soit dans le Code pénal[1] ou dans le Code minier[2], le législateur prévoit explicitement la possibilité de cumul de la responsabilité des personnes physiques et morales, auteurs ou complices des mêmes faits, du moins pour certaines atteintes[3]. Ainsi, en présence d'une infraction intentionnelle, le cumul pourrait être possible en qualifiant les infracteurs de co-auteurs ou de complices. Cependant, en présence d'une infraction non intentionnelle, le cumul serait admis en termes de co-auteurs[4].

Le droit OHADA[5] des sociétés peut également être exploité, notamment l'article 161 de l'Acte uniforme OHADA sur le droit des sociétés commerciales et du groupement d'intérêt économique (AUDSCGIE) qui consacre une responsabilité civile des dirigeants, à côté de celle de la société[6]. Toutefois, cette admission du principe du cumul ne saurait s'entendre de l'admission d'une identité des sanctions applicables entre personnes physiques et personnes morales.

666- Un exemple de cumul de la responsabilité pénale d'une entreprise avec celle de son dirigeant peut être fourni par l'*arrêt AZF* du 24 septembre 2012, rendu par la Cour d'appel de Toulouse[7]. Dans cette affaire, plusieurs

---

[1] Selon le Code pénal camerounais, « *La responsabilité pénale des personnes physiques, auteurs des actes incriminés, peut se cumuler avec celle des personnes morales* ». Cf. article 74-1 alinéa c de la loi n°2016/007 du 12 juillet 2016 portant Code pénal. À titre de droit comparé, l'article 121-2 al. 3 du CP français prévoit que « *La responsabilité pénale des personnes morales n'exclut pas celle des personnes physiques auteurs ou complices des mêmes faits...* ».

[2] Selon le Code minier, « *La responsabilité pénale des personnes physiques auteurs des actes incriminés peut se cumuler avec celle des personnes morales* ». Cf. article 217 alinéa (3) de la loi n° 2016/17 du 14 déc. 2016 portant Code minier.

[3] Les dispositions du Code pénal et du Code minier qui prévoient le cumul de la responsabilité pénale des personnes morales avec celle de leurs dirigeants reprennent en cela les dispositions de certaines lois spéciales. Ces textes semblent s'appuyer sur l'article 64 (2) de la loi sur la cybersécurité et la cybercriminalité au Cameroun du 21 décembre 2010 ou encore l'article 7 de la loi relative à la lutte contre le trafic et la traite des enfants, du 29 décembre 2005.

[4] A. MANGA OMBALA, *La responsabilite penale des dirigeants sociaux en droit camerounais*, Mémoire de Master Recherche, Université de Yaoundé II, 2004, p. 60.

[5] L'OHADA est l'Organisation pour l'Harmonisation en Afrique du Droit des Affaires. Le Traité instituant cette organisation a été signé le *17 octobre 1993* à *Port-Louis en Ile Maurice. Il a été révisé le 17 octobre 2008 à Québec au Canada.*

[6] Sur le cumul des responsabilités civiles, voir A. AKAM AKAM, « La responsabilité civile des dirigeants sociaux en droit Ohada », *RIDE*, 2007/2, pp. 211-243.

[7] CA Toulouse, 24 sept. 2012, n° 2012/642.

parties civiles mécontentes du défaut de poursuites à l'encontre de Total et de son président à l'époque des faits, qu'elles jugeaient responsable pour avoir mené une politique drastique de réduction des coûts en matière de sécurité, les avaient cités directement pour les voir répondre des chefs d'homicides, de blessures et de dégradations involontaires. Dans cette affaire, la Cour d'appel de Toulouse a reconnu la responsabilité pénale de la société exploitante et de son dirigeant pour les infractions d'homicides et blessures involontaires, en se fondant notamment sur les anomalies relevées dans la gestion des déchets industriels spéciaux au sein de l'entreprise. Cette décision est venue infirmer la décision du tribunal correctionnel[1].

667- S'agissant ensuite de la solidarité entre les entreprises minières et leurs dirigeants personnes morales, il est en effet considéré que, « le droit de l'environnement devrait permettre au regard d'un ordre public écologique, de passer outre l'autonomie juridique des sociétés en situation de groupe. Le droit de l'environnement apparaît ainsi comme un impératif supérieur à ce principe d'indépendance des personnes morales »[2]. Comme le relève la doctrine, il s'agit à ce titre d'éviter que les groupes de sociétés organisent leur « insolvabilité environnementale par le truchement des filiales poubelles » en mettant un terme au cloisonnement des risques juridiques et financiers et à l'irresponsabilité de principe dont bénéficient les groupes de sociétés compte tenu de leur absence de personnalité juridique, s'agissant notamment du passif environnemental des filiales[3].

668- L'imputabilité de la faute pénale aux sociétés mères présente un intérêt pratique significatif pour les victimes des atteintes minières, dans la mesure où elle permet non seulement d'engager la responsabilité d'une entité plus solvable, mais aussi d'optimiser l'impact médiatique des poursuites pénales engagées. « Le plus souvent l'auteur du dommage est incapable de le réparer et la question se pose immanquablement de savoir, lorsqu'il s'agit d'une société, s'il ne serait pas possible de solliciter sa société mère au titre de ce passif considérable que la filiale impécunieuse n'est pas en mesure d'assumer »[4]. De toute évidence, la doctrine estime que le groupe de sociétés n'est pas qu'une technique destinée à éluder les

---

[1] T. corr. Toulouse, 19 nov. 2009, MP c/ SA Grande Paroisse et a.

[2] C. HANNOUN, « La responsabilité environnementale des sociétés-mères », *Environnement et Développement durable*, n° 6, juin 2009, dossier 7.

[3] E. DAOUD et C. Le CORRE, « La responsabilité pénale des personnes morales en droit de l'environnement », *BDEI*, n° 44, 2013, p. 56.

[4] F.-X. LUCAS, « Développement durable et droit des sociétés », *Bull. Joly* 2008, p. 267, cité par M. OUASSINI SAHLI, *La responsabilité de la société mère du fait de ses Filiales*, Thèse, Université Paris-Dauphine, 2014, p. 179, https://basepub.dauphine.fr/bitstream/handle/123456789/14998/2014PA090062.pdf;jsessionid=60E8274784CF512D3FB7F602C5D6996B?sequence=2, consultée le 13 avril 2016.

responsabilités pénales en matière environnementale et renvoie avant toute chose à une forme d'organisation des sociétés rendue indispensable par la mondialisation économique et financière[1].

669- Le cumul des responsabilités présente au moins deux principaux avantages : premièrement, en cas de faillite de la société, la victime peut néanmoins être indemnisée si les dirigeants sont solvables ; deuxièmement, la menace d'une responsabilité personnelle des dirigeants pourrait les amener à bien réfléchir avant d'agir, puisque l'écran de la personnalité morale ne suffirait plus à les couvrir. Le seul problème dans ce dernier cas est de pouvoir concilier cette solution avec la révocation *ad nutum* des dirigeants des S.A. (forme principale adoptée par les multinationales) afin d'éviter que les dirigeants, soucieux du respect des droits humains ne soient finalement victimes de la perte de leur poste si les administrateurs et les actionnaires de la société n'ont pas le même attachement à ces valeurs.

670- Imaginons une société installée dans un pays où les indemnités de licenciement ne représentent pas grand-chose et où il n'y a pas d'assurance chômage. En dépit des bénéfices considérables réalisés au cours de l'exercice écoulé, les actionnaires de la société demandent quand même à ses dirigeants de procéder à une réduction considérable des coûts liés à la prévention des risques sociaux et environnementaux. La révocation *ad nutum* qui pèse sur la tête du dirigeant comme une épée de Damoclès ne risque-t-elle pas d'inciter ce dernier à y procéder malgré lui ? En attendant éventuellement que le régime de la révocation des dirigeants des S.A. soit aligné sur celui des autres formes de société (révocation pour juste motif), il appartient aux juges de tenir compte de cette complexité de la situation des dirigeants pour apprécier leur responsabilité personnelle ou l'abus dans l'exercice du droit de les révoquer[2].

671- En somme, il convient d'observer que l'existence de la responsabilité pénale des entreprises minières constitue un point central de la protection pénale des personnes dans la mesure où elle amène les entreprises extractives à travailler dans la gestion de ce risque de sanctions pénales et donc, à mieux s'investir dans la protection pénale des personnes. Le régime

---

[1] Sur l'ensemble de ces questions, Voir J. FERRAN, « La société mère peut-elle voir sa responsabilité engagée dans le cadre de la RSE? », *RLDA*, n°76/2012, pp. 72 et s. ; C. RONIN, « Faute inexcusable dans les groupes de sociétés: la responsabilité de la société-mère retenue en cas de co-emploi », *RIDA*, n° 76/2012, pp, 88 et s. ; S. DUPOUY, « La responsabilisation environnementale des groupes de sociétés par le Grenelle ; enjeux et perspectives », *Droit des sociétés*, n° 11, novembre 2012, étude 16.

[2] A. KENMOGNE SIMO, « Entreprises et droits de l'homme : des voies pour un mariage », *Revue Togolaise des Sciences Juridiques (RTSJ)*, n° 0001, juillet-décembre 2011, p. 37.

des peines de ce nouveau type de délinquant reste encore inabouti pour plusieurs raisons.

D'une part, le nombre d'infractions susceptibles d'être retenues à l'encontre des personnes morales semble incomplet. On pense par exemple à l'infraction de « terrorisme écologique » qui n'a pas encore été retenue par le législateur camerounais. En droit français par exemple, le Code pénal définit l'acte de terrorisme écologique à l'article 421-2 *in fine,* comme «... *le fait d'introduire dans l'atmosphère, sur le sol, dans le sous-sol, dans les aliments ou les composants alimentaires ou dans les eaux, y compris celles de la mer territoriale, une substance de nature à mettre en péril la santé de l'homme ou des animaux ou le milieu naturel »*[1], de façon intentionnelle et dans le *« but de troubler gravement l'ordre public par l'intimidation ou la terreur »*[2]. On peut également citer l'absence de consécration du crime d'« écocide » qui est la transposition de la notion de génocide en droit de l'environnement. Elle vise tout acte intentionnel commis dans le cadre d'une action généralisée ou systématique et qui porte atteinte à la sûreté de la planète. Lorsqu'on parle du crime d'écocide, on pense en premier lieu au cas du Vietnam qui avait été victime de l'épandage sur ses forêts, par l'armée américaine, d'un puissant défoliant, l'« agent orange ». Outre le Vietnam en tant que pionnier dans ce domaine, une dizaine d'États, dont la Russie et plusieurs de ses anciens satellites, l'ont inscrit dans leur législation nationale[3].

672- D'autre part, la faiblesse des sanctions lorsqu'elles existent et la faible implication de l'opinion publique dans le processus de protection de l'environnement démontrent que les entreprises minières polluantes sont assez peu menacées. Il serait donc nécessaire que les mécanismes de protection de l'environnement soient assez pragmatiques.

Toutes ces insuffisances et bien d'autres amènent à envisager un dépassement des règles de mise en jeu de la responsabilité.

II- Le dépassement des règles de mise en jeu de la responsabilité

673- Malgré la consécration de nouvelles infractions et de nouveaux mécanismes de responsabilité (à l'instar de la responsabilité pénale des personnes morales), l'extension et l'interprétation audacieuse d'anciennes infractions, la garantie du respect des droits fondamentaux ne pourra être effective que si les poursuites contre les entreprises minières auteures des

---

[1] Cf. art. 421-2 *in fine* du Code pénal français, disponible sur le site légiffrance à l'adresse : https://www.legifrance.gouv.fr/affichCodeArticle.do?idArticle=LEGIARTI000006418431&cidTexte=LEGITEXT000006070719&dateTexte=20040310, consulté le 12 mars 2018.

[2] Cf. art. 421-2 *in limine* du Code pénal français, précité.

[3] Voir D. LOCHACK, « Pénaliser les violations des droits de l'homme ? », *Communications,* n° 104, 2019/1, p. 199.

violations et leurs complices sont rendues possibles. Les insuffisances du régime classique de la responsabilité pour la réparation du dommage écologique attentatoire à la santé et à la vie, amènent à opérer un dépassement des règles de mise en jeu de la responsabilité civile. Ce qui implique de recourir à certains mécanismes nouveaux de mise en œuvre de la responsabilité, au besoin en les combinant avec les mécanismes existants. C'est le cas par exemple avec le principe du pollueur-payeur qui, comme nous l'avons relevé, était à l'origine un mécanisme essentiellement destiné à la prévention des externalités négatives d'une activité. Mais aujourd'hui, il est de plus en plus invoqué pour justifier l'adoption des régimes de responsabilité objective en matière d'environnement (responsabilité sans faute)[1] pour la réparation du dommage écologique couvrant tous les effets d'une pollution, c'est-à-dire non seulement les effets sur les biens et sur les personnes, mais également les effets sur la nature elle-même[2]. Il convient pour cela d'envisager une coexistence entre le principe du pollueur-payeur et le principe de responsabilité (A). Toujours dans l'optique d'un dépassement des règles de mise en œuvre de responsabilité judiciaire, il convient d'encourager l'exercice des actions collectives et des actions de groupe (*class action*), les atteintes à la santé et à la vie liées à l'exploitation minière étant souvent collectives (B).

A- La coexistence des principes de responsabilité et du pollueur-payeur

674- Départagé entre le principe de prévention et le principe de responsabilité, le principe du pollueur-payeur est aujourd'hui au cœur d'une controverse doctrinale. Pour certains, il ne serait qu'un slogan[3], ou encore un principe économique non transposable en droit, sinon au prix d'une

---

[1] À titre d'illustration, la Convention de Lugano sur la responsabilité civile des dommages résultant d'activités dangereuses pour l'environnement prévoit dans son 6e considérant, « *l'opportunité d'établir dans ce domaine un régime de responsabilité objective tenant compte du principe pollueur-payeur* ». Voir le considérant 6 de la Convention de Lugano de 1993 sur la responsabilité civile des dommages résultant d'activités dangereuses pour l'environnement. Dans la même logique, le *Livre blanc de la Commission des Communautés européennes sur la responsabilité environnementale* du 9 février 2000, précise dans son article 3.1 que «la responsabilité environnementale permet de mettre en œuvre les grands principes de la politique environnementale inscrits au traité CE (article 174 paragraphe 2), et avant tout le principe du ''pollueur-payeur''». Voir Commission européenne, *Livre blanc de la sur la responsabilité environnementale*, 9 février 2000, p. 14.

[2] Voir le site http://www.cours-de-droit.net/le-principe-pollueur-payeur-a121604536, consulté le 14 mars 2018.

[3] M. PRIEUR et al., *Précis de droit de l'environnement*, 7e éd., Dalloz, Paris, 2016, p. 170.

dénaturation de la responsabilité[1]. Pour d'autres par contre, c'est une véritable norme juridique[2].

675- Face à cette controverse, il convient de reconnaître que par lui-même, le principe « pollueur-payeur » n'impose pas de mécanisme juridique déterminé d'imputation de responsabilité. Toutefois, ce principe pollueur-payeur qui jusqu'à présent n'est qu'un simple principe économique, peut être instrumentalisé selon certains auteurs, pour servir de fondement aux poursuites en réparation d'un dommage. Ainsi, on pourrait considérer au nom du principe pollueur-payeur que celui qui pollue paye. Autrement dit, il ne paye pas à raison de la pollution, mais en raison du dommage qu'il cause à des tiers par sa pollution.

En effet, comme le relève le Professeur François Ost, le principe pollueur-payeur est de plus en plus « révélateur d'une évolution qui traverse le droit de la responsabilité depuis un siècle au moins et qui est le passage graduel de la faute à la réparation, ou encore du coupable à la victime. Le principe parle de "pollueur" sans se prononcer sur sa responsabilité, encore moins sa faute éventuelle ; l'accent est mis sur le dédommagement : l'important est qu'il paie. Coupable ou non, le pollueur est un acteur économique dont l'activité entraîne paiement d'un coût social. Cette manière de voir, qui concentre l'attention sur le dédommagement de la victime plutôt que sur la faute du coupable, signe le passage - en langage juridique - de la responsabilité subjective (imputation d'une faute) à la responsabilité objective (allocation d'une réparation). Il s'agit là assurément d'une tendance lourde du droit de la responsabilité qui s'est développée au même rythme que les progrès du machinisme et son cortège d'accidents »[3].

676- Une telle instrumentalisation du principe pollueur payeur comme fondement de mise en jeu de la responsabilité permettrait d'éviter que la victime ne se perde dans les arcanes de la procédure à la recherche d'une éventuelle faute de l'exploitant minier. Les victimes pourraient ainsi arguer de la violation du principe pollueur-payeur, et au nom de cette simple violation, rechercher la responsabilité de l'exploitant. Ainsi, en cas d'atteintes à la santé et à la vie, le pollueur payeur ne se limitera pas simplement à la remise en l'état de l'environnement, mais également à la réparation des atteintes.

---

[1] Ch. LARROUMET, « La responsabilité civile en matière d'environnement. Le projet de Convention du Conseil de l'Europe et le livre vert de la Commission des Communautés européennes », *Recueil Dalloz Sirey*, 1994. p. 102.

[2] L. KRÄMER, « Le principe du pollueur-payeur en droit communautaire. Interprétation de l'article 130R du traité CEE », *Aménagement-environnement,* n° 1, 1991, p. 3.

[3] Voir F. OST, « La responsabilité, fil d'Ariane du droit de l'environnement », précité, pp. 283-284.

B- L'exercice des actions collectives et des actions de groupe (*class actions*)

677- L'action de groupe se distingue des recours collectifs exercés par des syndicats, des associations ou même des ordres professionnels en vue de la défense d'un intérêt collectif ou professionnel. La distinction entre l'action de groupe et action en défense d'intérêts collectifs réside dans le fait que la première défend l'addition d'intérêts individuels (il s'agit avant tout de l'exercice collectif de droits individuels[1] identifiables et divisibles, en vue de rendre les droits substantiels plus effectifs[2]), alors que la seconde défend des intérêts collectifs indivisibles comme en matière environnementale (intérêt collectif environnemental unique).

Il convient d'examiner la mise en œuvre des actions collectives (1) avant de s'intéresser à l'exercice des actions de groupe (2).

1- L'exercice des actions collectives

678- L'exercice des actions collectives au Cameroun repose sur plusieurs fondements juridiques (a). Toutefois, leur exercice effectif fait face à de nombreux goulots d'étranglement (b).

a) Les fondements juridiques de l'exercice des actions collectives

679- La loi-cadre du 5 août 1996 relative à la gestion de l'environnement reconnait le rôle important joué par la société civile, notamment les associations et les ONG, pour l'obtention des réparations des dommages et préjudices causés à l'environnement et aux populations. À cet effet, il leur suffit d'être valablement constituées, conformément à l'article 8 alinéa 1 dudit texte[3]. Lorsqu'elles sont régulièrement constituées, « *Les communautés de base et les associations agréées contribuant à toute action des organismes publics et para-publics ayant pour objet la protection de l'environnement, peuvent exercer les droits reconnus à la partie civile en ce*

---

[1] Voir M. J. AZAR-BAUD, *Les actions collectives en droit de la consommation. Etude de droit français et argentin à la lumière du droit comparé*, Nouvelle bibliothèque de thèses, Dalloz, Paris 2013, n°14 ; M. J. AZAR-BAUD, « L'action de groupe, une valeur ajoutée pour l'environnement ? », *VertigO - la revue électronique en sciences de l'environnement*, Hors-série 22, 2015, http://journals.openedition.org/vertigo/16291.

[2] N.-J. MAZEN, « Le recours collectif : réalité québécoise et projet français », *RID comp.* 1987, p. 375.

[3] « *Les associations régulièrement déclarées ou reconnues d'utilité publique et exerçant leurs activités statutaires dans le domaine de la protection de l'environnement ne peuvent contribuer aux actions des organismes publics et para-publics en la matière que si elles sont agréées suivant des modalités fixées par des textes particuliers* ». Cf. article 8 al. 1 de la loi n° 96/12 du 5 août 1992 portant loi-cadre relative à la gestion de l'environnement.

qui concerne les faits constituants une infraction aux dispositions de la présente loi et de ses textes d'application, et causant un préjudice direct ou indirect aux intérêts collectifs qu'elles ont pour objet de défendre »[1]. Cette disposition est presque identique à l'article L142-2 du Code français de l'environnement. Dans le même sens, l'article 74 du Code de procédure pénale camerounais dispose que « *Les associations, syndicats et ordres professionnels ne peuvent exercer l'action civile à l'occasion d'une procédure répressive qu'à la condition d'invoquer un dommage certain et un intérêt collectif ou professionnel.* »[2].

680- La défense des intérêts collectifs correspond à la défense d'une grande cause ou cause altruiste, distincte de l'intérêt général[3], touchant un grand nombre d'individus. Le préjudice étant la lésion d'un intérêt, il convient de comprendre par préjudice collectif en matière environnementale, la lésion d'un intérêt collectif environnemental. Par exemple, en cas d'atteinte à l'environnement, l'intérêt collectif afférent permet de défendre des droits indivisibles, insusceptibles de faire l'objet d'une répartition entre les individus. Le critère essentiel à retenir ici est celui de l'indivisibilité des droits. Selon Alexandra Aragao, « la division en des actions ou quotas attribuables à des individus ou des groupes est impossible. Le droit à l'air pur, le droit au silence, le droit à la diversité biologique ne sont pas morcelables. Les droits de chaque membre du groupe sont tellement interdépendants les uns des autres que pour satisfaire l'intérêt d'un membre, il faut satisfaire tous les autres. De même, lorsque l'intérêt d'un membre est atteint, tous les autres le sont également. »[4].

---

[1] Cf. article 8 al. 2 de la loi n° 96/12 du 5 août 1992 portant loi-cadre relative à la gestion de l'environnement.

[2] Cf. article 74 al. 1 de la loi n°2005/007 du 27 juillet 2005 portant Code de procédure pénale.

[3] L'intérêt général désigne les valeurs d'une société portées par l'État. Néanmoins, les contours et même les frontières entre ce qui est général et collectif restent flous. Comme le relève un auteur, « Dans certains groupements, ce que l'on appelle l'intérêt collectif n'est rien d'autre que des causes humaines supérieures, des idéaux ou des objectifs communs, de nature politique, sociale ou économique prônés et promus par eux, en lieu et place de la puissance publique qui leur en délègue la défense ou la protection. (…) ces causes, que nous qualifierons de sociétales, servent souvent de fondements à la théorie de la collectivisation d'intérêts individuels propres à des personnes physiques ou morales. C'est en cela que l'intérêt collectif et le préjudice collectif y afférent constituent, pour ces groupements, des notions fonctionnelles leur permettant "de répondre à l'exigence d'un intérêt à agir posée par l'article 31 du NCPC ». Voir G.-A LIKILLIMBA, « Le préjudice individuel et/ou collectif en droit des groupements », *RTD Com.* 2009, p. 1.

[4] A. ARAGÃO, « Les intérêts diffus, instruments pour la justice et la démocratie environnementale » *Vertigo - revue en sciences de l'environnement*, n° Hors série 22, 2015, pp. 1-13.

681- L'action collective se distingue de l'action en requête conjointe[1] encore appelée action en représentation conjointe[2]. Elle est prévue par l'article L. 142-3 du Code français de l'environnement qui dispose que « *Lorsque plusieurs personnes physiques identifiées ont subi des préjudices individuels qui ont été causés par le fait d'une même personne et qui ont une origine commune, dans les domaines mentionnés à l'article L.142-2, toute association agréée au titre de l'article L. 141-1 peut, si elle a été mandatée par au moins deux des personnes physiques concernées, agir en réparation devant toute juridiction au nom de celles-ci* »[3]. Il apparaît donc que l'action en représentation conjointe vise la défense de différents intérêts individuels déterminés et divisibles, mais regroupés dans une seule action. À la différence de l'action de groupe, l'action en représentation conjointe exige la collecte des mandats par les associations qui souhaitent la mettre en œuvre, auprès des victimes individuelles. Cette action connaît très peu de succès en pratique, non seulement à cause de la difficulté d'identifier les victimes et d'obtenir d'elles des mandats écrits, mais aussi et surtout à cause du fait que les victimes personnes morales sont exclues de cette action, alors même qu'on sait qu'elles peuvent bien être concernées par les préjudices dérivés d'un dommage à l'environnement.

b) Les obstacles à l'exercice des actions collectives

682- Le droit français duquel s'inspire fréquemment le droit camerounais a pendant longtemps érigé l'individu en mètre-étalon, considérant les rapports collectifs comme périphériques ou accessoires, voire comme ne relevant pas du juridique. L'évolution de ce droit français de tradition civiliste montre bien son caractère réfractaire aux demandes de nature collective. À titre d'illustration, on peut mentionner son attitude vis-à-vis de certaines conventions des droits de l'homme porteuses des droits dits « collectifs », à l'instar de la Convention n° 169 de l'OIT[4]. À propos de cette

---

[1] L'action en requête conjointe est prévue par l'article L. 142-3 du Code de l'environnement. Ce texte prévoit que « Lorsque plusieurs personnes physiques identifiées ont subi des préjudices individuels qui ont été causés par le fait d'une même personne et qui ont une origine commune, dans les domaines mentionnés à l'article L.142-2, toute association agréée au titre de l'article L. 141-1 peut, si elle a été mandatée par au moins deux des personnes physiques concernées, agir en réparation devant toute juridiction au nom de celles-ci ».

[2] Comparer avec l'action en représentation conjointe du Code de la consommation (art. L. 421-2) et du Code monétaire et financier (art. L. 452-2) français.

[3] Cf. article L. 142-3 du Code français de l'environnement, disponible sur légifrance à l'adresse : https://www.legifrance.gouv.fr/affichCodeArticle.do?idArticle=LEGIARTI000006832968&cidTexte=LEGITEXT000006074220&dateTexte=20000921, consulté le 7 octobre 2018.

[4] **La Convention n° 169 de l'OIT concernant les peuples indigènes et tribaux dans les pays indépendants,** *adoptée à Genève, lors de la 76e session de la CIT (27 juin 1989),* **entrée en vigueur le 05 sept. 1991**, *ne compte au 20 septembre 2019 que 23 ratifications.*

Convention, le secrétaire d'État français chargé des affaires étrangères et des droits de l'homme avait rappelé la « position traditionnelle » de la France « selon laquelle, en vertu du principe d'indivisibilité de la République et conformément au principe d'égalité, des droits collectifs ne peuvent prévaloir sur des droits individuels »[1].

683- Au Cameroun, la doctrine affirme par exemple en matière sociale qu'il n'existe pas véritablement de dimension collective des rapports de travail, les syndicats ayant été pendant longtemps «domestiqués par le pouvoir politique et réduits au rang de structures purement administratives»[2]. Bien plus, on ne doit pas oublier le faible niveau d'instruction et le manque de réflexe de contestation chez les travailleurs[3] qui se trouvent ainsi mal outillés pour la défense de leur droit à la santé. Sans dimension collective de travail, la dimension individuelle devait en pâtir, surtout que l'administration du travail n'a pas toujours les moyens nécessaires, ni matériels, ni humains, d'assurer un contrôle de l'application des dispositions légales. Si les affirmations qui précèdent étaient vraies jusqu'à une période relativement récente, il convient désormais de relativiser le propos, car des syndicats existent et se battent tant bien que mal pour défendre les intérêts collectifs des différentes professions.

684- L'autre obstacle majeur à l'exercice des actions collectives par les victimes des dommages miniers est le défaut d'existence légale des associations à l'origine de telles actions. Car comme le relève un auteur, « Il est frappant de constater tant chez les élus que chez les associations de défense des victimes de dégâts miniers un fort besoin de reconnaissance. Tout d'abord, est souvent exprimé le sentiment que les régions minières auraient été sacrifiées au profit de la collectivité nationale »[4]. Selon ces associations, « les aides à la revitalisation apportées n'auraient été que parcimonieuses et surtout largement inefficaces »[5].

685- Dans la pratique, on constate également que lorsqu'ils cherchent à exercer des droits collectifs, les défenseurs des droits environnementaux s'exposent à de grands dangers. En effet, les défenseurs des droits environnementaux sont confrontés à des risques élevés d'atteintes à leur intégrité physique, notamment de meurtres, d'attaques, d'agressions, de menaces et d'intimidation, tant de la part d'acteurs étatiques que non

---

[1] Voir JO Sénat du 29/01/2009, p. 236.
[2] P. G. POUGOUE, *Rapport précité,* p. 27.
[3] *Ibid.*
[4] Voir I. VAULONT et J.-L. VO VAN QUI, *L'indemnisation des dégâts miniers,* Rapport précité, p. 82.
[5] *Ibid*, p. 83.

étatiques[1]. Naturellement, les principales victimes de ces violations sont les personnes et les communautés qui les subissent directement, mais ces violations ont également des incidences sur l'environnement qu'elles s'efforçaient de protéger et sur tous ceux qui dépendent de cet environnement pour jouir pleinement de leurs droits.

686- Dans sa Résolution 32/10 du 30 juin 2016, le Conseil des droits de l'homme de l'ONU s'est dit préoccupé par les obstacles juridiques et pratiques à l'accès aux recours pour les victimes de violations des droits de l'homme liées aux entreprises, en raison desquels les parties lésées risquent d'être dépourvues de moyens de recours utiles, tant judiciaires que non judiciaires[2]. Dans le même sens, la Rapporteuse spéciale sur la situation des défenseurs des droits de l'homme a indiqué dans un rapport[3] qu'elle recevait de nombreuses communications concernant des militants s'occupant de questions environnementales, notamment des défenseurs dénonçant des activités minières ou des projets de construction et d'aménagement, des défenseurs s'occupant des droits des communautés autochtones ou minoritaires, des femmes défenseures des droits de l'homme et des journalistes. À ce sujet, les États devraient reconnaître l'importance du travail que les défenseurs s'occupant de questions foncières ou environnementales mènent dans le souci de parvenir à un équilibre entre le développement économique et le respect de l'environnement. Ce qui suppose de ne pas tolérer que leur travail soit dénigré, et veiller à ce que les allégations de violations de leurs droits donnent lieu à des enquêtes rapides et impartiales[4].

687- Compte tenu du fait que les exploitations minières portent parfois préjudice à un intérêt collectif représenté par des associations, les juges se montrent également parfois fort réticents à octroyer des sommes importantes[5] à ces associations, car ils refusent de contribuer par ce biais à la constitution d'un trésor de guerre au bénéfice de ces associations[6].

---

[1] *Ibid.*, § 64 à 92.

[2] Voir la Résolution 32/10 du Conseil des droits de l'homme, adoptée le 30 juin 2016, intitulée : *Les entreprises et les droits de l'homme : améliorer la responsabilisation des entreprises et l'accès à des voies de recours*.

[3] Voir A/HRC/19/55, §. 65 et 66.

[4] V. le Rapport de la Rapporteuse spéciale sur la situation des défenseurs des droits de l'homme (A/HRC/19/55, par. 123 à 126).

[5] Voir M.-P. CAMPROUX-DUFFRENE, « Des perspectives d'un meilleur accès à la justice civile pour les associations de protection de l'environnement », *JCP Env.* déc. 2003, chron. N° 26, p. 9.

[6] Leurs craintes d'un détournement des sommes sont d'autant plus fondées que les associations sont constituées en grande majorité par des bénévoles, manquent de moyens humains et matériels et ont besoin de ressources importantes puisqu'il leur faut soutenir de

2- L'exercice des actions de groupe

688- La *Class action* ou action de groupe est une « action en justice exercée par le requérant, pour le compte d'une catégorie de personnes invoquant un même intérêt, sans qu'il en ait nécessairement reçu le mandat »[1]. En d'autres termes, c'est « une procédure de poursuite collective qui permet aux victimes d'un même préjudice de la part d'une entreprise ou d'un professionnel, de se regrouper et de se défendre collectivement devant les tribunaux »[2]. Elle peut être exercée soit directement par les victimes elles-mêmes, soit par un groupement (association, organisation non gouvernementale, etc.) en vue d'obtenir la réparation des préjudices individuels subis par chacune des victimes et procédant d'un même fait dommageable. Il s'agit donc d'un recours qui permet à un groupe de victimes d'un dommage de masse, de faire reconnaître collectivement leurs droits dans un contentieux unique ou de mettre en œuvre la responsabilité civile (qu'elle soit contractuelle ou délictuelle) de l'auteur présumé. L'action de groupe pouvant être préventive (pour faire cesser la menace d'une atteinte avérée ou probable) ou réparatrice (elle vise la réparation d'un préjudice), elle « représente une réelle valeur ajoutée »[3] dans la réparation des atteintes à l'environnement, à la santé et à la vie, résultant de l'exploitation minière.

689- Trouvant son origine en droit nord-américain, l'action de groupe est devenue un outil très utile pour la sauvegarde des intérêts collectifs. Ce type d'action vise à ce qu'un grand nombre de victimes puissent obtenir réparation lorsqu'un acte a causé un dommage collectif[4]. Pour tenir compte de cette dimension nouvelle de la responsabilité, le procès change d'échelle. Au couple traditionnel auteur-victime, se sont substituées des actions de groupe, unissant des centaines, voire des milliers de plaideurs. Du coup, les principes gouvernant l'action en justice se trouvent bouleversés[5]. Ainsi, on

---

vraies batailles judiciaires et notamment débourser des frais d'expertise à la charge des parties.

[1] G. CORNU (dir.), *Vocabulaire juridique*, Association Henri Capitant, PUF, 2012, p. 176.

[2] Voir https://www.economie.gouv.fr/particuliers/action-de-groupe, consulté le 6 mai 2018.

[3] M. J. AZAR-BAUD, « L'action de groupe, une valeur ajoutée pour l'environnement ? », *VertigO - la revue électronique en sciences de l'environnement*, Hors-série 22, 2015, http://journals.openedition.org/vertigo/16291.

[4] Voir F. VOEFFRAY, *L'actio popularis ou la défense de l'intérêt collectif devant les juridictions internationales*, PUF, 2004, pp. 24-26.

[5] À ce propos, l'on a parlé d'elle comme d'une « véritable curiosité juridique » tant elle se concilie peu avec les règles de procédures habituelles. Il lui est notamment reproché de faire entorse au principe selon lequel « nul ne plaide par procureur » dès lors que l'action est exercée sans mandat de la part de tous ceux qui vont s'y associer ou en bénéficier. Voir F. CABALLERO, « Plaidons par procureur. De l'archaïsme procédural à l'action de groupe », *Revue Trimestrielle de Droit Civil (RTD civ.)*, 1985, pp. 247 et s. Voir également L. HOUNBARA KAOSSIRI, « Les interférences processuelles de la Loi-cadre n° 2011/012 du 6

assiste de plus en plus aux « *class actions* vertes », en cas d'atteintes à l'environnement, ayant ou non des incidences sur la santé des personnes.

Au Cameroun, si la reconnaissance des actions de groupe est aujourd'hui juridiquement consacrée (a), sa mise en œuvre qui est encore sujette à caution, se trouve confrontée à de nombreux obstacles (b).

a) De la reconnaissance juridique des actions de groupe

690- Face aux impacts négatifs de l'activité des entreprises, les rapports sociaux, entendus comme les liens qui créent la vie en communauté, disposent d'une faible protection juridique, celle-ci se limitant dans la plupart des cas à la protection des droits individuels[1]. D'où l'opportunité des actions de groupe pour rééquilibrer ces rapports de force trop souvent déséquilibrés, notamment par la reconnaissance de la qualité d'ester en justice à certaines personnes au nom de la défense d'un intérêt collectif[2]. Avant de revenir sur la consécration de l'action de groupe par le droit camerounais, il convient au préalable d'insister sur ses avantages.

691- Du point de vue juridique, la consécration des actions de groupe présente de nombreux avantages tant sur le plan substantiel que sur le plan procédural.

D'un point de vue substantiel, l'action de groupe peut avoir une fonction dissuasive à l'égard des entreprises en raison notamment de la charge financière considérable qu'elle peut entraîner et de la publicité négative qui peut affecter ou altérer leur image ou réputation. C'est la raison pour laquelle, certains auteurs considèrent que l'action de groupe répond à un objectif qui est plus punitif qu'indemnitaire.

Sur le plan procédural, l'action de groupe est susceptible de contribuer à l'amélioration de l'accès à la justice en permettant aux victimes d'un dommage de masse, de pouvoir agir dans des cas où elles auraient eu des difficultés ou peu d'intérêt à le faire, eu égard à la modicité du préjudice individuel. Dans de nombreux cas, le dommage est rarement d'une importance suffisante pour justifier une action en justice. Trop ténus pour

mai 2011 portant protection du consommateur au Cameroun », *Civil Procedure Review,* v.7, n° 3, 2016, pp. 3-26.

[1] K. MARTIN-CHENUT, C. PERRUSO et L. VARISON, « La difficile réparation des rapports sociaux », *in* K. MARTIN-CHENUT et R. QUENAUDON (dir.), *La RSE saisie par le droit. Perspectives interne et international,* Editions A.Pedone, Paris, 2016, p. 397.

[2] Très souvent, les actons introduites par les OSC sont déclarées irrecevables : cela été le cas, par exemple, dans la catastrophe du Probo Koala où la plainte introduite par sherpa au nom de plusieurs dizaines de victimes ivoiriennes n'avait pas été jugée recevable par la justice française alors que les dirigeants de Trafigura impliqués étaient de nationalité française. Ce qui montre que les droits humains ne peuvent être bien garantis que si les parquets font preuve d'une certaine audace, ce qui malheureusement n'est pas toujours le cas.

fonder une action individuelle, de tels dommages ne peuvent être pris en compte que s'ils sont envisagés et traités de manière collective.

Dans les grands projets miniers où de puissants intérêts économiques des États et des entreprises multinationales sont en jeu, la protection des droits fondamentaux des populations locales est souvent menacée, non seulement en raison de la modicité des préjudices individuels, mais aussi et surtout en raison du manque de moyens financiers pour introduire des actions individuelles en justice. Compte tenu du fait que les victimes des atteintes liées à l'exploitation minière appartiennent souvent à des groupes marginalisés et vulnérables, elles sont généralement impuissantes face à ces firmes multinationales. C'est ce qui justifie le fait que l'ineffectivité de la protection des droits fondamentaux soit très élevée en Afrique en général et au Cameroun en particulier, malgré les efforts faits sur le plan judiciaire comme la mise sur pied de l'assistance judiciaire.

L'action de groupe est également importante en ce sens qu'elle participe au souci d'assurer un meilleur fonctionnement de la justice en évitant la multiplication ou l'éparpillement des procédures et l'engorgement des juridictions. En effet, l'on a pu relever en droit français que « la nouvelle action de groupe doit permettre de désengager les juridictions, (…) d'éviter un éparpillement des saisines ou leur délocalisation (forum shopping). »[1]. Dans l'exploitation minière, les victimes de dommages miniers étant parfois dispersées et appartenant à des milieux socioprofessionnels différents, l'action de groupe leur offre un cadre idéal pour agir. Il leur faut pour cela se regrouper et décider ensemble de l'action à mener. La réalité démontre combien cet effort peut être ardu.

Dans *l'affaire Chevron-Texaco* sus évoquée, la *class action* des victimes de dommages environnementaux regroupait plus de trente mille victimes des dommages à l'environnement et à la santé découlant de l'activité d'exploration et d'exploitation de pétrole[2]. De même, en février 2019 en Guinée, treize villages ont porté plainte contre la Banque Mondiale pour financement d'une mine de bauxite nocive. Les 450 plaignants se plaignaient notamment du fait que la Compagnie des bauxites de Guinée, qui pilote le projet financé par la Société financière internationale (SFI), a confisqué leurs terres, détruit leurs moyens de subsistance et l'environnement local ainsi que les ressources hydriques[3].

---

[1] Voir M. BOCACHE, cité par A. AKAM AKAM, « L'émergence de l'action collective en droit camerounais », *BDE*, n° 2, 2017, disponible à l'adresse : http://www.droit-economique.org/wp-content/uploads/2017/12/Akam-Akam.pdf, consulté le 21 septembre 2019, p. 4, note 2.

[2] Voir *Aguinda c. Texaco Inc.*, 303 F.3d 470, 2d Cir. 2002 ; *Jota c. Texaco Inc.*, 157 F.3d 153, 2d Cir. 1998, cités par J. KIMERLING, « Indigenous peoples and the oil frontier in Amazonia. The case of Ecuador, ChevronTexaco, and Aguinda v. Texaco », *NYU J. Int'l L & P*, 2006, 38413.

[3] Cette plainte est disponible à l'adresse :

692- La consécration de l'action de groupe en droit camerounais mérite d'être envisagée à la fois en droit positif (de *lege lata*) et en droit prospectif (de *lege ferenda*).

De *lege lata*, le législateur camerounais a explicitement consacré l'action de groupe en droit de la consommation grâce à la loi-cadre du 6 mai 2011 portant protection des consommateurs. Comme l'écrit un auteur, « on se serait attendu à ce qu'il en fasse une action de droit commun transposable dans tous les cas dans lesquels la défense des intérêts collectifs serait en jeu, c'est-à-dire, un véritable "véhicule procédural général" »[1]. Cette observation amène à se poser la question de savoir si l'action de groupe peut être exercée dans d'autres domaines en dehors du secteur de la consommation ?

Face à cette interrogation, le Professeur André Akam Akam affirme que la loi camerounaise du 6 mai 2011 « a entendu faire œuvre originale et par là même audacieuse, en consacrant une action collective à "large spectre", en ce qu'elle a un champ d'application particulièrement étendu »[2]. Selon lui, « le domaine de l'action de groupe est particulièrement étendu en droit camerounais, comparé au droit français par exemple, en raison de la diversité des secteurs concernés, la variété des transactions envisagées et l'absence de discrimination des dommages. S'agissant des *secteurs concernés*, il y a lieu de relever que l'action collective peut être exercée en cas de dommages résultant des transactions concernant divers secteurs d'activités : santé, habitat, services financiers et bancaires, énergie, communications, environnement, etc. il apparaît que le Cameroun est allé bien plus loin que la plupart des États membres de l'Union européenne qui ont opté pour la restriction du champ d'application de l'action de groupe, à l'instar de l'Allemagne qui la limite au secteur financier, ou du Portugal qui l'admet en matière d'environnement et de santé publique. Pour ce qui est des *dommages*, il faut observer que la loi camerounaise se démarque aussi de la loi française en ne faisant pas de distinction suivant les dommages (…) Aussi, conformément à la maxime "*ubi lex non distinguit, nec nos distinguere debemus*", il faut considérer que l'action collective est de portée générale en droit camerounais, et peut viser la réparation de tous les préjudices, qu'ils soient matériels, corporels ou moraux. Tel n'est pas, en revanche, le cas en droit français »[3].

---

https://www.inclusivedevelopment.net/wp-content/uploads/2019/02/CBG_CAO_Request-for-Mediation_FINAL-FRE.pdf, consulté le 02 mai 2019.

[1] Voir NEMEDEU (R.), « De l'action de groupe : une esquisse venant du droit camerounais de la consommation », *in* YAWAGA (S.) (dir.), *La protection du consommateur au Cameroun : principes, enjeux et perspectives*, EDLK, Yaoundé, 2018, p. 362.

[2] A. AKAM AKAM, « L'émergence de l'action collective en droit camerounais », *BDE*, n° 2, 2017, disponible à l'adresse : http://www.droit-economique.org/wp-content/uploads/2017/12/Akam-Akam.pdf, consulté le 23 décembre 2018.

[3] *Ibid.*, pp. 6 et 7.

Au regard de ce qui précède, le bénéfice de l'action de groupe peut donc être étendu à d'autres domaines, notamment aux victimes des atteintes à la santé et à la vie résultant de l'exploitation minière. Une telle extension est d'autant plus pensable que de *lege ferenda*, en supposant le bénéfice de l'action de groupe acquis, le législateur ne s'intéresse qu'à une *class action* spécifique concernant les victimes des produits défectueux.

Ainsi, de *lege ferenda*, droit camerounais voudrait instituer une action collective en responsabilité civile, spécifique en matière de produits défectueux, soumise à un régime relativement simplifié, dès lors que cette action pourrait être exercée par un groupement spontané de victimes et non par une association, comme c'est le cas en matière de consommation[1].

693- Contrairement au système européen (individualiste), le contexte particulier du continent africain en général et camerounais en particulier devrait considérablement contribuer à l'enracinement d'une approche plus collective de la protection des droits humains. Comme le relève la doctrine, le développement des notions telles que la « propriété collective » ou encore le « droit à une vie digne » sont caractéristiques d'une telle approche[2]. En effet, l'article 24 de la Charte africaine des droits de l'homme et des peuples adoptée à Nairobi en juin 1981, dispose clairement que le droit à un environnement satisfaisant est un droit de « tous les peuples ». En effet, le texte sus visé reconnaît que les peuples peuvent être titulaires des droits de l'homme. Cette titularité collective des droits devrait logiquement induire la possibilité de les exercer collectivement.

Si de nombreux mécanismes existent dans la législation actuelle pour faire respecter les droits fondamentaux lors de l'exploitation minière, encore faut-il pouvoir les utiliser et en dénoncer les violations sans se faire bâillonner.

b) Les obstacles à l'exercice des actions de groupe

694- Bien qu'en vogue dans le droit des pays anglo-saxons, les actions de groupe peinent à s'enraciner dans le droit des pays de tradition civiliste. En droit camerounais, sa consécration expresse remonte à la loi-cadre du 6 mai 2011 relative à la protection des consommateurs. En droit français, la reconnaissance expresse de l'action de groupe ne date que de la loi Hamon du 17 mars 2014[3].

---

[1] En effet, l'article 212 de l'avant-projet du Code civil bilingue prévoit, en son alinéa 1er que « *lorsqu'un produit défectueux a causé un dommage à plusieurs personnes, celles-ci peuvent exercer une action collective ou s'associer à l'action déjà introduite par l'une d'entre elles contre le producteur ou, le cas échéant, le fournisseur* ».

[2] Voir K. MARTIN-CHENUT et C. PERRUSO, « La contribution des systèmes régionaux de protection des droits de l'homme à la pénalisation des atteintes à l'environnement », *in* L. NEYRET (dir.), *Des écocrimes à l'écocide : le droit pénal au secours de l'environnement*, *op. cit.*, p. 45.

[3] Voir la loi n° 2014-344 du 17 mars 2014 et son décret d'application n° 2014- 1081 du 24 septembre 2014. À propos de cette consécration légale, voir D. MAINGUY et M. DEPINCE,

Malgré la consécration textuelle des actions de groupe, leur mise en œuvre concrète n'est pas garantie. Ainsi, selon la doctrine, « Si des textes substantiels sont déjà adoptés, ceux du droit procédural restent attendus pour un meilleur exercice de l'action de groupe »[1]. À cet effet, on attend toujours que le législateur camerounais complète son œuvre législative par des textes conséquents, pour une meilleure mise en œuvre de la *class action* en droit processuel camerounais[2].

« L'introduction de l'action de groupe en droit français », *JCP E.*, 2014, 1144 ; A.-L. VINCENT, « Les actions de groupe, une réforme nécessaire au regard des lacunes des procédures alternatives prévues par le droit français », *Les Petites affiches*, 2014, p. 44 ; K. HAERI et B. JAVAUX, « L'action de groupe à la française, une curiosité », *J.C.P. G.*, n° 13, 2014, p. 375 ; A.-S. CHRONE-GRIMALDI, L. RASCHEL, « L'action de groupe à la française : tout vient à point à qui sait attendre ! », *Resp. civ. et ass.*, n° 5, 2014 ; P. HILT, « L'action de groupe consacrée par la Loi no 2014- 344 du 17 mars 2014 relative à la consommation : peut-on s'en satisfaire ? », *G.P*, 2014, p. 28 ; E. CLAUDEL, « Action de groupe et autres dispositions concurrentes de la Loi consommation : un dispositif singulier », *RTD Com.* 2014, p. 33 ; M. BOCCARA, « L'introduction de l'action de groupe dans le paysage procédural français », *Banque & Droit*, 2014 6, hors-série.

[1] Voir R. NEMEDEU, « De l'action de groupe : une esquisse venant du droit camerounais de la consommation », *in* S. YAWAGA (dir.), *La protection du consommateur au Cameroun : principes, enjeux et perspectives*, EDLK, Yaoundé, 2018, p. 351.

[2] *Ibid.*

Conclusion du Chapitre 1

695- Lorsque l'exploitant minier assume ses responsabilités de bonne foi, notamment en réparant volontairement les dommages issus de son activité, il n'y a pas de difficulté particulière. La phase de la recherche de sa responsabilité ne s'ouvrira que lorsqu'une demande amiable de réparation (par des mécanismes non judiciaires tels que la conciliation, la transaction, l'arbitrage…) a été formulée auprès de lui sans succès. Soit parce qu'il conteste l'ampleur des dommages invoqués ; soit parce qu'il conteste la « cause minière » ou « l'origine minière » du dommage (contestation du lien de causalité avec son activité d'exploitation) ; soit parce que le demandeur conteste le montant de l'indemnisation qui lui a été octroyée par l'exploitant minier. De même, si l'exploitant est difficile à identifier comme c'est généralement le cas dans les exploitations très anciennes dont la concession a fait l'objet d'une renonciation de longue date ou dont le titulaire présent n'a jamais exploité la zone à l'origine des dommages, les victimes peuvent être amenées à s'engager dans des procédures judiciaires pouvant durer plusieurs années[1].

696- Il apparaît au terme de ce chapitre que le droit classique de la responsabilité civile a montré ses limites dans la réparation des atteintes à l'environnement, à la santé et à la vie, liées à l'exploitation minière. La simple transposition des solutions classiques applicables au dommage général s'étant révélée insuffisante et inefficace, la reconnaissance et l'amélioration de la réparation du dommage écologique attentatoire à la santé et à la vie s'avère indispensable. Cette amélioration suppose la modification du fondement de la responsabilité et l'assouplissement des règles procédurales.

697- Les limites du régime positif nous ont amené à nous interroger sur les perspectives qu'offre le droit prospectif. Ainsi, au-delà de l'adaptation des règles de responsabilité, nous avons proposé le renouvellement des règles de sa mise en jeu. D'une part, nous avons démontré le rôle stratégique de la répression pénale des atteintes à l'environnement, à la santé et à la vie. À ce sujet, nous avons envisagé la responsabilité pénale des personnes physiques, la responsabilité pénale des personnes morales, et la responsabilité conjointe des personnes morales avec celle de leur dirigeant (personne physique ou morale). D'autre part, nous avons proposé le dépassement des règles de mise en jeu de la responsabilité, notamment l'application conjointe du principe de responsabilité avec le principe du pollueur-payeur, ainsi que la vulgarisation du recours collectif et des actions de groupe pour la défense des intérêts des victimes.

---

[1] I. VAULONT et J.-L. VO VAN QUI, *L'indemnisation des dégâts miniers,* Rapport précité, p. 1.

Chapitre 2

La réparation des atteintes à la santé et à la vie par le recours aux mécanismes alternatifs aux mécanismes judiciaires

698- En droit camerounais comme dans la plupart des législations, deux possibilités de règlement des litiges s'offrent aux victimes des atteintes à l'environnement, à la santé et à la vie. La première, qui a été examinée dans le chapitre précédent, est plus traditionnelle et fait appel aux tribunaux judiciaires pour trancher les litiges. La seconde, plus récente, se fonde sur des modes alternatifs de règlement des litiges qui se veulent plus rapides et accessibles[1]. D'où la nécessité de faire une distinction entre l'accès à la justice et l'accès aux tribunaux, car la justice ne se trouve pas seulement devant les tribunaux[2].

Comme le relève la doctrine, « Les modes alternatifs de règlement des différends s'inscrivent dans un mouvement global de diversification des solutions conventionnelles des litiges dans le but d'éviter la lourdeur d'un procès. La logique des modes alternatifs est de faire en sorte que le juge ne soit pas le seul recours mais qu'il constitue bien l'ultime recours. Leur but premier est donc d'éviter le passage des justiciables par le juge étatique »[3]. En effet, « l'adjectif *alternatif* découle du verbe "alterner" tiré du latin *alternare* et dérivé de *alternus* qui signifie "un sur deux", lui-même ayant pour origine *alter* : "autre". Un mode *alternatif* (...) doit être compris comme une autre possibilité ou comme constituant une solution de remplacement »[4].

Sur l'origine de cette expression, il est à noter que « L'expression "modes alternatifs de règlement des conflits" est apparue au milieu des années 1990 comme un équivalent français de la notion américaine d'"alternative dispute

[1] P. OUMBA « Le règlement amiable des litiges en matière d'environnement au Cameroun », *Liaison Energie Francophonie*, 2014, p.73.

[2] Voir M. GALANTER, « La justice ne se trouve pas seulement dans les décisions des tribunaux », *in* M. CAPPELLETI (dir.), *Accès à la justice et état-providence*, Economica, Paris, 1984, pp. 151-166.

[3] A. FORGE, *Les modes alternatifs de règlement des litiges en droit du travail,* Master 2 Professionnel Droit et Pratique des Relations de Travail, Université de Paris II, Panthéon-Assas, 2016, p. 18, https://docassas.u-paris2.fr/nuxeo/site/esupversions/c309fb73-6c6b-47c5-ace7-c5084f199e62?inline, consulté le 24 juin 2016.

[4] A. FORGE, *Les modes alternatifs de règlement des litiges en droit du travail,* Master 2 Professionnel Droit et Pratique des Relations de Travail, Université de Paris II, Panthéon-Assas, 2016, p. 11, https://docassas.u-paris2.fr/nuxeo/site/esupversions/c309fb73-6c6b-47c5-ace7-c5084f199e62?inline consulté le 25 juin 2016.

resolution" (ADR). La pratique a adopté différentes appellations : modes alternatifs de règlement des différends (MARD), modes alternatifs de règlement des litiges (MARL), processus de rapprochement, justice amiable, informelle, négociée, convenue ou concertée (…). Au Canada, pour désigner ces solutions amiables, les juristes emploient l'expression de "solutions de rechange au règlement des litiges" (SORREL) ou encore "modes de Prévention et Règlement des Différends" (PRD) »[1].

699- Selon les Principes directeurs de l'ONU relatifs aux entreprises et aux droits de l'homme, les mécanismes non judiciaires permettent de protéger efficacement les droits des victimes. Lorsqu'ils sont en place, ces mécanismes de substitution doivent présenter un certain nombre de caractéristiques propres à garantir qu'ils sont fiables et qu'ils peuvent contribuer efficacement à prévenir et à réparer les violations[2]. Dans le même sens, le Comité des droits économiques, sociaux et culturels (CODESC), organe chargé de veiller à la bonne application du Pacte international relatif aux droits économiques, sociaux et culturels (PIDESC), affirme dans son Observation générale n° 24 (2017) que « *Même s'ils ne devraient généralement pas être considérés comme un substitut aux mécanismes judiciaires (qui demeurent souvent indispensables pour une protection effective contre certaines violations des droits consacrés par le Pacte), les recours non judiciaires peuvent contribuer à apporter un recours utile aux victimes dont les droits garantis par le Pacte ont été violés par des acteurs économiques et à garantir que les auteurs de ces violations aient à répondre de leurs actes. Ces mécanismes alternatifs devraient être convenablement coordonnés avec les mécanismes judiciaires disponibles, tant pour ce qui est des sanctions que des mesures d'indemnisation* »[3].

700- Dans l'exploitation minière, les victimes disposent d'un large éventail de mécanismes alternatifs aux mécanismes judiciaires, pouvant permettre d'aboutir au même résultat, à savoir la réparation des atteintes à

---

[1] *Ibid.*, p. 13.

[2] Voir les Principes directeurs relatifs aux entreprises et aux droits de l'homme, principe 31.

[3] Voir CODESC, *Observation générale n° 24 (2017) sur les obligations des États en vertu du Pacte international relatif aux droits économiques, sociaux et culturels dans le contexte des activités des entreprises*, adoptée par le CODESC lors de sa 61e session (29 mai-23 juin 2017, Distr. générale 10 août 2017, E/C.12/GC/24, § 53. Le CODESC va plus loin en reconnaissant que des voies de recours non judiciaires devraient aussi être disponibles dans les affaires transnationales. Par exemple, les victimes qui ne se trouvent pas sur le territoire de l'État partie concerné pourraient avoir accès aux institutions nationales des droits de l'homme ou aux médiateurs de cet État, ainsi qu'aux mécanismes de plainte établis par des organisations internationales, tels que les points de contact nationaux qui agissent selon les Principes directeurs à l'intention des entreprises multinationales, établis par l'Organisation de coopération et de développement économiques (OCDE). Voir CODESC, *Observation générale n° 24 (2017) op. cit.*, § 57.

l'environnement, à la santé et à la vie. C'est le cas notamment des mécanismes tels que l'arbitrage, la transaction, la médiation et la conciliation qui permettent aux personnes lésées du fait du comportement d'une entreprise minière, d'obtenir réparation.

À cet effet, il convient d'examiner ces différents modes alternatifs de résolution des conflits (MARC) (Section I) avant de s'intéresser aux mécanismes administratifs de réparation des atteintes tels que la remise en état des sites miniers (section II).

Section I : Le recours aux MARC pour la réparation des dommages miniers

701- Chaque mode alternatif de règlement amiable des différends ayant ses spécificités, il convient de les étudier distinctement. À cet effet, il convient d'étudier successivement l'arbitrage (I), la transaction (II), la médiation et la conciliation (III) comme modes de négociation de la réparation des dommages miniers.

I- L'arbitrage comme mode de négociation de la réparation des atteintes

702- Le *Vocabulaire juridique* définit l'arbitrage comme un « *mode amiable ou pacifique mais toujours juridictionnel de règlement d'un litige par une autorité (le ou les arbitres) qui tient son pouvoir de juger, non d'une délégation permanente de l'État ou d'une institution internationale, mais de la convention des parties* »[1]. Selon Henri Mostulsky, l'arbitrage est « *le jugement d'une contestation par des particuliers choisis, en principe, par d'autres particuliers au moyen d'une convention.* »[2]

Ainsi défini, l'arbitrage diffère des autres modes alternatifs de règlement des différends par ses caractères : « il est à la fois "conventionnel" et "juridictionnel" et revêt, par conséquent, un "caractère composite" (...). Conventionnel, d'une part, car l'arbitrage doit être institué soit par le biais d'un compromis d'arbitrage, soit par le biais d'une clause compromissoire insérée dans le contrat initial. Juridictionnel, d'autre part, car l'arbitrage est

---

[1] G. CORNU (dir.), *Vocabulaire juridique*, Association Henri Capitant, PUF, 2012, V oir arbitrage, cité par A. FORGE, *Les modes alternatifs de règlement des litiges en droit du travail,* Master 2 Professionnel Droit et Pratique des Relations de Travail, Université de Paris II, Panthéon-Assas, 2016, p. 111, note 235.

[2] Voir H. MOTULSKY, *Écrits, Études et notes sur l'arbitrage,* cité par A. FORGE, *Les modes alternatifs de règlement des litiges en droit du travail,* Master 2 Professionnel Droit et Pratique des Relations de Travail, Université de Paris II, Panthéon-Assas, 2016, p. 111, note 237.

conçu comme un véritable tribunal qui rend une sentence ayant autorité de chose jugée [qui s'impose aux parties], les arbitres sont donc amenés à trancher le litige qui leur est soumis »[1].

L'article 45 du Code camerounais des investissements dispose que les différends nés des investissements[2] qui n'auront pas été résolus à l'amiable avec l'État pourront faire l'objet d'une procédure d'arbitrage, y compris lorsque les litiges en cause résultent des contrats impliquant des personnes physiques ou morales étrangères participant au capital d'une société de droit camerounais agréée ou non.

703- Selon l'espace juridique considéré, il existe plusieurs types d'arbitrage. D'abord, selon que le litige comporte ou non un élément d'extranéité, on distingue l'arbitrage interne de l'arbitrage international[3]. Ensuite, dans l'espace OHADA[4], il convient de distinguer l'arbitrage OHADA et l'arbitrage CCJA[5]. Enfin, les parties peuvent choisir un arbitrage

---

[1] Voir A. FORGE, *Les modes alternatifs de règlement des litiges en droit du travail,* Master 2 Professionnel Droit et Pratique des Relations de Travail, Université de Paris II, Panthéon-Assas, 2016, p. 111, https://docassas.u-paris2.fr/nuxeo/site/esupversions/c309fb73-6c6b-47c5-ace7-c5084f199e62?inline, consulté le 14 novembre 2019.

[2] Le Code des Investissements applicable à l'activité économique au Cameroun a été institué par l'Ordonnance n° 90/007du08 novembre 1990 telle que ratifiée par la loi n° 90/071 du 19 décembre 1990, puis modifiée par l'Ordonnance n° 94/003 du 24 janvier 1994.

[3] L'arbitrage international « désigne celui qui met en présence des sujets de droit international. Il s'agit donc de l'arbitrage de droit international public » (Voir P. MEYER, « Droit de l'arbitrage », cité par A. MOULOUL, « L'arbitrage dans l'espace OHADA », communication à la Conférence Internationale sur le Droit des Affaires de l'OHADA, Maison du Droit Vietnamo-Française, Hanoï (Vietnam), le 28 janvier 2010, disponible à l'adresse : http://www.ohada.com/content/newsletters/808/presentation-mouloul-fr.pdf, consultée le 25 septembre 2019). Il s'agit aussi de l'arbitrage régi par une convention internationale ou un Règlement d'une institution internationale (exemples : arbitrage OHADA ; arbitrage mis en place par la Convention de Washington du 18 mars 1965 au sein du CIRDI). Selon la conception économique (jurisprudence Matter), *« est international l'arbitrage qui met en cause des intérêts du commerce international » (Affaire Pélissier du Besset, Cass. civ. 17 mai 1927,* D. P. 1928, I, 25, note H. Capitant). On parle aussi d'« *arbitrage mixte* » ou « *transnational »* lorsqu'il met en relation un Etat (sujet de droit international) et une personne privée étrangère (cas de l'arbitrage CIRDI qui tranche les litiges entre Etats et personnes privées étrangères relativement aux litiges portant sur des investissements).

[4] L'Arbitrage OHADA (Organisation pour l'harmonisation en Afrique du droit des affaires) est celui qui est régi par l'Acte Uniforme OHADA sur le droit de l'arbitrage. Il ne s'agit pas nécessairement d'une forme d'arbitrage institutionnel. Adopté le 23 novembre 2017 en substitution au texte initial datant du 11 mars 1999, le nouvel Acte uniforme relatif au droit de l'arbitrage (AUA) constitue le droit commun de l'arbitrage pour l'ensemble des Etats membres de l'OHADA.

[5] L'arbitrage CCJA (Cour commune de justice et d'arbitrage) quant à lui, est celui qui fonctionne dans le cadre du centre permanent d'arbitrage qui fonctionne au sein de la CCJA. Celle-ci administre l'arbitrage et, à la différence des autres Centres d'Arbitrage, a des pouvoirs juridictionnels.

ad hoc[1] ou un arbitrage institutionnel[2] dans leur contrat d'investissement. Relativement à l'arbitrage institutionnel, le Code camerounais des investissements vise expressément l'arbitrage de la Chambre de commerce internationale (CCI) de Paris et celui du Centre international pour le règlement des différends relatifs aux investissements (CIRDI). La création récente d'un centre d'arbitrage et de médiation (C.A.M)[3] à la chambre de commerce, d'industrie, des mines et de l'artisanat du Cameroun (CCIMA)[4] répond à la « nécessité de contribuer à l'amélioration de la sécurité juridique des affaires au Cameroun par la création d'une justice plus spécialisée, plus proche des acteurs économiques, afin de régler de façon souple, rapide et efficace les litiges industriels et commerciaux »[5]. Il s'agit notamment de « contribuer au désengorgement des Tribunaux relativement aux différends contractuels ». C'est le cas notamment des contrats miniers qui sont généralement conclus entre l'Etat et les opérateurs étrangers.

L'arbitrage pose généralement plusieurs questions telles que la capacité à compromettre des parties, la libre disponibilité des droits dont elles sont titulaires, la protection de la partie faible et plus généralement l'arbitrabilité du litige définie comme « l'aptitude d'un litige à faire l'objet d'un arbitrage »[6]. Il s'agit ici d'examiner si les litiges relatifs à la réparation des atteintes à l'environnement, à la santé et à la vie, résultant de l'exploitation minière, peuvent faire l'objet d'arbitrage ? Il convient à cet effet de distinguer l'arbitrabilité subjective (A) de l'arbitrabilité objective des litiges relatifs à la réparation des dommages miniers (B).

---

[1] « L'arbitrage est dit *ad hoc* lorsque le tribunal arbitral fonctionne en dehors de toute institution permanente. L'ensemble de la procédure repose sur la collaboration arbitrale et les parties ». Voir A. MOULOUL, « L'arbitrage dans l'espace OHADA », précité, p. 4.

[2] L'arbitrage est dit *institutionnel* lorsqu'il est administré par une institution permanente d'arbitrage, un centre d'arbitrage.

[3] Le centre d'arbitrage et de médiation de la CCIMA est constitué d'un Bureau Directeur, d'une Cour d'Arbitrage et de Médiation, d'un Secrétariat Permanent et d'une Régie Financière. La Cour d'Arbitrage et de Médiation est composée de 15 (quinze) Membres, tous des juristes spécialisés dans les domaines du Droit des Affaires ou Droit Economique et Financier, de préférence dans les modes alternatifs de règlement des litiges, et doivent justifier d'une pratique professionnelle d'au moins 10 (dix) ans (Cf. art. 2 et 6 du règlement d'arbitrage et de médiation du centre d'arbitrage et de médiation de la CCIMA).

[4] L'annonce de la création de ce centre d'arbitrage date de mars 2017. Voir l'adresse Internet suivante : https://actucameroun.com/2017/03/01/cameroun-la-chambre-de-commerce-cr-un-centre-darbitrage-et-de-mdiation/, consultée le 20 juillet 2019.

[5] Voir préambule du Règlement d'arbitrage et de médiation du centre d'arbitrage et de médiation (C.A.M) de la chambre de commerce, d'industrie, des mines et de l'artisanat du Cameroun (CCIMA), disponible sur le site de la CCIMA à l'adresse : http://www.ccima.cm/

[6] Voir B. FAUVARQUE-COSSON, *Libre disposition des droits et conflit de lois*, LGDJ, coll. Bibl. de droit privé, T. 272, 1996, cité par A. FORGE, *Les modes alternatifs de règlement des litiges en droit du travail,* Mémoire précité, p. 113, note 242.

A- L'arbitrabilité subjective des litiges relatifs à la réparation des dommages miniers

704- Le problème de l'arbitrabilité subjective du litige permet de répondre à la question de savoir quelles sont les personnes susceptibles d'être parties à l'arbitrage ? À ce sujet, l'Acte uniforme OHADA sur le droit de l'arbitrage pose le principe selon lequel *« toute personne physique ou morale peut compromettre sur les droits dont elle a la libre disposition»*[1]. Le règlement d'arbitrage et de médiation du centre d'arbitrage et de médiation (C.A.M) de la chambre de commerce, d'industrie et des mines (CCIMA) du Cameroun reprend exactement la même formule en son article 11 alinéa 1. Ces dispositions renvoient à la règle en vertu de laquelle, la personne qui contracte doit avoir la capacité générale de contracter et la libre disposition du droit objet de la convention. Ainsi, les mineurs et les incapables majeurs, n'ayant pas la libre disposition de certains droits patrimoniaux, ne sont pas aptes à compromettre sur lesdits droits. La généralité de la formule utilisée (« toute personne physique ou morale ») permet d'envisager de manière étendue, le champ d'application *ratione personae* de l'arbitrage en droit camerounais.

705- D'une part, à l'égard des personnes morales, il convient de distinguer le cas des personnes morales de droit public de celui des personnes morales de droit privé.

S'agissant des personnes morales de droit public (l'Etat et ses démembrements), l'Acte Uniforme OHADA sur le droit de l'arbitrage dispose que *« les Etats et les autres collectivités publiques territoriales ainsi que les établissements publics peuvent également être parties à un arbitrage sans pouvoir invoquer leur propre droit pour contester l'arbitrabilité d'un litige, leur capacité à compromettre ou la validité de la convention d'arbitrage »*[2]. Au Cameroun, le règlement d'arbitrage et de médiation du CAM de la CCIMA reprend *mutatis mutandis* la même disposition en précisant que « *Toute personne physique ou morale peut recourir à l'arbitrage sur les droits dont elle a la libre disposition. Les Etats et les Collectivités Territoriales Décentralisées, ainsi que les établissements publics, même non camerounais, peuvent également être parties à un arbitrage sans pouvoir invoquer leur propre droit pour contester l'arbitrabilité d'un litige, leur capacité à compromettre, ou la validité de la convention d'arbitrage* »[3]. Comme on le voit, l'État et ses démembrements

---

[1] Cf. art. 2 alinéa 1er de l'Acte Uniforme OHADA sur le droit de l'arbitrage du 23 novembre 2017.

[2] Cf. art. 2 alinéa 2 de l'Acte Uniforme OHADA sur le droit de l'arbitrage du 23 novembre 2017.

[3] Cf. art. 11 al. 2 du règlement d'arbitrage et de médiation du centre d'arbitrage et de médiation de la CCIMA.

peuvent recourir à l'arbitrage contre les entreprises minières en vue de la réparation des dommages environnementaux et sanitaires causés par ces dernières.

706- En ce qui concerne les personnes morales de droit privé telles que les entreprises minières, elles sont aptes à compromettre ; cet engagement doit être pris par l'organe de gestion habilité à cet effet par les statuts de ladite personne morale et/ou par les dispositions légales auxquelles elle est soumise[1].

En matière d'exploitation minière, l'arbitrage est le mode privilégié de règlement des différends, ainsi que le prévoient les articles 231 et 232 du Code minier. En effet, les différends nés de l'application ou de l'interprétation d'une convention minière conclue entre un titulaire de titre minier et l'État qui n'ont pas été réglés à l'amiable peuvent être soumis à l'arbitrage[2]. Ainsi, dans la convention minière entre le Cameroun et C&K Mining, les deux parties accordent la priorité au règlement à l'amiable de tout différend qui pourrait résulter de sa mise en œuvre. Il en est ainsi par exemple pour des matières techniques telles que les questions de sécurité et la préservation de l'environnement[3]. À défaut de règlement à l'amiable, les parties pourront faire recours aux tribunaux camerounais compétents ou à l'arbitrage international. Les mêmes stipulations figurent dans la convention minière entre le Cameroun et la société Geovic[4].

707- D'autre part, à l'égard des personnes physiques, les textes sus évoqués leur donnent également la capacité de compromettre. Ces textes permettent de penser que toute personne physique victime des dégâts miniers peut recourir à l'arbitrage pour la réparation à l'amiable des dommages dont elle est victime ; à condition toutefois que le litige porte « les droits dont elles ont la libre disposition ». Interprété *a contrario*, ce texte empêche les parties de compromettre sur des droits dont elles n'auraient pas la libre disposition. Ce qui pose le problème de l'arbitrabilité objective des litiges relatifs à la réparation des dommages miniers.

---

[1] Il peut s'agir des gérants de la SNC (l'article 276 AU/DSC/GIE) ; de la SCS (l'article 298 AU/DSC/GIE) ou de la SARL (l'article 323 AU/DSC/GIE). Il peut également s'agir pour les SA du PDG (l'article 462 AU/DSC/GIE) ; du PCA (l'article 477 AU/DSC/GIE) ; des DG (l'article 487) ; ou de l'Administrateur Général (l'article 494 AU/DSC/GIE). Il peut enfin s'agir des Administrateurs des GIE (l'article 879 AU/DSC/GIE)

[2] Cf. art. 232 du Code minier.

[3] Cf. art. 36 de la Convention minière entre le Cameroun et C&K Mining.

[4] Comp. Art. 29 de la Convention minière entre le Cameroun et Geovic.

B- L'arbitrabilité objective des litiges relatifs à la réparation des dommages miniers

708- Il s'agit ici de répondre à la question de savoir quels sont les litiges qui sont susceptibles d'être soumis à l'arbitrage ? Pour répondre à cette question, on peut se référer à l'article 21 du Traité OHADA qui vise *« les différends d'ordre contractuel »* qui peuvent être soumis à un arbitrage sous l'égide de la CCJA, qu'ils résultent de relations de nature civile ou commerciale. *A contrario,* les différends extracontractuels ne peuvent être soumis à l'arbitrage CCJA.

Pour le droit commun de l'arbitrage, l'Acte Uniforme OHADA sur le droit de l'arbitrage vise les *« droits dont on a la libre disposition »*[1]. A titre de droit comparé, l'article 2060 du Code civil français énumère plusieurs domaines dans lesquels les parties n'ont pas la libre disposition de leurs droits, et où par conséquent, le recours à l'arbitrage est proscrit. Ce texte interdit ainsi le recours à l'arbitrage pour les questions d'état des personnes et de capacité, du droit au respect de la vie privée ou du droit de propriété. L'article 2060 prohibe également le recours à l'arbitrage dans toutes les matières relevant de l'ordre public.

En matière civile, notamment en matière de responsabilité civile, le droit commun accorde un statut particulier pour la réparation du dommage corporel. Le principe est celui de la réparation du dommage corporel par le mécanisme de la responsabilité civile délictuelle sur le fondement des articles 1382 et suivants du Code civil. Quand bien même les préjudices résultant d'un dommage corporel résultent de l'exécution d'un contrat, ils sont réparés sur le fondement des règles de la responsabilité civile extracontractuelle alors même qu'ils sont causés à l'occasion de l'exécution d'un contrat. Comme le relève la doctrine, « Par ce biais, la réparation du dommage corporel est décontractualisée »[2]. C'est cette solution que retient l'avant-projet de loi sur la réforme de la responsabilité civile en droit français qui prévoit que « *les préjudices résultant d'un dommage corporel sont réparés sur le fondement des règles de la responsabilité extra-contractuelle, alors même qu'ils seraient causés à l'occasion de l'exécution du contrat. Toutefois, la victime peut invoquer les stipulations expresses du*

[1] Cf. art. 2 alinéa 1er de l'Acte Uniforme OHADA sur le droit de l'arbitrage du 23 novembre 2017.

[2] Voir J. KNETSCH, « Faut-il décontractualiser la réparation du dommage corporel ? », *RDC,* 2016, n° 113, t.3, p. 801, cité par S. GARNIER, « Des évolutions nécessaires en matière de dommage corporel : à propos du projet de réforme de la responsabilité civile », https://www.actu-juridique.fr/civil/responsabilite-civile/des-evolutions-necessaires-en-matiere-de-dommage-corporel-a-propos-du-projet-de-reforme-de-la-responsabilite-civile/, consulté le 03/03/2020.

contrat qui lui sont plus favorables que l'application des règles de la responsabilité extra-contractuelle. »[1]

Cette décontractualisation du dommage corporel semble approuvée par la doctrine qui estime que « Ce que l'on appelle responsabilité contractuelle devrait être conçu comme quelque chose de très limité [...] ; c'est artifice que de faire entrer là-dedans des bras cassés et des morts d'hommes ; les tragédies sont de la compétence des articles 1382 et suivants »[2]. Un auteur auteur affirme que la soumission de la réparation du dommage corporel au droit commun plutôt qu'à la responsabilité contractuelle « évite une mise en œuvre variable de ce qui relève avant tout de la dignité humaine ! »[3]. De la même manière, elle « permet une certaine égalité entre les victimes, à tout le moins en ce qui concerne l'appréhension technique de la réparation du dommage »[4].

Cependant, il convient de relever que les « règles applicables à la réparation du dommage corporel ne concernent pas les lois spéciales d'indemnisation, qui conserveront leur emprise dès lors que l'on se situe dans leur champ d'application, en vertu de la règle *speciala generalibus derogant »*[5]. C'est le cas notamment en matière de réparation des accidents de travail et des maladies professionnelles, de la responsabilité en matière d'accidents de la circulation[6], de la responsabilité du fait des produits défectueux[7] etc.

Dans le domaine des droits sociaux, notamment en droit du travail, les différends du travail seraient de prime abord inarbitrables. Toutefois, la jurisprudence à eu à décider qu'une clause compromissoire insérée dans un contrat de travail ne saurait être valable, mais un compromis d'arbitrage signé après la rupture du contrat est valide, notamment dans le cas de licenciement et des conséquences juridiques qui en découlent. Dans un arrêt du 5 novembre 1984[8], la Cour de cassation française a décidé que les parties

---

[1] Cf. article 1233 du projet de loi portant réforme de la responsabilité civile en France, cité par S. GARNIER, « Des évolutions nécessaires en matière de dommage corporel : à propos du projet de réforme de la responsabilité civile », précité.

[2] Voir J. CARBONNIER, *Droit civil. Les obligations*, t. 4, 22e éd., PUF, Thémis, Droit privé, 2000, n° 295.

[3] Voir M. MEKKI. « Le projet de réforme du droit de la responsabilité civile : maintenir, renforcer et enrichir les fonctions de la responsabilité civile », *Gaz. Pal.*, 14 juin 2016, n° 267, p. 17, cité par S. GARNIER, « Des évolutions nécessaires en matière de dommage corporel : à propos du projet de réforme de la responsabilité civile », précité.

[4] Voir S. GARNIER, « Des évolutions nécessaires en matière de dommage corporel : à propos du projet de réforme de la responsabilité civile », précité.

[5] *Ibid.*

[6] Cf. art. 2 de loi française n° 85-677 du 5 juillet 1985 tendant à l'amélioration de la situation des victimes d'accidents de la circulation et à l'accélération des procédures d'indemnisation qui interdit toute possibilité d'exonération.

[7] Cf. art. 1245 alinéas 10, 13 et 14 du Code civil français.

[8] Cass., soc., 5 novembre 1984, *Société H. c. T.*, JCP G. 1985, II, 20510, note N.S. : Rev. arb. 1986, p. 47, note

à un contrat de travail sont libres et capables de compromettre lorsque la convention d'arbitrage qui entraîne renonciation à la compétence prud'homale est conclue après la rupture du contrat de travail intervenue du fait de l'employeur. Depuis lors, elle affirme de façon constante que la transaction ne peut être valablement conclue qu'après la rupture du contrat de travail[1]. Cette position est contestable, car si l'on admet que la conciliation totale des parties devant l'inspecteur du travail a valeur de transaction, qui s'impose aux parties et au juge, alors, il est possible de penser que la conciliation par transaction puisse intervenir avant et en dehors de toute rupture du contrat de travail[2]. L'ordre public rendant inarbitrable le droit du travail semble donc très relatif.

709- En conclusion, l'arbitrabilité ou non d'un litige est déterminée par la législation de chaque pays. A ce sujet, le Code minier camerounais dispose que « *Sous réserve du droit des parties à recourir à l'arbitrage, le droit applicable dans les rapports entre l'Etat du Cameroun et les opérateurs miniers ou entre les opérateurs miniers au Cameroun, est le droit camerounais* »[3]. Lorsqu'une sentence arbitrale a été rendue, elle doit être exécutée, sous réserve des voies de recours dont elle peut faire l'objet. Elle peut faire l'objet d'une exécution provisoire sous certaines conditions, de même qu'elle peut faire l'objet d'exécution volontaire ou forcée, selon les cas. L'exécution volontaire ne nécessite pas l'exequatur de la sentence arbitrale. Généralement les parties exécutent volontairement la sentence ; mais en cas de réticence de l'une des parties, l'exécution forcée peut être recherchée. Elle peut être accordée par le juge arbitral, si elle a été sollicitée, de même qu'il peut la refuser par une décision motivée[4]. Les conditions de cette exécution relèvent de l'appréciation souveraine des arbitres. Par ailleurs, les sentences arbitrales peuvent faire l'objet de certaines voies de recours telles que le recours en *annulation*, le recours en *révision* ou la *tierce opposition*[5].

II- La médiation et la conciliation comme modes de négociation de la réparation des dommages miniers

710- Le 23 novembre 2017 à Conakry, le Conseil des ministres de l'OHADA a adopté à l'unanimité, l'Acte uniforme sur la médiation (AUM). « Rompant avec la logique conflictuelle classique de tout procès, la

---

M.A. MOREAU.

[1] Voir C. cass., ch. Soc., 19 nov. 1996, Bull. civ., V, n° 394.

[2] *C.S., arrêt n° 56/S du 26 novembre 2005, affaire Plantation Fotso Victor c/ Megna Moïse, inédit.*

[3] Cf. art. 231 de la loi n° 2016/017 du 14 déc. 2016.

[4] Sur cette procédure, voir l'article 26 du Règlement d'arbitrage CCJA.

[5] Cf article 25 AU OHADA sur le droit de l'arbitrage.

médiation se présente comme un mode de résolution des litiges qui se veut pacifique. En effet, là où le procès ferait, à tort ou à raison des ennemis, la médiation permettrait de préserver les relations contractuelles entre les parties au litige »[1]. Ce qui participe bien de la logique de conciliation des intérêts parfois contradictoires. Cependant, le législateur OHADA assimile la médication à la conciliation. Il convient d'examiner l'opportunité de cette confusion (A) avant d'étudier les différentes hypothèses de mise en œuvre de cette médiation/conciliation (B).

A- De la confusion entre la conciliation et la médiation

711- Le règlement d'arbitrage et de médiation du C.A.M de la chambre de commerce, d'industrie, des mines et de l'artisanat (CCIMA) du Cameroun ne donne pas de définition de la médiation. Cependant, il assimile les termes « médiation » et « conciliation ». En effet, selon l'article 27 alinéa 2 de ce texte, « *Le terme "Médiation" désigne aussi la conciliation et toute autre appellation dans la mesure où les parties acceptent de se soumettre au présent Règlement* ». Dans la même logique, le législateur OHADA procède également à leur assimilation. On en veut pour preuve, la définition large de la médiation retenue par le législateur OHADA qui vise « *tout processus, quelle que soit son appellation, dans lequel les parties demandent à un tiers de les aider à parvenir à un règlement amiable d'un litige, d'un rapport conflictuel ou d'un désaccord (ci-après le "différend") découlant d'un rapport juridique, contractuel ou autre ou lié à un tel rapport, impliquant des personnes physiques ou morales, y compris des entités publiques ou des États* »[2]. Au regard de la généralité de la formule utilisée par cette définition, il est évident que le législateur OHADA prend position sur le débat doctrinal au sujet de la distinction entre médiation et conciliation.

712- Il est vrai que les deux procédures ont un objectif similaire à savoir, favoriser le rapprochement des parties pour une solution amiable à leurs différends. Mais selon la doctrine, ces deux procédés sont distincts à plusieurs égards. En effet, dans l'un et l'autre cas, les méthodes et la posture du tiers ne sont pas les mêmes. Si la médiation tente d'accompagner les parties dans la recherche d'une solution, parfois inédite, à leur différend, la conciliation quant à elle cherche plutôt à les amener à se rapprocher autant que possible autour de la question qui divise par le biais de concessions

---

[1] G. TÊKO SEYRAM AMENYINU, « De l'adéquation de l'Acte uniforme sur la médiation aux conflits de travail en droit togolais », disponible à l'adresse : https://tobleassocies.com/de-ladequation-de-lacte-uniforme-sur-la-mediation-aux-conflits-de-travail-en-droit-togolais/, consultée le 03 mars 2020.

[2] Cf. art. 1er alinéa (a) de l'Acte Uniforme OHADA sur la médiation, adopté le 23 novembre 2017 à Conakry.

réciproques et successives. Contrairement au médiateur, le conciliateur propose une solution qu'il peut imposer. Alors que le médiateur est un simple facilitateur, le conciliateur en revanche est beaucoup plus présent et directif dans le choix de la solution.

Comme le relève la doctrine, « la conciliation [...] ne nécessite pas forcément la présence d'un tiers (le conciliateur) : elle peut avoir lieu entre les parties seules. Le conciliateur, lorsqu'il en existe un, est en principe moins actif que le médiateur. Par sa seule présence le conciliateur pondère l'animosité des parties et les pousse à se rencontrer et à se parler. Le médiateur, lui, agit plus concrètement et propose aux parties un projet de solution. Aussi [...] le médiateur est un conciliateur particulièrement actif et qu'entre médiateur et conciliation, il n'y a pas vraiment de différence de nature, mais tout au plus une différence de degré dans l'implication du tiers. Avec la conciliation, on met davantage l'accent sur la fin, le but à atteindre : c'est-à-dire l'accord, tandis que pour la médiation, on s'attache davantage aux moyens utilisés pour arriver à la même fin »[1].

B- Champ d'application et hypothèses de mise en œuvre de la médiation/conciliation

713- Au regard de la définition large de la médiation donnée par l'acte uniforme OHADA, le législateur communautaire entend soumettre à la médiation tout différend, quelle que soit sa nature. On comprend par là que la matière contractuelle ou non est indifférente à l'application de la médiation. À notre avis, il aurait été souhaitable que le texte se prononçât expressément sur les questions qui relèvent de l'ordre public, notamment celles sur lesquelles les parties n'ont pas le droit de négocier. Tel peut être le cas par exemple d'une responsabilité civile délictuelle encourue à l'occasion des relations d'affaires[2].

714- Selon l'Acte Uniforme OHADA sur la médiation (AUM), il existe trois hypothèses de mise en œuvre de la médiation. Ainsi, elle « *peut être mise en œuvre par les parties (médiation conventionnelle), sur demande ou invitation d'une juridiction étatique (médiation judiciaire), d'un tribunal arbitral ou d'une entité publique compétente.* »[3].

---

[1] Voir C. JARROSSON, « Médiation et conciliation : définition et statut juridique », *Gaz. Pal.,* 1996, 2, p.951, cité par A. FORGE, *Les modes alternatifs de règlement des litiges en droit du travail,* Master 2 Professionnel Droit et Pratique des Relations de Travail, Université de Paris II, Panthéon-Assas, 2016, p. 51, note 104.

[2] Dans le même sens, voir S. DIAGNE, « Acte uniforme relatif à la médiation : regards constructif et critique », disponible à l'adresse : https://www.actualitesdudroit.fr/browse/afrique/ohada/11576/acte-uniforme-relatif-a-la-mediation-regards-constructif-et-critique, consulté le 07 juillet 2019.

[3] Cf. art. 1er § 2 de l'Acte Uniforme OHADA sur la Médiation.

715- Premièrement, la *médiation conventionnelle* se fonde sur la notion de convention qui, dans les États membres de l'OHADA, désigne tout accord de volonté destiné à produire des effets de droit. Évidemment, il faudra veiller à ce que la volonté des parties de recourir à la médiation conventionnelle soit une volonté libre et éclairée. Cela signifie que la médiation ne doit pas être imposée à la partie faible. Cette situation est amoindrie dans la deuxième hypothèse de mise en œuvre de la médiation qui est celle de la médiation judiciaire[1].

716- Deuxièmement, la *médiation judiciaire* est celle qui est mise en œuvre sur invitation d'une juridiction étatique. Elle ne doit cependant pas être confondue avec l'hypothèse où, selon l'article 2 de l'AUM, « *un juge ou un arbitre, dans une instance judiciaire ou arbitrale, tente de faciliter un règlement amiable directement avec les parties* ». Lorsque c'est le juge ou l'arbitre qui tente directement de faciliter un règlement amiable avec les parties, on n'est pas dans l'une des hypothèses de médiation. L'article 2 de l'AUM l'exclut à juste titre de la médiation. En effet, dans l'hypothèse de la médiation judiciaire, le juge étatique ou le tribunal arbitral invite les parties à recourir à un tiers pour trouver elle-même la solution à leur litige. La médiation judiciaire est une hypothèse dans laquelle les parties ayant saisi un juge étatique ou un tribunal arbitral, se réapproprient la procédure en trouvant, grâce au médiateur, la solution à leur litige[2]. Cette médiation suspend le cours de la procédure devant le juge étatique ou devant le tribunal arbitral. L'Acte Uniforme OHADA sur la Médiation précise dans ce sens qu'« *Une juridiction étatique ou arbitrale peut, en accord avec les parties, suspendre la procédure et les renvoyer à la médiation. Dans les deux cas, la juridiction étatique ou arbitrale fixe le délai de suspension de la procédure* »[3]. La juridiction étatique ou le tribunal arbitral fixe donc un délai aux parties pour la mise en œuvre de la médiation judiciaire certes, mais dans ce délai, les parties sont les maîtres de leur procédure. Évidemment, si elles ne parviennent pas pendant ce temps à trouver la solution à leur différend, le juge ou le tribunal arbitral reprendra ses droits.

717- Enfin, la troisième hypothèse de mise en œuvre de la médiation que le législateur OHADA ne qualifie pas, mais qu'on peut désigner comme la *médiation des entités publiques compétentes*, est celle qui est mise en œuvre par toute entité publique compétente. Pour cette forme de médiation, le

---

[1] Voir E. DEWEDI, « Le nouvel Acte uniforme OHADA sur la médiation et la pratique de la médiation dans l'espace OHADA : quels apports en pratique ? », disponible à l'adresse : https://www.actualitesdudroit.fr/browse/afrique/ohada/12476/le-nouvel-acte-uniforme-ohada-sur-la-mediation-et-la-pratique-de-la-mediation-dans-l-espace-ohada-quels-apports-en-pratique, consulté le 07 juillet 2019.

[2] *Ibid.*

[3] Cf. art. 4 § 3 de l'Acte Uniforme OHADA sur la Médiation.

législateur n'a pas fixé de délais, mais on peut la considérer comme proche de la médiation conventionnelle et lui appliquer aussi les mêmes principes de suspension du cours de la procédure durant un délai raisonnable[1].

Dans l'une ou dans l'autre de chacune de ces trois hypothèses de médiation, les parties vont recourir soit à une médiation *ad hoc* ou à une médiation institutionnelle. En effet, selon l'article 1er *in fine* de l'AUM, « *la médiation peut être ad hoc ou institutionnelle* ». En fixant ainsi ces deux types de médiation, le législateur consolide le travail de pionnier des centres nationaux de médiation dans l'espace OHADA.

III- Le recours au mécanisme transactionnel pour la réparation des dommages miniers

718- En cas d'atteintes à l'environnement, à la santé et à la vie, liées à l'exploitation minière, le droit camerounais reconnaît aux victimes, la possibilité de recourir à la voie transactionnelle pour obtenir réparation. Selon les dispositions du Code civil, la transaction se définit comme « *un contrat par lequel les parties terminent une contestation née, ou préviennent une contestation à naître…* »[2]. Pour sa part, le *Vocabulaire juridique* de Gérard Cornu la définit comme un « contrat par lequel les parties à un litige (déjà porté devant un tribunal ou seulement né entre elles) y mettent fin à l'amiable en se faisant des concessions réciproques »[3].

719- La transaction fait partie des modes alternatifs de règlement des litiges, à côté de la médiation, de la conciliation et de l'arbitrage. Bien qu'interdite ou strictement réglementée dans certains domaines (en matière administrative ou en matière pénale), la transaction est une procédure très utilisée en matière de règlement des litiges environnementaux. Il convient à cet effet de distinguer la recours à la transaction en matières civile et sociale pour la réparation des atteintes d'une part (A), du recours à la transaction pénale pour la réparation des dommages miniers environnementaux d'autre part (B). Ensuite, nous présenterons les inconvénients de la transaction pénale dans réparation des dommages miniers environnementaux (C) avant de montrer la nécessité d'une protection de la partie faible au contrat de transaction (D).

---

[1] *Ibid.*

[2] Cf. art. 2044 du Code civil français de 1804 dans sa version applicable au Cameroun.

[3] G. CORNU (dir.), *Vocabulaire juridique*, Association Henri Capitant, PUF, 2012, p. 1024.

A- Le recours à la transaction en matières civile et sociale pour la réparation des dommages miniers

720- L'étude de la transaction en matière civile (1) sera suivie par l'examen de la transaction en matière sociale (2).

1- La transaction en matière civile

721- En matière civile, la transaction est régie par les articles 2044 et suivants du Code civil. Pour ce qui est de sa nature juridique, « la transaction est un contrat terminant un conflit. Elle met fin à une procédure en cours, mais elle a aussi valeur de prévention »[1]. L'article 2044 du Code civil la définit comme « *le contrat par lequel les parties terminent une contestation née, ou préviennent une contestation à naître* » et qui, « *entre les parties* », est revêtu de « *l'autorité de la chose jugée en dernier ressort* »[2]. Elle est un acte rédigé et signé, engageant les deux parties, l'une envers l'autre. Dans l'accord, chacun fait des concessions pour que la solution puisse aboutir. Comme le relève la doctrine, « il convient de distinguer d'une part, la procédure transactionnelle qui est une "alternative aux poursuites pénales" et d'autre part, la mesure sur laquelle elle débouche (*le negotium*) qui est une "alternative" à une peine pénale ou à une sanction administrative, qui n'est pas fixée dans un jugement mais dans un contrat (*l'instrumentum*) »[3].

722- Concernant la forme de la transaction, l'article 2044 du Code civil exige un écrit. Cependant la Cour de cassation française considère que l'écrit n'est pas exigé pour la validité du contrat[4]. Ainsi, l'existence de la transaction peut être rapportée par les modes de preuves prévus par le Code civil, notamment par des présomptions[5].

---

[1] Voir https://www.captaincontrat.com/articles-gestion-entreprise/modes-alternatifs-reglement-litiges, consulté le 03 mars 2020.

[2] Cf. art. 2052 du Code civil. Sur la transaction en matière environnementale, Voir H. HOEPFFNER, « La transaction pénale en matière environnementale : le clair-obscur de la décision du conseil constitutionnel », *in Les nouveaux Cahiers du Conseil constitutionnel*, Chron. de dr. pub., 2015, p. 161, dispobible à l'adresse : https://www.conseil-constitutionnel.fr/nouveaux-cahiers-du-conseil-constitutionnel/chronique-de-droit-public-3, consultée le 03 mars 2020.

[3] H. HOEPFFNER, « La transaction pénale en matière environnementale : le clair-obscur de la décision du conseil constitutionnel », article précité.

[4] Voir Cass. Civ. 1re, 18 mars 1986, Bull civ. I, n° 74.

[5] Voir Cass. Soc., 9 avril 1996, pourvoi n°93-42254.

2- La transaction en matière sociale

723- C'est en 1953 que la jurisprudence française a reconnu pour la première fois, la licéité des transactions en droit du travail[1]. Comme le relève la doctrine, l'admission de cette technique civiliste en droit social n'a pas été aisée[2]. Depuis lors, la transaction est bien accueillie devant les juridictions sociales, quel que soit le stade de la procédure : tantôt devant l'inspecteur du travail, tantôt devant les juridictions sociales[3]. La possibilité de se concilier reste ouverte, même après une décision juridictionnelle[4].

Imaginons un travailleur minier victime d'un accident de travail non déclaré et qui saisit l'inspecteur du travail pour obtenir réparation. Il est possible que l'employeur et l'employé puissent transiger devant l'inspecteur du travail. Pour sa validité, la transaction est soumise à certaines conditions de fond et de forme.

Pour ce qui est des conditions de fond, la validité d'une transaction suppose l'existence des concessions réciproques. Pour qu'il y ait concessions réciproques selon la jurisprudence, il faut d'abord déterminer quelles sont les prétentions des parties avant l'acte, ce qui permet de vérifier si celles-ci ont fait des concessions par rapport à ces prétentions. Ainsi, la jurisprudence considère que lorsque l'indemnité transactionnelle présente un caractère dérisoire et ne constitue pas une véritable concession de l'employeur[5], ou lorsque cette indemnité a été obtenue par des manœuvres frauduleuses ou par la violence, la transaction encourt nullité[6].

Pour ce qui est des conditions de forme, la validité de la transaction est soumise à la rédaction d'un écrit dénommé protocole d'accord qui matérialise l'accord transactionnel. En effet, après la rédaction du protocole d'accord, les parties le soumettent à l'inspecteur du travail du travail du ressort afin que celui-ci l'entérine, c'est-à-dire qu'il le transforme en procès-verbal de conciliation signé par lui et par les parties. Enfin, la partie la plus diligente pourra solliciter auprès du président du tribunal compétent, l'apposition de la formule exécutoire conformément à l'article 139 alinéa 3 du Code du travail. Ce formalisme a été réitéré dans l'*affaire Plantation*

---

[1] Cass. soc., 18 mai 1953, Dr. soc., 1993, p. 602.

[2] G. COUTURIER, « Les techniques civilistes en droit du traval », *Recueil Dalloz Sirey*, 1975, p. 224 et s.

[3] Dans certaines affaires, les transactions sont intervenues alors que les litiges étaient pendants devant les juridictions sociales. Voir l'*affaire Diocèse de Nkongsamba c/ Deutcha Jean*, CA de l'Ouest, arrêt n° 39/ soc. Du 5 juillet 2001, inédit ; *Affaire Ndin Ebongo c/ l'Université de Yaoundé I*, TGI du Mfoundi, Jugement n° 60/soc. Du 22 janvier 2001, inédit.

[4] Voir J. M. TCHAKOUA, « La tentative de conciliation dans le règlement des différends de travail en droit camerounais », *AFJP/UD*, n° 1, janv-juin 2002, p. 279.

[5] Cass. civ. 1re, 4 mai 1976, *Bull. civ.* I, n° 157.

[6] Voir G. TSASSÉ SAHA, « La transaction en droit du travail », obs. sous C. S., arrêt n° 114/S du 18 juin 1998, affaire Socamac c/ Ndam Adamou, *in* J. M. TCHAKOUA (dir.), *Les grandes décisions du droit du travail et de la sécurité sociale*, éd. JusPrint, 2016, p. 511 et s.

Fotso Victor c/ Megna Moïse du 26 novembre 2005, dans laquelle la Cour suprême du Cameroun affirmait « qu'il est de jurisprudence constante que la conciliation totale devant l'inspecteur du travail a valeur de transaction qui s'impose aux parties et au juge »[1].

B- Le recours à la transaction pénale pour la réparation des dommages environnementaux attentatoire à la santé et à la vie

724- Selon le *Vocabulaire juridique*, la transaction est un mode d'extinction de l'action publique résultant du pouvoir conféré à certaines administrations de renoncer à l'exercice de poursuites contre un délinquant, en le contraignant à verser une somme destinée à tenir lieu de pénalité[2]. Selon le guide de procédures du contentieux environnemental du ministère de l'Environnement, de la Protection de la nature et du Développement durable (MINEPDED), la transaction se définit comme un acte à l'amiable par lequel l'auteur d'une infraction à la loi environnementale manifeste sa volonté de réparer le préjudice par le paiement de certains droits et/ou la remise en l'état du site dégradé[3].

725- La transaction pénale en matière environnementale a plusieurs fondements textuels en droit camerounais. Il s'agit notamment de l'article 20 de la loi n°83/16 du 21 juillet 1983 réglementant la police à l'intérieur des domaines portuaires[4] ; de l'article 39 alinéa 2 et suivants de la loi n°98/015 du 14 juillet 1998 relative aux établissements classés dangereux, insalubres ou incommodes ; et de l'article 91 de la loi-cadre du 05 août 1996 relative à la gestion de l'environnement. Selon l'alinéa 1 de cette dernière disposition, « *Les Administrations chargées de la gestion de l'environnement ont plein pouvoir pour transiger. Elles doivent, pour ce faire, être dûment saisies par l'auteur de l'infraction* »[5]. La procédure transactionnelle a également été prévue par le Code minier de 2016, notamment en son article 204 alinéa 2 et suivants.

---

[1] C.S., *arrêt n° 56/S du 26 novembre 2005, affaire Plantation Fotso Victor c/ Megna Moïse, inédit.*

[2] G. CORNU (dir.), *Vocabulaire juridique*, Association Henri Capitant, PUF, 2012, p. 1024.

[3] V. *Guide de procédures du contentieux environnemental du Ministère de l'environnement et de la protection de la nature*, juillet 2009, p. 7.

[4] Le décret du 26 septembre 1985 en précise les modalités. D'abord, la transaction est soumise à certaines conditions : elle « ne peut avoir lieu qu'avant jugement et seulement s'il n'a pas été rendu dans l'année, contre le contrevenant, un jugement pour une infraction » (art. 98). Ensuite, elle doit donner lieu à la signature d'un procès-verbal (art. 99). Enfin, elle doit être exécutée dans un délai ferme.

[5] Cf. art. 91 alinéa 1 de la la loi n° 96/12 du 5 août 1996 portant loi-cadre relative à la gestion de l'environnement. Comp. art. 40 de la loi n°98/015 du 14 juillet 1998 relatif aux établissements classés dangereux, insalubres ou incommodes.

726- En tant que mécanisme alternatif aux poursuites pénales, la transaction présente un certain nombre d'avantages. Contrairement à la justice étatique qui présente un certain nombre d'inconvénients en matière de répression des atteintes environnementales (elle est lente ; elle est également publique et ne cache donc pas ses coupables, chose d'autant plus importante que les délinquants environnementaux sont souvent des entreprises préférant la discrétion pour protéger leur image de marque et donc leur « business »)[1], la transaction présente l'intérêt d'être discrète et de faire échapper les victimes des atteintes aux lenteurs des procès en responsabilité.

727- En plus de ces deux arguments de poids avancés au soutien de la transaction (rapidité et discrétion), la doctrine affirme qu'elle se justifie également par le « souci de "déjudiciariser" ou de "dépénaliser" certains actes, c'est-à-dire d'éviter le recours aux juridictions répressives. Cette mesure administrative éteignant l'action publique (traditionnellement appelée "alternative aux poursuites pénales"), parce qu'elle est une voie médiane entre une poursuite pénale et un classement sans suite, apparaît comme une procédure adaptée à certaines infractions considérées comme mineures. Selon les pouvoirs publics, elle présente tous les avantages : elle est à la fois économique, rapide, confidentielle et efficace »[2].

Nous envisagerons successivement les conditions de mise en œuvre de la transaction (1) et le déroulement de la procédure transactionnelle proprement dit (2).

1- Les conditions du recours à la transaction pénale en matière environnementale

728- Sous peine d'être frappée de nullité, la procédure transactionnelle, pour être valable, doit respecter un certain nombre de conditions.

Premièrement, la proposition de transaction est déterminée en fonction de la gravité de l'infraction. Selon l'article 203 du Code minier, « *Lorsque les faits constituent un crime, le ministre chargé des mines transmet le procès-*

[1] Th. TURCHET, « Elargissement la transaction pénale en matière environnementale : quand la négociation l'emporte sur la coercition », disponible à l'adresse : *https://alterjure.wordpress.com/2014/07/21/transaction-penale-environnementale-coercition-negociation/*, consulté le 5 janvier 2019.

[2] H. HOEPFFNER, « La transaction pénale en matière environnementale : le clair-obscur de la décision du conseil constitutionnel », *in Les nouveaux Cahiers du Conseil constitutionnel*, Chron. de dr. pub., 2015, p. 161, dispobible à l'adresse : https://www.conseil-constitutionnel.fr/nouveaux-cahiers-du-conseil-constitutionnel/chronique-de-droit-public-3, consultée le 03 mars 2020.

verbal sans délai au Procureur de la République compétent »[1]. Par contre, « *Lorsque les faits constituent un délit ou une contravention le ministre chargé des mines notifie l'amende correspondante au contrevenant* »[2]. Dès cet instant, « *L'auteur présumé de l'infraction objet du procès-verbal peut, soit s'acquitter de l'amende, soit solliciter une transaction auprès du ministre chargé des mines* »[3]. Au regard de ces dispositions, il apparaît clairement que la transaction n'est possible que si l'infraction est qualifiée de délit ou de contravention, les crimes devant immédiatement être portés à la connaissance du ministère public.

729- *Deuxièmement*, l'Administration compétente doit avoir dûment été saisie par l'auteur de l'infraction. L'article 91 alinéa 1 de la loi-cadre du 5 août 1996 relative à la gestion de l'environnement dispose clairement que les Administrations chargées de la gestion de l'environnement *« doivent, pour ce faire, être dûment saisies par l'auteur de l'infraction ».* Sur ce point, le droit camerounais se démarque du droit français où la transaction doit être proposée par l'administration, acceptée par l'auteur de l'infraction puis homologuée par le procureur de la République[4]. Guy Canivet et Dominique Guihal font observer que « Pour assurer une application effective du droit pénal de l'environnement, les acteurs judiciaires ne peuvent se contenter d'un rôle relativement passif, ou du moins, essentiellement réactif, dans lequel ils se bornent à recevoir et à traiter les informations qui leur sont envoyées, les arguments qui leur sont présentés, en disposant de tout le temps nécessaire à la réflexion et à la recherche. Dans le domaine de la protection de l'environnement, peut-être plus qu'ailleurs, les magistrats doivent prendre des initiatives parce que la constatation des infractions et l'engagement des poursuites comportent des difficultés particulières et parce que les mesures conservatoires sont très spécifiques et présentent un caractère stratégique »[5].

Dans la pratique, les victimes directes d'infractions qui ont la faculté de mettre en mouvement l'action publique, sont en matière d'atteintes à l'environnement, difficilement identifiables dans la mesure où les valeurs protégées sont collectives, dépourvues de caractère patrimonial, ou du moins, insusceptibles d'appropriation individuelle. À cet effet, les associations agréées par l'administration et les ONG auxquelles le droit accorde des facilités procédurales pour agir devant les juridictions pénales en réparation des atteintes à leurs intérêts moraux, tendent à devenir un

---

[1] Cf. article 203 alinéa 2 de la loi n° 2016/17 du 14 déc. 2016 portant Code minier.
[2] Cf. article 203 al. 3 de la loi n° 2016/17 du 14 déc. 2016 portant Code minier.
[3] Cf. article 204 al. 2 de la loi n° 2016/17 du 14 déc. 2016 portant Code minier.
[4] Cf. article L. 173-12 du Code français de l'environnement tel que modifié par la Loi n° 2016-1087 du 8 août 2016 pour la reconquête de la biodiversité, de la nature et des paysages.
[5] G. CANIVET et D. GUIHAL, « Protection de l'environnement par le droit pénal : l'exigence de formation et de spécialisation des magistrats », précité.

véritable ministère public de substitution, du fait de la désaffection de nombreux procureurs de la République à l'égard du contentieux environnemental. Une telle situation n'est pas sans susciter des critiques relatives à la légitimité de ces organisations et aux stratégies qu'elles poursuivent[1].

En conséquence, le contentieux relatif aux atteintes en matière environnementale dans l'exploitation minière au Cameroun est pauvre, alors même que le terrain est bien fertile. La pauvreté de ce type de contentieux peut en partie s'expliquer par l'absence d'un esprit procédurier des citoyens, la méconnaissance du droit de l'environnement, l'inertie des avocats et de la société civile[2]. À cela, on peut ajouter le manque d'audace des associations et des personnes morales ayant pour objet la protection de l'environnement. Ces attitudes négatives limitent le contentieux environnemental et portent un coup fatal à l'épanouissement du droit fondamental de l'homme à un environnement sain.

730- *Troisièmement*, outre la saisine de l'administration par le contrevenant pour solliciter une transaction, l'article 91 alinéa 3 de la loi-cadre du 05 août 1996 relative à la gestion de l'environnement prévoit également que « *...La procédure de transaction doit être antérieure à toute procédure judiciaire éventuelle, sous peine de nullité...*»[3]. La même disposition a été reprise *in extenso* par l'article 40 alinéa 3 de la loi n°98/015 du 14 juillet 1998 relative aux établissements classés dangereux, insalubres ou incommodes, ainsi que par l'article 204 alinéa 3 du Code minier.

731- *Quatrièmement* enfin, l'offre de transaction faite par le contrevenant, notamment le montant de l'amende proposée, « *ne peut être inférieur au minimum de l'amende pénale correspondante* »[4]. Cette exigence figure également à l'article 40 alinéa 2 de la loi du 14 juillet 1998 relative aux établissements classés dangereux ci-dessus cités. Comparativement au droit français où l'amende transactionnelle que l'auteur de l'infraction devra payer ne peut excéder le tiers du montant de l'amende pénale encourue, les dispositions du droit positif camerounais semblent plus sévères. Elles sont de ce fait plus dissuasives que les dispositions de l'article L. 173-12 du Code français de l'environnement considéré par la doctrine comme « un permis de polluer, cautionné par le législateur »[5]. En effet, la jurisprudence considère

[1] *Ibid.*

[2] Sur l'ensemble, Voir R. ROMI, *Droit et administration de l'environnement*, Montchrestien, 4e éd., 2001, p. 518 et s.

[3] Comp. art. 40 al. 2 de la loi du 14 juillet 1998 ci-dessus citée ; art. 204 al. 3 et 4 du C. min.

[4] Cf. article 204 alinéa 4 de la loi n°2016/17 du 14 décembre 2016 portant Code minier.

[5] H. HOEPFFNER, « La transaction pénale en matière environnementale : le clair-obscur de la décision du conseil constitutionnel », *précité*.

que l'effet de dissuasion ne peut provenir que d'une sanction suffisamment sévère pour être de nature à décourager des comportements illicites[1].

2- Le déroulement de la transaction pénale en matière environnementale

732- La mise en œuvre de la transaction pénale en matière environnementale suppose au préalable la constatation des infractions par les administrations compétentes et leur notification aux contrevenants (a). Ces derniers peuvent soit s'acquitter de l'amende, soit solliciter une transaction auprès du ministre chargé des mines ou du ministre de l'Environnement selon le cas (b).

a) La constatation et la notification des infractions, préalables à la procédure transactionnelle

733- La procédure en matière de transaction pénale pour la réparation des dommages environnementaux est contenue dans le guide de procédures du contentieux environnemental du MINEPDED. Selon ce document, la transaction comporte deux étapes. La première intervient à l'issue d'une mission d'inspection et de contrôle. Le pouvoir de constatation des infractions a d'abord été reconnu au ministère public et aux officiers de police judiciaire à compétence générale. Mais compte tenu du fait que ces services de droit commun chargés de rechercher les infractions (police, gendarmerie…) connaissent peu le droit de l'environnement et ne disposent généralement pas de compétences techniques et des moyens matériels nécessaires pour constater les délits dans ce domaine, le pouvoir de constatation des infractions environnementales a également été reconnu aux agents assermentés de l'administration chargée de l'environnement et des autres administrations concernées, notamment ceux des domaines, du cadastre, de l'urbanisme, des travaux publics, des forêts et de la faune, de la marine marchande, des mines, de l'industrie, du travail et du tourisme[2].

734- Dans le domaine de l'exploitation minière, en plus des officiers de police judiciaire (OPJ) à compétence générale, les OPJ à compétence spéciale (notamment les agents commissionnés et assermentés de l'Administration chargée des Mines et de la Géologie)[3] sont chargés de la

---

[1] CJCE, 8 juill. 1999, aff. C-186/98, Nunes et de Matos ; 7 déc. 2000, aff. C-213/99, Andrade.

[2] Cf. art 88 al. 1 de la loi-cadre du 5 août 1996 relative à la gestion de l'environnement. Voir sur ce point P. OUMBA, « Le règlement amiable des litiges en matière d'environnement au Cameroun », *Liaison Energie-Francophonie,* numéro 98, 3e trimestre 2014, pp. 73-76.

[3] Les OPJ à compétence spéciale sont constitués « des Inspecteurs et Inspecteurs adjoints assermentés du Ministère en charge des mines et des autres administrations compétentes ou de tout organisme dûment mandaté » [qui] assurent la surveillance et le contrôle des activités

constatation des infractions à la réglementation minière[1]. Malgré l'augmentation du nombre d'administrations chargées de veiller au respect de la réglementation environnementale, on peut craindre le fait qu'elles soient dispersées, ne coopèrent pas volontiers entre elles et encore moins avec la police ou avec les autorités judiciaires[2]. En effet, lorsqu'elles décèlent des infractions, elles préfèrent généralement rechercher des solutions amiables ou appliquer des mesures de contraintes administratives. S'agissant des poursuites, il convient de relever que les choix de poursuite des administrations sont souvent soupçonnés d'être inspirés par le favoritisme, ou accusés d'introduire des distorsions de concurrence. Au demeurant, leur méconnaissance du droit pénal risque de les conduire à dresser des procès-verbaux entachés de nullités ou difficilement exploitables. Afin d'éviter les abus et les dérapages, il est fortement recommandé à ces agents assermentés de se munir de leur carte professionnelle dans l'exercice de leur fonction, d'un ordre de mission et de produire un rapport à la fin de la mission. La constatation d'une infraction se matérialise par la rédaction d'un procès-verbal.

Les procès-verbaux constatant les infractions sont transmis au ministre des Mines dans les 8 jours de leur établissement[3]. Lorsque les faits portant atteinte à la santé et à la vie constituent un crime, « le ministre des mines transmet le procès-verbal sans délai au procureur de la République

---

minières ». Cf. art. 196 de la loi n°2016/17 du 14 déc. 2016 portant Code minier. Avant leur entrée en fonction, ces agents « prêtent serment devant le Tribunal de Première Instance de leur premier lieu d'affectation » (Cf. art. 198 al. 1 du Code minier). Ils ont qualité pour procéder aux enquêtes, saisies et perquisitions s'il y a lieu. La recherche des infractions entraîne le droit de visite corporelle. « Dans tous les cas de litiges relatifs aux activités minières ou de carrières, les rapports et avis de l'Administration chargée des mines tiennent lieu de rapports d'experts et les procès-verbaux constatant les infractions ainsi que les produits saisis sont transmis au Procureur de la République » Cf. article 207 alinéa 4 de la loi n°2016/17 du 14 décembre 2016 portant Code minier. Sur l'ensemble de la question, Voir Ph. KEUBOU, *in* « Lecture juridique du nouveau Code minier camerounais promulgué par le chef de l'Etat le 14 décembre 2016 : dispositions différentes de l'ancien Code minier, mécanismes de collecte des taxes et redistribution de la valeur ajoutée », Communication faite lors de la table ronde intitulée : *L'exploitation minière au Cameroun : état des savoirs, enjeux techniques et perspectives pour le développement des projets structurants*, Université de Dschang, le 17 mai 2017, disponible au format power point à l'adresse : https://fr.slideshare.net/UnivDschang/pr-keubou-lecture-juridique-nouveau-code-minier-camerounais, consulté le 3 mars 2020.

[1] Sur ce point, voir Ph. KEUBOU, *in* « Lecture juridique du nouveau Code minier camerounais promulgué par le chef de l'Etat le 14 décembre 2016 : dispositions différentes de l'ancien Code minier, mécanismes de collecte des taxes et redistribution de la valeur ajoutée », Communication précitée.

[2] Une coordination des services de police et des différentes administrations intéressées ne peut être réalisée que par une autorité judiciaire jouissant d'une certaine indépendance, de pouvoirs de direction et d'une bonne connaissance du droit applicable.

[3] Cf. art. 202 alinéa 3 du C. min.

compétent »[1]. Par contre, « lorsque les faits constituent un délit ou une contravention, le ministre chargé des mines notifie l'amende correspondante au contrevenant »[2]. L'auteur présumé doit « soit s'acquitter de l'amende, soit solliciter une transaction auprès du ministre des mines »[3].

Par contre, si le procès-verbal a été dressé par les inspecteurs et les contrôleurs du ministère de l'Environnement, de la Protection de la nature et du Développement durable, il est immédiatement transmis au ministre de l'Environnement pour compétence.

735- Après leur constatation, les infractions ainsi que le montant des pénalités correspondantes sont ensuite notifiées aux contrevenants par le MINEPDED. Elle peut se faire par voie d'huissier de justice. A ce moment, on parle de signification. A compter de la notification ou de la signification, le contrevenant dispose d'un délai de vingt jours pour saisir le MINEPDED aux fins de contester ledit procès-verbal[4]. Si le contrevenant agit dans les délais et que la contestation est fondée, le procès-verbal est classé sans suite. Par contre, si le contrevenant agit hors délai, sa contestation est irrecevable. L'huissier de justice est chargé de la signification de la mise en demeure au contrevenant dès que le délai de règlement de l'amende est forclos.

b) L'offre de transaction et la suite de la procédure

736- Après la constatation des infractions et leur notification au contrevenant à la réglementation environnementale, s'il ne conteste pas l'infraction qui lui est reprochée, il peut saisir l'administration concernée dans les délais requis pour lui faire une offre de transaction. La loi-cadre du 5 août 1996 relative à la gestion de l'environnement dispose que les administrations chargées de la gestion de l'environnement *« doivent, pour ce faire, être dûment saisies par l'auteur de l'infraction »*[5]. Si les négociations s'avèrent fructueuses, « ...*Le montant de la transaction est fixé en concertation avec l'Administration chargée des finances. Ce montant ne peut être inférieur au minimum de l'amende pénale correspondante »*[6]. La

---

[1] Cf. art. 203 al. 2 de la loi n° 2016/17 du 14 déc. 2016 portant Code minier.

[2] Cf. art. 203 al. 3 de la loi n° 2016/17 du 14 déc. 2016 portant Code minier.

[3] Cf. art. 204 alinéa 2 de la loi n° 2016/17 du 14 déc. 2016 portant Code minier.

[4] Selon la loi du 5 août 1996 relative à la gestion de l'environnement, « *Tout procès-verbal de constatation d'infraction doit être transmis immédiatement à l'Administration compétente qui le fait notifier au contrevenant. Celui-ci dispose d'un délai de vingt (20) jours à compter de cette notification pour contester le procès-verbal. Passé ce délai, toute contestation devient irrecevable* ». Voir l'article 90 de la loi n° 96/12 du 5 août 1996 portant loi-cadre relative à la gestion de l'environnement. Comp. art. 39 de la loi du 14 juillet 1998 relatif aux établissements classés dangereux ci-dessus citée.

[5] Cf. art. 91 alinéa 1 de la loi-cadre du 5 août 1996 relative à la gestion de l'environnement.

[6] Cf. art. 91 alinéa 2 de la loi-cadre du 5 août 1996 relative à la gestion de l'environnement. Comp. art. 40 alinéa 2 de la loi du 14 juillet 1998 relatif aux établissements classés dangereux

transaction produit donc plusieurs effets : éteindre l'action publique, condamner l'auteur du dommage minier à une amende et à la réparation du dommage.

737- *A contrario*, à défaut de transaction, ou à défaut de paiement de l'amende par le contrevenant et de se soumettre aux recommandations faites par les agents verbalisateurs, ou à défaut d'arbitrage définitif, l'Administration compétente met l'action publique en mouvement, en procédant à des poursuites judiciaires[1]. L'article 205 du Code minier qui est plus explicite à ce sujet dispose qu'« *en l'absence de transaction ou en cas de non-exécution de la convention de transaction, l'action publique est mise en mouvement, après mise en demeure préalablement notifiée au contrevenant, dans les soixante-douze (72) heures à la diligence de l'Administration en charge des mines, partie au procès* »[2].

738- Concrètement, la phase judiciaire s'ouvre par une plainte déposée par l'administration compétente (MINEPDED ou MINMIDT), adressée au Procureur de la République près du tribunal territorialement et matériellement compétent. Il peut s'agir soit du tribunal de première instance (TPI) statuant en matière correctionnelle si le montant de la demande est inférieur ou égal à dix millions de FCFA ; soit du tribunal de grande instance (TGI) statuant en matière correctionnelle, si le montant de la demande est strictement supérieur à dix millions de FCFA. Au cours du procès, « *l'Administration en charge des mines peut, dans le respect des dispositions du Code de procédure pénale, faire citer tout mis en cause devant la juridiction compétente* »[3].

Quelles que soient ses vertus, la transaction a des limites. Au regard des manquements dont elle fait l'objet, son efficacité est encore sujette à caution, notamment concernant le suivi et la transparence de ce mécanisme.

C- Les inconvénients de la transaction pénale dans réparation des dommages miniers environnementaux

739- Comme le relève Monsieur Parfait Oumba, « La transaction telle que prévue par le droit camerounais est bien singulière. En effet, en autorisant les services de répression exerçant des fonctions de police judiciaire à transiger, la loi leur permet de faire une proposition de règlement

---

ci-dessus citée. Sur l'ensemble de la question, Voir P. OUMBA « Le règlement amiable des litiges en matière d'environnement au Cameroun », *Liaison Energie Francophonie*, 2014, p. 74.

[1] Art. 90 al. 2 *in fine* de la loi-cadre du 5 août 1996 ci-dessus citée.

[2] Cf. article 205 al. 1 de la loi n° 2016/17 du 14 déc. 2016 portant Code minier.

[3] Cf. article 205 al. 2 de la loi n° 2016/17 du 14 déc. 2016 portant Code minier.

qui a pour corollaire le renoncement à entreprendre des poursuites judiciaires à l'endroit du délinquant, moyennant le paiement d'une somme d'argent »[1]. En ce sens, elle apparaît comme un « mode négocié d'extinction de l'action publique »[2] (1). Or comme le relève un autre auteur, le droit des droits de l'homme doit pouvoir résister à cette logique où l'argent peut tout compenser[3]. Ainsi, bien qu'appréciable à plusieurs égards, la transaction en matière environnementale présente également des inconvénients liés à la négociation de la réparation (2).

1- Les inconvénients liés à la négociation de l'extinction de l'action publique

740- Deux principaux modèles s'affrontent en matière d'application de la législation environnementale. L'un est coercitif, tendant à forcer notamment les entreprises à respecter des normes strictes et en les menaçant par des sanctions très dissuasives ; l'autre tend à accompagner les acteurs de l'économie, à être plus compréhensif et parfois, à faire rentrer l'environnement dans la logique de marché. Il en est ainsi des services écologiques, des «droits à polluer», et de toutes les autres inventions assimilant l'environnement à un coût financier, puisque ce qui a un intérêt économique intéresserait plus les acteurs du marché. Cette opposition des styles achoppe également en matière de transaction pénale où le couperet juridictionnel s'émousse au profit d'amendes négociées[4].

Perçu comme mode négocié de réparation des atteintes, la transaction fait primer la négociation sur la coercition (a). De ce fait, elle est perçue comme un moyen de marchandisation de la réparation des atteintes (b).

a) Le primat de la négociation sur la coercition

741- Selon un auteur, la transaction est sans conteste « une victoire de la logique de négociation sur celle de la coercition. Il s'agit également d'une prise en compte plus poussée des intérêts économiques des entreprises : rapidité, discrétion, coût limité... »[5]. Si l'on s'en tient à la définition de la

---

[1] P. OUMBA « Le règlement amiable des litiges en matière d'environnement au Cameroun », *Liaison Energie Francophonie*, 2014, p. 74.
[2] M. GUYOMAR, *Les sanctions administratives*, LGDJ, Systèmes, 2014, p. 56.
[3] K. MARTIN-CHENUT, C. PERRUSO et L. VARISON, « La difficile réparation des rapports sociaux », *in* K. MARTIN-CHENUT et R. QUENAUDON (dir.), *La RSE saisie par le droit. Perspectives interne et international*, Editions A.Pedone, Paris, 2016, p. 398.
[4] Th. TURCHET, « Elargissement la transaction pénale en matière environnementale : quand la négociation l'emporte sur la coercition », disponible à l'adresse : *https://alterjure.wordpress.com/2014/07/21/transaction-penale-environnementale-coercition-negociation/*, consulté le 5 janvier 2019.
[5] *Ibid.*

transaction par l'article 2044 du Code civil français, transiger c'est accepter « des concessions réciproques »[1]. Concrètement, il s'agit d'un compromis dans lequel, d'une part, l'entreprise à l'origine des atteintes environnementales va accepter la préservation de son image ou de sa réputation grâce à la discrétion sur les faits contre le paiement d'une somme d'argent ; d'autre part, l'administration va garantir la rapidité de la procédure contre réparation… Un troc que certains admettent, d'autres non[2].

b) La marchandisation de la réparation des atteintes

742- La transaction étant un contrat qui intervient à l'issue d'âpres négociations, sa conclusion dépend avant tout de la personnalité de l'auteur de l'infraction, ainsi que de ses ressources et de ses charges. À cet effet, l'offre de transaction faite par l'exploitant minier dépendra des circonstances et de la gravité de l'infraction, de la personnalité de son auteur ainsi que de ses ressources et de ses charges. Dès lors, n'existe-il pas finalement un risque de rupture d'égalité entre les citoyens ? À titre d'illustration, l'artisan minier lambda ayant enfreint la réglementation environnementale aura-t-il les moyens de transiger, comparé aux puissants lobbys industriels qui ont tous des outils et des financements pour faire traîner un procès, presser et déclencher une procédure de transaction ? La réponse est sans doute négative.

En effet, la marchandisation de la réparation des atteintes n'est que la conséquence du modèle économique dominant (capitalisme), avec ses exigences de rentabilité accoudée à la rapidité et à la compétitivité. Cela est d'autant plus attristant lorsque l'on sait que la crise écologique actuelle est la conséquence manifeste du capitalisme déraisonné, et aujourd'hui la cause des troubles que rencontre notre société « évoluée » du progrès[3]. En effet, comme l'affirme Jacques Geneviève, « défendre les droits économiques, sociaux et culturels ne peut se concevoir sans la poursuite du bien commun et la défense intransigeante des biens publics contre les assauts des forces qui tentent de tout transformer en marchandise et s'accaparer les marchés »[4].

---

[1] L'article 2044 du Code civil français définit la transaction comme « *un contrat par lequel les parties, par des concessions réciproques, terminent une contestation née, ou préviennent une contestation à naître* ».

[2] Th. TURCHET, « Elargissement la transaction pénale en matière environnementale : quand la négociation l'emporte sur la coercition », *précité*.

[3] *Ibid.*

[4] J. GENEVIEVE, *Les droits de l'Homme et l'impunité des crimes économiques*, Éditions du Cerf., Paris, 2009, p. 15.

2- Les inconvénients liés à la négociation de la réparation

743- Il est généralement reproché à la transaction, comme à tous les autres modes alternatifs de règlement des différends, la confidentialité de cette procédure (a). La section 5 du Règlement d'arbitrage et de médiation du C.A.M de la CCIMA porte sur la confidentialité. Par ailleurs, la transaction pose le problème du suivi de l'exécution des mesures contenues dans le contrat de transaction (b).

a) L'absence de transparence dans la procédure transactionnelle

744- En matière de transaction, les négociations se font très souvent discrètement, en dehors de toute information populaire. L'absence de transparence dans la procédure transactionnelle peut être illustrée par un exemple éloquent tiré de l'affaire *Chevron-Texaco* en Équateur. En raison de son instabilité politique, ce pays en développement avait conclu en 1994, un accord à huis clos avec la puissante entreprise transnationale Texaco. Cet accord prévoyait la remise en état de l'environnement et la réparation des dommages subis par les peuples autochtones. En contrepartie, l'accord prévoyait que Texaco Petroleum (TexPet), filiale de Texaco en Équateur ne verrait pas sa responsabilité engagée. À la suite des travaux mal réalisés, un accord de transaction a néanmoins été signé en 1998 dans un document nommé « Acte final d'exonération de responsabilité ». Cet « Acte » controversé a donné lieu à de vives critiques, non seulement parce que les travaux avaient été mal réalisés[1], en plus, ils l'avaient été en violation de la Constitution équatorienne de 1998 qui prévoyait la participation des peuples autochtones dans les décisions concernant l'environnement. Bien plus, ces travaux de remise en état, réalisés de manière non adéquate, avaient été validés par des agents publics corrompus.

745- Au Cameroun, l'efficacité du règlement amiable des manquements à la législation environnementale se heurte également aux pratiques de corruption par les agents de contrôle qui préfèrent fermer les yeux sur les dégâts commis par les exploitants miniers contre le paiement de sommes d'argent. Dans un tel contexte, plusieurs affaires mettant en cause les exploitants suspectés d'avoir commis des infractions environnementales ne sont pas portées devant les autorités administratives, encore moins devant les

---

[1] Voir J. KIMERLING, « Indigenous peoples and the oil frontier in Amazonia. The case of Ecuador, ChevronTexaco, and Aguinda v. Texaco », *NYU J. Int'l L & P*, 2006, 38413, pp. 494-504, cité par K. MARTIN-CHENUT et C. PERRUSO, « L'affaire Chevron-Texaco et l'apport des projets de conventions écocrimes et écocide à la responsabilisation pénale des entreprises transnationales », *in* K. MARTIN-CHENUT et R. QUENAUDON (dir.), *La RSE saisie par le droit. Perspectives interne et international*, Editions A.Pedone, Paris, 2016, p. 70, note 9.

autorités judiciaires. Qui plus est, le Fonds national de l'environnement et du développement durable, dans lequel est versé de manière intégrale le produit de la transaction[1], n'étant pas encore fonctionnel, il y a lieu de craindre que les revenus de la transaction, soient versés dans le compte personnel des administrations concernées à défaut d'être purement et simplement empochés par les fonctionnaires ayant transigé.

746- Par ailleurs, la loi ne précise pas que les victimes potentielles ou identifiées des atteintes à l'environnement soient avisées de la mise en œuvre de la transaction, ce qui constitue une méconnaissance des droits des victimes. Qui plus est, dans le cadre de la transaction réalisée par l'administration, « seuls les intérêts des parties à la transaction sont pris en considération, ce qui soulève des interrogations quant au sort réservé à l'intérêt de la communauté [(générations présentes et futures)] qui est troublée suite à la commission de l'infraction »[2].

À titre de droit comparé, la Constitution équatorienne de 1998 prévoyait la participation des peuples autochtones dans les décisions concernant l'environnement. Malgré l'existence de ces dispositions constitutionnelles, les populations n'ont pas participé à la transaction à huis clos intervenue entre l'État équatorien et le géant pétrolier Texaco[3]. Cette procédure peut donc parfois faire obstacle au droit à la réparation des atteintes subies par les victimes, dans la mesure où la partie civile y est absente[4]. Malgré cette omission du droit camerounais, il y a lieu de soutenir que tant que l'action publique n'est pas éteinte par l'exécution de la transaction, les victimes peuvent exercer leur action civile devant la juridiction répressive et, après cette extinction, demander réparation à la juridiction civile[5].

b) Les problèmes liés au suivi de l'exécution du contrat de transaction

747- En principe, lorsqu'elle est introduite selon les forme et condition prévues par l'article 91 de la loi-cadre relative à la gestion de l'environnement (avant toute procédure judiciaire), la transaction arrête toute poursuite pénale susceptible d'être engagée contre l'auteur de l'infraction.

---

[1] Cf. art. 40 al. 4 de la loi du 14 juillet 1998 ci-dessus citée.

[2] P. OUMBA « Le règlement amiable des litiges en matière d'environnement au Cameroun », *Liaison Energie-Francophonie*, 2014, p. 74.

[3] Voir K. MARTIN-CHENUT et R. QUENAUDON (dir.), *La RSE saisie par le droit. Perspectives interne et international*, Editions A.Pedone, Paris, 2016, p. 70.

[4] N. RORET et M. PORRET-BLANC, « L'effectivité du droit pénal de l'environnement. Etat des lieux et perspectives », *Energie-Environnement-Infrastructures*, juillet 2016, p. 17, § 45.

[5] Dans le même sens, Voir J.-H. ROBERT « Transaction en matière d'environnement », *RSC*, 2014 p.785.

Cependant, l'article 2046 du Code civil prévoit que « *La transaction n'empêche pas la poursuite du ministère public* ». Autrement dit, le paiement auquel aboutit la transaction n'écarte pas malheureusement les poursuites pénales. Bien plus, en cas d'échec des pourparlers ou d'inexécution de la transaction, la loi n'interdit pas que les aveux du suspect passés pendant la négociation soient utilisés ultérieurement devant la juridiction répressive. Cette solution est la même en matière de police à l'intérieur des domaines portuaires[1].

748- Comme on le voit, la transaction n'est pas toujours de nature à arrêter les poursuites pénales, surtout lorsque ses termes n'ont pas été respectés (réparation non exécutées ou mal exécutées par exemple). Dans l'affaire *Chevron-Texaco* sus évoquée, la transaction prévoyait des travaux de remise en état et de décontamination des sols et rivières, mais ces travaux n'ont pas été réalisés de façon adéquate par Texaco. En effet, les sols contaminés ont été recouverts avec de la terre propre et la principale mesure effectuée par l'entreprise de nettoyage a été la fermeture des piscines et des puits abandonnés. Malgré cette mauvaise exécution des travaux, ils ont néanmoins été validés par les agents publics, ce qui pose la question du suivi de l'exécution des mesures contenues dans le contrat de transaction.

749- Afin d'éviter une banalisation des atteintes à l'ordre public écologique, le champ d'application de la transaction doit être limité aux infractions les moins graves. En droit français par exemple, le recours à la transaction pénale doit être circonscrit aux infractions réprimées par une peine d'emprisonnement inférieure à deux ans[2]. Cette réduction du champ d'application de la transaction pénale témoigne de la prise de conscience de la fréquence des atteintes à l'environnement pénalement répréhensibles, mais également du caractère peu « pédagogique » que revêt cette mesure[3].

---

[1] L'article 20 alinéa 3 de la loi du 21 juillet 1983 réglementant la police à l'intérieur des domaines portuaires prévoit que « *nonobstant la transaction et le paiement du montant de l'amende fixée, le ministre chargé de la marine peut saisir la justice de l'infraction objet de la transaction* ». Le décret du 26 septembre 1985 en précise les modalités. Ainsi, le ministre chargé de la marine est dans le cadre de la loi du 21 juillet 1983, le « juge » de l'opportunité des poursuites. Voir à ce sujet A. AKAM AKAM, « La protection du domaine portuaire contre la pollution. Etude de droit maritime camerounais », inédit, 1995, p. 13, cité par M. KAMTO, *Droit de l'environnement en Afrique*, Paris, Edicef-Aupelf, 1996, p. 294.

[2] La démarche de réduction du champ d'application de la transaction pénale est déjà présente dans la circulaire du garde des sceaux français du 21 avril 2015, relative à l'orientation des politiques en matière d'atteintes à l'environnement. Cette circulaire vise le renforcement de la coordination des rôles de acteurs judiciaires et administratifs et la création d'une véritable doctrine en matière de répression des atteintes à l'environnement. Voir NOR, JUSD1509851C.

[3] N. RORET et M. PORRET-BLANC, « L'effectivité du droit pénal de l'environnement. Etat des lieux et perspectives », *Energie-Environnement-Infrastructures*, juillet 2016, p. 17, § 45.

En somme, certaines clarifications sont nécessaires, afin que les actions menées par le ministère de l'Environnement et de la Protection de la Nature et du Développement Durable (MINEPDED) se déroulent dans la légalité, la clarté, l'objectivité et la transparence.

D- La nécessité d'une protection de la partie faible au contrat de transaction

750- Autrefois parée de toutes les vertus, la transaction est aujourd'hui perçue comme un instrument dangereux pour les parties faibles[1], et même pour les victimes d'accidents et de maladies liées à l'exploitation minière. Il convient au préalable de définir la notion de partie faible (1) avant d'envisager les mécanismes de protection de la partie faible au contrat de transaction (2).

1- La notion de partie faible au contrat de transaction

751- Lorsqu'on sait que les parties à la transaction (dans notre cas, l'État et les exploitants miniers) sont généralement déséquilibrées, il y a lieu de s'interroger sur l'équité des négociations, notamment du contenu négocié (*negotium*), en prévoyant des mécanismes de protection de la partie faible. « Il existe une multitude de parties faibles et, par conséquent, une multitude de causes de faiblesse. Toutefois, la doctrine les a réunies sous deux vocables : la faiblesse inhérente à la situation personnelle des cocontractants et la faiblesse relative, liée à la position des parties dans le contrat »[2].

752- D'une part, la faiblesse inhérente à la situation personnelle des cocontractants est définie par Marcel Fontaine comme « la faiblesse du cocontractant dont l'état de développement mental en soi, ou le niveau de connaissance dans la matière du contrat s'avère insuffisant pour porter un jugement éclairé sur la portée des engagements respectifs »[3]. Cette définition permet de distinguer deux hypothèses :

---

[1] L. POULET, *Transaction et protection des parties*, Thèse, Université Panthéon-Assas, LGDJ, 2005.

[2] M. FONTAINE, « Rapport de synthèse », *in* J. GHESTIN et M. FONTAINE (dir.), *La protection de la partie faible dans les rapports contractuels – Comparaisons franco-belges*, Paris, L.G.D.C., 1996, p. 616 ; H. JACQUEMIN, *Le formalisme contractuel. Mécanisme de protection de la partie faible*, Larcier, Bruxelles, 2010, pp. 63-64, cités par R. TROISFONTAINE, *La protection de la partie faible en droit commercial : le franchisé*, Mémoire de Master en droit de l'Université catholique de Louvain, 2015-2016, p. 5, disponible à l'adresse : https://dial.uclouvain.be/memoire/ucl/en/object/thesis:7825/datastream/PDF_01/view, consultée le 3 mars 2020.

[3] M. FONTAINE, cité par R. TROISFONTAINE, *La protection de la partie faible en droit commercial : le franchisé*, Mémoire précité, p. 6.

1°) Premièrement, « l'auteur fait référence à un déséquilibre qui résulte d'une incapacité d'exercice dans le chef d'une des parties »[1] (mineur ou une personne atteinte d'un handicap mental). Dans cette hypothèse, les règles de protection de la partie faible au contrat sont celles qui régissent le régime des incapacités.

2°) Deuxièmement, l'auteur « fait également référence à un manque de connaissance des éléments de droit ou de fait du rapport contractuel concerné. Ce manque de connaissance résulte souvent d'une asymétrie informationnelle entre les parties »[2]. Cette asymétrie est récurrente dans les rapports entre un professionnel et un profane, généralement le consommateur, alors considéré comme la partie faible. Cependant, il convient de reconnaître que « ce manque de connaissance n'est pas propre aux relations B to C [(Business to Customer)], il existe aussi dans les rapports entre professionnels... »[3]. Dans l'exploitation minière, l'obligation d'information pèse tantôt sur l'État[4], tantôt sur l'exploitant minier[5]. La partie faible sera donc la partie débitrice de l'information.

753- D'autre part, la faiblesse peut également être relative, c'est-à-dire liée à la position des parties dans le contrat. Ce type de déséquilibre est manifeste quand un cocontractant, « conscient de son engagement au contrat, n'ayant pas d'autre choix, en accepte les conditions léonines imposées par son partenaire. Cette faiblesse propre à l'une des parties au contrat peut résulter dans certains cas de la puissance du partenaire qui va pouvoir dominer la relation contractuelle grâce à sa position dominante sur le marché et à sa puissance économique. On retrouve notamment cette position dans des situations de monopole. Dans d'autres cas, la faiblesse d'une des parties provient de son propre état de besoin qui la rend ainsi vulnérable »[6].

---

[1] Voir R. TROISFONTAINE, *La protection de la partie faible en droit commercial : le franchisé*, Mémoire précité, p. 6.
[2] *Ibid.*
[3] *Ibidem.*
[4] En effet, le minier dispose que « *Des informations et documents relatifs au sous-sol et aux substances minérales ou fossiles communiqués à l'Administration en charge des mines, par les titulaires de titres miniers peuvent être déclarés confidentiels* ». Cf. article 200 de la loi n° 2016/17 du 14 déc. 2016 portant Code minier.
[5] L'article 137 du Code minier dispose qu'« *afin d'assurer une exploitation rationnelle des ressources minières et de carrières en harmonie avec la protection de l'environnement, les titulaires de titres miniers et de carrières doivent veiller à (...) la disposition des déchets non recyclés d'une façon adéquate pour l'environnement, après information et approbation des Administrations en charge des mines et de l'environnement* ». Cf. art. 137 de la loi n° 2016/17 du 14 déc. 2016 portant Code minier, https://www.droit-afrique.com/uploads/Cameroun-Code-minier-2016.pdf, consulté le 15 janvier 2020.
[6] Voir R. TROISFONTAINE, *La protection de la partie faible en droit commercial : le franchisé*, Mémoire précité, p. 7.

C'est le cas notamment de petits exploitants miniers et des artisans miniers qui, compte tenu de leur impécuniosité, sont parfois appelés à transiger avec des grandes firmes multinationales ou avec l'Etat. Par ailleurs, lorsqu'on sait que les États africains riches en ressources naturelles sont souvent à la quête d'investisseurs étrangers pour l'exploitation de leurs ressources naturelles, ils peuvent donc être considérés comme des parties faibles dans ce combat asymétrique qui les oppose aux compagnies pétrolières et minières qui sont pour la plupart, des firmes multinationales qui se recrutent parmi les plus puissantes au monde.

Au demeurant, il existe une multitude de possibilités d'état de faiblesse. Comme le souligne Hervé Jacquemin, « on peut en effet estimer qu'il y a (presque) autant de faiblesses que de rapports contractuels considérés »[1]. Tout simplement parce que la notion de partie faible est une notion-cadre sans définition précise[2].

2- Les mécanismes de protection de la partie faible au contrat de transaction

754- La protection de la partie faible au contrat de transaction passe par la recherche de l'équilibre entre les parties en présence dans la procédure transactionnelle. Au regard des personnalités diversifiées des auteurs des infractions environnementales, il y a lieu de se demander s'il n'existe pas un risque de rupture d'égalité entre eux ? À titre d'illustration, l'artisan minier lambda ayant pollué l'environnement, aura-t-il les moyens nécessaires pour transiger, comparé aux puissants lobbys industriels (firmes multinationales) qui ont généralement des outils et des financements pour déclencher une procédure de transaction ? La réponse à cette interrogation sera dans la plupart des cas négative. D'où la mise en place des mécanismes de protection de la partie faible.

755- À titre d'illustration, l'article 2049 du Code civil fixe la portée des transactions, celle-ci ne devant s'appliquer que pour les points qu'elle vise. Autrement dit, si le contrat de transaction venait à être interprété par le juge en cas de contestation de son contenu par l'une des parties, celui-ci devra s'attacher à rechercher la commune intention des parties[3]. « En tout état de cause, les parties peuvent toujours demander la résolution d'une transaction dont les termes ne seraient pas respectés. Dans ce cas, elles se retrouvent

---

[1] H. JACQUEMIN, *Le formalisme contractuel. Mécanisme de protection de la partie faible*, op. cit., p. 71.

[2] O. BOSKOVIC, « La protection de la partie faible dans le règlement Rome I », *Recueil Dalloz* 2008, p. 2175.

[3] Voir Cass. Soc., 2 juillet 1996, pourvoi n°93-43529.

dans la situation juridique initiale »[1]. Dans la même logique, il peut arriver que la transaction soit annulée pour une raison ou pour une autre (incapacité, défaut de consentement, illicéité de l'objet...). Dans de telles hypothèses, « la nullité de la transaction entraîne la restitution des sommes versées en exécution de celle-ci »[2].

Dans l'ensemble, comme on peut le constater, « la pratique de la transaction est aujourd'hui bien encadrée, notamment par la jurisprudence »[3], ce qui permet à la partie faible d'être mieux protégée et de bénéficier de certains recours[4].

Section II : Le recours aux mécanismes administratifs de réparation des atteintes

756- Il convient d'entendre par mécanismes administratifs de réparation, ceux qui sont décidés par l'État, à l'égard des exploitants miniers. En effet, il faut se garder ici de confondre action « en » réparation, qui doit *a priori* s'entendre d'une action juridictionnelle, et action « de » réparer, qui résulte de l'exécution d'une contrainte, qu'elle soit juridictionnelle ou de police[5]. Il s'agit ici d'examiner les sanctions prononcées ou les décisions prises par l'administration à l'égard d'un exploitant minier, obligeant ce dernier à procéder à la réparation des dégâts causés par son activité. C'est le sens par exemple du Comuniqué de presse du Minmidt du 9 avril 2020, valant mise en demeure, qui « invite tous les titulaires des autorisations d'exploitation artisanale des substances précieuses et semi-précieuses en cours de validité et en activité sur l'ensemble du territoire national, à bien vouloir procéder dans un délai de 60 jours à compter du 1er avril 2020, à la restauration de tous les sites abandonnés ayant fait l'objet d'exploitation, préalablement à la poursuite de toute activité sur le terrain. La non restauration les expose au retrait de leurs autorisations sans préjudice des poursuites judiciaires... »[6].

Comme l'indique le Rapport Jung[7], « la sanction administrative est bien de la même nature que la peine complémentaire prononcée par le juge : c'est une sanction réelle, susceptible d'être infligée dans tous les cas de non-

---

[1] Voir Cass. Soc., 7 juin 1989, pourvoi n°86-43012, cité par C. MEININGER BOTHOREL, « La transaction : étude d'ensemble », disponible sur https://www.village-justice.com/articles/transaction-etude-ensemble-Chantal,624.html, consulté le 3 mars 2020.

[2] Voir Cass. Soc., 22 avril 2001, pourvoi n°99-41499, cité par C. MEININGER BOTHOREL, « La transaction : étude d'ensemble », précité.

[3] C. MEININGER BOTHOREL, « La transaction : étude d'ensemble », précité.

[4] *Ibid.*

[5] Ph. BILLET, « Prescription des obligations financières liées à la réparation des atteintes à l'environnement : les affres du temps », *JCP, ACT,* n° 31-35, 28 juillet 2008, act. 697.

[6] Voir *Cameroon Tribune*, 45e année, n° 12072 du 9 avril 2020.

[7] J. JUNG, *La lutte contre les atteintes à l'environnement*, Rapport de la commission interministérielle pour la lutte contre les infractions en matière d'environnement, ministère de l'Environnement, Paris, 1979, 130 p., spéc. p. 43.

respect d'une obligation résultant d'une mesure de police générale ou individuelle ; elle a pour objet de réprimer une faute ». Les mécanismes administratifs de réparation apparaissent ainsi comme des obligations qui naissent de la décision ou de la sanction administrative.

757- Par rapport aux mécanismes judiciaires de réparation des atteintes examinés précédemment, les mécanismes administratifs ont l'avantage d'être assez rapides. Par contre, ce qui peut leur être reproché, c'est « la faculté même de la police administrative d'infliger des sanctions même si celles-ci constituent plutôt des mesures conservatoires ou restitutives que des sanctions dans le sens classique du terme »[1]. L'autre critique faite aux mécanismes administratifs de réparation des atteintes est que l'administration est à la fois juge et partie[2]. Cette critique peut être partiellement fondée, lorsqu'on sait qu'en cas de disparition ou de défaillance de l'exploitant minier, c'est à l'administration de se substituer à ce dernier pour assumer les réparations qui s'imposent.

758- Les sanctions administratives, supports de la réparation sont nombreuses. Ces mécanismes administratifs de réparation des dégradations environnementales liées à l'exploitation minière méritent d'être examinés. Certaines ayant déjà été examinées, il conviendra ici de s'en tenir à l'obligation de remise en état des sites miniers (I) ainsi qu'aux autres mécanismes administratifs de réparation des dégâts miniers proches de la remise en état (II).

I- L'obligation de remise en état des sites miniers imposée par l'État

759- Comme l'a écrit Mireille Delmas Marty, « À force de trans/former la nature, l'homme en vient à la dé/former, au sens littéral »[3]. De ce fait, il est tenu d'une obligation de restauration, de réhabilitation et de remise en état du milieu après l'avoir exploité. La remise en état des sites miniers a la double forme d'une obligation de faire ou d'un engagement préalable à une atteinte à l'environnement (condition pour l'obtention d'un titre minier), et d'une sanction ou d'une obligation imposée *a posteriori* à une action créant un danger ou un dommage au milieu ambiant causant un préjudice collectif ou individuel[4]. Ainsi, la remise en état comme sanction administrative n'intervient que si un dommage a été causé. Cette sanction administrative

---

[1] I. DE LOS RIOS, *La remise en état du milieu en droit français de l'environnement*, Thèse précitée, p. 112.
[2] J. JUNG, *La lutte contre les atteintes à l'environnement*, Rapport précité, p. 74.
[3] M. DELMAS-MARTY, « Les droits de l'homme et le ''pot au noir'' », *Communications*, n° 104, 2019/1, p. 30.
[4] I. DE LOS RIOS, *La remise en état du milieu en droit français de l'environnement*, Thèse précitée, p. 73.

peut être révisée par l'autorité qui l'a prononcée, car elle constitue un acte administratif.

Parce que l'exploitation minière bouleverse souvent la topographie et les équilibres naturels des sites, leur remise en état s'impose comme une obligation, dans l'intérêt notamment de la santé ou de la sécurité publique et de la protection de l'environnement. L'expression « remise en état » est une expression générique qui regroupe la restauration et la réhabilitation. Bien que souvent utilisés comme synonymes, la restauration mérite d'être distinguée de la réhabilitation. La restauration désigne l'action de remettre les choses dans l'état où elles étaient. Relativement à l'exploitation minière, elle signifie rétablir le site dans son état ancien. La réhabilitation quant à elle consiste à remettre le site aux normes de confort, d'hygiène et de sécurité au regard des exigences contemporaines. Il apparaît donc que la restauration est tournée vers le passé (remettre le site dans son état ancien), alors que la réhabilitation quant à elle est plutôt orientée vers l'avenir (remettre le site dans un état de productivité). Comme l'atteste l'article 4 du Code minier, la réhabilitation est la « *remise des anciens sites d'exploitation dans les conditions de sécurité, de productivité rurale, et d'aspect visuel proches de leur état d'origine, de façon durable et d'une manière jugée adéquate et acceptable par les administrations chargées des Mines et de l'Environnement* »[1]. Au regard de cette définition, il y a lieu d'affirmer que la restauration et la réhabilitation sont des mécanismes complémentaires.

760- L'obligation de remise en état des sites miniers est « une déclinaison du principe d'imputation qu'est la réparation. C'est également une transposition de la solution civiliste de réparation en nature plutôt que monétaire. Cette obligation suppose que les exploitants maîtrisent l'exercice de leurs activités pendant la période d'exploitation pour limiter ensuite les contraintes liées à la remise en état »[2].

Au Cameroun, de nombreuses entreprises minières ont par le passé laissé de nombreux sites en l'état après la cessation de leurs activités. Ce qui illustre bien la réalité décrite par l'auteur-compositeur-interprète Richard Desjardins dans son documentaire intitulé « *Trou Story* »[3]. Comme le relève Marie-Pierre Blin-Franchomme, « le traitement juridique de ces passifs [environnementaux] constitue un enjeu majeur du développement durable »[4].

---

[1] Cf. art. 4 de la loi n° 2016/17 du 14 déc. 2016 portant Code minier.

[2] A. TOMADINI, *La liberté d'entreprendre et la protection de l'environnement. Contribution à l'étude des mécanismes et de conciliation*, Thèse précitée, n° 421, p. 324.

[2] Cf. art. 86 du C. min.

[3] Ce film est disponible sur youtube à l'adresse : https://www.youtube.com/watch?v=AvzU1rH0TWo, consulté le 17 novembre 2018.

[4] M.-P. BLIN-FRANCHOMME, « Le passif environnemental au regard des difficultés économiques de l'entreprise », in Entreprise et développement durable : approche juridique pour l'acteur économique du XXIe siècle, Lamy, coll. Axe droit, 2011, p. 69.

Il convient d'examiner les différents mécanismes ainsi que les limites de la remise en état des sites miniers par les exploitants (A) avant de s'intéresser à l'hypothèse de la substitution administrative aux défaillances de l'exploitant minier (B).

A- Les mécanismes et les limites de la remise en état des sites par l'exploitant minier

761- La remise en état du site qui a été le siège de l'exploitation est une mesure à la fois séduisante et paradoxale. Elle est séduisante parce qu'elle permet d'atteindre l'un des objectifs fondamentaux du droit de l'environnement, à savoir la restauration autant que possible de l'environnement dans son état originel. De ce fait, elle permet de faire disparaître les séquelles d'une atteinte à l'environnement laissées par l'exploitant minier.

762- Par contre, elle est paradoxale parce qu'elle peut à la limite présenter des inconvénients en ce qui concerne sa mise en œuvre. En effet, prétendre rendre à un milieu perturbé ses caractéristiques primitives peut s'avérer dans la plupart des cas, techniquement irréalisable et dans tous les cas, écologiquement contestable. Dans ce cas, la remise en état ne concerne pas uniquement le rétablissement des lieux dans leur état antérieur, mais elle peut se borner simplement au rétablissement des lieux dans un certain état de réutilisation en passant par toute la gamme de possibilités entre ces deux extrêmes[1]. Il convient d'examiner successivement les mécanismes (1), le moment (2) et les limites (3) de la remise en état des sites miniers.

1- La variété des mesures constitutives de remise en état des sites miniers

763- Il existe une vie après la mine, mais elle n'a rien d'un long fleuve tranquille[2]. En effet, après la fermeture d'une mine, l'exploitant minier est astreint à l'obligation de remise en l'état du site minier, car les sites exploités doivent être réhabilités et donc rendus aussi naturels que possible à défaut d'être remis au même et semblable état initial. Il est socialement, juridiquement et économiquement justifié qu'après avoir créé des vides et modifié l'équilibre géologique et hydrogéologique d'un territoire, l'exploitant soit obligé de prévoir les conditions dans lesquelles, d'une part

---

[1] I. DE LOS RIOS, *La remise en état du milieu en droit français de l'environnement*, Thèse précitée, p. 5.

[2] Ph. YOLKA, « Nouvelles perspectives du droit minier : la loi n° 99-245 du 30 mars 1999 », *Cahiers juridiques de l'électricité et du gaz* n° 561, Janvier 2000, chron. 100000.

l'exploitation sera rendue à un autre usage, et d'autre part les risques éventuels liés à cette exploitation passée seront anticipés et neutralisés[1].

764- Il convient pour cela de distinguer la réhabilitation productive de la réhabilitation non productive. La première (réhabilitation productive) permet à la fin de l'exploitation, de rendre les terres à un autre usage tel que l'élevage, la pisciculture, le reboisement, l'éco-tourisme, le transport etc. À cet effet, pour éviter que l'exploitation minière ne porte atteinte au droit à l'alimentation, composante du droit à la santé, l'exploitant a l'obligation à la fin de l'exploitation, de remettre dans leur état antérieur, les terrains de culture en réhabilitant la couche arable. La seconde quant à elle (réhabilitation non productive) permet à la fin d'une exploitation, d'anticiper et de neutraliser les risques sanitaires et environnementaux éventuels liés à cette exploitation passée, notamment en restaurant l'hydrologie, la formation des sols, l'aspect esthétique du paysage etc.

Tout comme avant le démarrage de l'exploitation minière, l'exploitant devra, en fin d'exploitation, justifier comment il entend maîtriser les effets de l'arrêt des travaux sur l'ensemble des milieux récepteurs. En quelque sorte, il s'agit d'une « étude d'impact de sortie»[2]. Le terme « état » doit de ce fait être entendu dans un sens large. La remise en état comprend le réglage du sol et le nettoyage de l'ensemble des terrains, la remise en végétation des terrains exploités, la suppression, l'arrachage, la destruction et l'enlèvement des ouvrages, clôtures, constructions, épaves, le démantèlement des usines d'exploitation dans les règles de l'art,[3] etc. Dans tous les cas, ce sont des activités d'ingénierie écologique qui doivent constituer une remise en état des sites.

765- Concrètement, la remise en état d'un site se matérialise dans un premier temps par la réalisation d'un bilan factuel de l'état du milieu concerné, appelé en droit français « schéma conceptuel »[4]. Il s'agit de réaliser un diagnostic de l'état des pollutions, une identification des enjeux à protéger (populations, ressources et milieux naturels) et une évaluation des risques. C'est à partir de ce document essentiel que devront être définies les actions à mener[5]. « Dans un second temps, une fois les informations recueillies, deux démarches peuvent être mises en œuvre de façon

---

[1] B. WERTENSCHLAG « La responsabilité de l'exploitant pour dommages consécutifs à l'exploitation minière », *La Semaine Juridique Notariale et Immobilière* n° 51, 22 Décembre 2000, p. 1831.
[2] *Ibid.*
[3] Cf. art. 138 alinéa 1 du Code minier.
[4] En France, voir la circulaire du 8 févr. 2007 relative aux modalités de gestion et de réaménagement des sites pollués, DEVP0700228C, *BO MEDAD*, 15 août 2007, texte 25/36, p. 8.
[5] A. TOMADINI, *La liberté d'entreprendre et la protection...*, Thèse précitée, n° 424, p. 326.

indépendante, simultanée ou successive : la démarche d'interprétation de l'état des milieux (IEM) et le plan de gestion. L'IEM intervient sur un périmètre plus important que celui sur lequel était assise l'installation. Elle a pour objet de déterminer les milieux qui ne nécessitent pas de mesures particulières, ceux qui peuvent faire l'objet d'actions simples, mais surtout ceux qui requièrent la mise en œuvre d'un plan de gestion. Si la démarche IEM met en évidence une contradiction entre l'état du milieu et les valeurs de gestion réglementaires, l'exploitant doit élaborer un plan de gestion contenant les mesures de réhabilitation envisagées. La réhabilitation doit en effet permettre une restitution du site conforme à son usage futur, mais aussi conforme aux valeurs de gestion réglementaires. Pour garantir l'efficacité de ces mesures, l'exploitant doit au préalable maîtriser la ou les mesures de pollution »[1].

766- Au Cameroun, l'exploitation minière par des sociétés étrangères, principalement chinoises, favorise des pratiques illégales telles que la non-réhabilitation des sites miniers, alors même que l'obligation de réhabilitation est prévue par la législation en vigueur et rappelée par les cahiers de charge. A Bétaré Oya dans la région de l'Est-Cameroun, comme dans de nombreuses autres localités où prévaut l'exploitation minière artisanale et semi-mécanisée, d'immenses cratères sont laissés en l'état par les compagnies minières après exploitation. Ces cratères sont responsables des noyades et de nombreuses pertes en vies humaines. A en croire les responsables de l'ONG Justice et Paix qui milite pour une gestion durable des ressources minières dans l'Archidiocèse de Bertoua, c'est pratiquement deux à trois noyades d'enfants que l'on enregistre à Bétaré Oya tous les un à deux mois.

767- Le 19 septembre 2017, la suspension de la société minière Metalicon S.A épinglée pour non restauration des espaces détruits par l'activité minière est venue tirer la sonnette d'alarme sur l'épineuse problématique de la réhabilitation des sites miniers qui n'est pas encore ancrée dans les habitudes des sociétés minières qui creusent, exploitent mais ne referment pas derrière elles[2]. Dans une étude[3] réalisée dans le cadre du Projet Mines, Environnement, Santé et Société (ProMESS) par l'ONG Forêts et développement rural (FODER), il apparaît que « durant la période de 2012

[1] *Ibid*, pp. 326-327.

[2] J. L. CHEKOUA et al., « Le ministre en charge des mines suspend la société METALICON S.A. pour non réhabilitation des sites détruits par l'activité minière », article disponible en ligne à l'adresse : http://www.forest4dev.org, consulté le 10/12/2017.

[3] J. L. CHEKOUA et B. NGALIM YONGABI, *Protection de l'environnement et RSE des entreprises minières dans les régions de l'Est et Adamaoua*, Rapport réalisé dans le cadre du Projet ProMES, FODER, 2016, p. 12, disponible en ligne à l'adresse : http://www.forest4dev.org/, consulté le 10/12/2017.

à 2014, au moins 250 chantiers miniers ont été ouverts et n'ont pas été réhabilités par les 65 entreprises bénéficiaires d'autorisation d'exploitation artisanale semi-mécanisée dans la région de l'Est du Cameroun »[1].

2- Le moment de la remise en état des sites miniers

768- Il convient de distinguer la remise en état progressive pendant la durée de l'exploitation (a) de celle qui a lieu après la fermeture du site minier (b).

a) La remise en l'état pendant la durée de l'exploitation

769- Aux termes de l'article 136 alinéa 1 du Code minier, « *La restauration, la réhabilitation et la fermeture des sites miniers et de carrières incombent à l'opérateur* ». Par essence, la remise en état doit intervenir après la cessation d'activité. Cependant, elle peut aussi être réalisée au fur et à mesure de l'extraction, selon une programmation prédéfinie. C'est ce qu'on appelle la remise en l'état progressive. Cette remise en état concomitante à l'extraction s'inscrit dans une politique de réaménagement dont le but est de valoriser le site sur les plans paysager, environnemental et/ou pédagogique. Selon le moment où elle intervient, la doctrine lui donne différentes appellations telles que la remise en état « intercalaire »[2] ou encore de la remise en état « anticipée ».

770- La première intervient lorsque l'autorité administrative compétente ordonne une remise en état durant la période de sauvegarde ou de redressement judiciaire de l'entreprise, alors même que cette dernière n'a pas encore cessé ses activités. Par contre, la remise en état anticipée semble interdite par les juridictions administratives[3], son champ d'application étant circonscrit aux seules hypothèses d'accidents, d'incidents ou d'inobservation des conditions d'exploitation prévues par le cahier de charges[4]. En dehors des situations dans lesquelles la pollution du site d'exploitation résulte d'un incident ou d'un accident, le fait générateur de la remise en état est bien

---

[1] Voir https://www.camerounweb.com/CameroonHomePage/NewsArchive/Batouri-une-entreprise-d-exploitation-mini-re-suspendue-pour-six-mois-425507, consulté le 9 avril 2018. On peut cependant noter avec satisfaction le cas de quelques entreprises qui ont refermé les trous à Kombo Laka (Meiganga), Beke (Ketté), SODEPA (Bétaré Oya)... même si la fermeture ne se fait pas toujours dans les règles de l'art.

[2] B. ROLLAND, « Procédures collectives et sites contaminés », *Envir.* n° 10, Octobre 2006, 16.

[3] Tant que l'exploitant n'a pas cessé son activité et que l'administration n'a pas la certitude qu'il ne satisfera pas à ses obligations, il n'y a pas de créance environnementale. Voir CAA Marseille, 5 nov. 2013, *Sarl. Granulats Gontero*, n° 11MA00547, Cons. n° 19, Inédit ; *Dr. envir.*, 2014, n° 220, p. 60.

[4] A. TOMADINI, *La liberté d'entreprendre et la protection...*, Thèse précitée, n° 422, p. 324.

souvent le fonctionnement normal de l'activité et se traduit par une pollution des sols, des sous-sols, des eaux de surface et des eaux souterraines. Dans ces situations, le dommage écologique existe avant la fermeture définitive du site minier[1].

C'est la raison pour laquelle les travaux de réhabilitation du site doivent être prévus dès la demande du titre minier et doivent être engagés pour certains au fur et à mesure des travaux d'exploitation.[2] Il est communément admis que la remise en état du site minier, concomitamment à l'exploitation, doit s'apparenter à des travaux de dépollution et de restauration des écosystèmes pour qu'il y ait une reconstitution proche des écosystèmes initiaux (diversité biologique, paysages, flux hydriques, qualités des sols et des eaux…). Comme nous l'avons mentionné plus haut, le traitement à la source des atteintes doit être privilégié lorsque cela est techniquement réalisable.

771- Dans le cas contraire, les conséquences de l'exploitation minière sur l'environnement risquent d'être accentuées, voire dans certains cas irréversibles. C'est la raison pour laquelle certaines opérations de remise en état des sites miniers doivent être menées durant toute la période d'exploitation. Car comme on le sait, le fait par exemple de laisser une pollution s'accentuer et/ou s'accumuler durant toute la période d'exploitation diminue les probabilités pour que le site soit restauré ou tout au moins dépollué dans les conditions prévues par le droit commun de la remise en état. Bien plus, à l'égard de l'exploitant minier, le fait de laisser s'accumuler une pollution durant toute la vie de l'exploitation augmente les coûts de remise en état qui deviendront nécessairement difficiles à supporter à la fin de l'exploitation. Face à ce double constat, un traitement de la pollution, au fur et à mesure de l'évolution de l'exploitation, par des investissements appropriés, par des technologies limitant les rejets et les incidences environnementales doit être préconisé. Pour limiter l'incidence de l'exploitation minière sur l'environnement, il est nécessaire de combiner les mesures de prévention avec les mesures de réparation.

b) La remise en l'état lors de la fermeture du site

772- La fermeture d'une mine peut avoir plusieurs causes : économiques (prix du marché, offre/demande, équilibre financier du projet minier, etc.), environnementales (mauvaises conditions géotechniques, topographiques, hydrologiques, pression de la réglementation environnementale, etc.) ou sociales (opposition des élues, communautés, société civile). La fermeture

---

[1] *Ibid.*, n° 431, p. 332.

[2] La restauration est une mesure environnementale importante qui permet de redonner au site minier le potentiel de redevenir un site naturel.

d'un site minier peut également intervenir lors de l'abandon des travaux ou au terme de la validité du titre minier, d'une autorisation de recherche ou d'exploitation, ou dans le cas d'une exploitation par tranches, à la fin de l'exploitation de chaque tranche. Dans toutes ces hypothèses, le titulaire du titre doit exécuter les travaux ayant pour objet la protection de la sécurité et de la salubrité publiques.

773- En effet, la remise en état des sites miniers doit en principe entrainer la délivrance du quitus libératoire de l'exploitant minier. Après la réalisation des mesures de remise en état du site minier par l'exploitant, celui-ci doit continuer d'entretenir les zones fermées jusqu'à l'obtention d'un certificat de fermeture du site. Ce certificat s'obtient à l'issue d'une mission d'inspection conjointe effectuée par les administrations compétentes, conformément à l'article 136 alinéa 5 du Code minier qui dispose que « *Le constat après inspection par les administrations chargées des mines, de l'environnement et de toute autre administration concernée de la bonne remise en état et de la restauration des sites d'exploitation donne lieu à la délivrance d'un quitus qui libère l'ancien exploitant de toute obligation concernant son ancien titre minier, son autorisation ou son permis d'exploitation des carrières* »[1].

774- L'expression technique la plus immédiate de ce quitus de l'administration à l'exploitant est le transfert définitif de la garde de la mine sur la tête de l'État. Mais les choses semblent ne pas être aussi évidentes qu'elles le paraissent. L'article 136 alinéa 5 *in fine* du Code minier dispose que « *Toutefois, l'ancien exploitant demeure responsable de tout préjudice découvert ultérieurement en relation avec ses précédentes activités sur le site* ». Cette disposition interroge : premièrement, dans quelle hypothèse le quitus libère-t-il véritablement l'ancien exploitant minier ? Deuxièmement, en l'absence de précision d'un délai au-delà duquel la responsabilité de l'exploitant ne pourrait plus être engagée, quel est le délai de prescription de l'obligation de remise en état ? Troisièmement, en cas de survenance ultérieure de dommages, qui doit être considéré comme ancien exploitant lorsque plusieurs exploitants se sont succédés sur le même espace ? Le caractère récent du droit minier camerounais et l'absence de jurisprudence y relative amènent à s'inspirer des solutions du droit comparé pour répondre à ces questions.

775- Relativement à la première interrogation (la libération effective de l'ancien exploitant), le doit français où une formalité similaire existe (la formalité du donné acte de l'administration), prévoit que la police des mines ne disparaît que si des risques importants susceptibles de mettre en cause la

[1] Cf. art. 136 alinéa 5 de la loi n° 2016/17 du 14 déc. 2016 portant Code minier.

sécurité des biens ou des personnes n'apparaissent pas après cette formalité. Dans le cas contraire, l'autorité administrative pourra toujours prescrire à l'ancien exploitant toute mesure destinée à assurer la protection des intérêts mis en danger, et en cas de carence, exécuter ces mesures d'office.

En cas d'arrêt des travaux avant l'expiration du titre minier, la responsabilité de l'ancien exploitant pourra être maintenue plus ou moins longtemps selon les cas : si lors de la déclaration d'arrêt des travaux miniers, il n'avait pas été mis à jour de risques importants susceptibles de mettre en cause la sécurité des biens et des personnes, la responsabilité du déclarant en cas de survenance, contre toute attente, de ces risques, sera maintenue jusqu'à l'expiration du titre minier. La fin de validité du titre minier emportera alors transfert à l'État de la surveillance et de la prévention[1]. Si, à l'inverse, de tels risques avaient été mis à jour lors de la déclaration d'arrêt, la responsabilité du déclarant ne sera transférée à l'autorité administrative qu'après achèvement d'une procédure de transfert à l'État de la surveillance et de la prévention des risques, prévue par l'article 91 du Code minier français.

776- Relativement à la deuxième interrogation (délai de prescription de l'obligation de remise en état), l'article 136 alinéa 5 du Code minier se contente d'affirmer que l'ancien exploitant demeure responsable de tout préjudice découvert ultérieurement en relation avec ses précédentes activités sur le site. Est-ce à dire que sa responsabilité pourra être engagée *ad vitam aeternam* ? La réponse à cette question est assurément négative, car il n'existe pas d'imprescriptibilité en droit civil patrimonial[2]. À titre de droit comparé, le Conseil d'État français, dans *l'arrêt Alusuisse Lonza*[3], a dégagé le principe général de la prescription trentenaire tiré de l'article 2262 du Code civil. Après ce délai, l'obligation de remise en état revient à l'administration. Autrement dit, les exploitants d'un site ont l'obligation de sa remise en état dans un délai de prescription de trente ans, à compter de la date à laquelle la cessation d'exploitation a été portée à la connaissance de l'administration[4], sauf dans les cas où les dangers ou inconvénients présentés par le site auraient été dissimulés[5]. C'est dans ce sens que s'est prononcée la

---

[1] Cf. art. 93 du Code minier français.

[2] Ph. YOLKA, « Nouvelles perspectives du droit minier : la loi n° 99-245 du 30 mars 1999 », *précité*.

[3] Voir CE, 8 juillet 2005, *Affaire Alusuisse Lonza France*, *Rec. Lebon - Recueil des décisions du conseil d'Etat 2005,* 08-07-2005, n° 247976 ; B. PLESSIX, « La prescription extinctive en droit administratif. Note sous Conseil d'Etat, Assemblée, 8 juillet 2005, Société Alusuisse-Lonza-France », *RFDA,* 2006 p. 375.

[4] Cass. Civ., 3, 27 mai 2010, *Société SEGVAMA/ Société Aventis Pharma*, n° 09-13438.

[5] Ph. BILLET, obs. sous CE. ass., 8 juillet 2005, *in* Ph. BILLET et E. NAIM-GESBERT (dir.), *Les grands arrêts du droit de l'environnement*, Dalloz 2017, p. 363 ; M. TORRE-SCHAUB, *L'essentiel des grands arrêts du droit de l'environnement*, éd. Gualino, 2017-2018, p. 191.

Cour d'appel de Paris dans son arrêt du 13 février 2003. En l'espèce, une société avait cédé en 1994 à une société civile immobilière, un terrain à usage industriel, pour y construire un ensemble immobilier à usage d'habitation. Or, fut découverte une pollution produite entre 1928 et 1941, rattachée à l'activité du précédent propriétaire. Ce manquement du vendeur à son obligation d'information vis-à-vis de son acheteur, de l'existence d'une installation classée (ICPE) sur le terrain vendu, a été condamné par la CA de Paris qui a ordonné la remise en état le site pollué[1].

777- Relativement à la troisième interrogation (en cas de survenances ultérieures de dommages), (lorsque plusieurs exploitants se sont succédés sur le même espace), la jurisprudence des juridictions administratives françaises considère que le dernier exploitant doit être tenu pour débiteur unique de la remise en état du site, lorsque ses prédécesseurs exerçaient la même activité[2]. En revanche, le juge peut accepter de mettre à la charge des anciens exploitants l'obligation de remise en état[3], s'il s'avère que les nuisances constatées n'ont aucun lien avec l'activité actuelle[4]. Cette solution a été confirmée par le Conseil d'État qui a eu à décider qu'« aucune des dispositions n'a pour objet ou pour effet d'imposer à l'exploitant, dans le cadre de la remise en état du site, de remédier à des dommages ou des nuisances dépourvus de tout lien avec l'exploitation »[5]. Autrement dit, le dernier exploitant d'une installation distincte de celle exploitée par les précédents occupants du site n'est tenu que des obligations de remise en état inhérentes à son activité propre. Il ne saurait être tenu pour responsable de pollutions inhérentes à d'autres exploitations[6].

3- Les limites à l'exécution des remises en état imposées par l'administration

778- La remise en état des sites par les exploitants miniers opérant au Cameroun est encore loin d'être une réalité. Après le passage des orpailleurs,

---

[1] Voir CA de Paris, 13 fév. 2003, *JCP* 2003, II, 10075.

[2] CAA Nancy, 11 déc. 1997, *Sté SRPB Vycone*, n° 93NC01121, inédit ; cité par D. DEHARBE, *Le droit de l'environnement industriel – 10 ans de jurisprudence,* 2e éd., LITEC, coll. Affaires finances, 2002, n° 209.

[3] Sous réserve de la prescription trentenaire applicable en la matière. Voir CE, 8 juillet 2005, *Sté Alusuisse-Lonza France*, n° 247976.

[4] CE 17 nov. 2004, *Sté générale d'archives*, n° 252514, cons. n° 11, Rec. Leb., p. 777 ; *Envir.*, 2005, n° 5, comm. n° 84, obs. G. GILLIG ; *AJDA,* 2005, p. 668, note F. BRAUD et A. MOUSTARDIER ; *JCP A.*, 2005, n° 16, comm. n° 1176, Ph. BILLET ; *RDI,* 2005, p. 36, obs. F.-G. TREBULLE ;

[5] Voir CAA Versailles, 22 janvier 2008, *Sté Gaz de France*, n° 05VE01535, inédit ; *Envir.*, 2008, n° 4, comm. n° 66, note P. TROUILLY ; *JCP A.*, 2008, n° 22, chron. n° 2124, P. FRYDMAN et E. SAULNIER-CASSIA. Cons. n° 4.

[6] Voir CE, 17 novembre 2004, *Société Générale d'Archives.*

le paysage des sites exploités ressemble à un champ de bataille où les puits d'orpailleurs évoquent des trous d'obus. De larges superficies sont défrichées et abandonnées après l'exploitation, interdisant toute activité agricole ou d'élevage. Les principaux goulots d'étranglement sont liés à l'ineffectivité du fonds de restauration et de réhabilitation des sites miniers (a), au fait que les mesures de remise en état ont un coût financier imputé à l'exploitant minier (b), ainsi qu'à l'absence d'une obligation de souscription d'une assurance garantissant la remise en état (c).

a) Les difficultés liées à la mobilisation du fonds de restauration, de réhabilitation et de fermeture des sites miniers

779- Le fonds de restauration et de réhabilitation des sites miniers a été créé par l'article 233 du Code minier qui dispose qu'« *En vue de la mise en œuvre de la politique minière nationale, il est créé... un fonds de restauration, de réhabilitation et de fermeture des sites miniers et des carrières* »[1]. Ce fonds est logé dans un compte séquestre auprès de la Banque Centrale[2]. Il s'agit d'un compte dans lequel un actif est rendu à court terme indisponible.

Le fonds peut être défini comme « un capital affecté à la compensation complète ou partielle de dommages dont le contexte est précisément déterminé par la loi, géré ou non par une personne morale spécialement créée à cet effet et alimenté par des contributions qui sont versées par des collectivités publiques ou privées et qui ne présentent pas de corrélation avec les indemnités »[3]. Cette définition aussi large laisse entendre qu'il existe plusieurs types de fonds, intervenant dans des domaines variés, et destinés à couvrir les dommages corporels, matériels ou immatériels causés aux victimes, soit en répondant à la logique de la réparation intégrale, soit en prenant simplement la forme d'une aide financière[4].

780- À ce titre, le fonds de restauration, de réhabilitation et de fermeture des sites miniers et des carrières apparaît comme une garantie de l'obligation de remise en état. Il est « *destiné à financer les activités de mise en œuvre du programme de préservation et réhabilitation de l'environnement affecté par la réalisation des projets miniers* »[5]. Il est alimenté par la « *contribution annuelle des titulaires des permis d'exploitation de la petite mine et de la*

---

[1] Cf. art. 233 de la loi n°2016/17 du 14 décembre 2016 portant Code minier.

[2] Cf. art. 235 alinéa 4 de la loi n°2016/17 du 14 décembre 2016 portant Code minier.

[3] J. KNETSCH, *Le droit de la responsabilité et les fonds d'indemnisation : analyse en droits français et allemand,* Thèse Paris II, Panthéon-ASSAS, 2011, 611 p. ; LGDJ, coll. Bibliothèque de droit privé, 2013, n° 677.

[4] *Ibid.*, n° 8.

[5] Cf. art. 235 alinéa 1 de la loi n°2016/17 du 14 décembre 2016 portant Code minier.

mine industrielle, les titulaires des autorisations d'exploitation artisanale semi-mécanisées en fonction des coûts prévisionnels de la mise en œuvre du programme de préservation et de réhabilitation de l'environnement tel que défini dans l'étude d'impact environnemental et social »[1]. Conformément aux textes miniers d'avant 2016, notamment le décret de 2002 en ses articles 130 et suivants, « *le montant de la réhabilitation est compris entre 0,3 et 1 % du chiffre d'affaires brut* »[2].

781- Concrètement, une provision doit être déposée annuellement, et ce tout au long de la phase d'exploitation, pour couvrir les travaux de réhabilitation et de mise en sécurité du site. Pour l'instant, le fonds de restauration, de réhabilitation et de fermeture des sites miniers et des carrières est non fonctionnel. C'est sans doute la raison pour laquelle, de nombreux opérateurs se soustraient encore à leur obligation de remise en état des sites exploités. Les entreprises minières se défendent souvent auprès des autorités locales notamment les maires en prétextant qu'elles versent de l'argent dans les fonds restauration, de réhabilitation et de fermeture des sites miniers. Pourtant, les fonds versés avant le démarrage des travaux ne servent que de garantie pour que cela soit fait. En effet, il est exigé des entreprises souhaitant obtenir un titre minier, de présenter des capacités techniques et financières satisfaisantes. En l'absence de fonctionnement effectif du fonds de restauration, de réhabilitation et de fermeture des sites miniers, « il est souhaitable d'utiliser l'outil de la garantie financière (capacités techniques et financières) pour s'assurer que l'exploitant sera en mesure de faire face à ses obligations... [de remise en état à la fin de l'exploitation] ; de renforcer l'effectivité du principe de responsabilité de l'exploitant, en particulier en examinant la possibilité d'exiger de la part de celui-ci des garanties financières pour l'indemnisation d'éventuelles victimes »[3] en cas de dommages. Cela suppose de poser comme condition de l'attribution des titres miniers, l'obligation de fournir des garanties financières de payer toute indemnité en cas de dommage.

---

[1] Cf. art. 235 alinéa 2 de la loi n°2016/17 du 14 décembre 2016 portant Code minier.

[2] Voir le décret N° 2002/648/PM du 26 mars 2002 fixant les modalités d'application de la loi n° 001 du 16 avril 2001 portant Code Minier.

[3] I. VAULONT et J.-L. VO VAN QUI, *L'indemnisation des dégâts miniers,* Rapport au ministre de l'Écologie, du Développement durable, des Transports et du Logement, déc. 2011, disponible à l'adresse : http://cgedd.documentation.developpement-durable.gouv.fr/documents/cgedd/007373-01_rapport.pdf, consulté le 05 février 2019, pp. 2. et 100.

b) L'imputation du coût des mesures de remise en état à l'exploitant minier

782- Aux termes de l'article 136 alinéa 1 du Code minier, « *La restauration, la réhabilitation et la fermeture des sites miniers et de carrières incombent à l'opérateur* »[1]. Dans le même sens, le Conseil d'État français avait déjà eu à décider que l'exploitant est en principe seul responsable de la remise en état du site. À cet effet, les accords de droit privé conclus par ce dernier sont inopposables à l'administration[2].

Dans la pretique cependant, les exploitants miniers sont souvent réticents pour procéder à la remise en l'état, prétextant du fait qu'ils ont déjà « payé » pour cela. Quoi qu'il en soit, cette obligation reste à la charge des exploitants miniers.

En effet, les plans de gestion de la fermeture du site et le budget prévisionnel de réhabilitation établis par les entreprises minières peuvent varier entre le moment de la réalisation des études d'impact et la fermeture des sites. C'est pourquoi, ils doivent être de qualité et régulièrement actualisés (évaluation des risques, mise en place des mécanismes d'assurance financière liés à la fermeture des mines, les mines orphelines ou abandonnées).

783- En droit français, les mesures de remise en état doivent tenir compte « *de l'efficacité des techniques de réhabilitation dans les conditions économiquement acceptables ainsi que du bilan des coûts et des avantages* »[3] entre la réhabilitation et les usages envisagés. Cette disposition du Code français de l'environnement fait référence à la notion de meilleures techniques disponibles (MTD), notion qui est tout à fait favorable à l'exploitant, puisqu'elle se traduit par l'interdiction de lui imposer des solutions techniques de dépollution injustifiées[4], et/ou plus onéreuses mais équivalentes, en matière d'efficacité, à d'autres techniques moins coûteuses[5]. Quoi qu'il en soit, le juge administratif français considère que le coût élevé d'une mesure de remise en état ne doit pas faire obstacle à son exécution lorsque le marché ne propose pas de technique de remplacement[6]. Par

---

[1] Voir article 136 (1) du Code minier.

[2] Voir CE, 24 mars 1978, *Société le Quinoléïne et ses dérivés.*

[3] Cf. art. L. 512-39-3, II du C. envir. Français.

[4] CAA Lyon, 16 nov. 2006, *Sté Carrières et Matériaux,* n° 03LY01778, cons. n° 4 « cette mesure n'est pas adaptée à l'importance réelle des nuisances créées par ces installations » ; *Envir.*, 2007, n° 1, comm. n° 9, A. MOUSTARDIER.

[5] Voir TA de Clermont-Ferrand, 28 mars 1996, *Toury, n°94833 ;* D. DEHARBE, « Installations classées pour la protection de l'environnement. Obligation administrative de remise en état », *Juris. Cl. Envir. Et Dév. durable*, fasc. 4020, LexisNexis, 18 juin 2009, mise à jour du 09 octobre 2017.

[6] Voir CAA Lyon, 6 juil. 1999, *SA Stef,* n° 97LY00084, inédit ; *Envir.* 2005, n° 10, chron. n° 7, note D. DEHARBE.

conséquent, il estime que le coût économique d'une mesure de remise en état n'est pas un argument de contestation suffisant, dès lors qu'il s'agit de protéger des intérêts généraux, en l'occurrence des intérêts environnementaux[1]. Le pollueur ne saurait donc échapper à son obligation de remise en état pour des raisons économiques[2].

c) L'absence d'obligation de souscription d'une assurance garantissant la remise en état

784- L'exigence d'une réparation intégrale des dommages environnementaux peut se heurter à des difficultés économiques de l'exploitant minier, à son insolvabilité ou encore à des risques de fermeture de l'entreprise. Une telle situation confronte évidemment les intérêts économiques aux considérations environnementales et sociales, même si elles n'auraient pas lieu d'être si le montant prévisionnel de la remise en état était bien calculé ou si la réparation était anticipée[3]. Le mécanisme assurantiel apparaît à cet effet comme une réponse adéquate pour pallier de telles éventualités.

L'assurance peut être définie comme « une convention par laquelle, en contrepartie d'une prime, l'assureur s'engage à garantir l'assuré en cas de réalisation d'un risque prévu par le contrat »[4]. Techniquement, il s'agit de « l'opération par laquelle un assureur organise en mutualité une multitude d'assurés exposés à la réalisation de certains risques et indemnise ceux d'entre eux qui subissent un sinistre grâce à la masse commune des primes collectées »[5]. Ainsi définie, l'assurance est intimement liée au besoin de sécurité. « Parce qu'elle apporte une protection financière contre des risques par nature incertains et permet ainsi de se prémunir contre les aléas du futur, l'assurance répond au besoin de sécurité des hommes »[6], et dans une conception large, au besoin de protection de l'environnement.

---

[1] CAA Lyon, 23 juin 1998, *min. Envir. c/ Cts. Floret-Roulet,* n° 97LY00469, cons. n° 11, inédit ; *Envir.* 2005, n° 10, chron. n° 7, note D. DEHARBE. « Considérant que [l'intéressé] ne peut utilement faire état du coût des opérations à effectuer » ; CAA Douai, 24 fév. 2000, *Cie des bases lubrifiantes Me Hess,* n° 96DA12258, cons. n° 7, inédit ; *Envir.* 2005, n° 10, chron. n° 7, note D. DEHARBE. « Considérant que [...] lesdites mesures entraîneraient un bouleversement de l'installation [...] à un coût exorbitant est sans influence sur la légalité des mesures préconisées par l'arrêt attaqué ».

[2] A. TOMADINI, *La liberté d'entreprendre et la protection de l'environnement. Contribution à l'étude des mécanismes et de conciliation*, Thèse, Université de Dijon, LGDJ, 2016, n° 423, p. 326.

[3] *Ibid.*, p. 357.

[4] M. CHAGNY et L. PERDRIX, *Droit des assurances*, 2e éd., LGDJ, coll. Manuel, 2013, p. 28.

[5] P. PETAUTON, « L'opération d'assurance : définition et principes », in F. EWALD et J.-H. LORENZI (dir.), *Encyclopédie de l'assurance*, Economica 1997, p. 427.

[6] M. CHAGNY et L. PERDRIX, *Droit des assurances*, *op. cit.*, p. 17.

Selon l'article 133 alinéa 7 du Code minier, « *…tous les titulaires des titres miniers, des autorisations et des permis d'exploitation des carrières à l'exception des artisans miniers et des exploitants des carrières artisanales à des fins domestiques sont tenus de souscrire une police d'assurance de nature à couvrir toute responsabilité civile et tout dommage pouvant résulter de leurs activités, dans les conditions et suivant les modalités fixés par voie réglementaire* »[1]. Généralement, les contrats classiques d'assurance de responsabilité civile générale ou « multirisques entreprise » ne garantissent pas toujours la réparation des atteintes à l'environnement en tant que tel. Ils ne couvrent que les atteintes aux biens et aux personnes résultant d'une atteinte à l'environnement, et excluent le « dommage écologique pur », entendu comme le dommage causé aux éléments constitutifs de l'environnement et/ou à leurs fonctions[2].

785- La formulation quelque peu hésitante de l'article 133 alinéa 7 du Code minier sus évoqué, justifie sans doute pourquoi, au seuil du dommage écologique, l'assurance hésite. Comme l'affirme François Ost, « Alors qu'ailleurs le marché de l'assurance est vendeur, ici il est acheteur : il y a pénurie de produits assuranciels. Face à l'incertitude du risque, à ses conséquences financières virtuellement énormes (hors normes), les compagnies renâclent »[3]. Pourtant, sous d'autres cieux, le Professeur Barthez affirme « [qu'entre] le coût de l'assurance […] et le coût inconnu de la possible indemnisation, l'entreprise a tôt fait de choisir la première branche de l'alternative »[4], ou à tout le moins le devrait. Comme le relève Madame Aurélie Tomadini, « l'assurance risque environnemental doit être appréhendée comme une contrepartie inhérente à l'exercice de la liberté d'entreprendre. Pour parvenir à une véritable conciliation entre cette liberté et la protection de l'environnement, elle devrait être rendue obligatoire »[5]. Dans la même logique, d'autres auteurs affirment que la responsabilité sans assurance n'est que « pure théorie »[6].

Le législateur camerounais gagnerait donc à rendre obligatoire pour les exploitants miniers, la souscription d'une police d'assurance garantissant la

---

[1] Cf. art. 133 alinéa 7 de la loi n°2016/17 du 14 décembre 2016 portant Code minier

[2] Voir L. NEYRET et G. MARTIN (dir.), *Nomenclature des préjudices environnementaux*, LGDJ, coll. Droit des affaires, 2012, cités par A. TOMADINI, *La liberté d'entreprendre et la protection de l'environnement…*, Thèse, *op. cit.*, n° 379, p. 296.

[3] Voir F. OST, « La responsabilité, fil d'Ariane du droit de l'environnement », précité, p. 286.

[4] A.-S. BARTHEZ, « Environnement, assurance et garantie », *Envir.*, 2009, n° 6, dossier n° 8.

[5] A. TOMADINI, *La liberté d'entreprendre et la protection de l'environnement. Contribution à l'étude des mécanismes et de conciliation*, Thèse précitée, n° 377, p. 295.

[6] A. FAVRE-ROCHEX, G. COURTIER et G. DURRY, *Le droit des assurances obligatoires*, LGDJ, coll. Droit des affaires, 2000, p. 31 ; G. VINEY, *Introduction à la responsabilité*, 3e éd., LGDJ, coll. Traités, 2008, p. 139. Ce dernier auteur affirme que « le développement et l'extension des responsabilités civiles, s'ils ne sont pas accompagnés d'un développement parallèle de l'assurance, risquent en effet d'apporter une protection purement théorique ».

remise en état. Concrètement, cela pourrait se traduire par l'obligation pour ces derniers de conclure des contrats d'assurance des risques environnementaux ; soit par l'extension de nouvelles garanties aux contrats classiques de responsabilité civile. C'est par exemple ce qui s'est passé en droit européen après l'adoption en 2004, de la directive relative à la responsabilité environnementale et à la réparation des dommages (directive DRE)[1]. L'adoption de cette directive a vu l'apparition du contrat d'assurance des risques environnementaux (CARE).

786- La souscription obligatoire d'une police d'assurance garantissant la remise en état des sites miniers a plusieurs avantages, notamment la gestion de l'aléa associée au montant, parfois prohibitif des travaux. Compte tenu du fait que les coûts de la réparation des risques sont mutualisés, le montant de la réparation sera pris en charge par l'assureur. La participation des entreprises minières assurées sera ainsi limitée au montant des primes d'assurance. La souscription obligatoire d'une police d'assurance garantissant la remise en état des sites miniers présente donc un intérêt certain en matière de prise en charge indemnitaire des atteintes à l'environnement.

787- Cependant, comme tout mécanisme assurantiel, l'obligation de souscrire une police d'assurance garantissant la remise en état des sites miniers peut avoir comme effet pervers, la déresponsabilisation des entreprises minières. Autrement dit, elle peut contribuer à l'affaiblissement du rôle préventif de la responsabilité. Pour faire face à cette dérive, plusieurs mécanismes de contrôle peuvent être mis en place. *D'une part*, l'assureur peut éviter les comportements dommageables des exploitants par l'insertion dans le contrat d'assurance, des clauses de bonus/malus, ou encore par l'institution des franchises[2]. Sous peine d'être soumis à des primes d'assurance très coûteuses, les exploitants seront amenés à changer de comportement. *D'autre part*, compte tenu des enjeux financiers, l'assureur peut également insérer dans le contrat d'assurance, une clause dite « de contrôle technique du risque »[3] qui lui permettra d'effectuer régulièrement des audits afin de déceler les comportements à risque ainsi que les problèmes techniques. Dans le même sens, l'assureur a également la possibilité d'imposer des analyses et des mesures de pollution aux frais de l'exploitant. Ce mécanisme de contrôle confère ainsi à l'assureur un pouvoir d'ingérence dans le fonctionnement de l'exploitation, puisqu'il peut conditionner le

---

[1] Voir la Directive n° 2004/35/CE du 21 avril 2004 du Parlement européen et du Conseil sur la responsabilité environnementale et à la réparation des dommages.

[2] Ph. Le TROURNEAU, « Responsabilité (en général) », *Rép. Droit. Civ., Dalloz*, mai 2009, n° 124.

[3] M.-P. MAITRE et I. EMPAIN, « Audits d'environnement », *Juris. Cl. Envir. Dév. durable*, fasc. 2220, LexisNexis, Mise à jour le 29 janvier 2018.

maintien du contrat d'assurance à l'emploi des technologies moins polluantes.

788- Bien que ce mécanisme soit intrusif et contraignant, il a l'avantage de limiter les probabilités de survenance du dommage, et donc les possibilités de mise en jeu de la responsabilité environnementale, en préservant en même temps l'équilibre financier du contrat d'assurance[1]. Quand bien même l'aléa se réaliserait, entraînant des dommages à l'environnement et/ou des préjudices aux tiers, l'exploitant n'aura plus à supporter les charges financières résultant de leur réparation, puisque celles-ci seront à la charge de l'assureur[2].

En somme, en exigeant une assurance obligatoire pour la remise en état des sites miniers, le législateur apporterait une amélioration décisive au régime actuel de la réparation des dommages environnementaux, et par ricochet aux atteintes à la santé et à la vie. La conciliation entre l'exploitation minière et la protection des droits fondamentaux est à ce prix. Car comme l'a affirmé Monsieur Aurélien-Thibault Lemasson, l'assurance obligatoire permet « à la fois d'atteindre un objectif de protection et de garantir une solvabilité financière », ce qui revient « à concilier deux impératifs sociaux parfaitement complémentaires : la nécessité de sauvegarder le patrimoine des personnes déclarées responsables d'un dommage parfois même sans véritable faute, [...] et la nécessité de protéger les victimes contre l'injustice qui consisterait à les abandonner sans indemnisation »[3]. L'assurance obligatoire est donc de nature à éviter les défaillances financières de certains exploitants miniers.

789- En France par exemple, compte tenu de la spécificité du dommage écologique, le marché de l'assurance repose principalement sur la logique de co-réassurance. Il s'agit d'une « opération par laquelle une entreprise d'assurance [...] se fait assurer à son tour auprès d'un réassureur, [...], contre tout ou partie des risques qu'elle demeure seule à garantir à l'égard du souscripteur »[4]. Mais compte tenu des coûts liés à la réparation des dommages écologiques, les compagnies de réassurance ont exclu ce type de risques des contrats qu'elles proposent. C'est pour pallier cette difficulté qu'a été créée en 1989, le groupement d'intérêt économique (GIE) dénommé

---

[1] A. TOMADINI, *La liberté d'entreprendre et la protection de l'environnement. Contribution à l'étude des mécanismes et de conciliation*, Thèse précitée, n° 385, p. 300.
[2] *Ibid.*, p. 301.
[3] A.-T. LEMASSON, « Réflexion générale sur le droit commun de l'assurance obligatoire, *RDGA*, n° 2, 2011, § 2.
[4] S. ABRAVANEL-JOLLY, *Droit des assurances*, Ellipses, 2013, p. 9.

ASSURPOL[1], qui compte à ce jour une quarantaine de sociétés d'assurance et de réassurance françaises et étrangères. Ce mécanisme de co-réassurance permet de « diviser un risque, garanti par contrat unique, entre plusieurs assureurs qui s'engagent chacun pour un pourcentage déterminé de la valeur assurée et sans solidarité »[2].

À titre d'illustration, ASSURPOL propose un contrat d'assurance « frais de dépollution des sols », qui couvre à la fois des frais de dépollution des sols, mais aussi ceux des sous-sols, des eaux de surface et souterraines. La dépollution s'entend ici au sens large, puisque ce contrat couvre aussi bien les frais des opérations destinées à contenir la pollution, que les coûts inhérents à l'enlèvement et au traitement des matières polluées avant leur élimination. Mais compte tenu de la spécificité de ce contrat qui porte exclusivement sur la dépollution, les dommages corporels et immatériels ne sont pas pris en charge. De même, sont exclus de la garantie, les pollutions du sol résultant d'une violation des dispositions législatives et réglementaires, ainsi que celles qui sont constitutives d'un manque de rigueur dans l'entretien des installations. Sont enfin exclues, les pollutions constatées après la cessation d'activité, ce qui a pour conséquence d'exclure la prise en charge des frais de remise en état des sites. La restriction du champ d'application de ce contrat et sa non-application à la remise en état, sont encore accentuées par le fait que seules les pollutions accidentelles sont couvertes, ce qui exclut les pollutions graduelles. Pour élargir les possibilités de couverture et notamment pour se prémunir contre les risques de dommages aux tiers, la doctrine propose que ce contrat d'assurance soit associé à un contrat de responsabilité civile[3]. Ainsi que l'a relevé le Professeur Larroumet, « la charge économique que représente pour un industriel la restauration de l'environnement dégradé par son activité serait le plus souvent insupportable en dehors de l'assurance. Or celle-ci est exclue lorsque la survenance du dommage n'est pas due à un évènement aléatoire »[4], tel que le fonctionnement normal de l'activité. C'est la raison pour laquelle, d'autres mécanismes doivent impérativement intervenir pour compléter et suppléer ce dispositif.

---

[1] ASSURPOL a succédé en 1989 à GARPOL créé en 1977 pour proposer une couverture adaptée aux sites classés Seveso par la réglementation européenne et aux installations classées pour la protection de l'environnement (ICPE) en vertu du droit français.

[2] J. BONNARD, *Droit des assurances*, 4e éd., Litec, 2012, p. 72.

[3] A. TOMADINI, *La liberté d'entreprendre et la protection de l'environnement…*, Thèse précitée, p. 305.

[3] *Ibid.*, p. 301.

[4] Chr. LARROUMET, « La responsabilité civile en matière d'environnement – Le projet de Convention du Conseil de l'Europe et le Livre vert de la Commission des communautés européennes », *D.*, 1994, pp. 101-106, cité par A. TOMADINI, *La liberté d'entreprendre et la protection de l'environnement…*, Thèse, précitée, n° 398, p. 307.

B- La substitution administrative aux défaillances de l'exploitant

790- Face à l'impécuniosité ou à la défaillance de certains exploitants miniers, la tentation actuelle est forte de faire porter par l'État la responsabilité des dégâts miniers. Sans doute parce que celui-ci apparaît comme un responsable aisément identifiable et relativement solvable, contrairement à de nombreux exploitants des miniers. « Certains trouvent une justification à cette position dans le fait que l'État est le possesseur des substances minières et qu'il en concède l'exploitation en contrepartie notamment d'une redevance. Ils vont même jusqu'à suggérer que la redevance des mines pourrait être accrue pour financer les indemnisations »[1]. Cette approche conduirait à exonérer purement et simplement les exploitants de leur responsabilité. Ce qui n'est au demeurant pas une bonne chose, d'une part, parce qu'une telle option de déresponsabilisation ferait échapper une catégorie d'entrepreneurs à une part de leur responsabilité civile professionnelle[2]. D'autre part, cette démarche n'apparaît pas justifiée parce qu'elle n'a aucune justification évidente en termes d'équité. Au contraire, il semble souhaitable de réaffirmer le principe de la responsabilité de l'exploitant. Cela implique d'examiner les mesures concrètes à prendre pour qu'il ne puisse pas se soustraire à ses obligations, en particulier après la fin de l'exploitation[3].

L'État ne doit pouvoir intervenir qu'en dernier ressort, si l'exploitant minier reste passif ou s'il n'est pas identifiable, ou encore s'il parvient à s'exonérer en invoquant par exemple, l'absence de faute ou le risque de développement ; ce qui obligera en principe l'autorité compétente à sortir de sa réserve. L'appel de l'État en garantie de l'exploitant disparu ou défaillant est soumis à un certain nombre de conditions (1) dont la réalisation produit un certain nombre de conséquences (2).

1- Les conditions de l'appel de l'État en garantie

791- L'appel de l'État en garantie de l'exploitant disparu ou défaillant suppose au préalable, l'exercice d'un recours auprès de l'exploitant minier (a). Ensuite, il faut rapporter la preuve de la défaillance ou de la disparition de l'exploitant en question (b).

---

[1] I. VAULONT et J.-L. VO VAN QUI, *L'indemnisation des dégâts miniers,* Voir I. VAULONT et J.-L. VO VAN QUI, *L'indemnisation des dégâts miniers,* Rapport au ministre de l'Écologie, du Développement durable, des Transports et du Logement, déc. 2011, p. 96, disponible à l'adresse :
http://cgedd.documentation.developpement-durable.gouv.fr/documents/cgedd/007373-01_rapport.pdf, consulté le 05 février 2019.

[2] *Ibid*, p. 96, note 75.

[3] *Ibid*, p. 96.

a) L'exercice préalable d'un recours auprès l'exploitant minier

792- « La garantie de l'État n'est susceptible de jouer que si les victimes apportent la preuve qu'elles se sont adressées en vain tant à l'opérateur qu'au titulaire du titre minier (…). Le demandeur doit apporter aux services de l'État en charge de ces questions, la preuve qu'il s'est adressé en vain à l'opérateur de la mine ainsi qu'au titulaire du titre minier si ce dernier n'est pas l'opérateur »[1].

Il apparait donc que la garantie de l'État ne peut intervenir qu'après que toutes les procédures et recours judiciaires aient été achevés, ce qui peut parfois prendre plusieurs années. Comme l'ont écrit certains auteurs, « Certes l'État garantit une indemnisation en cas de défaillance de l'exploitant, mais cette garantie ne peut intervenir qu'au terme du "marathon" de la procédure »[2]. Plus loin, ils ajoutent qu'« On peut comprendre cette prudence qui permet de protéger les intérêts de l'État. Mais cela condamne les victimes de dommages à de longs, sinon interminables, séjours dans les limbes »[3].

b) L'établissement de la preuve de la défaillance ou de la disparition de l'exploitant

793- « La garantie de l'État est une garantie ultime. Elle ne peut jouer que si la preuve de la défaillance ou de la disparition de tous les autres acteurs qui doivent une garantie à la victime a été apportée (…). Pour se résumer, on peut dire que l'exploitant responsable indemnise tout dommage minier à moins d'avoir disparu ou d'être défaillant, auquel cas l'indemnisation est assurée par l'État qui est son garant par détermination de la loi »[4]. Pour que l'État entre en jeu dans la réparation des dégâts miniers, il faut que ceux-ci soient réellement défaillants ou disparus. « La charge de la preuve de la disparition ou de la défaillance incombe au demandeur »[5].

794- La première hypothèse d'indemnisation des dégâts miniers par l'État, en sa qualité de garant, est celle de la défaillance du responsable de ces dégâts. La défaillance étant une notion imprécise, l'on se pose la question de savoir s'il suffit de constater la carence du responsable à indemniser aux termes d'un délai de mise en demeure pour faire appel à la garantie de l'État ? Ou alors conviendra-t-il de constater une défaillance absolue liée à l'insolvabilité du responsable, attestée par exemple par l'état

---

[1] pp. 69 et 50.
[2] *Ibid.*, p. 97.
[3] *Ibid.*, pp. 68-69.
[4] *Ibidem*, p. 50.
[5] *Ibid.*

de cessation de paiements de ce dernier ? C'est cette deuxième solution qui est semble-t-il retenue en matière de remise en état de sites pollués[1]. Pour les personnes morales, la défaillance est sa liquidation judiciaire prononcée par le juge. Elle est constatée au jour de la clôture des opérations de liquidation. Pour les personnes physiques, la défaillance est constituée par l'insolvabilité ou la faillite personnelle.

795- La seconde hypothèse d'indemnisation par l'État, en sa qualité de garant, est celle de la disparition du responsable des dégâts miniers. Pour les personnes morales, la disparition est sa radiation du registre du commerce[2]. Elle est constatée au jour de la radiation de la société du registre du commerce et du crédit mobilier. Dans la pratique, les hypothèses de disparition de la personne morale sont rares pour la raison suivante : en droit des sociétés, il est de principe qu'une personne morale survit pour les besoins de sa liquidation et que, tant qu'il subsiste un passif social, la clôture de la liquidation (qui marquerait la disparition de la personnalité morale) ne peut pas intervenir. La disparition de la personne morale étant donc *a priori* techniquement impossible en présence d'une dette, par exemple indemnitaire, il convient de comprendre le mot disparition comme visant le cas où il sera humainement impossible de retrouver les traces de l'exploitant. Par contre, la disparition de la personne physique appelle peu de commentaires. Il s'agira soit de la disparition au sens précis du terme, la personne étant introuvable, soit de son décès sans ayants cause (héritier) aptes ou acceptant de recueillir sa succession[3].

796- La question s'est également posée de savoir « si le contentieux de la mise en œuvre de la garantie de l'État se déroulerait devant le même juge que celui de la responsabilité de l'exploitant et notamment si la décision de l'État d'accorder ou refuser cette garantie, avait un régime distinct de celui de la fixation du montant de la créance de la victime »[4]. A ces deux questions, la circulaire du secrétaire d'État français à l'industrie, du 25 juillet 2000 sur la mise en œuvre des articles 75-1 à 75-3 du Code minier français répond que « le contentieux de la garantie de l'État étant un contentieux d'indemnisation se déroulerait comme celui de la responsabilité de l'exploitant devant le juge civil et que la décision d'octroi de la garantie ne serait sans doute pas considérée comme un acte détachable »[5].

En somme, « en cas de défaillance ou de disparition de l'exploitant, l'État est appelé à se substituer à ce dernier, mais on pressent que dans de

[1] Voir les art. 23-1 et s. de la Loi française du 19 juil. 1976 relative aux installations classées pour la protection de l'environnement, *D.* 21 sept. 1977.

[2] I. VAULONT et J.-L. VO VAN QUI, *L'indemnisation des dégâts miniers,* Rapport précité, p. 50, note 62.

[3] *Ibid.*

[4] *Ibid*, p. 50.

[5] *Ibid.*

nombreux cas, les victimes peineront à apporter les preuves requises de la défaillance ou de la disparition et qu'un long processus leur sera nécessaire pour faire valoir leur droit à la garantie de l'État »[1].

2- Les effets de la substitution de l'État à l'exploitant minier disparu ou défaillant

797- En cas de disparition ou de défaillance des exploitants miniers, l'État est garant de la réparation des dommages causés par leurs activités. En l'absence de précisions du Code minier camerounais sur la question, il convient de se référer à l'article L 155-3 *in fine* du Code minier français issu de l'Ordonnance n° 2011-91 du 20 janvier 2011 portant codification de la partie législative du code minier. Ce texte dispose qu'« *En cas de disparition ou de défaillance du responsable, l'Etat est garant de la réparation des dommages causés par son activité minière. Il est subrogé dans les droits de la victime à l'encontre du responsable* »[2]. Cette substitution de l'État à l'exploitant minier responsable des atteintes entraîne la subrogation de l'État dans les droits de la victime à l'encontre du responsable.

798- Dire que l'État est garant en cas de défaillance ou de disparition de l'opérateur minier, c'est reconnaître qu'il ne pourra pas opposer d'exceptions quelconques à la demande indemnitaire exprimée par la victime. Tout comme l'exploitant l'aurait fait lui-même, l'État devra indemniser sur la seule démonstration d'un dommage et d'un lien de causalité entre le dommage et l'activité minière.

Peut-on cependant admettre que l'État pourra opposer, le cas échéant, la preuve d'une cause étrangère comme l'aurait fait l'exploitant minier lui-même ? Cette possibilité n'est pas certaine, pour la simple raison qu'il pourrait être soutenu que l'État assume une garantie autonome, distincte d'une sûreté du type cautionnement, de telle sorte que la collectivité ne pourrait pas opposer à la demande indemnitaire les exceptions que le responsable eût pu invoquer. En tout cas, la question n'est pas tranchée à ce jour.

Si au bout du compte, l'État indemnise effectivement la victime, il sera subrogé dans les droits de celle-ci à l'encontre du responsable des dégâts miniers. Autrement dit, il pourra exercer l'action personnelle qu'eût pu intenter cette victime à l'encontre de l'exploitant.

---

[1] *Ibid.*, p. 1.

[2] Cf. art. L 155-3 *in fine* du Code minier français issu de l'Ordonnance n° 2011-91 du 20 janvier 2011 portant codification de la partie législative du code minier, disponible en ligne sur légifrance à l'adresse :
https://www.legifrance.gouv.fr/affichCodeArticle.do?idArticle=LEGIARTI000023504839&cidTexte=LEGITEXT000023501962&dateTexte=20110301, consultée le 5 février 2019.

II- Les autres mécanismes administratifs de réparation proches de la remise en état

799- Les dégâts causés par l'exploitation minière sont avant tout des dommages écologiques. À cet effet, Monsieur Caballero écrit : « *à dommage écologique, réparation écologique* ». Autrement dit, « *à dommage causé à la nature, réparation en nature* »[1]. Cela signifie par exemple qu'en cas de nuisances sonores, le juge doit ordonner des travaux d'isolation et interdire par exemple aux camions de rouler la nuit. De même, le juge peut ordonner au défendeur (l'exploitant minier) de reboiser une parcelle dont il avait modifié illicitement l'aspect pendant la période de remembrement[2]. La réparation en nature présente l'originalité de s'inscrire dans une forte dimension temporelle liant passé, présent et futur.

Ainsi, à côté de la remise en état, il existe d'autres mécanismes de réparation en nature des atteintes à l'environnement qui peuvent être ordonnées par l'administration. C'est le cas notamment de la l'exécution forcée des travaux (A), de la consignation d'une somme répondant du montant des travaux (B) et de la compensation (C).

A- L'exécution forcée des travaux

800- Lorsque l'exploitant minier ne se conforme pas aux mesures prescrites dans le délai qui lui a été imparti, les travaux peuvent être exécutés d'office à ses frais. En effet, « *si l'exploitant n'a pas obtempéré dans le délai fixé, le ministre chargé des établissements classés peut faire application des procédures prévues à l'article 28* »[3] de la loi de 1998 relative aux établissements classés. En effet, il existe deux possibilités selon le moyen de contrainte utilisé pour assurer la réalisation effective des travaux : l'exécution d'office aux frais de l'exploitant et la consignation d'une somme[4].

801- *L'exécution d'office aux frais de l'exploitant* est une mesure qui peut être ordonnée soit par l'autorité administrative, soit par l'autorité judiciaire en vue de l'accomplissement des prescriptions négligées afin de mettre fin ou d'empêcher la survenance de nuisances. Faute pour le pollueur d'avoir obtempéré dans les délais qui lui étaient impartis, les travaux peuvent être exécutés d'office à ses frais. Elle a comme but principal d'« alerter le pollueur de bonne foi et de l'inciter à faire cesser les conséquences dommageables de son activité, avertissement et incitation qui parfois sont

---

[1] F. CABALLERO, *Essai sur la notion juridique de nuisance*, *op. cit.*, p. 313.

[2] Dans ce sens, Voir CA Rennes, 5 juillet 1996, *Dr. Env.* 1996, n° 42.

[3] Cf. article 29 alinéa 3 de la loi de 1998 sur les établissements classés.

[4] Cf. article 28 alinéa 2 de la loi de 1998 sur les établissements classés.

effectués sous astreinte »[1]. L'exécution forcée des travaux en cours d'exploitation peut concerner la construction ou la démolition des installations nécessaires pour éliminer la pollution par la mise en place des filtres ou dispositifs ; ou encore la modification ou la réparation de ceux existant[2]. Cette mesure assez séduisante dans son principe présente cependant en réalité de très sérieuses difficultés de mise en œuvre. Parfois, l'administration ne veut pas prendre les risques que l'exploitant minier lui-même n'a pas voulu prendre, surtout si la solution plus simple de la fermeture de l'établissement peut être utilisée[3].

B- La consignation d'une somme répondant du montant des travaux

802- La consignation d'une somme répondant du montant des travaux est une mesure prévue par l'article 28 de la loi de 1998 sur les établissements classés. Selon ce texte, « *le ministre chargé des établissements classés peut (...) obliger l'exploitant à consigner entre les mains d'un comptable public une somme correspondant au montant des travaux à réaliser, laquelle sera restituée à l'exploitant au fur et à mesure de l'exécution desdits travaux et le cas échéant, procéder au recouvrement forcé de cette somme* »[4]. Cette formule est presque identique à celle qui se trouvait dans l'article 21 de la loi française de 1976 sur les installations classées et à celle qui figure à l'article L514-1 du Code de l'environnement français. La somme consignée sera restituée au fur et à mesure de l'exécution des travaux d'exploitation, notamment lorsqu'une remise en état progressive a été prévue dans la convention minière ou par le cahier de charges.

Contrairement à l'exécution d'office des travaux aux frais de l'exploitant, c'est à l'exploitant d'exécuter lui-même les travaux et non à l'administration qui n'a ni la charge de les financer, ni parfois la possibilité de les exécuter[5]. Pour l'industriel, la mesure est lourde de conséquences, en ce sens qu'il doit consigner la caution et financer les travaux en même temps. La rigidité de cette disposition est de nature à rendre la mesure très incitative pour le pollueur qui aura intérêt à agir dans les délais les plus brefs. Cependant, on peut déplorer la procédure compliquée pour le recouvrement de la somme répondant au montant des travaux[6].

---

[1] I. DE LOS RIOS, *La remise en état du milieu en droit français de l'environnement*, Thèse précitée, p. 31.
[2] *Ibidem.*
[3] *Ibid.*, p. 34.
[4] Cf. art. 28 de la loi n°98/015 du 14 juillet 1998 relative aux établissements classés dangereux, insalubres ou incommodes.
[5] *Ibid.*
[6] I. DE LOS RIOS, *La remise en état du milieu en droit français de l'environnement*, Thèse précitée, p. 34.

C- La compensation

803- La compensation s'avère particulièrement intéressante en matière d'exploitation minière. Selon l'article 44 alinéa 3 du Code minier, la convention minière type doit prévoir « *les modalités de compensation en cas d'affectation des biens* ». En ce qui concerne les personnes affectées, l'article 118 alinéa 1er du même Code prévoit que « *La population riveraine d'une exploitation de la petite mine ou de la mine industrielle a droit à une compensation* ». Il convient de relever que le Code minier camerounais ne définit pas ce qu'on entend par compensation. D'où la nécessité de faire recours au droit comparé pour mieux appréhender cette notion.

804- Au niveau européen, la compensation par réparation est prévue par la directive n° 2004/35/CE du 21 avril 2004 sur la responsabilité environnementale[1]. En France, elle est régie par la loi n° 2008-757 du 1er août 2008 relative à la responsabilité environnementale[2], ce qui correspond à l'article L163-1 du Code de l'environnement. En se référant au droit étranger, on apprend que la compensation renvoie au triptyque « éviter, réduire, compenser » (ERC)[3] qui s'applique dans un ordre hiérarchique. Ce principe hiérarchique de la séquence ERC signifie qu'il faut d'abord essayer d'éviter au maximum les impacts d'un projet, puis de les réduire et enfin de les compenser.

805- La doctrine fait plusieurs classifications des mesures compensatoires : la compensation carbone et la compensation biodiversité ; la compensation en nature et la compensation en numéraire ; la compensation obligatoire (légale) et la compensation volontaire ; la compensation *ex-ante*[4] et la compensation *ex-post*[1]. Les mesures de

---

[1] Ph. BILLET, « Clés de lecture du nouveau régime de responsabilité environnementale », *JCP E.* 2009, n° 20, 2115, 2.

[2] Voir la loi n° 2008-757 du 1er août 2008 relative à la responsabilité environnementale et à diverses dispositions d'adaptation au droit communautaire dans le domaine de l'environnement, JORF n°0179 du 2 août 2008 p. 12361, disponible en ligne sur légifrance à l'adresse :
https://www.legifrance.gouv.fr/affichLoiPubliee.do?idDocument=JORFDOLE000017758148&type=general, consultée le 9 avril 2019.

[3] Voir MEDDE, Lignes directrices nationales sur la séquence éviter, réduire et compenser les impacts sur les milieux naturels, Octobre 2013, disponible en ligne à l'adresse :
http://www.developpementdurable.gouv.fr/IMG/pdf/Ref_-_Lignes_directrices.pdf, consulté le 14 juin 2017.

[4] Tel que relevé plus haut, la compensation *ex-ante* vise à réparer les effets prévisibles du projet proposé. Elle est alors prévue en amont de la réalisation du projet pour que les mesures puissent être mises en œuvre en parallèle de sa réalisation. La compensation est alors mise en œuvre pendant la survenance du dommage. Le Professeur Michel PRIEUR a donné quelques exemples de ce que peut être une compensation, en l'occurrence celle prévue dans l'étude d'impact : « une installation d'un rideau d'arbres pour cacher l'usine et atténuer l'atteinte au

compensation *ex-ante* ayant été examinées dans la première partie de ce travail, celle qui nous intéresse ici est la compensation biodiversité en nature *ex-post* fact.

806- Selon le moment où elle intervient, on distingue en effet deux types de compensation. La compensation par anticipation (*ex-ante*) et la compensation par réparation (*ex-post*). Les deux formes de compensation se distinguent par le fait que, la première est une mesure dite « primaire » qui se réalise dans le cadre des évaluations environnementales (étude d'impact), tandis que la seconde fait partie des mesures dites « complémentaires ». Ainsi, les mesures compensatoires ne doivent être envisagées qu'en dernier ressort par l'autorité compétente pour contrebalancer les impacts négatifs du projet qui n'ont pu être anticipés ou réduits[2].

Selon la nature des dommages et l'objectif recherché, la compensation peut se faire en nature ou par équivalent. Dans le premier cas (compensation par nature), l'objectif de la compensation est de créer une situation au moins équivalente à la situation initiale. Ici, l'ambition est de procurer un avantage écologique équivalent à celui qui a été détruit. Dans ce cas, elle ne peut consister qu'en l'exécution de travaux en nature. Dans ce cadre, la compensation ne peut avoir lieu que si les biens fournis en remplacement sont de même nature que ceux endommagés ou d'une valeur semblable à la diminution relative au cadre de vie. Il s'agit bien entendu, de la valeur écologique des biens de remplacement qui doivent concorder autant que possible avec ceux remplacés.

Par contre, dans le second cas (compensation par équivalent), l'objectif est de pallier les effets nuisants d'une exploitation en remplaçant le bien détruit ou inutilisable du point de vue de l'environnement, par d'autres qui lui sont équivalents[3]. Cet avantage peut être d'une autre nature ou affecter un autre site[4]. Ainsi, on peut avoir des apports en argent par l'entreprise minière pour les indemnisations, les réparations pécuniaires, le dédommagement etc. De même, « une compensation pour la perte de biodiversité peut équivaloir à un "paiement" (et probablement à d'autres formes de soutien) pour protéger la biodiversité dans une aire choisie (...). Les mesures compensatoires

---

paysage, le financement d'un étang, d'une pêcherie ou d'une réserve naturelle pour compenser la destruction d'un espace fragile écologiquement ». Voir M. PRIEUR, « Le respect de l'environnement et les études d'impact », *RJE*, 1981, n°2, p. 119.

[1] La compensation ex-post quant à elle est mise en œuvre à titre de réparation, c'est-à-dire une fois que le dommage a été réalisé.

[2] Voir C. OLIVEIRA, A. POMADE et B. STEINMETZ, « La réparation de l'atteinte... », précité, p. 389.

[3] I. DE LOS RIOS, *La remise en état du milieu en droit français de l'environnement*, Thèse précitée, p. 51.

[4] G. VINEY, « Préface », *in* C. CANS (dir.), *La responsabilité environnementale : prévention, imputation, réparation*, Dalloz 2009, p. XI.

peuvent également se traduire par le financement de la protection d'une zone locale de conservation de la nature ou l'achat d'une superficie équivalente de terres afin de la placer sous protection »[1].

807- Dans la pratique, l'exploitant confie très souvent la réalisation des mesures compensatoires à un tiers ou à plusieurs, car il n'est pas un spécialiste de l'ingénierie écologique. L'accord intervient dans un contrat, mais l'exploitant demeure responsable. Si les mesures compensatoires ne sont pas réalisées ou si elles sont mal réalisées, l'autorité administrative peut exiger leur réalisation avec mise en demeure. Ce n'est que lorsque l'exploitant n'obtempère pas à la fin du nouveau délai que l'autorité pourra prendre des mesures de sanctions administratives.

808- En France, les mesures de compensation doivent respecter trois critères principaux. Tout d'abord, ils doivent présenter une équivalence écologique, c'est-à-dire assurer au moins l'égalité entre le dommage et la réparation. Ici, l'appréciation se fait au cas par cas. Ensuite, la compensation doit revêtir un critère d'additionnalité. Autrement dit, la mesure doit générer un gain écologique qui n'aurait pu être atteint si elle n'avait pas été mise en œuvre. Enfin, la mesure doit présenter une certaine pérennité. En d'autres termes, les mesures compensatoires doivent être effectives pendant toute la durée des impacts. Cela suppose d'adopter une perspective sur le long terme[2]. Au Mali par exemple, Randgold et AngloGold Ashanti, propriétaires de la mine d'or de Morila, sont en train de développer des activités agricoles et piscicoles durables pour les communautés en prévision de la fermeture prochaine du site[3].

809- En somme, le recours à la compensation devrait pouvoir contribuer à l'évitement des atteintes à la santé et à la vie. Mais bien que le concept des mesures compensatoires soit simple, ces mesures suscitent la controverse. Selon la doctrine, elle n'est pas une réparation idéale, même si elle permet d'équilibrer la croissance économique et la qualité de vie et permet l'utilisation des ressources naturelles sans entrainer leur raréfaction[4]. Pour François Ost, « compenser, réparer, ne sera jamais que reproduire une nature de seconde main »[5]. Le Professeur Michel Prieur renchérit en disant qu'« on

---

[1] ICMM, *Guide de bonnes pratiques: exploitation minière et biodiversité*, 2006, p. 107, http://reportingrse.org/_industries_extractives-p-176.html, consulté le 8 août 2019.
[2] Voir C. OLIVEIRA, A. POMADE et B. STEINMETZ, « La réparation de l'atteinte au milieu naturel », précité, p. 389 et s.
[3] Voir Centre de Ressources sur les Entreprises et les Droits de l'Homme, *Les industries extractives en Afrique francophone*... précité, p. 2.
[4] I. DE LOS RIOS, *La remise en état du milieu en droit français de l'environnement*, Thèse précitée, p. 51.
[5] F. OST, « La responsabilité, fil d'Ariane du droit de l'environnement », précité, p. 288.

peut ainsi justifier n'importe quel projet, même celui qui détruit le plus un milieu naturel, car il sera toujours possible de compenser ailleurs ou autrement »[1]. Le Professeur Philippe Billet pour sa part déclare que « les effets environnementaux de la mesure compensatoire ne sont eux-mêmes pas analysés, on ne peut que se montrer sceptique quant aux effets protecteurs de telles mesures »[2].

---

[1] M. PRIEUR, « Le respect de l'environnement et les études d'impact », *RJE*, 1981, n° 2, p. 119.

[2] Pour une analyse critique, voir Ph. BILLET, « La prise en compte de la faune sauvage dans le cadre des activités et procédures d'aménagement, de gestion et d'utilisation des sols », Actes du colloque « Gestions durables des espèces animales (mammifères, oiseaux) - Approches biologiques, juridiques et sociologiques » (Paris, 15-17 novembre 2004), *in Nature-Sciences- Sociétés* 2006, vol. n° 14, suppl. p. S. 13 à S. 21

Conclusion du chapitre 2

810- L'objectif de ce chapitre était de mettre en évidence les mécanismes alternatifs aux mécanismes judiciaires de réparation des atteintes. À cet effet, plusieurs types de mécanismes ont été examinés : d'une part, les modes alternatifs aux mécanismes judiciaires de réparation des atteintes (l'arbitrage, la médiation, la conciliation et la transaction) ; d'autre part, les mécanismes administratifs de réparation des dommages miniers (la remise en l'état du site minier, l'exécution forcée des travaux, la consignation d'une somme répondant du montant des travaux et la compensation).

811- Pour ce qui est des modes alternatifs de réparation des atteintes, ils présentent des avantages certains en termes de rapidité, de discrétion, de coût et même de désengorgement des juridictions. Cependant, ils ont aussi des inconvénients, notamment parce qu'ils font primer la négociation sur la coercition et s'inscrivent dans une logique de marchandisation de la réparation ; ce qui pose le problème de la sincérité du contenu négocié (le *negotium*), surtout lorsqu'il y a déséquilibre entre les parties. Qui plus est, dans certains de ces modes alternatifs, seuls les intérêts des parties au différend sont pris en considération, ce qui soulève des interrogations quant au sort réservé aux intérêts de la communauté (générations présentes et futures) qui ont été mis en cause suite à la commission de l'infraction.

812- S'agissant des mécanismes administratifs de réparation des atteintes telles que la remise en l'état et la compensation, ces mesures incombent au premier chef à l'exploitant minier. Il s'agit là d'une application du principe du pollueur-payeur en tant que mécanisme de réparation[1], dans la mesure où il s'agit de faire supporter le coût de la remise en état de l'environnement à celui qui l'a dégradé. À cet effet, on peut affirmer que l'instrumentalisation du principe pollueur-payeur lui permet également d'avoir une fonction de réparation des dommages, étroitement liée à l'idée de responsabilité[2]. Cependant, en cas de défaillance ou de disparition de l'exploitant minier,

---

[1] Comme nous l'avons démontré plus haut, le principe du pollueur-payeur a deux acceptions. D'une part, si l'on prend l'acception économique qui exige l'internalisation des coûts externes de l'activité, elle se rapproche de l'obligation de prévention qui demande à l'exploitant de prendre des mesures de diligence pour éviter la pollution. D'autre part, dans son acception réparatrice, ultérieure au préjudice, notamment lorsque le dommage se produit, le principe du pollueur-payeur exige également la remise en état du milieu dégradé. Voir L. ESTRELA BORGES, *Les obligations de prévention dans le droit…*, *op. cit.*, pp. 65-66, spéc. note 138.

[2] E. SABRAN-PONTEVES, *Les transcriptions juridiques du principe du pollueur-payeur*, Aix-en-Provence, PUAM, 2007, p. 169 et s.

l'État intervient en dernier ressort comme garant pour assumer cette obligation de remise en état du site dégradé.

813- Dans la pratique, la remise en état des sites miniers est loin d'être une réalité au Cameroun. D'une part, l'ineffectivité de la remise en l'état est due à l'absence d'une obligation de souscription d'une assurance garantissant la remise en état, qui aurait dû être imposée aux exploitants miniers. D'autre part, elle est également due au non fonctionnement du fonds de restauration, de réhabilitation et de fermeture des sites miniers créé par le Code minier, ainsi qu'au manque de fermeté de l'État vis-à-vis des exploitants miniers. Très souvent, l'État ne se préoccupe que très peu des conséquences des activités extractives sur l'environnement, et par ricochet sur les droits humains. Ce faisant, les entreprises profitent de cette faiblesse du tissu législatif local ou du déficit de contrôle des autorités locales pour ne pas respecter leurs obligations légales en matière d'exploitation, lesquelles violations des obligations légales peuvent le cas échéant, être sources d'atteintes aux droits fondamentaux. La législation ne se suffit donc jamais à elle-même, dans la mesure où la plus grande difficulté réside souvent dans l'application et le contrôle des règles de droit, tant il est vrai que « définir un droit c'est identifier son titulaire, préciser son objet, identifier ceux auxquels il est opposable et enfin prévoir une sanction pour garantir son respect »[1].

[1] J. RIVERO, cité par M. J. C. ATONTSA, *Droit international de l'environnement et mise en œuvre du droit a l'eau potable en Afrique centrale : le cas du Cameroun*, Thèse, Université de Maastricht, 2011, note 240, p. 95.

Conclusion du titre 2

814- L'objectif visé par le Titre II de la seconde partie de ce travail était de démontrer que la conciliation entre l'exploitation minière et la protection des droits fondamentaux doit également être réalisée en aval, par la réparation des atteintes à la santé et à la vie. À cet effet, nous avons fait recours aux mécanismes judiciaires de réparation des atteintes ainsi qu'aux mécanismes alternatifs à ceux-ci, aboutissant à la même finalité.

815- S'agissant tout d'abord des mécanismes judiciaires, il a été démontré la contribution limitée du droit classique de la responsabilité à la réparation des atteintes à la santé et la vie. Soit à cause de la spécificité des dommages miniers ; soit à cause des critères rigides de reconnaissance du dommage réparable ou encore de la complexité de l'établissement du lien causal entre l'activité extractive et les atteintes qui en résultent. Tous ces inconvénients et bien d'autres se soldent naturellement dans l'exploitation minière par une réparation insatisfaisante du dommage écologique attentatoire à la santé et à la vie. À titre d'illustration, les dommages sériels, diffus et tardifs ne sont pas correctement pris en charge. De même, la préférence pour la réparation par équivalent n'est pas toujours l'option la mieux adaptée en la matière.

816- Pour dépasser les réponses insuffisantes offertes par le droit classique de la responsabilité, certaines pistes d'amélioration de la réparation du dommage écologique attentatoire à la santé et à la vie ont été proposées. Ainsi, au-delà de l'adaptation des règles de responsabilité, nous avons proposé le renouvellement des règles de leur mise en jeu, voire un dépassement de ces règles de mise en jeu de la responsabilité.

817- S'agissant ensuite des mécanismes alternatifs aux mécanismes judiciaires de réparation des atteintes, nous en avons retenu deux : les modes alternatifs de règlement des différends d'une part et les mécanismes administratifs de réparation des atteintes d'autre part. Si ces deux mécanismes présentent des avantages certains en termes de rapidité, de discrétion, de coût et même de désengorgement des juridictions, ils présentent tout aussi des inconvénients. Pour une meilleure conciliation entre les différents intérêts en présente, nous avons proposé quelques pistes de solution.

Conclusion de la seconde partie

818- La seconde partie de ce travail avait pour ambition d'analyser les mécanismes de conciliation par le traitement curatif des effets néfastes de l'exploitation minière sur l'environnement et sur l'intégrité humaine (la santé et à la vie). De cette seconde partie, il en résulte que lorsque les atteintes aux droits fondamentaux se produisent malgré les mesures d'évitement prises en amont, la recherche d'un équilibre entre les différents intérêts en présence nécessite le traitement curatif de ces atteintes. Le constat qui se dégage est que le principe de la responsabilité en matière de dommages miniers est simple, mais sa mise en œuvre semble beaucoup plus complexe[1]. A cet effet, le traitement curatif des effets néfastes de l'exploitation minière nécessite la mise en place des mesures de prise en charge d'une part, ainsi que des mécanismes de réparation d'autre part.

819- Les mesures de prise en charge concernent les accidents miniers, les accidents de travail et les maladies professionnelles. L'analyse des mécanismes de prise en charge et de la réparation des dommages miniers a mis en lumière les insuffisances du dispositif technique et législatif existant. À cause de certains facteurs tels que l'absence d'un régime spécifique de prise en charge ; la non-ratification par le Cameroun de certaines conventions sur la santé et la sécurité dans les mines ; la désuétude des textes applicables en droit interne ; les difficultés d'identification des responsabilités ; la mauvaise foi de certaines compagnies minières…, la prise en charge des dégâts miniers n'est pas satisfaisante. À cet effet, le principe de responsabilité des entreprises minières ainsi que les modalités de prise en charge des accidents miniers et des maladies liées aux activités minières méritent d'être renouvelés. D'où la proposition des mesures en vue d'améliorer la gestion des risques et la prise en charge des accidents et des maladies liés à l'exploitation minière.

820- Les mécanismes de réparation quant à eux concernent les mécanismes judiciaires et les mécanismes alternatifs aux mécanismes judiciaires qui permettent d'établir la responsabilité de l'auteur des dégâts miniers. Le droit classique de la responsabilité civile ayant montré ses limites, nous avons proposé un renouvellement, voire un dépassement des règles de mise en jeu de la responsabilité. À cet effet, certaines branches du droit à l'instar du droit pénal ont été mises à contribution pour une meilleure répression des atteintes, notamment avec la mise en œuvre de la

---

[1] I. VAULONT et J.-L. VO VAN QUI, *L'indemnisation des dégâts miniers,* Rapport précité, p. 68.

responsabilité pénale des personnes morales que sont les entreprises minières. Les mécanismes alternatifs aux mécanismes judiciaires sont également d'une importance capitale dans la réparation des atteintes liées à l'exploitation minière, en ce sens qu'ils viennent efficacement compléter les mécanismes judiciaires de réparation des atteintes.

CONCLUSION GÉNÉRALE

821- Entre véritable outil de développement économique et facteur de désastre écologique, environnemental et humain, les avis divergent à propos de l'exploitation minière. En effet, l'interaction de cette activité avec le respect du droit à un environnement sain ne manque pas de susciter de nombreuses controverses liées au fait que celle-ci s'inscrit dans une réalité multiple au confluent de plusieurs enjeux tels que la santé publique et l'économie.

822- Le premier argument mis en avant pour encourager l'exploitation minière est son effet fortement créateur d'emplois. Selon la législation sur le contenu local[1] (*local content* en anglais) et selon les engagements des entreprises minières, la grande majorité de ces emplois doit être réservée aux populations locales. De tels engagements sont indéniablement propices à l'acceptabilité sociale[2] des projets miniers.

« L'argument tenant à la création d'emplois se couple avec celui de la mise en place de formations nécessaires à la réalisation des métiers miniers »[3]. Là encore, les entreprises minières s'engagent de manière ambitieuse en prévoyant la mise en place d'une filière de formation aux métiers de la mine.

Enfin, un autre argument en faveur de l'exploitation minière réside dans les retombées économiques et fiscales annoncées.

823- Face à ces arguments favorables au développement économique par l'exploitation minière, les pourfendeurs de l'« extractivisme »[4] rétorquent que le rendement escompté n'est pas une certitude, comme le souligne WWF France pour qui, la volatilité du cours des minerais crée « une incertitude réelle sur la

---

[1] Le contenu local est l'« *ensemble d'activités axées sur le développement des capacités locales, l'utilisation des ressources humaines et matérielles locales, le transfert des technologies, la sous-traitance des entreprises, des services et produits locaux et la création de valeurs additionnelles mesurables à l'économie locale* ». Voir également le Titre 7 de la loi n°2016/17 du 14 décembre 2016 portant Code minier intitulé : Du contenu local (art. 164 et s.).

[2] Voir à ce sujet le Colloque organisé par la Chaire en Droit des ressources naturelles et de l'énergie (DRNE) de la Faculté de Droit de l'Université Laval, sur « Les meilleures pratiques juridiques au service de l'acceptabilité sociale des projets miniers », 5 septembre 2019.

[3] Voir en France, l'avis sur le droit à un environnement sain dans les Outre-mer : la question des activités extractives en Guyane et en Nouvelle-Calédonie, https://www.cairn.info/revue-natures-sciences-societes-2006-Supp.1-page-13.html, consulté le 8 septembre 2018.

[4] Le terme « extractivisme » caractérise un stade superlatif, obsessionnel, « addictif », voire idéologique de l'activité d'extraction. Voir A. BEDNIK, « Extractivisme. Exploitation industrielle de la nature : logiques, conséquences, résistances », *Le passager clandestin*, 2016, 370 p.

rentabilité de l'ensemble de cette opération »[1]. Dans le même sens, les partisans de cette thèse, se fondant sur la corruption rampante au Cameroun, soutiennent qu'aucune certitude n'existe quant à la redistribution des revenus de l'exploitation minière dans l'économie camerounaise, ni même au bénéfice des populations touchées par l'extraction.

S'agissant particulièrement des emplois, ils soutiennent que « ces emplois directs ne sont pas créés en même temps, certains étant offerts au début, lors de la phase de construction de la mine, d'autres pendant la phase d'exploitation, et enfin d'autres encore, lors de la phase de réhabilitation, sans qu'il existe de véritable interchangeabilité entre eux. En outre, la complexité croissante de l'extraction a conduit à une plus forte mécanisation et autonomisation des processus, permettant certes d'améliorer la productivité, mais amenuisant les perspectives d'emploi »[2]. Selon eux, quand bien même ces emplois seraient effectivement créés, leur durabilité reste à questionner, surtout lorsqu'on sait que plusieurs mines ne sont exploitées que pendant une dizaine d'années. Qui plus est, une baisse subite du cours des matières premières pourrait du jour au lendemain, mettre un terme au projet et ainsi de nouveau priver les travailleurs du secteur minier de leurs emplois.

824- Les détracteurs de l'extractivisme mettent également en avant le caractère dangereux de l'exploitation minière pour dénoncer ce « système de prédation des ressources naturelles et des biens communs »[3], car pour eux, « L'extraction n'est pas compatible avec le bien-être des populations et la préservation de leurs milieux de vie »[4]. Ils proposent pour cela de « repenser nos sociétés malades de l'extractivisme et de consumérisme »[5]. À titre d'illustration, le collectif « Or de question »[6] qui s'est farouchement opposé au projet « Montagne d'or » en Guyane n'a eu de cesse de mettre en avant les accidents miniers emblématiques tels que celui de Samarco en novembre 2015 au Brésil pour s'opposer à l'intensification de l'extractivisme.

825- Au regard de cette controverse, la question se pose de plus en plus de savoir s'il faut renoncer à l'exploitation minière ou s'il faut la maintenir. À ce

---

[1] L'ONG WWF France réagi ssait ainsi au projet « Montagne d'or » en Guyane. Voir WWF, *Montagne d'Or, un mirage économique ?*, Analyse du WWF France, Septembre 2017, p. 4.

[2] Voir l'avis sur le droit à un environnement sain dans les Outre-mer : la question des activités extractives en Guyane et en Nouvelle-Calédonie, https://www.cairn.info/revue-natures-sciences-societes-2006-Supp.1-page-13.html, consulté le 8 septembre 2018.

[3] FONDATION DANIELLE MITTERAND, FRANCE LIBERTES, *Stop aux zones de sacrifice. Pour des alterntives à notre système prédateur des ressources naturelles*, Rapport, 2017, p. 5, disponible à l'adresse : https://www.france-libertes.org/wp-content/uploads/2017/06/stop-aux-zones-de-sacrifice.pdf, consultée le 8 septembre 2018.

[4] *Ibid.*, p. 7.

[5] *Ibid.*, p. 5.

[6] Voir le site internet du collectif citoyen opposé à l'industrie minière en Guyanne, https://ordequestion.org/

sujet, la solution semble être le maintien, même pour des pays tels que la France qui s'est clairement prononcée pour un désengagement progressif dans la recherche et l'exploitation des énergies fossiles, comme l'illustre la loi du 30 décembre 2017[1] qui ambitionne de « laisser les hydrocarbures dans le sous-sol »[2] à l'horizon 2040. Mais depuis quelques années, on assiste à un regain d'intérêt pour l'activité minière tant en France[3] qu'aux États-Unis[4], même si cette éventuelle réouverture des mines semble toutefois confrontée à l'obstacle majeur de l'acceptabilité sociale[5]. C'est le cas de la mine de Salau en Ariège, dont la décision du tribunal administratif de Toulouse datant du 28 juin 2019[6] est venue annuler le permis de recherches accordé pour 5 ans à la société Variscan Mines par l'arrêté du 21 octobre 2016 du secrétaire d'État à l'industrie auprès du ministre de l'Economie et des Finances[7].

826- Ainsi, loin d'interdire l'exploitation minière, les législations s'efforcent plutôt de l'organiser dans le respect des droits fondamentaux. Le maintien de l'exploitation minière au Cameroun comme ailleurs passe par la recherche d'une

---

[1] Voir la loi n° 2017-1839 du 30 décembre 2017 mettant fin à la recherche ainsi qu'à l'exploitation des hydrocarbures et portant diverses dispositions relatives à l'énergie et à l'environnement, JORF n°0305 du 31 décembre 2017, texte n° 4.

[2]https://www.ecologique-solidaire.gouv.fr/sites/default/files/2017.09.06%20NH%20DP%20hydrocarbures.pdf consulté le 10/08/2018.

[3] Voir M. JACQUE, « Une des plus grandes mines de tungstène au monde pourrait rouvrir en France », *LesEchos,* 4 mars 2019 disponible à l'adresse : https://www.lesechos.fr/finance-marches/marches-financiers/une-des-plus-grandes-mines-de-tungstene-au-monde-pourrait-rouvrir-en-france-995499, consultée le 29/09/2019. En avril 2015, loin d'abandonner la volonté de reprise de l'activité minière après l'échec de la création de la Compagnie nationale des mines de France, le gouvernement alors en place engagea une réflexion autour du concept de « mine responsable », en formant un groupe de travail chargé de définir un tel concept au XXIème siècle. Voir : Communiqué de Presse, Emmanuel MACRON préside l'installation du groupe de travail chargé de définir la «Mine responsable » du XXIème siècle, Paris, 1er avril 2015, n°518, disponible à l'adresse : http://proxy-pubminefi.diffusion.finances.gouv.fr/pub/document/18/18990.pdf, consulté le 1er septembre 2019. L'Académie des sciences et l'Académie des technologies de la France ont même commis un Rapport commun à ce sujet. Voir G. de MARSILY et B. TARDIEU (dir.), *Stratégie d'utilisation des ressources du sous-sol pour la transition énergétique française : les métaux rares*, mai 2018, 145 p. disponible à l'adresse : https://www.academie-sciences.fr/pdf/rapport/rc_transition_energie_0718.pdf, consultée le 30 septembre 2019.

[4] Le Président américain Donald Trump a annoncé fin décembre 2018, plusieurs mesures en faveur de la relance de l'extraction de minerais critiques sur le sol américain.

[5] Voir à ce sujet le Colloque organisé par la Chaire en Droit des ressources naturelles et de l'énergie (DRNE) de la Faculté de Droit de l'Université Laval, sur « Les meilleures pratiques juridiques au service de l'acceptabilité sociale des projets miniers », 5 septembre 2019.

[6] Voir TA de Toulouse, 6e ch., décision du 28 juin 2019, N° 1605772, 1701308.

[7] Voir l'arrêté du 21 octobre 2016 du secrétaire d'État à l'industrie auprès du ministre de l'économie et des finances accordant à la société Variscan un permis exclusif de recherches de mines de tungstène, étain, bismuth, molybdène, zinc, plomb, cuivre, or, argent et substances connexes (notamment niobium et tantale) dit « Permis Couflens » dans le département de l'Ariège.

conciliation avec les considérations environnementales et sociales. À l'issue de la présente étude consacrée à la recherche d'une conciliation entre le développement économique par l'exploitation minière avec la préservation des droits fondamentaux, il convient de retenir que bien que génératrice de retombées économiques importantes, l'empreinte de l'exploitation minière sur l'environnement, sur la santé et sur la vie humaine est une réalité, car dans beaucoup de cas, les ressources naturelles sont extraites aux dépens des communautés et de leur environnement. Ces impacts sociaux et environnementaux de l'exploitation minière dépendent de facteurs multiples.

827- Le premier concerne la nature de la ressource exploitée qui ne soulève évidemment pas les mêmes enjeux. Par exemple, l'exploitation d'une mine d'uranium soulève des problèmes de radioactivité ; l'exploitation d'une mine d'or provoque l'empoisonnement de l'environnement au mercure et au cyanure ; dans l'exploitation pétrolière, il faut éviter l'explosion du gaz ou les fuites d'hydrocarbures etc.

Le deuxième facteur renvoie à la vulnérabilité du milieu hôte. Tous les milieux n'ont pas la même vulnérabilité et donc, ils ne requièrent pas les mêmes mesures de protection. Les zones humides et les zones arides de la biodiversité requièrent évidemment des précautions particulières, de même que les zones les plus densément peuplées.

Le troisième facteur est relatif aux choix techniques réalisés. D'où la notion des « capacités techniques et financières » qui sont appréciées au moment des négociations entre le futur exploitant et l'État. En effet, les choix techniques dépendent de la surface financière de l'exploitant, de la nature de la ressource, plus ou moins difficile à exploiter, de la taille du projet, modeste ou gigantesque. Dans chacune de ces hypothèses, les techniques utilisées ne sont les mêmes, et par conséquent, les impacts sur l'environnement, sur la santé et sur la vie ne sont pas aussi les mêmes. D'où l'exigence du choix des « meilleures techniques disponibles » qui doivent évoluer de façon à les adapter aux contraintes d'exploitation, à partir du moment où ces évolutions sont bien meilleures pour la protection de l'environnement et de la santé humaine. Le choix des techniques dépend beaucoup de l'identité et de l'origine du promoteur du projet. Ainsi, une grande entreprise multinationale ayant son siège social dans un pays industrialisé de grande tradition minière adoptera spontanément les meilleures pratiques disponibles, au moment du choix d'investir, de manière à diminuer les risques environnementaux et sociaux. Par contre, d'autres types d'entreprises, notamment les juniors minières et certaines firmes nationales africaines et des pays émergents, privilégieront plus souvent la rentabilité ou des techniques moins sophistiquées qu'elles maîtrisent mieux.

Le quatrième facteur concerne le voisinage de la mine et les populations résidentes. Les projets d'exploitation minière se situent généralement en zone rurale et sont donc susceptibles de modifier leurs modes de vie. Tout cela crée une cohabitation difficile de la mine avec les populations, ce qui pose la question de son acceptabilité sociale.

Par ailleurs, il est indispensable de prendre en compte le facteur temps, à travers l'âge du projet et le moment du cycle où l'on se trouve. Les impacts d'un projet sont relativement faibles durant la phase exploratoire avec des impacts diffus, et au début de la phase de production quand les infrastructures sont encore neuves. Ils deviennent énormes durant la phase d'extraction avec d'intenses circulations, puis en fin de projet, à cause du vieillissement du matériel et du cumul des impacts. Rappelons que l'âge du projet ne se mesure pas à la date d'octroi du titre minier, mais à compter du jour où l'on a une activité effective sur le milieu, qu'elle soit d'exploration ou d'exploitation. C'est cette date qui renseigne sur les choix techniques réalisés par l'entreprise et sur les règles du jeu qui s'appliquent. À titre d'illustration, les meilleures pratiques dans une mine aujourd'hui ne sont pas les mêmes que celles qui étaient en vigueur il y a trente ans, et donc elles n'ont pas les mêmes impacts sur l'environnement, sur la santé et sur la vie des populations.

828- Si les impacts environnementaux générés par l'activité minière dépendent immanquablement du type de gisement, des capacités techniques et financières de l'exploitant, des méthodes employées etc., il convient de tenir compte de tous ces facteurs pour mieux déterminer les mesures préventives et éviter les externalités négatives. Au regard des nombreux facteurs ci-dessus présentés, susceptibles de générer ou d'aggraver les externalités négatives de l'exploitation minière, la recherche de l'équilibre entre les différents intérêts en présence doit se faire tout au long de la chaîne de valeur du processus extractif. Il est apparu que les solutions proposées par le droit positif pour y faire face ont été jugées insatisfaisantes et il était important de suggérer des pistes d'amélioration.

À première vue, « Tout se dessine comme s'il y avait une incompatibilité entre les deux impératifs : le développement et le respect des droits de l'homme. En réalité, les deux sont intimement liés et se renforcent mutuellement. En effet, on ne peut penser à une jouissance effective des droits garantis, en particulier les droits sociaux et économiques, sans un niveau minimum de développement économique. De même, un développement qui ne serait pas fondé sur le respect intégral des droits de la personne ne serait pas durable »[1].

829- La présente thèse est partie d'un présupposé qu'il y aurait des contradictions entre deux impératifs que sont le développement économique par l'exploitation minière d'un côté et la protection des droits fondamentaux (le droit à la santé et à la vie) de l'autre. Par un certain nombre de passe-passe juridiques, et après avoir notamment analysé les droits de l'homme, elle est parvenue à mettre en évidence les éléments d'une conciliation entre les deux

---

[1] Voir P. MANIRAKIZA, « La protection des droits de l'homme à l'ère de l'industrie extractive en Afrique », *Criminologie*, n° 49 (2), 2016, p. 138.

impératifs sus mentionnés. Le concept de développement durable apparaît de ce fait comme la « martingale de la conciliation des intérêts divergents »[1].Une exploitation minière durable nécessite la recherche des mesures de conciliation tant en amont qu'en aval du processus extractif.

830- En amont de l'exploitation minière, la conciliation passe par la prévention. Ici, il convient d'adopter une approche prudentielle qui a comme boussole, l'évitement des atteintes à la santé et à la vie. Cela nécessite de rechercher un équilibre entre les différents intérêts en présence lors de l'installation du projet minier, grâce au principe de prévention et au principe de précaution. Ces deux principes permettent d'éviter ou de minimiser les risques d'atteintes à l'environnement, à la santé et à la vie.

Eu égard à la dangerosité et à la nocivité des activités minières qui peuvent avoir des effets irréversibles pour l'environnement en tant que tel et le cas échéant sur la santé et sur la vie, l'autorité administrative doit rechercher et imposer toutes les mesures de précaution avant de les autoriser. Il s'agit, avant même de lancer le projet, d'en vérifier l'impact et de minimiser les risques potentiels. De cette démarche prudentielle, procède dans la pratique juridique, l'instauration des études d'impact et des évaluations environnementales[2].

La réalisation d'une étude d'impact environnemental et social est une exigence fondamentale qui permet d'identifier les causes potentielles d'atteintes et de proposer des méthodes de minimisation (*mitigation* en anglais) ou de correction, ceci à tous les niveaux, partant de l'exploration jusqu'à la transformation des minerais en passant par l'extraction. Cela passe par l'adoption d'un plan de gestion de l'environnement impacté par les activités minières ; l'adoption des normes de sécurité et de santé au profit des ouvriers ainsi que la mise en place des mesures visant à les réaliser ; la mise en place des mesures visant à diminuer la pollution, surtout en ce qui concerne la pollution de l'atmosphère (par la poussière), de l'eau (par voie d'eaux usées) et des sols. À cet effet, les demandes d'attribution ou de renouvellement des titres miniers, quel que soit leur régime (exploration, recherche ou exploitation) ou bien leur catégorie, doivent respecter les dispositions légales et réglementaires relatives à l'environnement. Ce qui implique que les opérateurs soient tenus de présenter des études d'impacts environnementaux sommaires ou détaillées, selon la classification du décret 14 février 2013 fixant les modalités de réalisation des études d'impact environnemental et social. En tant qu'outil d'aide à la prise des décisions éclairées des pouvoirs publics et même des populations, les études d'impact justifient de nos jours de nombreuses demandes d'annulation des

[1] G. VIRASSAMY, « La biodiversité: entre protection et exploitation », précité.

[2] L. HEUSCHILING, « Effectivité », « Efficacité », « Efficience » et « Qualité » d'une norme / du droit. Analyse des mots et des concepts », *in* M. FATIN-ROUGE STEFANINI et al. (dir.), *L'efficacité de la norme juridique. Nouveau vecteur de légitimité ?*, Bruylant, 2012, p. 56.

décisions publiques (permis ou autorisations), à visée préventive, contre les « grands projets inutiles » ou les « grands projets inutiles et imposés»[1].

831- De même, l'exigence de la durabilité de l'exploitation minière, c'est-à-dire une exploitation minière respectueuse de l'environnement et des droits fondamentaux voudrait également que certains espaces considérés comme critiques pour la santé des populations soient préservés. D'où l'utilité des zones de protection et des zones d'interdiction dans lesquels les projets miniers ne devraient pas pouvoir être implantés. Cela passe par une application dans les faits et dans la décision politique, du principe de précaution qui permet de prendre des mesures d'évitement des atteintes, alors que la preuve scientifique fait encore défaut ou qu'elle est encore insuffisante pour affirmer l'existence ou l'absence de risque. Ce principe permet ainsi d'organiser une prévention graduée, en fonction des connaissances que l'on a du risque, de sa gravité potentielle et de son degré d'irréversibilité. Loin d'être un principe d'abstention, le principe de précaution impose d'intervenir dès qu'il apparaît que les risques peuvent l'emporter sur les bénéfices attendus.

832- Une fois le projet minier en activité, il faut avoir la certitude que l'équilibre trouvé entre les différents intérêts en présence lors de son installation sera préservé tout au long de son fonctionnement. Pour cela, il faut d'une part, s'assurer que les règles de l'art minier et les prescriptions de fonctionnement seront respectées, notamment par le contrôle, le suivi et la surveillance du projet minier en activité. À cet effet, le déroulement des travaux d'exploitation doit respecter un certain nombre de contraintes et d'obligations afférentes à la sécurité et à la santé du personnel, à la sécurité et à la salubrité publiques et aux caractéristiques essentielles du milieu environnant. Ainsi, l'utilisation des « meilleures techniques possible » et le respect des règles de l'art minier sont des prescriptions cardinales qui permettent d'éviter la réalisation des atteintes à la santé et à la vie.

833- L'exigence du respect des mécanismes de prévention a conduit le législateur à la mise sur pied des mécanismes d'incitation à la prévention. C'est le cas par exemple des outils juridiques, financiers et fiscaux, notamment les principes de précaution et du pollueur-payeur dont la mise en œuvre devrait conduire à la prééminence de la protection de la santé sur les considérations économiques. C'est le cas également des sanctions, même s'il convient de déplorer la faible volonté de mise en œuvre des sanctions administratives ou encore le caractère subsidiaire des sanctions pénales.

Ces insuffisances nous ont permis d'envisager la nécessité d'un renforcement des mécanismes de prévention. Ce renforcement passe par

[1] Voir par exemple les récents recours ou contentieux canadiens sur les projets « climaticides ».

l'imposition d'une obligation de vigilance de la part de l'État et des sociétés minières imposant une surveillance de ceux-ci d'une part, ainsi que par la prise en compte de la spécificité environnementale dans la sanction du non-respect des mécanismes de prévention d'autre part.

834- Lorsqu'en dépit de toutes ces mesures de précaution et de prévention, le dommage minier se produit et qu'il y a atteinte à l'environnement et aux droits fondamentaux, notamment à la santé et vie, l'objectif de conciliation nécessite le traitement curatif de ces atteintes. De cette démarche conséquentielle, découle dans la pratique juridique, l'instauration des mécanismes d'imputation de la responsabilité (qui doit réparer) qui passent notamment par la question du lien de causalité et des mesures de réparation (comment réparer). Selon le moment où interviennent les mesures destinées au traitement curatif des atteintes, nous avons distingué les « mesures de prise en charge » des « mesures de réparation » proprement dite.

835- S'agissant des mesures de prise en charge des atteintes, il convient de relever qu'en l'état actuel du droit camerounais, la prise en charge des maladies et des accidents liés à l'exploitation minière est encore insatisfaisante, à cause de l'absence d'un régime spécifique de prise en charge. Pour faire face aux inconvénients de ce régime actuel, nous avons proposé une extension des mécanismes de prise en charge à toutes les victimes d'affections liées à l'exploitation minière, salariées ou non. Cette contrepartie à l'exercice des activités économiques, et donc à l'exploitation minière, est nécessaire pour une meilleure conciliation de cette dernière avec les considérations sociales et environnementales.

836- Pour ce qui est des mécanismes de réparation des atteintes, il convient de relever que l'exploitation minière et la protection des droits fondamentaux suivent une courbe brisée, au gré de la mise en jeu des responsabilités, avec ou sans faute, pour troubles anormaux de voisinage, de la réparation du dommage au civil, des sanctions pénales, des sanctions administratives, le tout sur fond de normes, de seuils d'habilitations, d'autorisations, d'expertises, de Conventions internationales[1]... À cet effet, nous avons distingué les mécanismes judiciaires de mise en jeu de la responsabilité des acteurs du secteur miniers, auteurs des atteintes à l'environnement et aux droits fondamentaux, des mécanismes alternatifs aux mécanismes judiciaires.

837- D'une part, s'agissant des mécanismes judiciaires de mise en œuvre de la responsabilité des acteurs du secteur minier, le droit classique de la

---

[1] Voir M. DUROUSSEAU, Discours prononcé à Strasbourg lors du colloque de la Société Française du Droit de l'Environnement (SFDE) sur le thème « Environnement et santé » le 4 décembre 2003, *in* Ph. BILLET et al. (dir), *Droit de l'environnement et protection de la santé*, *op. cit.*, p. 22.

responsabilité civile a montré ses limites dans la réparation des atteintes à l'environnement, à la santé et à la vie. La simple transposition des solutions classiques applicables au dommage général s'étant révélée insuffisante et inefficace, l'amélioration de la réparation du dommage écologique attentatoire à la santé et à la vie s'est avérée indispensable. À cet effet, nous avons proposé le dépassement des règles de mise en jeu de la responsabilité.

838- D'autre part, les mécanismes classiques de mise en jeu de la responsabilité mériteraient d'être mieux mobilisés, notamment la transaction et les autres sanctions administratives de réparation telle que la remise en état du site. À la fin de l'exploitation, il pèse sur l'exploitant minier, une obligation de restauration, de réhabilitation et de remise en état du site dégradé. Il doit à cet effet déclarer les mesures qu'il envisage mettre en œuvre pour préserver la sécurité et la salubrité publique, respecter les caractéristiques essentielles du milieu environnant et d'une façon générale pour faire cesser les nuisances de toutes natures générées par ses activités.

Dans la pratique, la remise en état des sites miniers est loin d'être une réalité au Cameroun. D'abord, à cause d'une démission de l'administration qui rechigne à appliquer ses propres lois ; ensuite, en cas de défaillance ou de carence des exploitants miniers, le fonds de restauration, de réhabilitation et de fermeture des sites miniers créé par le Code minier n'est pas fonctionnel. Enfin, l'ineffectivité de la remise en état est également due à l'absence d'une obligation de souscription d'une assurance garantissant la remise en état, qui aurait dû être imposée aux exploitants miniers.

839- Le résultat fondamental auquel nous sommes parvenus au terme de cette étude est la nécessité d'allier la démarche prudentielle (l'évitement) et la démarche conséquentielle (traitement curatif des atteintes). Cela permet de mieux évaluer les risques et de mieux gérer les atteintes à l'environnement, à la santé et à la vie tout au long de la chaîne de valeurs de l'exploitation minière. À cet effet, la notion de sécurité environnementale et sanitaire doit s'imposer comme une obligation collective. Aujourd'hui, toute politique de sécurité doit être une politique d'avant-garde. Elle ne se décide pas en fin de chaîne, ni ne se décrète au début de la chaîne ; elle dépend tout au long du processus, de la capacité des acteurs du secteur extractif à détecter les risques et à réagir en cas d'alerte.

Tout au long du processus extractif, l'État et les entreprises minières doivent faire preuve de responsabilité. Le Professeur François Ost relève quatre aspects de la responsabilité qu'il articule de façon dialectique : la *responsabilité-prévention* qui est au fondement de quelques-unes des solutions les plus originales du droit de l'environnement, telles les législations sur les études d'incidences et le principe de précaution qui les prolonge ; la *responsabilité-*

participation qui vise à assurer l'implication de tous dans la gestion et le contrôle des milieux naturels ; *la responsabilité-sanction* de la faute, civile ou pénale, qui satisfait une exigence éthique, mais s'avère difficile à mettre en œuvre ; et *la responsabilité-couverture du risque* qui, indépendamment de l'hypothèse de la faute, vise à dédommager la victime du préjudice et s'accompagne de systèmes de mutualisation des risques. Du point de vue de la technique juridique, l'auteur affirme qu'on tiendrait là un « macro » principe juridique, quelque chose comme une matrice conceptuelle. Les deux premières formes de responsabilité (la responsabilité-prévention et responsabilité-participation) ayant été examinées dans la première partie, les deux dernières formes quant à elles, à savoir la responsabilité-sanction de la faute (civile ou pénale) et la responsabilité-couverture du risque l'ont été dans la seconde partie. En effet, la mise en œuvre de la responsabilité de l'exploitant minier est une opération complexe qui suppose l'imputation de la faute (civile ou pénale), la canalisation du risque, la couverture assurantielle, la mutualisation des charges par l'intervention des fonds de garantie, chacun de ces dispositifs étant nécessaire, même si aucun en lui seul n'est suffisant[1].

840- Au regard des propositions faites dans cette thèse, l'exploitation minière et la préservation des droits fondamentaux (droit à la santé et à la vie) devraient pouvoir tout à fait cohabiter durablement. Mais si la coexistence de ces deux impératifs heurte la logique, notamment lorsque les risques sont rédhibitoires, la conciliation passe nécessairement par la renonciation au projet minier au profit des droits fondamentaux. Cela ne remet pas forcément en cause l'importance de chaque impératif, mais oblige simplement à « prendre en considération le poids relatif de chacun d'eux »[2] et à concilier les valeurs en cause[3], en faisant des choix de société.

[1] Dans ce sens, Voir F. OST, « La responsabilité, fil d'Ariane du droit de l'environnement », précité, p. 313.

[2] R. DWORKIN, *Prendre les droits au sérieux*, PUF, coll. Léviathan, 1977, p. 85.

[3] C.-A. MORAND, « Vers un droit de l'environnement souple et flexible : le rôle et le fonctionnement des principes », *in* F. OST et S. GUTWIRTH (dir.), *Quel avenir pour le droit de l'environnement ?*, Bruxelles, Publications des Facultés universitaires de Saint Louis, 1996, p. 266.

BIBLIOGRAPHIE

OUVRAGES

Ouvrages généraux

ARBOUSSET (H.), LACROIX (C.) et STEINMETZ (B.), *Risques, accidents et catastrophes*, Liber amicorum en l'honneur de Madame le Professeur Marie-France Steinlé-Feuerbach, éd. L'Harmattan, Coll. Sciences criminelles, Paris, 2015, 334 p. ;

BEURIER (J.-P.), *Droit international de l'environnement*, 5e éd., A. Pedone, Paris, 2017, 628 p. ;

BILLET (Ph.) et NAIM-GESBERT (É.), (dir.), *Les grands arrêts du droit de l'environnement*, Dalloz 2017, 444 p. ;

BOUTELET (M.), OLIVIER (J.) et al., *La démocratie environnementale : Participation du public aux décisions et politiques environnementales*, Editions Universitaires de Dijon, 2009, 250 p. ;

CABALLERO (F.), *Essai sur la notion juridique de nuisance,* LGDJ, Paris, 1981, 361 p. ;

CABRILLAC (R.), FRISON-ROCHE (M.A.), REVET (Th.), (dir.), *Libertés et droits fondamentaux,* 16e éd. Dalloz, Campus LMD, 2010, 907 p. ;

COMMISSION D'ENRICHISSEMENT DE LA LANGUE FRANCAISE, *Vocabulaire du développement durable : termes, expressions et définitions publiés au Journal officiel,* éd. Tous ensembles pour le climat, 2015, 324 p. ;

CONSEIL DE L'EUROPE, *Manuel sur les droits de l'homme et l'environnement,* Editions du Conseil de l'Europe, Strasbourg, 2012, 206 p. ;

DEJEANT-PONS (M.) et PALLEMAERTS (M.), *Droits de l'homme et environnement. Recueil d'instruments et d'autres textes internationaux sur les droits individuels et collectifs liés à l'environnement dans le cadre international et européen*, Strasbourg, Editions du Conseil de l'Europe, 2002, 341 p. ;

ESTRELA BORGES (L.), *Les obligations de prévention dans le droit international de l'environnement,* éd. Logiques Juridiques, L'Harmattan, Paris, 2016, 636 p. ;

GUIHAL (D.), ROBERT (J.-H.) et FOSSIER (Th.), *Droit répressif de l'environnement,* 4e éd., Economica, Paris, 2016, 1062 p. ;

JOURDIN (P.), *Les principes de la responsabilité civile*, 9e éd. Dalloz, Coll. Connaissance du droit, Paris, 2014, 178 p.

KAMTO (M.) (dir.), *La Charte africaine des droits de l'homme et des peuples et le protocole y relatif portant création de la Cour africaine des*

droits de l'homme. Commentaire article par article, Bruylant, Bruxelles, 2011, 1628 p. ;
KAMTO (M.), *Droit de l'environnement en Afrique*, Paris, Edicef-Aupelf, 1996, 416 p. ;
KARSENTY (A.), *Les concessions forestières en Afrique centrale. Aspects historiques, institutionnels et politiques, du point de la responsabilité sociale et environnementale des entreprises concessionnaires,* CIRAD, septembre 2005, 42 p. ;
Le TOURNEAU (Ph.) (dir.), *Droit de la responsabilité et des contrats, régimes d'indemnisation*, 11e éd., Coll. Dalloz Action, 2018-2019, 2702 p. ;
MARTIN-CHENUT (K.) et QUENAUDON (R.) (dir.), *La RSE saisie par le droit. Perspectives interne et international*, éd. A. Pedone, Paris, 2016, 718 p. ;
MOLINER-DUBOST (M.), *Droit de l'environnement*, 2e éd., Dalloz, Coll. Cours, Paris, 2019, 502 p.
NEYRET (L.) (dir.), *Des écocrimes à l'écocide : le droit pénal au secours de l'environnement*, éd. Bruylant, Bruxelles, 2015, 465 p. ;
NEYRET (L.) et MARTIN (G.) (dir.), *Nomenclature des préjudices environnementaux*, LGDJ, coll. Droit des affaires, 2012, 456 p.
NYAMA (J. M.), *Régime foncier et domanialité publique au Cameroun,* PUCAC, Yaoundé, 2012, 391 p. ;
PARANCE (B.), *Santé et environnement. Expertise et régulation des risques*, CNRS éditions, Paris, 2017, 190 p. ;
PRIEUR (M.), *Droit de l'environnement, droit durable*, éd. Bruylant/LGDJ, 2014, 1050 p. ;
PRIEUR (M.) et al., *Droit de l'environnement*, 7e éd., Précis Dalloz, Paris, 2016, 1272 p. ;
REMOND-GUILLOUD (M.), *Du droit de détruire. Essai sur le droit de l'environnement*, PUF, coll. Les voies du droit, Paris, 1989, 304 p. ;
RIOUX (J.-F.) (dir.), *La sécurité humaine, une nouvelle conception des relations internationales*, L'Harmattan, Collection Raoul-Dandurand, Paris, 2001, 366 p. ;
TERRE (F.) SIMLER (Ph.) et LEQUETTE (Y.), *Droit civil, Les obligations,* 12e éd., Précis Dalloz, Paris, 2018, 2036 p. ;
TORRE-SCHAUB (M.) (dir.), *Le bien-être et le droit*, éd. Publications de la Sorbonne, Paris, 2016, 152 p. ;
- *L'essentiel des grands arrêts du droit de l'environnement*, éd. Gualino, 2017-2018, 202 p. ;
VAN LANG (A.), *Droit de l'environnement*, 4e éd., PUF, Coll. Thémis, Paris 2016, 566 p. ;
VOEFFRAY (F.), *L'actio popularis ou la défense de l'intérêt collectif devant les juridictions internationales*, Graduate Institute Publications, Genève, 2004, 406 p.

Ouvrages spécialisés

AILINCAI (M.) et LAVOREL (S.) (dir.), *Exploitation des ressources naturelles et protection des droits de l'homme,* éd. A. PEDONE, Paris, 2013, 252 p.

AKABZAA (T.M.), SEYIRE (J.S.) et AFRIYIE (K.), *Une façade brillante. Les effets de l'exploitation minière sur la ville d'Obuasi et ses communautés environnantes,* Third World Network- Africa, 2007, 119.

ATTEIB DAHAB ATTEIB (A.), *Les clauses de stabilisation dans les contrats miniers et pétroliers*, EUE, 2013, 136 p.

AUBERTIN (M.), BUSSIERE (B.) et BERNIER (L.), *Environnement et gestion des rejets miniers*, Manuel sur cédérom, Montréal, Presses internationales polytechniques, 2003. ;

AZIZI (J.), GIRAUD (P.-N.), OLIVIER (Th.) et TAMOKOUE (P.-H.), *Richesses de la nature et pauvreté des nations. Essai sur la malédiction de la rente minière et pétrolière en Afrique*, Presses des Mines, Coll. Economie et Gestion, Paris, 2016, 253 p.

BAKANDEJA WA MPUNGU (G.), *Droit minier et des hydrocarbures en Afrique centrale : pour une gestion rationnelle formalisée et transparente des ressources naturelles*, éd. Larcier, Paris, 2009, 344 p. ;

BAMBI KABASHI (A.), *Le droit minier congolais à l'épreuve des droits foncier et forestier,* L'Harmattan RDC, juin 2014, 248 p. ;

BANDOKI (S.), *Le droit minier et pétrolier en Afrique,* éd. Edilivre, Paris, 2008, 90 p. ;

BAYI BAYI (A.), *Droit minier en Afrique,* éd. Edilivre, Paris, 2017, 344 p. ;

BEDNIK (A.), *Extractivisme. Exploitation industrielle de la nature : logiques, conséquences, résistances,* Le passager clandestin, Paris, 2016, 370 p. ;

BEMBELLY (R.), *Congo : essentiel du droit minier. Suivi des principaux textes applicables au secteur minier congolais,* Edition Droit Afrique 2015, 226 p. ;

BILLET (Ph.), DUROUSSEAU (M.), MARTIN (G.) et TRINQUELLE (I.), (dir), *Droit de l'environnement et protection de la santé*, éd. L'Harmattan, collection Logiques Juridiques, 2009, 312 p. ;

BOSSON (R.) et VARON (B.), *L'industrie minière dans le Tiers Monde*, Paris, Economica, Paris, 1978, 299 p. ;

BOUVET (J.P.), *L'unité de gisement, hydrocarbures et autres matières minérales, logiques juridiques,* L'Harmattan, 2004, 508 p. ;

CALLOT (F.), *Les richesses minières mondiales,* Editions du Seuil, Société, Paris, 1970, 140 p.

CAMPELL (B.), *Enjeux des nouvelles règlementations minières en Afrique*, Nordiska afrikainstituet, Uppsala, 2004, 97 p. ;

COUVEINHES-MATSUMOTO (D.), *Les droits des peuples autochtones et l'exploitation des ressources naturelles en Amérique latine,* éd. Logiques Juridiques, L'Harmattan, Paris, 2015, 624 p.

DAB (W.), *Santé et environnement,* PUF, Coll. Que sais-je ?, 4e éd. 2012, 127 p. ;

EBANG MVE (U.N.), *L'encadrement juridique de l'exploitation minière au Cameroun*, L'Harmattan, Paris, 2015, 435 p.

ESSAGA (S.), *Droit des hydrocarbures en Afrique : recueil commenté de textes*, L'harmattan, Paris, 2013, 794 p.

ESTIVAL (J.-P.), *Le marché mondial des ressources : la guerre fait rage,* L'Harmattan, Paris, 2009, 248 p. ;

GIRAUD (P. N.), *Géopolitique des ressources minières,* Paris, Economica, Paris, 1983, 750 p. ;

GRATZFELD (J.), *Industries extractives dans les zones arides et semi-arides. Planification et gestion de l'environnement*, Collection Gestion des Écosystèmes n° 1, UICN, 2004, 112 p.;

KAMENI (A.), *Minerais stratégiques. Enjeux africains,* Prix Le Monde de la recherche universitaire, P.U.F, Partage du savoir, 2013, 250 p. ;

KHENNAS (S.), (dir.), *Industrialisation, ressources minières et énergie en Afrique,* Codesria Dakar, Karthala Paris, 1993, 348 p. ;

LAMONTAGNE (D.-Cl.) et BRISSET DES NOS (J.), *Le droit minier,* 2e édition, Les éditions Thémis, Montréal, 2005, 133 p. ;

LAURIOL (Th.) et RAYNAUD (E.), *Le droit pétrolier et minier en Afrique*, 1re éd., LGDJ, Paris, déc. 2016, 592 p.

MARCHAND (J.), *L'économie minière en Afrique australe,* Karthala, Paris, 1997, 420 p. ;

MBENGUE MAKANE (M.), *Essai sur une théorie du risque en droit international public : l'anticipation du risque environnemental et sanitaire*, éd. A. Pedone, Paris, 2009, 373 p. ;

MATHIEU (B.), *Le droit à la vie*, coll. « Europe des droits », Strasbourg, éditions du Conseil de l'Europe, 2005, 128 p. ;

MUKENDI WAFWANA (E.), *Le droit minier congolais,* Juricongo, Kinshasa, 2000, 299 p. ;

N'DIAYE (I. S.), *La gestion des risques professionnels et environnementaux dans le domaine minier guinéen*, L'Harmattan-Guinée, 2015, 190 p. ;

NGWANZA (A.) et LHUILIER (G.) (dir.), *Le contentieux extractif,* Chambre de Commerce Internationale - C.C.I., Paris, 2015, 196 p. ;

NKOUM (B.A.), *Santé et développement,* 2e éd., Presses de l'UCAC, Yaoundé, 2014, 63 p. ;

NKOUNKOU (E.), *La stabilisation juridique des investissements pétroliers et miniers transnationaux : des contrats aux traités*, Baico Inc., 2013, 556 p.;

NTEP GWETH (P.) et al., *Ressources minérales du Cameroun*, éd. SOPECAM, Yaoundé, 2001, 375 p. ;

ORBAN (P.), *Droit minier du Congo-belge*, Bruylant, Bruxelles, 1938, 228 p. ;

QUENTIN (M.), *Concilier l'inconciliable : les régimes internationaux et européens de contrôle du commerce nucléaire,* éd. P.I.E Peter Lang, 2012, 310 p. ;

PASCAL (M.) (dir.), *La Mine en France : Histoire industrielle et sociale,* ANGDM, éd. Serge Domini, juin 2018, 247 p. ;

PERSONNAZ (J.), *Le Droit des mines,* LITEC 1958, 305 p. et suppléments de 1964 et 1977 ;

RAINHORN (J.), *Santé et Travail à la mine, XIXe-XXIe siècles*, éd. Presses Universitaires du Septentrion, 2014, 306 p. ;

ROSENBERG (D.), *Le principe de souveraineté des Etats sur leurs ressources naturelles,* LGDJ, Paris, 1983, 395 p. ;

ROSENBLUM (P.) et MAPLES (S.), *Contrats confidentiels. Pour en finir avec les accords secrets dans le secteur extractif,* Revenue Watch Institute, 2009, 101 p. ;

RUSSO (J.), *Le statut administratif des entreprises de recherches et d'exploitation minières*, LGDJ, Paris, 1959, 520 p. ;

SONKO (O.), *Pétrole et gaz au Sénégal. Chronique d'une spoliation*, Fauves Editions, Paris, 2017, 252 p. ;

ULLMANN (G.), *Les installations classées. Deux siècles de législation et de nomenclature*, 2 volumes, éd. Cogiterra, Paris, 2016, 1194 p. ;

WATANG ZIEBA (F.) et al., *Pressions sur les territoires et les ressources naturelles au Nord Cameroun. Enjeux environnementaux et sanitaires*, éd. CLE, Yaoundé, 2016, 289 p.

THÈSES ET MÉMOIRES

Thèses

ABANDA AMANYA (M.), *Droit des industries extractives et développement durable au Cameroun*, Thèse, Université de Yaoundé II, 2019 ;

BATCHOM (P. E. J.), *Les Etats, les organisations non gouvernementales et la transparence des industries extractives : la dialectique de la souveraineté et de la responsabilité*, Thèse, Université de Yaoundé II/Soa, 2010 ;

BILLET (Ph.), *La protection juridique du sous-sol en droit français*, Thèse, Université de Lyon 3, 1994 ;

BROUILLAUD, *Des Limites au droit de propriété en hauteur et en profondeur,* Thèse Bordeaux, 1925 ;

DE LOS RIOS (I.), *La remise en état du milieu en droit français de l'environnement*, Thèse, Strasbourg, 1983 ;

DIALGA (I.), *Un développement durable fondé sur l'exploitation minière est-il envisageabble ? Essai d'un indice de soutenabilité des pays miniers appliqué au Burkina Faso et au Niger,* Thèse, Université de Nantes, 2017 ;

DOUNIAN (A.), *Le régime juridique de la gestion des déchets au Cameroun,* Thèse de Doctorat/PHD en Droit public, Université de Yaoundé II-Soa, avril 2009 ;

ETEME (M. J. M.), *Aspects juridiques des contrats pétroliers d'exploration et d'exploitation en mer : approches comparées,* Thèse, Université de Nantes, 2012 ;

ESSAGA (S.), *Les sources des hydrocarbures en Afrique,* Thèse, Université de Paaris 1- Sorbonne, 2018 ;

FALLOU MBODJI (M.), *La nature juridique des titres miniers dans les Etats membres de l'espace OHADA,* Thèse, Université d'Aix-Marseille, 2018 ;

FONBAUSTIER (Cl.), *Fondement, aménagements et étendue de l'obligation de réparer les dommages causés aux propriétés privées de la surface par l'exploitation du sous-sol,* Thèse, Paris, 1965 ;

FOTSO CHEBOU KAMDEM (F.-V.), *La répression des infractions relatives à la protection de la nature dans les systèmes juridiques français et camerounais,* Thèse, Université Jean Moulin Lyon 3, 2015 ;

GOIX (S.), *Origine et impact des pollutions liées aux activités minières sur l'environnement et la santé, cas de Oruro, Bolivie,* Thèse, Université de Toulouse III, 2012 ;

GREVECHE (M.-P.), *La notion de seuil en droit de l'environnement*, Thèse, Université de Paris 1- Sorbonne, 2002 ;

HEBRARD (S.), *L'étude d'impact sur l'environnement : révolution ou évolution dans l'aménagement du territoire*, Thèse, Paris II, 1982 ;

HUGLO (Chr.), *Le juge, la prévention et la résolution des litiges en matière d'environnement,* Thèse, Université de Paris II, Panthéon-Assas, 1992 ;

KALUNGA TSHIKALA (V.), *Droit minier et développement durable. Critique de la théorie et de la pratique du régime minier congolais*, Thèse Université de Lubumbashi, 2008 ;

KHALIL (Y.), *Les établissements dangereux, insalubres et incommodes en droit libanais*, Thèse, Lyon 3, 1987 ;

KNETSCH (J.), *Le droit de la responsabilité et les fonds d'indemnisation. Analyse en droits français et allemand,* Thèse, Université de Paris 1-Sorbonne, 2011 ;

LANOY (L.), *Remise en état et droit de l'environnement*, Thèse, Université de Paris II, Panthéon-Assas, 2000 ;

LENGEREAU (J.), *Essai sur la nature juridique de la propriété minière,* Thèse, Toulouse, 1922 ;

LY IBRAHIMA, *Problématique du droit de l'Environnement dans le processus de développement économique et social d'un pays africain.*

L'exemple du Sénégal, Thèse d'État, Univ. Cheikh Anta Diop, Dakar, 1994 ;
MAZALTO (M.), *Gouvernance du secteur minier et enjeux de développement en République démocratique du Congo*, Thèse, Université du Québec à Montréal, février 2010 ;
MBANDJI MBÉNA (E.), *Les droits fondamentaux de l'enfant en droit camerounais,* Thèse en Cotutelle entre l'Université de Douala et l'Université de Toulouse 1, 2013 ;
MEYNIER (A.), *Réflexions sur les concepts en droit de l'environnement*, Thèse, Université Jean Moulin Lyon 3, 2017 ;
NGAYA DAIROU (F.), *Le droit pénal minier camerounais, contribution à l'étude de la politique criminelle de lutte contre la criminalité minière*, Thèse, Université de Maroua, 2018 ;
ONEDIEU (M.), *Le permis d'exploitation des mines,* Thèse, Université de Caen, 1932 ;
TOMADINI (A.), *La liberté d'entreprendre et la protection de l'environnement. Contribution à l'étude des mécanismes et de conciliation*, Thèse, Université de Dijon, LGDJ, 2016 ;
VANDERVORST (A.), *La conditionnalité écologique dans les organisations financières internationales*, Thèse, Rouen, 1999 ;
WANTOU (D.A.), *La protection de la santé et de la sécurité des travailleurs en Afrique à la lumière du droit français : l'exemple du Cameroun*, Thèse, Université de Paris-Sud (XI), 2002.

Mémoires

AMABILI-RIVET (V.), *Impact de l'exploitation des mines d'uranium sur la santé humaine*, Maîtrise en environnement, Centre universitaire de formation en environnement, Université de Sherbrooke, août 2013, 71 p. ;
AWONO ATANGANA (J.M.), *Gestion durable de l'exploitation minière au Cameroun : cas de la petite mine d'or à Betare-Oya (Est du Cameroun)*, Mémoire de Master spécialisé en gestion durable des mines, Institut International d'Ingénierie de l'Eau et de l'Environnement (2IE), 2012.
BA (M.), *Diagnostic environnemental d'un site minier en construction : cas de la mine d'or de Bissa Gold,* Mémoire de Master en ingénierie de l'eau et de l'environnement, option environnement, Institut International d'Ingénierie de l'Eau et de l'Environnement (2IE), 2012 ;
BEYEME (C.D.), *Les déchets en droit international de l'environnement et au Cameroun*, Mémoire de Master en droit international et comparé de l'environnement, Université de Limoges, août 2007, 60 p. ;
CÁCERES (R.A.), *Les enjeux sociopolitiques de l'exploitation minière dans la Région d'Apurimac-Pérou, cas de la mine « Las Bambas »,* Mémoire de Master complémentaire en développement, environnement et sociétés, Académie universitaire de Louvain, 2010 ;

CAMPBELL (B.), BOULANGER (S.) et LAFORCE (M.), *La gouvernance des activités minières en Afrique : une responsabilité partagée. Examen de l'énoncé de politique internationale du Canada. Fierté et influence : notre rôle dans le monde*, Mémoire soumis dans le cadre des audiences publiques du Comité permanent des affaires étrangères et du commerce international, Montréal le 4 novembre 2005 ;

COEFE (W.J.), *Evaluation environnementale de la mine d'or de Youga*, Mémoire pour l'obtention du Master en ingénierie de l'eau et de l'environnement, Institut International d'Ingénierie de l'Eau et de l'Environnement (2IE), 2001 ;

COURNIER (M.), *Sociétés minières canadiennes et violations des droits de l'homme à l'étranger : le Canada respecte-t-il les prescriptions internationales en la matière ?*, Mémoire de maîtrise, Université de Montréal, 2013 ;

FOUEZEU SONFACK (R.), *La protection des ressources minières en Afrique centrale*, Mémoire de DEA en Droit international public et communautaire, Université de Yaoundé II-Soa, 2009/2010 ;

KAWIBA SIA (M.), *Contribution à la réhabilitation des haldes à stériles de la mine d'or de Bissa Gold S.A*, Mémoire pour l'obtention du Master spécialisé en gestion durable des mines et des carrières, Institut International d'Ingénierie de l'Eau et de l'Environnement (2IE), 2012 ;

KOLOGO (A.N.), *Analyse des réponses d'ordre politique, stratégique et technique aux changements climatiques et leurs impacts sur la santé au Cameroun*, Mémoire pour l'obtention du certificat de qualification professionnelle en management communautaire, BCH Africa, Douala Cameroun, 2011 ;

KOMBO MATIKI (A.), *L'application du principe de prévention et l'étude d'impact sur l'environnement dans les projets de développement : cas d'exploitation minière en R.D. Congo*, Mémoire de Master II en Droit international et comparé de l'environnement, Université de Limoges, 2007 ;

KONE (B.), *Les aspects environnementaux de la fermeture d'une mine en exploitation cas de la mine d'or de Morila au Mali*, Mémoire pour l'obtention du diplôme de Master spécialisé en gestion durable des mines, Institut International d'Ingénierie de l'Eau et de l'Environnement (2IE), 2012 ;

KOUO NZOKO (F.A.), *Le propriétaire du sous-sol en droit camerounais*, Mémoire de Master 2, Université de Yaoundé II, 2014 ;

LICKERT (V.), *Les ressources minières au Cameroun : gouvernance, prise de décision et contre-expertise. Les acteurs publics et privés de la gouvernance minière au Cameroun*, Mémoire de Master 2 Recherche, Université de Paris 1 Sorbonne, 2012 ;

LONGO (R.L.), *La gestion des déchets dangereux au Cameroun*, Mémoire de Master en relations internationales, option diplomatie, spécialité contentieux international, IRIC, 2012 ;
MANGA OMBALA (A.), *La responsabilite penale des dirigeants sociaux en droit camerounais*, Mémoire de Master Recherche, Université de Yaoundé II, 2004 ;
MBALLO (B.), *Impacts possibles des activités minières sur les ressources en eau en Afrique de l'ouest : cas des mines aurifères du Burkina Faso*, Mémoire de Master en ingénierie de l'eau et de l'environnement, option environnement, Institut International d'Ingénierie de l'Eau et de l'Environnement (2IE), 2012 ;
OUEDRAOGO (I.), *Impact de l'exploitation minière industrielle sur la santé humaine et environnementale au Burkina Faso : cas de la mine d'or de Essakane SA*, Mémoire de Master 2 Professionnel en Sciences de la Santé, de l'Environnement, du Territoire et de la Société (SSEnTS), Université de Versailles Saint Quentin en Yvelines, 2012 ;
READER (S.), *Identification des principaux facteurs à considérer lors de l'évaluation du risque environnemental posé par l'ouverture d'une mine d'or,* Examen de synthèse, Université du Québec à Montréal, 1993.

Articles de doctrine et notes de jurisprudence

ADJOVI, (R.), « Le panel d'inspection de la Banque Mondiale : Développements récents », *Actualité Droit international*, 2001, pp. 1-9 ; disponible sur Internet à l'adresse : http://www.ridi.org/adi/200102a1.htm, consulté le 15 mai 2015 ;
AGUILA (Y.), « Dix propositions pour mieux réparer le dommage environnemental », *Env.*, n° 7, juil. 2012, pp. 9-13 ;
AILINCAI (M.) « Exploitation des ressources naturelles et droit à un environnement sain », *in* AILINCAI (M.) et LAVOREL (S.) (dir.), *Exploitation des ressources naturelles et protection des droits de l'homme,* éd. A. PEDONE, Paris, 2013, pp. 83-104 ;
AKAM AKAM (A.), « L'émergence de l'action collective en droit camerounais », *BDE*, n° 2, 2017, pp. 1-14 ;
AKONO MINLO (R.), « Réflexions sur les droits de l'exploitant de mines en droit camerounais », *Revue de l'Ersuma*, n° 4, septembre 2014, pp. 362-380 ;
ACWORTH (J.), « Analyse de la compensation environnementale proposée par CamIron », communication présentée lors d'un dîner parlementaire à l'hôtel Hilton de Yaoundé le 13 octobre 2014, *indédit* ;
ALHERITIERE (D.), « Evaluation des impacts sur l'environnement et le développement agricole. Etude de droit comparé », *Cahiers FAO :*

Environnement 2, Rome, 1981, pp. 1-96, disponible à l'adresse : http://www.fao.org/3/T0072F/T0072F.pdf, consultée le 01/10/ 2019 ;

ASCHIERI (A.), « Santé-environnement, défis pour le troisième millénaire », in *BDEI*, n° spécial 2003, pp. 4-9 ;

ATEBA EYONG (A.R.), « Responsabilité des entreprises et mécanismes de préservation des droits des victimes en Afrique noire » Communication au Colloque sur *L'exploitation minière et le droit de l'homme en Afrique noire*, Université de Yaoundé II, 17 et 18 décembre 2013, indédit ;

- « La divulgation des contrats miniers, "question prioritaire de légalité" pour les Etats d'Afrique centrale ? » Contribution à la Conférence Internationale du CEGIEAF sur le thème : *Initiatives de surveillance de la gouvernance des industries extractives en Afrique francophone. Bilan et perspectives*, UCAC, Yaoundé, 22 et 23 août 2014, inédit ;

AZAR-BAUD (M. J.), « L'action de groupe, une valeur ajoutée pour l'environnement ? », *VertigO - la revue électronique en sciences de l'environnement*, Hors-série 22, 2015, http://journals.openedition.org/vertigo/16291. pp. 1-18 ;

BAGHESTANI-PERREY (L.), « La constitutionnalisation du principe de précaution dans la Charte de l'environnement ou la consécration d'un principe à effet direct », *LPA*, n° 152, 30 juillet 2004, pp. 4-9 ;

BANQUE MONDIALE, DEPARTEMENT DE L'ENVIRONNEMENT, « Exploitation minière et traitement des minéraux », *in Manuel d'évaluation environnementale. Volume III : Lignes directrices pour l'évaluation environnementale de projets énergétiques et industriels.* Traduction de *Environmental Assessment Sourcebook*, Washington, 1999, pp. 196-211 ;

BAUDOUIN (J.L.), « Quelques réflexions sur la reconnaissance du droit à la santé dans les systèmes internationaux et régionaux des droits de la personne », *JIB* 1998, vol. 9, n°3, pp. 69-76 ;

BEDDIAR (N.), « Le droit de retrait des agents publics : un recours fragile ? », *Les Cahiers Dynamiques*, 2014/2 n° 60, pp. 44-53 ;

BELAÏDI (N.), « Droits de l'homme, environnement et ordre public : la garantie du bien-être », *in* M. BOUTELET et J.-C. FRITZ (dir.), *L'Ordre public Ecologique*, Bruxelles, Bruylant, 2005, pp. 15-49 ;

BELANGER (M.), « Origine et histoire du concept de santé en tant que droit de la personne », *Journal international de bioéthique*, 1998, vol. 9, n° 3, pp. 57-61 ;

- « Le droit à la santé, droit fondamental de la personne humaine », AUF, *Réseau des chercheurs « Droit de la Santé »*, Animation régionale de Dakar, 2005, disponible sur Internet à l'adresse : http://www.ds.auf.org/spip.php?article63, consulté le 17 mai 2015 ;

BEN HAMIDA (W.), « Le panel d'inspection de la banque mondiale et l'industrie extractive en Afrique », Contribution à la Conférence

Internationale du CEGIEAF sur le thème : *Initiatives de surveillance de la gouvernance des industries extractives en Afrique francophone. Bilan et perspectives*, UCAC, Yaoundé, 22 et 23 août 2014, inédit ;

BERTHELEMY (J.-Cl.), « Les relations entre santé, développement et réduction de la pauvreté », *Comptes Rendus Biologies,* Vol. 331, n° 12 - pp. 903-918 ;

BERTOLINI (G.), « La santé ou l'environnement ? Essai de diagnostic d'un modèle socioculturel », *Le Courrier de l'INRA*, n° 49, juin 2003, pp. 5-12 ;

BILLET (Ph.), « La protection juridique des sols : histoires de terrains, terrain pour l'histoire », *in* FROMAGEAU (J.) et CORNU (M.) (dir.), *Genèse du droit de l'environnement,* Vol. 1, Droit des espaces naturels et des pollutions, éditions L'harmattan, 2001, pp. 9-26 ;

- « La constitutionnalisation du droit de l'homme à l'environnement. Regard critique sur le projet de loi constitutionnelle relatif à la Charte de l'environnement », *Rev. jur. env.* 2003, numéro spécial, pp. 35-43 ;
- « La (dé)responsabilisation des auteurs d'atteintes à l'environnement par l'article 4 de la Charte constitutionnelle », *Environnement,* avril 2005, comm. n°32, pp. 25-27 ;
- « Les rapports juridiques entre déchets et santé. L'exemple de la protection des eaux souterraines » *: Rev. trim. dr. sanitaire et social* n° 2/2006 (n° sp. Santé et environnement), pp. 225-233 ;
- « Clés de lecture du nouveau régime de responsabilité environnementale », *JCP E.* 2009, n° 20, 2115, pp. 33-40 ;
- « Quand le droit fait grise mine », *Revue Environnement et Développement durable*, n° 5, mai 2011, pp. 3-4 ;
- « L'évaluation environnementale, fondement de la prévention et de la réparation des atteintes à la biodiversité en droit français et communautaire. Approche critique », *RJE*, n° spécial, 2011, pp. 63-78 ;
- « Recherche et exploitation du gaz de schiste : les incertitudes et demi-mesures d'une loi », *Environnement,* n° 11, novembre 2011, étude 11 ;
- « Gaz de schiste : l'interdiction du recours à la fracturation hydraulique » *Bulletin de droit de l'environnement industriel,* 2011, 35, pp. 37-43 ;
- « Le nouveau Code Minier et l'exploitation du gaz de schiste ». *JCPA*, 2011; p. 2168 ;
- « L'accès aux cavités et droit de propriété », extraits du guide juridique sur la protection du patrimoine géologique*,* commission juridique, ministère de l'écologie et du développement durable (France), janvier 2013, (en ligne), consulté le 10 mai 2014, pp. 1-5,

http://www.ffspeleo.fr/include/shiny-mce, consulté le 15 décembre 2018 ;

BISSECK (D.), « Rapport de la Cour suprême du Cameroun sur le droit pénal de l'environnement », *in Le droit de l'environnement,* Porto-Novo, 26 et 27 juin 2008, disponible en accès libre à l'adresse http://www.ahjucaf.org/Rapport-de-la-Cour-supreme-du,6715.html, consulté le 23 mai 2019 ;

BLANC Le (G.), « Le droit à la vie », *Raisons politiques* 2007/1, n° 25, pp. 57-71 ;

BOISSON DE CHAZOURNES (L.), «Le Panel d'inspection de la Banque Mondiale : à propos de la complexification de l'espace public international», *Revue Générale de Droit International public*, 2001, pp. 145-162 ;

- « Le principe de précaution : nature, contenu et limites », *in Le principe de précaution, aspects de droit international et communautaire*, (dir.) LEBEN (C.) et VERHOVEN (J.), éd., Panthéon-Assas, Diffusion LGDJ, Paris, 2002, pp. 65-94 ;

BORELLA (F.), « Le concept de dignité de la personne humaine », *in Ethique, droit et dignité de la personne humaine*, Mélanges Christian Bolze, Economica, Paris, 1999, pp. 29- 38 ;

BOSSUYT (M.), « La distinction juridique entre les droits civils et politiques et les droits économiques, sociaux et culturels », *RDH*, Vol 8-4, 1975, pp. 783- 813 ;

BOULANGER (D.), « L'indemnisation par l'État des acquéreurs victimes d'un sinistre minier », *JCP N.* 2000, pp. 1348-1351 ;

BOURGY (M.), « Le massacre de Kilwa : Anvil Mining et l'Agence multilatérale de garantie des investissements, complices de crimes de guerre », *http://www.cadtm.org/Le-massacre-de-Kilwa-Anvil-Mining*, consulté le 01/06/2019 ;

BOUSIGNES (A.), « Le droit des salariés de se retirer d'une situation dangereuse pour leur intégrité physique », *Droit social,* 1996, pp. 279-291 ;

BOUYSSOU (F.), « L'environnement : nouveau droit de l'homme ou droit liberticide ? », *in Pouvoir et liberté, Etudes offertes à J. Mourgeon, Bruylant*, 1998, pp. 535-545 ;

BUSTIN (O.) et ALMEIDA de (V.), « Le droit minier camerounais à l'épreuve de la réforme », in *L'essentiel Droits africains des affaires, Lextenso*, 1er mai 2017, n° 5, ID : DAA110j7, pp. 1-1 ;

CALMETTE (J.-F.), « Le droit de l'environnement : un exemple de conciliation de l'intérêt général et des intérêts économiques particuliers », *RJE,* 2008/3, pp. 265-280 ;

CAMPROUX-DUFFRENE (M.-P.), « La gestion de l'incertitude santé-environnement en droit civil de la réparation : quelles atteintes ? Quelles réparations ? », *in Colloque « Environnement et santé », L'harmattan*, Paris, 2009, pp : 261-278 ;

CANCADO TRINDADE (A.), « La protection des droits économiques, sociaux et culturels : Evolutions et tendances actuelles, particulièrement à l'échelle régionale », *RGDIP*/94, 1990, p. 913 -939 ;

CANIVET (G.) et GUILHAL (D.), « Protection de l'environnement par le droit pénal : l'exigence de formation et de spécialisation des magistrats », *Rec. Dalloz*, 2004, pp. 2728-2731 ;

CANS (C.), « Les mutations du droit de l'environnement sous l'effet des préoccupations sanitaires », *in* Ph. BILLET et al. (dir), *Droit de l'environnement et protection de la santé*, éd. L'Harmattan, collection Logiques Juridiques, 2009, pp : 171-203 ;

- « Plaidoyer pour un droit de l'environnement moins anthropocentrique. Réflexions insolentes sur la place croissante des préoccupations sanitaires dans le droit de l'environnement », *Droit de l'environnement*, n° 80, juillet-août, 2000, pp. 10-12 ;
- « Associations agréées de protection de l'environnement », *Juris-classeur*, fascicule n° 240, 5 décembre 2000, pp. 1-34 ;

CARBONNIER (G.), « Comment conjurer la malédiction des ressources naturelles ? », Annuaire suisse de développement, Vol. 26, n° 2, 2007, pp : 83-98 ;

- « La malédiction des ressources naturelles et ses antidotes », *Revue internationale et stratégique,* 2013/3 (n° 91), pp. 38-48 ;

CARILLO SALCEDO (J-A.), « Les droits reconnus dans la Convention européenne des droits de l'homme », *RUDH*, Vol. 4, n° 10-11, 1992, pp. 400-402 ;

CASAUX-LABRUNEE (L.), « Le droit à la santé », *in* CABRILLAC (R.) (dir.), *Libertés et droits fondamentaux,* 23e éd. Dalloz, 2017, Section 7, pp. 969-1000 ;

CHABAS (F.), « La notion de préjudice de contamination », *Resp. civ. et assur.* 1998, n° spéc. mai, p. 20-32 ;

CHAGNOLLAUD (D.), « Le principe de précaution est-il soluble dans la loi ? A propos de l'article 5 de la Charte de l'environnement », *D. Chroniques*, pp. 1103-1107 ;

CHAMONT (C.), « La Convention du Conseil de l'Europe sur la protection de l'environnement par le droit pénal », *in L'effectivité du droit européen de l'environnement : contrôle de la mise en œuvre et sanction du non respect*, (dir.) MALJEAN-DUBOIS (S.), CERIC, Université d'Aix Marseille III, *La documentation française*, Paris, 2000, pp : 199- 219 ;

CHAMPEIL-DESPLATS (V.), « Droit à la protection de l'environnement et droits fondamentaux », *in Environnement et renouveau des droits de l'homme*, *La Documentation Française*, Paris, 2006, pp. 17- 24 ;

- « Les droits et libertés fondamentaux en France : genèse d'une qualification », *in Droits fondamentaux et droit social*, *Dalloz*, Coll.

Thèmes et commentaires, (dir.) LYON-CAEN (A.) et LOKIEP (P.), 2005, p. 11 et s. ; *Revista Opiniao Juridica*, n° 10, 2008, pp. 232-260 ;

- « Des "libertés publiques" aux "droits fondamentaux" : effets et enjeux d'un changement de dénomination », Communication au colloque *« Des droits fondamentaux à l'obsession sécuritaire : mutation ou crépuscule des libertés publiques ? »*, organisé par l'Institut Michel Villey pour la culture juridique et la philosophie du droit en collaboration avec l'Institut Carré de Malberg de l'Université de Strasbourg, Paris, 14 mai 2010 ; pp. 1-16, disposbible à l'adresse http://juspoliticum.com/article/Des-libertes-publiques-aux-droits-fondamentaux-effets-et-enjeux-d-un-changement-de-denomination-290.html, consultée le 01/10/2019 ;

CHARPENTIER (J.), « L'humanité : un patrimoine mais pas de personnalité juridique », *in Les hommes et l'environnement, quels droits pour le 21e siècle ?* Etudes en hommage à ALEXANDRE KISS, sous la direction de FRISON-ROCHE (M.-A.), PRIEUR (M.) et LAMBRECHTS (C.), Paris, 1998, pp. 17-21 ;

CHEMILLIER-GENDREAU (M.), « L'humanité peut-elle être un sujet de droit international ? », *Cahiers d'action juridique*, septembre 1989, n° 67-68, pp. 14-18 ;

- « Les enjeux de la conférence de Kyoto. Marchandisation de la survie planétaire », *Le Monde diplomatique,* Janvier, 1998, pp. 3-4 ;

COLLIER (P.), « Ressources minérales, développement et conflits : liens de causalité et mesures politiques », Revue d'économie du développement, 3/2004, Vol. 18, pp : 197-215 ;

CORNU-THENARD (E.), « La réparation du dommage environnemental : étude comparative de la directive 2004/35/CE du 21 avril 2004 sur la responsabilité environnementale et de l'US Oil Pollution Act », *Revue Juridique de l'Environnement*, n° 2, 2008, pp. 175-189 ;

COSTA-LASCOUX (J.), « La protection des substances minières et le droit pénal en Afrique noire d'expression française », *Revue juridique, politique, indépendance et coopération*, tome 29, n°4, décembre 1975, pp. 389-421 ;

COUPE (J.), « Mines et carrières. Des contraintes d'exploitation accrues », *Le Moniteur TP*, n° 4985, 11 juin 1999, pp. 70-72 ;

COURANDIER (J.-M.), « Protection de l'environnement et protection de la santé humaine au poste de travail », *in* Ph. BILLET et al. (dir), *Droit de l'environnement et protection de la santé*, éd. L'Harmattan, collection Logiques Juridiques, 2009, pp. 119-124 ;

DAOUD (E.) et Le CORRE (C.), « La responsabilité pénale des personnes morales en droit de l'environnement », *BDEI,* n° 44, 2013, pp. 53-58 ;

DAVID (E.), « Le droit à la santé comme droit de la personne humaine », *Revue québécoise de droit international*, 1985, pp. 63-115 ;

DECAUX (E.), « La réforme du Pacte international relatif aux droits économiques, sociaux et culturels », *in Mélanges VALTICOS (N.), Droit et justice*, Pedone, Paris, 1999, pp. 405-415 ;

DEJEANT-PONS (M.), « L'insertion du droit de l'homme à l'environnement dans les systèmes régionaux de protection des droits de l'homme », *Revue universelle des droits de l'homme*, Vol.3, n° 11, 1991, p. 461-470 ;

- « Le droit à l'environnement, droit fondamental au niveau européen dans le cadre du Conseil de l'Europe et la Convention européenne de sauvegarde des droits de l'homme et des libertés fondamentales », *R.J.E*, 1994, n° 4, p. 373-419 ;
- « Le droit de l'homme à l'environnement et la Convention européenne de sauvegarde des droits l'homme et des libertés fondamentales », *in Liber amicorum Marc-André EISSEN*, Bruylant, LGDJ, Bruxelles/Paris, 1995, pp. 79-115 ;

DELHOSTE (M. F.), « L'environnement dans les constitutions du monde », *Revue de droit public et de la science politique*, 2004, n° 2, pp. 441-455 ;

DE SALVIA (M.), « Principes généraux du droit de l'homme à un environnement sain selon la Convention européenne des droits de l'homme », *Annuaire international des droits de l'homme*, vol. I., Bruylant, 2006, pp. 57-70 ;

DESSARD (H.) et al. « Des minerais sous les arbres : incompatibles et compensables ? Eléments de réflexion pour une régulation intersectorielle Cas du Gabon et du Cameroun », disponible à l'adresse : https://agritrop.cirad.fr/575740/1/document_575740.pdf, consulté le 12 février 2018. pp. 1-15 ;

DHOMMEAUX (J.), « Le droit de l'homme à un environnement sain dans les principaux instruments des Nations unies relatifs aux droits de l'homme », *Annuaire international des droits de l'homme*, Vol. I/ 2006, Bruylant, pp.71-112 ;

DOUMBE-BILLE (S.), « Droit international et développement durable », *in Les hommes et l'environnement*, en hommage à KISS (A.), Paris, éd. Frisson Roche, 1998, pp 230- 259 ;

DOUMBE-BILLE (S.), KISS (A.), « La Conférence des Nations unies sur l'environnement et le développement (Rio de Janeiro, 3- 14 juin 1992) », *A.F.D.I.,* XXXVIII, 1992, pp. 823- 843 ;

DUPUY (P.-M.), « Le droit à la santé et la protection de l'environnement », in *Le droit à la santé en tant que droit de l'homme*, Colloque, La Haye, 27-29 juillet 1978, Leyde, SIJTHOFF (A.W.) et NOORDHOFF, 1979, pp. 371-380 ;

DUPUY (R.-J.), « Le principe de précaution, règle émergente du droit international général », *in Le principe de précaution, aspects de droit international et communautaire*, (dir.) LEBEN (C.), et VERHOVEN (J.), éd., Panthéon-Assas, Diffusion LGDJ, Paris, 2002, pp. 95-112 ;

DUPRE DE BOULOIS (X.), « Existe-t-il un droit fondamental à la sécurité ?», *RDLF* 2018 chron. n°13, www.revuedlf.com, consulté le 22 mai 2018, Chron. 13 ;

DUSEPULCHRE (G.), « L'activité du panel d'inspection a-t-elle conduit la Banque Mondiale à modifier ses standards opérationnels ? : la réforme de la directive relative à la protection des populations autochtones pour cas d'étude », *Revue belge de droit international,* 2000, pp. 423-475. ;

EDIMO (F.), « Regard sceptique sur le droit à la santé au Cameroun », *Juridical Tribune,* Vol. 3, Issue 2, Décembre 2013, pp. 66-80 ;

EWALD (F.), « La véritable nature du risque de développement et sa garantie », *Risques,* 1993, n° 14, pp. 1-9 ;

FISCHER (G.), « La souveraineté sur les ressources naturelles », *Annuaire français de droit international*, Vol. 8, 1962, pp : 516-528 ;

FLAUSS (J.-F.), « Le droit de l'homme à un environnement sain, entre juridicisation et justiciabilisation », *Annuaire international des droits de l'homme*, Vol. I/ 2006, Bruylant, pp. 531-534 ;

FLORY (M.), « L'accès aux droits fondamentaux : le développement collectif », *in Effectivité des droits fondamentaux dans les pays de la communauté francophone*, Montréal, éd. AUPELF-UREF, 1994, p.134 ;

FORGET (L.), « Le Panel d'Inspection' de la Banque Mondiale », *Annuaire Français du Droit International*, n°42, 1996, pp. 645-661 ;

FOUCHER (K.), « La consécration du droit de participer par la Charte de l'environnement. Quelle portée juridique ? », *AJDA*, n°42 du11 décembre 2006, pp. 2316-2317 ;

FRILET (M.), « Investissements étrangers dans les infrastructures publiques et le secteur minier : Relever le défi dans les pays africains de droit civil - les clés de la réussite », *Revue congolaise de droit des affaires*, n°7, Janvier 2011, pp : 1- 14 ;

FRUMER (P.), « Protection de l'environnement et droits procéduraux de l'homme : des relations tumultueuses », *Revue trimestrielle des droits de l'homme*, 1998, pp. 813-833 ;

GENEAU (E.), « Prévention des risques miniers et aménagement du territoire : la question de la constructibilité en "pays minier" », *in* S. SOUMASTRE (dir.), *La prévention des risques naturels, bilan et nouvelles perspectives en droit national et en droit comparé*, Actes du colloque national de la Société Française pour le Droit de l'Environnement, Biarritz, 8 et 9 nov. 2007, p. 39-47, disponible à l'adresse :
https://www.cepri.net/tl_files/pdf/colloquesfdebiarritz2007.pdf, consulté le 01/10/2019 ;

GEZE (F.), « La bataille des matières premières minérales : entreprises multinationales contre pays producteurs : le cas du cuivre et de

l'aluminium », *Revue du Tiers Monde,* Vol. 17, n° 66, 1976, pp. 289-306 ;
GHEZALI (M.), « Les droits fondamentaux économiques, sociaux et culturels. Expérience de la France », *in Environnement et renouveau des droits de l'homme*, La Documentation française, Paris, 2006, pp.139-153 ;
GILLIG (D.), « Dans quel cas les incertitudes, omissions ou insuffisances de l'étude d'impact sont-elles susceptibles de vicier la procédure de délivrance de l'autorisation d'exploiter une installation classée ? », *Envir.,* 2011, n° 12, comm. n° 22 ;
GIRAUD (P. N.) et LOYER (D.), « Capital naturel et développement durable en Afrique », *in* S. MICHAÏLOF (dir.), *A quoi sert d'aider le Sud ?, Economica,* 2006, pp. 6-22 ;
GOLSONG (H.), « L'évolution, de la conception des droits collectifs dans la politique internationale », in *Les droits de l'homme, Droits collectifs ou droits individuels*, Actes du Colloque de Strasbourg de 13 et 14 mars 1979, Paris, LGDJ, 1980, pp 137-147 ;
GREVECHE (M.-P.), « L'appréhension des incertitudes scientifiques : les faibles doses », *in* BILLET (Ph.) et al. (dir), *Droit de l'environnement et protection de la santé*, éd. L'Harmattan, collection Logiques Juridiques, 2009, pp. 211-226 ;
GUTTINGER (Ph.), « Droit minier et environnement », in *Genèse du droit de l'environnement, sous la direction de Jérôme Fromageau et Marie Cornu, Vol. 1, Droit des espaces naturels et des pollutions, éditions L'harmattan*, 2001, pp : 27-72 ;
HANNOUN (C.), « La responsabilité environnementale des sociétés-mères *», Environnement et Développement durable*, n° 6, juin 2009, dossier 7. ;
HATZFELD (N.), « Les malades du travail face au déni administratif. La longue bataille des affections périarticulaires (1919-1972) », *Revue d'histoire moderne et contemporaine,* 56/1, janvier 2009, p. 177-196 ;
HAUMONT (J.), « Le droit à un environnement sain : le cas de la Belgique », *Annuaire international des droits de l'homme »*, Vol. I/ 2006, Bruylant, pp. 449-478 ;
HEERMANN (W.), « L'accès à la justice : la convention d'Aarhus », *RJE,* 2009, n° spécial, pp. 49-51 ;
HERMITTE (M.-A.), « Santé, environnement, pour une deuxième révolution hygiéniste », *in Les hommes et l'environnement. Quels droits pour le XXIe siècle ?* en hommage à Alexandre KISS, éd. Frison-Roche, 1998, p. 23-44 ;
HUGON (Ph.), « Le rôle des ressources naturelles dans les conflits armés africains », *Hérodote,* 2009/3, n° 134, pp. 63-79 ;

IMBERT (P.), « Droits des pauvres, pauvre(s) droit(s) ? Réflexions sur les droits économiques, sociaux et culturels », *Rev. Dr. Publ. et sc. Pol.*, 1989, pp. 739-754 ;

JACOBS (N.), « La portée juridique des droits économiques, sociaux et culturels », *Revue belge de droit international,* 1999/1, éd. Bruylant, Bruxelles, pp.19-26 ;

JAWORSKI (V.), « Les nuisances sonores : un problème de sa santé publique », *in* Ph. BILLET et al. (dir), *Droit de l'environnement et protection de la santé*, éd. L'Harmattan, collection Logiques Juridiques, 2009, pp. 81-102 ;

JENNINGS (S. N.), « Les mines et les carrières : un aperçu. Généralités sur les industries extractives », in MAGER STELLMAN (J.) (dir.), *Encyclopédie de sécurité et de santé au travail*, Volume 3, BIT, Chapitre 74, pp. 74.2-74.4 ;

KAMTO (M.), « Gestion des déchets et problématique des sites contaminés au Cameroun », *in Sites contaminés en droit comparé de l'environnement*, (dir) PRIEUR (M.), Presses universitaires de Limoges, 2003, pp : 435-467 ;

- « Les nouveaux principes du droit international de l'environnement», *in Revue Juridique de l'Environnement,* n°1, 1993. pp. 11-21 ;
- « Charte Africaine, instruments internationaux de protection des droits de l'homme, constitutions nationales : articulations respectives », *in Application nationale de la Charte Africaine des droits de l'homme et des peuples*, (dir.) FLAUS (J.F.), éd. Bruylant, Bruxelles, 2004, pp.11- 41 ;
- « Retour sur le droit au développement au plan international : droit au développement des Etats », *RUDH*, 1999, vol. 11, n° 1-3, p. 1-10 ;

KENFACK (P.E.), « Exploitation minière et droits des personnes au Cameroun : questions fondamentales négligées par les textes », Communication au Colloque sur *L'exploitation minière et droits de l'homme en Afrique noire*, Université de Yaoundé II, 17 et 18 décembre 2013, inédit ;

KENMOGNE SIMO (A.), « La responsabilité des entreprises en matière des droits humains en Afrique », in *Cahiers Juridiques et Politiques, Revue de la Faculté des Sciences Juridiques et Politiques de l'Université de Ngaoundéré*, 2010, pp. 35-49 ;

- « Entreprises et droits de l'homme : des voies pour un mariage », *Revue Togolaise des Sciences Juridiques (RTSJ)*, n° 0001, juillet-décembre 2011, pp. 31-38 ;

KERBRAT (Y.), « La responsabilité des entreprises peut-elle être engagée pour des violations du droit international ? », in H. GHERARI et Y.

KERBRAT, *L'entreprise dans la société internationale*, éd. A. Pedone, Paris, 2010, pp. 93-104 ;

KEUBOU (Ph.), « Lecture juridique du nouveau Code minier camerounais promulgué par le chef de l'Etat le 14 décembre 2016 : dispositions différentes de l'ancien Code minier, mécanismes de collecte des taxes et redistribution de la valeur ajoutée », Communication faite lors de la table ronde intitulée : *L'exploitation minière au Cameroun : état des savoirs, enjeux techniques et perspectives pour le développement des projets structurants*, Université de Dschang, le 17 mai 2017, disponible au format power point à l'adresse : https://fr.slideshare.net/UnivDschang/pr-keubou-lecture-juridique-nouveau-code-minier-camerounais, consulté le 25 septembre 2019 ;

KISS (A.), « La notion de patrimoine commun de l'humanité », *R.C.A.D.I.*, 1982, tome II, volume 175, pp. 321-232 ;

- « Le droit à la conservation de l'environnement », *Revue universelle des droits de l'homme*, 1990, vol. 12, pp. 445-448 ;
- « Les origines du droit à l'environnement : le droit international », *RJE*, n° spécial 2003, pp. 13-16 ;
- « Peut-on définir le droit de l'homme à l'environnement ? », *Revue juridique de l'environnent,* 1976, p. 16 ;
- « Un aspect du droit de vivre, le droit à l'environnement », *in Mélanges KUSHALANI*, Bruylant, 1998, p. 65-70 ;

LAIGNEAU (M.), RAY (J.-E.) et MATHIEU (B.), « Entreprise, droits fondamentaux et droits sociaux », *Les Nouveaux Cahiers du Conseil constitutionnel*, 2011/2 (N° 31), pp. 195-230 ;

LAMBERT (P.), Le droit de l'homme à un environnement sain. Propos introductifs, in *Annuaire international des droits de l'homme*, Vol. I/ 2006, Bruylant, pp. 27- 30 ;

LARROUY-CASTERA (X.), « La pérennisation de la remise en état », *in* BLIN-FRANCHOMME (M.-P.) (dir.), *Sites et sols pollués ; enjeux d'un droit, droit en jeu(x)*, Actes du colloque EJERID organisé à l'Université de Toulouse 1 le 24 octobre 2008, éd. LexisNexis, Litec, 2010, pp. 71-81 ;

LAURENT (C.), « Le droit à la vie et l'environnement », *Droit de l'environnement*, n° 107, avril 2003, pp. 71- 73 ;

LECERF (M.), BLANC (G.), « Mines et carrières, comment améliorer les critères juridiques de différenciation ? », *Gaz. Pal.* 1998, 1, Doc., pp. 89-97 ;

LE FICHANT (F.), « L'entreprise et les nuisances de voisinage », *in* J. FIALAIRE et E. MONDIELLI (dir.), *L'homme, ses territoires, ses cultures*, Mélanges offerts à André-Hubert MESNARD, LGDJ, 2006, p. 169 et s. ;

LEGOUX (P.), « Législation minière des pays francophones », *Revue juridique, Indépendance et coopération,* avril-mai-juin 1978, pp. 697-698 ;

LEGOUX (P.), « La réglementation minière des territoires français d'Afrique noire et de Madagascar », *Revue politique et juridique de l'Union française*, n°s 1 et 2, 1950, pp. 1-52 ;

LE LOUARN (P.), « Le principe de participation et le droit de l'environnement », *Droit de l'environnement*, n° 90, juillet/août 2001, pp. 132- 133 ;

LEVY (D.), « Evolution et problèmes actuels du droit minier », *RDP*, n° 1, 1982, p. 5 ;

LITHO (A.), « Chaines de valeur dans les secteurs minier et pétrolier au Congo », Contribution à la Conférence des Nations Unies sur le commerce et le développement intitulée : *Améliorer les effets structurants du secteur des ressources minérales dans les pays de la Communauté économique d'Afrique centrale*, Atelier national Brazzaville, République du Congo 26 et 27 septembre 2016, disponible à l'adresse : https://unctad.org/meetings/en/Presentation/Congo_26092016_N1_Ali_Litho.pdf, consultée le 1er octobre 2019, pp. 1-17 ;

LOCHACK (D.), « Pénaliser les violations des droits de l'homme ? », *Communications,* n° 104, 2019/1, pp. 191-203 ;

MABAKA (P.), « Le droit à l'air sain », in *Environnement et renouveau des droits de l'homme*, La Documentation Française, Paris, 2006, pp. 43- 49 ;

MALAURIE (Ph.), « Respect de la vie en droit civil », *Mélanges L. Boyer,* PU Toulouse, 1996, pp. 429-442 ;

MANIRAKIZA (P.), « La protection des droits de l'homme à l'ère de l'industrie extractive en Afrique », *Criminologie*, n° 49 (2), 2016, pp. 115-140 ;

MANKOU (M.), « Environnement et renouveau des droits de l'homme. Expérience comparées de mise en œuvre : expérience de l'Afrique », *in Environnement et renouveau des droits de l'homme*, La Documentation française, Paris, 2006, pp. 163- 171 ;

MARCOUX (J.-Ph.), « Droits de la personne et activités minières en Afrique », *in Après-Demain,* Revue de la Ligue des droits de l'Homme, no 452-453, mars-avril 2003, pp. 25-29 ;

MARGUENAUD (J.P.), « Inventaire détaillé des arrêts de la Cour européenne des droits de l'homme relatifs à l'environnement », *REDE,* 1998, pp. 5-20 ;

MARTIN-CHENUT (K.) et PERRUSO (C.), « La contribution des systèmes régionaux de protection des droits de l'homme à la pénalisation des atteintes à l'environnement », *in* L. NEYRET (dir.), *Des écocrimes à l'écocide. Le droit pénal au secours de l'environnement*, Bruylant, 2015, pp. 39-65 ;

MARTIN (G.), « La responsabilité civile pour les dommages à l'environnement et la Convention de Lugano », *RJE,* 2-3, 1994, pp. 121-136 ;

MATHIEU (B.), « La protection du droit à la santé par le juge constitutionnel. A propos et à partir de la décision de la Cour constitutionnelle italienne n° 185 du 20 mai 1998 », *Cahier du Conseil const.*, n° 6, 1999, p. 63 ;

- « Pour une reconnaissance de «principes matériels» en matière de protection constitutionnelle des droits de l'homme, *D.* 1995, chron., pp. 211 et 212 ;

MAZALTO (M.), « La réforme des législations minières en Afrique et le rôle des institutions financières internationales. Le cas de la République Démocratique du Congo », *in L'Afrique des grands lacs, Annuaire 2004-2005,* Centre d'étude de la région des Grands Lacs (Anvers), Paris, éditions L'Harmattan, pp. 263-287 ;

MBAYE (K.), « Le droit au développement, comme un droit de l'homme », *RDH,* 1972, pp. 503-534 ;

- « Droit de l'homme et pays en développement, in Humanité et droit international », *Mélanges DUPUY (R.J.)*, Pédone, 1991, p. 220 ;

MBOUMBA-MBOUMBA (P.), « L'influence du système juridique français sur la conception congolaise des droits miniers usuels en matière d'exploration et d'exploitation pétrolière », *Revue Penant,* mai-aout 1997, n° 824, pp. 188-207 ;

MEKOUAR (M. A.), « Le droit à l'environnement dans ses rapports avec les autres droits de l'homme », *in Environnement et droits de l'homme*, (dir.) KROMAREK (P.), éd. de l'UNESCO, paris, pp. 91- 97 ;

- « La Convention africaine : petite histoire d'une grande rénovation », *Environmental policy and law*, Vol. 34, n° 1, février 2004, p. 43, disponible à l'adresse : http://www.fao.org/3/a-bb087f.pdf, consultée le 1er octobre 20019, pp. 1-15 ;

MILLER (A. L.), « La réparation des dommages corporels par la sécurité sociale », *RIT*, vol. 124, n° 12, mars-avril 1985, pp. 205 et s. ;

MIMBANG (V. A.), « Etat des savoirs et les enjeux techniques dans le secteur minier au Cameroun », communication présentée à l'Université de Dschang le 17 mai 2017, disponible à l'adresse internet suivante : https://fr.slideshare.net/UnivDschang/reforme-du-secteur-minier-camerounais-presente-par-m-victor-aristide-mimbang, consulté le 2 juillet 2018, pp. 1-21 ;

MISSONE (D.), « Le zonage en droit de l'environnement : inventaire et critères de désignation », *in* C.E.D.R.E. (dir.), *Le zonage écologique*, Bruylant, Bruxelles, 2002, pp. 13-61 ;

MOLINARI (P. A.), « Le droit à la santé : de la solennité des énoncés aux enjeux de l'exercice », *RILS*, 49, 1, pp. 41-57 ;

MOLINER-DUBOST (M.), « Le droit de chacun à respirer un air qui ne nuise pas à sa santé », *RJE,* 4/ 2003, pp 431- 435 ;

- « Droit minier », *JurisClasseur administratif,* Fasc. 370, mise à jour le 15 juillet 2015 ;

MORAND-DEVILLER (J.), « La Charte de l'environnement et le débat idéologique », *RJE* n° spécial 2005, pp. 97- 103 ;

MOUGEOLLE (P.), « Sur la conformité constitutionnelle de la proposition de loi relative au devoir de vigilance des sociétés mères et des entreprises donneuses d'ordre », *La Revue des droits de l'homme* [En ligne], Actualités Droits-Libertés, mis en ligne le 15 février 2017, consulté le 15 février 2017. URL : http://revdh.revues.org/2970, consulté le 20 février 2019 ;

MOULIN (C.), « Le droit de retrait, principe général du droit du travail ? », *Droit social,* 1996, pp. 1034-1037 ;

MOURGEON (J.), « Les Pactes internationaux relatifs aux droits de l'homme », *Annuaire français de Droit international* (AFDI), 1967, pp. 326- 363 ;

MOUTON (P.) et VOIRIN (M.), « La prévention et la réparation des lésions professionnelles en Afrique : problèmes et lacunes », RIT, vol. 118, n° 4, pp. 501-516 ;

NDAME (J. P.), « L'aménagement difficile des zones protégées au Nord Cameroun », *Autrepart,* 2007/2 (n° 42), pp. 145-161 ;

NEMEDEU (R.), « De l'action de groupe : une esquisse venant du droit camerounais de la consommation », *in* YAWAGA (S.) (dir.), *La protection du consommateur au Cameroun : principes, enjeux et perspectives*, EDLK, Yaoundé, 2018, pp. 349-362 ;

NGUEMA (I.), « Perspectives des droits de l'homme en Afrique. Les racines d'un défi permanent », *Revue Universelle des droits de l'homme (RUDH),* Vol.2, n° 2, 1990, pp. 49- 53. p. 175 ;

NGUIFFO (S.) et MBIANDA (F.), « Une autre facette de la malédiction des ressources ? Chevauchements entre usages différents de l'espace et conflits au Cameroun », *Politique africaine* n° 131, octobre 2013, pp. 143-162 ;

NKOU MVONDO (P.), «Les droits des populations locales sur les richesses de la forêt et de la faune au Cameroun », *RJPIC*, n° 2, mai-août 2000, pp. 220 et s. ;

NTONO TSIMI (G.), « Le devenir de la responsabilité pénale des personnes morales en droit camerounais. Des dispositions spéciales vers un énoncé général ? », *Archives de politique criminelle,* 2011/1 n° 33, pp. 221-244 ;

- « La protection pénale des personnes et l'exploitation minière », Communication au *Colloque sur «L'exploitation minière et droits de l'homme en Afrique noire»,* Université de Yaoundé II, 17 et 18 décembre 2013, inédit ;

OLINGA (A. D.), « Le droit à des conditions matérielles d'existence en tant qu'élément de la dignité humaine (articles 2 et 3 de la CEDH) », *in* J.-Y. MORIN (dir.), *Les droits fondamentaux, Actes des 1res journées scientifiques du Réseau Droits fondamentaux de l'AUPELF-UREF*, éd. Bruylant, Bruxelles, 1997, pp. 91-103 ;

OLIVEIRA (C.), POMADE (A.) et STEINMETZ (C.), « La réparation de l'atteinte au milieu naturel », *in* K. MARTIN-CHENUTet R.

QUENAUDON (dir.), *La RSE saisie par le droit. Perspectives interne et international*, Editions A. Pedone, Paris, 2016, pp. 381- 396 ;

ORIANNE (P.), « De la juridicité des droits économiques et sociaux reconnus dans les déclarations internationales », *Annales de droit belge*, 1974, 34, pp. 147-150 ;

OST (F.), « Un environnement de qualité : droit individuel ou responsabilité collective », *L'actualité du droit de l'environnement*, Bruylant, 1995, p. 23 ;

- « La responsabilité, fil d'Ariane du droit de l'environnement », *in Droit et société*, n° 30-31, 1995, pp. 281-322 ;

OUDOT (P.), « La responsabilité environnementale et le risque de développement », *in* C. CANS (dir.), *La responsabilité environnementale : prévention, imputation, réparation*, Dalloz 2009, pp. 163-182 ;

OUMA ELOMA (J.), « Loi d'orientation pour l'aménagement et le développement durable du territoire », *Exposé fait lors de la conférence annuelle des responsables des services centraux et déconcentrés du MINEPAT*, Palais des Congrès de Yaoundé, 30 janvier 2012, disponible à l'adresse Internet : https://docplayer.fr/27814395-Theme-loi-d-orientation-pour-l-amenagement-et-le-developpement-durable-du-territoire.html, consultée le 04/07/2019, pp 1-7 ;

OUMBA (P.), « Le règlement amiable des litiges en matière d'environnement au Cameroun », *Liaison Energie Francophonie*, 2014, pp. 73-76 ;

PAQUEROT (S.), « Exploitation des ressources naturelles et droit à l'eau et à l'assainissement », *in* M. AILINCAI et S. LAVOREL (dir.), *Exploitation des ressources naturelles et protection des droits de l'homme,* éd. A. PEDONE, Paris, 2013, p. 26 et s. ;

PASSET (R.), « Une économie respectueuse de la biosphère », in *La planète mise à sac,* éd. Le Monde diplomatique, 1990, pp. 83-86 ;

PERI (A.), « La Charte de l'environnement : reconnaissance du droit à l'environnement comme droit fondamental ? », *Petites Affiches,* 24 février 2005, pp. 8-19 ;

PERROTO (J.) et MAYER (P.), « Réflexions sur l'appréciation de la nature professionnelle d'un accident ou d'une maladie en droit du travail et en droit de la sécurité sociale », *JCP, éd. soc., Lexis Nexis,* n° 14, 3 avril 2007, p. 1215 ;

PERSONNAZ (J.), VERDIER (P.) et JALLADE (P.), « Droit des mines. Régime des recherches minières », *Jurisclasseur administratif,* Fasc., n°370, 2004 ;

- « Droit des mines. Institution des titres miniers », *Jurisclasseur administratif,* Fasc., n°371, 2004 ;

PETER (J.E.), « Les mines, l'énergie et l'infrastructure des transports en Afrique noir francophone », *Revue juridique, politique, indépendance et coopération*, n° 3, 1974 ;

PETIT (F.), « Droits fondamentaux, corps et vie privée du salarié », *Annales de la Faculté des Sciences Juridiques et politiques de Dschang*, p. 21 et s. ;

PICARD (E.), « La responsabilité pénale des personnes morales de droit public : fondements et champ d'application », *Rev. des Soc.*, 1993, pp. 261-287 ;

PINET (G.), « Les défis de la santé au XXIe siècle : approche législative des déterminants de la santé », *Recueil international de législation sanitaire*, 1998, vol. 49, n° 1, pp : 129-175 ;

PISSALOUX, « La loi sur l'air et l'utilisation rationnelle de l'énergie ou la gestion difficile d'un édifice inachevé », *Petites affiches* n° 59, 16 mai 1997, pp. 11- 15 ;

PRIET (F.), « Enjeux et défis de la nouvelle planification régionale de l'aménagement du territoire », *in Itinéraires du droit et terres des hommes,* Mél. En l'honneur de Jean-Marie Breton, éd. mare et martin, 2017, p. 995 et s. ;

PRIEUR (M.), « Le respect de l'environnement et les études d'impact », *RJE*, 1981, n°2, pp. 119-128.

- « Les études d'impact et le contrôle du juge administratif en France », *RJE,* n°1, 1991, pp. 23-37.
- « Le droit à l'environnement et les citoyens. La participation », *RJE*, 1988/4, pp. 397-417 ;
- « L'environnement entre dans la Constitution », *Droit de l'environnement*, 2003, pp. 41-42 ;
- « Vers un droit de l'environnement renouvelé », *Les cahiers du Conseil constitutionnel,* n° 15, 2003, p… ;
- « Information et participation du public en matière d'environnement, influence du droit international et communautaire », *in La protection de l'environnement au cœur du système juridique international et du droit interne*, (dir.) PAQUES (M.) et FAURE (M.), Bruylant, 2003, pp. 294-301 ;
- « Les nouveaux droits », *AJDA,* juin 2005, p. 1157 et s. ;
- « Instruments internationaux et évaluation environnementale de la biodiversité : enjeux et obstacles », *Revue Juridique Environnement,* n° spécial 2011, Evaluation environnementale et gestion de la biodiversité, pp. 7-28 ;
- « Droit de l'homme à l'environnement et développement durable », disponible en accès libre sur le site : *www.francophonie-durable.org/documents/colloque-ouaga-a5-prieur.pdf,* consulté le 19 août 2014 ;

PUIGELIER (C.), « Qu'est-ce qu'un droit à la vie ? », *D.* 2003. Chron. 2781.

RAKOTOARISON (J.), « Introduction au droit à la santé (in Les droits économiques, sociaux et culturels », *Rapport des deuxièmes journées des responsables des chaires UNESCO et Instituts d'Afrique de l'Ouest et*

Centrale travaillant dans le domaine des droits de l'homme et de la démocratie, Cotonou, juillet 2003, pp. 163-176 ;
RAZAFINDRATANDRA (Y.), « Responsabilité civile et prévention des risques miniers », Dr. Env., n° 212, p. 180 ;
REDOR (M.-J.), « Garantie juridictionnelle et droits fondamentaux », *C.R.D.F.*, n° 1 /2002, pp. 91-97 ;
ROMI (R.), « On ne voit guère de chances qu'émerge une quelconque sanction juridique d'une éventuelle "non-assistance" à l'environnement en danger ! », *RDP,* 2004, n° 6, pp. 1488- 1489 ;
RORET (N.) et PORRET-BLANC (M.), « L'effectivité du droit pénal de l'environnement. Etat des lieux et perspectives », *Energie-Environnement-Infrastructures*, juillet 2016, pp. 16-19 ;
ROUSSEAU (D.), « Les droits de l'homme de la troisième génération », *Droit constitutionnel et droits de l'homme*, Economica, PUAM, Coll. Droit public positif, Paris/Aix-en-Provence, 1987, pp. 125- 137 ;
RUBBERS (B.), « Les sociétés africaines face aux investissements miniers », *Politique africaine,* n° 131, 2013/3, pp. 5-25 ;
SADELEER (N. de), « Grandeurs et servitudes du principe de précaution en matière de santé publique », *in Colloque « Environnement et santé »*, L'harmattan, Paris, 2009, pp. 227-253 ;
SAINTE-ROSE (J.), « Le droit et la vie », *RRJ*, 2002/3. 1131 ;
SAINT-MARC (P.), « L'homme est malade de son environnement », *Combat Nature* n°113, mai 1996, p. 5 ;
SAINT-JOURS (Y.), « La reconnaissance des maladies professionnelles depuis la loi n° 93-121 du 27 janvier 1993 (une réforme en trompe-l'œil) », *D.,* 1994, chron. p. 58 ;
SEILLAN (H.), « Evolution et indemnisation des maladies professionnelles (Loi n° 93-121 du 27 janvier 1993, article 7) », *ALD,* 1994, p. 98 ;
SHIHATA IBRAHIM (F. I.), « La Banque Mondiale et les droits de l'homme », *Revue belge de droit international*, 1999, pp. 67-87 ;
SMETS (H.), « Une Charte des droits fondamentaux sans droit à l'environnement », *Revue européenne de droit de l'environnement*, 2001, n° 4, p. 381 ;
SOBOTH (J.M.), « Flou artistique et mystification autour des diamants camerounais », Revue Possibles, Volume 36, n°1, Hiver 2012, pp. 13-27 ;
SOHNLE (J.), « Les relations entre environnement et santé en droit international : coexistence problématique ou cohabitation symbolique ? », *in Colloque « Environnement et santé »*, L'harmattan, Paris, 2009, pp : 145-170 ;
SOTO (H.), ROUSSEAU (A.) et NOVA (F.), « Procédés de traitement des rejets de cyanuration, Recherche bibliographique », présentée au Ministère des Ressources Naturelles du Québec, 1996, 64 p, *in* AUBERTIN, BUSSIERE et BERNIER, *Environnement et gestion des*

rejets miniers, Manuel sur cédérom, Montréal, Presses internationales polytechniques, 2002 ;

SMETS (M.-P.), « Exploitation minière et droits humains au Mali », *Commission Justice et Paix belge francophone, Analyses,* 2010, pp. 1-5, disponible à l'adresse : http://www.justicepaix.be/IMG/pdf/2010_Analyse_exploitation_miniere_et_droits_humains_au_Mali.pdf, consulté le 23 mai 2019 ;

STEICHEN (P.), « Le bien-être au cœur du droit à un environnement sain. L'apport de la jurisprudence de la Cour européenne des droits de l'homme », *in* M. TORRE-SCHAUB (dir.), *Le bien-être et le droit*, éd. Publications de la Sorbonne, Paris, 2016, p. 46 ;

SUDRE (F.), « La protection du droit à l'environnement par la CEDH », *in Commission européenne et environnement*, (dir) Masclet (J.C.), La documentation française, Paris, 1997, pp. 209- 222 ;

- « Les incertitudes du juge européen face au droit à la vie », *in Mélanges Christian Mouly, Litec*, 1998, t. 1, pp. 375-388 ;

TCHANGO (W.), « Les employés de la mine dans l'étau de la précarité », in *Ressources,* Bulletin d'information destiné à la promotion de la gestion durable des ressources naturelles, n° 002, mai 2016, pp. 20-21 ;

TCHEUWA (J.-Cl.), « Les préoccupations environnementales en droit positif camerounais », *RJE*, 2006/1, pp. 21-42 ;

TERRE (F.), « Sur la Notion de libertés et droits fondamentaux », *in* R. CABRILLAC, A.-M. FRISON-ROCHE et Th. REVET (dir.), *Libertés et droits fondamentaux*, Paris, 18e éd., Dalloz, 2012, pp. 3-6 ;

TIZIO (S.), « Quelle légitimité pour les politiques de santé face aux objectifs de développement durable ? », *in Développement durable et territoires, Les dimensions humaine et sociale du Développement Durable*, Dossier 3, 2004, accessible en ligne à l'adresse : http://developpementdurable.revues.org/1159, consulté le 24 août 2014 ;

TOMASEVSKI (K.), « La justiciabilité des droits économiques, sociaux et culturels », *Revue de la Commission internationale de juristes*, n° 55, décembre, 1995, pp. 223- 235 ;

TOMASIN (D.), « Responsabilité en matière de dommages consécutifs à l'exploitation minière et à la prévention des risques miniers après la fin de l'exploitation », *RD imm.* 1999, p. 441 ;

TOUMBA (O.) et WAKPONOU (A.), « Exploitation minière dans l'arrondissement de Figuil (Cameroun) : problèmes de santé publique et effets environnementaux », *Belgeo,* n° 4, 2014, pp. 1-16 ;

TOURNIS (V.) et RABINOVITCH (M.), « Économie mondiale et ressources minérales », *Géologues*, n° 152, 2007, pp. 4-9 ;

- « Principes de législation minière », *Géologues*, n°152, 2007, pp. 14-24 ;

TROUILLY (P.), « Le devoir de prendre part à la préservation et à l'amélioration de l'environnement : obligation morale ou juridique ? », *Environnement*, avril 2005, pp. 21-23 ;
TRUCHET (D.), « Douze remarques simples sur le principe de précaution », *JCP, G.*, 2002, p. 138 ;
TURNER (A.), « Corps meurtris. Genre et invalidité dans les mines de charbon d'Écosse au milieu du dix-neuvième siècle », *in* J. RAINHORN (dir.), *Santé et travail à la mine : XIXe-XXIe siècle,* Presses universitaires du Septentrion, 2014, disponible à l'adresse
http://books.openedition.org.ezscd.univlyon3.fr/septentrion/1824, consulté le 18 avril 2018 ;
UGO (L.), « Enjeux environnementaux associés aux mines aurifères : le Nord du Québec et du Canada », *Communication présentée au Congrès de l'ACFAS*, Université McGill, Montréal, 18 mai 2006, disponible à l'adresse :
http://www.ieim.uqam.ca/IMG/pdf/Lapointe_ACFAS2006_Final.pdf, consulté le 24 octobre 2018, pp. 1-12 ;
VAN LANG (A.), « Doit répressif de l'environnement : perspectives en droit administratif », *RJE,* H.S. 2014, pp. 33-46 ;
VASAK (K.), « Le droit international des droits de l'homme », *RCADI,* 1974, tome IV, vol. 140, p. 345 ;
- « Pour une troisième génération des droits de l'homme », *Etudes et essais sur le droit international humanitaire et sur les principes de la Croix rouge,* En l'honneur de Jean Pictet, Nijhoff, Genève/ La Haye, p. 839 ;
- « Institutions internationales de protection et de promotion des droits de l'homme », in *Les dimensions internationales des droits de l'homme*, Unesco, enseignement des droits de l'homme, 1978, p. 239 ;

VERDUSSEN (M.), « Le droit à un environnement sain dans les constitutions des Etats européens », *Annuaire international des droits de l'homme*, Vol. I/ 2006, Bruylant, p. 328 ;
VINEY (G.), « L'évolution du droit de l'indemnisation des victimes d'accidents du travail et de maladies professionnelles », *Droit social,* n°9/10, 2011, pp. 964-973 ;
VOGT (C.), « La mise en œuvre du droit à la protection de l'environnement par l'information », *Actes de la 2e Conférence européenne sur l'environnement et les droits de l'homme,* Salzburg, 2-3 décembre 1980, Institut international des droits de l'homme, Institut pour une politique européenne de l'environnement, 1980, pp.6 et s. ;
WEISS (P.), « Les matières premières minérales », *in Encyclopédie Juridique de l'Afrique*, Tome 5 (Droit des biens), Dakar, NEA, pp. 341-375 ;

WINISDOERFFER (Y.), « »Environnement et santé« dans la jurisprudence de la Cour européenne des droits de l'homme : un droit individuel à un environnement "salubre" », *in Colloque « Environnement et santé »*, L'harmattan, Paris, 2009, pp. 131-143 ;

WERTENSCHLAG (B.), « La responsabilité de l'exploitant pour dommages consécutifs à l'exploitation minière », *JCP N.*, 2000, p. 1830 ;

WINISDOERFFER (Y.), « »Environnement et santé» dans la jurisprudence de la Convention européenne des Droits de l'Homme : un droit individuel à un environnement «salubre» », *in* Ph. BILLET et al. (dir), *Droit de l'environnement et protection de la santé*, éd. L'Harmattan, collection Logiques Juridiques, 2009, pp. 131-142 ;

YOLKA (Ph.), « Nouvelles perspectives du droit minier : la loi n° 99-245 du 30 mars 1999 », *Cahiers juridiques de l'électricité et du gaz* n° 561, Janvier 2000, chron. 100000 ;

ZACCAI (E.), « Qu'est-ce que le développement durable ? », Intervention lors du cycle de conférences « Rio, le développement durable 10 ans après » à la Cité des Sciences, Paris, mai 2002, disponible à l'adresse : http://www.quinoa.be/wp-content/uploads/2012/06/zaccai_DD-definition.pdf, consulté le 09 avril 2018, pp. 1-20.

RAPPORTS DE RECHERCHE, AVÌS, COLLOQUES, CONFERENCES ET SEMINAIRES

Rapports de recherche

AITEC (France), COMHLAMH (Irelande) et WEED (Allemagne), *Au lieu d'exporter la crise, importons les alternatives ! Quand les peuples du Sud redéfinissent les politiques commerciales,* 2012, disponible à l'adresse http://aitec.reseau-ipam.org/spip.php?article1280 ;

BADINTER (R.) et GENEVOIS (B.), *Normes de valeur constitutionnelle et degré de protection des droits fondamentaux*, Rapport français à la 8e conférence des Cours constitutionnelles européens, RFDA, 1990, p. 318 ;

BESADA (H.) et MARTIN (Ph.), *Les codes miniers en Afrique : la montée d'une «quatrième» génération ?*, Rapport de Recherche, Institut Nord-Sud, Mai 2013, 31 p. ;

BUREAU INTERNATIONAL DU TRAVAIL, *Guide pour la prévention et la suppression des poussières dans les mines, les galeries et les carrières*, Genève, 1965, 455 p. ;

- *Sécurité, santé et conditions de travail dans les transferts de technologie aux pays en développement*, Genève, 1988, 61 p. ;

- *Recueil de directives pratiques sur la sécurité et la santé dans les mines à ciel ouvert*, Genève, 1991, 90 p. ;
- *La sécurité et la santé dans les mines*, Rapport V (1), CIT, 81e session, Genève, 1994, 71 p. ;
- *Recueil de directives pratiques sur la sécurité et la santé dans l'industrie du fer et de l'acier*, Programme des activités sectorielles, MEISI/2005/8, Genève 2005, 117 p. ;
- *Recueil de directives pratiques sur la sécurité et la santé dans les mines de charbon souterraines*, Programme des activités sectorielles, Genève, 2006, 221 p. ;
- *Etude d'ensemble sur l'inspection du travail,* Genève 2006, 171 p. ;
- *Enfants dans les travaux dangereux, ce que nous savons, ce que nous devons faire*, Genève, 2011, 96 p. ;
- *Promouvoir la sécurité et la santé dans une économie verte*, Genève, 2012, 16 p. ;
- *Safety and health at work: A vision for sustainable prevention* [disponible en anglais uniquement], XXe Congrès mondial sur la sécurité et la santé au travail 2014 : Forum mondial pour la prévention, Genève, 2014, 41 p. ;
- *Œuvrer ensemble pour promouvoir un milieu de travail sûr et salubre*, Conférence internationale du travail, 106e session, ILC.106/III/1B, Genève, 2017, 277 p.

CAMPBELL (B.) (dir.), *Enjeux des nouvelles réglementations minières en Afrique*, Uppsala, Nordiska AfrikaInstitutet, Document de recherche 3, 2004 ;

CED-RELUFA, *Obligations fiscales des compagnies minières au Cameroun, suivi des obligations contractuelles de C&K Mining*, http://www.relufa.org/ document, consulté le 16 août 2014 ;

CHAIRE EN ECO-CONSEIL, *L'industrie minière et le développement durable*, document de travail, Université du Québec à Chicoutimi, 2012, 71 p. ;

CHEKOUA (J. L.) et NGALIM YONGABI (B.), *Conditions de travail dans les entreprises minières de la région de l'Est*, Foder, 2016, disponible sur le site : http://forest4dev.org/, consulté le 17 février 2018 ;

CNCDH, *Avis sur le droit à un environnement sain dans les outre-mer : la question des activités extractives en guyane et en nouvelle-calédonie*, 17 octobre 2017, disponible à l'adresse : https://www.cncdh.fr/fr/publications/avis-sur-le-droit-un-environnement-sain-dans-les-outre-mer, consulté le 1er septembre 2019, 62 p. ;

COMMISSION ECONOMIQUE POUR L'AFRIQUE, *Situation de l'exploitation minière à petite échelle en Afrique et stratégie pour son développement*, NRD/MRU/TP/1/92, Déc. 1992, 89 p. ;

- *Les ressources minérales et le développement de l'Afrique,* Rapport du Groupe d'études international sur les régimes miniers de l'Afrique, 2011, 251 p. ;

CONSEIL DES DROITS DE L'HOMME, *Les droits de l'homme et l'accès à l'eau potable et à l'assainissement*, Résolution A/HRC/15/L.14 du CDH de l'ONU, 24 septembre 2010, adoptée le 30 septembre ;

CURTIS (M.), « Le nouvel accaparement des ressources : comment la politique commerciale de l'Union européenne sur les matières premières sape le développement », *Traidcraft Exchange, Oxfam Germany, WEED, AITEC et Comhlamh,* 2010, disponible sur http://www2.weed-online.org/uploads/le_nouvel_accaparement_des_ressources.pdf, consulté 10 avril 2018, 60 p. ;

FEDERATION INTERNATIONALE DES LIGUES DES DROITS DE L'HOMME, *Mali. L'exploitation minière et les droits humains*, Mission internationale d'enquête, septembre 2007, 52 p. disponible à l'adresse : https://www.fidh.org/IMG/pdf/Ml477f.pdf, consultée le 25 septembre 2019 ;

FODER, *Memo à l'attention du Ministère des mines, de l'industrie et du développement technologique*, février 2019, disponible sur le site : http://forest4dev.org/, consulté le 16 juin 2019 ;

FRIEDRICH ERBERT STIFTUNG et DEVELOPPEMENT SANS FRONTIERES, *Etat des lieux sur le travail décent dans le secteur minier au Cameroun. Le cas des travailleurs miniers des régions de l'Adamaoua et de l'Est du Cameroun,* éd. PUA, 2015, 160 p. ;

GOSSEMENT (A.), *Droit minier et droit de l'environnement, éléments de réflexion Pour une réforme relative à l'évaluation environnementale, à l'information et à la participation du public,* Rapport remis à Madame Nathalie KOSCIUSKO-MORIZET, ministre de l'Ecologie, du Développement durable, des Transports et du Logement, Paris, le 12 octobre 2011, 372 p. ;

GRANIER (L.), *Aspects contemporains du droit international de l'environnement en Afriques de l'Ouest et Centrale,* UICN, Droit et politique de l'environnement n°69, 225 p. ;

GUIFFO (S.), KENFACK (P. E.), MBALLA (N.), *Les droits fonciers et les peuples des forêts d'Afrique. Perspectives historiques, juridiques et anthropologiques,* Rapport n°2 sur L'incidence des lois foncières historiques et modernes sur les droits fonciers des communautés locales et autochtones du Cameroun, Forest peoples programme, janvier 2009, 28 p.

KENFACK (P. E.), NGUIFFO (S.) et NKUINTCHUA (T.), *Investissements fonciers, redevabilité et cadre légal : Leçons du Cameroun*, disponible à l'adresse : iied.org/land-acquisitions-rights, consulté le 28 août 2017, 64 p. ;

KILOMBA SUMAILI (A.), *La protection juridique des investisseurs étrangers par le nouveau code minier de la République Démocratique du*

Congo : cas de la cité de Kamituga, disponible à l'adresse : https://www.hamann-legal.de/upload/Adolphe_franz.pdf, consultée le 1er octobre 2019, 38 p. ;

KOURILSKY (P.) et VINEY (G.), *Le principe de précaution*, Rapport au Premier ministre, La Documentation française, 2000, 189 p. ;

MARSILY de (G.) et TARDIEU (B.) (dir.), *Stratégie d'utilisation des ressources du sous-sol pour la transition énergétique française : les métaux rares*, Rapport commun de l'Académie des sciences et de l'Académie des technologies, juillet 2018, 145 p.,

MEKOUAR (M.A.), *Le droit à l'environnement dans la Charte africaine des droits de l'homme et des peuples, étude juridique de la FAO*, Rome, 2001, disponible à l'adresse : http://www.fao.org/3/a-bb049f.pdf, consulté le 10 avril 2018, 20 p. ;

MINISTERE DE L'ENVIRONNEMENT ET DES FORETS et PNUD/DDSMS, *La situation géologique et des ressources minérales au Cameroun, étude des préoccupations environnementales. Politiques et législation relatives à la gestion des catastrophes naturelles et à l'exploitation minière et pétrolière,* 1995, Vol II, 10-24 ;

OMS, *Glossaire de la promotion de la santé,* Genève, 1999 disponible à l'adresse : https://apps.who.int/iris/handle/10665/67245, 25 p. ;

- *Rapport sur la santé dans le monde : réduire les risques et promouvoir une vie saine,* Genève, 2002, https://www.who.int/whr/2002/fr/, 262 p. ;

OUEDRAOGO (F.), *Diagnostic du secteur minier du Cameroun, Rapport final, Dignostic des sous-secteurs des mines et géologie*, ADE, Commission européenne, octobre 2009 ;

PALLEMAERTS (M.), *La dimension spatiale des droits humains : pour une nouvelle culture du territoire*, Actes du Séminaire international CEMAT [Conférence européenne des ministres responsables de l'aménagement du territoire], Erevan, Arménie, 13-14octobre 2008, Strasbourg, Editions du Conseil de l'Europe, série « Aménagement du territoire et paysage », n° 91, 2009, p.45.

POUGOUE (P. G.), *Cameroun : situation de travail et protection des travailleurs, Rapport final*, http://ilo.org/wcmsp5/groups/public/---ed_dialogue/---dialogue/documents/genericdocument/wcms_203844.pdf, consulté le 10 mai 2018, 32 p. ;

PROJET HYDROELECTRIQUE DE LOM PANGAR, *Evaluation environnementale et sociale (EES). Evaluation des impacts environnementaux et sociaux*, 2011, Vol I, 449 p. ;

RUGGIE (J.), *Principes directeurs relatifs aux entreprises et aux droits de l'homme*, Conseil des droits de l'homme des Nations Unies, 2011 b, HR/PUB/11/4, 16 juin 2011, 49 p.

https://www.ohchr.org/documents/publications/guidingprinciplesbusinesshr_fr.pdf, consulté le 1er octobre 2019 ;

SCHWARTZ (B.), HOYLE (D.) et NGUIFFO (S.), *Tendances émergentes dans les conflits liés à l'utilisation des terres au Cameroun. Chevauchements des permis des ressources naturelles et menaces sur les aires protégées et les investissements directs étrangers*, Rapport WWF en collaboration avec le CED et RELUFA, 2012, 20 p. ;

SLACK (K.), *Les défis de l'industrie minière mondiale*, Directeur du Programme des Industries Extractives à Oxfam-America, réalisé en collaboration avec l'Institute for Policy Dialogue 2008-10-12, Numéro 73, disponible en ligne à l'adresse : https://www.pambazuka.org/fr/governance/les-d%C3%A9fis-de-l%E2%80%99industrie-mini%C3%A8re-mondiale, consulté le 10 juillet 2017 ;

UNESCO : *Environnement et droits de l'homme*, éd. Kromarek (P.), Paris, 1987, disponible à l'adresse : http://unesdoc.unesco.org/images/0007/000798/079839fo.pdf, consulté le 10 avril 2018, 175 p. ;

UNTERMAIER (J.) et JANIN (P.), *Le procédé de l'autorisation conditionnelle et la mise en œuvre des mesures de réduction, de suppression et de compensation des études d'impact*, Rapport pour le ministère de l'Environnement, février 1983, 154 p. ;

VAULONT (I.) et VO VAN QUI (J.-L.), *L'indemnisation des dégâts miniers,* Rapport au ministre de l'écologie, du développement durable, des transports et du logement, déc. 2011, disponible à l'adresse : http://cgedd.documentation.developpement-durable.gouv.fr/documents/cgedd/007373-01_rapport.pdf, consulté le 05 février 2019, 141 p.

AVIS, COLLOQUES, CONFÉRENCES ET SÉMINAIRES

MINMIDT, « 3e Exposition et Conférence internationale sur les mines au cameroun », Palais des congrès de Yaoundé, du 2 au 4 septembre 2019, http://cimec2019.com/levenement/

BERGERON (J.-S.), « Propriété foncière et richesse naturelle, la propriété du sous-sol n'est pas absolue » 47e congrès des évaluateurs municipaux du Québec, 28 mai 2011, (en ligne) consulté le 10 mai 2014, http://www.aemq.qc.ca ;

BLIN-FRANCHOMME (M.-P.) (dir.), *Sites et sols pollués ; enjeux d'un droit, droit en jeu(x)*, Actes du colloque EJERID organisé à l'Université de Toulouse 1 le 24 octobre 2008, éd. LexisNexis, Litec, 2010, 306 p. ;

CHAIRE DRNE, *Les meilleures pratiques juridiques au service de l'acceptabilité sociale des projets miniers,* Colloque, Université Laval, 18 septembre 2019.

KEITA (S.), *Impacts de l'exploitation minière sur l'environnement,* Atelier de formation des opérateurs miniers nationaux, AMEIE-MALI, Vol. 1. 42 p. ;

CIMEC, « L'industrie minière au cœur du développement durable du Cameroun », Conférence internationale, Palais des Congrès, Yaoundé, du 29 au 31 mai 2013 ;

NGUENE (P.I.), « Partenariat public-privé et valorisation des ressources minières », Communication à la Conférence de Montréal, 11-14 Juin 2012, disponible à l'adresse : http://feia.forum-americas.org/sites/default/files/documents/20120612-nguene-pres-fr.pdf, consultée le 1er octobre 2019, pp. 1-16 ;

PUJOL (H.), (dir.), *Tristes Mines : impacts environnementaux et sanitaires de l'industrie extractive* ? Actes du colloque international « Salsigne, la mine dort, la pollution veille : un siècle de nuisance et de litigiosité », Montpellier, 20-21 mars 2013, organisé par l'UMR 5815 Dynamiques du droit et l'Ecole Sécurité environnement qualité, édition : Bordeaux, Les Études hospitalières, DL 2014, cop. 2014, 344 p. ;

UNIVERSITE DE YAOUNDE II, « Exploitation minière et forêts : enjeux pour le développement durable au Cameroun », 16e Colloque en évaluation environnementale, Yaoundé-Cameroun, 12 au 15 septembre 2011.

ARTICLES DE PRESSE

ABENA ABENA (J.), « Les villageois barrent la route aux engins de la société Sinosteelcam », *Le Jour*, vendredi 28 août 2008 ;

JOYUM (B-O), « Le Cameroun vante ses potentialités minières et ambitionne d'être comme Indaba en Afrique du Sud », 18- 10- 2014, en ligne, consulté le 17 septembre 2014 http://www.investir au Cameroun.com

KOUAGHEU (J.), « Au ameroun, Eseka l'endeuillée saisie par la fièvre de l'or », http://www.lemonde.fr/

NTCHAPDA (P. A.), « Découverte : des chercheurs d'or envahissent le village de feu May Matip près d'Eséka », *Cameroon-Info.Net*, sites consultés le 08 février 2018.

« Le secteur minier en quête de visibilité », Afriquinfo, 2014-08-14, consulté le 16 août 2014, http://www.afriquinfo.com

« Cadre juridique des contrats de partenariat au Cameroun », consulté le 18/9/2014, http://www.business-in-a-box.com partenariat

« Projets minier au Cameroun », (en ligne), consulté le 17 septembre 2014, http:// www.investiraucameroun.com/tags/capam

« Le partage des revenus miniers : des mesures initiatives », consulté le 18/9/2014, http://www.Cameroon-report.com

ZRA (D.), « Cameroun : découverte d'une mine d'or à Eséka », http://www.crtv.cm ;

JURISPRUDENCE

CIJ, 8 juillet 1996, *Avis consultatif sur la licéité de la menace ou de l'emploi d'armes nucléaires*, https://www.icj-cij.org/files/case-related/95/095-19960708-ADV-01-00-FR.pdf

CIJ, 25 septembre 1997, *affaire du projet de Gabcikovo-Nagymaros* opposant la Slovaquie et la Hongrie, *AFDI*, volume 43, 1997. pp. 286-332, https://www.icj-cij.org/fr/affaire/92

CEDH, 19 février 1998, *Guerra et al. c. Italie*, *Recueil* 1998, (116/1996/735/932).

CJCE, 18 novembre 1999, *Aff. Pfitzer Animal Health c/ Conseil de l'Union européenne*, CJCE, n° C-329/99,
https://eur-lex.europa.eu/legal-content/FR/TXT/?uri=CELEX%3A61999TJ0013

CADHP, 13-27 octobre 2001, *Social and economic Rights Action Center, Centre for Economic and social Rights v. Nigeria*, Communication n° 155/96, 30e Session ordinaire, 15e Rapport d'activités, pp : 29-41, https://www.achpr.org/fr_sessions/descions?id=134.

CEDH, 8 juillet 2003, GC, *Hatton et al. c. Royaume-Uni*, disponible à l'adresse : https://hudoc.echr.coe.int/eng-press#{%22itemid%22:[%22003-789973-806926%22]}, consultée le 4/03/2020.

CEDH, 10 novembre 2004, *Taskin et autres c/ Turquie*, Requête n° 46117/99, https://hudoc.echr.coe.int/fre-press#{%22itemid%22:[%22003-1179984-1224914%22]}.

CEDH, 30 novembre 2004, *Öneryildiz c. Turquie* [GC], n° 48939/99, CEDH 2004-XII, https://hudoc.echr.coe.int/eng#{%22itemid%22:[%22001-67616%22]}

CEDH, 9 juin 2005, *Fadeïeva c. Russie,* Requête n° 55723/00,
https://hudoc.echr.coe.int/eng#{%22itemid%22:[%22001-69316%22]}

CE, 8 juillet 2005, *Affaire Alusuisse Lonza France*, *Rec. Lebon - Recueil des décisions du conseil d'Etat 2005,* 08-07-2005, n° 247976

CIAmDH, 28 novembre 2007, *Peuple Saramaka c. État du Suriname.*

CourEDH, 27 janvier 2009, *Tătar c. Roumanie*,
https://hudoc.echr.coe.int/eng#{%22itemid%22:[%22001-90909%22]}

CEDH, arrêt *Hamer c. Belgique*, 27 nov. 2007, n° 21861/03

CourEDH, 30 mars 2010, *Băcilă c. Roumanie*, § CourEDH, 10 février 2012, *Di Sarno et al. c. Italie*, § 98-103.

CourEDH, 10 janvier 2012, *Di Sarno et autres c. Italie*, Requête n° 30765/08,
https://hudoc.echr.coe.int/eng#{%22itemid%22:[%22001-108476%22]}.

CIJ, 20 avril 2010, *Affaire des Usines de pâte à papier sur le fleuve Uruguay, Argentine c. Uruguay*, https://www.icj-cij.org/fr/affaire/135

INDEX ALPHABÉTIQUE

Les numéros renvoient aux pages.

TABLE DES MATIÈRES

Structures éditoriales du groupe L'Harmattan

L'Harmattan Italie
Via degli Artisti, 15
10124 Torino
harmattan.italia@gmail.com

L'Harmattan Hongrie
Kossuth l. u. 14-16.
1053 Budapest
harmattan@harmattan.hu

L'Harmattan Sénégal
10 VDN en face Mermoz
BP 45034 Dakar-Fann
senharmattan@gmail.com

L'Harmattan Cameroun
TSINGA/FECAFOOT
BP 11486 Yaoundé
inkoukam@gmail.com

L'Harmattan Burkina Faso
Achille Somé – tengnule@hotmail.fr

L'Harmattan Guinée
Almamya, rue KA 028 OKB Agency
BP 3470 Conakry
harmattanguinee@yahoo.fr

L'Harmattan RDC
185, avenue Nyangwe
Commune de Lingwala – Kinshasa
matangilamusadila@yahoo.fr

L'Harmattan Congo
219, avenue Nelson Mandela
BP 2874 Brazzaville
harmattan.congo@yahoo.fr

L'Harmattan Mali
ACI 2000 - Immeuble Mgr Jean Marie Cisse
Bureau 10
BP 145 Bamako-Mali
mali@harmattan.fr

L'Harmattan Togo
Djidjole – Lomé
Maison Amela
face EPP BATOME
ddamela@aol.com

L'Harmattan Côte d'Ivoire
Résidence Karl – Cité des Arts
Abidjan-Cocody
03 BP 1588 Abidjan
espace_harmattan.ci@hotmail.fr

Nos librairies en France

Librairie internationale
16, rue des Écoles
75005 Paris
librairie.internationale@harmattan.fr
01 40 46 79 11
www.librairieharmattan.com

Librairie des savoirs
21, rue des Écoles
75005 Paris
librairie.sh@harmattan.fr
01 46 34 13 71
www.librairieharmattansh.com

Librairie Le Lucernaire
53, rue Notre-Dame-des-Champs
75006 Paris
librairie@lucernaire.fr
01 42 22 67 13

www.ingramcontent.com/pod-product-compliance
Lightning Source LLC
LaVergne TN
LVHW010630051026
849532LV00001B/17